本書為香港特別行政區研究資助局研究補助金項目
"道教與廣東地方社會研究——廣東道教碑刻彙集"
研究成果

本書由香港蓬瀛仙館及香港中文大學道教文化研究中心
資助出版

本書出版得到國家古籍整理出版專項經費資助

廣州府道教廟宇碑刻集釋

黎志添　李靜　編著

上冊

中華書局

圖書在版編目（CIP）數據

廣州府道教廟宇碑刻集釋/黎志添,李靜編著. —北京:中華書局,2013.8
ISBN 978 – 7 – 101 – 09162 – 5

Ⅰ.廣…　Ⅱ.①黎…②李…　Ⅲ.道教 – 寺廟 – 碑刻 – 研究 –廣州市　Ⅳ.K877.424

中國版本圖書館 CIP 數據核字（2013）第 013343 號

書　　名	廣州府道教廟宇碑刻集釋（全二冊）
編 著 者	黎志添　李　靜
責任編輯	朱立峰
出版發行	中華書局
	（北京市豐臺區太平橋西里 38 號　100073）
	http://www.zhbc.com.cn
	E-mail:zhbc@zhbc.com.cn
印　　刷	北京瑞古冠中印刷廠
版　　次	2013 年 8 月北京第 1 版
	2013 年 8 月北京第 1 次印刷
規　　格	開本/880×1230 毫米　1/16
	印張 106½　插頁 4　字數 1700 千字
印　　數	1 – 1000 冊
國際書號	ISBN 978 – 7 – 101 – 09162 – 5
定　　價	680.00 元

目　錄

錄文集釋

廣州府屬

附表

圖　版

地圖

廟圖

緒　論

黎志添

　　經過八年的努力研究和刻苦耕耘,《廣州府道教廟宇碑刻集釋》終於交付出版了。這是一部有關區域性道教廟宇碑刻錄文及其考釋的著作。2006 年,當筆者完成《廣東地方道教研究——道觀、道士及科儀》一書的出版工作之後,便立即策劃當時祇有初步構想的"廣東道教碑刻"研究計劃。形成和構思這個學術研究項目的背景原因,一方面出於我在研究廣州元妙觀時獲得的研究心得,當時的研究成果正是建立在收集到的有關廣州元妙觀歷代重修的碑記文獻基礎之上,這些珍貴的石刻文獻幫助筆者整理出元妙觀從宋真宗大中祥符年間(1008—1016)建觀(稱天慶觀)至民國二十三年(1934)最終被廣州市政府完全拆毀的完整歷史①。另一方面,重視碑刻材料,是陳垣先生(1880—1971)在推動道教史研究工作上遺留給我們學者最重要的方法啟示。陳垣編纂的《道家金石略》收入一千五百篇與歷代道教的歷史、宮觀、道派、道士、祭祀等方面有關的碑刻文獻,如此豐碩的輯錄成果大大影響了當代中外學者研究道教史的方法②。陳垣在 1957 年重印《南宋初河北新道教考》時表述了自己在治學研究方面的心得和利用碑刻的方法,他說:"而前此所搜金元二代道教碑文,正可供此文利用,一展卷而材料略備矣。"③陳垣的話正好說明碑刻文獻資料與道教研究存在緊密的關係。

　　另外,2000 年夏天,筆者有機會到訪法國巴黎遠東學院(Ecole Française d'Extrême-Orient),作學術交流。當時施舟人教授(Kristofer Schipper)正在巴黎主持一項由荷蘭萊

---

① 　黎志添:〈廣州元妙觀考釋〉,《中央研究院歷史語言研究所集刊》第 75 本,第 3 分冊,2004,頁 445–514。此文後來收入氏著:《廣東地方道教研究–道觀、道士及科儀》第二章,香港:中文大學出版社,2007,頁 21–56。

② 　陳垣編纂,陳智超、曾慶瑛校補:《道家金石略》,北京:文物出版社,1988。

③ 　陳垣:《南宋初河北新道教考》,北京:中華書局,1962,頁 154。

頓大學、法國高等研究院、北京大學和北京市社會科學院多方合作的"聖城北京"研究計劃①。施教授這項大型科研計劃尤使我深受啟發的地方是由他和他的研究團隊重點進行的有關北京東嶽廟碑刻的整理和研究工作。通過輯成包括了一百四十五篇碑刻的《北京東嶽廟碑刻目錄》，時間跨度從元明至民國，長達六百零六年，東嶽廟歷史的研究工作由此充分建立在非常真實、具體和有說服力的碑刻資料的基礎之上②。"聖城北京"研究計劃的成員之一袁冰凌曾對東嶽廟碑刻文獻的研究價值和方法作過很精略的介紹，她說："東嶽廟碑絕大多數屬於會碑，它們不僅體現了文學方面的價值，同時更提供了大量的社會經濟、歷史、宗教學的資料。因此了解誰是立碑者及立碑緣由，一樣具有意義。尤其是大部分碑陰所包括的豐富內容，可以大大填補正史、志書之缺，為研究中國傳統社會的結構與制度提供了珍貴的第一手史料。"③

綜合前人學者在道教史研究上對碑刻材料的利用和重視，筆者相信若要進一步推進廣東地區道教史的學術研究工作，就必須先要全面地整理和輯成一部建立在從《道藏》、金石志、地方志、文集，以及通過實地調查而抄錄和選出與廣東道教歷史有關的道教碑刻文獻彙集。2006 年初，正式啟動的廣東道教碑刻研究計劃由筆者主持，並有香港中文大學道教文化研究中心的游子安博士、吳真教授和廣州中山大學鍾東教授共同參與和合作。最初的研究計劃所涵蓋的地域範圍十分廣泛，我們以廣東地區州府縣為單元，包括廣東省十三個州府，有廣州府、韶州府、南雄州、惠州府、潮州府、肇慶府、高州府、廉州府、雷州府、瓊州府、羅定州、連州和嘉應州。十三個州府共領八十個縣。大凡涉及道教宮觀、道教建築、道教神像、廟宇重修、開光、道教儀式活動、道士生平活動、道教歷史等內容的碑刻文獻，都定為所錄範圍。最初，這項研究計劃的目標旨在輯錄散見於《道藏》、金石志、地方志、文集等材料中的各種道教碑刻文獻，以及當今尚可見存的碑刻拓片，以為學術研究提供一部廣東道教碑刻文獻彙編的著作。

然而，經過大約三年時間，我們在碑文搜集和整理工作過程中確實遇到很多困難和問題，它們都是我們始料不及的。例如，純屬"道教碑刻"的文獻資料並不多，並且大部

---

① "聖城北京"的研究計劃，於 2003 年起由法國遠東學院研究員呂敏（Marianne Bujard）繼承和主持，並由法國遠東學院和北京師範大學合作推動。經過差不多十年的研究，呂敏和董曉萍於 2011 年出版了第一和第二卷《北京內城寺廟碑刻志》（北京：國家圖書館出版社，2011）。

② 關於《北京東嶽廟碑刻目錄》的整理工作報告，參袁冰凌：〈北京東嶽廟碑文考述〉，收入 Sanjiao wenxian: Matériaux pour l'étude de la religion chinoise（《三教文獻》）no. 3（1999），頁 137–158。

③ 袁冰凌：〈北京東嶽廟碑文考述〉，頁 144。

分的資料來源祇是限於金石志和方志文獻；至於方志以外的原碑石刻和拓片，所收不多。此外，為了要儘量把收進來的碑刻作精準校勘，我們必須遍查所有不同參校版本的出處，以及在底本和參校本之間作出有學術價值的校記，這些校勘工作都是費時和艱辛的。而且，當時我們立下的研究目標，不僅祇是提供一部僅僅搜集、輯錄、編纂碑刻文獻的彙集，還希望對所有碑刻進行考辨和注釋的工作，並且注釋的內容要包括碑刻文所涉及的立碑背景、原由、歷史事實、道教發展、廟宇演變、神祇信仰和地域社會文化等範疇。若要達成此目標，我們研究者就必須先要對每一通碑文及相關的廟宇、道派、道士及地區歷史進行深入的研究和分析。正如上文所說，我們相信碑刻文獻資料對於研究地方道教史或一般宗教社會史是十分有用的，它能提供大量的社會經濟、歷史、宗教制度和思想意識等豐富信息。

由於種種研究上的困難和相繼的人事變動，“廣東道教碑刻研究計劃”停頓了一段短時間。2009 年夏季，筆者獲得香港特別行政區研究局研究資助經費的支持，於是重新啟動在停滯中的研究計劃。同時，新的研究項目聘請了復旦大學李靜博士，以博士後研究員的工作身份來到香港中文大學，協助筆者繼續進行和完成這項區域性道教歷史和碑刻的研究工作。李靜博士是復旦大學著名唐代碑刻史研究專家陳尚君教授的入室弟子，她於傳統碑刻文獻學甚有訓練和興趣。筆者感謝她為這項對別人來說可能是感到非常艱辛、枯燥和沈悶的碑刻文獻研究計劃提供了許多有用和有建設性的意見。

在重新規劃計劃的研究方向和制訂可實現的目標之後，筆者決定把原來的廣東道教碑刻研究計劃更具體地落實於“廣州府縣道教碑刻”的整理範圍之內。我們放棄了原有所擬訂的廣泛範圍，例如說曾把“大凡涉及道教宮觀、道教建築、道教神像、廟宇重修、開光、道教儀式活動、道士生平活動、道教歷史等內容的碑刻文獻，都定為所錄範圍”。新的研究計劃改變為更專注於以廣州府屬及其所領十三個縣地區的道教廟宇作為我們的獨立研究單元，進而全面地搜集在這個地域範圍裡所有與道教廟宇有關的歷代碑刻文獻資料，並重新開展對仍存在的廟宇的實地調查、原碑抄錄、校碑、標點和碑文歷史考證等研究工作；此外，我們仍然堅持要為每通碑刻進行詳盡和精深的校記和內容考釋。

現在交付出版的《廣州府道教廟宇碑刻集釋》是集合筆者十多年來從事廣州地區道教史研究的整體成果。我們一共搜集了從宋、明而迄清末（1910），在廣州府屬及其十三個縣境內的二百八十二通與道教廟宇的歷史活動有關係的碑刻文獻。十三個縣包括廣州府屬的南海縣、番禺縣，以及順德縣、東莞縣、從化縣、增城縣、新會縣、香山縣、三水縣、新寧縣、清遠縣、新安縣、花縣等。除了決定不收集香港和澳門地區的道教廟宇碑刻之外①，大凡涉及這個區域之內的道教宮觀，以及直接與道教神祇崇拜、道教儀式活動和由火居道士主持等內容元素相關的地方神祠廟宇，都在我們這項研究計劃收錄的範圍。根據我們清楚制定的"以廟帶碑"的研究方法、定義和出版目標，我們一概統稱在上述定義範疇之內的道教宮觀和地方祠廟為"道教廟宇"。換而言之，我們的研究範圍涵蓋了所有廣州府縣的道教宮觀，以及凡是涉及與祭祀道教神祇和道教儀式活動有關的地方祠廟。據此，本書《廣州府道教廟宇碑刻集釋》採用了一個比較寬鬆的"道教"定義作為研究出發點。我們的研究目標不完全局限於從傳統道教的教派歷史和思想出發，而是全面關注和理解道教的整體信仰在地方社會所折射出來的多元、複雜但又是真實的生活面貌。設定了這個特定但清晰的研究範圍，我們的廣州府縣道教廟宇碑刻研究計劃決定不收集與道教神祇信仰和道士儀式活動沒有直接關係的、但祇是屬於祭祀山川風雲雷雨等的官方祠廟，以及部分個別十分地方性的民間廟宇，後者包括六纛大王廟、先峰廟、九王廟、侯王廟、龍王廟、龍母廟、山川廟等②。

本書收錄仍有傳世碑刻文獻記錄的廣州府縣道教廟宇的數目共有一百二十一座。計有：三十一座北帝廟（有稱真武廟、玉虛宮、玄帝廟、北極觀或祖廟）、十座城隍廟、四座呂祖廟（有稱呂帝廟或純陽觀）、十三座文昌宮、十五座關帝廟、十三座天后廟、六座康公廟、三座道教三清神廟（稱上清觀、三清堂或玄真觀）、六座三元古廟（有稱三官廟）、四座東嶽廟、三座華光廟（有稱五顯神廟或華帝古廟）、兩座醫靈廟、兩座合祠觀音和呂祖的神廟、兩座元帥廟（稱四帥廟或帥府廟）等等；另外，還有個別創建的道教廟宇，例如五仙觀、會仙觀、萬真觀、玄真觀、金花廟、大魁閣、安期仙祠等等。

根據我們對這群一百二十一座道教廟宇的祠神類別的統計，奉祀的道教神祇包括有：三清神（玉清元始天尊、上清靈寶天尊和太清道德天尊）、三官大帝（天、地、水三官）、太上老君、北方玄天上帝（又稱真武大帝、北帝）、斗姆元君、呂祖純陽孚佑帝君、天妃娘娘、梓童文昌帝君、關聖帝君、城隍神、東嶽大帝、五顯靈官華光大帝、正一教祖張天師、醫

---

① 有關香港和澳門廟宇碑刻文資料，參見科大衛、陸鴻基、吳倫霓霞合編：《香港碑銘彙編》上中下三卷，香港：香港市政局，1986；譚世寶：《金石銘刻的澳門史》，廣州：廣東人民出版社，2006。

② 筆者相信或會有一些附合本書"道教廟宇"的定義，但卻沒有被本書收錄的廟宇碑刻。例如南海洪聖廣利王神廟碑。不收錄的原因是過去已經有許多專書出版了相關的南海神廟研究及刊載其眾多的碑刻文獻。例如參黃淼章：《南海神廟》，廣州：廣東人民出版社，2005；王元林：《國家祭祀與海上絲路遺跡——廣州南海神廟研究》，北京：中華書局，2006。

靈大帝、康公元帥、趙公元帥等諸位神祇。

在這一百二十一座道教廟宇之中，以建立在廣州府城內的天慶觀（建於宋大中祥符二年〔1009〕，元朝元貞初年，改名為元妙觀。明代稱玄妙觀。入清又改稱元妙觀①）、五仙祠（觀）（宋政和四年〔1114〕由經略使張勵重修），東莞縣的上清觀（宋政和六年〔1116〕由縣令楊褘重修）、東嶽行宮（宋紹熙四年〔1193〕由縣令張勵重建）和城隍廟（宋元祐五年〔1090〕由縣令李巖重修），以及香山縣的北極觀（宋淳祐五年〔1245〕由縣主簿宋之望創建）等五座創建於兩宋時期的道教廟宇最為歷史久遠。本書《廣州府道教廟宇碑刻集釋》共收集了十通最早在十一世紀初至十三世紀中葉時期刻立的宋代道教廟宇碑刻。

一百二十一座廣州府縣道教廟宇共保存有二百八十二通傳世碑刻文獻。最早一通是北宋元豐二年（1079）薛唐撰的〈廣州重修天慶觀記〉（碑號16-1，總28）；最晚收集的碑記是番禺縣練溪村的宣統二年（1910）〈重修天后宮碑記〉（碑號10-1，總20）。在二百八十二通廣州府縣道教廟宇碑刻文獻之中，兩宋時期碑刻文有十通，明代時期有六十四通，而清代時期則增至二百零八通。

與我們搜集的碑刻有關而可以確定在明代時期已經建成的廣州府縣道教廟宇有三十九座，其地理分佈如下：廣州府屬地區十四座，順德縣四座，東莞縣五座，增城縣兩座，新會縣三座，香山縣三座，三水縣三座，新寧縣兩座，清遠縣一座，新安縣兩座；至於從化縣和花縣，我們沒有收集到有明代碑刻記錄的道教廟宇。此外，我們還可以進一步分析到在這群三十九座道教廟宇之中，在明世宗嘉靖朝（1522—1566）以前早已建成的數目約有二十座，包括有：廣州府城的玄妙觀、五仙觀、北廟、城隍廟、佛山堡真武祖廟、粵秀山關帝廟和禺山麓關帝廟，順德縣的玄真觀，東莞縣的上清觀、東嶽廟和城隍廟東嶽行宮，增城縣的城隍廟和會仙觀，新會縣的城隍廟，香山縣的城隍廟，三水縣的胥江北帝廟，新寧縣的城隍廟，清遠縣的城隍廟及新安縣的赤灣天后廟。其餘十九座道教廟宇都是從嘉靖四十二年（1563）以後才開始創立或有活動信息，例如在廣州府大東門三里外的真武廟（又稱東山祖堂）就是建於此年；其餘十八座都是於隆慶（1567—1572）、萬曆（1573—1620）、天啟（1621—1627）和崇禎（1628—1644）四朝之年間，才有最早的活動信息，其中

---

① 　清室避康熙玄燁諱，把"玄"字改為"元"字，因此，康熙朝以後的廣東地方志書全部改稱廣州元妙觀。例如見根據康熙三十六年金光祖纂修：《廣東通志·寺觀》卷二五，清康熙三十六年（1697）刻本，廣東省中山圖書館藏。

新建成的廟宇,例如廣州府屬有佛山堡柵下舖天后廟(1628 年)、恩洲堡泮塘鄉真武廟(1614 年)、筆村玄帝廟(1645 年)、番禺縣官涌古廟(1640 年),順德縣有大良鄉北帝廟(1583 年)、錦巖廟(1615 年)、桂州鄉真武廟(1593 年),新會縣有文昌宮(1588 年),香山縣有大欖天妃廟(1630 年),三水縣有關帝廟(1606 年)和新寧縣有文昌宮(1610 年)等。

我們收集到與這三十九座明代道教廟宇有關的碑文,刻於明代的共有六十四通。它們的立碑年份分佈如下:從明初洪武二年(1369)至嘉靖朝以前的碑刻文有十三通,嘉靖朝年間有十一通,嘉靖朝以後至崇禎末增多至四十通。比較來說,在嘉靖朝的四十五年,廣東道教廟宇是處於明代統治時期之中最不活躍的階段,我們認為這是與嘉靖初廣東提學魏校推行大規模搗毀淫祠的政策有直接影響關係①。黃佐撰的嘉靖《廣東通志》卷五十記載:“魏校,字子材。弘治乙丑進士,正德末來廣臬為提學副使。以德行為先。不事考較文藝,輒行絀陟,首禁火葬,令民興孝。乃大毀寺觀淫祠,或改公署及書院,餘盡建社學。”②

不過,如上所述,從嘉靖末年至明末崇禎朝亡,有十九座廣州府縣道教廟宇新建成或重修。在嘉靖朝十一通廣州府縣道教廟宇的碑刻文獻之中,只有嘉靖四十二年(1563)〈新建東山祖堂記〉碑(碑號 50-1,總 140)是唯一的一通立廟碑記。但是,我們相信這通立廟碑記的歷史信息是反映了嘉靖初期由魏校及其他縣官推行的搗毀淫祠的政策已經出現了轉變。嘉靖四十二年〈新建東山祖堂記〉記載在廣州府番禺縣大東門外三里,由邑民共建了一座新廟——東山真武廟:

> 北方真武,乃太陰始炁化生之神,攝躡龜蛇,鎮臨坎位,上應虛、危二大辰宿,能祐善黜惡,摧邪歸正,迅掃妖氛,救護群品。在天順間,有草寇名王肖養者,入擾於佛山之境。神即顯靈於佛山,安鎮其地,寇不敢入。其後萬億蒼生無不感戴者。今嘉靖四十年,近有惠潮盜賊生發,廣之士夫耆民人等,前往佛山迎接真武行身,前至東山寺祈保地方。神到之日,大獲太平,眾信喜留真武行身,奉安於廣。對神卜祝,願

① 參科大衛:〈明嘉靖初年廣東提學魏校毀“淫祠”之前因後果及其對珠江三角洲的影響〉,《地域社會與傳統中國》,西安:西北大學出版社,1995,頁 129-134;井上徹:〈魏校の淫祠破壞令—廣東における民間信仰と儒教〉,《東方宗教》99 號(2002),頁 1-17(中譯本見〈魏校的搗毀淫祠令研究——廣東民間信仰與儒教〉,《史林》2003 第 2 期,頁 41-51。此外,另參杜榮佳:〈明代中後期廣東鄉村禮教與民間信仰〉,《中國社會經濟史研究》1992 年第 3 期,頁 50-60。
② 明·黃佐:嘉靖《廣東通志》卷五〇〈魏校傳〉,香港:大東圖書公司,1977,頁 1341。

留神像，神即喜允，坐鎮廣城。有會首黃銳、何舉等，會眾各捨資財，另鑄銅像，送補佛山奉祀。有信官李聞韶敬寫捨碑石一片，以表眾信芳名於後，以垂不朽。

嘉靖四十二年癸亥季夏吉旦。[①]

這篇碑文記載了在東山創立真武廟的經過。此廟神像乃自佛山真武祖廟分出。由於佛山鄉民相信是出於佛山祖廟真武神的靈顯，使得佛山鄉民平定了從正統十四年（1449）至景泰元年（1450）發生的黃蕭養之亂，由此，佛山真武祖廟聲名鵲起。之後嘉靖四十年（1561），在惠潮地方因有盜賊擾亂，於是"廣之士夫耆民人等"，前往佛山迎接真武行身，前至東山寺祈保地方。結果，廣州府城境內得到太平，於是這些士夫耆民人等信眾決定在東山創建一座新廟，以供奉此座從佛山迎接來的真武行像。我們相信若然搗毀淫祠令仍然在推行當中，那麼"廣之士夫耆民人等，前往佛山迎接真武行身，前至東山寺祈保地方"，以至"眾信喜留真武行身，奉安於廣。對神卜祝，願留神像，神即喜允，坐鎮廣城"的建廟行為絕對是屬於淫祠活動，必被禁止和清除。例如以廣州仙湖金花廟為例，"嘉靖初，提學魏校毀其祠，焚其像"[②]。

入清之後，廣州府縣鄉地區增建和重修了很多道教廟宇。我們共收集了二百零八通道教廟宇的碑刻文，與明代部分的碑記數目比較，明顯增加了一百四十四通。造成這個數目差別的歷史文化和宗教政策原因，還有待我們日後進一步的研究。不過，清代士人樊封（1789—1863）在其所撰的《南海百詠續編》（1846）就回應了魏校毀祠一事，他批評說："金花夫人亦高禖類耳，安得云為淫祀。明季理學家荒經武斷，不近人情，大都類此。"[③]我們收集的最早一通清代道教廟宇碑記是順治八年（1651）由南海縣進士黎春曦為南海九江堡大穀村創建天后廟而撰寫的〈鼎建三聖廟記〉（碑號8-1，總18）。根據清帝在位的次序，順治朝（1644—1661）有傳世廣州府縣道教廟宇碑刻文九通，康熙朝（1662—1722）有四十一通，雍正朝（1723—1735）有十三通，乾隆朝（1736—1795）有四十六通，嘉慶朝（1796—1820）有三十一通，道光朝（1821—1850）有二十九通，咸豐朝（1851—1861）有九通，同治朝（1862—1874）有十一通，光緒朝（1875—1908）有十七通，宣統朝（1909—1911）有兩通。至於保存了這二百零八通清代碑刻的道教廟宇數目，則共

---

① 明・佚名：〈新建東山祖堂記〉，收載於清・李福泰主修、史澄等總纂：同治《番禺縣志》卷三一〈金石略〉，《中國方志叢書》第48號，台北：成文出版社，1967，頁421上至下。

② 明・黃佐：嘉靖《廣東通志》卷六九〈雜事上〉，頁1870。

③ 清・樊封：《南海百詠續編》卷三〈惠福祠〉，《叢書集成續編》第236冊，臺北：新文豐出版公司，1989，頁248。

有一百零三座。這即是說,在本書《廣州府道教廟宇碑刻集釋》收集到的一百二十一座道教廟宇之中,有百分之八十五的道教廟宇是屬於從明亡入清之後繼續存在和重修起來的舊廟,或是新建成的廟宇。從這些道教廟宇所處位置的府縣地區分佈來說,廣州府屬有六十七座道教廟宇有傳世碑刻文獻,順德縣有三座,東莞縣有兩座(上清觀和東嶽行宮在清代已圮),從化縣有五座,增城縣有四座,香山縣有三座,三水縣有五座,清遠縣有八座,新安縣一座,花縣有五座;此外,我們並未有收集到在新會縣和新寧縣有清代傳世碑刻文獻記錄的道教廟宇。

在我們收集的一百零三座清代廣州府縣道教廟宇之中,以奉祀玄天上帝、天妃娘娘、關聖帝君和城隍神的廟宇最多,例如北帝廟有二十八座、天后廟十二座、關帝廟九座、城隍廟有七座。對於這些廟宇與道教神祇信仰之間關係的問題,有些人類歷史學者把它們一概歸類為"民間廟宇",以致忽略了它們與道教歷史和道教信仰在廣東傳播的密切聯繫。

以廣州府縣盛行的北帝廟為例,自明清以來,供奉北帝(又稱真武、玄天上帝)的民間村廟遍及在此境各縣各鄉,因此,有些學者概括地認為北帝崇拜是明清時期珠江三角洲地區最主要的民間信仰之一,例如劉志偉說:"不但供奉北帝的祠廟遍及各處鄉村,村民的家庭之中也普遍供奉著北帝的神位。"[①]清初士人屈大均(1630—1696)在《廣東新語》卷六稱:"吾粵多真武宮,以南海佛山鎮之祠為大,稱曰祖廟。其像被髮不冠,服帝服而建玄旗,一金劍豎前,一龜一蛇,蟠結左右。"[②]對於北帝信仰崇拜究竟從何時傳入廣東地區,以及如何在珠江三角洲地區各處鄉村得到普及化等問題,已經有許多學者做出了解釋,而其中最為學者引用的解釋是出自屈大均之說,即說:北帝雖是北方黑帝,但身兼水神,因此,在廣東水鄉地區受到尊崇:

> 粵人祀赤帝,亦祀黑帝,蓋以黑帝位居北極而司命南溟,南溟之水生於北極,北極為源而南溟為委。祀赤帝者以其治水之委,祀黑帝者以其司水之源也。吾粵固水國也,民生於鹹潮,長於淡汐,所不與黿鼉蛟蜃同變化,人知為赤帝之功,不知黑帝之德。家尸而戶祝之,禮雖不合,亦粵人之所以報本者也。[③]

---

① 劉志偉:〈神明的正統性與地方化——關於珠江三角洲地區北帝崇拜的一個解釋〉,《中山大學集刊》第 2 輯(1994),頁 108。

② 清·屈大均:《廣東新語》,卷六,北京:中華書局,1985,頁 208。

③ 清·屈大均:《廣東新語》,卷六,頁 208。

此外,由於明朝崇祀玄武,比諸宋元兩代,更有過之而無不及①。明成祖永樂十三年(1415)〈御製真武廟碑〉稱:"惟北極玄天上帝真武之神,其功德於我國家者大矣。"②成祖熱衷奉祀玄帝的程度,表現在他把玄武提升至明朝國家保護神的崇高神格地位③。一方面,其影響見之於成祖在玄帝修煉和顯聖之地武當山大事規模地修建宮觀一事④;並形成了全國性的武當山朝聖進香習俗⑤。另一方面,玄帝信仰亦推至全國;不僅明代御用的監、局、司、廠庫等衙門中,都建有真武廟,真武廟更遍及全國。因為北帝崇拜成為官方祀典認可的正統神明崇拜,因此劉志偉解釋說:"珠江三角洲地區北帝信仰在明代成為一種重要的民間信仰,是當時〔國家〕正統文化規範向地域社會滲透的一個重要結果。"⑥劉氏認為民間的北帝信仰在相當程度上是明王朝統治延伸的象徵。

與《廣州府道教廟宇碑刻集釋》的出版目的有關係,我們特別界定"道教廟宇"範圍的目的,正是要指出在地方鄉村建立的所謂"民間廟宇",就其供奉的眾多神祇來說,我們不能忽略它們與道教信仰傳播的民間化和普及化有密切的關係⑦。例如道教傳統裡的北帝崇拜、北帝儀式傳統、北帝符咒法術等宗教元素就對北帝信仰文化在傳統中國民間社會的傳播起了很大的推動作用。在五世紀的上清經裡,北帝已被傳說為一位主宰死鬼世界——酆都的神君,並秘有靈驗的斬鬼收邪之咒法。陶弘景(456—536)編注的《真誥》提及:"北帝之神祝,煞鬼之良法,鬼三被此法,皆自死矣。"⑧在一部大約流傳於晚唐

①　黄兆漢:〈玄帝考〉,收入氏著:《道教研究論文集》,香港:中文大學出版社,1988,頁139。

②　陳垣編纂,陳智超、曾慶瑛校補:《道家金石略》,頁1250。

③　自明成祖以後,明代所有君主在登基之時,都必須向真武獻祀。見《明史》卷五○〈禮志四〉"北極佑聖真君"條,北京:中華書局,1974,頁1308-1310。

④　陳學霖:〈"真武神·永樂像"傳說〉,收入氏著:《明代人物與傳說》,香港:中文大學出版社,1997,頁94-99;John Lagerwey, "The Pilgrimage to Wu-tang Shan," in Susan Naquin and Yu Chun-fang (eds.), *Pilgrims and Sacred Sites in China* (Berkeley: University of California Press, 1992), pp. 293-332。

⑤　參梅莉:《明清時期武當山進香研究》,武漢:華中師範大學出版社,2007。

⑥　劉志偉:〈神明的正統性與地方化——關於珠江三角洲地區北帝崇拜的一個解釋〉,頁109。

⑦　關於道教與民間神祇信仰的密切關係研究,參Kristofer Schipper, "Vernacular and Classical Ritual in Taoism," *Journal of Asian Studies* 65 (1985): 21-51; Kristofer Schipper, "Taoist Ritual and Local Cults of the Tang Dynasty," in Michel Strickmann (ed.), *Tantric and Taoist Studies*, vol. 2 (Brussels: Institut Belge des Hautes Etudes Chinoises, 1983), 812-834; Edward Davis, *Society and the Supernatural in Song China* (Honolulu: University of Hawai'i Press, 2001); and Robert Hymes, Way and Byway: *Taoism, Local Religion and Models of Divinity in Sung and Modern China* (Berkeley: University of California Press, 2002。

⑧　梁·陶弘景:《真誥》卷一○,《道藏》第20冊,上海:上海書店出版社;北京:文物出版社;天津:天津古籍出版社,1988,頁548下。另參Kristofer Schipper and Franciscus Verellen, eds., *The Taoist Canon: A Historical Companion to the Daozang* (Chicago and London: University of Chicago Press, 2005), vol. 2, p. 1188。

的道經——《太上洞淵北帝天蓬護命消災神呪妙經》裡，就稱：“北帝水神滅災殃，降伏六天大鬼王，掃蕩十方諸疫氣”；“神刀一下，萬鬼自潰。急急如北帝明威口勑律令”①。從唐末五代以來，著名的驅邪治病道法就有北帝符法、天心正法、神霄雷法、酆嶽地祇法等。這些道法的實踐者被稱為法師或法官，他們與授受完整的傳統授籙制度的道士不同②。五代道士孫夷中《三洞修道儀》就記錄了一批以“北帝”命名的道經，例如有《北帝禁呪經》、《北帝降靈召鬼經》、《北帝雷公法》、《北帝三部符》等③。執北帝符呪之法的道士和法師會從事治病救人、召鬼劾鬼、辟邪禳厄、祈晴求雨之事。北宋新興的天心正法亦以傳授北帝法為主，它的兩部道經《上清天心正法》和《上清骨髓靈文鬼律》，主要是講述北帝（亦稱北極大帝或上清大帝）主管驅邪院，並指揮天蓬大元帥、黑煞將軍、玄武符使等神將掃蕩邪惡、治病救人④。宋徽宗時期，據說通過第三十代天師張繼先（1092—1126），天心正法歸屬於天師正一派一系，因此有天心正法與北帝符法“同出乎正一之宗”之說法⑤。

自北宋以來，廣州府縣道教宮觀就已經創建供奉北帝為主神的殿宇，稱北極殿。例如有：北宋元豐二年（1079）薛唐撰〈廣州重修天慶觀記〉（碑號16-1，總28）就記載廣州天慶觀建有三清殿、玉皇殿及北極殿，以及南宋淳祐五年（1245）趙希循撰有〈北極觀記〉（碑號96-1，總233）。這些碑刻文資料證明了北帝信仰在宋代已傳入廣州府地區，並建設有奉祀北帝的道教宮觀。及至明代，根據〔成化〕《廣州志》，廣州府玄妙觀於永樂十一年（1413）修復了玄帝殿。當時，玄帝殿內的玄帝像已破毀。郡西三江都豐湖堡有一村民轉告當時玄妙觀道紀司明圓堡，言其村內有一所已毀的廣真堂，內有銅鑄真武神像，甚靈驗。〔成化〕《廣州志》卷二十四，云：

> 于時，觀後玄帝殿復圮，帝像亦毀，適有南海三江都民劉趙保白于都紀明圓堡，
> 曰：“鄉之黃塘村舊有廣真堂，古鑄銅真武像，歲久，堂屋傾圮，獨像存焉，適有欲竊之

---

① 《太上洞淵北帝天蓬護命消災神呪妙經》，《道藏》第 1 冊，頁 885 下、884 下。另參 Kristofer Schipper and Franciscus Verellen, eds., *The Taoist Canon: A Historical Companion to the Daozang*, vol. 1, pp. 513-4。

② Kristofer Schipper & Franciscus Verellen eds., *The Taoist Canon: A Historical Companion to the Daozang*, vol. 2, pp. 949-950.

③ 《三洞修道儀》，《道藏》第 32 冊，頁 168 中至下。

④ 《上清天心正法》七卷，《道藏》第 10 冊，頁 607-624；《上清骨髓靈文鬼律》三卷，《道藏》第 6 冊，頁 908-920。另參 Kristofer Schipper & Franciscus Verellen eds., *The Taoist Canon: A Historical Companion to the Daozang*, vol. 2, pp. 1065-1067；李志鴻：《道教天心正法研究》，北京：社會科學文獻出版社，2011。

⑤ 《太上助國救民總真秘要》卷一，《道藏》第 32 冊，頁 53 下。

者，眾力莫舉，由是宣驚奔散，其靈可驗，請徙于觀。"圓堡遂謀創高閣，以安奉焉，仍於閣上奉聖父聖母區，以嘉慶靈徵，啟應□□禪□□。永樂癸巳冬十二月朔日也。事蹟備載新舊碑記。①

明代永樂時期，玄帝奉祀遍及全國，因此，根據〔成化〕《廣州志》的資料，例如廣州府豐湖堡鄉民在永樂十一年以前就已有一所供奉銅鑄真武神像的村廟，稱為廣真堂。而在我們收集到的明清時期廣州府縣地區的三十二座北帝廟碑記文獻資料中，最早的碑刻文獻是明宣德四年（1429）由唐璧為南海縣佛山祖廟撰寫的〈重修祖廟碑記〉。由此，我們可以推論說，以廣州府縣鄉地區範圍內的北帝廟為例，北帝崇拜向廣州府縣鄉村地區民間化和普及化的時期應是在南宋末至明初之後開始出現了。然而，我們也認為在廣州府縣廣泛盛行北帝信仰的原因，除了是官方祀典正統文化規範向地方社會滲透的結果之外，同時也不能忽略道教傳統裡的北帝信仰、北帝科儀和北帝符咒法術等信仰內容通過道士、法師的儀式法術在地方社會廣泛的傳播及造成的影響。

無庸置疑，從宋、明兩代而迄清末，經過一千多年的歷史發展，在廣州府縣地區創建的道教廟宇的總體數目當不止於我們目前收集到仍有傳世碑刻文獻記錄的一百二十一座道教廟宇。例如，從北宋大中祥符二年開始，宋真宗詔全國諸路府、州、軍、監、關、縣建道觀天慶觀②。自此直到清未，在廣州府縣各地都建有元妙觀③。但由於許多與元妙觀歷史相關的碑刻已經湮滅，因此，大多數縣境內的元妙觀都不見於我們所收集的碑刻文獻之內。此外，未收錄的著名廣州府道教廟宇還有番禺縣的碧虛觀④、飛霞觀⑤、菖蒲觀，

---

①　明·吳中、王文鳳纂修：〔成化〕《廣州志》卷二四，《北京圖書館古籍珍本叢刊》第 38 冊，北京：書目文獻出版社，1988，頁 1056、1059。

②　元朝元貞元年（1295），元成宗詔撤宋室聖祖之祠，黜天慶之號，因此又改全國天慶觀為今名，賜元妙名額。參清陸耀遹（1771—1836）：《金石續編》卷八，臺北：藝文印書館，1967，頁 254 云："碑中天慶字皆經鑱鑿。"此外，由於清室避康熙玄燁諱，把"玄"字改為"元"字，因此，康熙以後的廣東地方志書全都復稱廣州元妙觀。

③　關於廣州府元妙觀在歷代重修過程中的歷史變遷，參黎志添：〈廣州元妙觀考〉，收入氏著：《廣東地方道教研究——道觀、道士及科儀》第二章，頁 21–46。

④　宋·王象之：《輿地紀勝》卷八九〈廣東東路〉，（臺北：文海出版社，1962），頁 518 云："（碧虛觀）在蒲澗，舊傳秦始皇訪安期生于此。"同治《番禺縣志》卷二四〈古跡略二〉（《中國方志叢書》第 48 號，據清同治十年〔1871〕刊本影印，臺北：成文出版社，1967），頁 299 云："碧虛觀在蒲澗滴水巖上，久廢。見明孫蕡《遊山記》。上有安期飛昇臺，煉丹井。又菖蒲觀、覺真寺並在蒲澗。東坡詩云：'昔日菖蒲方士宅，後來舊葡祖師禪，是以宅為安期宅也，而圖經載"遺履"之事，乃以觀為宅。'今未詳。觀今名碧虛，中有劉氏碑，東坡題名其上。……謹案，碧虛觀今在滴水巖下，嘉慶十九年（1814）邑人黃喬松重修。"

⑤　同治《番禺縣志》卷二四〈古跡略二〉"飛霞觀"條，頁 299 云："舊在滴水巖左，久廢。今併建於碧虛觀左，尚存'飛霞'舊額。"

南海縣的朱明觀①、離明觀等等。不收錄的原因亦是因為目前我們未搜集到與這些古道觀有歷史關連的傳世碑刻文獻。

二百八十二通傳世的廣州府縣道教廟宇碑刻文之中,有一百一十二通是我們通過實地訪查四十八座道教廟宇(見附表七《廣州府道教廟宇碑刻集釋》所收現存道教廟宇位置表)之後而獲得的研究成果。我們相信這些由我們親身前往廟址做實地調查、發掘而抄錄出來的原碑文獻,具有十分重要的歷史和研究價值。例如嘉靖二十一年(1542)〈重建東嶽行宮信士題名〉(碑號 78-2,總 192)、萬曆二十一年(1593)〈桂州真武廟碑記〉(碑號 74-1,總 180)、崇禎元年(1628)〈鍾村聖堂廟碑記〉(碑號 56-1,總 147)、崇禎十三年(1640)〈官涌通鄉五顯關帝禾華等神廟堂碑記〉(碑號 43-1,總 125)、光緒二十七年(1901)〈倡建橫沙呂帝廟碑記〉(碑號 39-1,總 114)等都是從未被收錄過的碑記,它們分別對我們研究東嶽大帝、真武帝、康元帥、華光五顯靈官和呂祖等道教神祇信仰在廣州府縣鄉地區的廣泛傳播有很重要的參考價值。

一百一十二通真實的原碑文獻佔了本書收錄碑文總數的百分之四十。這都是我們幾年來艱苦採訪、找尋、抄錄、校勘和標點的成果。陳垣曾談及他抄碑、校碑的艱苦經驗,他說:"抄書易,抄碑難;抄碑易,校碑難。尋丈拓片,攤置一室,剝蝕模糊,烟墨狼藉,抄碑談何容易?……抄易校難,若抄而不校,無用也。"②不僅如此,由於有的碑刻原石殘泐模糊,因此釋讀亦不易。清代金石學家葉昌熾(1847?—1917),在《語石》卷一○就曾提及釋讀碑文亦如校碑一樣困難,他說:"校書如几塵落葉,愈埽愈紛。釋碑之難,又視校書為倍蓰。"③

除了一百一十二通從原碑抄錄出來的碑刻文獻之外,其餘一百七十通碑刻文獻的來源,分別是有兩通從《北京圖書館藏中國歷代石刻拓本匯編》、八十二通從金石志、六十七通從地方志、六通從文物志、七通從文集、六通從《廣州碑刻集》(2006 年出版)等文獻中輯錄出來。

我們在廣州府縣道教廟宇碑刻文獻的研究成果,又與 2006 年出版的由冼劍民和陳

---

① 宋·王象之:《輿地紀勝》之"浮邱山"條,頁 518 云:"在州西四里有朱明觀,浮邱道人得道之地。"另外,康熙《新修廣州府志》卷一○(《北京圖書館古籍珍本叢刊》第 39-40 冊,北京:書目文獻出版社,1988),記載:"明萬曆八年大學士趙志皋由侍讀出為清軍使者,詢得其實,遂辟而拓廣,建朱明館,以奉浮邱葛洪二仙,又建晚沐堂,紫煙樓,聽笙亭,挹袖軒,郡中詞人騷客觴詠其間。至二十九年,督稅太監李鳳復辟地創廟宇,改為廣仁觀。"

② 陳垣編纂,陳智超、曾慶瑛校補:《道家金石略》,頁 2。

③ 清·葉昌熾:《語石》卷一○,《續修四庫全書》第 905 冊,上海:上海古籍出版社,1995,頁 330 上。

鴻鈞合編的《廣州碑刻集》有所差別。一方面,我們的研究計劃只集中於收集與道教廟宇有關的碑刻文獻,因為我們的主要目的是為了研究道教神祇信仰和儀式活動在廣州府縣地區的傳播、發展和影響,以及道教傳統與地方廟宇組織的互動關係,而《廣州碑刻集》所收集的廣州碑刻種類則繁多和廣泛,包括:"寺觀廟宇類、府署學宮類、墓誌銘記類、宗祠會館類、輿地水利類、建築工程類、告示規約類、標誌紀念類、域外文字類、人物圖畫類、法書契帖類、摩崖石刻類及其他。"①另一方面,雖然《廣州碑刻集》也收集部分廣州寺觀廟宇的碑刻文獻,並且有六十五通與我們所收集的道教廟宇碑刻是相同的,但是,由於我們一方面堅持要再做實地調查,發掘原碑,抄錄原碑,另一方面又以最嚴謹的治學方法再校勘不同時期各種從金石志、地方志、文集等原始文獻中輯出的參校本。最後,在這六十五通碑中,我們由再實地考察而重新抄錄出來的原碑有三十四通,經校勘各種參校本而輯錄出來的碑刻文獻有二十五通。無論是從原碑抄錄或參校本之間校勘的工作結果來說,本書所錄的這五十九通碑刻都與《廣州碑刻集》收錄的碑刻文字有所出入,準確性更高。其餘有六通碑刻文或因廟圮或考察時廟門關閉不能進入抄錄原碑,我們最後祇有依據《廣州碑刻集》輯錄出來,目的是要保留這部分傳世的碑刻文獻。

　　本書不僅收集了一百一十二通原碑的刻文,其研究貢獻還在於:除了從原碑抄錄出碑刻的正文之外,我們還堅持要把刻在石碑上的建廟或修廟的助捐者名字全部抄錄出來(這則抄錄原則與《廣州碑刻集》不同,後者把碑刻助捐人姓名全部略去)。我們認為碑刻助捐者的來源、名字、人數、階層和捐金數目等資料與碑刻正文同具歷史價值,同樣可以為研究者提供大量的社會經濟、歷史、宗教和地方廟宇制度等寶貴材料。了解、分析誰是撰碑者、立碑者、捐資者及立碑緣由都具有十分重要的研究意義。因此,這些歷史碑刻資料可以大大填補正史、志書、儒士文集或官方文獻之缺,為研究明清時期廣州府縣地區的祠廟信仰與崇拜,以及鄉村社會的制度、廟產組織和經濟生活提供非常珍貴的第一手史料。就以我們前往廣州市北郊塘口鄉魚珠村抄錄的五通於乾隆五十五年(1790)、嘉慶十一年(1806)、道光十二年(1832)、同治七年(1868)、光緒二十四年(1898)刻立在村內北帝古廟的重修北帝古廟碑記為例(見碑號28-1,28-2,28-3,28-4,28-5),除了原碑的正文之外,五通碑文記錄了題助捐金的信眾名字。從碑上題名來看,魚珠村為單姓村,以梁姓宗族為大族。此外,題助捐金的信眾名字出現"香會"的組織。香會,又稱香火會、

---

① 冼劍民、陳鴻鈞編:《廣州碑刻集》,廣州:廣東高等教育出版社,2006,頁5。

香社,是一村或數村的鄉民信眾由於祭祀神靈的志趣相同而自發結成的民間信仰組織。五通重修北帝古廟碑記記錄了十多個香會的名字,有:華光會、娘娘會、觀音會、關帝會、金花會、社王會、土地會、金花會、重陽會、天后會、五顯會、華陀會、上帝會、老土地會等。另外,五通重修北帝古廟碑記也記錄了許多由鄉民根據與某種慈善性公益活動相聯繫而自發組織的"善會"。例如:存德會、餘慶會、積善會、積厚會、廣澤會、庇民會、集賢會、橫片會、合義會、泗盛會、永興會、聯盛會、義盛會、永保會、合勝會、永全會、永樂會、聯壽會、福壽會等。這些"香會"和"善會"的信息將有助我們進一步理解塘口鄉魚珠村鄉民以北帝古廟為祭祀活動中心而組織起來的不同功能性的善信組織及其宗教和公益生活[①]。

筆者在出版《廣東地方道教研究》一書時曾說:"在過去,道教學者多側重於歷史和經典的研究,反之對道教在中國地方社會上不同的形態、傳統和歷史發展並未見十分重視,因此與之相關的研究成果亦見薄弱。'廣東道教研究'的課題也是處於同樣薄弱的位置。"[②]我們相信要寫好一部區域道教史的書,就必須從一座座道廟的歷史、一個個道士的生平活動,以及一部部道教科儀經籍等資料的搜集、整理和考證做起。而系統和全面的道教碑刻資料彙集,是學者研究地方道教史的重要準備。近年,道教學術界逐漸重視地區道教史的研究工作,並且,這方面的研究成果幾乎是先要建立在相關地區的道教碑刻文獻輯錄的基礎之上[③]。有關道教石刻文獻的出版,除了《道家金石略》之外,主要有:《巴蜀道教碑文集成》(1997 年出版)、《中國道教石刻藝術史》(2004 年出版)、《金元全真教石刻新編》(2005 年出版)和《山東道教碑刻集——青州、昌樂卷》(2010 年出版)[④]。

就一部具有更高學術價值的著錄碑刻文獻的專書而言,我們同意毛遠明在《碑刻文獻學通論》提出的標準,他說:"祇迻錄碑文,提供文本,而沒有對碑文作任何研究,對碑刻文獻的利用也有缺陷。既迻錄碑刻,又對碑刻進行研究和考證,可以綜合二類著錄方

---

① 關於廟宇香會的歷史研究,參袁冰凌:〈北京東嶽廟碑文考述〉,收入 Sanjiao wenxian: Matériaux pour l'étude de la religion chinoise《三教文獻》no. 3(1999),頁 137-158;袁冰凌:〈北京東嶽廟香會〉,《法國漢學》第七輯,北京:中華書局,2002,頁 397-426;梅莉、晏昌貴:〈明清時期武當山香會研究〉,《歷史研究》2008 年第 3 期,頁 4-22。

② 黎志添:《廣東地方道教研究——道觀、道士及科儀》,頁 7。

③ 例如參樊光春:《西北道教史》,北京:商務印書館,2010。

④ 見龍顯昭、黃海德主編:《巴蜀道教碑文集成》,成都:四川大學出版社,1997;王宗昱編:《金元全真教石刻新編》,北京:北京大學出版社,2005;胡文和:《中國道教石刻藝術史》北京:高等教育出版社,2004;趙衛東、莊明軍編:《山東道教碑刻集——青州、昌樂卷》,濟南:齊魯書社,2010。

式的優點而避其缺陷，體例要完善得多，也有用得多。"①目前許多區域性道教碑刻集衹有收集之功，而少考證研究之力，提供的衹是原始材料，並且由於沒有刊載原碑或拓片圖版，因此未能使讀者放心，會否在文字轉錄的過程中，或多或少有釋讀方面的錯誤、闕脱，以致影響了文獻的真實性和準確性。鑒於過去著錄碑刻文獻專書的得失，本書《廣州府道教廟宇碑刻集釋》的目的並不止於迻錄碑文，提供原始材料而已，我們一方面參考《道家金石略》的體例做法，例如著重注釋部分；另一方面又有所改進和拓展。例如，第一，我們對收錄的每通碑刻，一律注明碑文來源（屬原碑抄錄或其底本出處）及其廟宇存址之所在位置，儘量刊載原碑圖片，並且要反映碑刻文獻的碑額、撰碑人、書丹人、篆額人、立石人等信息。第二，校勘工作方面，不僅凡原碑刻文有異文、有訛脱衍倒之誤者，皆作校勘，而且還要注出所有底本和不同參校本的出處。第三，由於本書的研究方法，是建立在"以地帶史"、"以廟帶碑"的原則之上（這個原則與《道家金石略》不同），因此，為了讓讀者更深入理解每一通碑刻及其所在的道教廟宇之間的歷史關係，我們對全部一百二十一座道教廟宇的歷史演變進行了研究，並統一在所屬的碑刻文之前加上"廟宇介紹"的部分，以言簡意賅地説明每一座道教廟宇的歷史沿革、神壇和神像的佈置，以及與道教傳統有關的信息。第四，對於一般現代讀者而言，古代碑刻文字不容易釋讀和明白理解，因此，我們一方面為每通碑刻文做好標點，並且得到四川大學周裕鍇教授的幫助，為我們的點校成果再校讀一遍，以求準確；另一方面，本書的另一貢獻在於能夠做到為每一通碑刻的內容做出注釋，凡有典故、名物、歷史、鄉村社會和祭祀生活都儘量出注。第五，為了使讀者方便查閲、比較，本書在編製目錄和索引方面，儘量做到清晰、一致和準確，每一座道教廟宇及每一通碑刻文都有系統和規則的編號。在附錄部分，我們列出分別按照碑刻的年份、碑題筆劃編排、撰碑者筆劃編排、碑刻總序號的四種目錄表，以方便讀者查閲每一通碑文的相關信息。

　　最後，我們希望本書《廣州府道教廟宇碑刻集釋》的出版，不單可以為未來學術界展開深入和全面的廣東道教史研究提供重要的研究材料，並且還可以為道教廟宇碑刻研究的進一步發展做出貢獻。道教碑刻文獻數量巨大，內容豐富，打開這座文獻寶庫，確實讓人驚嘆不已。

---

① 毛遠明：《碑刻文獻學通論》，北京：中華書局，2009，頁426。

凡　例

一、收録範圍

本書收録的範圍限於古代以來迄於近今在廣州府區域内有關道教廟宇的碑刻文獻資料,碑刻的年代截至公元1911年。而廣州府的地理範圍,以清·阮元(1764—1849)主修的道光《廣東通志》中的廣州府的地理概念爲準,所謂的廣州府包括廣州府屬的南海縣、番禺縣,以及順德縣、東莞縣、從化縣、增城縣、新會縣、香山縣、三水縣、新寧縣、清遠縣、新安縣、花縣等。本書收録了包括了廣州府屬以及各縣的一百二十一間廟宇,共二百八十二通碑文。

二、碑文來源

搜集碑文的來源,主要分尚存碑刻(及碑刻拓本)和文獻兩個方面。尚存碑刻,在條件允許的情況下,儘量親到原碑藏所勘察、拍照、校勘。文獻則包括當今出版的有關碑刻集和文物志、古今金石志、《道藏》、地方志、廣東文人文集等。

三、廟宇的收録原則

由於廣東所存與道教有關的碑刻一般來自於道教宮觀及地方廟宇,碑刻的情況與廟宇的興建、重修有密切關係,故本書以廟宇爲綱,以碑係廟,絕大部分碑刻都從屬於某個宮觀或廟宇。這樣,既方便研究和檢索,又利於考察廟宇和碑刻的歷史背景。那麼,究竟哪些廟宇和相關神明的碑刻可以收入我們的廣州府道教廟宇碑刻集呢? 本書採用了一個比較寬鬆的“道教”定義作為研究出發點。大凡涉及這個區域之内的道教宮觀,以及直接與道教神明崇拜、道教儀式活動和由火居道士主持等内容元素相關的地方廟宇,都在我們收録的範圍。一方面,碑刻集所收的乃道教宮觀,如元妙觀、上清觀、東嶽廟、三元宫、純陽觀、雲泉仙館、會仙觀等,以及其他與祭祀道教神明有密切聯繫的地方廟宇的相關碑刻,如北帝廟、城隍廟、關帝廟、三官廟、文昌廟等;一般民間信仰的神明不予收録,例如譚公神、龍母神、龍王神、侯王神、六纛大王、崔公等等。但是又因為宋明以來,道教和地方的神明祭祀和廟宇信仰關係十分緊密，不少道教神明均來自民間信仰，因此，本書收錄碑刻的另一個原則就是，民間信仰當中，或者有道教神明封號，或者有相關道經的記載，總之已經進入了道教的神明體系者，可以作為道教神明信仰收錄。這樣的例子，如天后、華光等。另外，一些有道教神誕、齋醮儀式或扶乩活動的地方神明廟宇也予以酌情收錄，如金花娘娘廟。

四、編排體例

在本書體例方面，以廣州府屬以及各縣為單元（以阮元主修道光《廣東通志》中的州府縣的次序為準），按年代先後作序次。

五、單元體例

本書以廟帶碑，所以每一個廟自成一個單元，而廟宇所屬的碑文就是一個個子單元。有的廟宇包括一篇碑文，有的廟宇包括數篇碑文。每個廟宇的單元中，包括了廟宇名稱、廟宇簡介、碑題、碑刻信息、碑文正文、作者簡介，以及碑文考釋等項，有的還有編者按，有的還有校記。其中廟宇名稱、廟宇簡介屬於單元要素，置於該單元所有碑文之前；碑題、碑文正文、編者按、校記、碑文考釋等則屬於子單元要素。碑題位於碑文正文前，編者按、校記、碑文考釋則置於碑文正文後。

一）碑題

碑題包括朝代、撰碑者、碑文題目、撰作時間四個要素，依序排列。如：

明·陳希元：元真觀道士月囷置田創殿記　明正德十四年（1519）

碑題的擬定一般用碑額，無碑額或碑額內容不足以概括碑文者，用碑題。碑題亦不敷用者，則自擬題。

二）編者按

用來說明碑文的錄出所用底本（如拓本或某文獻）。如果有不同出處者，則注明底本與參校本。另外從文獻錄出者，原文獻中有對碑的說明文字也一併列入，同時說明此碑現在的情況（主要是存或不存）。一般的原則如果碑尚存在，就應用原碑或拓本。碑或拓本均無，才用文獻。

三）碑刻信息

用來說明碑刻的有關情況，比如碑的藏所、尺寸、碑額和碑題（如有）等等。

四）廟宇簡介

此項內容包括有關該廟的歷史記載與現實情況的介紹，撰寫中尤其注意到了記載與現狀的對比說明、不同時代歷史文獻(包括不同時期碑文)的現狀綜合考析、不同來源文獻的對比考證。但在綜合的基礎上,文字則儘量簡潔。

五)碑文考釋

主要是對碑文內容的介紹和評價,而以介紹為主。即使是評價,也儘量依據碑刻和文獻資料,以及撰寫者的研究成果。由於碑的情況、作者情況以及廟宇的情況已分別在編者按、廟宇簡介中予以說明,集釋的內容主要包括:碑文中提到的重要歷史事件、重要人物的考證,宗教信息的闡釋,廟宇興衰的敘述等等。但具體到每一篇提要,其內容要根據不同碑刻的具體情況加以變化。而且文學性比較強的碑文也可以有少許文學角度的評價。

另外,碑文考釋也包括了作者生平簡介。佚名作者此項可省。

六、關於碑文文本的處理

碑刻集作為一部資料彙編,首先重要的是對於收錄碑文文本的處理。由於碑刻集旨在為研究者提供一個關於廣東地方道教碑刻的文本,所以碑文的底本選擇、校對、標點等一系列問題就顯得特別重要。

一)碑文底本的選擇

首先,關於碑文出處和底本選擇,大致的原則是:如果碑刻尚存者,無疑當勘察原碑,據碑錄文。然而這衹是一部分。碑刻不存的,如果有拓本存在(或者是影印出版的拓本),就依據拓本錄文。不過,由於有不少碑刻已經亡佚,只能依據文獻來校錄。在各種不同來源的文獻之間,也有一個選擇的標準:

1、如果同一通碑刻,有多種不同的來源,則首選出自金石錄者(包括金石錄或方志之金石篇)。但出自金石錄的碑文又分兩種情況:

輯錄者見原碑或拓本,直接錄自碑或拓的,這種情況毫無疑問當採用該金石錄。如吳榮光〈重修海口文昌閣記〉和吳榮光〈重修佛山汾水關聖大帝廟記〉,均同時出自吳榮光纂道光《佛山忠義鄉志·金石》和吳榮光《石雲山人文集》,則用道光《佛山忠義鄉志·金石》(因為同樣為吳榮光纂,年代也相近);又如吳榮光〈龍塘觀記〉,同時出自宣統《南海縣志·金石略》和吳榮光《石雲山人文集》,則用宣統《南海縣志·金石略》,因為《南海縣志》的輯錄者曾見原碑。

輯錄者未見碑拓,而轉錄自文集或其他出處者,這種情況則儘量採用原始出處。僧成鷲〈南田神廟記〉,同時見於僧成鷲《咸陟堂文集》和《番禺河南小志·金石》,但是《番禺河南小志‧金石》未見原碑,乃錄自《咸陟堂文集》,則用《咸陟堂文集》。

2、在未有碑拓和金石錄的情況下,採用作者文集。如汪瑢〈重修廣州三元宮碑銘〉,同時見於汪瑢《隨山館叢稿》和宣統《番禺縣續志‧古蹟‧寺觀》,用汪瑢文集。

3、衹存在於方志的碑文,於不同方志中,首選出自金石志者。若無出金石志者,則選取年代較早、碑文相對完整者。

二)校勘原則

1、凡底本出現的訛誤、脫文、衍文、倒文以及兩通碑文的異文,一律出校,但不改原字,免生新的淆亂。但脫文則要補充完整,並出校注明來源。

2、底本原有的校語在編者按中注明。參校本與此相同者,不再注出。

3、凡底本不誤而他本有誤者,不出校。

4、凡屬於明顯的版刻錯字,刻書時代的避諱字以及異體字、通假字,直接改正,不出校。

三)闕字的處理

闕字用□代替。

七、註釋體例

一)註釋中徵引文獻格式如下:

1、一般古籍

凡首次徵引古籍時,標識項目與順序如下:1)作者(含編者);2)書名;3)篇名、子目或卷次;4)版本(含出版地點、出版機構、出版年份);5)頁碼(影印本出新編頁碼,線裝書或影印無新編頁碼者出原書葉面)。再次徵引同一文獻,僅出作者、書名、篇名或卷次、頁碼。

例:清‧梁鼎芬倡修,丁仁長等總纂:宣統《番禺縣續志》卷三八〈金石〉,《中國地方志集成‧廣東府縣志輯》第 7 卷,上海:上海書店等 2003 年據民國二十年重印本影印,頁 522 下–523 下。

2、現代論著

首次徵引現代論著,標識項目與順序如下:1)作者(含編者、譯者);2)書名或論文題目;3)論文原刊信息;4)版本(含出版地點、出版機構、出版年份);5)、頁碼。再次徵引同一論著,僅出作者、書名或論文題目、頁碼。

例:柳存仁:〈四遊記的明刻本〉,收入氏著:《和風堂文集》下冊,上海:上海古籍出版社,1991,頁 1262-1263。

　　二)註釋中出現引文時,引文的出處格式如下:

　　1、作者解釋中帶有部分引文,出處用"見某書,某卷,某頁"表示。

　　例:清·梁鼎芬倡修,丁仁長總纂:宣統《番禺縣續志》卷三六〈金石〉錄有全文,原題下注曰"正書,存",文後按語云"右石刻在粵秀山麓三元宫"。見《中國地方志集成·廣東府縣志輯》第 7 卷,分別見頁 474 上、頁 474 下。

　　2、完全徵引,格式爲:1)作者;2)書名;3)版本信息(外加括號);4)卷數(或篇名);5)頁碼;6)引文。

　　例:朱謙之校釋:《老子校釋》(北京:中華書局,1984),頁 7:"此兩者同出而異名,同謂之玄。玄之又玄,衆妙之門。"

八、標點體例

　　一)書名用《》表示,篇名及碑文用〈〉表示。

　　二)碑文中捐資名單,如果是"某某助金(助工金或喜認)金額若干(或某物)"的格式,只於末尾加句號;如果是"某某金額若干",則於某某後加冒號,句尾加句號。

致　謝

　　本書最後能夠完成和付梓出版，絕非僅憑一人之力所能達成。筆者首先要感謝從研究計劃初始，直至完成的過程中，全部曾經參與過計劃的學者和研究人員，例如初期階段有鍾東教授、吳真教授、游子安博士。本書的合作者李靜博士在後期的研究參與工作中，貢獻很大，筆者為此向她表示謝意。此外，筆者還要感謝其他參與過這項研究計劃的香港中文大學道教研究課程的博士研究學生，她們是林思婷、梁斯韻和祝逸雯三位；而道教文化研究中心馮耀邦和楊靜兩位研究助理則分別協助筆者處理本書的地圖、碑刻、廟宇和神像等圖片的修飾工作。另外，我們還要感謝四川大學周裕鍇教授的熱心幫助，將全部點校後的碑文再檢查一遍，以求準確。

　　本研究計劃歷時多年，也不乏波折，期間，許多香港道教界朋友給予過筆者很多的鼓勵和支持，特別是以下四位香港蓬瀛仙館的館長：黎顯華、李宏之、盧維幹和洪少陵等道長，筆者在此向他們表示衷心的謝意。從 2009 年至 2012 年三年間，“廣州府縣道教廟宇研究計劃”得到香港特別行政區研究資助局研究補助金的支持（計劃編號：CUHK 445309），而本書《廣州府道教廟宇碑刻集釋》的出版經費亦獲得香港蓬瀛仙館的慷慨資助，在此一併致謝。由於我們的研究工作還有許多不足的地方，我們企望學術界人士對本書的出版提出寶貴的意見，以使將來的修訂更加完善。

黎志添

2012 年 5 月於香港中文大學道教文化研究中心

錄文集釋

廣州府屬

1　二聖古廟

【廟宇簡介】

二聖古廟，又稱二聖宮，今已不存。清·梁鼎芬主修、丁仁長等總纂宣統《番禺縣續志》云"在內城豪賢街"①。豪賢街，今為豪賢路，在廣州市越秀區德政北路附近。因明季黎美周（字遂球）曾於此築蓮鬚閣讀書而得名②。

廟始建年代不詳。關於廟的重修，宣統《番禺縣續志》云："乾隆間被水傾圮，嘉慶初修復。道光九年里人沈懷仁等募捐，撤而新之。十年落成，十六年（1836）立碑紀其事。"③按，該志之〈金石略〉保存有清道光十六年（1836）黃大榦〈重建豪賢街二聖古廟碑〉，足證之。另，碑文稱廟祀關帝、華帝，即關聖帝君和華光大帝，"二聖"之名蓋來自此。而由碑文看，後殿並祀斗姥、觀音等。

1-1　清·黃大榦：重建豪賢街二聖古廟碑
清道光十六年（1836）

【碑刻信息】

存址：原在廣州城內豪賢街二聖宮西廊壁間，清宣統年間尚存④。今原碑已不存。

碑文來源：宣統《番禺縣續志·金石志》。

---

① 清·梁鼎芬倡修，丁仁長等總纂：宣統《番禺縣續志》卷五〈壇廟〉，《中國地方志集成·廣東府縣志輯》第7卷，上海：上海書店等，2003，據民國二十年重印本影印，頁94下。

② 參清·黃芝：《粵小記》卷四，收入吳綺等撰、林子雄點校：《清代廣東筆記五種》，廣州：廣東人民出版社，2006，頁434。

③ 清·梁鼎芬倡修，丁仁長等總纂：宣統《番禺縣續志》卷五〈壇廟〉，《中國地方志集成·廣東府縣志輯》第7卷，頁94下。

④ 清·梁鼎芬倡修，丁仁長等總纂：宣統《番禺縣續志》卷三八〈金石〉錄有此碑全文，原題下小字稱"隸書，存"，文末按語云"在城內豪賢街二聖宮西廊壁間"。見《中國地方志集成·廣東府縣志輯》第7卷，分別見頁522下、頁523下。

【碑文】

皇帝御極之十年，重建二聖古廟落成，以祀關帝、華帝者也。後殿則並祀斗姥、觀音。夫神各效其職，以示顯祐，凡有血氣者，莫不尊親：將與天地同不朽矣。

關帝赫濯聲靈，不能殫述。茲舉我昭代所以尊崇祀事與帝所以護國佑民者言之。順治九年，加封"忠義神武"。康熙三十六年平定朔漠，雍正三年平定青海，追封三代。乾隆間剿林逆於臺灣，執醜虜於西藏，進號"協天"，再加"靈佑"。嘉慶朝一顯於西蜀，獲王三槐而僇之；再顯於惠州，而斬爛屍四已；又發林清黨數百人之奸，一時雷電合作，帝儼然上臨，進號"仁勇"。今道光八年，又顯於西北，擒張格爾於回疆，此尤章明較著。是故曩者朝廷特旨曉諭天下，凡奉關聖大帝，除去"敕封"二字。崇祀益虔，於斯為極，良有以也。

若夫華帝火神，以五顯稱者，昭火德而兼通乎金木水土。五行相生，則百穀用成，民物利賴，實司其柄。功著南交，又非它邦所及。火神列於祀典，外郡州縣或不立火神廟，則肅將祀事於華帝廟，典至重也。惟斗姥始自前明。案舊《通志》：總制熊文燦招撫鄭芝龍，使與海寇劉香大戰，斗姥現示空中，香敗。文燦以為斗姥即元女下降，塑像立廟於肇慶。粵人祀斗姥始此。至於觀世音，自六朝以來大開法界，隨處化身，無非普濟慈航，夫人而能言之矣。

茲廟未知所由始。先是，嘉慶己未，予嘗授徒廟中，故老云："乾隆間被水傾圮，修復，經今數十年矣。"當時大家殷戶屢欲興修，而屈於力。予竊歎此廟諸神靈爽，實式馮之；倡義尚難其人，意將有所待邪？迄今又三十餘年，而傾壓有岌岌之勢矣。適楊君紹周入廟參謁，低佪良久，慨然欲鼎新之，謀諸里人潘君洪。潘君即向時屢欲興修而未就者也，一議即合。二君力肩其任，又得沈君懷仁、林君光富、李子廷柏共襄其事。章程甫定，而太守胡公方朔、現權太守前南海令潘公尚楫、番禺令胡公琇、增城令明公達、三水丞吳公□首捐俸以倡其始，郡紳士庶樂助以成厥終，選材傲工，撤而新之。視舊廟有加，頗稱壯麗；宰牲有廚，執事有所。督役則潘君服遠、王君雲卿、楊子永菁,與有勞焉。經始於己丑冬月,落成於庚寅秋月,迎神於辛卯三月,至是禮成。僉以序事之文,宜莫如予,余不敢辭。因念黎烈愍公遂球,曾築蓮鬚閣,讀書於是,故里名豪賢,因烈愍而重。方今文運與國運日隆,人事與神恩竝懋,比戶絃歌誦讀,將必有繼烈愍而起者,吾於是里有厚望焉。爰書其梗概,俾後人有所稽焉爾。

  穗城黃大幹撰文,黃培芳書丹,里人黃子高篆額。

  大清道光十有六^{〔一〕}歲在丙申仲春吉旦立石,祝德章刻字。

【編者按】

  碑文輯錄自清·梁鼎芬倡修,丁仁長等總纂:宣統《番禺縣續志》卷三八〈金石〉①。

【校記】

  〔一〕此處當闕一"年"字。

【碑文考釋】

  撰碑者黃大幹,字子直,別字臨溪,廣東香山人,黃培芳從兄。布衣,善古文,著有《臨溪文集》。

  廣州城內豪賢街有二聖古廟,主祀關帝與華帝,兼祀斗姥和觀音。道光十年(1830),此廟重修落成,六年後黃大幹撰此碑。

  碑文敘述了該廟所祀之神受崇祀的情況。首先是關帝,明萬曆四十二年(1614)加封為"三界伏魔帝神威遠震天尊關聖帝君",簡稱"關聖帝君"或"關帝"。在清代,關帝連被加封,列入國家祀典,備受崇祀。順治九年(1652),加封"忠義神武";乾隆間進號"協天",再加"靈佑";嘉慶朝進號"仁勇"②。

---

  ① 清·梁鼎芬倡修,丁仁長等總纂:宣統《番禺縣續志》卷三八,《中國地方志集成·廣東府縣志輯》第7卷,頁522下–523下。

  ② 道教則尊稱關帝為"協天大帝關聖帝君"。見《懺法大觀》卷五《關帝懺》,《重刊道藏輯要》第21冊,成都:巴蜀書店,1986,頁9416上。關於關羽的神格化研究,參黃華節:《關公的人格與神格》,臺北:臺北商務印書館,1967;Prasenjit Duara, "Superscribing Symbols: The Myth of Guandi, Chinese God of War," *Journal of Asian Studies* 47, no. 4 (1988): 778–795。

碑文撰者黃大幹稱述神德的同時，又提及了有清一代平定邊疆與鎮壓叛亂的歷史狀況。如所謂的“康熙三十六年（1697）平定朔漠”，指的是康熙平定噶爾丹叛亂。“雍正三年（1725）平定青海”，指的是雍正平定青海和碩特蒙古貴族羅卜藏丹津叛亂。“乾隆間剿林逆於臺灣，執醜虜於西藏”，指的是乾隆平定臺灣林爽文起義和西藏珠爾墨特叛亂。下文所述嘉慶朝的情況，指的是嘉慶鎮壓幾種民間宗教起義的事情，其中王三槐爲白蓮教首領之一，“爛屐四”爲陳爛屐四，爲天地會首領之一，林清則爲天理教（也稱八卦教）首領之一。最後碑文又敘述了道光時“關帝顯靈”於平定回疆張格爾叛亂一事。

下面一段則介紹華光大帝，碑文云：“華帝，火神，以五顯稱者。”華光大帝又稱靈官馬元帥，面露三光，爲道教火神，可以驅除與火有關的災禍①。明代隆慶年間（1567—1572）余象斗編了一部四卷本章回小說《南遊記》（全名《刻全像五顯靈官大帝華光天王傳》）②。小說內容講述華光出生到皈依佛道，終被玉帝加封爲“上善五顯靈官大帝”。明代《西遊記》第九十六回也提到華光：“華光菩薩是火焰五光佛的徒弟。因勦除毒火鬼王，降了職，化做五顯靈官。”③雖然明人已把華光與五顯靈官混爲一談，但是根據可以遠溯到元代的《三教源流搜神大全》④所收的故事，〈靈官馬元帥〉傳與〈五顯公〉傳是不相同的故事。首先，《南遊記》的華光故事可說是源於《三教源流搜神大全》卷五的〈靈官馬元帥〉傳⑤。據近人研究結論，“華光大王就是靈官馬元帥，或說得正確點，就是靈官馬元帥的演化”⑥。〈靈官馬元帥〉傳說靈官馬元帥“以五團火光投胎於馬氏金母”，後來又“寄靈於火魔王公主爲兒”，繼而“奉玉帝敕，以服風火之神，而風輪火輪之使……而五百

① 明《正統道藏》收有與五顯靈官記載有關的經典，例如《太上洞玄靈寶五顯靈觀華光本行妙經》、《五顯靈觀大帝燈儀》及《大惠靜慈妙樂天尊說福德五聖經》，分別見《道藏》第34冊、3冊及28冊，上海：上海書店出版社；北京：文物出版社；天津：天津古籍出版社，1988。

② 參柳存仁：〈四游記的明刻本〉，收入氏著：《和風堂文集》下冊，上海：上海古籍出版社，1991，頁1262-1263；林桂如：〈眾神之宴：從《南遊記》鬥寶會看晚明出版文化中的宗教信仰〉，《中國文哲研究通訊》第二十卷第三期（2010），頁105-120。

③ 黃永年、黃壽成點校：《西遊記》，北京：中華書局，2005，頁519.

④ 根據清宣統元年長沙葉德輝重刊本之序文，此書元代本名《搜神廣記》，到明代始改爲《三教源流搜神大全》。葉氏稱：“雖明人重刻，猶可推見元本真面也。”見《繪圖三教源流搜神大全·附搜神記》，臺北：聯經出版事業公司，1980，頁4。

⑤ 黃兆漢：〈粵劇戲神華光考〉，收入氏著：《道教與文學》，臺北：學生書局，1994，頁164。日本學者二階堂善弘對於《南遊記》底本爲《三教源流搜神大全》之說，持不同意見，他指出另一可能，即兩者可能皆是在《華光顯聖》劇（散佚）影響下的產物。見二階堂善弘：〈靈官馬元帥華光考〉，《早稻田大學大學院研究文學科紀要別冊》第18集，東京：早稻田大學，1991，頁23-35；二階堂善弘：〈靈官馬元帥華光續考〉，《論叢アジア文化と思想》第5號（1996），頁1-16。

⑥ 黃兆漢：〈粵劇戲神華光考〉，收入氏著：《道教與文學》，頁166。

火鴉為之用”①，最後玉帝把他歸屬玄帝部下，為道教護法四聖之一（《道法會元》卷三六載有〈清微馬、趙、溫、關四帥大法〉）。至於五顯神，在宋代江西、婺源一帶已經流行了，其封號第一字皆為“顯”字，即顯聰、顯明、顯正、顯直、顯德②。近人考證，華光與五顯靈官混為一談的原因是二者都屬火之神③。在《南遊記》中，華光的本性就是“火性”，例如說：“華光乃是火之精、火之靈、火之陽。”④因此，本碑文記云：“火神列於祀典，外郡州縣或不立火神廟，則蕭將祀事於華帝廟，典至重也。”相傳華光大帝的神誕是農曆九月十八日。廣東粵劇行業非常尊崇華光大帝，把他作為行業神供奉，祈求免除火災，長年康順。

其次，碑文認為粵人奉祀斗姥是在明代崇禎年間由兩廣總督熊文燦所開始的。位在廣東肇慶府的七星岩上，立有一座斗姥像。屈大均（1630—1696）《廣東新語》解釋此斗姥像為熊文燦所造，當“文燦招撫鄭芝龍時，使芝龍與海寇劉香太大戰，菩薩見形空中，香因敗滅。文燦以為菩薩即玄女”⑤。據屈大均，肇慶府七星岩斗姆像，“名摩利支天菩薩，亦名天后。花冠瓔珞，赤足，兩手合掌，兩手擎日月，兩手握劍。天女二，捧盤在左右，盤一羊頭，一兔頭”。按，斗姥原為道教神靈，與密教摩利支天菩薩不同。明《正統道藏》收有一部《太上玄靈斗姆大聖元君本命延生心經》，經云斗姆“為北斗眾星之母”，北斗眾星（北斗九辰星君）則名天皇、紫微、貪狼、巨門、祿存、文曲、廉貞、武曲、破軍⑥。斗姥是至今廣受崇拜的道教神靈之一，據稱擁有治療百病、保安胎育、消災解厄、保命延生的神力。但熊文燦所雕造的斗姥像，又是佛道混合的斗姥像，借取了密教摩利支天菩薩的戰士守護神的神力加賦其身。關於佛教摩利支天菩薩的信仰源起，唐朝三藏法師菩提留支已有《摩利支天經》的漢譯本。而具戰鬥裝備的摩利支天菩薩造像，則陸續出現在南宋時期。例如四川大足窟北山多寶塔第 33 號的摩利支天女像，乃雕造於南宋紹興十八年（1148），造型為三頭六臂立乘於象山之上，左手分別持托風火輪、弓、盾，右手各持劍、械殘、長矛，均屬戰鬥兵器，其左右下側立男女供養人像十一名⑦。明初永樂年間完成的《大乘經咒》

---

① 《繪圖三教源流搜神大全·附搜神記》，頁 220-221。

② 黃兆漢：〈粵劇戲神華光考〉，收入氏著：《道教與文學》，頁 168。

③ 黃兆漢：〈粵劇戲神華光考〉，收入氏著：《道教與文學》，頁 174。

④ 余象斗：《南遊記》第五回〈華光鬧天宮燒南天寶得關〉，收入《四遊記》，臺北：世界書局，1958，頁 66。

⑤ 清·屈大均：《廣東新語》卷六〈神語·斗姥〉，北京：中華書局，1985，頁 213。

⑥ 見《太上玄靈斗姆大聖元君本命延生心經》，《道藏》第 11 冊，上海：上海書店出版社；北京：文物出版社；天津：天津古籍出版社，1988，頁 345 上至中。

⑦ 劉長久、胡文和、李永翹編：《大足石刻內容總錄》，成都：四川省社會科學院出版社，1985，頁 136-137；另參陳玉女：《明代佛教與社會》，北京：北京大學出版社，2011，頁 34-40。

第 4 冊第 5 幅的摩利支天菩薩的插圖,其造型為"三面八臂乘群豬像,頭戴毗盧遮那佛寶塔,項掛無憂樹華,左第一隻手執金剛杵、第二隻手執針、第三隻手執弓、第四隻手執金鋼索;右第一隻手執金鋼杵、第二隻手拿線、第三隻手執箭、第四隻手持鉤,坐於七隻豬所拉之座車上"①。至於道教所供奉北斗眾星之母斗姥元君的神像是:"三目三頭八臂,結跏趺坐於蓮花白玉寶座上,處雲氣之間。其正面圓潤豐滿,莊嚴祥和;左為豬面容,作瞋怒相;右為男相,瞋目張口,鬚髯如戟。斗姆的最上一對手高舉,擎以日月,第二對手分持鈴和印,第三對手執弓、箭和戟,第四對手則持手印。昂首踞伏於寶座前的神獸應為獬豸,但無角。"

最後碑文記錄了楊紹周與潘君洪等協力發起重修二聖古廟的經過,資助者包括南海令、番禺令、增城令、三水丞及諸郡紳士。

---

① 陳玉女:《明代佛教與社會》,頁 40。

2　三元古廟（吉山村）

【廟宇簡介】

據 2010 年 5 月實地考察，廟仍在今廣州市天河區東圃鎮吉山村，保存狀況良好。該廟位於村東，因村西又有晉慶古廟（西廟），故本廟又稱東廟。廟祀三元大帝，廟額曰"三元殿"，門邊有對聯一副："宮峙三元永屹東流砥柱，位參兩大遠敷南海恩波。"廟內保存有清乾隆三十年梁世虞撰〈三元殿碑〉（碑號 2-1，總 2）和道光二十四年陳珍撰〈重修三元古廟碑記〉（碑號 2-2，總 3）。

該廟始建年代不詳。根據保存於廟內的碑刻，曾於清乾隆三十年（1765）重建。現存的三元古廟乃清道光二十四年（1844）重建。另外，此廟於民國二年和 1996 年又重修過兩次[①]。

2-1　清·梁世虞：三元殿碑[②]

清乾隆三十年（1765）

【碑刻信息】

存址：今廣州市天河區吉山村三元古廟內。

碑額：無。

碑題：無。

尺寸：碑高 63 厘米，寬 46 厘米。

碑文來源：原碑抄錄。

【碑文】

吉嶺之東，望之蔚然深秀，其名曰"大園"者，殆吾鄉之三元古廟所在也。

---

① 有關吉山村的三元古廟的資料，可參考陳建華主編：《廣州市文物普查彙編·天河區卷》，廣州：廣州出版社，2008，頁 134-136；廣州市天河區吉山村民委員會編：《吉山村志》，北京：中華書局，2004，頁 145-146。

② 碑上無碑額和碑題，此為自擬題。

遐想當年，鄉閭重之，應與西之晉慶等，豈徒為其遮空補缺哉！蓋元氣發祥，其有裨於吾鄉不淺也。及被風雨傾頹，東廟其圻墟矣，而列聖之銜於西焉附之。有志者每欲復建，以踵前徽，乃年逾一年，亦祇長咨共願以俟之已耳。所以是歲春和，振臂群集，欲紹先人之志，而權地利之宜，多寡隨緣，捐金建復，遂有不日而成厥美者。此雖曰神力為之，而亦人力致之也。異日之福祉，其曷有既耶！爰將捐金人員備開於後。

　　信士梁世虞濬亭氏頓首拜撰①。

　　乾隆三十年乙酉仲冬，首事翰屏、逢燕、逢沛、逢琛、秉朝、物長、逢喜、逢仁、熙允、熙照吉旦全日立。

【碑文考釋】

　　撰碑者梁世虞，邑人，清乾隆間人。

　　這篇碑文告訴了我們一些關於吉山村的三元古廟的情況。此廟位於吉嶺東面的大園，與西邊的晉慶古廟相呼應，其地位亦曾與之相疇。然而此廟一度被風雨傾頹，直到乾隆三十年（1765）才重新修復。由此可知，吉山村的三元古廟至少在乾隆三十年已經存在了。

　　三元，在道教中指的是天、地、水三官，又稱"三元大帝"，即上元一品九炁天官紫微大帝、中元二品七炁地官清虛大帝、下元三品五炁水官洞陰大帝②。碑文稱，"皈奉三元大帝"，"有能樹德務滋，生生不息，天將斂福而錫之矣"。

　　東漢時，巴蜀地區信奉三張天師道，天師道祭酒就以祭祀天地水三官，上三官手書作為天師道徒"請禱治病"的方法。早期天師道三官手書的悔罪儀式已建立在一個整體性的神學系統之上，包涵了天官、地官、水官三位天神對地上、水中、地下世界善惡罪過的監視、檢察、考召及賞罰等思想元素③。作為罪罰的檢察官，天官下來降福人間，地官監視地

---

①　此句後尚有捐金名氏若干，已漫漶，此從略。

②　《繪圖三教源流搜神大全・附搜神記》，頁44。另參《太上三元賜福赦罪解厄消災延生保命妙經》，《道藏》，第34冊，頁734中至735上；《三官燈儀》，《道藏》，第3冊，頁570。

③　關於三官手書的研究，參黎志添：〈天地水三官信仰與早期天師道治病解罪儀式〉，《臺灣宗教研究》第3期（2002），頁1–40。

下死者行為,水官則與水中災禍有關。天師道經典《老子想爾注》云:"死便真死,屬地官去也。"[1]收錄在〈正一法文天師教戒科經〉的〈天師教〉亦曰:"命不可贖屬地官,身為鬼伍入黃泉。"[2]後來有"天官賜福、地官赦罪,水官解厄"的一般說法,就是說三官有對世人、亡魂等有賜與福份、赦免罪過、解除災厄的權能。三官降臨人間,考校功過善惡的日子稱"三會日"。〈旨要妙經〉曰:"又三會日以正月七日名舉遷賞會,七月七日名慶生中會,十月五日名建功大會。此三會日,三官考覆功過,受符籙契令經法者,宜依日齋戒,呈章賞會,以祈景福。"[3]據此,三會日亦屬道民上章懺悔,奏請三官解罪之齋戒日。唐代,官方規定三元大帝的神誕日為"三元節",即上元正月十五日、中元七月十五日、下元十月十五日。從此,三元節日取代了三會日,成為三元大帝的神誕日[4]。

2-2　清·陳珍:重建三元古廟碑記

清道光二十四年(1844)

【碑刻信息】

存址:今廣州市天河區吉山村三元古廟內。

碑額:重建三元古廟碑記。楷書。

碑題:重建三元古廟小引。楷書。

尺寸:碑高144厘米,寬71厘米。

碑文來源:原碑抄錄。

【碑文】

蓋聞珚楹繡瓦,朱旗臨太乙之壇;金闕瑤臺,翠仗擁中台之度。而況高矣官星,握乾坤而司坎位;渾然元氣,轉天地而降水衡者乎?三元廟者,初建大園之外,梁聳虹申;繼遷東社之旁,棟飛雲起。元精耿耿,久昭福地之靈;

---

① 饒宗頤:《老子想爾注校證》,上海:上海古籍出版社,1991,頁20。

② 《正一法文天師教戒科經》,《道藏》第18冊,頁238中。

③ 《猶龍傳》卷五,《道藏》第18冊,頁25中至下。另參考《要修科儀戒律鈔》卷八引載唐初《混元皇帝聖紀》的相同解說,見《道藏》第6冊,頁955上。

④ 關於唐代三元節與道教三會日的關係,參李豐楙:〈嚴肅與遊戲:道教三元齋與唐代節俗〉,收入鍾彩鈞編:《傳承與創新——中央研究院中國文哲研究所十周年紀念論文集》,臺北:中央研究院中國文哲研究所籌備處,1999,頁53-110。

廟貌堂堂,藉作吉山之鎮。此固願金甌之永鞏,期寶相之長光,俾瀿祀有憑依,賴山靈為呵護。惟是經年八十,樹亞垣欹;更兼上雨萬千,蘚黏石爛。顯墮鴛鴦之瓦,隱頹薛荔之牆。爰是咸懷雀躍之心,共定鳩工之議,地則仍乎舊址,棟欲換以新材。人捐郭況之金,匠運公輸之斧。經始在夏,工竣於冬。聖像未更,廟堂已煥,雖云人力,實藉神靈。珍適假西河之館,快瞻東廟之楹,屬制斯文,敬題此碣。首事者同鐫琇石,助金者備列貞珉。將見黃蕉丹荔,結萬家香火之緣;由茲泣鼓神弦,佑千載衣冠之氣。郡庠生陳珍聘之氏頓首拜撰。

緣首:梁秉揚、梁秉珣、梁秉應、梁秉裕、梁秉念、梁耀芳、梁耀燕、梁令柏、梁令譽。

道光二十四年歲次甲辰仲冬十一月初二乙丑吉旦立石。香淵氏書。

【碑文考釋】

撰碑者陳珍,字聘之,邑人,清道光年間郡庠生。

這篇碑文寫於道光二十四年(1844)吉山村三元古廟第二次重修落成之時。由這篇碑文,可以知道在三元古廟第一次重修(乾隆三十年,1765)後,曾有過一次遷徙:“三元廟者,初建大園之外,兩聳虹申;繼遷東社之旁,棟飛雲起。”另外,我們還可以知道,在道光二十四年的這一次重修與第一次重修之間,此廟沒有再重修過。碑文云:“惟是經年八十,樹亞垣欹。”兩次重修的時間恰為八十年。

而從重修的緣首姓氏看,梁氏宗族在三元古廟的重修中發揮了重大作用。

3　三元古廟（三元里）

【廟宇介紹】

三元古廟，坐落在今廣州市天河區廣園路三元里村北面，是供奉玄天上帝（又稱真武帝、北帝）的道教廟宇。根據 2010 年實地考察，此廟保存狀況良好。

此廟始建年代不詳。據碑記所載，三元古廟最早一次有確切年代記載的重修是乾隆四十九年（1784），之後於道光二年（1822）再重修。1841 年三元里人民誓師抗英鬥爭，就是在古廟門前進行的。咸豐七年（1857）第二次鴉片戰爭時英法聯軍的入侵廣州，戰火紛擾，遂致原廟傾圮廢壞①。現址的佈局乃清咸豐十一年（1860）重建後的情況。

廟內存有乾隆五十年李茂新〈重修叁元古廟碑誌〉、道光二年佚名〈重修三元古廟碑記〉、咸豐十一年李福成〈復建三元古廟碑誌〉等三通碑刻。

此廟現為國家一級文物保護單位，同時亦為三元里人民抗英鬥爭紀念館。

3-1　清·李茂新：重修叁元古廟碑誌

清乾隆五十年（1785）

【碑刻信息】

存址：今廣州市天河區三元里三元古廟內。

碑額：重修叁元古廟碑誌。篆書。

碑題：無。

尺寸：碑高 183 厘米，寬 79 厘米。

碑文來源：原碑抄錄。

【碑文】

距羊城北數里許，鄉曰三元，有南北廟各居一，所奉諸神靈，而以元天上

---

① 陳玉環：〈晚清時期的三元古廟與三元里〉，《羊城考古》，1990 年第 6 期，頁 28–33。

帝為之主。歷古如茲，而未嘗有所改易也。二廟之在吾鄉，聚族老少千百年來香火敬事不怠。即在道行人，四時瞻仰，亦歷祀彌多。舉凡士農工商，蒙其澤者莫可殫名焉。但見報賽祈年，躋堂而稱鶬濟濟；禳侵占瑞，即闕而奉醴熙熙，亦可想見威靈之響應矣。夫神之所憑，惟廟是賴，俾有寧宇，而後即安。南廟名曰聚龍者，曾於某歲重加修飾，煥然改觀，神靈妥而祐矣。惟是北廟，後枕高岡，青松擁翠；前臨碧沼，綠水漣漪。風景雖是依然，而廟貌日久，蟲蝕鼠穿，材木有朽折之患；風摧雨剝，土石有傾頹之憂。懼無以稱南廟而奉神靈，失前人建瓴壯觀之意。幸鄉中眾長者誠於捐修，更藉四方諸善士翕然樂助，爰經始於甲辰之春初，遂落成於是歲之秋末。遙望廟貌之精華，堂堂非故；近挹規模之壯麗，奕奕鼎新。登斯廟者，不特羨其美富，歎其莊嚴已也。對雲山之景色，想帝德之崇高；緬綠水之情形，思恩波之浩淼。自茲以往，有不時和年豐，民安物阜，降福禳禳者哉！所以然者，誠以神之靈千載如一日也，亦當與南廟而並傳不朽矣。

芳洲李茂新頓首拜撰，弟子李堯昇熏沐拜書，樵西李緒豪鐫。
北澗祖民稅六分五錢，北約眾永遠辦納粮務。

本廟坐庚向甲兼酉卯三分之原。
北約眾信工金肆百玖拾兩正。
信紳劉德成喜認神樓三座、紗帳，仝工金五大員。
活倫會眾信喜認鐘鼓壹副。
李捷元喜認金龍牌三尊。
李漸標、李茂新、李英元喜認頭門石扁一個。

聚龍會眾信：工金拾大員。
恩洲堡六區排眾：工金拾兩正。

永元會眾信：工金拾兩正。

陶隱祖：工金四大員。

衡山祖：工金五大員。

新會李錫琼：工金捌大員。

詩家里植松堂鄭、李際周：已上各工金四大員。

蘭坊許學廣、王世安、李際匡、李綸輝、李作霖、李際衡、李恒秀：已上各工金叁大員。

信紳黃在中、河南大利杉店、南上元會、新會胡懷剛、陸茂進、李子緒、李擇乾、李超萬、李參漢、李參乾、李元茂、王成實、李蕃長、李祐新、李捷元、李啟元、李永秀、李樹康、李覺之、黎錦相、棠夏顏業隆、李宏進、李積齊：已上各工金貳大員。

南海前華豐銀舖，大馬站黃應時、黃應中①，仁義會，李振昭，李秀郁，李際安，李際裕，李樹標，李興耀，李英彩：已上各工金壹大員半。

近泉祖，□步陳埠新，馨蘭坊梁廣庇、朱捷秀、順茂號②，信紳馮達善，連桂坊昌利號、萬聚號、周岐芳③，王朝用祖：壹兩正。

大塘街羅朝漢，双門底東阜銀店，山西德春號，魁巷李鍾華，十三舖李朝海，太平門葉達明，第六舖中成當，牛乳橋鍾慶隆，宜民市廣和烟店，順邑吳均平、溫朝宗④，西村李屏翰，譚村凌本英、凌陳氏，茅岡鄧石帶，馬歷駱文輝，勒馬岡吳朝士，棠下龍顯聰，歷榮里張大翔，李子承，李天穆，李斐德，黃廣力，李斐珍，李際斯，王世舉，李亮朝，李吉士，李際舉，龍慶會，聚樂會，李際昭，李秀枝，韋尚雄，李誕長，李士元，李日新，李喬長，李德和，李郁肇，何奇燦，李秀標，陳禮功，李林舉，梁□學，黃□元，朱□進，李裕長，李會千，李遂新，李□新，李作錦，李永安，李英華，李郁進，李作榮，黎成就，李永開，李英豪，李樹珍，

① "大馬站"三字位於黃應時、黃應中上方。
② "馨蘭坊"三個字，各有一字在梁廣庇、朱捷秀、順茂號上方。
③ "連桂坊"三個字，各有一字在呂利號、朱捷秀、順茂號上方。
④ "順邑"二字，各有一字在吳均平、溫朝宗上方。

15

李永珍,李英國,胡德功,李英献,李惠之,李英聚,李西耀,李得能，李英貴，李恒青,王德耀,李謝氏:已上各工金壹大員。

　　李秀長:五錢二分。

　　朱衍昌:五錢正。

　　李藹千:四錢正。

　　廣府前吳天吉、吳同升①,清風橋李耀□,十字街何廣利,連新街鍾定有,大南門福和堂,布同前黃明滙,□□同益號,□□巨豐店,馨蘭坊梁新寬、梁英萬、梁雲作②,何英富,沙塘邊何松修,連桂坊李奇贊、合記號、陳萬新③,清安里張瑞元,歷榮里張大振,□西郭廣威,萬善里陳應鰲,第八舖聚南號,百子里許學賢,田心坊陸朝棟、李倫祖,□神坊周希,省城徐敦蓁、簡調六、潘南源④,西門德興店、施喬連⑤,黃朝光,省城郭本信、郭本高⑥,双井黃從茂,宜民市周義合,三多社梁國恩,番邑屈時秋,順邑廖思慶,新邑劉芝鵬,三水陳炳連,玉聖堂何朝貴,棠夏顏茂進,鶴邊何廣先,棠涌嚴護多,瑤台樂安堂蔣、陳廣志⑦,双□釋寶輝,馬□駱效天,陳同馮天鵬,省城姚爾松,李□會,李堯升,李德俊,李博士,李功贊,李振舉,李仲朝,李倉能,鄧允朝,李宏贊,李士舉,李樹槐,王恒昌,李德昭,李維新,李秀蕃,馮漠三,馮亮三,仁義祖會,同慶會,潤慶會,近勝會,全義會,慶義會,朱衍詔,朱聯魁,吳順章,韋德朝,韋集成,李華春,李耀祖,李啟業,李啟蕃,李樹良,李際顯,李秀初,黎日勝,李秀升,李樹寧,王建開,李郁開,陸達偉,李廷元,李永初,王世開,李俸士,黎錦章,李樹安,黃在貴,賴士球,李作明,盧廷貴,張孟興,韋集廣,李英萬,李享之,郭朝開,王大洲,王德大,王德明,李永爵,陸爵偉,李

---

①　"廣府前"三字,分佈在吳天吉、吳同升上方。
②　"馨蘭坊"三字,各有一字在梁新寬、梁英萬、梁雲作上方。
③　"連桂芳"三字,各有一字位於李奇贊、合記號、陳萬新上方。
④　"省城"二字位於徐敦蓁、簡調六、潘南源上方。
⑤　"西門"二字位於德興店、施喬連上方。
⑥　"省城"二字位於郭本信、郭本高上方。
⑦　"瑤台"二字位於樂安堂蔣、陳廣志上方。

啟善,陳英文 黃能文,李蕃之,李英才,李英尚,王英朝,王德聚,李樹春,李永章,馮耀彩,朱廣高,李初士,李郁榮,李馨長,李裕珍,李建之,李華之,李叶長,朱廣居,胡世剛,王建南,李英蕃,李秀達,李秀天,李林之,李德全,李郁昭,李英元,廖士爵,李廣聰,王建能,盧廣興,王德乾,王世貞,何奇貴,李英賢,李永浩,李殿元,李秀萬,吳廣先,王國傑,王德雄,胡世珍,彭孟相,李華勝,李樹參,李奇聰,李洪耀,李沛思,李賢之,李富耀,朱忠刊,胡世樹,胡世章,李肇修,李豪之,李元之,李德賢,李大鵬,黃年進,李華長,李大□,李五成,李□青,李日□,李观根,李近貴,何亞賜,李松進,李潤開,李蕭氏,李戴氏,李馮氏,童女李亞銀,陸汝明:已上各工金壹中員。

范茂成、興隆會、李彥聰:已上各工金叁錢正。

李賢輝:二錢六分。

朱亮公、王國平、梁天就、梁太標、蔡啟和、黎廷興、羅裔光、双井李榮貴、李振高、李耀聰、李潤文、黃德勝、江夏李观孟、蕭岡彭孟康、瑶台蔡亞海、李能貴、李遠亨、郭朝惠、李秀高、李顯思、洪世蕃、張建朝、陳宏志、許樹桐、黎廣宗、李樹松、李肇常、李亞項、李得富、李永華、李桂蘭、陸國偉、梁光猷、李際榮、趙儒傑、李遠貴、王德燦、李永純、王金祥、李振東、李振華、李亞明、李能珍、瑶台陳德惠、馮義勝、李樹霖、李永和、李振升、李孫弼、陳亞勝、李遂思、王世明、李樹材、郭成記、李起聰、李挺華、李作銓、李士貞、黎兆華、李奕聰、李顯科、張建廣、李能發、張文廣、韋集明、李保之、李能標、李建基、朱西刊、黃仁昌、李廷舉、李秀茂、李永揚、李明之、李普之、李榮萬、李廷耀、李顯之、李仁之、李經耀、劉□初、麥世科、黃寵賢、邱英鳳、李永生、李華青、胡德閏、胡世豪、鄧允祥、陳洞馮玉天、黎成有、恒勝會、胡朝光:已上各工金貳錢。

張大葉、張大炎、鮑遂意:已上各工金壹錢八分。

李俸賢、陳國贊、李永裔、李秀生:已上各工金壹錢五分。

李閏思、李英燦、李秀英、李成萬、顏朝仲、張德華、林亞壽、葉達才、李渭全、李樹堂、李華勝、李華貞、李作善、李英弼、葉韶貴、李成聰、李作新、李達兼、李達維、李維聰、李廣集、李捷英、李廣英、李任賢、李挺朝、李作貴、李榮興、吳沛琪、李榮享、李耀太、李華升、李啟進、李則仁、李彩之：一中員。

　　李富英、李挺芳、李本聰、李成德、梁光培、張成會、顏洪廣、李耀能、陳禮廷、張文炳、黃亨元、李裔輝、蘇永昌、陳昌舉、盧廷相、謝廷茂、張瑞隆、李攀元、陳連進、張大基、梁上達、梁茂昌、李際士、李際任、李啟祥、李廣珍、李士之、李宏之、李文之、李運開、李貴之、李燦錦、李良萬、顏國寶、黎成功、李得貴、李福栢、李栢生、李則有、李則安、李文升、朱達標、李貴賢、李恩承、李朝爵、李亞開、陸亞蘇、羅裔華、李永良、李爵耀、陳華貴、顏文燦、李樹進、李廣志、李瑞彩、李永高、王國標、李永豪、王帝裕：已上各工金壹錢正。

　　乾隆五十年歲次乙巳仲冬穀旦，闔眾信暨值事陸茂進、李澤乾、李堯升、李參漢、王世安、李德進、李綸輝、李祐新、李際安、李西長祖，緣首李際周、李捷元、李秀郁、李蕃長、李啟元、李覺之、王德大、李英元、李秀標、韋尚雄、李啟蕃、朱廣標、胡世顯、李啟貞全立石。

【碑文考釋】

　　撰碑者李茂新，邑人，清乾隆間人。

　　這是現存最早的關於三元里三元古廟的碑記。由此碑我們知道，三元鄉本有南北兩廟，所奉都為玄天上帝。關於南北廟，宣統《南海縣志》卷六〈建置略·祠廟·金利司〉有相關記載，其"三元廟"條云："在恩洲堡三元里鄉北。"是為北廟。而其"聚龍祖廟"條云："在恩洲堡三元里鄉南。"[①]"聚龍祖廟"之名，符合本碑所云"南廟名曰聚龍"的說法，當即為南廟。

　　而此碑所涉及的乃是北廟。由碑文可知，聚龍廟（南廟）曾經修飾，因此在規模廟貌上勝過了三元古廟（北廟），於是有了乾隆四十九年對北廟的捐資重修。

　　三元鄉的地緣組織由四約組成，即北約、南約、西約、東約。〈重修叁元古廟碑誌〉的捐資人名單中，以"約眾"名義捐資的法人團體只有北約，北約眾捐資額為肆百玖拾兩，而屬於南廟的聚龍會眾信，捐資只有拾大員，因此，這可解釋似乎應該是位於鄉北頭的三

---

① 見清·鄭榮修，桂玷纂：宣統《南海縣志》卷六，《中國地方志集成·廣東府縣志輯》第30卷，頁186下。

元古廟與北約有著更為密切的關係。其次,由於鄉中各人捐出的資金,雖零星至壹錢或壹錢八分,都一一分別列名。所以,由"約眾"名義捐出資金,亦反映以各約之間所構成的地域性共同體大都有一定的共有財產基礎。

3-2　清·佚名:重修三元古廟碑記

清道光二年(1822)

上碑

【碑刻信息】

　　存址:今廣州市天河區三元里三元古廟內。

　　碑額:重修三元古廟碑記。楷書。

　　碑題:無。

　　尺寸:碑高137.4厘米,寬74厘米。

　　碑文來源:原碑抄錄。

【碑文】

　　嘗謂:"神也者,妙萬物而為言也。"①故神無方,其不獨依形而立也,審矣。自昔先王以神道設教,享於帝而立之廟,於是築為宮室,致其禋祀,以為黔首則。則至誠所感,又安在神道之果遠乎!我鄉之北道向建三元古廟,虔事玄天上帝、文昌帝君暨列位尊神,多歷年所。曾經重修於乾隆甲辰歲,迄於今幾四十寒暑,上雨旁風,又復漶漫剝落。鄉之人士僉議更新而恢廓之。由是忭舞歡呼,輸誠恐後,而遐邇袗耆善信並樂為踴躍襄事。因而同心協力,鳩工庀材,敞之以庭堂,峻之以陛級,楹廡庖湢,靡不改觀。其前殿以奉上帝,其後殿以奉文帝,而方、康二元帥位次左右;別創偏殿於廟北,則禾花、金花夫人位焉。溯自首夏經始,閱八月告厥成功,固儼然新廟之奕奕也。非

---

　　① 魏·王弼、晉·韓康伯注,唐·孔穎達疏:《周易注疏》卷九(臺北:學生書局,1967),頁743:"神也者,妙萬物而為言者也。"

神靈默佑，曷克臻此？繼自今士食舊德，農服先疇，老安少懷，各得其所。神之庇我同人者，正莫知紀極也已。茲當事竣，謹敘其興作之緣，並將樂助姓名勒石以昭茲來許云。

喜助工金芳名開列于左：
（李德任壹大員。
陸志高壹大員。
西北社壹大員。）①

鄉眾助工金貳伯貳拾壹兩。
四約埠助工金叁伯陸拾兩正。
北約眾助工金壹伯玖拾兩正。
三元會助工金壹伯伍拾兩正。
聚龍會助工金壹伯零壹兩正。
十六畐排眾助工金壹伯大員。
永元會助工金壹伯大員。
恒泰當助工金肆拾兩正。
南上元會助工金伍拾大員。
梁式穀堂助工金叁拾大員。
北上元會助工金貳拾大員。
另畐排眾助工金壹拾兩正。
李元禮祖助工金壹拾兩正。
西山古廟助工金壹拾大員
李陶隱祖助工金壹拾大員。
李衡山祖助工金壹拾兩正。

① 此三行位於“喜助工金芳名開列于左”一行直下，當爲後來補刻。

李茂新助工金壹拾兩正。

凌冠萼助工金壹拾大員。

凌崑山助工金壹拾大員。

陸滿源助工金壹拾大員。

李覺之助工金壹拾大員。

李昆萬助工金壹拾大員。

李孫達助工金壹拾大員。

李本生助工金壹拾大員。

孟孔長、孔積助樑金壹拾大員。

李如泉祖助工金捌大員。

李碧山祖助工金捌大員。

李西圃祖助工金捌大員。

王北澗祖助工金捌大員。

李印南祖助工金捌大員。

元昌店助工金捌大員。

李斌元助工金捌大員。

周燦文助工金伍兩正。

以文堂助工金陸大員。

李天覺祖助工金陸大員。

李耀能助工金陸大員。

朱廣蕃助工金陸大員。

游奇記助工金陸大員。

李潤水助工金陸大員。

黃炳助工金伍大員。

李竹屏祖助工金肆大員。

李龍泉祖助工金肆大員。

李近泉祖助工金肆大員。

李雪溪祖助工金肆大員。

何名珍店助工金肆大員。

鄭裕堂助工金肆大員。

李英萬助工金肆大員。

李英豪助工金肆大員。

馮文龍助工金肆大員。

李傳之助工金肆大員。

李翼之助工金肆大員。

李倬之助工金肆大員。

李進思助工金肆大員。

王德耀助工金肆大員。

李孫卓助工金肆大員。

李孫鶚助工金肆大員。

李恒憲助工金肆大員。

李洪萬助工金肆大員。

李恒修助工金肆大員。

李有紹助工金肆大員。

李有述助工金肆大員。

李覲星助工金肆大員。

蘇彩揚助工金肆大員。

鴻昌店助工金肆大員。

李石崗祖助工金叁大員。

德興店助工金叁大員。

李秀德助工金叁大員。

李茂生助工金叁大員。

泗隆店助工金叁大員。

陳廷學助工金叁大員。

李屏之助工金叁大員。

王光俊助工金叁大員。

李元思助工金叁大員。

李志□助工金叁大員。

李志揚助工金叁大員。

李勝錦助工金叁大員。

李有芳助工金貳大員半。

區家熾助工金貳大員半

王呈玉助工金貳大員半。

李廸昌：壹中員。

李其兆：壹中員。

王華開：壹中員。

李秀經：壹中員。

（易隆輝：一元半）。①

聯慶社、永福會、正西社、東南社、三多會、怡樂會、李華泉祖、李東嶺祖、李桐柏祖、李皖祖、李鳳台祖、李如赤祖、李元之、李恒文、李恒中、李黃氏、王才大、韋志顯、合豐店、義盛店、李□□、李奇聰、李肇邦、胡業進、李渭顯、馮滔廣、馮尚志、李光興、李啟文、李恒紹、李觀健、李開基、李郁饒、李裔智、李可業、李其熾、李大榮、李黃氏、李渭明、李肇顯、李敏生、李衍生、羅錦培、王居珍、林羅氏、李開達、王松志、李潘氏、李惠思、李裔蕃、李祥萬、李永裔、陸天澤、陸天成、（李葉章一大元）②、馮文蛟、李洪光、李開蕃、李恒毓、李敬慎堂、合聚店、張邦輔、李孫

① 此一行當爲後來補刻。
② 此一行當爲後來補刻。

弼、李福榮、李富昇、李嶸生、朱祖寧、李明萬、李明新：已上工金貳大員。

李爵成、李興萬、李肇華、李志平、李肇才、李志光、李以俊、翁心陽、郭倫登、馮桂芳、馮合店、中和店、李廸禮、李英長、易隆輝、李郁盛、王德雄、李開華：已上助工金壹大員半。

李英聚、李英國、馮潮□、鄧業明、李堪培、李達平、區世廣、李蕃興、李成裔、李藻光、李成寬、李習善、李其興、李孫富、何德輝、李榮初、李應庚、胡世顯、陳興錦、李青槐、李光輝、李青燃：已上助工金壹大員。

陳文桂、韋尚君、韋志穗、李洪蔭、李世耀、李恒德、李普之、義和店、何瞻興、謝奇雄、鄧昭秀、李初明、李洪茂、李開萼、陳逢進、吕廸文、吕餘慶、朱華三、李運通、李洋九、陸太高、胡文光、區秀昌、李就開、李文之、南聚店、李志剛、李志林、（李紹蕃一中元）①

李恒昭、李大業、李翔槐、李恒昌、胡懷剛、李寬泰、李炳暄、李炳明、陳兆麟、李藝之、李渭德、李榮槐、黎錦章、黎萬松、李達基、韋志寬、李蕃英、胡□□、李有通、李其萃、李可章、李有恒、李廣祥、李裔章、李志開、李大昌、李尚和、李開文、李肇魁、周賢開、李閏九、王朝大、李志能、朱彥洲、李耀昇、鍾惠孔、鍾慶孔、信合店、李建長、李能思、李恒玉、李裔昌、李秀江、李其茂、李榮萬、顏作昭、李敏思、李廷亨、李肇蕃、李允思、李恒錦、葉達才、李德□、李廣超、李昌國、葉德釗：已上助工金壹大員。

（王光和：壹中員。

王光權：壹中員。）②

李有思、李永生、李郁標、張芝茹、福壽會、李爵達、樂善會、李渭長、李渭文、李尚志、李以成、李德思、陳百英、李開佐、李作憲、李尚顯、李恒耀、賴發業、李熊湘、李渭犖、王松瑞、李志發、李郁豪、王昌大、吳能傑、李裔生、李閏

---

① 此一行當爲後來補刻。
② 此兩行當爲後來補刻。

思：已上助工金壹大員。

（王光聚：壹中員

李有基：壹中員）①

□樂省堂、李麃生、馮宣哲、王廣大、李恒勝、李富思、李配乾、李有學、李郁茂、郭齊科、王亦顯、李敢信、王能大、李恒千、李渭能、李斯氏、李余氏、李余氏、陶李氏、李添姑、李陳氏：已上助工金壹大員。

李錦生、李平波、李景和、李藝興：已上助工金壹中員。

道光二年歲次壬午仲冬吉旦立石。

下碑

【碑刻信息】

存址：今廣州市天河區三元里三元古廟內。

碑額：重修三元古廟碑記。楷書。

碑題：無。

尺寸：碑高 144.5 厘米，寬 74 厘米。

碑文來源：原碑抄錄。

【碑文】

喜助工金芳名開列于左：

以德堂喜認上帝錫香案壹副、錫香爐壹座。

以文堂喜認文帝錫香案壹副。

育麟堂喜認金花夫人、禾花夫人錫香案壹副。

健文堂喜認文帝神樓壹座。

譚李氏喜認上帝、金花、文帝、禾花紗神帳叁堂。

胡金錫喜認康元帥、方元帥紗神帳貳堂。

---

① 此兩行當爲後來補刻。

李肇開：工金壹大員。

李勝基：工金壹大員。

杜兆邦：工金壹大員。

李恒長：工金壹大員。

李茂思：工金壹大員。

李郁良：工金壹大員。

李□思：工金壹大員。

李廸輝：工金壹大員。

顏朝端：工金壹大員。

李洪春：工金壹大員。

李洪□：工金壹大員。

李茂祥：工金壹大員。

朱高秀：工金壹大員。

李聰：工金壹大員。

李孫傑：工金壹大員。

馮氏：工金壹大員。

李郁發：工金壹大員。

李福謙：工金壹大員。

美源店：工金壹大員。

李樹進：工金壹大員。

赤平堂：工金壹大員。

曾秉恒：工金壹大員。

李信興：工金壹大員。

李恒滙：工金壹大員。

李潤德、李淳德、李溢德、李懋德、李辛閏、李秉幾、李秉璋、李孫發、王文□、李黃氏、陳朝□、三元埠、李顯榮、李德安、何盛之、李彩之、李恒光、李富基、

李榕基、李瑞基、李仲積、李榮光、李賢珍、李茂高、李其遠、李廣思、李洪芳、
李洪輝、李大□、李德賢、李業興、李庭玉、李庭禮、李華錦、李肇登、李信昭、
李孫裔、李挺國、李逢光、李璧光、李□光、李齊進、李成林、黃肇風、李茂達、
李太群、陸樂高、□能興、宋鳳洲、李潤光、李可堅、盧廣昇、韋開朗、□秩斯、
韋志高、盧廣興、韋志業、李廷光、李榮保、崔步蟾、李志松、李志登、葉漳帶、
李榮享、李以澤、李廷昌、李廷顯、胡衍光、李肇光、李亞立、李能超、王福大、
朱享□、李亞□、李勝萬、賴發祥、李智昭、李秀昇、李郁全、李起剛、李超文、
李廷舉、李富達、李大雄、馮文有、李連新、朱達標、李紹稽、李德才、李有寬、
李俊槐、李羨興、李進□、李榮安、李朝基、李志韜、王光業、王由生、李永華、
李尚齊、李恒沛、李貴之、李郁祥、李恒興、李傳基、李恆祿、羅廣榮、李柏高、
李兆林、李絕發、李恒享、李恒萬、李能進、朱興有、李郁林、李□清、黎□萬、
葉潤珍、羅裔華、李肇章、李恒國、王松興、陸敬祥、麥籔廣、李明通、李世聰、
李許氏、李林氏、李□□、□孫德、□□財、李富生、李志生、李爵如、李義之、
李宏基、李尚乾、洪瑞明、李大江、李恒聚、李蕃錦、李開奕、李恆章、朱高明、
李隆昇、李蕃耀、王朝弼、梁燕焜、韋志廣、李恒發、王恒大、李恒爵、李兆鎔、
李容超、李成槐、李達槐、鄧滔貴、李兆魁、李渭興、李爵興、李郁潮、李郁錦、
李初海、李志標、黃運通、李錦基、李瓌瓚、李其新、陸興祥、李幹耀、李大恒、
胡懷憲、王松長、李達光、朱伯高、李廸顯、何信達、何仰興、李肇寬、李和千、
李志興、李本耀、彭昌貴、李信耀、彭奕能、周業成、韋連輝、李啟成、李德裔、
李彭氏、李兆開、李富潤、李恒邦、凌恒剛、梁燕華、吳文威、馮茂昇、李恒允、
譚榮春、譚漢清、陳國傑、李富高、李恒春、李裕祥、李裔榮、李恒裔、李渭滔、
談操政、李洪舒、李孫鳳、李渭昭、郭榮贊、李榕萬、陳宏開、李恒基、李富賢、
李恒秩、李孫泰、孔沛林、孔紹林、李有科、李曉萬、李肇通、李錫祥、李明泰、
李渭可、李恒盛、李配珍、李有叙、蘇瑞高、李晼生、李郁成、李紹蕃、李福基、
李孫登：已上助工金壹中員。

劉德新、李怡芳、李郁萬、王國清、王國泰、李兆青、李孫彥、李廸波、李郁宏、

李郁懷、李連興、李渭開、王國亮、王祖維、李渭高、李成思、李朝進、李德開、李永和、李志瑞、李孫有、王志大、李健生、李叶長、李桂生、李孫超、王光槐、李廸科、李亞美、李成基：已上助工金壹中員。

　　梁錫成、梁芝盛、李祥生、李其珍、黎亞春、李其珍、李呈基、李渭拔、李容茂、李日光、李孫讓、黃植培、李啟耀、李達明、李禮昭、羅李氏、李華福、李信槐、李捷英、李廷傑、余宇中、羅繼長、朱松江、陳朝端、張容安、江達朝、陳朝達、王顯英、黃能文、蔡廸明、李友之、李另發、李創業、李德照、李義昭、李祥光、馮明廣、李可枝、朱明標、李會聰、李文登、李容升、黃志倫、李廷槐、李金祥、李有敬、李其錦、李本聰、李柏成、李肇能、李顯仁、馮兆雄、蘇建中、韋志錦、朱有昇、朱光成、鄧高彥、黎國顯、羅廣章、李存枝、李明貴、李亞敬、李泰來、黎國瑞、葉江有、王潤潮、王閏海、郭廷貴、李洪英、黃廷芳、李有信、李廷載、李貴賢、李可生、李志廣、李琼拔、顏洪廣、顏作科、李恒健、李發科、羌啟勝、李日炳、李開泽、李蘇氏、李開兆、李開大、李開亮、李開廣、李允就、楊植芳、李開卓、李亞呈、李亞瑞、王揚韜、王揚福、李明光、李容勝、李容達、王成著、王成祿、王成沛、李福興、李純昭、朱華清、李存開、李明達、何亞明、李常聰、陳勝意、李達文、李亨進、梁佩文、梁佩章、李廣基、李學禮、李廣聖、李志興、韋集英、李恒高、李富華、李純明、盧永祿、鄧廣平、李廸平、李開廸、李其卓、李裕昇、李亞娣、李榮思、朱鳴洲、王顯大、李鍾氏、李恒敬、李渭富、李渭泰、李達賢、李發萬、李柏財、黎東茂、李浩賢、孔廣新、李廸科、李松桂、李純廣、李廷龍、李其煥、李有達、李洪基、李恒珍、韋進光、李蘇九、蔡佐明、黃長成、李琨瓚、李有生、李秀發、李時昇、李永光、李習能、湯亞三、韋連標、李秀登、李其蔭、朱炳輝、李渭陽、李明思、胡新庚、李沛興、李悅興、李開泰、李怡遵、李肇明、李肇興、李志華、李其剛、李詠贊、李肇寧、李光燿、何亞桂、李國興、王德勝、王德慶、李殿興、李德朗：已上□□□貳□□。

　　重建值事李英豪、李茂新、馮文龍、朱廣蕃、李有恒、恒泰當、李翼之、李蕃興、李以俊、李卓之、李永生、李孫卓、李恒憲、李昌國、李秀德、李開基、李明萬、李孫鸉、李進思、陳逢進、李孫達、李肇魁、王光進、李閏思、李英長、馮滔廣、李本生、李達平、李渭長、李興萬、李有芳、李成裔、李開達、王能大、韋志顯、李可業、李其熾、李藻光、李肇邦仝立石。

道光二年歲次壬午仲冬吉旦。

【碑文考釋】

根據這篇碑文,在道光二年(1822)的這次重修之前,乾隆甲辰歲(乾隆四十九年,1784)就已經有過一次重修。道光二年重修後古廟的布局是:正座分前後二殿,前殿奉祀玄天上帝,後殿奉祀文昌帝君。文昌帝君左右分別是康元帥、方元帥。另在廟北設偏殿,內設金花夫人、禾花夫人之神位。

比較一下乾隆四十九年〈重修叄元古廟碑誌〉和道光二年〈重修三元古廟碑記〉的捐資人名單,我們更可以看到以三元古廟為祭祀中心的三元鄉社會組織①。首先是根據地緣關係組成的社區組織,如北約、南約、西約、東約;二是以血緣關係組成的家族組織,如以"李如泉祖"、"李碧山祖"或"梁式穀堂"、"鄭裕堂"等名義出現的,就是一些以某一祖先為中心,由其名下子孫組成的家族組織;三是出於政府進行戶籍管理和征收賦稅的需要而編成的稅收組織,如"十六圖排另眾"、"另圖排眾"等;四是以香會形式結成的以三元古廟為祭祀活動中心的信仰和慈善性組織,如南上元會、北上元會、永元會、聯慶社、永福會、三多會、怡樂會等等。南上元會和北上元會應是一種為組織北帝在元宵節時的拜祭活動的一種香會組織。

3-3　清·李福成:復建三元古廟碑誌

清咸豐十一年(1861)

上碑

【碑刻信息】

存址:今廣州市天河區三元里三元古廟內。

---

① 參陳玉環:〈三元古廟與三元里的鄉村組織——以《重修三元古廟碑記》為中心的考察〉,收入廣州博物館編:《鎮海樓論稿——廣州博物館成立七十周年紀念》,廣州:嶺南美術出版社,1999,頁165–176。

碑額:復建三元古廟碑誌。楷書。

碑題:無。

尺寸:碑高135厘米,高69.5厘米。

碑文來源:原碑抄録。

【碑文】

嘗聞天地無私,神明時察,則人宜立廟祭享也明矣。因溯粵省城北距三里許,有鄉曰"三元",原建南北兩廟,俱奉玄天上帝爲之主。其顯威靈於四境,沛德澤於遐陬,莫罄名焉。維是北廟創自前人,立前後二殿;廟北又立偏楹,兼奉諸神。隨事祈禱,碑誌猶存,規模壯麗,堂峻輝煌,較南廟而更式廓矣。不料氣數有定,迨至甲寅,醜類頻滋,丹垣腰棟,倒塌消磨;越丁巳,胡塵紛擾,玉質金相,盡歸朽腐。不議修復,焉能妥侑以祀享也?若二廟同建,又艱於財,議以後先,籌謀或易。鄉北善信,倡首歡呼,輸誠恐後,而闔鄉士庶,亦皆踴躍贊襄,同稱美舉。故建復北廟,始也爰藉吉神呵護。官紳鄉民,各坊士女,樂助訴題,計金購料。復建兩椽一殿,中正以奉上帝,左右位次諸神,對越莊儼,尤爲赫濯。始經營於庚申之秋,遂落成於是歲之末,倏然廟貌維新。非神之默祐,曷克臻此!自茲以往,官紳婦幼、士農工商,莫不飲和食德;被其澤者,罔有極也。今當告竣,誌念仁人或解盛囊,或助重器,謹敘其建復之緣,勒之貞珉,以垂不朽云爾。

里人李福成頓首拜撰。

喜助工金用器芳名列左:

三元會助銀壹百大員,聚寶鐵籠亭壹座。

聚龍會:壹百大員。

北約眾:壹百大員,鐘鼓全副。

鄉眾保平堂:壹百大員。

永元會:伍拾大員,北上元會:肆拾大員,仝認燒香鐵爐壹座。

十六啚：五拾大員。

南上元會：叄拾大員。

永福會：叄拾大員。

保安堂：貳拾大員。

李建章：貳拾大員。

東南社：拾五大員。

李恒光：拾五大員。

人和店：拾兩正。

東約眾：拾大員。

西約眾：拾大員。

南約眾：拾大員。

李廷舉：拾大員。

潤壽會：拾大員。

菜欄大盛號：拾大員。

李肇顯：陸大員。

李恒中：陸大員。

李耕□堂：陸大員。

賢樂里駱積善堂：五大員。

同慶堂：五大員。

聯慶社：五大員。

菜欄周泗全：五大員。

寶華衛明良：五大員。

聚誠堂：五大員。

同元堂：五大員。

廖秀林：四大員。

大盛杉：店四大員。

沛平堂：四大員。

胡康泰：四大員。

李達榮：四大員。

健文堂：四大員。

周溢榕：四大員。

李廷昌：四大員。

李孫鈞：四大員。

李孫芝：四大員。

王朝拔：四大員。

菜欄兩全店：三大員。

仁和店：三大員。

□岡茂源店：三大員。

李亮輝：三大員。

飛昇會：三大員。

李廣輝：二大員半。

李有芳助銀二大員。

李開基：二大員。

李光興：二大員。

李洪萬：二大員。

李廷立：二大員。

李孫垣：二大員。

李其熾：二大員。

李開亮：二大員。

李恒禎：二大員。

李能邦：二大員。

□勝□：二大員。

義□號：二大員。

□□堂：二大員。

三□會：二大員。

李□□：二大員。

同福堂：二大員。

李廷傑：二大員。

以文堂：二大員。

聯福堂：二大員。

□□李健記：二大員。

王朝祿：二大員。

王朝光：二大員。

李榮錦：二大員。

郎□李凌氏：二大員。

樂善會：二大員。

東松楊衍慶：二大員。

梁能銳：二大員。

聯壽會：二大員。

福壽會：二大員。

李牲畦：二大員。

李思□堂：二大員。

李齊光：二大員。

李廷珍：二大員。

李昭慶：二大員。

李維英：二大員。

李福成助銀壹大員半。

義蘭堂：壹大員半。

李開志：壹大員半。

巡撫部院中衡泰府瑞助銀壹大員。

李可業，李□德，李□□，李耀榮，王廣発，廖暢華，廖有華，李大安，李廷秀，韋進榮，李開大，李渭韜，李甡城，李甡春，石岡街和豐店、祥珍店，馮國安，李開占，第一津趙常合，李福遇，狀元□珍聚店，寧遠坊同豐店、廣隆店、大盛店，安□街永吉店，十三□恒泰店，□六□義昌店，李慶輝，植福堂，韋志容，第二甫廣茂店，李齊登，第五甫傅勝記，王朝澤，韋志堅，李明基，王華賓，王阿明，李貴昭，李廷載，李昭滿，梁宗貴，鄧榮和，李廷韋，李廷瑞，石岡街祥珍店，李陳氏，□勝街林廣泰，李志波，何阿長，李開成，馮學耕堂，李兆輝，李詠輝，李顯德，第七甫恒益號，李大茂，李容合店，李廷畧，□老井周裕和堂，李志玉，河南伍如意堂，李文廣，郭齊功，王廣明，郭齊耀，李錫昌，李恒照，李溶萬，李廸林，李其望，李昭勝，梁壯斯，李咸妹，王學超，李志炳，王光生，王昌大，李志仁，李廷就，李恒俊，湯維則，李志旺，彭昌貴，黎廣進，李大輝，李梁氏，王朝禮，李渭新，李諸帽，李齊盛，仁昌棧，梁燕焜，李廸章，李伯錢，李光玉，李昭恒，羅小山，張世和堂，李廷進，李廷燦：已上壹大員。

李福基，李達倫，李恒全，馮明廣，李開傑，李孫華，李澤聯，王科大，王阿祺，李滿榮，李文田，李文容，黃隆泰，黃福祿，李仕祥，韋開科，何光泰，高宏基，李紹隆，米岡李兆龍，李志祥，李汝松，張三生堂，李開遠，李宇成，李志暉，駱興國，鄧東勝，彭松盛，彭松堅，李肇発，李龍光，泗和堂，韓裕本堂，李廷贊，李発枝，李阿占，李福英，李瑞光，李肇韜，李阿杞，李茂和，李道章，李聚輝，李志輝，李盛昭，李振興，李文輝，頡邊顏貴滄，李存滔，陳汝祥，朱裕滔，王朝煥，王朝顯，李道經，李成廣，李阿芽，杉木□茂隆號，安吉店，萃芳店，李富高，顏阿讓，李茂漢，朱星漢，李廷□，李廷廣，李志本，李志滙，李蔡氏：已上中員。

廣州協右營石部分府即陞守府鄧安邦：工金銀貳大員。

欽加守府街代理撫標左營總司裴鎮邦:工金銀貳大員。

下碑

【碑刻信息】

存址:今廣州市天河區三元里三元古廟內。

碑額:復建三元古廟碑誌。楷書。

碑題:無。

尺寸:碑高129厘米,寬61厘米。

碑文來源:原碑抄錄。

【碑文】

王達坤、李開澤、李喬富、胡阿新、李阿佳、李開熾、李開泰、李振明、太平街大新店、李大華、李基茂、麥就英、李大亨、胡光泰、李開滿、李贊輝、南岸蔡容祐、李開明、李會文、李純芬、宜民市勝合店、李祥光、李榕光、李渭光、李福光、李聞光、李□能、陸連傑、馮合利店、李伯成、馮國浩、李恒長、李洪詠、李明瑞、桃園鍾福熙、李達輝、彭浩賢、李其爵、李廷勳、李道豪、黎榮恩、李坤元、李容芝、李朝順、賀其貞、朱潤達、李盛球、黃阿佳、李正興、李正標、李志道、李炳亨、王阿平、李明晉、李明亮、李廷華、李昭賢、李志銳、李光達、李朝昆、李澤民、下□李燦輝、李志屏、王阿坤、李卓輝、黃進德、李福蔭:已上壹中員。

李福倫、李永亮、李永熙、李永觀、鄧廣開、李司鐸:已上二錢四分。

李恒秉、李永剛、李蕃滔、李阿興、韋進明、河口未昆和、李廷顯、王定乾、王巽乾、王振乾、孫召揚、李丁進、潘澤芳、王潤根、英邑鄧南陽堂、駱阿全:已上二錢。

李郁全、李開蕚、李阿銳、李廣滔、李廣章、李杏林、李勝耀、李明思、李日祥、黃祥記、李華美、李開卓、李沛章、李明耀、李有耀、李維經、李開煥、李明兆、北約李明耀、李明傑、李其珍、韋進江、李福餘、李自堅、李自衍、李遇南、李蘇球、李章秋、韋阿楊、李其智、李基盛、李開兆、李開科、李基発、李志南、李昭華、李陳氏、李阿蘇、李阿堆、蕭洪光、蕭容秋、李開敬、李盛祥、黎土君、韋進槐、韋錦榮、李秋成、李浩成、李德輝、何阿雄、陳崇登、李榮開、李鎮邦、李鎮韶、李志登、李志正、李達高、李廷銳、李廷贊、李廷耀、李阿業、李阿簡、李阿芬、李浩英、李聯輝、李秀輝、李志昆、李遇東、李遇容、何鍾鈴、□発業、李大乾、馮國茂、王乾坤、李其伯、李成學、梁揚登、梁揚□、黎萬芝、廖南壽、胡蘇女、李開爵、郭景林、郭景輝、郭倫全、郭齊科、李阿全、李玉輝、李喬珍、嚴秋勝、李志琚、梁其泰、李栢亮、梁啟容、余顯桓、王光業、王華昆、李齊達、李啟成、李啟裕、李開叙、王華基、王潤唐、王澤昌、王澤畬、李澤楚、李澤高、李澤深、李開進、李金進、李達華、李志安、馮國高、李昭松、李渭開、李章明、李榕耀、李道平、陸連章、李源明、李錦祥、李錦榮、王連開、胡振輝、馮汝亨、王光顯、王光興、李東成、李東日、李東球、彭浩英、彭浩発、彭浩全、李祥光、李潤金、韋進邦、李阿聽、李漢滔、李福文、桃園鍾福恩、李肇良、李大才、韋進基、李永華祖、楊開枝、李敏思祖、李樹良祖、李永豪、李阿清、胡廷幹、胡阿華、李大鉞、李大福、李福志、李大興、李灼輝、何裕祿、李蕃業、何泰昭、李道亨、李道隆、李榮科、李喬光、蔡章帶、李喬保、李阿妹、李斯顯、王傑芬、王傑芳、李招氏、李大潤、李但嘉、李齊德、沙□何津松、李英揚、李成娣、李開廣、李丙熙、李雨田、李廷拔、李永志、李煥本、李志沛、李連驅、胡阿輝、李順祖、李阿□、凌應秋、李開平、陳作開、李肇雄、李名輝、李開佐、李佐彥、王富大、王阿倫、王蔡氏、李旺慶、李以壽、王秋源、棠涌謝吉兆、李秀榮：已上壹錢八分。

順邑羅紹賢、鄧有進、梁崑昌仝喜認錫七星燈壹盞。

李應輝喜認龍頭紗明角燈壹盞。

值事李肇顯、李恒中、李純邦、王朝拔、李福成、李洪韜、李齊洗、李存滔、李廷傑、李開成、李孫鈞、李維英仝立石。

　　咸豐十一年歲次辛酉臘月穀旦。

【碑文考釋】

　　撰碑者李福成，邑人，清咸豐間人。

　　三元里的三元古廟於 1961 年 3 月被國務院公佈爲全國重點文物保護單位，很大程度上是因爲第一次鴉片戰爭中（1841 年 5 月 29 日）三元里抗英民眾曾在古廟門前誓師，以廟內的三星旗爲指揮旗，奮勇抗擊英國侵略軍，終於使得英軍於 6 月 1 日撤離廣州。二十年後，第二次鴉片戰爭起，此廟則被英法侵略軍焚毀（現址爲咸豐十一年重建）。

　　碑文云：“迨至甲寅，醜類頻滋，丹垣朡棟，倒塌消磨；越丁巳，胡塵紛擾，玉質金相，盡歸朽腐……。”咸豐甲寅即咸豐四年（1854），丁巳年則是咸豐七年（1857）。故碑文顯示，咸豐年間三元古廟先後遭遇了兩次浩劫，先是咸豐四年（1851）廣州附近地區的太平天國紅兵戰火，後則是咸豐七年第二次鴉片戰爭，廟終於被英法侵略軍焚毀。

　　咸豐丁巳（咸豐七年，1857），乃英法聯軍侵入廣州的時間。1856 年 10 月 23 日，英國軍艦藉口“亞羅號事件”，越過虎門，正式發動第二次鴉片戰爭。次年 3 月，英法組成五千餘人的侵略聯軍，進一步擴大了侵華戰爭。12 月 28 日，英法聯軍開始炮擊、進攻廣州。29 日，聯軍佔領觀音山制高點。31 日，廣州全陷敵手，兩廣總督葉名琛被俘。之後，聯軍便在城內進行了各種焚燒民房的破壞活動。

　　在這一場浩劫中，不少廟宇都難以倖免。除了三元里的三元古廟外，還有觀音山上的三元宮。汪璟同治九年〈重修廣州三元宮碑銘〉（碑號 4-6，總 12）提到：“咸豐丁巳，島夷犯我。廣州兵氣接於城闉，氛祲侵於道寓。”

　　另外，碑文還告訴我們，三元里鄉原有南、北兩廟，“俱奉玄天上帝為之主”。而根據乾隆五十年李茂新碑可知，乾隆四十九年三元廟（北廟）重修之前，是不如聚龍廟（南廟）的。而經過了幾十年的發展，在咸豐年間遭到戰火破壞之前，三元廟已經顯然超過了聚龍廟，成為三元里最主要的祭祀中心。因此，在咸豐十一年籌劃重建時，由“闔鄉士庶”，“踴躍贊襄”，先建北廟，這反映出在道（光）咸（豐）以前，北廟的地位本來比南廟更為重要。南廟原座落在今三元里人民抗英斗爭紀念碑附近,今已蕩然無存①。

　　重建後的三元古廟為兩椽一殿,正中為玄天上帝,其他諸神分列兩旁。左則為康元帥和方元帥二神,右則為金花夫人與禾花夫人。近人所見到的三元古廟内的布局,是咸豐十一年重修後的情況。最值得注意的是,咸豐以後,廟内不再有文昌帝君的位置,而金花夫人和禾花夫人則移入供奉在正殿内。

---

① 陳玉環:〈晚清時期的三元古廟與三元里〉,《羊城考古》,1990 年第 6 期,頁 30。

4 三元宮

【廟宇介紹】

廟現存,位於粵秀山西南麓應元路 11 號。乃廣州現存歷史較長、規模最大的道教宮觀。廟所祀有三元大帝、老君、呂祖、鮑姑、葛洪等[1]。

三元宮的創建時期並不十分清楚,一說是於萬曆及崇禎年間,由舊有的越岡院改名為三元宮[2]。

入清以後,順治十三年(1656)廣東欽差巡撫李棲鳳在平南王尚可喜及靖南平耿繼茂攻下廣州城(順治七年,1650)之後修建三元殿。樊封(昆吾,1789—1876)撰《南海百詠續編》,謂:"三元宮,在越井岡,即唐之悟性寺故址。寺久廢,順治十二年,平南王建為道院。榕棉深鎖,人稱福地。"[3]

乾隆五十年的〈重建斗姥殿碑記〉記載當時三元宮觀的建築布局曰:"山門內,前結殿以奉三官大帝,此觀所由名歟?歷東西包臺拾級而登,則斗姥殿在焉,老君、五祖兩殿左右夾輔。"此外,觀內還有北極殿、鮑姑祠、五祖洞、禮拜亭、齋堂、祖堂及惜字亭等。

1949 年解放前三元宮的建築布局還是保留了光緒元年重修後的格局:"當門靈官殿一座,天井兩旁左邊鉢堂,右邊齋堂,而入三元殿,左邊鮑姑殿,右邊祖堂,呂祖殿一座,太上殿一座,後樓玉皇殿一座,另有客堂一間,上下廚房兩間。"[4]

經歷"文革"之後,1982 年,三元宮大殿及部分活動場所交回道士管理,重修籌備小組即時成立,同年 7 月 1 日,三元宮對外開放。現在三元宮的殿宇建築格局大致與清光緒時期相同。

清代初年以來,三元宮就一直建立在全真教龍門派十方叢林的制度之上。道光十七

① 關於廣州三元宮的歷史,參黎志添:《廣東地方道教研究——道觀、道士及科儀》,香港:香港中文大學出版社,2007,頁 99–106。

② 清·魏綰重修、陳張翼匯纂:乾隆《南海縣志》卷一三,乾隆六年(1741)刻本顯微資料本,頁 15;清·張嗣衍主修、沈廷芳總纂:乾隆《廣州府志》卷一七,乾隆二十四年(1759)刻本顯微資料本,頁 42–43。

③ 清·樊封:《南海百詠續編》,卷二,《叢書集成續編》第 236 冊,臺北:新文豐出版公司,1989,據 1916 年翠琅玕館叢書本影印,頁 244 上。

④ 廣州市宗教志編纂委員會編:《廣州宗教志資料匯編》第二冊《道教》內部參考,1995,頁 14。

年（1837），擔任三元宮住持的爲龍門派第二十代的傳人黃明治。他在〈重修三元宮碑記〉裏，自署謂"全真龍門正派住持道人"。同治元年（1862）三元宮住持爲黃宗性，龍門派第二十二代傳人。現傳世有一枚刻有"同治元年仲夏之月主持黃宗性置潘石朋敬刊"的青田石印。印面足有八公分見方，"爕元贊運警化孚佑帝君之寶"十二個篆字，就分三行刻在印面上①。

4-1　清·李棲鳳：修建三元殿記

清順治十三年（1656）

【碑刻信息】

存址：原在粵秀山麓三元宮內，清宣統年間尚存②。今原碑已不存。

碑文來源：宣統《番禺縣續志·金石志》。

【碑文】

南越穗城之次，上應牛女，表山蹻海，朝幻蜃樓，夕飛翠幪，蓋古所稱靈宅也。自仙人駕五色羊而後，浮邱煮石，流風相繼，虎龍鉛汞，大地丹爐，蔥然蓬島瓊宇，迥麗乎一炁中矣。然當張文獻鑿嶺以來，垂數百年，爲冠蓋蟬聯之會，農商輻輳之區，五方萬姓，雜沓紛華；眾妙獨元，沈淪刼藪。時際平、靖兩王，提師駐蹕，救民水火，應運廓清，川嶽効順；則凡禮、樂、兵、政修舉，大昭於天下。而茲靈州道氣之秀異，雲粉棗瓜，洵爲往事之難遇也。夫身入塵寰，神棲福地，未逢緣法，必具戒心。於是議城北觀音山之陽，集建太上三元寶殿。登高極目，煙火蒼茫，引眾善之攸歸也；入廟瞻崇，莊嚴輪奐，攝百念之思敬也。且以神道設教，而必皈奉三元大帝者，有能樹德務滋，生生不息，天將斂時五福而錫之矣。悔過遷善，坦坦蕩蕩，蓋取諸貞地之義。至於無平不陂，無往不復，苟明斯義，克濟剛柔，是亦何厄須解哉？太上忘形，其

---

① 見《蓬瀛仙館·館訊》，香港，2011 年 12 月，頁 7。

② 清·梁鼎芬倡修、丁仁長總纂：宣統《番禺縣續志》卷三六〈金石〉錄有全文，原題下注曰"正書，存"，文後按語云"右石刻在粵秀山麓三元宮"。見《中國地方志集成·廣東府縣志輯》第 7 卷，分別見頁 474 上、頁 474 下。

次樂業;顧名思義,即境全真。盡東粵大地,而將納諸仙臺;胡麻遍野,桃源比封,兩王風化,山高水長,又何止玉巖銀井。垂名紀勝,為聖殿成立石,余樂得而為之序。

欽差巡撫廣東等處地方提督軍務兼理糧餉鹽法兵部右侍郎兼都察院右僉都御史加一級李棲鳳頓首拜撰。

龍飛順治十三年歲次丙申秋八月吉旦。

【編者按】

碑文輯錄自清·梁鼎芬倡修,丁仁長等總纂:宣統《番禺縣續志》卷三六〈金石〉①。

【碑文考釋】

撰碑者李棲鳳(?—1664),字瑞梧,廣寧人,本貫陝西武威。父仕明,棲鳳以諸生身份來歸皇太極,隸鑲紅旗。曾值文館,文館改三院,李棲鳳被任命為內秘書院副理事官,不但練達部務,而且擅長軍事,屢立戰功。清入關後歷任山東布政司參政、分巡東昌道、湖廣布政司、安徽巡撫等職。後隨平、靖二藩入粵省,連歲用兵,棲鳳協謀制勝,後以功進兵部右侍郎。順治十五年(1658)三月考滿,加兵部尚書,六月擢兩廣總督。十八年(1661)九月分設廣東、廣西兩總督,棲鳳督廣東。同年十二月以老乞休,康熙三年(1664)卒。李棲鳳撰此碑時任廣東巡撫。

順治十三年(1656),在廣州城北觀音山南邊,三元殿得以建成,當時的廣東巡撫李棲鳳撰寫了這篇碑記。

碑文的中心是說明爲何在廣州城北粵秀山修建三元寶殿。首先是因為廣州(也稱穗城)自古就是一處靈宅、靈州。很早這裏就有五羊仙人來降臨,據說五位仙人乘坐五色神羊降臨此地,每人手持一束穀穗,教給當地人耕種。另外,這裏還是一個道教聖地,傳說東晉著名道士葛洪曾煉丹於浮邱,留下了"浮邱煮石"的典故。今所留著名"浮邱石",與海珠石、海印石並稱"羊城三石",乃古時廣州城西珠江中浮露出水面的一個紅色礫巖小丘。

唐開元年間張文獻(即張九齡,文獻爲謚號)開鑿大庾嶺以後,這裏漸漸成為一個商

---

① 清·梁鼎芬倡修,丁仁長總纂:宣統《番禺縣續志》,《中國地方志集成·廣東府縣志輯》第7卷,頁474上—474下。

業交流中心，"五方萬姓，雜沓紛華"。在這種情況下，作者認為"眾妙獨元，沉淪劫藪"。也就是說，原先的靈氣、玄妙，漸漸被喧嘩和熱鬧所衝擊而漸漸消失。

就在這個時候，"時際平靖兩王，提師駐蹕，救民水火，應運廓清，川嶽效順"。這裏所謂的"平靖兩王"，指的是平南王尚可喜與靖南王耿繼茂。明朝滅亡後，南明先後有弘光、邵武、永曆等政權。弘光、邵武先後被清朝消滅，還剩下永曆政權。順治六年（1649）五月，清廷命靖南王耿仲明、平南王尚可喜率部同征廣東，史稱"兩藩南征"。南下途中，耿仲明因隱匿逃亡人而畏罪自殺，其子耿繼茂襲爵帶領部眾繼續南下。順治七年十一月二日，即公元1650年11月24日，尚可喜、耿繼茂的聯軍攻陷廣州。藩軍入城後實行了屠城，據稱死亡人數達十萬[1]。由此可以看出，所謂的"救民水火"，只是一種頌揚之辭而已。

另外，值得注意的是，此碑文的寫作是在順治十三年（1656），也就是平靖兩王屠城的六年後。所以此三元殿的設立的原因，與其說是碑文所謂的"引眾善之攸歸"、"攝百念之思敬"，不如說是屠城者在大肆殺戮之後，希望多少減輕自己的罪過，同時安慰亡靈、安撫存者而已。

4-2　清·郁教甯：鮑姑祠記
清乾隆四十五年（1780）

【碑刻信息】

存址：原在粵秀山麓三元宮內，清宣統年間尚存[2]。今原碑已不存。

碑文來源：宣統《番禺縣續志·金石志》。

【碑文】

鮑姑，東晉元帝時南海太守鮑（諱）靚之女，葛仙翁之配也。太守公既以仙真而官南海，姑亦早證仙班，緣契越岡。即越岡天產之艾，以炙人身贅瘤，

---

[1]　［意］衛匡國：《韃靼戰記》，收入杜文凱編：《清代西人見聞錄》，北京：中國人民大學出版社，1985，頁53。

[2]　清·梁鼎芬倡修，丁仁長總纂：宣統《番禺縣續志》卷三七〈金石〉錄有全文，原題下注曰"正書，存"，文後按語云"右石刻在粵秀山麓三元宮"。見《中國地方志集成·廣東府縣志輯》第7卷，頁508下。

一灼即消除無有。歷年久而所惠多,傳記所詳述者,尤崔生一事。茲因同志諸君子贊修《越岡志》,已錄入〈鮑姑傳〉中。別駕史公,名巖澤,原籍溧陽,僑居穗城郡。知鮑姑尚無祠也,爰力任建祠設像於岡巔之右,以資敬禮。衲計元帝迄今,已一千三百餘歲,而越岡之建祠以尊奉鮑姑,則自史公始。謹敍端委,刊石以編於壁,凡諸善信得以觀焉。

乾隆四十五年歲次庚子孟夏之吉,越岡院住持道衲郁教甯敬述。

【編者按】

碑文輯錄自清·梁鼎芬倡修、丁仁長等總纂:宣統《番禺縣續志》卷三七〈金石略〉①。

【碑文考釋】

撰碑者郁教甯,清初全真教龍門派第十七代傳人,撰碑時為三元宮住持。全真教龍門派詩二十字為"道德通玄靜,真常守太清,一陽來復本,合教永貞明",但據陳銘珪《長春道教源流》解釋,云:"今龍門派貞作圓,蓋雍正間避廟諱改。"②

這篇碑文的撰寫主要是爲了紀念鮑姑祠的修建。碑文中云史巖澤在越岡山頂右側爲鮑姑"建祠設像",這是最早在越岡爲鮑姑所建的祠堂,而史巖澤也就是最早的爲鮑姑建祠之人。

根據杜光庭(850—933)《墉城集仙錄》之〈鮑姑傳〉③,鮑姑,東晉元帝時人,爲南海(秦至隋初廣州稱南海郡)太守鮑靚的女兒,後嫁給葛洪為妻。而鮑靚則師承左元放(左慈),傳受《中部法》及《三皇五嶽劾召之要》。葛洪(283—343)著《抱朴子內篇》和《外篇》,其道教思想影響六朝江南道教深遠。葛洪又是一位醫學家,著有《肘後救急方》,對針灸醫學有重要貢獻。鮑姑同樣精通醫學,尤其擅長灸法,被後世推為中國醫學史上第一位女灸家。根據史書記載,她用越岡生長的紅艾草給民眾治療贅疣,效果很好,因此民間有很多關於她的傳說。碑文中特別提到"崔生一事",指的是唐貞元年間,書生崔煒在廣東番禺看見一位乞食老嫗正被毆打,因爲她失手打破了佛廟的酒甕而無錢賠償。於是

---

① 清·梁鼎芬修,丁仁長纂:宣統《番禺縣續志》,《中國地方志集成·廣東府縣志輯》第7卷,頁508下。
② 清·陳銘珪:《長春道教源流》卷六,《藏外道書》第31冊,成都:巴蜀書社,1994,頁114上。
③ 唐·杜光庭:《墉城集仙錄·鮑姑傳》,《雲笈七籤》卷一一五,《道藏》第22冊,頁797下—798上。

崔煒便脫下衣服以抵償甕錢。這位老嫗其實是成仙後的鮑姑下凡。又一天,崔煒又遇見這位老嫗,老嫗便傳授給崔煒用艾草治療贅疣的方法,并給他少許越岡山艾草,從此崔煒便用這一醫術也治好了不少人的病。這一故事,根據碑文所述,已載入《越岡志》裏的〈鮑姑傳〉中①。

總之,鮑姑乃是民間所盛傳的道教女仙和女醫家,而在她亡後的一千多年,史巖澤為她修建祠堂以紀念她,從而也使得三元宮擴大了規模。正是為此事,三元宮(在古越岡院基礎上建成)住持郁教甯作了這篇碑記。

4-3　清·蕭雲漢:重建斗姥殿碑記
清乾隆五十年(1785)

【碑刻信息】

存址:原在粵秀山麓三元宮內,清宣統年間尚存②。今原碑已不存。

碑文來源:宣統《南海縣志·金石略》。

【碑文】

今夫果負特出之才,隨地皆可以建勳,何分廊廟山林哉?續著廟堂,則薄海蒙休,蒼生受福,此憑權藉勢者之所為也。若託跡山林,存真以老,即其現在所居之位,而圖之功績所垂,亦無不可以昭來許。經營慘淡,比之銘鐘銘鼎,有窮達無難易焉。粵秀山三元宮,古越岡院也,六朝已有之,至明萬曆而更其名。國朝總戎金公獨事擴闢,山門內,前結殿以奉三官大帝,此觀所由名歟?歷東西包臺拾級而登,則斗姥殿在焉,老君、五祖兩殿左右夾輔。顧名號僅存,規模卑狹,非所以示尊崇也。且歲九皇聖誕,好善之紳士及遠方羽客雲集而瓻奉者不下數百人,登降無階,拜羅暴露,毋乃褻甚。永

---

① 關於鮑姑與越岡井艾草傳說的研究,參楊莉:〈鮑姑火傳遠──鮑姑艾傳說及其民間文化土壤〉,收入黎志添主編:《香港及華南道教研究》,香港:中華書局,2005,頁334-357。

② 清·鄭榮等主修,桂玷等總纂:宣統《南海縣志》卷一三〈金石略〉錄有全文,原文後按語云"右刻在粵秀山麓三元宮"。見《中國地方志集成·廣東府縣志輯》第30卷,上海:上海書店等,2003,據清宣統三年刻本影印,頁329下。

受足不下山，選材鳩工，宏廠華麗，視昔有加。觀者無不嘆為巍然煥然。殿前搆禮拜亭一所，更以餘材造齋、祖二堂。蓋先世之所憑依，與朝夕之所餬口，不修且圮，非如賓客坐談之處可以少緩須臾者也。夫老君為道教之宗，宜獨奉以表特尊。與北極殿互相易位，一轉移間而輕重鰲然矣。乃自有觀以來，落落數百載，未聞有起而遷之築之者，非有待於後之人耶？殿後枕朝漢臺，鮑姑祠既增修加麗，左留小巷，鑿戶通連。週築藩垣，逶迤百丈，梅竹濃陰，登高憑眺，趙佗故事悠然得之目睫，未始非懷古者之一助，豈徒取包裹之義哉！且夫道與釋分途，其潛修淨土，一而已矣。面壁觀心，釋之教也；煉氣歸神，道之要也。北極舊殿，東廳額顏，虹隱架木，屑列明窗，方池曲檻，遊人憩玩焉。永受曰：“飾觀瞻則有餘，處修養則未善。”纔入觀，請諸教宵，易以磚石。自是靜攝得地，與五祖洞後先輝映，安見今必異於古所云耶？又能推廣道心，創惜字亭於院前西偏，藩侯李公紀其事最悉。計永受自受教於教宵，中間所以創興者、擴大者，修其頹而葺其壞者，蓋去金公已百有餘歲矣，歷久必壞，踵事增華，斯二者皆勢也。教宵未退老之前，則力助其事，教宵羽化後，遂獨肩其任。說者謂山門之靈，若或啟翼，使彼及時而生，得以增修興創，次第畢舉，不然一介道人，絕無權勢，院中數十人朝夕仰給，已苦支撐，又何暇大興土木之役哉？雖然，永受具特出之才，苟置身通顯，功業當大有可觀，區區墜興廢舉，山門利賴，特全豹一斑耳。予忝方外契，覩斯落成，既嘆其經營慘淡之苦，又以慶後之仔肩門戶者，得坐享其逸也。故詳為之序。

南海蕭雲漢撰。

欽命鎮守廣東將軍陞黑龍江將軍宗室內大臣奉恩輔國公永、欽命廣東等處承宣布政使司陞廣西巡撫部院姚信官、兩廣鹽運司經廳候補分府黃信官、三水縣左堂王信官、兩廣鹽運司庫廳童信官、大洲柵王信官、雙恩場儀信官、兩廣鹽運司經廳常信官、兩廣鹽運司西匯關朱信官、小靖內場楊信官、白場巴信官、海矬場漆信官、兩廣鹽運司批驗廳楊信官、東莞縣左堂胡信官、淡水場李信官、香山場周信官、海甲場程長白信官、完顔景福、江蘇通洲信官曹學琳、長白信官陳明阿、長白信官長慶兵部武選司員外郎潘，乾隆五拾年歲次乙巳仲夏穀旦立石。

【編者按】

此碑錄自清·鄭榮等主修、桂玷等總纂：宣統《南海縣志》卷一三〈金石略〉①。

【碑文考釋】

撰碑者蕭雲漢，廣東南海人。生平不詳。

這篇碑文記錄了清乾隆五十年（1785）對三元宮所作的一次大的修整，修整的核心是宮中的斗姥殿。而主持這一工作的，便是當時的住持黎永受，其師爲前任住持郁教甯。

在碑文的開頭，作者便提出，無論在廟堂（指爲官）還是在山林（指爲布衣），都可以建立功績，造福一方，從而爲後面讚揚黎永受修建斗姥殿的事業埋下了伏筆，而這也是此文的宗旨之一。

那麼，三元宮在乾隆五十年時進行了哪些整修呢？可以看出，這次整修以斗姥殿爲中心，主要做了三方面的事情：第一，由於斗姥殿"名號僅存，規模卑狹"，所以黎永受"足不下山，選材鳩工"，對斗姥殿做了一番擴大和修飾的工作，使得斗姥殿"宏廠華麗，視昔有加"，"觀者無不嘆爲巍然煥然"；第二，由於來參拜的善士香客太多，在殿前修建了一所"禮拜亭"，並且用剩下的材料建造了齋堂和祖堂各一所；第三，本來夾輔在斗姥殿兩旁的是老君殿和五祖殿（五祖殿應是指奉祀全真教五位教祖而置的殿宇，即王玄甫、鍾離權、呂洞賓、劉海蟾和王重陽②）。在這次整治中將老君殿和北極殿互換了一下位置，原因是太上老君乃道教教祖，應當單獨供奉。用碑文中作者的原話說就是"一轉移間而輕重釐然矣"。此事乃黎永受的一項創舉。

除了上述的整修外，還有其他的一些小的整治，比如增修鮑姑祠和創建惜字亭。另

---

① 清·鄭榮等主修，桂玷等總纂：宣統《南海縣志》，《中國地方志集成·廣東府縣志輯》第30卷，頁328下至頁329下。

② 元·李道謙：《甘水仙源錄》卷一記載至元六年，元世祖應全真掌教大宗師張志敬的請求，降詔褒贈全真教五祖七真以尊號，五祖的封號是："東華教主可贈東華紫府少陽帝君、正陽鍾離真人可贈正陽開悟傳道真君、純陽呂真人可贈純陽演正警化真君、海蟾劉真人可贈海蟾明悟宏道真君、重陽王真人可贈重陽全真開化真君。"見《道藏》第19冊，頁722下。

外,碑文還介紹了由斗姥殿附近的好景致,如與趙佗故事有關的朝漢臺,這是最早在嶺南稱王的趙佗(秦漢時期)所建,意在表示不忘中原。

在介紹凡此種種之後,碑文還是歸結到經營此事的住持黎永受身上,頌揚其功業可觀,稱贊其才能特出,與開頭所述遙相呼應。

4-4　清·鄧士憲:重修三元宮碑記
清道光十七年(1837)

【碑刻信息】

存址:原在粵秀山麓三元宮內,清宣統年間尚存①。今原碑已不存。

碑額:重修三元宮碑記。篆書②。

碑文來源:宣統《南海縣志·金石略》。

【碑文】

粵秀山之三元宮,為嶺嶠之巨壇,擅海邦之勝境;址基創自前代,香火盛於今茲。惟閱歷有年,規模非舊,棟宇摧殘乎風雨,土木朽腐乎螻蟲,而且堂鮮一畝之寬,屋仍三間之陋。使無以增其式廓,將何以壯厥觀瞻?緣既往之因循,亟乘時而振作。幸藉宰官紳士,樂善好施,宏不捨之檀,集成裘之腋。彙交住持,經手修造,感逾戴戴之重,荷比蟲負之難。爰將頭門、齋堂、香亭、三官殿、靈官殿、雨仙殿、觀音殿、祖堂、新客廳、山舫各處,或加以補葺,或始事經營。費用不貲,工程非一;竭盡綿力,克告成功。廣世界於三千,現金身於丈六:巍宮輪奐,赫乎有光;寶相莊嚴,儼然可畏。冠裳雅會,彌昭對越之忱;裙屐清遊,益切憑依之念。固宜英光永燦,歷歲常新矣。雖施無望報之心,而福有攸歸之實。用是勒石紀功,垂名列左。

---

① 清·鄭榮等主修,桂玷等總纂:宣統《南海縣志》卷一三〈金石略〉錄有全文,文後按語云"右刻在粵秀山麓三元宮"。見《中國地方志集成·廣東府縣志輯》第30卷,上海:上海書店等,2003,據清宣統三年刻本影印,頁339下。

② 清·鄭榮等主修,桂玷等總纂:宣統《南海縣志》卷一三〈金石略〉錄文原題下注曰"七字橫題,篆書"。見《中國地方志集成·廣東府縣志輯》第30卷,頁339下。

誥授中憲大夫雲南儲糧道前翰林院庶吉士南海鄧士憲撰文,例授文林郎揀選縣知縣丙子科舉人番禺劉光熊書丹,道光十七年歲次丁酉十一月吉日,全真龍門正派住持道人黃明治建立。

【編者按】

此碑錄自清·鄭榮等主修、桂玷等總纂:宣統《南海縣志》卷一三〈金石略〉①。

【碑文考釋】

撰碑者鄧士憲(1771—1839),字臨智,號鑒堂,廣東南海人。乾隆五十四年(1789)舉人,嘉慶七年(1802)進士。嘉慶四年(1799)得授內閣中書,中進士後選庶吉士散館,改兵部主事,遞升武選司郎中。嘉慶二十一年(1816)授雲南臨安府知府,二十三年(1818)調貴州大定府知府。後調雲南開化府知府,未到任,調補普洱府知府,兼署迤南道署等職。道光九年(1829)署糧儲道,以母老告歸。時盧坤(字敏肅)督兩粵,聘士憲為羊城、越華兩書院主講。時主纂修成《南海縣志》四十四卷。道光十九年(1839)卒,年六十九。族人搜集遺作,輯成《慎誠堂集》四卷。

關於三元宮,前面幾篇碑文裏已作了詳細介紹。這篇寫於道光十七年(1837)的碑文,主要記載了當時的一次對三元宮的新修。看起來這次整修是全方位的,文中提到整修(或新建)涉及的處所有頭門、齋堂、香亭、三官殿、靈官殿、雨仙殿、觀音殿、祖堂、新客廳、山舫等。由此可見,這時的三元宮已經具備了完善的建築規模。

值得注意的是,此碑的建立者是住持黃明治,他自署爲"全真龍門正派住持道人",而他正是龍門派第二十代傳人。而根據乾隆四十五年所立〈鮑姑祠碑〉,當時的住持爲郁教甯;又根據乾隆五十年的〈重建斗姥殿碑記〉,當時的住持是黎永受,也就是郁教甯的弟子——他們分別是全真教龍門派第十七和十八代傳人。由此可見,至少從清代初開始,三元宮就與全真教龍門派有著不可分割的聯繫。這一點對於研究全真教傳入嶺南的歷史具有十分重要的意義②。

---

① 清·鄭榮等主修,桂玷等總纂:宣統《南海縣志》,《中國地方志集成·廣東府縣志輯》第30卷,頁339下。
② 關於清初全真教在廣東開展傳播的歷史研究,參黎志添:《廣東地方道教研究——道觀、道士及科儀》,頁57–110。

4-5　清·朱用孚:重修三元宮碑記

清同治八年(1869)

【碑刻信息】

存址:在三元宮。

碑額:重修三元宮碑記。篆書。

碑題:重修三元宮大殿碑。楷書。

碑文來源:原碑抄錄。

【碑文】

重修三元宮大殿碑

山陰朱用孚撰并書丹。

蓋聞興廢之理存乎數,成敗之機繫於人。在數者不可知,在人者我可得而操之。所操者何? 才與志而已。故制事以才,非才不理;精進以志,無志不成。吾於三元宮之興廢而深有悟焉。是觀居越臺之西,為黃冠清修之所,其教則老子清靜之學,中奉三皇,其建始則前人備載之矣。咸豐丁巳,為異端所毀,瓦礫傾圮,道眾散之四方。眾咸曰:"觀其廢矣。"辛酉歲,道士佩青歸,而嘅然欲興之。人皆以為誕而莫之許也。歸謀諸侶,無應之者。道士奮然曰:"有志者事竟成,惡知其不可為耶?"遂往結茆而居焉。念此舉非萬金不辦,乃具懸河之口,說生公之法,廣布金之地,結眾善之緣,士大夫憐其志,皆各有所助。版築鳩工,不數日而綿蕞已定。求道侶居其中,乃奉身而退,告眾曰:"昔以一念之興,不計成敗,今廢者已舉,固數也。然此山為叢林之一,烏可以年少者主持? 且此山自有主者,功成而居,人其謂利而據之矣。當求齒德者共事之。"諸道長皆曰:"觀之興皆子之力,雖然規模已定,而殿宇尚未巍峨如故也,願終其志。且時平則尚齒,時艱則論功,其無多讓。"佩青曰:"諸公以大義相責,曷敢違?"於是經營者累年,而大殿成,廣於昔者尋丈,

49

共費白金萬餘兩。士大夫之遊覽名勝者，莫不歎其才，而佩青之名大噪。同治歲次己巳正月，余以習靜，處於東偏，朝夕過從，與談古今成敗，精悍之色見於眉間。因與余言是觀興廢之由，而請記於余。且言觀後數楹未葺，於心歉然，願無諛辭。吁，佩青其黃冠之雄乎？夫士君子上則治國家，下則成事業，莫不以得才而理，非才而廢，舉重若輕，游刃而有餘者，才也；期而必至者，志也。唯天下為才志之士，乃可以言事功，可以言興廢成敗。嗟乎，若宏其才，勵其志，得其遇，偉其功業，為救時之良，使治國家如建宇，必大有可觀。而顧以黃冠終老，何為哉？爰為記其始末，而感慨係之。道士黃姓，名宗性，佩青其號也。成佩青之志者，諸士大夫之力也。是為記。

大清同治八年歲次己巳正月中浣勒石。

【碑文考釋】

撰碑者朱用孚，宛平人，清同治二年（1863）以軍功代理東莞縣知縣。

這篇碑文記載了咸豐七年（1857）三元宮遭毀以及道士黃佩青克服種種困難復修之的過程。文中提到"咸豐丁巳，為異端所毀"，所謂的"異端"，實指英法聯軍。史載第二次鴉片戰爭中，英法聯軍於 1856 年 12 月 29 日佔領觀音山。從碑文可知，他們不僅毀壞了三元宮，而且使得觀中道徒散之四方。

接下來碑文以主要篇幅具體敘述了黃佩青歸來並倡導重修三元宮的經過，尤其突出了他在事成之際欲隱身而退的高尚品質。不過，最終他還是擔任了復興后的三元宮的住持，並繼續修繕大殿。就在同治八年的正月，作者到三元宮靜修，黃佩青因此請他為記。

4-6　清·汪瑔：重修廣州三元宮碑銘
清同治九年（1870）

【碑刻信息】

存址：舊在三元宮。然宣統年間當已佚。清·梁鼎芬倡修、丁仁長總纂：宣統《番禺縣續志》乃據汪瑔《隨山館文集》輯入〈古蹟·寺觀〉。

碑文來源：清·汪瑔《隨山館叢稿》。

【碑文】

夫上德若谷，道靡間於虧成；大方無隅，理詎資於崇飾。虛白吉祥之室[1]，非有樞機；又元眾妙之門[2]，本無關鍵。然而金暉耀[一]日，乃集群真；銅柱凌雲，各開治所。尹軌傳經之地，樓觀猶存；茆君鍊石之區，祠壇不改。其有刳灰乍煽，八威之策俱熸；靈宇重興，五嶽之圖彌煥。至教墜而不失，勝業闕而復全。張皇道真，潤色炎徽，不有所紀，後何傳焉？廣州三元宮者，地接真隅，天開霄度。崇基始啟，當順治之初元；素友遙臨，衍羅浮之別派[3]。案《三元品戒經》曰："九氣初凝，三光發明，結青、黃、白之氣，置上元三宮。"[4]宮所由名，殆徵於此矣。是後恢崇基域，聿至再三；緜歷歲年，殆將二百。挹三山之絕境，開百粵之勝因。凡夫懸根咽液之儔、錄氣思神之士，望崖爭赴，驗海知歸。八朗白光，鍊形得訣；三庭赤印，濯景分功。每當鈴肅晨齋，鐙[二]然夜醮，颻室守庚申之戒，露臺奏子午之章。授受內文，太素三奔之道；弆藏毖籍，大黃九轉之篇。固已跡擬玉華，名參金牓。會咸豐丁巳，島夷犯我，廣州兵氣接於城闉，氛祲侵於道寓。羷羊竄圃，白鹿潛蹤；鵀鳥巢門，青鸞戢翼。迨至姝徒就款，法侶言歸，已驚松柏之為薪，但見荊榛之沒徑。佩中黃而返，魑魅雖逃；占太白之躔，兵塵甫息。山圖可按，屋宇全非。時則黃子佩

---

① 清·郭慶藩集釋：《莊子集釋》卷二之中〈內篇·人間世〉（北京：中華書局，1961），第一冊，頁150："瞻彼闋者，虛室生白，吉祥止止。夫且不止，是之謂坐馳。"

② "又元眾妙之門"，"元"當作"玄"。朱謙之校釋：《老子校釋》（北京：中華書局，1984），頁7："此兩者同出而異名，同謂之玄。玄之又玄，眾妙之門。"

③ "素友遙臨，衍羅浮之別派"一句指杜陽棟。杜陽棟，字鎮陵，山東濰坊人，全真教道龍門派第十二代弟子，主要活動於清康熙年間。他從山東嶗山南下，至羅浮山，後為沖虛觀住持。"康熙三十九年，廣州大旱，杜陽棟被請至廣州祈雨，因有效果，留於三元宮任住持，奠定全真道龍門派正宗的正式道場，成為三元宮第一任住持和開山祖。"見廣東省地方志編纂委員會編：《廣東省志·宗教志》，廣州：廣東人民出版社，2002，頁194。有關杜陽棟的生平資料，請參黎志添：〈清初廣東全真道教——杜陽棟與曾一貫考〉，收入《2006道文化國際學術研討會論文集》，高雄：高雄師範大學經學研究所，2006，頁951–974；蘇東軍：〈清代佛山道教歷史管窺——以佛山市博物館藏道士畫像為主〉，《中國道教》2011年第1期，頁12–19。

④ 《三元品戒經》，指的是《太上洞玄靈寶三元品戒功德輕重經》，原文為："天尊曰：'上元一品天官，元氣始凝，三光開明，結青黃白之氣，置上元三宮，其第一宮名太玄都元陽七寶紫微宮……。'"見《道藏》第6冊，頁873上。

青以徒眾所推，住持於此，感墉臺之已廢，朱紫房空；悲瑤殿之云頹，丹青蓋偃。遂生宏願，廣募眾資。秉抱一之貞心，信孚海眾；過試三之上業，誠契山靈。聽請風從，輸將雲委。黃金布地，詎煩釋氏之緣；白雪為銀，不假女真之術。於是練時占日，徵匠庀材，揮郢客之斧斤①，備徒霧集；喻蒙莊之梴〔三〕植②，瓴甓坻隆。就故址以程工，廓曩基而繼事。大暉制度，先崇太極之居；流逸規模，彌重上清之境。至若三官主錄，八治分曹，北斗神光，東華眾聖，莫不各嚴祀事，咸肅靈樞。瑤闕華房，鈿階文垩。琳霄作室，清虛小有之天；玉誕成都，泱漭太無之戶。繚垣四屬，列舍百區。赴功而五版爭謳，揆景而二靈垂曜。平臨珠海，氣連聚鳳之洲；近倚玉山，勢接呼鸞之道。珍林繞舍，八桂遙分；瑤草盈階，九芝相映。加以掞張鴻寶，盻飾象文，誠律爰申，隱書互授。紫毛持節，三十七氣之光芒；白羽為旌，四十九人之軌範。璇題耀日，摹飛白以揚文；玉札書雲，共大丹而著錄。蓋經始於咸豐辛酉某月，至庚午某月始落成焉。時將一紀，費及萬緡。劫毖以圖，勘劬無悔。遂使巋然結構，彌擴前規；煥若神明，頓還舊觀。其事可謂難矣，其勤可謂至矣！嶺南離方絕徼，坤極奧區，爰在混茫，未聞靈異。自峽開中宿，帝子棲真；山號浮邱，仙人昇舉。安期澗畔，嘗生九節之蒲；高固庭前，忽萃五莖之穀。葛稚川之作宦，雅慕丹砂；鮑太守之全家，爭披青錄。墊人採藥，來往於鐵橋；羽客著書，遨遊於瓊管。逮於今日，彌暢元風。勝地爭傳，何獨酥醪之觀；炎州相望，無非華玉之堂。茲宮處都會之中，為道流所集，洞宮三十六所，近接朱明；太霄百二十宮，宏開紫館。雖暫逢於刧會，詎無待於振興。則其開拓金城，恢崇玉局，豈獨南宮校籍，增九琳日月之輝；亦將東壁鐫經，壯五管山川之色。黃子既成瑤寓，將刻琅書，具述源流，乞為銘記。昔張超起觀，世讚因以製碑；徐則刊山，孝穆為之作誦。輒援前例，謹述新銘。銘曰：

龍漢遐年，鳳真至教。始建靈樞，式彰元妙。大戒三百，真文五千。道

---

① "郢客之斧斤"，源出《莊子雜篇·徐無鬼》，見清·郭慶藩集釋：《莊子集釋》，第四冊，頁843。
② "梴植"，語出《老子》第十一章："梴植以為器，當其無，有器之用。"見朱謙之校釋：《老子校釋》，頁44。

其所道,元之又元。金洞既傳,琳堂勘啟。闕聳霞標,門連霧市。惟茲南海,遠擬西瑤。五羊萃止,九曜崔巍。地古賁禺,峰高越秀。式迓飆輪,久崇雲構。修三命侶,守一尊聞。蕊丹得訣,尤序飛文。道無隆污,跡有興廢。魔軼丹城,祺生白彗。紅羊罷劫,白鶴來歸。日月逾邁,人民已非。乃有真侶,式宏誓願。更歷歲時,釁刱興建。勤不言勞,道無中止。經之營之,美矣備矣。西那玉國,東井華林。簹楗纚屬,洞室陰岑。靈宇既成,貞珉斯泐。南洞碑刊,西元柱刻。隱銘可佩,道機相引。紫宙不窮,元風無盡。願言鳳壐,永奠麟洲。雲霞五色,棟宇千秋。

【編者按】

碑文輯錄自清·汪瑔《隨山館叢稿》卷三①。碑文又見清·梁鼎芬倡修,丁仁長總纂:宣統《番禺縣續志》卷四一〈古蹟·寺觀〉②,乃從汪瑔集輯。

【校記】

〔一〕"耀",《番禺縣續志》作"輝"。

〔二〕"鐙",《番禺縣續志》作"鐘"。

〔三〕"埏",《番禺縣續志》作"梴"。

【碑文考釋】

撰碑者汪瑔(1828—1891),字玉泉,號芙生(一曰字芙生)。因所居為穀庵,人又稱穀庵先生。廣東番禺人。清同治十一年(1872)主布政使。善詩詞,精漢隸書。著有《隨山館詩》十二卷、文四卷、詞一卷、《無聞子》一卷、《松烟小錄》六卷、《旅譚》五卷、《尺牘》二卷。

這篇碑文主要的撰寫目的是為了紀念三元宮的重修。重修的時間是咸豐十一年(1861)至同治九年(1870),住持黃佩青募修。碑文中明確說明了重修的原因:"咸豐丁

---

① 清·汪瑔:《隨山館叢稿》四卷,《續修四庫全書》集部第 1558 冊,上海:上海古籍出版社,1995,據中國科學院圖書館藏清光緒刻隨山館全集本影印,頁 28 下至 30 上。

② 清·梁鼎芬修,丁仁長纂:宣統《番禺縣續志》,《中國地方志集成·廣東府縣志輯》第 7 卷,頁 570 下至 571 上。

巳,島夷犯我。廣州兵氣接於城闉,氛祲侵於道寓。"

　　第二次鴉片戰爭中,英法聯軍於 1856 年(咸豐六年)12 月 29 日佔領觀音山,31 日佔領整個廣州。之後,便大肆焚燒、破壞民房。特別是爲了防止民眾伏擊,將觀音山附近的民房(也包括觀音山上的三元宮)全部拆除,於是便出現了碑文中所描述的景象:"已驚松柏之爲薪,但見荊榛之沒徑。……山圖可按,屋宇全非。"

　　在這種情況下,住持黃佩青對三元宮進行了全面的重修,費時十年才得以落成。碑文形容落成後的盛況爲:"葛穉川之作宦,雅慕丹砂;鮑太守之全家,爭披青籙。"葛穉川指的是東晉葛洪,他曾來嶺南羅浮山煉丹,故有此云[1]。鮑太守指的是晉南海太守鮑靚,他是葛洪的岳父,據傳也是一位道士,並傳授大有三皇文,所以也是魏晉道教史上的重要人物之一[2]。這裏便是借這兩位道教史上十分有名的道士來形容當三元宮重修落成時眾人爭相慕道的盛況。正是爲了紀念這一重修盛舉,汪瑔撰寫了這篇碑文,並且題寫了銘文,故碑題爲"重修廣州三元宮碑銘"。

---

[1]　唐・房玄齡等撰:《晉書》卷七二,北京:中華書局,1974,頁 1910-1914。
[2]　唐・房玄齡等撰:《晉書》卷九五,頁 2482。

5　三官廟（觀音堂舖）

【廟宇簡介】

　　三官廟，又名三元廟，在佛山觀音堂舖三官街對涌，祀天地水三官[①]。始建年月不詳，清代經歷三次重修，分別在乾隆八年（1743）、嘉慶四年（1799）和道光八年（1828）。

5-1　清·吳榮光：重修佛山三官廟碑記
清道光八年（1828）

【碑刻信息】

　　存址：舊當在佛山三官廟。然吳榮光纂道光《佛山忠義鄉志》和冼寶幹纂民國《佛山忠義鄉志》之金石志都未著錄此碑。

　　碑文來源：清·吳榮光《石雲山人文集》。

【碑文】

　　國家旌別淑慝之柄，所以維教化、厚風俗。然爲善者未必盡能自達以應賢旌，爲不善者或且巧於自匿以逃法網，於是有天道之彰癉。《易》言“餘慶、餘殃”[②]，《書》言“作善、作不善”[③]，皆本天道。夫天之蒼蒼，其色正耶？其遠而無所至極耶？[④] 天不言而恐懦者遂而不知警，黠者遁而且自倖也，復設爲所司糾察，以激之勸之。善果福，淫果禍，昭然確然，使有所可爲，有所不可

---

　　① 清·吳榮光纂：道光《佛山忠義鄉志》卷二〈祀典·各舖廟宇·觀音堂舖〉“三元廟”條：“祀天地水官，在三官街對涌。乾隆癸亥年重修，嘉慶己未年重修，道光戊子年重修。”見《中國地方志集成·鄉鎮志專輯》第30卷，頁44下。
　　② 魏·王弼、晉·韓康伯注，唐·孔穎達疏：《周易注疏》卷一，頁99：“積善之家必有餘慶，積不善之家必有餘殃。”
　　③ 漢·孔安國傳，唐·孔穎達正義：《尚書正義》卷八〈伊訓〉（臺北：藝文印書館，1955，據宋刊《十三經注疏》影印），頁115下：“惟上帝不常，作善，降之百祥；作不善，降之百殃。”
　　④ 清·郭慶藩集釋：《莊子集釋》卷一上（北京：中華書局，1961），頁4：“天之蒼蒼，其正色邪？其遠而無所至極邪？其視下也，亦若是則已矣。”

爲。故神道設教,所以輔王道之窮也。道家言天官、地官、水官,承天命以詗察人間善惡。動寂感應,如粒在種,如影隨形,視昔視今,凜切森悚,故世人之祀三官以求福者爲多。吾粤佛山之觀音堂舖,向有三官廟,嘉慶己未,移建馬基,即八景中孤村鑄鍊處也。萬家週衛,九曲灣環,神故靈而廟將圮。道光戊子某月,里人鳩工重修,並建香亭及左旁屋。越某月落成,棟宇修潔,香煙澒蠓,求福者駿奔麕至,不遑休息焉。余謂福不必求,而亦無不可求也,夫聰明正直之謂神①,聰明則不可欺,正直則不可諂。自今以往,其奉香燎、具牲幣以事三官者,敬念神之彰癉,奉天無私,善惡禍福,惟人自召,各勉爲孝子、悌弟、義夫、順婦,敦善不怠,非理不爲,則一念之感,神必應之,勿徒以享祀豐潔、祝史諞悅可覬神庥也。《傳》曰:“民不易物,惟德繄物。”②《孟子》曰:“禍福無不自己求之者。”③因鄉人之請,遂爲之記。

【編者按】

碑文輯錄自清·吳榮光《石雲山人文集》卷二④。

【碑文考釋】

撰碑者吳榮光(1773—1843),字伯榮,號荷屋(一曰字荷屋),又號石雲山人。廣東南海佛山人。生於清乾隆三十八年(1773)。嘉慶四年(1799)進士,由庶吉士授編修,歷官江南道監察御史、河南道監察御史、刑部員外郎、陝西西安道、福建鹽法道、湖北按察使、貴州布政使、福建布政使等,官至湖南巡撫,署湖廣總督。精鑒金石,工書能畫,性愛林泉。道光二十三年(1843)卒,年七十一。著或編有《歷代名人年譜》十卷、《吾學錄》二十四卷、《綠伽楠館詩稿》、《雲石山房詩錄》、《雲石山房文集》、《帖鏡》、《辛丑銷夏記》、

---

① 晉·杜預注,唐·孔穎達正義:《春秋左傳正義》卷一〇(臺北:藝文印書館,1976,據宋刊十三經注疏本影印),頁181下:“神,聰明正直而壹者也,依人而行。”

② 晉·杜預注,唐·孔穎達正義:《春秋左傳正義》卷一二頁208上:“故周書曰:皇天無親,惟德是輔。又曰:黍稷非馨,明德惟馨。又曰:民不易物,惟德繄物。”

③ 《孟子章句》卷三:“今國家閒暇,及是時般樂怠敖,是自求禍也。禍福無不自己求之者。”見宋·朱熹撰:《四書章句集注》(北京:中華書局,1983),頁236。

④ 清·吳榮光撰:《石雲山人文集》,《續修四庫全書》第1498冊,上海:上海古籍出版社,1995,據湖北省圖書館藏清道光二十一年(1841)吳氏筠清館刻本影印,頁78上至下。

《筠清館金石錄》、《筠清館法帖》、《筠清館詞》、道光《佛山忠義鄉志》二十四卷等。

這篇碑文記載了佛山觀音堂舖的三官廟的重修經過。從碑文可以得知,佛山的三官廟,曾在嘉慶四年(1799)遷建,而於道光八年(1828)重修。

碑文從天道與人道、神道與王道相輔相成的關係出發,肯定了道教三官神體察人間善惡的職能。三官指的是天官、地官、水官①。正因為三官可以懲惡揚善,所以世人奉祀三官以求福。吳榮光指出蒼天以"神道設教"的目的是為激勸行善者:善果福;警惕行不善者:淫果禍。如果求福者"其奉香燎、具牲幣以事三官者"能夠做到"奉天無私","各勉爲孝子、悌弟、義夫、順婦,敦善不怠,非理不爲",那麼他們就可以獲得神的保佑。爲什麼呢?因為"禍福無不自己求之"(《孟子》語),做善事的結果往往是福,做壞事的結果則是禍。從而,地方廟宇的存在、重修,就可以達到一種教育、移風易俗的效果。通過這一層關係的論證,碑文的作者也就間接闡釋了廟宇重修的意義。

---

① 有關三官的介紹,請參前清·梁世虞:〈三元殿碑〉[清乾隆三十年(1765),碑號 2-1,總 2]碑文考釋。

6 三帝廟（小洲村）

【廟宇簡介】

根據 2010 年實地考察,廟仍在今廣州市海珠區小洲村登瀛四巷 7 號東側,然廟已破敗。

根據道光二十四年(1844)簡湘元的重修碑記,廟始創於乾隆三十一年（1766）,重修於嘉慶六年(1801),又重修於道光二十四年。又根據《廣州市文物普查彙編》,廟內第一進廊西牆鑲嵌有兩通重修碑刻,"其中一塊題有'光緒五年重修'字跡,另一石碑被灰填抹,字跡難辨"[①],由此知曾於光緒五年再次重修。

6-1 清·簡湘元:重修三帝廟碑記
清道光二十四年(1844)

【碑刻信息】

存址:仍在今廣州市海珠區小洲村三帝廟內。2011 年,廟正在重新修茸中,當地政府為避免發生危險,暫不允入廟。故未見。

碑文來源:冼劍民、陳鴻鈞編:《廣州碑刻集》。

【碑文】

三帝廟在我鄉之東青雲橋內,碧水通流,丹荔交蔭。其清可以濯,其芳可以采,其幽可以隱,誠棲神之勝境也。溯始創於乾隆丙戌,再修於嘉慶辛酉,迄今四十餘年。頹垣朽棟,風雨蕭條,壞壁傾基,齟齬窶狀。予久有重修之志,而寄跡羊城,有志未逮。歲甲辰,鄉之同志者以為是我鄉之所賴也,於是因其舊址,措材鳩工,圖拓而新之。協一鄉樂助之力,逾數月而功成。圮

---

① 陳建華主編:《廣州市文物普查彙編·海珠區卷》,頁 249。

者完,隘者辟,萃三帝於一殿,堂宇因此而益深,廟貌因此而益肅,巍然煥然,忽然改觀。不特足以壯觀瞻,而我鄉人士奔走拜稽,因此而益敬。異日桂籍生香,祝融無犯,我鄉之所賴豈不大哉!工訖,同志者咸請記。予雖不文也,願執筆以書之。

里人生員簡湘元薰沐敬撰。[①]

道光歲次甲辰秋月吉旦重修。

【編者按】

碑文輯錄自冼劍民,陳鴻鈞編:《廣州碑刻集》[②]。

【碑文考釋】

撰碑者簡湘元,邑人,清道光間人。

這篇碑文告訴了我們關於小洲村的三帝廟的一些信息。除了此廟所處位置、環境,廟始建重修的年代之外,主要記述的則是此廟道光二十四年重修的經過。

廟稱"三帝廟",無疑主祀神靈為三帝。而三帝為何,碑文未有明確說明。然或可根據廣州府其他地區的三帝廟一窺仿佛。黃佛頤《廣州城坊志》稱:"羊城大石街三帝廟,祀文昌、北帝、關聖三帝。"[③]同樣,根據佚名撰〈建造三帝廟題名碑記〉[乾隆四十七年(1782),碑號116-1,總272],碑文記載三帝亦為玄天上帝、文昌帝君和關聖帝君。又,碑文中稱:"異日桂籍生香,祝融無犯,我鄉之所賴豈不大哉!""桂籍生香"句說的是希望鄉人子弟科舉及第,暗示所祀有文昌;"祝融無犯"句則希望不要有火災,暗示所祀有北帝(司水)。據此,很可能此廟所祀亦為北帝、文昌和關帝。

---

① 此處《廣州碑刻集》有部份樂助工金名單和"捐款人名款目略,皆簡姓"字樣。
② 冼劍民、陳鴻鈞編:《廣州碑刻集》,廣州:廣東高等教育出版社,2006,頁484-486。
③ 黃佛頤編纂,仇江、鄭力民、遲以武點註:《廣州城坊志》,廣州:廣東人民出版社,1994,頁112。

7　三清堂（南崗村）

【廟宇介紹】

　　根據 2010 年 5 月實地考察，廟仍在今廣州市白雲區江高鎮南崗村，但已為空廟，無香火，亦無神像。廟中存有三通重修碑刻，尚完好。根據碑刻記載，廟曾於清乾隆四年（1739）、乾隆四十五年（1780）、道光十四年（1834）經歷三次重修①。

7-1　清·佚名：重修三清古廟碑記
清乾隆四年（1739）

【碑刻信息】

　　存址：今廣州市白雲區江高鎮南崗村三清古廟內。

　　碑額：重修三清古廟碑記。楷書。

　　碑題：無。

　　碑文來源：原碑抄錄。

【碑文】

　　嘗讀《詩》，至"神之格思，不可度思"②，而知神之為靈，固無在而不在也。豈必作廟翼翼，而始伸其敬乎？然以人神一理推之，則不可無安居之所。何也？人之宅舍安寧，則志氣清明；神之廟貌輝煌，則聲靈顯赫，理固然也。今者本鄉三清古廟，神之為靈昭昭，由來舊矣；而棟宇日久，不無鄙委將傾之患。是必重新建造，方可以妥神靈而廣庇蔭也。但工力浩繁，動費多

---

　　① 三清古廟的有關資料，可參考陳建華主編：《廣州市文物普查彙編·白雲區卷》，頁 180。

　　② 漢·毛亨傳，鄭玄箋，唐·孔穎達疏：《毛詩注疏》卷一八（臺北：藝文印書館，1976，影宋刊《十三經注疏》本），頁 647 下："神之格思，不可度思，矧可射思。"對於此句，漢毛亨傳曰："格，至也。"漢鄭玄箋云："矧，況。射，厭也。神之來至去止，不可度知，況可於祭末而有厭倦乎？"

金。所冀同居是鄉喜心捐助，不拘多寡，落筆僉題，共襄美舉。不論老幼，匣多上位，刊碑標名。則廟貌維新，神人胥慶，福有攸歸矣。是為引。

首事陳殿侯、龍德滔、周端善、林佳士、林公位、周際寧、周十泰、殷建三、殷璇彪等謹識。

陳孔禮：拾叁兩。

林伯位：拾貳兩。

周端人：陸兩。

陳東明：伍兩。

龍渭涇：叁兩壹錢。

殷泓遠：貳兩伍錢。

殷建三：貳兩伍錢。

殷用行：貳兩伍錢。

殷朗思：貳兩伍錢。

殷震思：貳兩伍錢。

殷□賢：貳兩伍錢。

周緒光：貳兩壹錢。

周端儒：貳兩壹錢。

周佐文：貳兩。

周端方：貳兩。

周俊上：貳兩。

周翼文：貳兩。

殷端行：貳兩。

林作位：貳兩。

殷佐賢：壹兩陸錢。

周躍先：壹兩陸錢。

陳龍彪：壹兩陸錢。

陳東朗：壹兩陸錢。

周郁章：壹兩伍錢五分。

龍德湘：壹兩伍錢。

周進文：壹兩伍錢。

龍振□：壹兩肆錢。

林雲高：壹兩叁錢。

周端賢：壹兩叁錢。

周覺儒：壹兩貳錢六分。

周□爵：壹兩貳錢六分。

周端三：壹兩貳錢六分。

周□賢：壹兩貳錢六分。

周高著：壹兩貳錢六分。

周卓立：壹兩貳錢六分。

周□先：壹兩□□。

殷運璈：壹兩□□□□。

殷翰賢：壹兩□□二分。

殷文修：壹兩□□。

殷超倫：壹兩□□□□。

蔡佐榮：壹兩□□□□。

陳□□：壹兩□錢。

周遠章：壹兩壹錢。

黎勷君：壹兩壹錢。

龍德尚：壹兩令六分。

龍超俊：壹兩令伍分。

周成□:壹兩令伍分。

蔡耀恩:壹兩令壹分。

周至賢:壹兩。

周偉人:壹兩。

周顯能:壹兩。

周端善:壹兩。

周□平:壹兩。

周元凱:壹兩。

周緒榮:壹兩。

周睿能:壹兩。

周晉人:壹兩。

周振先:壹兩。

黎明桂:壹兩。

周賢能:壹兩。

周興文:壹兩。

周端朋:壹兩。

周華容:壹兩。

周植臨:壹兩。

周济寧:壹兩。

林炳生:壹兩。

周□人:壹兩。

林翰長:壹兩。

周國寧:壹兩。

周可人:壹兩。

龍□海:壹兩。

周□京:壹兩。

黎□在:壹兩。

周有常:壹兩。

周裔承:壹兩。

周□作:壹兩。

周達君:壹兩。

周良□:壹兩。

周握君:壹兩。

周作求:壹兩。

周端俊:壹兩。

周奇能:壹兩。

周至人:壹兩。

黎華桂:捌錢。

林佳尚:柒錢壹分。

黎潔量:陸錢伍分。

殷在奇:陸錢□分。

□剛士:陸錢。

周文宜:陸錢。

陳殿侯:伍錢五分。

殷翼憑:伍錢一分。

黎道朋:伍錢一分。

殷孔徵:伍錢一分。

殷啟賢:伍錢一分。

周□斯:伍錢一分。

殷運昭:伍錢一分。

殷寵興:伍錢一分。

周超泰:伍錢。

林燦五:伍錢。

周沖□:伍錢。

周小泰:伍錢。

周曦義:伍錢。

周耀君:伍錢。

黎廣□:伍錢。

林□君:伍錢。

周□章:伍錢。

蔡耀□:伍錢。

梁□□:伍錢。

周朝客:伍錢。

周俊秀:伍錢。

周英賢:伍錢。

周能佐:伍錢。

周孔惠:伍錢。

林達三:伍錢。

鄧雲佳:伍錢。

周壯陞:伍錢。

周啟人:伍錢。

周兼文:伍錢。

周□□:伍錢。

周昌怡:伍錢。

周超客:伍錢。

周任天:伍錢。

林紅日:伍錢。

周建邦:伍錢。

龍洪濱：肆錢五分。

殷克明：肆錢五分。

龍泗海：肆錢五分。

殷元弼：肆錢一分。

陳超達：肆錢一分。

殷翰炳：肆錢一分。

蔡耀佳：肆錢一分。

周贊朝：肆錢。

黎天柱：肆錢。

龍德輝：肆錢。

周威揚：肆錢。

龍作濱：肆錢。

龍廣源：肆錢。

林孔尚：肆錢。

周士貴：肆錢。

黎暎昭：三錢六分。

周達儒：叁錢五分。

周孔思：叁錢五分。

陳□□：叁錢五分。

周孔燕：叁錢五分。

陳彥良：叁錢五分。

周斗文：叁錢四分。

周裔聰：叁錢四分。

周端儀：叁錢四分。

周裔開：叁錢四分。

周拔進：叁錢四分。

周昌幹：叁錢四分。

黎桓柱：叁錢一分。

殷可接：叁錢。

周槐玉：叁錢。

林文啟：叁錢。

林佳士：叁錢。

周耀上：叁錢。

周名揚：叁錢。

林瑞璧：叁錢。

殷衛國：叁錢。

周□泰：叁錢。

周□維：叁錢。

周德□：叁錢。

殷翼元：叁錢。

周扶霄：叁錢。

周翶霄：叁錢。

周翼上：叁錢。

周卓文：叁錢。

周萃文：叁錢。

殷□子：叁錢。

周倍中：叁錢。

殷經子：叁錢。

林景燦：叁錢。

陳承武：叁錢。

周啟文：叁錢。

林佳郁：叁錢。

周□弘：叁錢。

周緒傳：叁錢。

黎帝修：叁錢。

周昭文：叁錢。

周傑儒：貳錢六分。

蔡廣榮：貳錢六分。

周瑞文：貳錢六分。

林元茂：貳錢五分。

周□佐：貳錢五分。

黎功揚：貳錢五分。

陳殿伯：貳錢五分。

周君倩：貳錢五分。

周志義：貳錢五分。

周君漢：貳錢五分。

周有章：貳錢五分。

周接文：貳錢五分。

周承王：貳錢五分。

周敬：貳錢五分。

周振文：貳錢五分。

周能立：貳錢五分。

周昌燦：貳錢五分。

周厚章：貳錢五分。

周能效：貳錢五分。

周文客：貳錢五分。

周天翰：貳錢五分。

黎文柱：貳錢五分。

周能任：貳錢五分。

龍澄海：貳錢五分。

周□文：貳錢五分。

林炳□：貳錢二分。

殷□□：貳錢□分。

殷運□：貳錢一分。

殷維祺：貳錢一分。

殷米五：貳錢一分。

陳勝藝：貳錢一分。

蔡卓榮：貳錢一分。

殷運瓚：貳錢一分。

梁國臣：貳錢。

周超臨：貳錢。

殷翰燦：貳錢。

周輔公：貳錢。

林國珍：貳錢。

周用弘：貳錢。

周奇弼：貳錢。

黎誠然：貳錢。

周惠英：貳錢。

林位育：貳錢。

林國彥：貳錢。

龍伯海：貳錢。

殷璇彪：貳錢。

黎泰然：貳錢。

周伯王：貳錢。

殷國子：貳錢。

梁嗣秀：貳錢。

林公位：貳錢。

林國佐：貳錢。

林元朗：貳錢。

周國全：貳錢。

林拔隆：貳錢。

龍皆賀：貳錢。

林賢□：貳錢。

龍□□：貳錢。

林佳□：貳錢。

殷集思：貳錢。

周尚文：貳錢。

周建弘：貳錢。

周世遠：貳錢。

周國平：貳錢。

殷儒尚：貳錢。

殷子俊：貳錢。

周端客：貳錢。

殷朝傑：貳錢。

陳聖天：貳錢。

周朗人：貳錢。

周帝聰：貳錢。

周大鵬：貳錢。

龍達源：貳錢。

周學□：貳錢。

周倫上：貳錢。

周炳沾：貳錢。

黎良柱：貳錢。

黎應倩：貳錢。

殷□萬：貳錢。

殷廣立：貳錢。

梁朝庄：貳錢。

周纘文：貳錢。

梁公璽：貳錢。

龍弘達：貳錢。

殷達士：貳錢。

殷懿張：貳錢。

林元□：貳錢。

周漢清：貳錢。

龍潛海：貳錢。

周長人：貳錢。

黎道生：壹錢八分。

黎□□：壹錢八分。

陳□□：壹錢六分。

殷文經：壹錢六分。

陳宗琦：壹錢六分。

龍啟源：壹錢六分。

陳帝先：壹錢六分。

林恆興：壹錢六分。

周上京：壹錢五分。

陳上憲：壹錢五分。

龍襄濱：壹錢五分。

殷翰貞：壹錢五分。

陳□□：壹錢五分。

黎賢□：壹錢五分。

龍金□：壹錢五分。

周□□：壹錢五分。

龍魯源：壹錢五分。

林佳任：壹錢五分。

陳龍駒：壹錢五分。

殷安國：壹錢五分。

龍德滔：壹錢五分。

周士卓：壹錢五分。

陳英□：壹錢五分。

龍源海：壹錢五分。

殷　兆：壹錢五分。

龍崑源：壹錢五分。

林元客：壹錢五分。

周長文：壹錢五分。

周健人：壹錢五分。

殷萬能：壹錢五分。

殷□宜：壹錢五分。

龍浩濱：壹錢五分。

林尚德：壹錢四分。

林國士：壹錢二分。

龍英聚：壹錢二分。

陳君憲：壹錢二分。

殷晉侯：壹錢二分。

黎□和：壹錢二分。

陳公憲：壹錢二分。

陳日貴：壹錢二分。

殷□□：壹錢一分。

周煥文：壹錢一分。

龍帝爐：壹錢一分。

龍名逢：壹錢一分。

周洪輝：壹錢一分。

黎建君：壹錢一分。

龍□君：壹錢一分。

龍帝樂：壹錢一分。

殷□思：壹錢一分。

蔡文茂：壹錢一分。

陳元貴：壹錢一分。

殷武□：壹錢一分。

周雲霄：壹錢。

周倍賢：壹錢。

林旋子：壹錢。

周明顯：壹錢。

梁朝翰：壹錢。

周叶貞：壹錢。

林連拔：壹錢。

周裔昌：壹錢。

林板松：壹錢。

蔡國振：壹錢。

林顯達：壹錢。

林朋尚：壹錢。

黎榮君：壹錢。

梁嗣英：壹錢。

周惠寧：壹錢。

林聯子：壹錢。

鄧進佳：壹錢。

鄧龍佳：壹錢。

鄧瑞佳：壹錢。

殷祖□：壹錢。

周先立：壹錢。

梁嗣公：壹錢。

黎應宗：壹錢。

林殿碧：壹錢。

殷三才：壹錢。

林志禮：壹錢。

殷可脹：壹錢。

林宏中：壹錢。

龍皆喜：壹錢。

林彥聖：壹錢。

殷世法：壹錢。

黎京柱：壹錢。

陳帝□：壹錢。

周如盛：壹錢。

林彥高：壹錢。

殷奇珍：壹錢。

殷帝錫:壹錢。

黎國柱:壹錢。

周廷客:壹錢。

林珩子:壹錢。

龍皆禮:壹錢。

殷志灝:壹錢。

林志仁:壹錢。

林茂開:壹錢。

周渭清:壹錢。

周萬登:壹錢。

林傑先:壹錢。

林建章:壹錢。

梁嗣高:壹錢。

梁超豪:壹錢。

林慧忍:壹錢。

殷文簡:壹錢。

周廸文:壹錢。

周藍勝:壹錢。

周振揚:壹錢。

周燕□:壹錢。

林廣□:壹錢。

陳廣泰:壹錢。

殷義方:壹錢。

龍聖源:壹錢。

林志羲:壹錢。

林傑位:壹錢。

殷廣□:壹錢。

周□□:壹錢。

周漢寧:壹錢。

殷明儀:壹錢。

殷世運:壹錢。

殷□:壹錢。

林□□:壹錢。

殷帝德:壹錢。

殷繼文:壹錢。

殷□□:壹錢。

殷阿女:壹錢。

殷□□:壹錢。

黎武□:壹錢。

黎致君:壹錢。

周乾行:壹錢。

殷聖任:壹錢。

梁嗣昇:壹錢。

梁應祖:壹錢。

林能章:壹錢。

殷繼祿:壹錢。

殷祖力:壹錢。

殷剛:壹錢。

殷果:壹錢。

周上□:壹錢。

周雲達:壹錢。

陳□□:壹錢。

殷德宣：壹錢。

陳□□：壹錢。

殷廣裕：壹錢。

殷繼倫：壹錢。

葉茂□：陸錢。

葉茂□：叁錢。

勞□□：□錢。

勞□□：□錢。

□□□：□錢。

□□□：□錢。

麥□□：□錢。

曹□□：□錢。

□□□：□錢。

林□□：□錢。

□周□：□錢。

周慶文：□錢。

羅良□：□錢。

葉茂明：壹錢。

乾隆四年歲次己未孟夏甲辰吉旦。

【碑文考釋】

這篇碑文記述了乾隆四年（1739）重修南崗村三清古廟一事。碑文作者認為雖然神靈是無處不在，但從"人神一理"來推想，神靈也"不可無安居之所"。因為由人及神，從"人之宅舍安寧，則志氣清明"得出"神之廟貌輝煌，則聲靈顯赫"的推論，由此論述了修廟的意義，即"妥神靈而廣庇蔭"的意義。

7-2 清·佚名:重修三清古廟①碑記
清乾隆四十五年(1780)

【碑刻信息】

存址:今廣州市白雲區江高鎮南崗村三清古廟內。

碑額:重修碑記。楷書。

碑題:無。

碑文來源:原碑抄錄。

【碑文】

昔韓文公有言:"莫為之前,雖美而弗彰;莫為之後,雖盛而弗傳。"②由斯言推之,舉凡立廟宇以妥神靈而修祀事者,莫不賴有前輩而為之創;至於葺其頹垣,煥其棟宇,亦莫不賴有後輩而為之修。今我鄉兩堂神廟,由來日久,不無頹壞,理宜重修,以彰傳其美盛。用是發簿簽題,厘多上位,功成刊碑,標名示勸,將見一體同心,千祥雲集矣。是為序。

首事:周明作、周拔賢、周進文、周君寧、殷經邦、陳顯明、周天爵、梁逢陽、林超仁、龍亮源。

陳燦玉助金柒兩貳錢。

陳式堂助金叁兩陸錢。

周秩朝助金叁兩肆錢。

周拔作助金壹兩伍錢。

---

① "三清古廟"四字為編者所加。原碑碑額為"重修碑記"。

② 此語出自唐·韓愈:〈與于襄陽書〉,原文為:"莫為之前,雖美而不彰;莫為之後,雖盛而不傳。"見《昌黎先生文集》卷一七,上海:上海古籍出版社,1994,據北京圖書館藏宋蜀刻本影印,第二冊,頁439。

周拔爵助金壹兩伍錢。

周拔賢助金壹兩伍錢。

林卓助金壹兩四錢四分。

林冠先、周作三、周佩章、陳應堂、周久人、黎華桂：以上各助金壹兩四錢四分。

周名超助金壹兩壹分。

林貞元助金壹兩。

林品源助金壹兩。

周國寧助金捌錢。

殷經邦助金柒錢伍分。

殷日章、殷惠章、殷名遠、殷恆威、殷象賢、殷紹賢、殷顯邦、陳顯初：以上各助金柒錢伍分。

陳顯初助金柒錢叄分。

林作仁助金柒錢二分。

林超仁、林居仁、林惟有、周天佐、周明義、周天爵、周宏義、周超秉、周漢章、周典沾、周世高、周啟珚、周攸寧、周聲達、周進文、周晉人、周章平、周樂朝、周澤朝、周紹唐、周遇雲、黎卓遠、黎昌遠、黎才遠、龍華海、龍亮源、龍寧海、龍晏海、林天寶、林天成、蔡爵高：以上各助金柒錢二分。

陳天憲：五錢二分。

周志剛助金五分。

梁逢陽、黎德望、周登朝：以上助金五分。

黎德弘助金四錢。

黎昌志助金四錢。

陳邦耀助金三錢八分。

林英璧助金三錢六分。

林朝友、林敬仁、周德三、周昭禮、周昭上、周朝沾、周燕成、陳文達、陳龍譽、陳顯名、周聲著、周德寧、周翱霄、周燦遠、周成剛、周紹虞、周瑞雲、梁□泰、梁朝錦、殷作元、黎佐今、梁朝祿、梁□瓚、黎顯揚、黎世耀、周端明、周明作、周居朝、周俊韜、周□珍、周上珍、龍泗海、龍宗海、龍鵬海、龍博源、龍肇維、林天朝、林躍允：以上各助金三錢六分。

殷以發助金三錢一分。

殷朝信、黎克平、殷成威、殷遇君、殷學宗、殷學明、周俊寧：以上各助金三錢一分。

龍崑源助金三錢。

周孔遠助金二錢六分。

周啟人助金二錢六分。

陳有貴助金二錢五分。

梁信元助金二錢四分。

周瑞剛、周敏剛、龍瑞生、龍耀生、龍雲生、龍祥生：以上各助金二錢四分。

周雲祥助金二錢三分。

陳敬堂：二錢二分。

周燦忠、周蘭秀、周□秀、黎德厚、黎應元：以上各助金二錢二分。

殷達英助金二錢一分。

殷燦國、殷德成、殷學昭、殷儒卓、周燦光、周尊南、周定剛、周名燦、周廣雲、周應朝：以上各助金二錢一分。

林明爵助金二錢。

林弘友、鄧瑞佳、周貴三、周應三、周德貴、周□榮、陳宗憲、陳顯周、陳國名、陳顯濱、陳達名、周作忠、周廣寧、周朝英、周聲朝、周弘英、周殿英、周西平、周國進、周定朝、周定南、周□華、周紹漢、周能忠、周志星、黎龍柱、黎朝柱、梁配元、周式元、黎日新、周其昌、周翹楚、周懷珍、林殿彩、林天泰、林英昭、林順昭：以上各助金二錢。

周行義助金一錢八分。

蔡德高、蔡秧高、周匡朝、周博□、周作雲、周亞鑒：以上各助金一錢八分。

周儀霄：一錢六分。

鄧佐遠、周□士、周富英、周振剛、周盛南：以上各助金一錢六分。

林瑞璧助金一錢五分。

林全友、周天與、周明耀、周明譽、周雲彰、周聲歧、周孔祥、周耀□、周聲秀、周志遠、周德□、周沛朝、周殿南、周□忠、周敬忠、周揚英、黎振今、黎懷今、周弘亮、龍淳清、林耀先、林君成：以上各助金一錢五分。

周聲廣助金一錢四分。

周國祥助金一錢三分。

周國章助金一錢三分。

林宗仁助金一錢二分。

周裔顯、周國超、周燕超、陳成駒、陳德名、陳□輝、周雲耀、周傑華、周時隆、黎遠達：以上各助金一錢二分。

周兼義助金一錢一分。

周替堯、周正超、殷以朝、殷廣聰、殷朝敬、殷居善、殷宗道、殷瑞之、陳品常、陳俊承、周振忠、周爵英、周鵬霄、周道華、周達剛、周仙帶、周永忠、周信忠、周賢忠、周達雲：以上各助金一錢一分。

林宜友助金一錢。

林以爵、林仰先、周天輔、周成義、周明替、周杜根、周衛剛、周武克、陳佐朝、陳振常、陳□輝、周君寧、周恪忠、周道寧、周譽弘、□□良、周孔學、周聲潤、周亞章、周顯能、周長人、周□昇、周□□、周行遠、周□揚、周扶霄、周長儀、周扶剛、周德南、周登雲、周高華、周毓秀、周秉剛、周見剛、周用剛、周會雲、周亞賜、周作賢、周富剛、周澄輝、周容輝、周廣忠、周同升、周亞耀、周重華、周亞牛、周聖與、周盈進、梁華彩、黎世雄、梁恆傑、梁帝會、周佐朝、周威朝、周敬朝、周亞歲、周亞夭、周廣大、周廣思、林廣超、周俊彦、周洪珍、同文聰、龍悦清、殷遂高、殷達高、林君榮、林廣明、林喬珍、林殿陞、林喬達：以上各助金一錢。

周世遠助金七分。

周協忠、周亞晚、周亞社、周位南：以上各助金七分。

譚亞裕助金壹分。

乾隆四十五年　月　吉日立。

【碑文考釋】

這篇碑文記載了清乾隆四十五年(1780)對南崗村三清古廟的一次重修。碑文從韓愈兩句非常著名的言論("莫為之前,雖美而弗彰;莫為之後,雖盛而弗傳")起筆,探討了在廟宇的興建和重修問題上前人與後人的關係。大意是說,後人之修與前人之創具有同樣重要的意義,由此轉入到此次三清古廟的重修,也即說明了此次重修的意義。

7-3　清·周日新：重修三清堂碑記
清道光十四年(1834)

上碑

【碑刻信息】

存址：今廣州市白雲區江高鎮南崗村三清古廟內。

碑額：無。

碑題：重修三清堂碑記。楷書。

碑文來源：原碑抄錄。

【碑文】

神人之相感,一誠而已矣。雖然,徵於其常,不若徵於其變。唯變而適如乎其常,則莫或使之。若或使之,感應之機有不期然而然者,所謂誠也。□□□□□日月,碑版無存。考其重修之歲,則我乾隆之四年也。日久就頹,道光癸巳,方謀所以新之。既而玄冥告警,五月水至。七月水彌甚,老稚棲浪頭,□□□□扶傷不給,且時有捐賑之舉,事幾中止。然猶以偶屬偏災,未可以為變也,僉議捐輸,謀合賑糶之餘,以襄厥事。甲午初夏,既諏吉,行有日矣,迨五□□□□兩江大漲,加以流溪東注,石角南衝畫壁舊痕較增尺有咫,然而若者鳩功,若者庀材,杗桷甓瓴,百舉咸集。閱數月而廟竟底於成功。既竣,屬余一言□□□成民而後致力於神[①],是故時和年豐,家有餘財,民有餘力,相與興廢舉墜,春有祈焉,秋有報焉,此其常也。若夫遇大災,乘大患,饑饉洊臻而揭虔妥靈,卒變而適如乎常,是此可以見感應之機非偶然,而一誠之相孚為素矣。抑又聞之:神,依於民者也,是以民和而神降之福。茲役也,民不以災患之故而忘其恩,以災患之故而盡其助救於民。自茲以往,將見風雨節、寒暑時,神享民之奉,民食神之報,休徵迭見,無有後艱,此可為吾鄉之人券也。於是乎書。

　　賜進士出身前任湖南臨湘縣知縣里人周日新敬撰。

　　值事:周家駒、陳獻廷、周起鵬、黎燃光、周顯榮、林敏標、殷敬成、周昌耀、林楠圃、周㒱陽、周湛孚、周貽仰。

　　今將眾信樂助銀兩芳名開列於後:

　　周上達助銀壹百壹拾肆大圓。

　　周顯揚助銀肆拾陸大圓。

　　周家駒助銀肆拾肆大圓。

　　周志道助銀叁拾大圓。

　　林榮標助銀貳拾大圓。

---

　　① 晉·杜預注,唐·孔穎達正義:《春秋左傳正義》卷六〈桓公六年〉,頁110下:"(季梁)對曰:'夫民,神之主也。是以聖王先成民而後致力於神。……於是乎民和而神降之福。'"

周安瀾助銀壹拾柒大圓。

周群玉助銀壹拾陸大圓。

周日新助銀壹拾肆大圓。

林昌標助銀壹拾肆大圓。

周開逵助銀壹拾肆大圓。

周日襄助銀壹拾貳大圓。

周晏逵助銀壹拾貳大圓。

周超逵助銀壹拾貳大圓。

黎燃光助銀壹拾大圓。

周賡言助銀壹拾大圓。

周敏功助銀壹拾大圓。

周鳴珮助銀壹拾大圓。

周雄超助銀壹拾大圓。

周進逵助銀壹拾大圓。

黎博經助銀壹拾大圓。

周遵道助銀壹拾大圓。

周詠棠助銀壹拾大圓。

周典亢助銀壹拾大圓。

周懷道助銀玖大圓。

周□陽助銀捌大圓。

周曉階助銀捌大圓。

黎才遠助銀柒大圓。

黎述經助銀柒大圓。

周起鵬助銀陸大圓。

林敏標助銀陸大圓。

周德耀助銀陸大圓。

黎贊經助銀伍大圓。

周啟耀助銀伍大圓。

黎文經助銀伍大圓。

黎睿經助銀伍大圓。

周述濂助銀肆大圓。

周國儀助銀肆大圓。

林澤標助銀肆大圓。

周鴻基助銀肆大圓。

周榮超助銀肆大圓。

周健超助銀肆大圓。

周群超助銀肆大圓。

周修和助銀肆大圓。

周貢堂助銀叁大圓。

周履蟾助銀叁大圓。

周佳林助銀叁大圓。

周賢選助銀叁大圓。

□□□助銀叁大圓。

黎民□助銀叁大圓。

周永陽助銀叁大圓。

周浩元助銀叁大圓。

林大權助銀叁大圓。

周延蒼助銀叁大圓。

周慶助銀貳大圓。

周楨助銀貳大圓。

周序鏞助銀貳大圓。

周鳳翎助銀貳大圓。

周椿齡助銀貳大圓。

周敬熙助銀貳大圓。

周瑞昌助銀貳大圓。

周子琚助銀貳大圓。

林偉良助銀貳大圓。

殷榮邦助銀貳大圓。

黎作經助銀貳大圓。

周芳儀助銀貳大圓。

周慎儀助銀貳大圓。

周廸常助銀貳大圓。

周衍常助銀貳大圓。

周懿常助銀貳大圓。

周□□助銀貳大圓。

周建時助銀貳大圓。

周贊□助銀貳大圓。

周建延助銀貳大圓。

周恆耀助銀貳大圓。

周延輝助銀貳大圓。

周延剛助銀貳大圓。

周元弼助銀貳大圓。

周念清助銀貳大圓。

周佐清助銀貳大圓。

周□清助銀貳大圓。

周與爁助銀貳大圓。

周凌峰助銀貳大圓。

黎明生助銀貳大圓。

黎元□助銀貳大圓。

黎聯瑞助銀貳大圓。

林□□助銀貳大圓。

林大浩助銀貳大圓。

林大球助銀貳大圓。

周善堂助銀貳大圓。

陳獻廷、□□□、□□□、林文標、周恆秀、周湛孚、周貽仰、周榮新、周□新、龍廣業、龍會圖、周景仰、周超秀、周存善、周慶蕃、周恩庇、周恩贊、周恩□、周□□、周□□、陳邦猷、陳遠猷、周冠輝、周嘉儀、周建猷、□□□、周建微、周建□、周孔昭、周湛昭、周建貞、周建瑚、林信標、林群英、林翔英、周綸書、周作善、周昌祐、周昌緒、周昌業、周昌祚、周煜芬、周□芬、周□□、黎永春、黎永牲、黎永業、黎永□、黎永彥、黎永珣、周瀛翰、周騰翰、周惠孚、周斯成、周美成、周匯初、周廷傑、周遂彰、周惠中、周慶緯、周□麟、周果存、梁紹鰲、梁德鈞、周□賓、周騰霄、周□鉅、周文藹、周文熙、周文熘、□□崑、周□□、周致和、周能立、周能聰、周能熙、周能格、周□□、周熾昌、周樞煒、周榮芳、周本亨、周松新、周尊一、周揚耀、黎金穆、黎允修、黎健修、黎霖修、黎炯修、周典□、□□□、□□□、□□□、□□□、□□□、黎□□、黎□□、周□□、周□□、周□□、□□□、黎永□、黎永□、黎永□、□□□、□□□、□□□、□□□、□□□、□□□、□□□、□□□、□□□。

下碑

【碑刻信息】

存址：今廣州市白雲區江高鎮南崗村三清古廟內。

碑額：無。

碑題：無。

碑文來源：原碑抄錄。

【碑文】

周應豐、周玉書、周□榮、周昌耀、周翰昌、黎冠玉、黎錦生、黎建生、林光標、林瑞標、林爵標、林大材、陳積珍、陳仕能、殷瓊佩、龍衍祥、龍麗祥、龍爵居、周彩華、周世華、周永堯、周崟崑、黎秩經、黎超顯、周善昌、周炳昌、周鴻緒、周道成、周秀蕃、周經全、周盈天、周恆忠、周葆光、周錦濤、周瓊翰、周景纯、周光儀、周德顯、周良顯、周建修、周起元、周澤金、周兆祥、殷翹泰、殷藉禧、周燦緯、周呈輝、周幹廷、周士超、周聯耀、周雄耀、林楠圃、周業成、陳貢球、陳蘊玉、周植常、周濟常、周建名、周汝銓、周汝坮、周椿華、周燊華、周耀華、周傑華、周傑才、周駿才、周敬一、周敬才、周鳳才、林如澤、林俊高、黎兆英、黎兆祥、周贊瑞、周澄耀、周樹儀、周樹勳、周曙晖、周著晖、周洪濤、林應熊、林漢彬、黎堯瑞、黎金富、周定超、周巨超、周蕃茂、周才茂、周世耀、周梅萼、周匯鐘、林景和、林耀通、周汝光、周昌瓴、龍殿光、陳明通、陳亮□、陳以貞、陳彩貞、陳穎良、周汝汪、周汝埕、龍高揚、周邦傑、陳珮瑤、林沛通、林揚臻、蔡燦熊、龍瑞凌、周李氏：以上每助銀壹中圓。

周振徽、周培茂、周培芝、林俊良、林顯良、林循良、周汝彬、周汝靈、周汝楷、周揚□、周揚俊、周揚恬、殷培茂、殷國楨、殷錫濤、黎星高、黎登高、黎时高、周文□、周文雄、周國良、周□□、周□芳、周振芳、周翰彰、周效貴、周□□、周履謙、周履和、周履端、周社均、周社揚、周社燎、周才耀、周啟士、周汝泉、周汝坽、周汝泮、周裕昌、周裕輝、周見成、周意成、黎懋桐、黎懋麒、黎懋麟：以上每助銀貳錢肆分。

周爵英、周品芳、黎德彰、陳錦堂、梁秉□、周□翰、殷敬成、林際芳、殷長茂、龍寬居、周遂華、周裕昌、周積光、周秋陽、周載陽、黎超然、陳殖瑤、周佐堯、周彌堯、周景熙、周景祚、周恩保、周煜南、殷榮茂、梁景鰲、陳元沾、周贊超、周培德、周東耀、周柏林、周炳坤、周秀昌、周常銳、周清平、周恆茂、周良勳、林亮彬、林永彬、林國標、黎國本、陳懷波、周升濤、周本煇、周顯孚、周華曦、林承□、周執技、周學全、周耀彰、周晚成、黎古魁、黎輝經、陳懷根、梁和照、

周蓮秀、周挑枝、周騰瑞、周敬孚、林承可、周蓮茂、周渭陽、周德鐘、周明志、
周仁仰、周晚發、周玉階、周光廷、黎紹高、黎倫高、陳政賢、周蓮遂、周潤枝、
周本枝、周欄緯、周廷仰、周式良、黎潤珍、周逢春、林揚炳、周溶錦、周正朝、
周松萬、林揚宜、周全忠、周成長、殷清淮、周溶□、周麟瑞、周卓孚、林超俊、
周早勝、殷文叠、周鎮瑞、梁裕鈞、周成穩、周溶茂、周松林、周能瑞、林騰漢、
周松先、周維勝、梁潤生、黎萃鍾、林善徵、周志筠、周秀筠、周景光、陳汝勝、
周松京、梁和鈞、黎潤基、周紹儀、殷裕高、周勝裕、周湛明、周祖念、黎潤瑜、
周能相、黎澤洪、黎超著、黎芬長、黎華炳、周紹齡、周□志、殷揚□、周能安、
周勝初、梁超鰲、陳黎光、周紹倫、黎超傑、周□□、周□□、□□□、周日清、
周純崑、黎成發、周炳贊、梁□揚、周□□、林善顯、周炳福、黎芬喜、周汝兆、
黎煥□、陳□□、黎煥光、周朝相、林潤彬、周與萬、周粹陽、黎仕□、林大全、
林積貴、林大安、周醴忠、殷日昌、周勝聚、周兆魁、周睿志、黎□揚、周兆桐、
梁榮堅、林大進、周聖基、周晟仰、黎紹鍾、周□德、周□□、陳羣超、□□□、
□亞洪、黎□高、林□□、周永容、周建熙、陳佐□、周□茂、殷與秋、周祖安、
陳粹恆、林積珍、周□楨、□□東、□□洪、□□□、□□□、□□麟、□□禧、
周□載、□□猷、□□文、周□揚、□□□、□□然、周□□、黎承祖、周□基、
□□□、周□□、周本□、周良規、黎景星、周國平、林□良、梁誠忠、周□達、
梁潤□、周湛培、周□彰、黎煥山、周毓崑、周□□、□贊□、周暢基、周行遠、
陳與賢、殷□□、周啟□、□□□、周經□、周連湛、林瑞英、周亞美、梁達清、
周福基、殷漢茂、周善長、周煥沾、周昌濤、黎亞克、周仕階、黎聯光、周□高、
□□□、周□□、林建倫、周□□、林□□、周紹榮、周駿聲、周錦鑿、周定平、
周□賢、□巨英、周醴祥、陳亞揚、周嘉和、周鵬蜚、周勝揚、周國□、周廣聲、
周醴貞、陳俊瑤、周揚□、周錫明、周文起、□古兆、周廷柏、周凡超、周□華、
周□勝、周占魁、周□崑、周廣寬、林沛英、周□□、陳宜春、周揚聲、周亞和、
周□□、周□□、林遂道、周□勳、林□英、陳□□、周□□、周永□、周善□、
周三全、周孔禧、殷建成、周永巨、林永榮、周鳴瑞、周紀常、林秀標、周瑞祥、

周揚駒、周岐耀、周名淮、周堂清、周會瀾、殷昭成、周潤與、周世平、周揚舉、
周祥基、周安保、周光權、周餘昌、殷永臻、周錦濤、周登榮、龍瑞彰、□□□、
□□□、□□□、□□□、□□□、龍亞□、殷□□、龍亞才、□□□、□□□、
□□□、□□□、□□□、□□□、周揚登、周安樟、周藝忠、周叢士、周超群、
周廣經、周揚清、周揚□、周日興、周澤霖、周常耀、周王基、周金印、周明士、
周維□、周高贊、陳純芝、周□印、周□泰、周成基、殷超漢、周□□、□□□、
□□□、□□□、□□□、□□□、周□□、周裕中、周富華、□□□、
□□□、□□□、□□□、□□□、陳潤林、周啟超、周□□、陳□□、
周鉅全、周□基、周樂廷、周勝球、周潤平、周桂茂、周廷光、殷容斌、林燦錦、
周瓊輝、周會輝、周潤昇、陳立開、周善基、□翰輝、周□茂、周宜相、周維相、
周鳳明、周恆茂、周日□、殷資□、周元□、周元金、周曜□、周□□、周興祥、
周□祖、□□□、□□□、□□□、□□□、周會□、□□□、□□□、
□□□、□□□、□□□、周□□、周□漢、周□□、周德芳、周五胡、周啟祥、
周汝降、殷楊□、周成□、周勝□、殷□□、殷華□、周廷鐘、周奇輝、周琼耀、
周燦文、周德才、□□□、□□□、□王□、陳光連、周□祥、周晃業、□□業、
鄧鵬舉、□□□、□□□、□□□、□□□、□□□、□□□、□□□、
□□□、□□□、□□□、周□□、周廸□、周清□、鄧清華、龍廣河、殷文□、
殷鴻高、周興權、周超才、陳文□、周□□、周鐘□、周□□、龍達□、龍暢文、
殷全盛、周□志、陳仰思、□□□、□□□、□□□、□□□、□□□。

道光十四年歲次甲午仲冬吉日。

【碑文考釋】

　　撰碑者周日新（？—1854），字起彪，一字暉谷，廣東番禺南岡鄉人。道光二年
（1822）進士，署湖南臨湘知縣。後為侍母辭官歸鄉，授徒養母，從遊者百餘人。又嘗掌教
鳳山、豐山兩書院，後主講禺山書院。咸豐四年（1854）匪亂，周日新約鄉人設團禦賊，未

竟而卒。

　　這篇碑文敘述了清道光十四年（1834）南崗村三清堂的一次重修。這次重修頗費周折，所遇最大的障礙就是洪水。本來道光十三年（1833）就已籌畫重修事宜，然而因為五月至七月間的大水，此事幾乎中止。然而大家認為還是應該達成此事，於是次年初夏定下了動工的日期。雖然仍有洪水，但眾志成城，該廟竟得以順利竣工。

　　通過這件事，作者闡釋了碑文開頭提出的"常變之理"。在"時和年豐，家有餘財，民有餘力"的情況下，"興廢舉墜，春有祈焉，秋有報焉"，這是一種正常情況，能做到這一點算不了什麼。人之誠心，"征於其常，不若征於其變"。什麼是"變"？"若夫遇大災，乘大患，饑饉洊臻"，這就是一種非正常情況，在這種艱難的變境中能做到"卒變而適如乎常"，才是真的"誠"。而三清廟之修，正是在洪水為災，饑饉洊臻，需要賑濟的情況下完成的，足可見出鄉人事神之誠，神也必有感，從而護佑鄉民於無窮也。

8 三聖廟(大穀村)

【廟宇簡介】

廟在南海九江堡大穀村①。始建於明崇禎十五年(1642),至清順治六年(1649)建成,黎春曦於順治八年(1651)立碑。廟祀文昌、關帝和天后,故稱三聖廟。

8-1 清·黎春曦:鼎建三聖廟碑記
清順治八年(1651)

【碑刻信息】

存址:舊在南海九江堡大穀村三聖廟內②。

碑額:鼎建三聖廟碑記。篆書③。

碑文來源:宣統《南海縣志·金石略》。

【碑文】

古聖王神道設教尚矣,而祭祀之制各有其分。天子郊天社地,旅名山大川,而外推之勤事著勞,禦災捍患,咸在祀典。至鄉里士庶家主中霤[一],先祖歲時伏臘,外鮮他及。三代而下,在處廟宇繁興,廼神不厭其瀆,人不病其諂者,蓋誠有得於先王,上酬功,下設教,兩端至意,義甚深遠也。古來功在民生,亦不勝述。就今日人心所尊,尚文明者,景止斗杓;懷忠義者,誦法河東;波濤利涉者,感激莆田。三聖在天之澤,亦既家喻而户曉矣。至設教之旨,

---

① 清·鄭榮等主修,桂玷等總纂:宣統《南海縣志》卷三〈輿地略〉"九江主簿·九江堡"條:"堡內地分四方。東方村七,曰奇山,曰藤溽,曰大穀,曰閘邊,曰太和,曰雙涌。"見《中國地方志集成·廣東府縣志輯》第30卷,頁121下。

② 清·鄭榮等主修,桂玷等總纂:宣統《南海縣志》卷一二〈金石略〉本碑按語曰:"右刻在九江堡大穀三聖廟。碑文與黎《九江鄉志》小異。因志金石,仍從原碑。"見《中國地方志集成·廣東府縣志輯》第30卷,頁304上。

③ 清·鄭榮等主修,桂玷等總纂:宣統《南海縣志》卷一二〈金石略〉錄文原題下注曰:"七字另篆額。"見《中國地方志集成·廣東府縣志輯》第30卷,頁303下。

恆慮人之習而未察也。雖有慈父,不能愛不肖之子。福善、禍淫,曰神;善不福、淫不禍〔二〕,豈神哉?故凡在監臨之下,莫不日懋勉風雷之益,為忠臣,為孝子,為悌弟,為里中正直敦厚善人,神所保佑而申命也。反是,雖脀牲在俎,清酒在壺,考鐘伐鼓、稽首再拜以邀福〔三〕,神將吐之矣。

吾鄉大轂水口,形勝為最,市集輻輳之墟,從中流纍土石為基,不啻布金買地。鼎建三聖廟,高敞張麗。夫神之在天下,猶水之在地中,無往不存,於是庶妥止乎。廟刱自崇禎壬午,迄永曆己丑,八年而工竣〔四〕,費錢五十萬有奇。任事鳩工,則緣首陳光祿、梁仲德、馮可象、黎庶望、陳文湯〔五〕五人力居多,捐貲共成,一方心也。又二年秋〔六〕勒碑題名志垂,屬曦〔七〕為辭。曦愧不文,惟願望廟而興者,咸思先王之教,毋為邀福之事。

【編者按】

此碑輯自清·鄭榮等主修,桂玷等總纂:宣統《南海縣志》卷一二〈金石略〉①。碑文又見清·黎春曦纂:順治《南海九江鄉志》卷二〈廟堂〉②。

【校記】

〔一〕“至鄉里士庶家主中雷”,此句《南海九江鄉志》作“鄉里中家主中雷”。

〔二〕“善不福、淫不禍”,《南海九江鄉志》作“假令善不福、淫不禍”。

〔三〕“邀福”,《南海九江鄉志》作“徼福”。下同。

〔四〕“迄永曆己丑,八年而工竣”,《南海九江鄉志》作“閱八年而工竣”。

〔五〕“陳光祿、梁仲德、馮可象、黎庶望、陳文湯”,《南海九江鄉志》作“某等”。

〔六〕“又二年秋”,《南海九江鄉志》無此句。

〔七〕“曦”,《南海九江鄉志》作“予”。下同。

---

① 清·鄭榮等主修、桂玷等總纂:宣統《南海縣志》,《中國地方志集成·廣東府縣志輯》第30卷,頁303下至304上。

② 清·黎春曦纂:順治《南海九江鄉志》,《中國地方志集成·鄉鎮志專輯》第31卷,南京:江蘇古籍出版社,1992,據抄本影印,頁233下-234上。

【碑文考釋】

撰碑者黎春曦,字梅映,廣東南海人。明崇禎六年(1633)舉人,十三年(1640)特賜進士,授武定州知州。後告歸,明亡不復出。著《九江鄉志》五卷。後卒於家。

這篇碑文從自古以來的"神道設教"談起,首先從宏觀上論證了建三聖廟的意義,即"上酬功,下設教,兩端至(致)意",也就是說向上答謝神靈的保佑之德,向下教化民眾,使之向善。接下來碑文云:"今日人心所尊,尚文明者,景止斗杓;懷忠義者,頌法河東;波濤利涉者,感激莆田。"這裏提示了三聖廟所祀"三聖"爲誰的問題。"斗杓"指的是文昌宮①,代指文昌帝君;"河東"指的是關帝關羽,因爲關羽出身於河東;"莆田"則代指天妃,因爲天妃林默本是福建莆田人。

除此之外,碑文還介紹了本廟修建的情況。碑稱,此廟創自崇禎十五年,於永曆己丑(三年,1649)竣工,興建時間爲八年。按"永曆己丑"也就是順治六年(1649),碑中仍用明年號,暗示了作者的故國之思。

---

① 西漢·司馬遷:《史記》卷二七〈天官書〉,見《史記》第4冊:"斗魁戴匡六星,曰文昌宮。"

9 天后古廟（龍溪）

【廟宇簡介】

廟已不存，舊在番禺縣龍溪。根據佚名乾隆五十一年〈重修龍溪天后古廟碑記〉，該廟創建於明代，曾於清乾隆四十七年（1782）重修。

9-1 清·佚名:重修龍溪天后古廟碑記
清乾隆五十一年（1786）

【碑刻信息】

存址：舊在番禺縣龍溪首約不憂廟内①。

碑文來源：《番禺河南小志·金石》。

【碑文】

嘗聞聖人以神道設教②，凡有功德於民者，皆載在祀典，以崇俎豆之奉。況天后為水瀆之尊，德配昊天，澤敷四海乎！遙溯龍溪之有古廟也，創自前朝，歷修百有餘年，由來已舊。歲時里閈居民禱休咎，無不輒應。是天后聲靈赫濯，能使人畏敬奉承者已非一日。曩者廟宇淺狹，益以風雨蠱蝕，居民謂規模未肅，瞻拜未恭也。壬寅歲倡議增修，一時捐貲者眾，捨地者扢其基，施棟者宏其宇。不日而工竣落成，莊嚴整肅，廟貌堂皇，神人胥慶。詎知天后乃民間之慈母也，視居民何啻子孫；以子孫而奉其慈母，以慈母而庇其子孫，固宜有今日之盛舉。是為記。

---

① 黃仁恒編：《番禺河南小志》卷七〈金石〉此碑按語云：“拓本。案：右碑在龍溪首約不憂廟，無撰書人名。”見《中國地方志集成·鄉鎮志專輯》第 32 卷，南京：江蘇古籍出版社，1992，據民國三十四年傳抄稿本影印，頁 697 上。

② 魏·王弼、晉·韓康伯注，唐·孔穎達疏：《周易注疏》卷三，頁 249：“聖人以神道設教而天下服矣。”

乾隆歲次丙午梅月朔越之吉立。

【編者按】

碑文輯錄自黃仁恒編:《番禺河南小志》卷七〈金石〉①。此志據拓本輯。

【碑文考釋】

這篇碑文雖然篇幅簡短,卻層次分明。開頭一句即闡明"祀天后之理所當然"之義,接下來述龍溪天后古廟的歷史由來,指明此廟歷史已久,並指出崇奉之久遠,乃因為天后的靈應和聲望。最後進入碑文的主題內容,即廟宇重修的前後經過。在這一節亦不忘將廟宇落成的盛況與天后之德相聯繫,將天后與居民的關係比況為慈母與子孫的關係,"天后乃民間之慈母也","以子孫而奉其慈母,以慈母而庇其子孫,固宜有今日之盛舉"。

---

① 黃仁恒編:《番禺河南小志》,《中國地方志集成·鄉鎮志專輯》第32卷,頁696下-697上。

10　天后宮(練溪村)

【廟宇簡介】

　　根據 2010 年實地考察,廟在今廣州市番禺區小谷圍練溪村,當爲新建廟。廟正門上方大書"天后宮"三字,門兩邊有對聯一副:"后德齊天憑護佑,母儀稱聖藉維持。"入門則爲"恩澤四海"四字。廟僅一間,正中奉祀天后。牆上碑刻一方,爲陸應暄〈重修天后宮碑記〉,當從舊廟處移來。

10-1　清·陸應暄:重修天后宮碑記

清宣統二年(1910)

【碑刻信息】

　　存址:今廣州市番禺區小谷圍練溪村天后宮內。

　　碑額:無。

　　碑題:重修天后宮碑記。楷書。

　　碑文來源:原碑抄錄。

【碑文】

　　我族無香火神廟地基。前人遇神像輪值本□之年,向借始祖廚房供奉,後遂改建為廟。數百年來男樂其疇,女修其業。同治丁卯,族眾惑於浮言,議將廟移建村後石路頭。□□□□習形家書,昌言此議果成,傷丁損財,人命官訟立見,力向倡議者禁阻,事得中止。光緒乙巳,無知者仍執前議,毀舊廟□□□頭分建兩廟。逾年丙午,疫癘大作,死亡相繼,行人避道,為開族來未有之奇災。族眾知悔,爰諏吉日,迎神像回村內,暫借□□□東西兩廊安奉,疫癘頓息,雖瀕死者亦慶更生。歲次丁未,紳耆會商,眾情僉同,重於舊址復建廟宇,就財力之所及,惟儉惟□,罔敢奢靡。并誡董事者,廟中坐向,規制尺寸,皆準前人之舊,先民是程,將來或有吉兇,庶不受族眾德怨。經始於三十三年丁未十二月,□□於是年十二月。坐癸向丁,兼子午三分,與始祖祠同。既落成,為記其事之顛末,示後之人,毋惑於風水,復再有更張,俾我族中□居樂業,共沐神庥於勿替焉。

宣統二年歲次庚戌臘月里人陸應暄謹識。

重修紳耆:值理陸應暄、坤柱、應霑、汝鋆、勝焰、錦福、定基、紹光、裔基、從基、滙□、二蘇、其源、應梓、容滔、應弟、錦焰、垣漢、應霖、友業、升揚、植卿、錦坤、闓楠、覲輝仝泐石。

謹將樂助芳名開列於後:

陸應暄助銀五拾大員。

陸定基助銀七大員。

陸勝焰助銀五大員。

陸應梓助銀三大員。

陸應霖助銀三大員。

陸翊乾助銀三大員。

陸建勳助銀三大員。

陸從基助銀三大員。

陸柏桐助銀三大員。

陸汝鋆助銀貳大員。

陸汝樘助銀貳大員。

陸升然助銀貳大員。

陸贊昭助銀貳大員。

陸煥章助銀貳大員。

陸友業助銀壹大員。

陸衍基助銀壹大員。

陸仁廣助銀壹大員。

陸奕源助銀壹大員。

陸覲祥助銀壹大員。

陳日和助銀壹大員。

陸盛業助銀壹大員。

陸松慶助銀壹大員。

陸萬程助銀壹大員。

陸汝樓助銀壹大員。

陸冼氏助銀壹大員。

陸覲㳅助銀壹大員。

陸富生助銀壹大員。

陸紹洪、陸賜參、陸柏猷、陸揚桂、陸馮氏、陸旺興、陸銳昆、陸屈氏、陸錫□、陸蛋家、陸古氏、陸潘氏、陸如松、陸綽基、陸志亨、陸垣漢、陸覲乾、陸佐堂、陸財漢、陸文庚、陸鑑澧：已上中員。

陸協源、陸全業、陸彰業、陸仲慶、陸錦坤、陸友兄、黃林氏、陸國才、陸容滔、陸滙泉、信女陸趣兒、陸關氏、陸羅氏、陸蘇氏、陸紹渭、陸國昭、陸李氏、陸華安、陸錦福、陸閏聖、陸賜榮、陸騰霄、陸閏賜、陸銀邦、陸閏和、陸亞蘇、陸柏齡、陸啟平、陸曾氏、信女陸妙平、陸恒安、陸□氏：已上貳毫半。

陸裔基、陸金業、陸聯秋、陸有田、陸劍邦、信女陸有年、陸陳氏、陸其源、陸應弟、陸紹才、陸熠森、陸泰安、陸榮壎、陸凌氏、信女陸妙坤、陸富興、陸馮氏、信女陸善卿、陸盧氏、陸黎氏、信女陸貢初、信女陸潔寬、信女陸三女、信女陸森葉、陸耀有、陸程圖、陸阿嬌、信女陸潤平、陸二蘇、陸雲高：已上貳毫。

陸關氏、陸鍾氏、陸唐氏、陸何氏、陸關氏：已上壹毫。

合共助金銀壹百貳拾八元九毫五仙。

【碑文考釋】

撰碑者陸應暄，里人，生平不詳。

碑文介紹了練溪村天后宮於清宣統二年（1910）重新復建的緣由以及所經歷的一番波折。這篇碑文鮮明地表示反對形家者言，教育後人“毋惑於風水”。

11　天后宮（勝洲村）

【廟宇簡介】

　　根據 2013 年實地考察,廟位於今廣州市番禺石樓鎮勝洲村南塘大街 8 號側,坐西向東。門額落款"庚申歲夏月重建"(1860),門邊有對聯一副:"其仁如天克配上帝,撫我側後懷保小民。"廟左為文武廟,門額落款"咸豐庚申仲夏穀旦"(1860),門邊對聯為"文瀾壯闊涌獅海,武廟森嚴控虎門"。天后宮內供奉天后及觀音神像,下首奉"鎮宮隕石"。文武廟內則祀關帝、文昌,下首陪祀財神。

　　廟始建於清初①。根據碑刻記載,該廟於咸豐十年(1860)重修,並增建文武殿於天后宮左旁,即現存之文武廟。重修竣工於清同治四年(1865),立有佚名〈改建天后文武二廟碑記〉。二廟於清光緒十年(1884)又重修,立有陳□輝〈重修天后文武廟碑記〉。兩通重修碑刻現今仍保存在廟內②。

11-1　清·佚名:改建天后文武二廟碑記
清同治四年(1865)

【碑刻信息】

　　存址:今廣州市番禺區石樓鎮勝洲村天后宮內。

　　碑額:改建天后文武二廟碑記。楷書。

　　碑題:無。

　　尺寸:碑高 105 厘米,寬 61 厘米。

　　碑文來源:原碑抄錄。

---

　　①　參考陳建華主編:《廣州市文物普查彙編·番禺區卷》,頁183。然碑刻無載,聊備一說。

　　②　清·梁鼎芬修、丁仁長纂:宣統《番禺縣續志》卷五〈壇廟〉收有"天后宮"條,云:"天后宮在石樓鄉中約,康熙初建,乾隆十四年重修,嘉慶十三年增修,道光二十九年增建。東為華佗殿,西為痘母殿,光緒十三年復重修。"見《中國地方志集成·廣東府縣志輯》第7卷,頁97下。由於此條所述天后宮歷史不見於碑刻記載,故二廟是否一廟,待考。

【碑文】

憶昔帝王撫有四海,懷柔河嶽,百神效靈,聿崇祀典。而天后更為顯赫,故累受加封。凡濱海村莊,河中商旅,莫不敬誠奉祀。而我鄉之有天后廟也,前人簡樸,概無立石留傳,故創建莫稽其朝代。而按此東環獅海,西枕熊山,南瞰虎門,北連馬嶺,遠收省垣之水,近鍾石礦之靈,固天然之形勢,而神靈所憑依也。跡其威靈所顯,則道光十五年六月十二日,狂風巨浪泛濫,與廟旁社壇齊,而涓滴不入門閾。此鄉人所目擊而傳聞,逸事不勝具述。至頭座之普賢,原昔夜過客船,累見廟前[烘](紅)〔一〕光灼灼,來視止有此石。群驚為神,求無不應。杯示普賢菩薩,因置頭座奉祀。靈顯所孚,無遠弗屆。余思鍾山川之秀,而人傑地靈;藉神德之扶,而民安物阜。惟富貴罕見,文風未開,皆由舊坐庚甲酉卯,沙水乖舛。因藉垣楹頹朽,咸思易殼為磚,故易為申寅庚甲之針,俾合生旺同歸之局。並增建文武殿於左,一連兩間。從此軒豁呈露,規模迥異昔時,而座對扶胥。每當紅輪湧現,榮光燭天,則子瞻所謂"坐看暘谷浮金暈"①者,恍然如在也。吾知神之効靈,更有倍於昔日者。嗣或文物丕振,富庶繁衍,乃知風水所關者大,而此舉為不虛。茲因泐樂捐之士而并麗其端末,以垂不朽云。是為記。

樂助工金芳名開列:

明經鄉聖祐堂:貳大員。

聖堂黃光裕堂:貳大員。

許敦源堂:貳大員。

新埠店:叁錢陸分。

黃潔芝:壹大員。

許才俊:叁錢陸分。

三和店:叁錢陸分。

---

① "坐看暘谷浮金暈",蘇軾詩《浴日亭》中句。全詩為:"劍氣崢嶸夜插天,瑞光明滅到黃灣。坐看暘谷浮金暈,遙想錢塘涌雪山。已覺滄涼蘇病骨,更煩沆瀣洗衰顏。忽驚鳥動行人起,飛上千峰紫翠間。"見清·王文誥輯注:《蘇軾詩集》,北京:中華書局,1982,第6冊,頁2067-2068。

新造墟恒合店：壹大員。

許遇時：伍錢壹分。

德壽店：叁錢正。

順利店：壹錢捌分。

許謙益：貳錢壹分。

赤山鄉戴裕德堂：壹大員。

潭山鄉許就寬：壹大員。

山門埠：叁錢陸分。

本鄉：

李有裕堂：壹拾貳大員。

王聯安：柒大員。

張永春：貳大員。

陳球瑞：壹兩正。

王紹隆：壹兩正。

李耀坤：壹兩正。

陳意瑞、陳春霖、陳顯輝、李慶珍、李琦珍、李球珍、李倫宰、李日明、李德昌、李廣坤、張其廣、張永元：以上各壹大員。

陳輝：四錢壹分。

陳瑤瑞、陳存道、陳存濟、陳存兆、陳揖瑞、陳榮邦、陳華邦、陳畧邦、陳旭輝、陳起輝、陳燎輝、陳珠輝、□廣清、陳穡蔭、王進成、王會芝、黃悅珍、張永行、張干娣、張□娣、葉富輝：俱壹中員。

李阿東：三錢二分。

張靈運：三錢一分。

陳善輝：三錢。

李煥英：貳錢八分。

王照隆：二錢六分。

洪蔭松：貳錢二分。

陳存澤、陳喜瑞、陳存寶、陳甘霖、陳安邦、陳嘉邦、陳大邦、陳廷輝、陳靖邦、李有為、李星順、李輝宰、李秀珍、李會珍、李順桃、李光照、李賜熊、王煥彰、王平章、王裕輝、王會輝、王廣隆、王啓安、王進德、張能英、張華英、張永隆、張松高、張定炳、葉滿興、李潤泉：以上貳錢一分。

陳存廣、陳存安、陳存海、陳泰瑞、陳保邦、陳連邦、陳貴邦、陳祥邦、陳仁邦、陳結邦、陳平邦、陳始輝、陳騰輝、陳朗輝、陳炳坤、陳文輝、陳元輔、陳元贊、陳元煥、李總宰、李連宰、李德珍、李根桃、李會錦、李茂章、王廷輝、王茂隆、王兆柏、王潤漢、王安隆、王廣全、王廣祥、王藏成、王雄輝、王瑞安、王高輝、王建安、王榮安、王燕球、王松貴、王義坟、王潤培、張大寶、張連安、張九根、□□□、朱兆熊、梁蔭成、劉潤松、羅連發：以上貳錢正。

信女：

李劉氏：壹大員。

李吳氏：三錢六分。

李黃氏：壹錢八分。

李梁氏：壹錢八分。

陳胡氏、陳翠儀、陳雲英、陳黃氏、陳潤官、陳黃氏、陳周氏、陳張氏、陳黃氏、陳洪官、陳許氏、陳吳氏、陳廷輝、張根花、□黃氏、陳李氏、李陳氏、李住齊、李黃氏、李廖氏、李許氏、李胡氏、李□子、王許氏、王曾氏、王羅氏、王定官、張燕官：以上壹錢二分。

陳大邦敬書。

同治四年歲次乙丑孟冬吉旦立。

【校記】

〔一〕原碑作"烘"字,依文意當爲"紅"。

【碑文考釋】

這篇碑文記載了清同治四年(1865)改建天后宫的經過。據碑文云,番禺石樓鎮勝洲村本來就有天后廟,而同治四年,又在天后廟的左邊增建了文武廟。除此之外,還進行了一些其他方面的改建,主要是方位。而改建的原因也說得很清楚,是因爲原來的風水不好,從而導致科舉不盛:"惟富貴罕見,文風未開,皆由舊坐庚甲酉卯,沙水乖舛。"於是進行了針對性的改建:"因藉埂楹頹朽,咸思易殼爲磚,故易爲申寅庚甲之針,俾合生旺同歸之局……。"最後,篇末在改建竣工後所做出的展望更表現出了對風水和這次改建的重視:"嗣或文物丕振,富庶繁衍,乃知風水所系者大,而此舉爲不虛。"

11-2 清·陳□輝:重修天后文武廟碑記
清光緒十年(1884)

【碑刻信息】

存址:今廣州市番禺區石樓鎮勝洲村文武廟内。

碑額:重修天后文武廟碑記。楷書。

碑題:無。

尺寸:碑高105厘米,寬61厘米。

碑文來源:原碑抄錄。

【碑文】

嘗思廟堂之建,以便鄉人祈祐者也。以我鄉濱海而居,故開村以來,建立天后廟一座,旁安金花、禾花,一同奉祀。創建之年,不可稽考。追咸豐十年,平基改作,左旁增建文武廟一間。定申寅庚甲之針,符趨吉避凶之向,使左右之水,生旺同歸。由是俗變風移,民安物阜。迄今二十餘年,再行重修。

謹將樂助芳名臚列于左:

茭塘鄉：

黃永昌堂：貳員。

黃述仁：壹中員。

黃安和：壹中員。

黃□喜：壹中員。

潭山鄉：

許敦原堂：貳員。

明經右里：

聖祐堂：貳大員。

鹿步：

廣昌堂：貳大員。

市頭鄉：

蔣副爺：壹兩一錢貳分。

南領鄉：

陳柳源堂：壹員。

陳瑞雲：貳錢半。

龍滘鄉：

莊錦繡堂：貳員。

赤山鄉：

諭德堂:壹大員。

洪聖宮:壹大員。

石樓鄉:

東約:壹大員正。

中約:壹大員正。

西約龍興廟:壹員。

西山鄉:

潘思敬堂:壹員。

石門鄉:

李鎮毓堂:壹員。

化龍鄉:

仁昌店:壹中員。

古埧鄉:

韓英記:壹中員。

羅邊鄉:

本合店:壹中員。

杬塘鄉:

王寶光:壹錢七分。

南灣鄉：
麥□英：壹錢五分。

靈山鄉：
凌洪芬：壹錢八分。

本村：
陳存兆：貳大員。
陳棟霖：貳大員。
陳祺臻：貳大員。
王紹隆：貳大員。
陳積輝：壹員半。
陳廷輝、陳騰輝、陳喜輝、陳揖瑞、陳慶邦、陳敬霖、張禮興：以上壹大員。
陳廸邦：五錢正。
陳熾輝：三錢正。
陳存潤、陳序邦、陳會勳、陳和勳、張定炳、葉夭刁：以上壹中員。
王六喜：貳錢四分。
陳俣邦：貳錢壹分。
陳堅邦：貳錢正。
王蔭官：壹中員。
陳業邦、陳新邦、陳益輝、陳隆輝、陳浩勳、陳鑑彰、張定安、張永鏗、王才寬：以上壹錢八分。

信女：
陳口氏：四錢。

憲甫陳□輝撰序,光緒拾年甲申季冬吉旦,值事陳培輝、陳舜輝、李春蔭、王才錦等立石。

【碑文考釋】

這篇碑文記載了清光緒十年(1884)對勝洲村的天后宮文武廟的重修。另外,碑文還傳遞了關於天后宮的創建和上次咸豐十年重修的信息。

關於神像之設,同治四年重修碑僅提到同時被奉祀的有天后和普賢菩薩。而本碑則指出,天后宮建立之始,旁邊就同時安奉了金花娘娘和禾花夫人兩位神靈。雖然碑文仍云廟宇的"創建之年,不可稽考",但是在鄉人的記憶中,"開村以來"就已有此廟。故此天后廟的創建與村的成立歷史不可分割。

另外碑文提到上一次重修是在咸豐十年(1860),具體做法是"平基改作"和"增建文武廟一間"。有關敘述與前碑(同治四年碑)是吻合的。

關於此碑,還有一點值得注意,從捐助芳名來看,參與捐助此次重修的成員,不僅止於本村,也廣泛涉及到鄰近各鄉,如茭塘鄉、鹿步鄉、市頭鄉、南嶺鄉、龍滘鄉、石樓鄉、西山鄉、石門鄉、古埧鄉、羅邊鄉、南灣鄉、靈山鄉等,相比前同治四年碑中記載的外鄉捐助者,範圍有擴大的趨勢,表明勝洲村天后宮的影響所至範圍亦有漸廣大的趨向。

12　天后廟(小洲村)

【廟宇簡介】

廟在今廣州市海珠區小洲村東渡大街 3 號,當地人稱"娘媽廟"①。據 2011 年實地考察,廟尚存,然已失修,被封閉。

該廟始建年代無考,曾於清乾隆二十七年（1762）、同治三年（1864）、光緒五年（1879）、光緒二十三年（1897）重修。廟內尚保存有四通重修碑刻,分別立於乾隆二十七年、同治三年、光緒五年和光緒二十三年。2000 年該廟公佈爲廣州市登記保護文物單位②。

12-1　清·佚名:重修天后廟碑記
清乾隆二十七年(1762)

【碑刻信息】

存址:今廣州市海珠區小洲村天后廟內③。然廟已朽敗,當地政府為避免發生危險,不允入。故未見碑。

碑文來源:冼劍民、陳鴻鈞編:《廣州碑刻集》。

【碑文】

廟號天后者,謂夫天之尊無上,天之功無兩,而神以坤職配天,嘉惠旁流,功無兩,所以尊亦無上也。故自城都迄諸村落,悉皆尸祝為虔。禱求每應,呵之護之,而海隅江鄉幸免於洪濤巨浸、蛟蜃魚鱉患者,神之功尤著焉。吾鄉四圍皆水,東廟之建由來舊矣。今踴躍新之,仍其舊地而拓分兩座,前

---

① "娘媽廟"之稱見陳建華主編:《廣州市文物普查彙編·海珠區卷》,頁251。

② 有關此廟的資料,請參考陳建華主編:《廣州市文物普查彙編·海珠區卷》,頁251。

③ 冼劍民、陳鴻鈞編:《廣州碑刻集》,頁446錄有此碑,稱"碑在海珠區小洲村天后宮內"。

後中間添設天井;迴廊門內,增設福德土神。丹堊生新,規模逾舊,且金裝布彩,喬喬皇皇,神像並加麗焉。所計始終,不兩月而告竣,神之功感人誠速矣哉！爰書數語,以志神之悅人,人之尊神,兩不可諼云。①

乾隆二十七年歲次壬午季冬吉旦。

【編者按】

碑文輯錄自冼劍民、陳鴻鈞編:《廣州碑刻集》②。

【碑文考釋】

這篇碑文顯示,清乾隆二十七年(1762)小洲村的天后廟曾進行重修。然清簡湘元撰〈重修三帝廟碑記〉[清道光二十四年(1844),碑號6-1,總14]則告訴我們,就在乾隆三十一年(1766)小洲村又建造了三帝廟。同時我們還可以確定,相隔四年的修廟(天后廟)、建廟(三帝廟)行為,很可能由當地大族簡氏宗族發出的,因為本通天后廟的重修碑中的捐款人名單均為簡姓,道光二十四年(1844)的三帝廟重修碑中的捐款人名單亦均為簡姓,碑文也由簡湘元撰作,由此可見地方大姓對於一地一鄉廟宇乃至民眾信仰與文教傳播的控制權力。

---

① 此處原書有"娘娘會眾信銀二兩八錢八分"和"以下捐款人名款目略,皆簡姓"字樣,爲編者所刪。
② 冼劍民、陳鴻鈞編:《廣州碑刻集》,頁446。

13　天后廟（小文教村）

【廟宇簡介】

此廟在南海縣下白石堡小文教村①。

創建時間不詳。根據留存的梁懷文嘉慶二十五年〈重修天后廟碑記〉，該廟曾於明天啟五年（1625）、清嘉慶四年（1799）至二十五年（1820）兩次重修。又根據王賢超〈文教古廟碑記〉[同治四年（1865）碑號 25–2，總 59]，此廟在清同治四年（1865）復重修。

13–1　清·梁懷文：重修天后廟碑記

清嘉慶二十五年（1820）

【碑刻信息】

存址：舊在南海下白石堡小文教鄉天后廟內。宣統年間尚存②。

碑文來源：宣統《南海縣志·金石略》。

【碑文】

天后向稱天妃。人帝天后地，以海為妃；天妃者，水神也。而《廣輿記》云："福建莆田林氏女，生而神靈；歿後，海上祀為天妃。"③此殆如社之祭勾龍，而稷之祀棄與？

---

① 清·鄭榮等主修，桂坫等總纂：宣統《南海縣志》卷一三〈金石略〉收錄梁懷文〈重修天后廟碑記〉，按語云："右刻在小文教鄉本廟。"見《中國地方志集成·廣東府縣志輯》第 30 卷，頁 334 下。又同書卷六《建置略·祠廟》中有"天后古廟"條，曰："一在白石堡文教。"亦即此廟，見《中國地方志集成·廣東府縣志輯》第 30 卷，頁 187 上。關於天后古廟的位置問題，請參 25 號文教古廟廟宇簡介注。

② 清·鄭榮等主修，桂坫等總纂：宣統《南海縣志》卷一三〈金石略〉錄有碑文，文後按語云："右刻在小文教鄉本廟。"見《中國地方志集成·廣東府縣志輯》第 30 卷，頁 334 下。

③ 明·陸應陽：《廣輿記·福建·興化府·祠廟》（臺北：學生書局，1969）"天妃廟"條，第三冊，卷一八，頁 1157："湄洲嶼。妃，莆人，宋都巡檢林愿女。生而神靈，豫知人禍福。沒後，累封天妃。"又《廣輿記·廣東·瓊州府·祠廟》"天妃廟"條，第三冊，卷一九，頁 1234："府城北。宋蒲田林氏女。沒為神，凡渡海者必祭卜。封天妃。"

妃誠神之尊貴者矣。前明以來，遞加封號。我朝山嶽懷柔，百神效職，后之神尤屢著靈異。歲遣官冊祭，如廣利王，典至鉅也。粵為海國，多祀天后者；省垣而外，新安赤灣沙廟為最。而我樵右濱海一廟，亦稱顯焉。

小文教鄉在金山之東，石門之西。鬱水經流，迴環襟帶，故水鄉也。農圃資灌溉，商旅便往來，居民鼇魚繁，有水之利而無害，蓋天后之德其帡幪於斯者非一日矣。鄉舊有天后廟，不知創始何時，明天啟五年重修。自是以來，雖有時補葺，亦因陋就簡，故迫狹；又風雨剝蝕，漸趨朽壞，非所以肅觀瞻而崇報享也。前人屢謀更新，而艱於費，輒不果。歲己卯，孔君道庠、蔡君君羨等慨然欲成先志，乃聯東西社，得銀九佰餘兩；鄉眾踴躍捐簽，又得銀四佰餘兩。鳩工庀材，即廟之故址，廓而大之。正殿巍峩，廊廡整肅，左右增置兩掖，制度環瑋，頓改舊觀。經始於嘉慶四年十二月初八日，畢工於廿五年四月初八日，斯役可謂勤矣。今而後神安其居，民樂其業，歲康食而無或艱阻，其利賴又豈有窮歟？我國家治明理幽，神道設教，凡山川社稷、風雲雷雨之司，能贊助生成有功德於民者，咸秩祀典。況後之威靈，捍災禦患，尤為彰明較著者乎？而茲鄉之人享其利而圖其報，此又水源木本之思，有不能自已者。廟貌之修，宜其詢謀僉同也。孔君錦江造予，囑為之記。予嘉其昭格之虔而趨事之敏也，謹陳顛末，使後之人入廟者得以考焉。

例授文林郎揀選縣知縣戊寅恩科鄉進士梁懷文薰沐敬撰。

嘉慶二十五年歲次庚辰仲夏吉旦。

【編者按】

碑文輯錄自清·鄭榮等主修，桂玷等總纂：宣統《南海縣志》卷一三〈金石略〉①。

【碑文考釋】

撰碑者梁懷文，字國楨，一字佩堂，廣東南海人。梁懷方弟。清嘉慶二十三年（1818）

---

① 清·鄭榮等主修，桂玷等總纂：宣統《南海縣志》，《中國地方志集成·廣東府縣志輯》第30卷，頁333下至頁334下。

舉人。

這篇碑文作於清嘉慶二十五年(1820),在南海文教鄉的天后廟重修竣工之後。碑文首先介紹了天妃的來歷和明清對於天妃的崇祀和封典,拿南海洪聖廣利王與之相比。據說,天妃原名林默,祖籍福建莆田湄州塢。她的生卒年有不同說法,其中一個說法是生於宋太祖建隆元年(960),卒於太宗雍熙四年(987)。傳說,林默在海上多次救護遇難漁民和商人,被莆田人呼為神女,而關於她的神話故事在莆田地區廣泛流傳。自宋代以後,神女"靈應"的神蹟越來越多。奉祀她的香火由最初的莆田地區,逐漸擴展到中國沿海一帶的極廣大區域。

碑文接下來便開始介紹奉祀天后的廟宇。碑文稱奉祀天后數新安赤灣的天后廟為最,但是小文教鄉的天后廟也稱得上顯著。此廟曾於明天啟五年(1625)重修,這次重修則始於清嘉慶四年(1799),竣工於嘉慶二十五年,歷時較長。最後碑文聲稱修廟很有意義,因為"神安其居,民樂其業",鄉人享有天后"捍災禦患"所帶來的好處,當然應當飲水思源,修整天后的廟宇。

南海白石堡文教鄉除建有此座天后古廟之外,還有另一座奉祀玄天上帝等神靈的文教古廟(道光以前舊稱"文溪古廟"),詳見白石堡文教古廟(廟號25)。

14　天后廟（柵下）

【廟宇簡介】

廟在南海佛山堡柵下舖藕欄①。根據道光《佛山忠義鄉志》和民國《佛山忠義鄉志》，該廟於明崇禎元年（1628）建，清乾隆十五年（1750）和四十二年（1777）重修，嘉慶五年（1800）、光緒二年（1876）重修②。然根據清光緒二年佚名〈大清光緒二年重修天后廟碑〉，廟肇興於明莊烈朝（明思宗，1628—1644）；而根據明崇禎元年李待問〈柵下天妃廟記〉碑，崇禎元年非始建，而是重修。

14-1　明·李待問：柵下天妃廟記
明崇禎元年（1628）

【碑刻信息】

存址：原在佛山。清道光年間尚存③。今原碑已不存。

碑文來源：道光《南海縣志·金石略》。

【碑文】

按《傳》："天妃，林氏女，閩之莆田人。父名愿，仕宋為巡檢。女生而靈異，不肯結褵。能言禍福，輒〔一〕奇中。沒後，其鄉人立廟於湄洲之嶼，歲時崇祀焉。"嶼在興化之東南海中，與琉球國望。宋宣和間，勅封順濟夫人；元至正，改封靈惠。我朝洪武初，勅封護國庇民妙靈昭應宏仁普濟英烈天妃，春

---

① 佛山市博物館主編：《佛山市文物志》（廣州：廣東科技出版社，1991），頁38稱："90年代初此廟尚完整保存於柵下舖藕欄。"

② 此節有關廟的歷史資料參清·吳榮光纂：道光《佛山忠義鄉志》卷二〈祀典·各舖廟宇·柵下舖〉"天后廟"條，民·冼寶幹纂民國《佛山忠義鄉志》卷八〈祠祀二·羣廟〉"天后廟"條，《中國地方志集成·鄉鎮志專輯》第30卷，南京：江蘇古籍出版社，1992，據民國十五年刻本影印，分別見頁43上、424上。

③ 清·潘尚楫修，鄧士憲等纂：道光《南海縣志》卷三〇〈金石略〉錄有此碑，文後按語曰："右刻在佛山。"見新文豐出版公司編輯部編：《石刻史料新編》第三輯第21冊，臺北：新文豐出版股份有限公司，1977，頁283上。

秋有祭,載在祀典。海濱山澨,無不思潔蘋藻,薦犧牲,廟貌崇崿〔二〕,香火鼎盛,幾與漢壽亭侯並稱,猗歟盛矣。五羊城南有特祠,當事者春秋司享。

南海佛山忠義鄉柵下里古有天妃宮,以增形勝。歲時遝邐虔禱,車擊肩摩,應將桴鼓,其所從來匪朝伊夕。然地勢湫隘,祠宇歲遠漸湮。會今上改元之始,歲為戊辰,乾坤煥然,恩淪中外。而余兄好問方解幕政,休沐里中,遂與諸鐵商陳震祥、周文煒等議為鼎新之計。釀金五百有奇,庀材鳩工,擴其地,易其制,一〔三〕大創之。工始於四月初九日辰時,落成於九月十三日。入火地,縱七丈,衡三十一尺。前有門,門有棹楔,內有廣除,宏閎朗洞;左右兩廡,翼然翷然;中堂廣深,設神像,俎豆其間;後建公館堂寢,為鄉人及眾商讌集之所。巍煥一新,壯宇內巨觀,不獨雄視鄉國而已。余兄以諸商意緘書漕署,授余記其事。回望家園,神爽如在,誼何敢辭?考《祀典》,卿〔四〕大災,捍大患,有大功於民者,俱得血食於斯土。遡稽路允迪、張源、陳嘉猷、彭必盛、林霄、姚隆前後諸公,獲福於神者,如此顯應,則吾鄉所梯山航海,出入商賈,涉歷宦途,以至於耕鑿歌詠,其徼惠豈淺鮮哉?今日海不揚波,普天同治,上而后王君公,下而農販嬰孺,無不知崇奉者,其於祀典又何有焉?是宜世世享有廟祐,而余且樂為操筆,以紀於貞珉。是為記。

崇禎元年戊辰月,里人李待問撰。

【編者按】

碑文輯錄自清·潘尚楫修,鄧士憲等纂:道光《南海縣志》卷三〇〈金石略〉①。碑文又見民·冼寶幹纂:民國《佛山忠義鄉志》卷八〈祠祀二·群廟〉②。

【校記】

〔一〕"輒",民國《佛山忠義鄉志》作"卜"。

〔二〕"崿",民國《佛山忠義鄉志》作"隆"。

---

① 清·潘尚楫修,鄧士憲等纂:道光《南海縣志》,新文豐出版公司編輯部編:《石刻史料新編》第三輯第21冊,頁282上–283上。
② 民·冼寶幹纂:民國《佛山忠義鄉志》,《中國地方志集成·鄉鎮志專輯》第30冊,頁424上。

〔三〕"一",民國《佛山忠義鄉志》作"而"。

〔四〕"岫",民國《佛山忠義鄉志》作"禦"。

【碑文考釋】

撰碑者李待問(1573—1620),字葵儒,號獻衷,明代廣東南海佛山人。萬曆三十一年(1603)中舉人,次年聯捷中進士。知連城縣,尋擢禮部主事,累官至應天巡撫。崇禎初,起為戶部侍郎,晉尚書。贈宮保,諡忠定。著有《李忠定詩文集》、《松柏軒稿》等。

本文對天妃的來歷與歷代封號做了一個簡短的介紹,突出了天妃崇祀之盛,將之與關帝相提並論。而說到南海佛山忠義鄉柵下里的天妃廟,一方面稱讚其香火之盛,另一方面又指出該廟"地勢湫隘,祠宇歲遠漸湮",需要重修。於是就在崇禎元年("今上改元之始,歲在戊辰")對廟宇進行鼎新修建。重修擴建後天妃廟的布局是:"地縱七丈,衡三十一尺,前有門,門有棹楔,内有廣除,宏闓朗洞;左右兩廡,翼然歸然;中堂廣深,設神像,俎豆其間;後建公館堂寢,為鄉人及眾商讌集之所。"主持重修的參與者,主要是李待問的胞兄李好問以及鐵商陳震祥、周文煒等,而把撰寫碑記的任務交給了待問。最後,碑文點出了修廟和撰碑記的意義,就是天妃對於佛山恩惠良多,而且現在天下大治,上上下下對天妃無不崇奉,理當修廟弘揚光大。

最後需要指出的是,由此碑文得知,李待問之兄李好問於崇禎元年重修了佛山柵下里的天后廟,而根據李待問崇禎二年〈重修靈應祠鼓樓記〉(碑號38-4,總105)、崇禎十四年〈重修靈應祠記〉(碑號38-5,總106),稍後,李待問於崇禎二年(1629)和崇禎十四年(1641)兩次重修了佛山主祀真武的靈應祠(第一次主要是鼓樓)。可見李待問兄弟比較重視鄉里這一類祠廟的修復和重建。

14-2 清·佚名:大清光緒二年重修天后廟碑〔一〕
清光緒二年(1876)

【碑刻信息】

存址:此碑現在佛山祖廟碑廊①。

---

① 參佛山市博物館主編:《佛山市文物志》第三節〈碑廊〉,頁53。

碑文來源:《明清佛山碑刻文獻經濟資料》。

【碑文】

惟天后[二]以神女顯跡海邦,捍患御災,無遠弗屆。法食祝號,率土為一。矧惟吾粵,事鬼最篤,亦為佛山實西北江之沖,歲有濫汩憂。陸而稼,水而楫,危安吸呼,人事窮矣,非神其奚依! 茲廟肇興明莊烈朝,聖清臨元,乾嘉再修。廛裡祈請,應時有驗。從今以來,廡不加飾者逾七十載[三]。棟蠹庭茀,靈象蔽堅,明神弗蠲,達識重焉。歲二月初吉,有事於廟。自命家以訖齊甿,咸盱顧方皇,一口言曰:"失今不治,後其有悔。"粵若來三月,謹擇乾願,斂材屬役,遐邇響效,輸輦踵接,斫礪甸堨,具中程准。

八月既望,工告畢功。門除亢爽,宮廡揭蘗。萬目諦料,若喪前址。乃卜良日,創珥祜神,肅奉還御,成禮以退。既退,則相與請詞於致仕鴻臚寺少卿梁僧寶字穎倩,而乞在告翰林院侍讀學士李文田字仲約書,而鐫諸石,在十有二月[四]龍集丙子,皇帝即阼之二年。

其詞曰:嗟嗟神后,均德八方。胡勿我先,卹我水鄉。廟於柵下,以侯以禳。二百五十年,三拆舊宇,以底大光。蚩稚男女,奔走祠事,循禮有常。億祀奉則,神其永享,以福民無疆[五]。

光緒二年歲次丙子重修佛鎮柵下天后元君古廟,官紳、值事、善信芳名,喜認各物,簽題工金,各行工金,各行工料,雜項費用進支數目刊列碑記①:

倡修紳士:(下泐)

___

① 此處原有注曰:"本碑缺損嚴重,且刊載人名頗多,為節省篇幅,凡缺字之處及刪節人名之處均不標註。"見廣東省社會科學院歷史研究所中國古代史研究室、中山大學歷史系中國古代史教研室、廣東省佛山市博物館編:《明清佛山碑刻文獻經濟資料》,廣州:廣東人民出版社,1987,頁156。

重修值事：

汾水南擎十三街、汾水武廟十四街、福德弘仁廿二街、汾水安寧大清宮、嶠岐癸向社、李氏大宗祠、梁氏大宗祠、參軍李公祠、紅花梁公祠、司直何公祠、陳氏大宗祠、冼氏大宗祠、區福興堂、許敦厚堂、陳崇本堂、衛培基堂、許永安堂、唐永昌堂、梁淡如堂、區閨德堂、同德店、德記店、怡隆店、益盛店、合利爐、成全爐、隆盛爐、泗成爐、悅來押、貞行埠、合盛店、何普成堂、區其恕堂、賓擴澤堂、杜耕睦堂、勞裕遠堂、區振武堂、何源林堂、霍崇儉堂、利源染房、同記店、順昌店、昆盛店、同合店、英和店、德□店、德隆店、逢德店、同和店、和新棧、泗祿店、平和店、潘緒保、祐昌店、廣和店、建新店、正昌店、金聚店、東興店、兩粵鐵商、廣府稅館、益升爐、洗源、益欄、杜松號、興隆店、□昌爐、永祥店、源和店、利源店、同泰店、寶豐埠、鈺銓爐、梁英和店、和益店、益豐店、晉記店、和興店、成億店、恆記店、廣記店、聚源店、麗生爐、成泰爐、萬安爐、安泰爐、尚記爐、吳忠和堂、何逸致堂、同合醬園、楊嘉樹堂、胡存恕堂、鄺思義堂、霍善昌堂、何恕德堂、余炳彝、啟記店、寶益店、信聚店、榮昌店、廣源店、達蓮會、保良會、近英會、同聯會、源隆店、潮合店、啟利店、劉珍號、顏傑恆記、陳信記、泗聚店、連興店、公益店、江煥記、匯生店、權記店、柴秤館、何萬利、龐元記、生和店、三興店、允昌店、橋□店。

各善信喜認弘仁宮內各款器皿雜物臚列：

平洲陳馮氏偕男寅愈等，敬送正殿神樓一座、廟正門口石□對一副、香亭內神台一張、酸枝長條台一張、正殿內旗令架全副、木長簷一對、聖親殿神帳並繡帳簷一堂。

夏滘葉炳華敬送頭門簷柱一對。

汾水南擎十三街敬送香爐石柱一對。

神台會、杜松號等，送正殿內神台一張。

陳永裕堂敬送正殿內錫七星燈一枝。

聯勝堂等敬送頭門天后古廟燒豬盆扁一個。

關天忠會敬送銅宣爐一個並八角台一張、廟口大燈籠一對。

譚炳然敬送妝樓房桌一張、面盆架一個、蚊帳一堂、外帳一堂、花洋布被一張、茶盅連墊一對。

朱王氏敬送妝樓龍床一張、掛燈椅一張、銅面盆一個、鏡箱一個、錫膠盅一隻、羽紗褥一張、正殿大錫手炻一對。

連勝祖會敬送頭座四大神將石台二張。

廣同慶會敬送高腳牌四對。

龍袍會等敬送六角玻璃燈一對、香亭玻璃魚缸一個。

何逸致堂敬夜仙娘錫沙斗一個、正殿神帳並繡帳楣一堂。

存敬堂敬送錫沙斗二個。

松桂里梁俞氏敬送木魚磬全套、大看燭一對。

劉瑞淇敬送酸枝方燈一個。

陳積善堂敬送掛燈椅二張、妝樓□□棹一張。

彩元店敬送高腳牌一對。

梁福裕堂敬送仙娘神台一張、天后茶机台仔一張、劍架一對。

劉龍光敬送妝樓酸枝方燈一個。

劉瑞桐敬送酸枝方燈一個。

冼崇德堂敬送即源益太后琉璃一盞。

陳臨觀敬送仙娘琉璃一盞。

梁恩淑等敬送梳妝樓三字橫額一□。

楊門馮氏敬送仙娘錫高燈一枝、聖親殿酸枝方燈□□。

袁啟杰等敬送正殿柱上（下泐）。

榮壽堂南□耆老等敬送妝樓全金面（下泐）。

謝錦章等敬送頭座木聯□□、鐵香爐一個。

余士經等敬送（下涌）。

陳藏均等敬送廟門（下涌）。

大富區塾等敬送聖親（涌）。

修廟值事喜題工金芳名列左：

眾鐵商助銀五十五大員。

杜松號助銀五十五大員。

益升爐助銀五十五大員。

鈺銓爐助銀五十五大員。

益豐店助銀五十五大員。

冼源益助銀四十五大員。

寶豐埠助銀三十五大員。

貞行埠助銀三十五大員。

興隆盛助銀三十五大員。

利源柴欄助銀三十五大員。

鄭永祥助銀三十六大員。

金盈店助銀三十大員。

周泰柴欄助銀三十大員。

茂昌爐助銀三十大員。

成億號助銀二十五大員。

成全爐助銀二十五大員。

合利爐助銀二十五大員。

怡隆店助銀二十五大員。

悅來押助銀二十大員正。

尚記爐助銀二十大員正。

同合醬園助銀二十大員。

稅館何壽榮、陳如鑒助銀二十大員。

源和店助銀二十大員。

萬安爐助銀一十七大員。

晉記店助銀一十七大員。

隆盛爐助銀一十六大員。

安泰爐助銀一十六大員。

泗成爐助銀一十五大員。

麗生爐助銀一十五大員。

成泰爐助銀一十五大員。

昆盛號助銀一十五大員。

冼禮厚助銀一十五大員。

何逸致堂助銀一十五大員。

鍾正合助銀一十□大員。

同記□房助銀一十□大員。

余福蔭堂助銀一十三大員。

和益號助銀一十二大員。

英和雜貨店助銀一十一大員。

和興店助銀一十大員。

廣源店助銀一十大員。

楊敬慈助銀一十大員。

益盛店助銀一十大員。

勞裕遠堂助銀一十大員。

郭貴記船助銀一十大員。

源隆店助銀九大員。

梁爵英助銀八大員。

信聚店助銀七大員。

允昌店助銀七大員。

梁賜盛助銀七大員。

祐昌店助銀七大員。

余秉南助銀七大員。

公益店助銀七大員。

同合染紙店助銀七大員。

楊貴有助銀七大員。

余慶來助銀六大員。

陳東成助銀五員半。

榮昌店助銀五員半。

合盛染房助銀五大員。

啟記號助銀五大員。

橋和店、寶益店、三興店、同聯堂擔灰西友、聚源店、恆記店、生和店、藕欄梁祠、關天忠會、達蓮堂、同記店、源聚店、連興店、柴秤館、利源染房、匯生店、權記店、啟利店、鄺思義堂、潮合店、梁氏祠、廣和店、金聚店、司直何祠、和新棧、陳信記、同德店、平和店、德記店、泗源店、龐為義、霍崇儉堂、何普成堂、何恕德堂、逢德店、建新店、尚新店、區其恕堂、正昌店、區閏德堂、區福興堂、賓擴澤堂、何澄江、許永安堂、許敦厚堂、衛培基堂、東興店、同和店、梁淡余堂、胡存恕堂、參軍李祠、德隆店、李大盛堂、劉□□、唐永昌堂、吳志和堂、德豐店、江煥記、何□□堂、杜耕睦堂、陳大宗祠、洗大宗祠、近英會、楊嘉樹堂、杜建河、陳崇本堂、區振武堂。

榮昌號列字緣部：

劉嘉彥助銀一員。

饒炳芳助銀一員。

羅標記助銀一員。

裕興店助銀一員。

德昌店四錢。

常和店、源昌店、合盛店、德和店、廣隆店、榮源店、嘉裕店、德和店、李禧郎、廣和店、源利店、興隆店。

近英會璧字緣部：

匯源店、廖合記、信源店、巨吉店：以上助銀一員。

萬春堂、泗吉店、源記店：以上助銀中員。

聯義會商字緣部：

聯義堂、永和店、裕記、安泰店、先利店、羅運號、正二渡、合和渡：以上助銀一員。

發利號永昌隆、源隆號、林利店、明利店、龍興店、萬茂店、榮利店、源勝店、茂生店、俊興店、吉利店、全昌店、合記、福順號、延興店、香創堅、成合店：以上助銀中員。

下正昌效字緣部：

應創號、陳隆記、彭擇善堂。

補遺：

兩順店助銀三員。

廣記店助銀三員。

義馨店助銀三員。

苑天成助銀一兩四錢六分。

順昌逢助銀二員。

楊致有助銀一兩□錢。

廣利店助銀一兩口錢。

仁泰店、得源店、楊和源、均益店、廣祥和：以上助銀一大員。

永安店：助銀七錢四分。

宏秀店、勝利店、鄧長記、瑞和店、源盛店、郁文號、合順店、譚滿記、黃安記、陳沛記、何榮記、集義堂、李慎守堂、泰利店、簡口口、江昌口。

汾水武廟十三街簽題碎數列：

東勝社：銀一兩零八分正。

龍袍街：銀四錢二分正。

東寧街：銀七錢二分正。

接龍大街：銀二錢正。

安福街：銀八錢六分正。

福德弘仁廿二街簽題碎列：

金綫大街：銀一兩五錢六分正。

金綫通街：銀一兩七錢六分正。

金水街：一兩五錢正。

石巷：銀三錢八分正。

金綫上街：銀一兩二錢六分正。

太和里：銀一兩四錢四分正。

水巷大街：銀五錢四分正。

瓦巷上街：一兩六錢六分正。

高地街：銀三錢六分正。

絨綫上街：銀三錢六分正。

嵊岐癸向社各街簽題碎數列：

古石龍街：銀一兩四錢四分。

蘭台上下街：銀一兩一錢□分。

樂平里：銀四錢六分正。

社前慶源坊：銀三兩六錢六分。

太清宮各街簽題碎數列：

花樓塘：銀三兩八錢四分正。

基尾：銀二兩二錢八分正。

聚龍□：銀三兩六錢二分正。

□□間巷：銀二兩六錢二分正。

廟前街：銀一兩八錢六分正。

□□街：銀一兩八錢五分正。

會□社：前銀一兩七錢四分正。

打錫街：銀一兩六錢二分正。

廟左街：銀一兩五錢六分正。

萬安里：銀一兩四錢四分正。

寶龍巷：銀一兩五錢四分正。

慶寧坊：銀一兩二錢六分正。

廟左鈕街：銀一兩二錢六分正。

萬安大街：一兩二錢六分正。

泰寧里：銀一兩一錢六分正。

□□巷：銀一兩□□□□□。

馬文巷：銀一兩零六分正。

大天街：銀八錢八分正。

太平里：銀八錢四分正。

朝興里：銀七錢六分正。

會龍坊:銀七錢六分正。

黎巷:銀七錢二分正。

打錫源道:銀七錢正。

永寧里:銀六錢八分正。

□祠左:銀六錢六分正。

前□□:銀六錢四分正。

大安里:銀六錢正。

廟右街:銀五錢八分正。

萬安橫:銀五錢八分正。

聚麟里:銀五錢正。

慎安里:銀五錢正。

安福里:銀五錢四分正。

萬寧坊:銀三錢八分正。

居安巷:銀三錢八分正。

屎地巷:銀三錢正。

啟華里:銀□□□□□。

聚源里:銀二錢三分正。

源秀坊:銀二錢正。

永豐街:銀一錢八分正。

太興南:銀一錢八分正。

任祠街:銀一錢八分正。

太興街:銀一錢八分正。

石門磾:銀一錢正。

各會緣部簽題碎數列:

永義會:銀六兩一錢五分正。

謹將各善信喜助工金芳名備列於左：

畸岕街緣部共助二百一十大員，收來銀一百五十兩零四錢七分：

金綸店助銀十員。

麗隆店、恆隆店、錦隆店、纘隆店、萬金店：以上助銀六大員。

利德店、萬合店、朝華店、源安店、五昌盛、忠信店、興和店、廣新店、永吉店、廣吉店、萬隆店、遠隆店：以上助銀五大員。

英昌店助銀四員。

紹昌榮助銀四員。

富聚店、宜記店、二隆店、遠昌店、普行店、洪昌店、全繼店、同典店、嘉綸店、順成店、錦綸店、維經店、永聚店、聚綸店、德豐店、源豐店、粵興店、合盛店、大元店、泰益店、廣興店：以上助銀三大員。

萬昌店、興昌店、源昌店、時昌店、安隆店、合昌隆、忠和店、裕豐店、廣安店、廣順隆、源合店、德源和、廣發成、安昌店：以上助銀二大員。

協綸店、瑞綸店、經元店、寶綸店、生綸店：以上助銀一大員。

汾流街緣部共助工金銀一百五十六大員：

昌元棧、安泰店、逢泰店、貞記信、天益店、安全店、恆隆店、太益店、常吉店、大興店、福綸店、怡昌店、昌綸店、廣盛店、廣行店、永裕店、義德店、隆華店：以上助銀三大員。

天和店、同和店、萬源店、永安店、復興店、經隆店、聚勝店、恆泰店、祥泰店、富裕店、德豐泰、永祥店、祥源店、茂興店、元豐店、英華店、仁和昌、美經店、德昌店、華盛昌、永興昌、廣祥和、太和店、富源店、德隆店、美盛店、綠竹居、人和店、禮經店、天興店、經茂店、利貞棧、昌盛店、逢源店、忠興店、中和泰、正源和、萬昌店、永泰店：以上助銀二大員。

德和店、祥興店、允昌店、永源店：以上助銀一員半。

益昌店、永貞店、華昌店、廣源店、吳成記、廣和店、惠源店、和棧店、儒芳店、遠來店、安行堂：以上助銀一大員。

衙前大街緣部共助工金一百大員，共收來銀七十一兩：

興泰店、文泰店、翰昌店、泗興店、安昌店：以上助銀五大員。

同德店、允成店、廣利店、高盛店、怡昌店、大章店、恆文店：以上助銀四大員。

艷記店、大成店、益謙店：以上助銀三大員。

太和安、進盛店、永興隆、廣生店、永福隆、有利店、東源店、□利店、□盛店、聚利店：以上助銀二大員。

昌和安、仁昌店、福華安、廣茂店、昌利店、怡興店、彩華店、三興隆、萬源興、均和店、成發店、文合店、德合店、怡泰店、永泰店、雲龍店、永享店、成利店、安源店：以上助銀一大員。

福寧街緣部：

福和店、順利押、長興廣福成、福建張長盛、韶關楊福倫、福建林步松、福建王萬合、上沙福萬隆、福建福興增記、福建周興麟：以上助銀二大員。

恆和店、□伯號、正□利、榮合利、恆昌店、永順祥、義生店、元泰店、裕源隆、廣興隆、廣和隆、怡隆店、隆記店、紹祥店、利源店、延盛店、廣華店、翰章店、萬合店、廣合隆、厚德店、生合店、同昌店、成昌棧、勝隆店、林源店、致祥和、廣祥泰、成昌店、用和店、大生店、豐源店、晉恆店、義合店、福建義有店、福建黃永順昌、福建賴萬孚、福建賴中和、福建賴泰和、福建賴昭慈堂、潘涌宜昌店、天慶福和店、福建黃恆和、福建福貞店、福建闕清華、福建黃永隆昌、缸瓦欄榮安店、省城祥豐店、省城永隆泰、祥建張公興、福建闕燭連、張長盛棧、張昌盛、集成店：以上助銀一大員。

新勝興、盧濟安、□□坊、恆升店、福建如芳店、福建長和店、文□廣豐店、王家園、天□成昌店、朱人利、永昌隆、榮德店、同順徽、福建陳榮盛、古義和：以上助銀一中員。

龍聚街緣部：

巨源店助銀二員。

五雲堂助銀二員。

隆源店助銀二員。

英昌店、泗隆店、坤元店、彩隆店、正昌店、廣益店、煥昌店、三昌店、昌記店、仁泰店、祐昌店、生昌店、永元店、昌隆店、和興店、致祥店：以上助銀一員半。

廣行店、同德店、合和店、永聚店、仁興店、源聚店、廣茂店、合昌店、恆豐店、生利店、安益店、遂元店、萬盛店、大隆店、逢元店、長友店、永利店、恆發店、怡隆店、洪源店、泗和店、同和店：以上助銀九錢正。

永典店、泗源店、福和店：以上助銀八錢正。

錦源店、聚源店、祥盛店、悅昌店、義合店：以上助銀一大員。

雅巷直街緣部共助工金六十□大員□六錢四分正，共收來銀四十五兩二錢正：

同綸店助銀四員。

宏盛店助銀四員。

義行店助銀四員。

永祥店助銀三員。

儒林店、長盛店、元泰店、翰香店、泰和店、怡隆店、天和店、彩經店、志昌店、祐興店、聯盛店、遠聚店、和盛店、怡泰店、福隆店、福綸昌：以上助銀二大員。

三和店、義盛店、安盛店：以上助銀一員半。

勝聚店助銀一兩。

合豐店、孚昌店、泰盛店、聯和店、大和店、泰興店、怡興店、信□店：以上助銀一大員。

朝觀里緣部：

錦昌隆助銀三員。

信盛店、逢裕店、本記店、大昌店、永昌店、同興店、天寶店、華盛店、天興店、仁和昌棧、益元店：以上助銀二大員。

天德店助銀一兩。

萬和店、均泰店、錦新店、和昌店、大德店、萬昌店、宏昌店、滿城店、義德店、同順店、南昌店、大升店、義和店、德隆店、大昌店、天合店、唐利記、恆昌店、□山璧合店、錦雲店、梁培□：中員。

黃順號：中員。

桂平金昌店、潮州合發店、江西萬昌瑞、江西曾宮錦、江西惠孚店、潮州賢合店、中州德順東、大黃江安和堂：以上助銀一大員。

善門大街緣部：

和益店助銀十員。

裕興店助銀四員。

福信店、華昌店、全記店、恆益店、安和店、利益店、來聚店、泰吉店、和記店、義隆店、順隆店、謙益店、信隆店、茂昌店、和伯店：以上助銀二大員。

恆泰店助銀一員半。

南生店、福隆店、合益店：以上助銀一大員。

雅巷正街緣部共助工金三十六大員，共收來銀二十五兩八錢五分正：

廣義店、隆盛店、廣彰店、紹昌店、恆發店、德興店、萬和店、硯雲棧、綿安店、泰昌隆、正昌店、太昌和、福昌店、富隆店、天和店、忠信棧、元吉店、泗泉店、德盛隆、吉和店、福聚隆、祥鳳店、福元隆、泰綸店、祥興店、永隆店、麗華店、恆益店、安成店、永綸店、生源店、正綸店、巧經店、遠聚店、鳳來儀、昌綸店：以上助銀一員。

南擎前街緣部：

永和店助銀五員。

泗合店助銀三員。

嘉馨館、均昌店、馨蘭亭、順隆店：以上助銀二大員。

南興店、遂芳亭、義盛店、泗和店、怡和店、時和店、忠興棧、源隆店、新利店、南和合、合利店：以上助銀一大員。

南擎後街緣部共助工金一十五大員，共收來銀一十兩零□□□□□：

上沙裕福店助銀三員。

大昌店、大興店、益昌店：以上助銀二大員。

黃怡昌、萬興店、成和店、益隆店、南昌店、祈和店：以上助銀一大員。

安寧正街緣部：

同發店、其昌盛、會昌店、新燕南、龍章店、廣泰店、和合店、恆昌店、信昌店。

汾水大清宮緣部：

陳樹德堂、合興店、廣聚店、譚慎堂、材利店、陳事守堂、黎中和堂、區木和堂、區肇基堂、區亨貞堂、林慎安堂、任合志堂、羅修、李榮基羅、廣義堂、馮家標、馮福成堂、德安店、義興店、利隆店、協和店、利記店、合盛店、昌和店、利昌店、美利店、祥和會、順利店、萬福店：以上助銀一大員。

尹明記助銀五錢。

義和店、蕙蘭店、得利店、忠聚店、盈吉店、同源店、杏蘭店、桂蘭店、合隆店、萬和店、廣源店、兆昌店、利和店、羅恆記、茂盛店、興昌店、萃香齋、合源店、聚利店、容記店、恆記店、有利店、泰利度、新合同、洗洪記、□□店、□□記、洗永和、全義店、萬成店、延利店、遠興店、華昌店、同德店、生隆店、義利店、合盛店、逢安店、太利店、昆和店、錦隆店、巨昌店、萬安店、昌源店、梁源賢堂、何蘭桂堂、李載德堂、何大德堂、周謙和堂、聶謙吉堂、勞兼善堂、黃馥蘭堂、吳怡和堂、何同安堂、何儉和堂、源澤揚堂、永隆店、梁福堂、陳榮遠堂、梁慎安堂、蘭菊堂、觀察第、呂三益堂、麥永□堂、炳和店、萬祥店、義記店、安源店、生昌店、德源店、陳其昌、黃順記、合利店、譚朝記、正和店、同昌店、永盛店、祥隆店、恆安店、順成店、大成店、張槐陰堂、和興店、潔盛店、利合店、源記店、仁興店、永盛店、同昌店、黃棠記、長盛店、英昌店、華隆店、巧全店、宏盛店、洪昌店、順勝店、光利店、悅勝店、聯盛店、隆記店、永裕店、順興記、利生店、合利店、余福店、兆記店、榮昌店、永隆店、裕記店、梁永昌堂、合新店、廣吉店、溢昌店、祥利店、廣昌店、信合店、同茂店：以上助銀中員。

癸向社緣部：

癸向社助銀三十大員。

古石龍街福隆押：二員。

受益店：一員。

萬昌店、龍德店、存珍店、釗記店、東昌店、正豐店、祥合店、廣就店、福長店、財記店、福泰店、裕泰店、茂泰店、梁寧記、生隆店：以上助銀中員。

蘭台上下街緣部：

霍□號、梁曜□、利恆信、羅積善堂：以上一員。

譚和樂堂、林繼善堂、源繼昌：以上中員。

鐵矢街緣部：

潘□□、怡豐店、穗隆店、巨源店、恆益店、恆泰店、茂信店、美倫店、余壯記、福成店、祐隆店、合聚店、仁昌店、冼敬遠堂：以上助銀一員。

愛和堂五錢四分。

晉興店、合發店、萬利店、正元店、萬和堂、□益店、悅生□、穗豐店、聯珠店、和泰店、寶昌店、留香閣、信成店：以上助銀一員。

鴻珍店、均昌店、連珍店、杏和堂、義和店、紹發店、和香店、潘正記、義昌店、章記店、寶豐店、何樂賢堂、德記店、寶華源、樂安店：以上助銀中員。

社前街度源坊緣部：

日隆店、福昌隆、泰源店、正心齋（下泐）、善慶□、福慶□、張厚德堂、甘桂蘭堂、□□堂：以上助銀□□。

福德福祿□助銀□□。

合昌店助銀五□。

順泰店、永盛店、天□店、三盛店、翰寶樓、安泰店、金玉樓、合盛店、安盛店、生隆店、昌盛店：以上助銀二員。

興昌店、永貞恆、安和店、興祥店、英文堂、同順店、南興館、公昌棧、□安棧、□昌店、□順店、□豐店、均昌店、甡茂店、怡和□、□和店、德源店、□成店、□□店、昌泰店、泰昌店、□昌隆、源順店、三和棧、昆怡棧、順全店、恆順店、萬昌盛、友信店、梁□店、同和泰、永升昌、會元樓、永昌店、永聚源、生華店、利合店、兩合店、經昌店、兩合店、合德店、福盛隆（下泐）、祥利店、進文堂、泰全店、同泰店、東元店、朝升店：以上助銀□員。

□□南緣部：

□□隆助銀五員。

生□店、□□店、永□源、新福記、□□店、錦全店、乾元店、嚴東興、益盛店、會德店、月英店：以上助銀□員。

和利店、大豐店、廣修店、永豐□、同興□、吳昌□、吉興□、永利□、大全□、永□□、同□□、德祥□、三元□、廣信店、□□廣、昌□□、廣□店、茂□店、□□興□□、三升店、廣升店、義盛店、福生店、同盛店、祥泰店、同記店、

□孚店、美隆店、福來店、□益店、永合店、□德記。

□□前大街緣部：
廣全店助銀二員。

□記店、順源棧、□□店、□□店、黎同全、福隆店、□昌店、廣利店、德華店、錦□店、成昌隆、合全店、□善記、廣昌店、□□店、瑞□店、□隆店、永□店、陳□□、□生店、□元堂、萬隆店：以上助銀半員。

大地街緣部：
廣怡店助銀五員。
連元閣助銀二員。

三元堂、新怡豐、同勝店、興泰店、源茂盛、文林閣、悅誠店：以上助銀一員。

萬有店、同昌店、華昌店、和益店、右文堂、日升店、德記店、福祥安：以上助銀中員。

黃傘北約緣部：
裕和店、昌源店、恆裕店、義隆店：以上助銀一員。

永兆隆、永盛店、恆福堂、泗盛店、新景昌、梁意號、李同安、祐隆店、敬利隆、忠和店、怡香館、新昌店、寶興隆、信隆店、東華店、隆棧店、聯和店、恆濟堂、成昌店、大盛店、洗章號、大昌店：以上助銀中員。

水巷正街緣部共助工金一十五大員，共收來銀十兩零七錢六分：
萬盛店、紹和押、新彰店、義聚店：以上助銀一員。

勝元店、錦成店、戴財盛、穗利店、永興店、瑞昌店、錦昌店、泰和店、和記店、安昌店、永興店、藏全店、順安店、源新店、泰昌隆、彩珍店、同昌店、泉益店、金源店、生隆店、意雅齋、萬泰錫記：以上助銀中員。

金綫大街緣部：

廣茂店助銀二員。

七市糙米行助銀二員。

升平街金如意、新寧街德隆興記：以上助銀一員。

觀瀾街宏茂店、成昌店、石頭路劉凌號、承龍街永發店、豆豉巷常豐店、北勝街元蘭店、太平坊永成店、富文里百祥店、舍人大利和店、通津坊浩興店、長興街何祥盛、快子直恆益店：以上助銀中員。

福德十七間緣部：

同文堂助銀二員。

勝昌店助銀二員。

聯興店、隆和店、光華堂、永發祥、安盛店、泰聚店、晉豐隆、寶成店：以上助銀一員。

合盛店助銀中員。

絨綫大街緣部：

天祿閣助銀二員。

和盛店助銀二員。

吉利店、經元店：以上助銀一員。

悅昌店、瑞興店、凌雲閣：以上助銀中員。

水巷上街緣部共助工金八大員，共收銀五兩七錢正：

保良堂硃砂年紅東行助銀四員。

舍人親福源店：以上助銀中員。

福新街緣部：

美全店、義利店、同發店、恆全店、寶隆店、同興店、何盛記、萬益店、悅興店、梁悅興、光華堂棧、右文棧、近文棧、麗全店、永和隆：以上助銀中員。

寶興店助銀中員。

金綫通街緣部：

梁六合助銀一員。

何昭利、區桂合、利福利、夏信記、何恆益、顯微堂、黃寶隆、泗合店、芳盛店、陳豐茂、馮三姑：以上助銀中員。

皮箱街緣部共助工金七大員，共收銀五兩零二分：

義昌店、全益店、匯昌店、恆記店、福昌店、天和利、義興店、德隆店、合昌店、合盛店、合安店、萬來店、茂昌店、祿合店：以上助銀中員。

福德石巷緣部共助銀工金六大員，共收銀四兩六錢八分：

普安押助銀一員。

王東山助銀一員。

新德隆、時和店、義生店、黃樂誠堂、學誠堂、梁福賢堂、黃永昌堂、黃世昌堂：以上助銀中員。

碎數共助八錢三分。

雅巷上街緣部：

錢義源助銀一員。

永昌隆、利華店、昌棧店、合記店、昌元店、廣和店：以上助銀中員。

碎數一兩六錢五分。

福祿新街緣部：

天泰店、黃南和、晉祥店：以上助銀一員。

英華店、順和店、聯盛店、大和店、鄧錦章、經隆店：以上助銀中員。

金綫上街緣部：

招祿合助銀二員。

財源店助銀一員。

碎數助銀五錢四分。

高地街緣部共助工金四大員半，共收銀三兩二錢正：

德隆店、同福店、永盛店、生昌店、順源店、巨源店、評珍店、和合店：以上中員。

碎數共收中員。

太和里緣部：

南利店、廣德升、同德店、均源店：以上助銀中員。

金水街緣部：

仍豐店、永銓店、恆合店：以上助銀中員。

碎數共收五兩一錢。

永安街緣部共助工金九十七員，共收銀六十九兩八錢四分：

同珍棧助銀三錢、祥隆店、祥益店、信盛店、隆茂店、晉福店、廣信店、和發店、協隆店、怡茂店、廣和店、永安泰、興昌店、安吉店、均興店、源隆店、永恆店、寶利店、聯昌店、祥和店、瑞安店、泗聚店、和吉店、忠泰店、調珍店、同興店、廣泰店、永昌店、珍和店、浩興店、正和店、安茂店、利源店、福祥店、溢隆店、安利店、奇盛店、嘉玉館、萬興店、大隆店、藹蘭亭、德昌店、茂隆店、生盛店、宜心店、茂升店、滄州棧：以上助銀二員。

祥隆棧、嘉玉棧：以上助銀一員。

永興街緣部共助工金四十一員半，共收銀二十九兩七錢六分：

聯泰店、生昌店、復昌店、公信店：以上助銀三員。

天和店、祥益店、昆盛店、天福堂、祥和店、牲恆店、泗益店：以上助銀二員。

允升棧、永隆店、懷遠堂、仁興店、元記店、謙豫益、榮和店、祥興店、利隆店：以上助銀一員。

萬聚店、吉昌店、協盛店、啟昌店、二合店、廣豐店、怡隆店：以上助銀中員。

龍慶街緣部共助工金三十六員，共收銀二十五兩九錢：

福榮行、恭安祥、謙和行、晉亨店、永隆行、廣會行、韶州安昌店：以上助銀二員。

協吉店、新記行、裕隆店、同德行、怡泰店、合記店、義和店、□成店、昌源店、同裕店、常春園、晉隆行、廣泰恆、益豐棧、韶州萬順店、韶州廣福隆、韶州勝隆合、樂昌萬泰店、樂昌安和店、永泰店：以上助銀一員。

天和店、常聚店、昆泰店、徐聞錦泰店：以上助銀中員。

永興西街緣部：

同泰行助銀四員。

萬興店助銀二員。

育嬰堂、萬和棧、宜心棧、西南廣泰店、南雄劉奕標、南雄林文松、南雄胡日富、南雄陳□鵬、西南義泰店、石龍茂豐店：以上助銀一員。

永聯店、安和店、怡記店、財合店、裕利店、同安店、正興店：以上助銀中員。

太平街緣部共助工金十九員半，共收銀十三兩九錢六分：
悅昌店、昌泰誠、阜隆店：以上助銀二員。
兆昌店、昆昌店、升隆店、義隆店、均茂店、益昌店、天合店、安益店、三邑盧超鰲：以上助銀一員。
和生店、勝隆店、永益店、江城美利店、江城同泰店、寶利店、永昌店、安和店、祥益店：以上助銀中員。

□□街緣部：
同義店助銀二員。
同和店、元興店、正和店、正泰店、岐豐店、永安興記、允中行、勝利店、源吉店、福祥店、信合店、豐盛店、其源店、德豐店：以上助銀一員。
廣利店、生源店、祥安店、伍和利、和盛店、南昌店、義益店、敬新店、和安盛、大榮店、廣同仁、廣生店、盈新店、永隆店、生利店、廣利店、友生店、源利店、同發店、和昌店、馥馨棧、同吉店、永合店、茂源店、祥安店：以上助銀中員。

龍袍街緣部共助工金十七員另六□，共收銀十二兩二錢五分：
允泰店、泰隆店、迎豐店、利益店、龍□□、惠隆店、均泰店、泰來店、聯昌店、公昌店、永益店、義泰店、協成店、孚泰店：以上助銀一員。
祥泰棧、永貞店、廣聚店：以上助銀中員。
碎數共收四錢二分。

白米街緣部共助工金一十二員，共收銀□兩六錢四分：

廣來店、光記店、成記店、見昌店、安和店、勝隆棧、泗聚棧、同興棧、調珍棧、福祥棧、嘉玉棧、允升棧、祥益棧、李活記、大和店、廣濟堂、怡昌店、福泰店、竹木軒（下泐）

源頭街緣部共助工金（下泐）：
廣義店、廣生店、成和店、集生店、隆泰店、廣信店、美聚店、天益棧、合聚棧：以上助銀□□。
新興天堂好履（下泐）、怡利店、長源店：以上助銀中員。

石桂街緣部共助工金一十一員又五錢四分，共收銀八兩四錢六分：
遂源店、合聚店：以上助銀二員。
三友店：一員。
怡合店：一員。
龍昌棧、昌泰棧、昆昌店、兩合店、合隆店、合蘭店、泰來棧、廣義棧（下泐）坤元棧、太興棧、生源店、和源店：以上助銀中員。
碎數共收員半。

東寧街緣部：
公昌棧、迎豐棧、利益棧、福茂隆、美香店、同新店、珍記店、全昌店、福和店、昌盛店、怡隆棧（下泐）

安福街緣部共助工金四員□錢四分，共收銀三兩零二分：
美隆店助銀一員。
同興店、生昌店、裕記店、同記店：以上助銀中員。
碎數共收八錢六分。

連義祖會緣部：

勝來艇、裕昌店、廣來店、永祥店、同興店、裕隆盛：以上助銀一員。

勝昌店、廣行店、合發店、順昌店、均信店、元記店。

廣同慶會緣部：

長利店、曾日渡、安泰店：以上助銀中員。

榮義會緣部：

江南湯勤庵、江西仁和福、江西劉東升、升平街天福店、河西曹帶、衡州乾元正、湖南曾協成、中湘朱永順：以上助銀一員。

誠敬店、萬載全裕生、萬載張元升、順利館、全利隆、正隆祥、正泰怡：以上助銀中員。

連勝會緣部：

連勝祖會助銀五員。

沙灣黃興合助銀一員。

沙灣聯昌窑助銀一員。

呂水陳彩伯助銀四錢。

沙灣黎漢合、沙口磚船杜建升、龍山磚船梁全義、福勝街泉源店、古洛社巨盛店、文昌沙成記店、慧照街德興店、東寧街珍記店、黃存號：以上助銀中員。

五福會緣部：

五福祖會助銀四員。

鍾顯煥助銀二員。

陳肇材助銀一兩。

黃崗佛山渡、會源店：以上助銀中員。

聚義會緣部：

聚義祖會助銀十員。

江西丁鼎和元助銀五員。

梁娣記助銀五員。

潮州林賢記助銀三員。

吳約聰助銀三員。

廣宏泰、郭帝記、吳月華、潮州許正記、潮州林美合：以上助銀二員。

葉萬隆、文昌沙怡盛祥、文昌沙信和誠、文昌沙和言店、石龍合盛渡、石龍永順渡、石龍萬順渡、李觀勝、梁閏有、恩平船生記店、加應榮興森、北勝橫有源店、北勝街裕昌店、北勝街安和店、清遠祥安渡、清遠萬安渡：以上助銀中員。

福善堂緣部：

永利源、韶州怡隆店、孔怡店、北海廣源店、貴縣合隆店、興寧昌茂店、北海義成店、都城時和店、梅錄怡昌盛：以上助銀一員。

興寧恆聚店、錦豐榮、源隆店：以上助工金中員。

聯敬會緣部：

長沙下街廣順渡助銀一員。

金山水口同順渡助銀一員。

香山六文堂助銀一員。

寧城公昌店、赤坎東阜佛山義記渡、荻海佛山均益渡、赤坎上街佛山渡、廣海錦源店、荻海永興店、荻海義生店、市橋福隆店、水口利源店、水口聚源店、水口有恆店、水口永和宏、江門福昌店、江門文元店、同昌店、德昌店、永茂店、同安店、恆昌店、廣安店、永和店、悅合店、美昌店、美綸店、大昌店、信昌店、大昌店、長沙錦源店、衝蔞德興店、泰源店、荻海廣利店、衝蔞同德店、廣海聯昌店、赤炊永源店、寧城華昌店、香山文光堂：以上助銀中員。

永義會緣部：

永義堂助銀十員。

厚成行助銀二員。

宜敬堂、渡景店、恆德店、萬泰店：以上助銀一員。

兩合店、信昌福、昭利店、三興店、同泰華、時昌店、普元店、裕昌店、李蘭記、梁錫記、源利店、合意堂、順財店、長吉店、恆利店、誠記店、張揚記、楊勝堂、大隆店、乾和店：以上一中員。

英義會緣部：

英義會順源店助銀三員。

祥安店、永禎店、誠昌店、友合店、嘉綸店：以上助銀一員。

茂豐店、裕合店、廣信店、遠昌和、時和店、南昌店、經綸店：以上助銀中員。

同盛會緣部：

同盛會助銀一十二員。

順邑黎善余堂助銀三員。

馮福蔭堂、東昌店、倫敦福綸店、和吉店、德安店、石橋福安店、西南林贊猷、梁福記、悅源店、謝祥記、義合店、均源店、廣福祥、東利店、福聚店、昌聚店、裕隆店、永貞店、萬成店：以上助銀一員。

晏盛店、英和店、利貞店、簡敦睦堂、恆升店、德和店、萬豐店、中和店、吳儉美堂、□生店、豐泰店、羅興號、□福利、舊黃鼎鄉艇明記、蘆苞二□渡、劉致善堂、同綸店、茂祥店、廣綸店、南利船、聯盛店、何培記、和昌店、英聚店、益隆店、合綸店、陳蘇記、泗隆記：以上助銀中員。

萬勝會衣字緣部：
萬勝會助銀十員。

廣善會服字緣部：
廣善會助銀六員。
霍瑞敬堂助銀一員。
廣豐棧、萬和店、中成店、三娣記、莫義成合店、柱記店：以上助銀中員。

馮宗開飛字緣部：
永生店、永昌店、大和店：以上助銀中員。

聚生園□字緣部：
龍輝堂助銀一員。

羅協堯聖字緣部：
永行堂助銀四員。
天德店助銀一員。
洪日出堂助銀中員。

陳河端宿字緣部：
蔡成立堂助銀二員。
中興店助銀一員。
允盛店、潘萬利、陸匯源、彩隆昌、程聯興、徐祥利、啟記店、范同盛、誠昌店：以上助銀中員。

張妹羽字緣部：

泗興店助銀一員。

寶泰店、□和店、何萬利（以下缺字）、梁宏□、元興錫薄行、板箱枱斗□、麗袞金銀鈕行、鏨花鈕行、興華印刷行、制造酒行、廣源店、朱貽燕堂、晉豐店、新源店、新廣□、冼世德堂、寶成店、義生店、安盛店、榮昌店、三益店、榮壽店：以上助銀一員。

同春堂、嘉樂店（下泐）

秀芳齋、廣安店、文安店、仁興店、萬珍店、福泰彩、梁正記、李四記、東昌店、元茂店、有記店（下泐）

吉利□、會利□、福成□、永發□、同發□、金福店、同安店、泗利店、同利店（下泐）

杜松號宇字緣部：

劉詁齋助銀十員。

協鎮右營虞助銀八員。

公府劉：四員。

大昌店、昌記行、孔厚德堂、劉光裕堂、聯慶社、林穤矣堂、昌記店、五斗司張、王敦仁堂、王依德堂、朱樂善堂、洪瑞記、元敬堂、黃中和：以上助銀二員。

大盛店、□□店、安成和、霍義德堂、合記店、全德店、大昌店、元興店、勞肯堂、勞氏家塾、怡益店、煥亨店、福華店、趙愛日店、楊和堂、晉益店、慶隆店、正昌店、弘和店、升亨店、福昌店、元升店、茂源店、長盛店、天和店、福祥店、寶蘭店、合泰店、福祥店、廣行店、天泰店、忠和店、華泰店、始升店、怡盛店、祥和當、恆生押、永和合、安和當、福蘭店、泰和店、嘉善店、王慎德堂、日新堂、劉富記、志茂店、茂昌生、馮玉書堂、德昌店、冬昌店、祥福店、兩益店、祥隆店、如蘭店、同豐店、梁美利、祥發店、陳善慶堂、陳積厚堂、陳儉德堂、區怡怡堂、駱宮保第、駱貽谷堂、楊裕昆堂、區五常堂、張槎埠、平聚局、全生店、怡源店、廣興店、同昌店、廣聚店、興昌店、洞天宮：以上助銀一員。

來利店、世德堂、龍元店、經泉店、兩利店、義記店、廣發店、正合店、吳植否堂、喬芬店、南昌店、有合店、宏源店、惠豐店、福全店、恆安店、德豐店、德源店、合聚店、福昌店、瑞光樓、泗興店、元記店、廣利店、和源店、泗隆店、恆豐店、正廣聚、生和店、潮順店、二益店、敬如店、宏利店、同和店、廣豐店、福祥店、洪利店、天然店、宏發店、新合店、森然店、煥芳店、永福店、萬榮店、泰亨店、永合店、大成店、聯豐店、祥利店、如意店、永順店、均和店、麥滿記、巨合店、怡和店、雲生店、順利店、興利店、馮怡和、粵蘭店、宏盛店、正泰米、南興店、永祥瑞、廣珍店、忠盛祥、南盛店、協盛店、義盛店、施仲和、信記店、常盛店、永發祥、祥泰店、永裕祥、忠泰店、信盛店、巨源店、和盛店、廣泰店、聚隆店、安盛榮、溢源店、福安店、泰升店、廣昌店、其珍店、順隆店、祥安店、富和店、廣興祥、存德堂、德泰店、區廣號、潘秀記、全和店、正聚店、祐隆店、楊福善堂、陳慎安堂、廣行德、有盛店、琦樂館、福源店、安吉店、德昌店、三興店、吉隆店、成昌店、安和店、同和店、利和店、祥興店、合利店、永合店、大源店、怡和店、王書樓：以上助銀中員。

萬安爐龍字緣部：

至寶聯興生色行助銀五員。

炮行年慶會：三員。

戴興隆：二員。

陳集義堂：二員。

紹綸店助銀一員。

恆和店、和益店、隆記店、永源店、聯興店、利源棧、泗盛隆、元昌店、祥安店、巨昌店、廣泰店、仁和店、葉源記、泗稅店、均安店、其吉店、和吉店、永昌隆、永吉祥、致和堂、益昌店、廣泰店、和綸店、龍和店、和隆店、廣昌店、鍠萬利、永發昌、何永錫堂：以上助銀中員。

昆盛號巨字緣部：

佛山都闓府塔助銀十員。

結慶堂：四員。

孔源遠堂：四員。

□□總領廳、李節和堂、勞昌店、中成店：以上助銀二員。

信昌店、福盛店、公和昌、寶南店、英和行、浩安祥、同德店、巨興店、逢春行、福興行、致昌行、興利行、益豐行、張福善堂、廣和行、廣安和、合盛行、茂和店、永昌店、昌隆店、蘇德源、永昌店、新廣隆、怡茂店、祥發欄、吳怡和堂、泗合店、聯興欄、同德欄、德昌店、就盛店、又興店、厚德店、新昌店、泰昌棧、寶盛昌、元生欄、萬源店、廣裕店、中和店、浩泉店、公興店：以上助銀一員。

明記店、襯記店、福順榮、時濟堂、新得心、萬勝店、四合店、儀鳳店、伍□盛、義利店、勝源店、廣和堂、正金錢、同益店、厚德店、和興昌、和記店、應隆店、泗利店、天合館、天和店、天芳齋、怡盛店、茂生店、就利店、勝昌店、美南樓、源茂店、森記店、天生堂、祥升店、多寶軒、合棧店、致祥店、其昌店、新盛店、同益園、泗興店、泗和店、義盛店、大合店、合隆店、榮生店、逍遙舫、合盛店、李慎德堂、合利船、裕豐店：以上助銀中員。

榮昌號列字緣部：

裕興店助銀一員。

德昌店：四錢。

常和店、源昌店、合盛店、德和店、廣隆店、榮源店、嘉裕店、德利店、廣和店、潮順店、長發店、辛和興、龍勝店、源利店、興隆店、源勝店、廣升店、元發店、裕勝店：以上助銀中員。

源和號愛字緣部：

彩合店、義昌店、德盛店、廣興店、永合店、來合店、同吉店、萬興店、天成店、和利店、萬泰店、萬益店、富隆店：以上助銀一員。

純隆店、成記店、廣和祥、保和堂、合源店、源聚店、益隆店、合信店（下泐）

義和店、恆益店、張興利、廣福聚、永福店、順源店、均和店、萬利店、泰和店：以上中員。

抄紙埠鳳字緣部：

張梁姓抄紙盆助銀十員。

張昌業、張昌涇、張孫遠、張昌瑞、張昌理：以上助銀一員。

張盛鰲、張盛榮、張昌典、張富有、張盛均、張昌友、張昌炳、張昌蕃、張盛松（以下缺字）、張智全、張巨賢、張巨悅、張富邦、張汝時、張富耕、張昌靖、張盛遠、梁和翕、張盛群、梁和意、張盛才、張昌錫、梁和記：以上助銀中員。

余秉南□字緣部：

恆盛昌：一員。

同安店：一員。

三全店、晉隆店、澤記店（下泐）

西景庵：一兩。

顏盈昌助銀一員。

合記店、葉福店、鍾儉號（下泐）

江煥記靡字緣部：

裕興店、全記店、大和店、恆棧店、巧玉店、德鳳齋、五珠店、文元店、葉華記、生記店：以上助銀中員。

霍善昌堂赤字緣部：

安定梁姓助銀六員。

順邑醮會助銀五員。

包辦行助銀三員。

三邑醮會助銀二員半。

同馨館、祖華會、青竹行、永厚堂、鋒貨行、酒餅行、保安堂、會寧李：以上助銀二員。

廣綸堂、板箱行東友、人和店、廣義店、廣集店、廣珍店：以上助銀一員。

天成店、廣來店、泰來店：以上助銀中員。

南昌爐宙字緣部：

源記店、元亨店：以上助銀二員。

穗泰店、何畊心堂、厚安店、黃昭敏堂、冼怡記、同興店、德隆店：以上助銀一員。

安昌店、穗昌店、蘇塵記、集賢堂、同發店、德源店、永昌店、紅元店、仁和店、益壽堂、周樸原堂：以上助銀中員。

杜建河端字緣部：

榮記店、宗高記、冼滿記、霍其號、修林號：以上助銀中員。

鄺成和名字緣部：

合勝堂助銀三員。

鄺滿堂、裕記店：以上助銀中員。

利源染房發字緣部：

朱裕美、裕生店、晉隆店、□聚店、黃福昌、新泗泉、顯利店、新棧店：以上助銀二員。

拔萃店、懋記店、致祥店、孚綸店、祥盛店、會德店、長泰店、安隆店、龐怡安：以上助銀一員。

炭昌泰量字緣部：

南順源、悅隆店、悅棧店、逢合店：以上助銀二員。

壽利店、成昌酒船、泰利店：以上助銀一員。

廣隆店助銀中員。

泗聚店及字緣部：

同盛店助銀二員。

生利店、致和店：以上助銀中員。

楊貴有寶字緣部：

公正和助銀六員。

協員棧助銀六員。

鴻均店助銀四員。

遠合店助銀二員。

三益店、廣祥隆、泰行店、張能發、張源泰、巨利店、仁記店、亨昌押、廣綸泰、源隆店：以上助銀一員。

福隆店、時信店、華利店、大盛店、合聚店、祥和店、怡記店、履祥店、福安店、興泰隆：以上助銀中員。

何德富賀字緣部：

何長濟堂助銀一員。

昌和店助銀中員。

廣發店助銀中員。

怡隆店師字緣部：

花紅行助銀四員。

玉成堂助銀二員。

協泰隆、合利店、伍四友堂、廣和昌：以上助銀一員。

伍節用堂、美蘭店、廣茂興、裕泰和、廣蘭店、巧昌店、匯盛店、伍沃泉濤、明新館、廣順店、有恆店：以上助銀中員。

霍崇儉堂得字緣部：

蔡善元堂、黃光裕堂：以上助銀十五員。

何善慶堂、祥和店、義存店、廣善店：以上助銀十員。

義安店、義順店、廣安店、暢記店、鮑懷永堂、鄭紹業堂、梁而泰堂、兆昌店、曹存善堂：以上助銀五員。

廣南泰、乾泰隆：以上助銀三員。

恆孚店、恆信店：以上助銀二員。

謙和泰：一員。

祥源店、茂棧店、李經綸、伍致福堂、潘□敬堂：以上助銀中員。

尚亦店始字緣部：

永信會助銀二員。

聯勝堂助銀一員。

紹蘭店、鄺同合、鄺廣隆、安泰店、利隆店、芳蘭店、利元店、永棧隆、鄺和記：以上助銀中員。

區福興堂男字緣部：
羅謙益堂助銀中員。

利源店邇字緣部：
麥賢義堂助銀五員。
公昌店助銀二員。
會源店、彩綸店、逢記店、利順盛、麥誠德堂、福利店、宏源店、合勝店、興記店、梁泗利店：以上助銀一員。
聯昌店、杜興店、成利店、王遇豐店、信利店、黃興記、安利店、財盛店、興利店、葉龍店、倫昌店、益昌店、錦章店、同賢記、三合店、正合店、福盛店、駱新聚、吳聯盛、德隆店、悅興店、祥盛店、浩源店、安興店、利榮盛、安和昌：以上助銀中員。

賢豐埠梁輝山玄字緣部：
黃義和助銀二員。
天福店、東聚店、德聚店、南茂店、天和店、同興店、源盛店：以上助銀一員。
同安店、東就店、英昌店、惠州工科、廣昌店、同安店、李干店、李成記：以上助銀中員。

權記店身字緣部：
美利店助銀中員。

晉記店道字緣部：

興記店、鍾勝合、合勝堂：以上助銀二員。

永昌和、德昌隆、聯盛店、悅盛店、鍾日貞、陳和□：以上助銀一員。

渭興店、億隆店、連昌店、同泰店、聚利店、和合店：以上助銀中員。

梁爵英器字緣部：

義聚店助銀二員。

天泰店、成記店、炳和店、廣元店、祥盛店、正合店、美蘭店：以上助銀中員。

源隆店草字緣部：

榮合店、協昌店：以上助銀中員。

貞行埠鞠字緣部：

萬豐店、永利店、恆利店、和利店、晉利店、同利店、財利店。

勞裕遠堂短字緣部：

大炭行、聚興店：以上助銀二員。

茂昌店助銀一員。

昌利店、兆記店、福田店、張福盛：以上助銀中員。

唐永昌岡字緣部：

林穰矣堂助銀一員。

兆祥店、鄺聰記、隆合店、車聯記、五豐店、泗豐店、隆仁興、黃大樂堂、馮積善堂：以上助銀中員。

益豐店長字緣部：

陳總戎祠助銀四員。

吉祥利、廣益泰、余和豐、新順泰：以上助銀三員（下泐）。

德隆店、華興店、逢利店、裕成店、協記店、大新店、廣泰和、生盛店、長盛店、伍百源堂、道源店、恆升押、恆安押、晉興店、利興店。

何榮開□字緣部：

□敬堂助銀□員。

區□德堂、區慎德堂：以上助銀二員。

周善昌堂、英光閣、隆記押、勝記押、周恆豐：以上助銀中員。

冼敏寬臣字緣部：

百元堂、裕和堂：以上助銀一員。

茂和堂、普濟堂。

金盈號文字緣部：

□濟堂助銀一十大員。

金玉堂助銀一十大員。

集木行助銀一十大員。

金豬行助銀五員。

合和爐助銀五員。

萬裕爐助銀五員。

梁養堂助銀四員。

熔□行助銀三員。

樂興堂、馬百良、致和昌、和記店、保裕店、均和店、田料行、致昌店、和珍館、裕慶堂、雙燒燒模、雙燒車下、林勝記：以上助銀二大員。

天和行、五福店、怡隆店、粵興店、常安店、同華店、和聚店、同福店、來祥店、德安協、萬興店、□源店、敬業堂、福利店、泰昌店、泰安店、寶生店、合生店、美合店、巨生店、□福店、來聚店、錦囊店、梁拮瞻堂、穗和店、公昌店、巨生店、成和店、杜金□、藹春樓、循梁堂、大吉店、順記爐、聯昌店、曾繼遠堂、廣隆渡、新榮華、合和店、應記店、萬合店、全利店、合益押、順祥押、仁和押、生源押、德和押、公益押、安益押、利益押、雙日夜渡、敬心店、林謙裕堂、單燒燒挾、單燒陶賢堂、陳結號、單燒車下行、祥華店：以上助銀一員。

廣源店、純隆店、大盛店、同昌店、金和店、大章店、溫福泰、和生店、元利店、新連興、時昌店、劉明堂、朱記渡、時和店、同德利、泰德店、仁德店、大源店、廣利店、茂源店、廣發店、大德店、泰興店、伍合店、天吉店、萬源店、辰時渡、廣記渡、成記渡、福記渡、興記渡、長孚店、成利店、麥源興、梁恆興、祐興店、祥泰店、梁平川堂、利益店、義隆店、廣祥泰、市橋渡、調記店、富記店、生棧店、同和店、陶志堂、呂氏三合店、旺記渡、新昌店、寶華店、廣昌店、雙撓捆行、黃聯合、榮利店、正利店、新聯壽、何寧記、啟隆店、薯良渡、王記渡、萬興店、和綸店、祥享店、曾友記、兩益店、梁積善堂、生和店、均泰店、同信渡、合利渡、德利店、貞聚店、福聚店、和記店、和源店、麥福壽堂、宜春堂、德聚店、萬勝店、同勝店、同珍店、信隆店、錦章店：以上助銀中員。

鄭永祥號潛字緣部：

合隆爐助銀十員。

生源爐助銀□員。

成合爐助銀五員。

粵隆爐、榮全爐、奕裕爐、□永爐、裕和爐、遂成爐、德成爐、麥源盛：以上助銀五大員。

萬合爐助銀四員。

源合爐助銀四員。

昌盛爐、利聚爐、利金爐、泰泰爐、單燒助行、安泰爐：以上助銀三員。

錕益店、合興店、世合店、源昌店、黃敬茂、翁豐店、大昌店：以上助銀二員。

梁順□堂、大鍋助行、大鍋車下行、鍾錫□、發記店、三合店、同福爐、真昌店、霍三省堂、合生店、萬隆店、逢利店、紹利店、陸翕和堂、安義店、安吉店、泰章店、裕德店、朱思慎堂、江成美堂、裕興店、廣祥和、仍聚行、泗利店、恆和店、集來店、泉記店、悅興爐：以上助銀一員。

和元店、兆記店、永興店、聯興求、祥綸店、安源店、右□店、源阜成堂、何玉記、萬隆店、成茂店、厚安店、昌利店、同興店、安聚店、宏發店、合興店、中致祥店、萬合店、和記店、正源店、中和堂、西興店：以上助銀□員。

郭貴記月字緣部：

義興爐助銀三員。

聶初禮堂助銀三員。

吉利店、順利店、利全店、廣利店、利源店、財利店、廣興隆、有利店、祥隆店、宜安店、順興店、浩益店：以上助銀二大員。

日利店、綿記店、義生店、時昌店、泰隆店、祐隆店、勝隆店、祥泰店、五和店、合昌店、萬利店、祥安店、萬記店、金全店、盈豐店、仁利店、公利店、仁興店、昆昌店、忠和店、興記店、泗源店、昌興店、寶興店、怡來店、盧永利、粵海關、致香店、泗安店、明利店、公順堂：以上助銀一員。

□興店、洪利店、□和店、長合店、鼎益店、成記店、勝利店、劉庚記、嚴信記、昆和店、昌隆店、同記店、美利店、合二店、祥源店、時合店、成全店、薛遠兆堂、升記店、財源店、永合店、就成店、龐信記、廣興店、何華竹堂、周明記、怡隆店：以上助銀一中員。

梁英□號英□字緣部：

至□祖社助銀八員。

敬業酒行助銀五員。

永□積堂助銀五員。

秋帽行助銀四員。

李安仁堂助銀四員。

永聯西友：二員。

聯成祖會：二員。

伍□和堂：二員。

永盛行、攬磨紙行、正穗豐、裕生茂、拔萃晟、至寶祖會、硃砂年紅行、紡綾東友、泰源店：以上助銀二員。

榮豐店、成昌店、裕美隆、鄧裕德堂、永高聲、蘇怡和堂、和珍店、五昌店、藉綾堂、茂益店、同德店、同吉店、勝隆店、昌隆店、秋記店：以上助銀一員。

均昌店、永隆店、周樂記、□南利、福隆店、和源店、江泰店、祥盛店、聯新店、廣昌店、王敦仁堂、茂昌成、穗豐店、萬昌店、晉豐店、晉隆店、五盛店、永和店、霍來店、永成店、光利店、茂昌店、科記店、濟恆昌、恆昌店、泗隆店、安隆興、源泰店、五全店、裕昌店、聯泰店、永隆店、忠興店、均聚店、三源店、錦香店、祥和店、仁聚店、安利店、源興店、正亨店、啟昌店、正利店、福昌店、郭釗艇、正亨店、正興店、正和店、天和店、施中店、時□店、兩益店、永和店、福新店、怡豐店：以上助銀一中員。

洗源益洪字緣部：

新昌壽助銀十員。

泰彰店：五員。

兆英和：三員。

開利店、和利料、簡寧遠堂、東和欄、聚源欄、德利店、廣昌和、茂泰店、謙和料、均利料、怡順渡、同和渡：以上助銀二大員。

安泰渡助銀一員半。

新同豐、茂昌店、公棧欄、公益欄、廣豐欄、德盛欄、永泰渡、公信店、福安押、致和押、榮益押、永隆押、元記店、萬祥店、仁記店、公信當、恆昌泰、廣元店、恆生店、均傑店、天合棧、二豐欄、正豐欄、永隆店、秀記渡、怡記店、東順隆、逢泰店、義信店、常記店、王發船、寶生押、湯慎遠堂、廣豐行、義利店、廣利店、泰昌店、義和當、麗源店、時昌店、三合店、如心店、長合店、平記店、方羊記、遂和店、容記店、泗來店。

□泰柴欄號辰字緣部：

佛鎮柴排行助銀四十大員。

日和店助銀二大員。

正昌店、昌盛押、成合店、利生押、源記店、萬和店、聯昌店、信和店、錦元店、聯泰店、永安店、合順店、永和店、和綸店、謝芹號、竹院、合盛泰、興利店、同新店、利合店、同記店、霍源源、霍長記、林義記、全得店、隆昌店、福記店、全記店、梁信記、盧和昌、合昌店、致興和、安恆店、德成店、華利窑、萬吉窑、榮昌窑、昌泰店、茂盛店、寶安礅、中泰乾、祐利窑：以上助銀一大員。

恆昌店、益和店、其興店、恆盛店、合興盛、建昌店、板利店、合源店、霍松問、□泰店、遠泰店、區萬號、麥廣盛、鄧正號、謝靖號、長泰號、合盛店、祥華店、霍裕泰、霍楷記、成合店、順合店、安盛店、裕昌店、勝燕店、蘇德合、蘇安源、羅橋源、太安齋、萬草堂、廣昌店、杜芝記、梁成記、梁正利、同勝利、郭閏利、東盛店、□新店、信昌押、德安押、義記店、森記店、吳仁號、韶記店、鄺利聚、匯昌店、聯記店、五昌店、聯盛店、松和店、祐記店、榮昌店、隆昌店、梁榮號、同綸店、閏合店、黃佐號、榮秀店、日隆店、怡隆店、源昌店、巨源店、聯興店、廣彰店、秀昌店、遠豐店、進記店、合利店、怡合店、信和店、新財店、生和店、陳水號、英記店、永壽堂、橋合店、振記店、森記店、洪發店、和昌盛、泰昌店、同合店、□昌榮、泰和店、義利店、鄧耀號、泗源店、源大盛、同興店、福記店、榮豐店、明記店、郭□□堂、傳記店、恆盛店、豐源店、連合店、義合店、和合店、遂合店、遂合廣記、□□耀記、泗豐店、全興店、德盛店、萬勝店、恆合店、安昌店、昌隆店、正記店、茂和店、吳細號、祐盛號、長興店：以上助銀一中員。

益升爐拱字緣部：

陳德朝助銀一十四員。

馬爾雄助銀六員。

華興店助銀五員。

陳朝綱助銀五員。

開利店助銀三員。

源泉店、李六合、榮合店、謙記店、雲昌店、祐隆窰、梁昌□：以上助銀二員。

梁賓晉堂、梁寶□堂、梁□□堂、區喻義堂、嘉祿館、生隆店、生美店、晉豐恆、興合館、晉升行、升昌隆、黃金號、璇昌號、興源店、旺興店、榮新店、趙三省堂、朱自得齋、冼振業堂、梁慎安堂、廣禎泰、裕美隆、穗利店、祥記店、何毓□堂、容友竹堂、李□記、永興店、福興店：以上助銀一大員。

永源店、祐昌隆、萬豐店、信誠店、玉壺軒、有記店、勝隆店、廣順店、勝利店、永興店、澤記店、廣祥店、和記店、祥泰店、宜亨店、源記店、錦興店、安和店、珍益店、順昌店、今利店、廣源店、聯盛店、和隆店、泗源店、匯□店、同合店、吉盛店、允亦店、均生店、和興店、合源店、合昌店、安和店、源順店、泗行店、周汝南堂、耀昌店、德合店、連發店、太昌棧、梁□喜堂、佐壽堂、怡和押、昌記店：以上助銀中員。

同合醬園黃字緣部：

五斗總埠助銀五員。

兩成店、集蘭堂助銀二員。

均隆店助銀二員。

蔡積善堂助銀二員。

泰來店、桂香店、培德店、廣全聲、祥泰店、裕興隆店、連盛店、廣升店、廣盛店、廣源店、五利行、廣興店、姚廣□：以上助銀一大員。

全聚店、勝源店、廣隆店、浩昌店、福隆店、天吉店、巨貞店、勝昌店、燕珍店、萬香店、恆興店、金和店、同昌店、同源店、昌益店、和昌店、順利店、盧怡興、遂昌店、匯源店、品和館、仁興店、全記店、合記店、昌泰店、萬益店、廣安店、有記店、協香店、新德隆、接源店、萬益店、應昌店、正昌店、匯文店、陳觀堂、萬合店、福泰店、廣吉店、榮吉店、勝隆店、祥升店、永昌店、陳綸記、萬香樓、泗源店、慶珍樓、永壽堂、巧雲店、永茂店、永豐店、炳記店、照記店、福新店、福興店、義興店、聚昌店、義豐店、同昌店、楊耀記、陳福遠堂、陳敬號、和盛興、楊珠記、泰盛店、安利店、霍道記、永泰店、伍言昌堂、萬隆店：以上助銀中員。

黃晉昌昃字緣部：

萬聯祖□助銀二員。

三□堂助銀二員。

萬聯堂助銀二員。

黃□□堂助銀二員。

□記店助銀二員。

黃謙益堂、泗馨店、和馨店、五昌店、溢誠泰、進行堂：以上助銀一員。

祐源店、泰昌店、正芝蘭、逢安堂、同福、捷記店、麗昌店、金利店、黃粵馨、和隆店、功和店、俞□德堂、聯聚生、元魁店、秀記店、裕隆店（下泖）、兩合店、天福店、漱芳園、連生店、龍發店、陳志成堂、朱浩德堂、正和店：以上助銀中員。

興隆盛垂字緣部：

汾水稅廠沈助銀二員。

萬順店助銀二員。

黎馨□助銀一員。

德生堂、德和堂、恆安店、永隆店、□永合、源興店、萬泰店、萬隆店、和隆店、成居玉、楊□□□、羅□源、德隆興、□竹軒。

順昌號恃字緣部：

萬隆店、大成店、祥和店、合成店、粵海關。

合盛店制字緣部：

梧廠巡館助銀六員。

巨昌店、雁門堂：以上助銀二員。

合盛棧、巨華店、連盛店、洪茂店、元昌瑞、致和祥、成全店、西昌店、王吉祥、義和祥、安和堂、恆昌店、生昌利、大生店：以上助銀一員。

正和店、勝和店、同源店、大昌店、二隆店、義昌店、綸德店、英吉店：以上助銀中員。

參軍祠莫字緣部：

謝昆昌堂助銀中員。

譚禮章王字緣部：

合隆店、錦珍店：以上助銀一員。

滿泰店、潘寶善堂、慎安堂：以上助銀中員。

邵錫章休字緣部：

東成店助銀一員半。

祐昌店大字緣部：

知色堂、新聯華：以上助銀二員。

福昌店、裕昌店、永泰店、均隆店、均源店、李廣堂：以上助銀一員。

和昌店、廣昌店、同益店、五昌店、又新店、福隆店、福昌店、作記店、裕昌興、李景華堂：以上助銀中員。

許永安堂行字緣部：

陳敬堂、霍履和堂：以上助銀中員。

何萬利日字緣部：

如珍店、陸靄樹堂、區敬慎堂：以上助銀中員。

何恕德堂首字緣部：

麗源昌助銀三員。陸益記助銀二員。合昌店、怡盛店、和源隆、昌隆店、吉昌店、有恆店、同興店、義吉店、聚源店、永和利、英隆店、利隆店、厚益店、恆和店、全隆店、泰隆棧、泗隆福、黃永隆、江記店：以上助銀一員。

均益店、和勝店、生益店、振合店、禎祥店、怡隆店、宏源店、泗源店、永昌店、謙豐店、新隆店、合隆店、吉成店、義勝店：以上助銀中員。

周伯隆鳴字緣部：

永昌店、公益船：以上助銀一員。

衛培基堂維字緣部：

楊瀛慶堂助銀二員。

昌盛店、萬合店：以上助銀中員。

胡存恕堂顏字緣部：

祥合店、昆和棧、橋聚店、恆吉店、誠昌店、譚詒谷堂：以上助銀中員。

陳崇本堂在字緣部：

陳詒谷堂助銀一員。

悅隆店：以上助銀五錢。

陳致和堂：助銀中員。

和新棧貞字緣部：

藉綾祖會助銀二員。

東順店、祥發店、黃顯記、趙履和堂：以上助銀中員。

和興店盈字緣部：

盛記店助銀二員。

分府東科、厚隆店、昌盛店、廣德店、羅滔記、德利店、安源店、合興店、裕興店、聚豐店、信和店：以上助銀一員。

元珍店、茂蘭店、匯安店、瑞生店、霍務善堂、合興店、甘鉅記、鄧誠記、兩合店、昌泰店、勝聚店、茂隆盛、聯發店、裕和店、合源店遠、興店、合興店、遠□店、安和店：以上助銀中員。

余福蔭堂黎字緣部：

廣昌堂助銀五員。

周積善堂、李恆敬堂、陳吉祥堂、和興店、寶昌店、劉謙光堂、崔智德堂：以上助銀二員。

聯興店、太和店、泗益店、安益店、西合店、廣德店、吳二樂堂、譚厚德堂、瑞和店、升元店、怡安店、俊德店、惟德店、廣源店、寶元店、源和店、信盛店、同安店、樸紙渡、宏安樸渡、區炳渡、昌利船、聚泰快艇、何盛方、隆泰船、祥興店、和安店、人珍店、成昌恆、友信店、陸如記、禢利昌、順和店、甘保全堂、裕安店、啟昌店、昌盛店、存心堂、其昌店、廣記店、巨盛店、茂盛：以上助銀一員。

　碧江渡、東綿店、□源店、晉恆店、祐隆店、寶和店、和興店、三昌店、恆興店、生和店、泗合店、□茂店、百福店、億和店、復利店、永和店、全茂店、懷香閣、昌隆店、興隆店、廣豐店、天和店、宏盛店、悅興店、瑞隆店、廣泰店、盈聚店、龐吉記、龐恆記、三興店、陳廷□、遂棧店、成泰店、合泰店、鄭廣船、鐘四船、梁四船、和源店、福源店、廣興店、□合店、陳泗利、楊福船、李娣船、合和店、元和店、高聲店、杏蘭店：以上助銀中員。

尚記店一字緣部：

義隆店、怡興店、隆聚店、合記店、萬記店、香□齋：以上助銀一員。
□源店、□成合、楊植福堂、昌財店：以上助銀中員。

龐元記火字緣部：

茂元店助銀二員。

　仁馨店、天華店、翰昌棧、何怡泰、大德店、同聚店、合隆店、遂隆店、冼羅記、順利店、興昌店、麗記店、義記店、同德堂、張生記、□祐記、聯記店、永興店、恆昌店、茂和店、張聖店、全聚店、全記店、滿記店、永□店。

吳忠和堂談字緣部：

怡慶堂、東源店、周華記：以上助銀二員。
吳玩軒堂、吳岳記、香信和：以上助銀一員。
勝記店、巨隆店、遠和堂：以上助銀中員。

源合店被字緣部：

何利記助銀一員。
鄧昌記助銀一員。

梁萬記助銀中員。

吳英和忘字緣部：

永興店、和記店、利安店、吳生和、和興祥、晉盛店、萬聚興、廣信店：以上助銀中員。

陳義和羌字緣部：

陳寶善堂、龍詒善堂、陳德裕堂、財源店：以上助銀二員。

區同合、泰益店、合和店、張貴和堂、源順隆：以上助銀一員。

霍泰記、興泰店、梁添店、張怡昌、祥盛店、劉江店、黃枝記、黃澤記、遠聚店、進明店、松盛店、宏興店、駱匯源、福興店、人和店、元經店、廣裕店、徐金店、李見記、廣全店、廣源店、合記店、悅盛店、恆芳店、馮應記、冼祿記、恆發店、馬□□、泗隆店、祥利店、新昌店、悅興店、黃開記、廣聚店、遠和店、恆合店、松發店、勝利店、裕和隆、合昌店、大興店、義合店、吉祥隆、吳信和、德隆店、廣昌店、仁昌店、聯和店、泰隆店、羅和利、楊勝店、楊巨店、萬益店：以上助銀中員。

成億店荒字緣部：

上沙品昌店助銀二員。

上沙永隆店、上沙羅廣茂、上沙羅佐純、上沙廣和店、黎德成堂、香山茂隆店、簡村何厚福堂：以上助銀一員。

傑記店、鄺昌店、厚利店、浩興店、怡安店、和生店、上吉店、泰記店、興記店、白和光、吉昌店、普濟堂、霍宜記、昆怡堂：以上助銀中員。

區振武堂羊字緣部：

區遠□堂助銀一員。

劉誠意堂、厚昌店、萬記店：以上助銀中員。

新勝坊緣部：

新義堂助銀一員。

嘉賢里緣部：

梁恆記助銀中員。

上巷緣部：

福昌店、霍昭遠堂：以上助銀中員。

公所緣部：

蓮峰紙行：二十大員。

材源店、廖合昌：助銀十兩。

吳和興店助銀九兩六。

和益店、新盛店、吉祥店、五桂柴行、五福店：以上助銀十員。

曾仁義堂：五員。

區靜觀堂助銀四員。

溢利窰店四員。

襴鑒光：四員。

聖□會：四員。

義友堂：四員。

招世榮：四員。

懷陽會館、報恩會、忠義流芳祠：以上助銀三員。

彩元店二兩、□□華、廣寧柴館、梁勝記、聯壽堂、同記店、永興棉花西友、和合堂、格柴行：以上助銀二員。

桂澤堂助銀二員半。

梁五美堂、□國輝、葉鄯堂、陳聖濟、白□冼祠、冼慎遠堂、晉昌店、陳集賢堂、何永龍會、羅柱記、沈蘇記、進元堂、達記店、三合店、新聯華：以上助銀一員。

梁協和堂、何蘇賢堂、冼錫光堂、羅富靜堂、李慎安堂：以上助銀中員。

廟巷緣部：

富記店、生和店：以上助銀中員。

義榕坊緣部：

天吉店助銀二員。

泰馨店、誠益店：以上助銀中員。

□□里緣部：

德興店助銀一員。

成發店、全盛店：以上助銀中員。

崇慶里緣部：

梁光裕堂、真如庵：以上助銀中員。

忠義里緣部：

陳文石堂助銀一員。

浩成店助銀一員。

三合堂助銀中員。

沙涌坊緣部：

同源店（下泐）

三角地緣部：

六合店助銀二員。

蜆欄街緣部：
聚源店助銀一員。

各值事緣部收得碎數列：
同泰店：銀三兩一錢六分正。
益升店：銀一兩八錢八分正。
同合店：銀一兩四錢九分正。
黃晉昌：銀一兩零七分正。
順昌號：銀一兩一錢正。
金盈店：銀四兩一錢五分正。
永祥店：銀六錢正。
梁英和：銀二兩六錢九分正。
冼源益：銀二兩二錢二分正。
杜松號：銀二兩五錢三分正。
許敦厚堂：銀五錢四分正。
萬安店：銀二兩三錢六分正。
昆盛店：銀四兩三錢二分正。
榮昌店：銀五兩一錢四分正。
余炳南：銀八錢八分正。
柴秤館：銀二兩三錢八分正。
沙紙埠：銀三錢五分正。
區振武堂：銀七錢一分。
成億店：銀七錢四分正。
南昌店：銀七錢七分正。

杜建河:銀七錢八分正。

鄺成和:銀一錢正。

嚴昌泰:銀三銀五分正。

泗聚店:銀一兩一錢七分正。

何德富:銀三錢六分正。

尚亦號:銀三錢八分正。

區福興堂:銀一錢八分正。

利源柴店:銀二錢八分正。

梁輝山:銀一錢七分正。

權記店:銀六錢六分正。

晉記店:銀一兩三錢二分正。

梁爵英:銀一錢七分正。

益豐店:銀五錢二分正。

成泰店:銀一兩九錢六分正。

何榮開:銀三兩一錢九分正。

同記店:銀一錢八分正。

李參軍祠:銀七錢二分正。

合盛店:銀一錢八分正。

藕欄梁祠:銀二錢正。

祐昌店:銀五錢四分正。

許永安堂:銀三錢六分正。

何萬利:銀一兩零五分正。

何恕德堂:銀一錢八分正。

周伯隆:銀一錢正。

衛培基堂:銀一錢八分正。

胡存恕堂:銀一錢八分正。

陳崇本堂：銀三錢正。

和新棧：銀三錢七分正。

和興店：銀一錢八分正。

尚記店：銀五錢四分正。

龐元記：銀八錢正。

呂順榮：銀二兩一錢七分。

彭允開：銀一錢正。

生和店：銀三錢五分正。

聚源店：銀五銀正。

溫閏光：銀三兩四錢五分正。

馮宗開：銀一兩三錢四分正。

吳英和：銀二錢正。

陳義和：銀九錢八分正。

聚生園：銀一錢八分正。

陳河端：銀一兩六錢九分正。

張妹：銀九錢九分正。

梁宏齋：二兩一錢正。

江煥記：銀一兩零五分正。

正昌號：銀二兩五錢五分正。

各街緣部收得碎數列：

公所部：銀六兩一錢八分正。

扳桂巷：銀四錢七分正。

武廟前：銀六錢八分正。

□□巷：銀六錢正。

聚源坊：銀三兩二錢六分正。

走馬燈：銀三兩二錢六分正。

聚源大：銀三兩三錢六分正。

會源坊：銀二兩零六分正。

永寧坊：銀七錢三分正。

冼容：銀二錢九分正。

茶基里：銀八錢一分正。

金花廟、荷苞塘：共銀一兩一錢三分正。

三角地：銀三錢三分正。

鴻福巷：銀一錢九分正。

□仁巷：銀四錢九分正。

平安橋：銀八錢正。

蜆欄街：銀六錢三分正。

豆腐巷：銀一錢正。

沙涌坊：銀二兩二錢正。

忠義里：銀一兩五錢二分正。

廣德里：銀九錢三分正。

青氣巷：一錢九分正。

崇慶里、崇熙里：共銀一兩四錢四分。

上巷銀：一兩一錢七分。

隴西里：銀四兩五錢一分正。

北邊巷：銀二兩八錢四分正。

太尉廟：右銀一錢八分正。

龍蟠街：銀二兩零六分正。

龍母廟：銀九錢九分正。

義榕坊：銀二兩四錢三分正。

青龍巷：銀二兩五錢正。

朝陽里：銀六錢五分正。

朱霞里：銀四錢六分正。

□頭巷：銀四錢八分正。

新基：銀三錢四分正。

新巷：銀三錢五分正。

帥府前：銀一兩一錢六分正。

嘉賢里：銀一兩六錢七分正。

社頭巷：銀二錢正。

振南坊：銀一兩零八分正。

聚龍坊：銀二兩四錢六分正。

大口涌：銀一兩二錢七分正。

蓮子坊：銀一兩二錢六分正。

廟巷上下：銀二兩二錢一分正。①

光緒四年歲次戊寅季冬上浣吉（下泐）

【編者按】

　　碑文輯錄自廣東省社會科學院歷史研究所中國古代史教研室等編：《明清佛山碑刻文獻經濟資料》②。碑文又見佛山市博物館編：《佛山市文物志》③、民・冼寶幹纂：民國《佛山忠義鄉志》卷八〈祠祀二・群廟〉④、卷一六〈金石二〉⑤。民国《佛山忠義鄉志・祠祀》所收本碑碑題下有按語云："此碑多古字，今譯爲真書，附本廟後，原碑拓本及其義例載金石志。"⑥本書惟以〈祠祀志〉所收碑文校之。

---

① 下有刪節。

② 廣東省社會科學院歷史研究所中國古代史研究室、中山大學歷史系中國古代史教研室、廣東省佛山市博物館編：《明清佛山碑刻文獻經濟資料》，頁156-201。

③ 佛山市博物館主編：《佛山市文物志》，頁70。

④ 民・冼寶幹：民國《佛山忠義鄉志》，《中國地方志集成・鄉鎮志專輯》第30卷，頁424下。

⑤ 民・冼寶幹：民國《佛山忠義鄉志》，《中國地方志集成・鄉鎮志專輯》第30卷，頁706下-707上。

⑥ 民・冼寶幹：民國《佛山忠義鄉志》，《中國地方志集成・鄉鎮志專輯》第30卷，頁424下。

【校注】

〔一〕民國《佛山忠義鄉志‧祠祀》碑題作"栅下天后廟碑"。

〔二〕"惟天后",民國《佛山忠義鄉志‧祠祀》無"惟"字。

〔三〕"逾七十載",民國《佛山忠義鄉志‧祠祀》作"餘十載"。根據重修史實,當以"逾七十載"為是。

〔四〕"十有二月",民國《佛山忠義鄉志‧祠祀》作"十有一月"。

〔五〕"億祀奉則,神其永享,以福民無疆",民國《佛山忠義鄉志‧祠祀》作"億祀奉則,神其永享。神其永享,以福民無疆。"

【碑文考釋】

此碑記載了清光緒二年對忠義鄉栅下里天后廟的一次重修。從碑文看,此次重修是繼嘉慶五年(1800)的重修之後所進行的,前後相距七十餘年。

碑文分為兩個部分,前一部分為碑文正文,後一部分為"辭"。

民國《佛山忠義鄉志》卷一六〈金石二〉有按語曰:"按是碑撰文、書丹、篆額俱出梁宏諫駕部手筆。宏諫爲僧寶弟,嗜古能文。此碑寫作俱佳,刻工亦精,世稱三絕。故搨取者眾。凡代作文字,仍歸作者,本《昭明文選》。韓柳諸集代作尤多。此例行。亦足見幕府多才,而文人傑構藉此流傳者不少矣。別見梁宏諫傳。"[①]由此可知,碑文的作者實爲梁僧寶之弟梁宏諫,而梁僧寶只是作了碑文後的辭。梁宏諫,字步度,佛山人,梁九圖子,梁僧寶弟。官兵部武選司行走。光緒中乞假歸里,不復仕進。工書法,仿東坡並得其神韻。

辭以四言撰成,其內容其實是碑文的一個濃縮性的概述。辭作者梁僧寶,原名思問,別字伯啓(一作伯乞),清咸豐年間順德人,家住佛山松桂里,梁九圖子。咸豐己未年(1859)考中進士,官至鴻臚寺少卿。因病引退後,便閉門著書。著有《古易義》、《尚書涇渭錄》、《古術今測》等。另作有等韻圖《切韻求蒙》,是研究漢語等韻學以及中古語音的重要材料。他還寫有《篆書聯》,現存於佛山市博物館。

---

① 民‧冼寶幹:民國《佛山忠義鄉志》,《中國地方志集成‧鄉鎮志專輯》第30卷,頁707上。

15 天后古廟(張槎堡)

【廟宇簡介】

20 世紀 90 年代初此廟尚完整保存於佛山張槎鄉[①]。根據清光緒十二年(1886)佚名撰〈重修天后古廟碑記〉記載,廟始建於元代。

15-1 清·佚名:重修天后古廟碑記
清光緒十二年(1886)

【碑刻信息】

存址:該碑現存張槎鄉天后廟舊址內[②]。

碑文來源:佛山市博物館編:《佛山市文物志》。

【碑文】

常謂"莫為於前,雖美弗彰;莫為於後,雖盛弗傳"[③],此創始所以難,而維善亦非易也。溯我張槎鄉之有天后古廟也,起自元人,修沿明代,疊飾康雍之世,累煥乾嘉之朝。日月流長,有因有革;風霜遞邅,旋廢旋興。乃自嘉慶甲戌之年,時移易而幾經蠹齒;至光緒丙戌之歲,理殘闕而急欲鳩工。遂集議而情殷,思同謀而藏事。由是送物有人,捐金有人,總成進行,不遺心力;分任者共效勤勞,閱半載而功成,仗眾擎而□□。堂基依舊,不失前賢創始之規;氣象聿新,略表後人繼善之意。用垂久遠,爰勒碑銘。是為記。

---

① 佛山市博物館主編:《佛山市文物志》,頁 38。
② 佛山市博物館主編:《佛山市文物志》,頁 79。
③ 此句出處,參考清·佚名:〈重修三清古廟碑記〉[乾隆四十五年(1780),碑號 7-2,總 16]注。

【編者按】

　　碑文輯錄自佛山市博物館編:《佛山市文物志》①。

【碑文考釋】

　　此碑介紹了佛山張槎鄉的天后古廟的沿革情況。據碑云,此廟始建於自元朝,明代曾重修。而在清代經過了康熙、雍正、乾隆、嘉慶等朝,在嘉慶十九年(1814)又重修了一次。而到了光緒十二年(1886),又過去了七十餘年,廟已殘闕,需要修葺了。於是在這一年對該廟進行了重修,廟宇煥然一新。

────────────

　　① 佛山市博物館主編:《佛山市文物志》,頁79。

16　元妙觀

【廟宇簡介】

廟已不存,舊在廣州古城內西門大街(今海珠北路與光孝路中間的祝壽巷),現址為越秀區少年兒童體校。

該廟肇建於唐玄宗年間,初名開元觀。宋真宗大中祥符二年(1009),改名天慶觀①。元朝元貞初年,改為元妙觀②。明代稱玄妙觀。入清又改稱元妙觀③。

元妙觀(天慶觀、玄妙觀),在大中祥符二年賜額天慶之時,便建有三清殿和玉皇殿。兩宋期間,元妙觀經歷過四次大小不同規模的重建修葺,分別是:治平四年(1067)至元豐二年(1079)間修建三清殿和御書閣,元符二年(1099)築眾妙堂,紹興二十五年(1145)修三清殿及淳祐五年(1245)建方公祠。元代,目前所知的一次重葺是在大德三年(1299)。明代,元妙觀進行過五次重修,即在洪武二年(1369)重葺三清殿和玉皇殿,永樂十一年(1413)修復玄帝殿,嘉靖二十八年(1549)重修三皇殿,萬曆二十一年(1593)重建玉皇殿及萬曆三十七年(1609)重修玄武殿。清代時期元妙觀共有四次重修記錄,康熙五年(1666)、乾隆五年(1740)、乾隆四十一年(1776)及嘉慶十八年(1813)④。

明洪武十五年(1382),廣州府道紀司設於廣州玄妙觀,從而使得元妙觀成為監管廣州府道士的重要機關。明成祖永樂十年(1412),元妙觀曾領投龍簡國醮。直到清光緒元年,元妙觀仍是廣州道教正一派道士活動的中心,有道士八九人。當時道觀的建築結構

---

①　北宋大中祥符二年十月,真宗詔全國諸路府、州、軍、監、關、縣擇官地、給官錢和出工匠建道觀,並賜"天慶"為額,以奉道教三清尊神及玉皇上帝。參清·畢沅編著:《續資治通鑑》卷二八,北京:中華書局,1957,頁632;《宋會要·禮五》"大中祥符二年十月"條,《續修四庫全書》第775冊,上海:上海古籍出版社,1995,頁512。

②　元朝元貞元年(1295),元成宗詔撤宋真宗聖祖之祠,黜天慶之號,因此又改全國天慶觀為今名,錫元妙名額。參清·陸耀遹(1771—1836):《金石續編》卷八(臺北:藝文印書館,1967),頁254:"碑中天慶字皆經鑱鑿。"元·郭畀:《客杭日記》記作者至大元年(1308)十月二十日遊玄妙觀,"門立徽宗御書碑石,殿前立高宗御書道德經石刻經幢,二亭覆之。後有真武觀記,開平二年物也。有老道士云:吳越時已有之,昔為紫極宮。惜前朝碑石有'天慶觀'字,皆鑿去不存,殊失古意。且朝代更改,敕額曰'玄妙',當存其以往而新其方來可也。"見《叢書集成初編》第2983冊,據知不足齋叢書本排印,頁6。則吳郡杭郡之元妙觀皆即宋時天慶觀,鑱鑿碑字,即在元時矣。

③　由於清室避康熙玄燁諱,把"玄"字改為"元"字,因此,康熙以後的廣東地方志書全都復稱廣州元妙觀。

④　關於元妙觀在歷代重修過程中的歷史變遷,參黎志添:〈廣州元妙觀考〉,收入氏著:《廣東地方道教研究——道觀、道士及科儀》第二章,頁21-46。

主要包括三清殿、玉皇殿和北帝殿(也稱真武殿或玄帝殿)三座殿宇,以及中央庭院。中華民國以後,元妙觀於民國十一年(1922)被廣州市政廳改爲市立第一兒童院,觀內道士則被迫遷離,散處四方。民國二十三年(1934),廣州市政府對市内古蹟古物進行調查,調查報告說:"民國二十三年,元妙觀完全拆平,初收爲兒童遊樂園,現撥爲建築市立實驗中學校地址。"①因此可以說,最遲至民國二十三年,這座千年古道觀被拆平,歷代的重修碑刻同時也遭毀滅。今天,只剩下一方碑刻,1960年前後在遺址上被發現,即北宋元豐二年由薛唐撰的〈重修天慶觀記〉,現保存於廣州博物館的廊廡間②。

從北宋真宗大中祥符二年以來,元妙觀的殿宇建築群,一直是以一觀三殿(三清殿、玉皇殿和北極殿)的建築格局爲主。經不同時期的擴建之後,形成的格局是,正山門後建有鐘樓和鼓樓,在觀之東西廡廊上建有真宮殿、保真堂、齋廳、御書閣、衆妙堂(老子像和蘇公像)、方公祠、三皇殿等衆殿堂。

現今流傳下來有關廣州元妙觀的金石文獻共有七種,即:宋元豐二年(1079)〈天慶觀銅鐘款〉、宋元豐二年(1079)薛唐撰〈廣州重修天慶觀記〉、宋紹聖五年(1098)蘇軾撰〈衆妙堂記〉、宋紹興二十五年(1155)洪邁撰〈修天慶觀三清殿記〉、宋淳祐五年(1245)方大琮撰〈廣州修復天慶觀衆妙堂記〉、明嘉靖二十八年(1549)梁有譽撰〈玄妙觀重修三皇真像碑〉、清康熙五年(1666)尚可喜撰〈重建元妙觀記〉。

16-1　宋・薛唐:廣州重修天慶觀記③
　　宋元豐二年(1079)

【碑刻信息】
　　存址:此碑原在廣州海珠北路祝壽巷天慶觀遺址,今移置廣州博物館④。

---

①　見民國二十三年十一月《廣州市名勝古蹟古物調查表》,引自廣州市宗教志編纂委員會編:《廣州宗教誌資料匯編》,第2冊(道教),1995,頁52。

②　有關此碑被發現的情況,請參戴裔煊:〈宋代三佛齊重修廣州天慶觀碑記考釋〉,《學術研究》1963年第2期,頁63–77。

③　此題乃依拓本所見之碑題而擬。清・鄭榮等主修,桂玷等總纂:宣統《南海縣志》擬題爲"廣東重修天慶觀記",見《中國地方志集成・廣東府縣志輯》第30卷,頁276上。明・吳中、王文鳳纂修:成化《廣州志》擬題爲"重修天慶觀記",蓋從碑額。見《北京圖書館古籍珍本叢刊》第38冊,北京:書目文獻出版社,1988,據明成化九年刻本影印,頁1057上。

④　關於原碑,清・鄭榮等主修,桂玷等總纂:宣統《南海縣志》稱:"在惠愛街玄妙觀功德院。"見《中國地方志集成・廣東府縣志輯》第30卷,頁276下。北京圖書館金石組編:《北京圖書館藏中國歷代拓本彙編》(鄭州:中州古籍出版社,1989)第39冊,頁125稱:"碑在廣東廣州。"《廣州市文物志》編委會編著:《廣州市文物志》(廣州:嶺南美術出版社,1990),頁237稱,此碑"1963年移置於廣州博物館碑廊"。

碑額：重修天慶觀記。隸書。

碑題：廣州重修天慶觀記。行書。

尺寸：碑高 178 厘米，寬 120 厘米；拓本通高 168 厘米，寬 118 厘米①。

碑文來源：《北京圖書館藏中國歷代石刻拓本彙編》。

【碑文】

　　道家之教，蓋源於宗周之老聃，興於有唐之明皇，盛於我宋之章聖。然則老子著《道》、《德》二經，其言盡沖虛之理，非源而何？明皇憲章[一]道宗，詔天下（立開）[二]元觀，非興而何？真宗崇奉至道，祥符中敕州郡建天慶觀，非盛而何？嶺外都會廣府之西南有斯（觀焉，所以）[三]見尊崇之尤（盛）[四]也已。皇祐四年，廣源儂寇乘不備，沿流竊至番禺中城之外，延災觀宇，悉為煨燼，於是荒殘。誰能修復？苟非富而好道、誠而求福者，又烏肯留意哉？五羊[五]瀕巨浸，接諸蕃飛航交集之地。治平中，有三佛齊地主都首領地華迦囉，遣親人至囉囉，押舶到此。見斯觀瓦解，遺（基）[六]蕪沒，時并[七]蕃中一親人[八]回見地主，具道其事，於是欣然有向道崇（起）[九]之心。至四年，再（發）[一〇]思離沙文詣廣聞府，始構大門。建[一一]熙寧元年[一二]，修殿未了，沙文復歸。至二年再（來）[一三]，畢殿，并起府西之宣詔堂，仍廻。至三年，地主又發親人附物，及請廬山道士羅盈之住持本觀，紫衣何德順為監臨。當年并乞以十萬金錢買田，在觀供奉。時會羅盈之復回舊山，其來人懇告藩司，堅乞申明，請何德順繼住持，續建保真堂、北極殿、齋廳，以至塑繪天帝像位，攏從（完）[一四]集。何見沙文復還本蕃，而有志圖全道門，（思復靈跡，遂附）[一五]疏於地主，以誘諭之。適判官麻圖華囉遠懷文德，來貢琛賮，遂具章奏，願備金錢修三清殿、御書閣，及乞（看童行）[一六]，歲（度）[一七]一人，鑄大鐘，起鐘樓，仍捨四十萬金（錢）[一八]置田，充廣之需。朝廷加[一九]其意而允其請，且各封美爵，就加地主以保順慕化大將軍，（錫何）[二〇]德順以崇道大

---

　　① 碑刻尺寸信息來自於《廣州市文物志》編委會編著：《廣州市文物志》，頁 237；拓片尺寸信息來自於北京圖書館金石組編：《北京圖書館藏中國歷代石刻拓本彙編》，第 39 冊，頁 125。

師。迄元豐二年，閱月七八，莫不規模宏傋，煥若洞府，清風時過，鈴鐸交音，晴日下臨，金碧相照。向所謂四十萬金錢之捨，買到南海縣三桂村外洲龍灣岸田一頃九十畝零，歲收租谷七百五十八斛；（清遠）〔二一〕縣連塘村田植種九十斛，二莊歲收租米七百斛，入充道流之用。金錢各十萬，在淨慧寺置田，均為僧尼齋粥之費。其地主自修觀以來，發舠舶，跨洪濤之險，常得安濟，無曩日之驚危，足驗真靈之護祐也。若乃繼舉巨舟，獲上清之美，報固可量□。余竊觀異事，因崇道之請，乃為之記。時元豐二年重九日也。

判官保順郎將麻圖華囉、迦連縛圖迦哪吨、功德主保順慕（化）〔二二〕大將軍地華迦囉、住持崇道大師賜紫何德順立石。

【編者按】

碑文輯錄自北京圖書館金石組編：《北京圖書館藏中國歷代石刻拓本彙編》①。碑文又見清·鄭榮等主修、桂坫等總纂：宣統《南海縣志》卷一二〈金石略〉②、明·吳中、王文鳳纂修：成化《廣州志》卷二四〈寺觀〉③、陳垣編纂，陳智超、曾慶瑛校補：《道家金石略》④。

【校記】

〔一〕"憲章"，拓本、宣統《南海縣志》（下簡稱宣統志）均作"憲章"，成化《廣州志》（下簡稱成化志）作"表章"。

〔二〕立開元觀："立開"二字，拓本不清，據宣統志和成化志補。"元"，宣統志作"玄"。

〔三〕"觀焉所以"四字，拓本不清，據宣統志和成化志補。

〔四〕"盛"字，拓本不清，據宣統志和成化志補。

〔五〕"五羊"，拓本不清，宣統志作"五年"，成化《廣州志》作"五羊"。依據文意，當以"五羊"為是。

〔六〕"遺基"，"基"字拓本不清，據成化志補。宣統志作"遺塞"。

---

① 北京圖書館金石組編：《北京圖書館藏中國歷代石刻拓本彙編》第39冊，頁125。
② 清·鄭榮等主修，桂坫等總纂：宣統《南海縣志》，《中國地方志集成·廣東府縣志輯》第30卷，頁276上至下。
③ 明·吳中、王文鳳纂修：成化《廣州志》，《北京圖書館古籍珍本叢刊》第38冊，頁1057上至下。
④ 陳垣編纂，陳智超、曾慶瑛校補：《道家金石略》，頁287。

〔七〕"并",宣統志作"與"。

〔八〕"一親人",宣統志同,成化《廣州志》作"一二長者"。

〔九〕"起"字,拓本不清,據宣統志和成化志補。

〔一〇〕"發"字,拓本不清,據宣統志和成化志補。

〔一一〕"建",宣統志同,成化志作"逮"。

〔一二〕"元年",成化志作"初元"。

〔一三〕"來"字,拓本不清,據宣統志和成化志補。

〔一四〕"完"字,拓本不清,據宣統志和成化志補。

〔一五〕"思復靈跡,遂附"六字,拓本不清,據宣統志和成化志補。

〔一六〕乞(看童行):"看童行"三字,拓本不清,據宣統志補。成化志作"看掌童行",然拓本此處顯示為闕三個字。

〔一七〕"度"字,拓本不清,據宣統志和成化志補。

〔一八〕"錢"字,拓本不清,據宣統志和成化志補。

〔一九〕"加"字,宣統志和成化志作"嘉"。當以"嘉"為是。

〔二〇〕"錫何"二字,拓本不清,據宣統志和成化志補。

〔二一〕"清遠"二字,拓本不清,據宣統志和成化志補。

〔二二〕"化"字,拓本不清,據宣統志和成化志補。

【碑文考釋】

撰碑者薛唐,鄞縣(今浙江寧波東南)人。隱居不出,以子朋龜贈朝議大夫。有《田間集》一卷已佚。

這篇碑文不僅記載了從北宋治平四年(1067)至元豐二年(1079)廣州的天慶觀的重修歷程,還記述了當年此觀重修前後的一些情況,最值得重視的是,對這次重修發揮了關鍵作用的是外國人——三佛齊人。

"三佛齊"國,也叫"室利佛逝國"(爪哇語 *Samboja* 或 *Semboja* 的音譯,今印度尼西亞,蘇門答臘島東南部)①。此國大約在七世紀中葉興起,信奉大乘佛,梵文名 *Sriviiaya*,

---

① 參宋·周去非著,楊武泉校注:《嶺外代答校注》,北京:中華書局,1999,頁86-87;戴裔煊:〈宋代三佛齊重修廣州天慶觀碑記考釋〉,頁64。根據 F. Hirth 及 W. Rockhill 注南宋汝適的《諸蕃志》,"佛齊"一是出自梵名 *Cri-Bhoja*。參韓振華:《諸蕃志注補》,香港:香港大學亞州研究中心,2000,頁47。

意為"光榮勝利"。中國唐代一般稱為"室利佛逝",簡稱"佛逝"或"佛齊"。七世紀末葉唐咸亨二年(671),唐代高僧義淨訪問室利佛逝國,停留六個月。十世紀初唐天祐元年(904)改稱為"三佛齊",以勃林邦(今巨港)為首都。宋代以後一般都稱為"三佛齊"。

宋元時期三佛齊國與中國來往頻繁。史載十世紀末葉時,北宋建隆元年(960)、二年、三年,三佛齊國王悉利大霞里壇四次遣使進貢方物;十一世紀時,宋元豐二年、元祐三年、元祐五年又貢方物。但十一世紀時三佛齊舊都被東爪哇國所占,被迫遷都占卑。三佛齊國於十三世紀中葉國力漸弱,於十四世紀末葉,明洪武三十年(1397)被爪哇所滅。

這篇碑文所記載的就是在北宋時期三佛齊國與中國來往較頻的時候,由三佛齊地主出資出力,主持修復廣州天慶觀的歷史經過。所以此碑保存了宋代兩國交流史的細節,彌足珍貴。根據碑文,廣源州蠻儂智高圍廣州燬天慶觀後,經過十二年,道觀依然殘破,並且到了"斯觀瓦解,遺基蕪沒"的地步。到英宗治平中(1064—1067),有三佛齊國地主大首領地華伽囉,遣親人押舶到廣州,偶見天慶觀荒殘,乃回見地主,具道此事。治平四年(1067),地華伽囉遣使思維沙文到廣州,損資重修天慶觀。治平四年,開始建正門。熙寧元年至二年(1068—1069),正殿完成。至熙寧三年(1070),再起東西兩廡廊。其後續建保真堂、北極殿、齋廳,以及塑繪諸天帝神像和真官星位。這年,地華伽囉更捨十萬金錢助天慶觀買田以作道觀之供養。熙寧九年(1076),三佛齊國判官麻圖華囉入"奉貢",並且再願備金錢修建三清殿和御書閣,鑄大鐘,起鐘樓,及更捨四十萬錢置田,以作道觀歲收租米及擴充之需。廣州天慶觀所置的田地,有"南海縣三桂村清外州龍灣岸田一頃九十畝零,歲收租谷七百五十八斛;清遠縣連塘村田植種九十斛二莊,歲收租米七百斛,入充道流之用"。直至元豐二年,經歷了十二載的重茸和擴建,廣州天慶觀至此不僅完全恢復舊觀,所有殿堂一新。碑文記云:"迄元豐次載,閱月七八,莫不規模宏備,煥若洞府,清風時過,鈴鐸交音,晴日下臨,金碧相照。"

從碑文所記載的重修規模來推論,北宋時期廣州天慶觀內的建築群結構應是:入觀先經正山門,座北朝南,山門內一大塊空地上築有鐘樓和鼓樓,然後東西接連兩長廡廊。從山門向前往,有三清殿、玉皇殿、聖祖殿及北極殿。在東西廡廊上還建有真官殿、保真堂、齋廳和御書閣等殿堂。由香會弟子捨錢鑄造的元豐二年銅鐘,正是為了報答神恩,為慶賀天慶觀此次歷十二載完成重修而鑄造的,並奉此供養於聖祖殿內。至於薛唐〈廣州重修天慶觀記〉則是屬於為了此次天慶觀的重修而立的碑記。碑立於元豐二年重九日。至此,天慶觀成為廣州府地區最顯耀的道觀,更是宋代文人常遊訪之道教名勝處。

16-2　宋·蘇軾:衆妙堂記

宋元符二年(1099)

【碑刻信息】

存址:此碑原在廣州惠愛街(今屬海珠北路祝壽巷)天慶觀遺址。明尚存,不知佚於何時①。

碑文來源:宋·蘇軾撰,孔凡禮點校:《蘇軾文集》。

【碑文】

眉山道士張易簡教小學,常[一]百人,予幼時亦與焉。居天慶觀北極院,予蓋從之三年。謫居海南[二],一日夢至其處[三],見張道士如平昔,汛治庭宇,若有所待者,曰:"老先生且至。"其徒有誦《老子》者曰:"玄之又玄,衆妙之門。②"予曰:"妙一而已,容有衆乎?"道士笑曰:"一已陋矣,何妙之有?若審妙也,雖衆可也。"因指灑水薙草者曰:"是各一妙也。"予復視之,則二人者手若風雨,而步中規矩,蓋渙然霧除,霍然雲散[四]。予驚嘆曰:"妙蓋至此乎?庖丁之理解③,郢人之鼻斲④,信矣。"二人者釋技而上[五],曰:"子未覩真妙,庖郢非其人也。是技與道相半,習與空相會,非無挾而徑造者也。子亦見夫蜩與雞乎?夫蜩登木而號,不知止也。夫雞俯首而啄,不知仰也。其固也如此。然至蛻與伏也,則無視無聽,無飢無渴,默化於荒忽之中,候伺[六]於毫髮之間,雖聖智不及也。是豈技與習之助乎?"二人者出,道士曰:"子少安,須老先生至而問焉。"二人者顧曰:"老先生未必知也。子往見蜩與雞而問之,可以養生,可以長年。"廣州道士崇道大師何德順,學道而至於妙者也[七]。作

---

① 明·于奕正:《天下金石志》:"宋衆妙堂記,蘇軾撰,在玄妙觀。"見新文豐出版公司編輯部編:《石刻史料新編》第二輯第2冊,臺北:新文豐出版股份有限公司,頁865上。

② 參前清·汪璟:〈重修廣州三元宮碑銘〉[清同治九年(1870),碑號4-5,總12]注。

③ "庖丁之理解",源出《莊子內篇·養生主》,見清·郭慶藩集釋:《莊子集釋》第一冊,頁117-124。

④ "郢人之鼻斲",源出《莊子雜篇·徐無鬼》,見清·郭慶藩集釋:《莊子集釋》第四冊,頁843。

堂榜曰"衆妙"。以書來海南,求文以記之。予不暇作也,獨書夢中語以示之。戊寅三月十五日,蜀人蘇軾書〔八〕。

【編者按】

　　碑文輯自宋蘇軾撰,孔凡禮點校:《蘇軾文集》卷一一①。又見明·黃佐纂修:嘉靖《廣東通志》卷六五〈外志〉②、清·阮元主修、陳昌齊等纂:道光《廣東通志》卷二二九〈古蹟略〉③、清·王永瑞修,楊錫震等纂:康熙《新修廣州府志》卷四九〈藝文志〉④、清·張嗣衍主修、沈廷芳總纂:乾隆《廣州府志》卷五四〈藝文志〉⑤、清·戴肇辰主修、史澄等纂:光緒《廣州府志》卷一〇一〈金石略〉⑥。

　　按阮元道光《廣東通志》卷二二九錄文末尚有一段:"又《衆妙堂詩》:'湛然無觀古眞人,我獨觀此衆妙門。夫物芸芸各歸根,衆中得一道乃存。道人晨起開東軒,趺坐一醉扶桑暾。餘光照我玻璃盆,倒射窗几清而溫。欲收月魄餐日魂,我自日月誰使吞。'"《蘇軾文集》、嘉靖《廣東通志》、康熙《廣州府志》、乾隆《廣州府志》、光緒《廣州府志》均無此段。

【校記】

　　〔一〕"常",康熙《廣州府志》、乾隆《廣州府志》作"嘗"。

　　〔二〕"海南",乾隆《廣州府志》、光緒《廣州府志》作"南海"。

　　〔三〕"處",康熙《廣州府志》作"所"。

　　〔四〕"豁然雲散",嘉靖《廣東通志》、道光《廣東通志》、康熙《廣州府志》、乾隆《廣州府志》作"豁然雲消"。

　　〔五〕"釋技而上",嘉靖《廣東通志》、康熙《廣州府志》作"釋而上"。

　　① 宋·蘇軾撰孔凡禮點校:《蘇軾文集》,北京:中華書局:1986,第二冊,頁361。
　　② 明·黃佐纂修,嘉靖《廣東通志》,香港:大東圖書公司,1977,據明嘉靖四十年刊本影印,第4冊,頁1735下。
　　③ 清·阮元主修、陳昌齊等纂:道光《廣東通志》,《中國省志彙編》之十,臺北:華文書局,1968,據清同治三年重刊本影印,頁3806上。
　　④ 清·王永瑞修,楊錫震等纂:康熙《新修廣州府志》,《北京圖書館古籍珍本叢刊》第40冊,北京:書目文獻出版社,1988,據清康熙十二年抄本影印,頁1185上。
　　⑤ 清·張嗣衍主修,沈廷芳總纂:乾隆《廣州府志》,乾隆二十四年〔1759〕刻本顯微資料本,頁4上-5上。
　　⑥ 清·戴肇辰主修,史澄等纂:光緒《廣州府志》,《中國地方志集成·廣東府縣志輯》第2卷,上海:上海書店等,2003,據光緒五年刻本影印,頁663下-664上。

〔六〕"候伺",乾隆《廣州府志》、光緒《廣州府志》作"伺候"。

〔七〕"學道而至於妙者也",嘉靖《廣東通志》、康熙《廣州府志》、乾隆《廣州府志》、光緒《廣州府志》無此句。

〔八〕"蜀人蘇軾書",嘉靖《廣東通志》、道光《廣東通志》、康熙《廣州府志》、乾隆《廣州府志》、光緒《廣州府志》無此句。

【碑文考釋】

撰碑者蘇軾(1036—1101)。北宋哲宗紹聖元年(1094),他遭貶官至惠州。途中,在九月二十五日第一次訪遊廣州天慶觀,與當時住持崇道大師何德順相交①。蘇軾謫居惠州三年,與何德順有書簡來往。紹聖四年(1097),再謫至儋州(海南),四月十九日離惠,再過廣州②。元符元年戊寅(1098),蘇軾謫居儋州。三月十五日,蘇軾應何德順之請,為天慶觀的新築殿堂眾妙堂,作〈眾妙堂記〉③。

〈眾妙堂記〉收入《蘇軾文集》卷一一。記文云:"廣州道士崇道大師何德順,學道而至於妙者也。作堂榜曰眾妙,以書來海南,求文以記之。"除記文以外,何德順更立〈眾妙堂記〉為碑石,刻在廣州天慶觀內,碑文內容與記文相同。明代成化九年(1473)《廣州志》(以下稱成化《廣州志》)亦記有此事,云:"道士何德順築堂曰眾妙,宋蘇文忠為記,內有老子塑像奉祠。"④據此,在元符元年或二年間,即元豐二年後二十年,廣州天慶觀築一新殿堂,曰眾妙堂,以供奉道祖老子,並有蘇軾撰〈眾妙堂記〉為碑記。

撰文在紹聖五年(即元符元年),而刻石則更晚。據孔凡禮的考證,蘇軾作《眾妙堂記》後,直到元符二年(1099)正月才將此記寄與惠州鄭嘉會,託他轉何德順。何德順遂將記文刻石立碑。故刻碑年代當在元符二年⑤。

關於此碑,明于奕正《天下金石志》有著錄,當尚存。然明清各方志多未錄入金石篇,只有光緒《廣州府志》錄入金石略,題下注"佚"。然光緒府志實據乾隆《廣州府志》收入。不知碑佚於何時。

---

① 孔凡禮:《蘇軾年譜》下冊,北京:中華書局,1998,頁1174-1175。蘇軾〈繳進陳繹詞頭狀〉提及道士何德順云:"縱男與道士何德順游從。"見宋·蘇軾撰,孔凡禮點校:《蘇軾文集》卷二七,北京:中華書局,1986,頁775。

② 孔凡禮:《蘇軾年譜》下冊,頁1266。

③ 孔凡禮:《蘇軾年譜》下冊,頁1288。

④ 明·吳中、王文鳳纂修:成化《廣州志》卷二四,《北京圖書館古籍珍本叢刊》第38冊,頁1056。

⑤ 參黎志添:《廣東地方道教研究——道觀、道士及科儀》,頁32。

光緒《廣州府志》文末按語曰："右刻在省城惠愛街。《祇園記》云:'廣州道士崇道大師何德順作堂,榜曰"眾妙",以書來海南,求文以記之。時戊寅三月十五日。'攷《東坡年譜》:'紹聖四年到儋州。元符元年戊寅在儋州。'此碑紀年'戊寅',當是元符元年也。阮通志古跡略載此記於元妙觀下,末云'紹聖六年三月十五日'。但紹聖紀年凡四,不應稱六年。今從張府志附錄於此。"①

按:清王文誥《蘇文忠公詩編注集成總案》卷四二云:"本集作紹聖六年,譌。是年六月改元,無六年也。"②紹聖五年六月改元元符,此文作於三月,當署"紹聖五年"。

此文乃蘇軾(1036—1101)為廣州天慶觀住持崇道大師何德順眾妙堂而作。然而意生天外,行文空靈,篇末才點明主旨。通篇扣住一個"妙"字做文章,以夢中所見所聞來表達自己對"妙"和"眾妙"的理解。尤其文中借對灕水薙草者的描寫來表現"妙"的境界,與莊子借對庖丁解牛的描寫來表現"道"的境界有異曲同工之妙。

16-3　宋·洪邁:修天慶觀三清殿記
宋紹興二十五年(1155)左右

【碑刻信息】

存址:此碑原在廣州惠愛街(今屬海珠北路祝壽巷)天慶觀遺址。

碑文來源:嘉靖《廣東通志·外志》。

【碑文】

通天下郡國有觀宇,天慶最盛。合天地百神至于上帝,三清其最尊。以最盛奉最尊,故宜。仙都珠庭,清穆敞閑[一],稱所以揭虔妥靈之意。廣州觀在郡西北隅,宮室規模,闤[二]茸不壯。所謂三清殿,尤壓迮蓙陋,殆中人居不如。東行西詹,歟睨共色[三],謹財惜力[四],何人肯一引手?黃冠棲棲,無策可出;高圓主張,理若有待。使持節常平茶鹽事陸公渙始至,以令謁聖祖庭下。經行前除,延目畢覽,心以為不然。既而瞿然曰:"上天尊神在是觀,祈

---

① 清·戴肇辰等主修,史澄等纂:光緒《廣州府志》,《中國地方志集成·廣東府縣志輯》第2卷,頁664上。
② 清·王文誥:《蘇文忠公詩編注集成總案》卷四二,成都:巴蜀書社,1985,據清嘉慶二十四年刊本影印,頁三上。

禱〔五〕吾君，宮於斯，宜，毋〔六〕敢不領責。更新之圖必我也。”即以〔七〕公家錢
節而儲之，又益以私錢，度為百五十萬，簡吏廉可使者相其役。期年而殿成，
睟容端章，黼坐儼赫，金史玉童〔八〕，拱立擎侍。瓜華香火之案，榱題牖楯之
節，戶不改席，光輝燭人，恍如乘焱車羽輪而上覲紫皇于瓊宮，不知猶吾南海
也。功甫訖，公擢藩臨漳，有日東去。於是道士陳行堅帥邦之秀民二十有六
人來，合辭言曰：“願有所記。天子萬年，介爾景福，公之於吾君也；俾爾昌而
熾，俾爾壽而富，吾民之於公也。”邁既書其事，且又系之以詩，其辭曰：

天池〔九〕北阯，粵嶺〔一〇〕東麓〔一一〕。銀宮旟旟，瑤殿諷諷。陛納九齒，闉
披四目。楯角儲清，簷牙袞緉。雕牖鉗閈〔一二〕，鏤楄熠煜。元尊端拱，泰上秉
錄。繡黼周張，神光睟穆。寶帳流黃，溫幰結綠。翠鳳于〔一三〕旗，紫電溜褥。
星伯振鷺，仙翁立鵠〔一四〕。昌明侍几，眉連捧纛。月節下隋〔一五〕，曦輪旁〔一六〕
燭。凍雨清塵，蟜雲散縠。鈞籟虛徐，流鈴陸續。童初渟潛，岣嶁蓄縮。嶽
君有衡，海帝惟儦。中邊何衛，時節朝宿。颽母淪威，瘧妃謝毒。丹崖〔一七〕罷
徼，赤子纍福。億齡聖〔一八〕壽，萬世未〔一九〕錄。

【編者按】

　　碑文輯錄自明·黃佐纂：嘉靖《廣東通志》卷六五〈外志〉。①另見明·吳中、王文鳳纂
修：成化《廣州志》卷二四〈寺觀〉②、清·張嗣衍主修，沈廷芳總纂：乾隆《廣州府志》卷五
四〈藝文〉③、清·阮元修、陳昌齊纂：道光《廣東通志》卷二二九〈古蹟略〉④。

【校記】

　　〔一〕“敞閑”，道光《廣東通志》作“閒敞”。

　　〔二〕“闒”，乾隆《廣州府志》作“塌”。

　　〔三〕“歎睍共色”，道光《廣東通志》作“觀睍鬱悒”。

----

① 明·黃佐纂：嘉靖《廣東通志》，第 4 冊，頁 1735 下–1736 上。
② 明·吳中、王文鳳纂修：成化《廣州志》，《北京圖書館古籍珍本叢刊》第 38 冊，頁 1056 下–1057 上。
③ 清·張嗣衍主修，沈廷芳總纂：乾隆《廣州府志》，乾隆二十四年〔1759〕刻本顯微資料本，頁 12 上–13 上。
④ 清·阮元修、陳昌齊纂：道光《廣東通志》，《中國省志彙編》之十，頁 3805 下–3806 上。

〔四〕"財",道光《廣東通志》作"才"。

〔五〕"祈禱",成化《廣州志》作"以壽"。當以成化志為是。

〔六〕"毋",乾隆《廣州府志》作"無"。

〔七〕"以",乾隆《廣州府志》作"斥"。

〔八〕"童",乾隆《廣州府志》作"章"。

〔九〕"池",乾隆《廣州府志》作"地"。

〔一〇〕"嶺",乾隆《廣州府志》作"領"。

〔一一〕"麓",乾隆《廣州府志》作"鹿"。

〔一二〕"閉",乾隆《廣州府志》作"聞"。

〔一三〕"于",道光《廣東通志》、乾隆《廣州府志》作"千"。

〔一四〕"鵠",乾隆《廣州府志》作"鴿"。

〔一五〕"隋",道光《廣東通志》作"墮"。

〔一六〕"旁",成化《廣州志》、道光《廣東通志》作"傍"。

〔一七〕"崖",乾隆《廣州府志》作"厓"。

〔一八〕"聖",乾隆《廣州府志》作"萬"。

〔一九〕"末",道光《廣東通志》、乾隆《廣州府志》作"永"。

【碑文考釋】

南宋朝洪邁(1123—1202)這篇碑文,主要爲紀念天慶觀三清殿的重修而撰寫,據考約寫於高宗紹興二十五年(1155)左右,洪邁在南海的時候①。

碑文開頭即云:"通天下郡國有觀宇,天慶最盛。"那麽為什麼全國有這樣多的天慶觀?這是因為北宋大中祥符二年十月,宋真宗下詔令全國各路、府、州、軍、監、關、縣(均為宋代地方行政機構名稱),都要建一所道觀,而且都以"天慶觀"為名。而當時北宋有約三百二十個州郡、一千五百餘縣。這樣一來全國的"天慶觀"便不下千所。於是就出現了碑文所說的天下觀宇"天慶最盛"的局面。

三清殿是天慶觀的主殿,卻由於年久失修呈現出窄狹、鄙陋的狀況。三清殿所崇祀

---

① 據洪邁寫成於孝宗乾道七年(1171)的《夷堅志》丙卷一六的"廣州女"一條,洪邁提及自己曾經停留在南海,云在高宗紹興二十五年(1155)七月"予時在南海,即聞之"。見宋·洪邁撰,何卓點校:《夷堅志》,北京:中華書局,1981,第2冊,頁504。

的"三清",均為道教最高地位的三位尊神,指的是元始天尊、靈寶天尊和道德天尊。〈修天慶觀三清殿記〉記述了重修前天慶觀破毀的情況,云:"廣州觀在郡西北隅,宮室規摹,褐茸不壯。所謂三清殿,尤壓迮莝陋,殆中人居,不如東行西詹,觀睍鬱悒,諱財惜力,何人肯一引手? 黃冠棲棲,無策可出,高圓主張,理若有待。"

〈修天慶觀三清殿記〉提及重修的緣起經過,是由於使持節常平茶鹽事陸公渙到了廣州後,到訪過天慶觀聖祖殿敬拜,看見觀內殿堂破毀,"心以為不然,既而瞿然",因此決意合公私兩家錢,共一百五十萬,重茸天慶觀。經過一年時間,三清殿重新落成。洪邁應天慶觀道士陳行堅等的請求,撰寫了這篇碑文紀念這件事。

16-4　宋·方大琮:廣州修復天慶觀衆妙堂記

宋淳祐五年(1245)

【碑刻信息】

存址:此碑原在廣州惠愛街(今屬海珠北路祝壽巷)天慶觀遺址。

碑文來源:宋·方大琮:《宋寶章閣直學士忠惠鐵庵方公文集》。

【碑文】

六經惟《易》繫一妙字,《道德經》言之屢。蘇公記衆妙堂,意從天表來,殆以"妙"寫如者。余少誦玩,念眉山教學處無從至,亦不作羊城想。淳祐二年夏,謁天慶觀,問兹堂,莫能對。五年秋禱雨,道士言方丈前有塑老子,巨而古,非徒入能品,幾於妙而神乎。余曰:"嘻! 是矣,蓋何德順取公夢中語為之。"按公譜,紹聖元年秋自英徙惠,四年夏自惠徙儋,皆過廣而留。元符三年冬北還,宜自三水泝峽去,廣人遮迎,心□與為公,又一月留。記本二小楷,海外所無,□字並詩,則最後留此筆授堂。名孰變置,二刻亦散處。嘆未既,有引觀觀之土神者,高帽,碧眼星顱,熟視之,公也,服少異耳,重嘆且笑。堂下有井甘洌,題東坡泉。"嘻! 滋是矣。"迺築高撤新,立衆妙門,表堂扁,植散刻,採其語為東軒西隱,還公像與老先生合,得劉氏鐵欄置泉上。通郡國有天慶,儋最僻,觀以公乳泉賦名,然至者鮮。廣號都會,觀之重於世,以公入而無所睹,謂何?崇觀間劈公集,茲刻以遠幸免,中興後褒表矣。名與像猶湮厄,抑何所諱?俗固有在,亦我輩欠料檢爾。昔毀斯晦,今復斯光,如有待然。登堂瞻像,酌泉瀹茗,去之百四十八年,其人若存兮。客有讀記誦詩而作曰:妙有過此乎?求之吾書有諸?曰:《易》無非妙一字云乎哉。《中庸》不言妙,無聲無臭,至矣,學者從何入?有義理之學,物理之學,性理之學,理雖眾,實則一。蘇公借蜩鷄為喻,其妙於物理者,天所命,氣所至,亦理之實,然而必應者。"鳶飛戾天,魚躍於淵"①,程子謂子思喫緊為人處,活潑潑地②,窮高極深,道無所不在,匪徒喻云。老經曰:"吾言甚易,知甚易行。"③天下莫能知,莫能行,其與夫婦,與知能行,聖人不知不能之語,若似而非,若非而似,既曰非常道,至歸根章言常者四④。先儒解《中庸》,亦曰庸常也。妙與常,出二物,然則孔老有異乎?□□有異乎?必有能參之者。冬十月日。

【編者按】

碑文輯錄自宋·方大琮:《宋寶章閣直學士忠惠鐵庵方公文集》卷三二⑤。

【碑文考釋】

撰碑者方大琮(1183—1247),字德潤,號鐵庵,又號壺山,福建莆田人。宋開禧元年(1205)進士,淳祐中為寶章閣直學士、知隆興府。卒諡忠惠。劉克莊撰有《鐵庵方閣學墓誌銘》(《後村先生大全集》卷一五一)。今存有《宋寶章閣忠惠鐵庵方公文集》四十五

---

① 見漢·毛亨傳,鄭玄箋,唐·孔穎達疏:《毛詩注疏》卷一六,頁560上。
② 出自宋·朱熹編:《二程遺書》卷三〈謝顯道記憶平時語〉原文為:"鳶飛戾天,魚躍于淵,言其上下察也。此一段子思喫緊為人處,與必有事焉,而勿正心之意同活潑潑地,會得時活潑潑地,不會得時只是弄精神。"見《四庫全書》第698冊,上海:上海古籍出版社,1987,頁55下。
③ 《老子》第七十章:"吾言甚易,知甚易行。天下莫能知,莫能行。"見朱謙之校釋:《老子校釋》,頁280。
④ "至歸根章言常者四",歸根章,指《老子》第十六章:"致虛極,守靜篤,萬物並作,吾以觀其復。夫物云云,各歸其根。歸根曰靜,靜曰復命,復命曰常,知常曰明。不知常,妄作凶。知常容,容能公,公能王,王能天,天能道,道能久,沒身不殆。"其中出現了四個"常"字。見朱謙之校釋:《老子校釋》,頁65-66。
⑤ 宋·方大琮:《宋寶章閣直學士忠惠鐵庵方公文集》,《北京圖書館古籍珍本叢刊》第89冊,北京:書目文獻出版社,1988,據明正德八年方良節刻本影印,頁721上-722上。

卷。這篇碑文寫作於南宋淳祐五年(1245)。

北宋紹聖五年(1098),蘇軾曾應何德順之請撰寫了〈眾妙堂記〉,生動地解讀了"妙"的含義,也留下了文壇佳話,何德順還將蘇軾的〈眾妙堂記〉刻碑留在天慶觀內。

根據本碑,方大琮於淳祐二年(1242)夏(即掌廣南東路經略安撫使的第一年)第一次到訪天慶觀,其時眾妙堂堂扁已毀失去,方大琮曾詢問天慶觀道士有關眾妙堂的下落,但他們都"莫能對"。及至淳祐五年(1245)秋,方大琮於天慶觀禱雨時,道士乃告之觀內仍有一座"巨而古"的老子塑像。聽後,方大琮即知此便是一百四十八年前由何德順築堂曰眾妙,蘇文忠為之記,並在堂內奉祠的老子塑像。及後,方大琮又於天慶觀內的土神塑像之中,發現一尊神像,"高帽,碧眼星顴",方大琮"熟視之,公(案:指蘇軾)也,服少異耳"。並且,此殿堂下有井甘洌,題"東坡泉"。經此發現後,方大琮乃決意再重新修茸眾妙堂。眾妙堂修茸完成,方大琮乃於淳祐五年(1245)冬十月撰作了這篇碑記。方又以取自定林寺的古鐵井欄圍護蘇東坡井,並作銘贊,銘曰:"眾妙堂,東有泉,經品嘗,眉山仙,名去堂,井不遷。宋淳祐,越五年,方大琮,來莆田。去者還,人耶天,得古欄,和銘鑴,澤物遠,與坡傳。"[1]

16-5　明·梁有譽：重修三皇像碑[一]
明嘉靖二十八年(1549)

【碑刻信息】

存址:此碑原在廣州惠愛街(今屬海珠北路祝壽巷)天慶觀遺址[2]。

碑文來源:道光《南海縣志·金石略》。

【碑文】

玄妙觀重修三皇真像碑

---

① 宋·方大琮:〈東坡泉鐵井欄銘〉,收入氏著:《宋寶章閣直學士忠惠鐵庵方公文集》卷三五,《北京圖書館古籍珍本叢刊》第89冊,頁733。李昴英又有東坡井續銘,題稱〈廣州天慶觀眾妙堂東坡井泉銘,方右史取定林寺鑄井欄護之〉。李銘曰:"老經云,坡記成。名非古,堂遂輕,兩翁像,久晦冥,偉方公,舊觀仍,取彼欄,護此泓,新作蓋,環以銘,遺千年,飲清泠,續銘誰? 李昴英。"見《文溪集》卷一七,清·伍元薇輯:《粵十三家集》第3冊,道光二十年詩雪軒校刊本,頁9上-下。

② 清·潘尚楫修、鄧士憲纂:道光《南海縣志》本碑按語云:"右刻在西門玄妙觀。"見新文豐出版公司編輯部編:《石刻史料新編》第三輯第21冊,頁263上。

番禺梁有譽撰

番禺黎民表書

南海吳旦篆額

原夫道生開劫之始,淳精之播氣無窮;理肇泰蒙之前,玄造之紀物斯賾。其示法也,曠冥漭蕩;其生成也,闔闢絪縕。渾儀以之鷟靈,方祇以之薦祉。寥兮象帝之先①,筭隸首而罔詳;湛兮為氣之祖,步豎亥而未極②。上德不德③,總謂自然之宗;可名非名,強曰太玄之宰。是知蒼蒼閟載,穆穆神樞,固非寰宇之所能意況也。然顯道著,則杳漠可遡理而推;靈感宣,則清虛可憑跡而悟。摛青簡而闡說,披紫籙以詮言。於是有瓊闕瑤京之名,大帝上皇之號。覽圖紬牒,信古徵今。(粵)〔二〕維三皇統三垣以立極,主七政而宣化,四輔列侍,六甲周陳。馮馮灟灟,斡旋虛霷;恢恢浩浩,鼓冶〔三〕億類④。演治化於黃圖,錫禎祥於赤縣。廣無為之為,而蝡飛蠕動,莫漏其恩;握無象之象,而蔀屋曾淵,罕逃其鑒。金格玉書,鬱儀奔日之文,非聖莫覯;瓊篆紫字,結璘奔月之章,歷劫始授⑤。雖復軒轅神智,受內文於東丘,帝嚳精誠,領真篇於牧德,亦難以洞觀偃伏,言探□物之玄,昭晰垠陔,弘方耀魄之寶。是以答靈覜者,其云七十二君;卜休期者,亦曰萬八千歲。邈哉邈矣,毋得稱焉。

吾廣郡治西隅有玄妙觀者,圖規疏趾,績剙唐時,弘制定名,緒承宋日。迨我皇明,益增賁飾,以瑯函之籙,署為玄教之司。爾其結構巍峨,雲棟瞰銀潢之曉落;盤基窈寂,風櫺通璧月之霄〔四〕輝。歷擾攘而鍾虡不移,經世代而

---

① 《老子》第四章:"吾不知誰之子,象帝之先。"見清·朱謙之校釋:《老子校釋》,頁21。

② 劉文典撰,馮逸、喬華點校:《淮南鴻烈集解》卷四〈墜形訓〉(北京:中華書局,1989),頁132:"禹乃使太章步自東極,至于西極,二億三萬三千五百里七十五步;使豎亥步自北極,至于南極,二億三萬三千五百里七十五步。"

③ 朱謙之校釋:《老子校釋》第三十八章,頁150:"上德不德,是以有德;下德不失德,是以無德。"

④ 王明校釋:《抱朴子內篇校釋》卷一〈暢玄〉(北京:中華書局,1985),頁1:"範鑄兩儀,吐納大始,鼓冶億類,徊旋四七。"

⑤ 鬱儀奔日文,結璘奔月章:均為道經,前者全稱為《太上玉晨鬱儀奔日赤景玉文》,後者全稱為《太上玉晨結璘奔月黃景玉章》,二法合為一篇,保存於《上清太上帝君九真中經》(正一部既字號)卷下,《道藏》第34冊,頁38上至頁40下。

瞻禮愈謹。第地非善忍，人異給戶。大戒三百，以杜未兆之禍，守之者誰氏；威儀二千，以興自然之福，褻之者比肩。遂使流電之廷就晦，明霞之宇將湮。赫赫瓊顏，冒埃塵而斂彩；沈沈寶座，襲〔五〕苔蘚以成紋。非所以祇奉明威，廣延協氣也。屬有好道之士吳時，夙具懸解，冥搜眾妙，徑涉乎九流，博綜夫三氏，迥離情網，養紫室之天倪；超脫塵機，策丹田之地景。因造斯地而嘆曰：瀨鄉表祠廟之崇，峨嶇興俎豆之敬。矧茲威靈，爍奔霆於六寓；仰彼明鑒，赫隆曦於九玄。照臨下土，覆育斯民。朝夕罔敢不虔，儀形詎容弗飾。遂迺竭誠瀝誓，躍志捐貲，選吉龜從，庀材鳩至。以是年三月興修，至是年五月訖工。維其神讚人謀，是以績成事敏。軒櫨撤敝，龕座鼎新，餙堊塗金，施丹襐綵。蒼龍奉宸，遂還紫翠之容；錦鳳銜旒，更表圓明之色。於是神儀肅穆，法相森嚴，儼寥陽而非遙，併協晨其奚爽。都梁芬郁，金枝燁燿。千香寶樹，飄空洞之真華；九乳霜鍾，應豐山之雅韻。虬驂鳳蓋，晞茵閣以報誠；羽旆雲輻，望芝宮而云薆。功果弗窮，善念何極！豈不韙與？豈不誠與？夫天之視聽自民，帝之陟降在士，心合道則真宰可通，念違善則幽譴隨及。報施之理，史遷憒而未悟；畀與之旨，趙簡受而靡真。載觀蓐收降罰於虢公，勾芒賚羨於秦穆。由斯以談，厥應不忒。是以往哲遐觀，達士沖舉，莫不體上天仁壽之心，法神功清淨之化。道之所尊，天也，修而證者，玄同妙有；心之所存，天也，覺而瑩者，汙漫熙融。歎執玉於瑤池，多累未遣；想求珠於赤水，機事頓忘。用能運清鑒於希夷之域，縱神彎於莽蒼之野。嗟元精汩潏，悼識慧沈霾。坐火井而積薪，詎免焚軀之禍；淪苦海而負石，寧思登岸之期。可謂蓼蟲習苦，燭腹無明，豈知道本在己，天不遠人。蓋光實生影，而影之附者非光；谷實應聲，而聲之運者非谷。大小相乘，疾徐相答，取之自我，何遠之有？天人之理，豈不猶斯？第天道無窮而尚儉，人理有盡而樂奢，誖天從人，安得不敝？譬彼露苓風葉，隨節候而彫零；猶夫聚沫旋漚，逐流波而散漫。古之人不歎馳景而歎馳心，不思化金而思化欲，守天所尚也。有譽蓬心未艾，覺路多眩，非敢上談乾則，聊以舖敘神功，反覆蕪詞，用志歲月。諸所捐金名氏併列諸碑陰。

銘曰:貸三生一,是曰天道。萬類之根,百法之寶。聖人生知,上準穹昊。先天弗違,後天而老。下民昏㭸,弗康弗庸。唯予是行,窒徹喪宗。汝不有躬,唯帝其恫。崟屹神宇,神容翼翼。是瞻是依,寅恭永式。兇剔頑湎,善則克迪。億萬斯年,澤流罔極。

嘉靖二十八年歲次己酉夏六月。

【編者按】

碑文輯錄自清·潘尚楫,鄧士憲纂:道光《南海縣志》卷二九〈金石略〉①。另見明·黃佐纂:嘉靖《廣東通志》卷六五〈外志〉②;陳垣編纂,陳智超、曾慶瑛校補:《道家金石略》③。《道家金石略》亦錄自道光《南海縣志》。

【校記】

〔一〕"重修三皇像碑",嘉靖《廣東通志》作"重建三皇殿"碑。

〔二〕"粵",底本闕,據嘉靖志補。

〔三〕"治",根據文意當作"冶"。

〔四〕"霄",嘉靖志作"睿"。

〔五〕"襲",嘉靖志作"籠"。

【碑文考釋】

撰碑者梁有譽(1521—1556),字公實,別號蘭汀,世稱蘭汀先生,廣東乾滘人。明嘉靖二十九年(1550)進士,初授刑部主事,故世稱"梁比部"。在北京與李攀龍、王世貞、謝榛、宗臣、徐中行、吳國倫結詩社,史稱"後七子"。又因其為諸生時與歐大任、黎民表、吳旦、李時行同師事香山黃佐,結社南園,又列為"南園後五先生"。有《蘭汀存稿》八卷存世。

---

① 清·潘尚楫,鄧士憲纂:道光《南海縣志》,新文豐出版公司編輯部編:《石刻史料新編》第三輯第21冊,頁261下–263上。

② 明·黃佐纂:嘉靖《廣東通志》第4冊,頁1736上–下。

③ 陳垣編纂,陳智超、曾慶瑛校補:《道家金石略》,頁1289–1290。

　　梁有譽〈重修三皇像碑〉,爲明嘉靖二十八年(1549)重修三皇像而作。道教宮觀所供奉的三皇神,一般指的是伏羲大帝、神農大帝和軒轅大帝①。

　　此篇碑文采用了駢體,語言古奧,文體華麗。通篇可以分爲三個大的段落:開頭至"邈哉邈矣,毋得稱焉",表達了自己對道的看法,以及對"三皇"的稱贊。接下來至"維其神讚人謀,是以績成事敏"爲第二個段落,主要敘述了玄妙觀的簡單歷史以及重修該觀中三皇殿的經過。首先,碑文提到,玄妙觀處在廣郡治西隅,而且它"續矧唐時"、"緒承宋日",意思是它創建於唐代,並且承續了宋代時的規模。而到了明代,就更加增加了它的壯觀("迨我皇明,益增賁飾")。然而畢竟年月久遠,觀宇需要重修,於是便有了這一次對三皇殿的重修。重修前,三皇神像因爲已經失修久遠,因此變成"赫赫瓊顔,冒埃塵而斂彩,沉沉寶座,襲苔蘚以成紋"。"是以績成事敏"以後的內容則爲第三個部分,描述了三皇殿修成後的壯觀景象("龕座鼎新,飾至塗金,施丹襪綵,蒼龍奉宸,遂還紫翠之容,錦鳳銜旒,更表圓明之色")以及將要給民眾國家帶來的利益。

　　上面碑文已經提到,廣州的天慶觀,乃宋大中祥符年間由唐代開元觀改名而來。至元代元貞元年,元成宗又下詔將全國"天慶觀"一律改名爲"元妙觀"。而到了明代,提到"元妙觀"者,均稱"玄妙觀"。這篇梁有譽所撰的〈重修三皇像碑〉也不例外。

16-6　清·尚可喜:重修玄妙觀記
清康熙五年(1666)

【碑刻信息】

　　存址:此碑原在廣州惠愛街(今屬海珠北路祝壽巷)天慶觀遺址②。

　　碑額:重修玄妙觀記。篆書③。

　　碑文來源:宣統《南海縣志·金石略》。

---

　　① 根據蜂屋邦夫編著:《中國の道教——その活動と道觀の現狀》,東京:汲古書院,1995,頁125、539,在現存中國道觀中,嶗山太清宮和武漢長春觀都築有三皇殿,殿裡便是供奉伏羲、神農和軒轅三尊神位的。

　　② 清·鄭榮等主修,桂玷等總纂:宣統《南海縣志》本碑按語云:"右刻在惠愛街玄妙觀內碑亭。"見《中國地方志集成·廣東府縣志輯》第30卷,頁315上。

　　③ 清·鄭榮等主修,桂玷等總纂:宣統《南海縣志》在題目"重修玄妙觀記"之下注曰:"橫額,篆書,字同。"見《中國地方志集成·廣東府縣志輯》第30卷,頁314上。

【碑文】

天地定位,聖人出焉。建一中以立極,統三才而敷化。瀰淪磅礴,廓至道於無私;亭毒流行,妙神功於不宰。故幽明協贊,風雨時若,景星慶雲、醴泉甘露之祥,史不絕書。而以言無始之奧、至真之精,則窺之象表,而穹窿未著,無以測其高;探之方隅,而畛域俱冥,何以窮其大。詎止陰陽順序,誇美王風,品物咸亨,無慚熙載而已哉!夫王者繼天受命,奉若不違,此上帝之所式臨也;虛懷問道,載其清淨,此師保所由啟迪也。於是推求至上,崇其號者,有玉虛金闕之尊;闡其化者,有三清道祖之設。重樓絳殿,赤字丹經,莫不儼恪趨承,凜鑒觀於有赫;寅恭瞻事,恍降陟於在茲。此玄紗道觀之設所由,肇於唐、盛於宋,以迄於我清,以為歷代崇祀之巨典者也。垂禩永久,民物蒙庥,誠感昭乎,如響斯應。乃以兵燹薦至,□□弗時,而塵蘚圮傾,風雨剝蝕,幾零落於荒煙蔓草者,十有七年矣。庚寅之歲,余奉命討逆,提師至粵。版圖既定,罪人斯得,間以軍旅之暇,修崇文廟,黌序聿新。又復因□藏故址,建佛寺一區,莊嚴宏麗,為護國祝釐之所。而茲觀將以次修舉,一時未遑。乙巳秋,余沾冒微痾,因萌夙疾。困頓之餘,瞿然自念曰:三教之設,其來久矣,茲觀未飾,天其以是詔余也。夫因決意刻期,而夙恙斯脫,非神之相余,不及此。於是嵩官董建,選材□□,鳩工於郊,規其故武而損益之。歷八閱月而告成,範金置像,一如其舊。複宇崇宮,蒼崀黼座之勝,雖未敢云巍峨燦爛,極備美之盛觀,而威儀莊□,亦足表勝一時已。余思世運遞降,風俗澆漓,有凜上帝之明威而惠鮮懷保者,其人可以事天,可以入道;有奉至人之明訓而恬澹寡慾者,其人可以壽世,可以永年。若夫以朘削為心,險刻成性,雖詔以鐘鼓,詞以風雷,而有所不恤也。是安得明明在上,赫赫在下①者,家喻而戶說之哉!今而後余願以帝天之靈,蕩滌其邪穢,消融其機穽,返之湻古,庶幾無襄葛天之民,而國祚緜緜,與天地永長也。其余之心也。夫因記其事於石。

---

① 漢·毛亨傳,鄭玄箋,唐·孔穎達疏:《毛詩注疏》卷一六之二〈大雅·大明〉,頁 540 上:"明明在下,赫赫在上。"

時康熙五年歲在丙午仲夏吉旦，平南王尚可喜敬題。

【編者按】

碑文輯錄自清·鄭榮等主修，桂玷等總纂：宣統《南海縣志》卷一三〈金石略〉①。

【碑文考釋】

撰碑者尚可喜（1604—1676），字元吉，號震陽，祖籍山西洪洞，後至河北衡水，1576年其祖父尚繼官舉家遷往遼東海州（今遼寧海城），遂為遼東人。本為明將，降清，封平南王。

清康熙五年（1666），在平南王尚可喜的主持下，對玄妙觀進行了重修。從碑文可以看出，十七年前玄妙觀曾因為兵燹而遭損。那是一場什麽樣的兵燹呢？碑文稱“庚寅之歲，余奉命討逆，提師至粵。”庚寅為順治七年（1650）。順治六年（1649）清廷派遣“三順王”南下征南明，改封孔有德為定南王，尚可喜為平南王，耿仲明為靖南王。孔有德率部征廣西，尚可喜與耿仲明則征廣東。而在當年十一月份，耿仲明因部屬隱匿逃人事件被揭發，畏罪自殺，其子耿繼茂統領部眾繼續使命。經過了相當艱難的努力，尚、耿於該年 11 月 24 日終於攻下廣州（用碑文的話說是“版圖既定，罪人斯得”）。所謂的“兵燹”就是這樣一次戰爭。而從順治六年（1649）年至康熙五年（1665）恰為十七年。

根據碑文的表述，尚可喜等取得勝利后，修崇文廟，並且在舊址建造了一所佛寺。而這所玄妙觀，本來也是準備修舉的，只是“一時未遑”。而在康熙四年（1665）尚可喜舊病復發，於是認為這是上天在暗示自己需要修那所該修未修的玄妙觀了。這就是玄妙觀得以在康熙五年重修的緣由。

根據此碑刻的記述，由明入清，元妙觀因為經受兵燹之禍，觀內殿宇建築可說幾至盡毀，凋零如荒野一般。這種“塵蘚圮傾，風雨剝蝕”的情況，在尚可喜攻下廣州之後的十七年間仍然繼續破落下去。元妙觀經過八個月的重建修葺，於康熙五年完成。〈重建元妙觀記〉描述重修之後的元妙觀時稱：“範金置像，一如其舊。複宇崇宮，蒼宸黼座之勝，雖未敢云巍峨燦爛，極備美之盛觀，而威儀莊□，亦足表勝一時已。”因此，廣州元妙觀在

① 清·鄭榮等主修，桂玷等總纂：宣統《南海縣志》，《中國地方志集成·廣東府縣志輯》第 30 卷，頁 314 上–315 上。

197

清初已修復舊貌,玉皇、三清等殿亦為之一新。

附　錄

宋・天慶觀銅鐘款
宋元豐二年(1079)

【款文】

　　弟子林英捨錢一十五貫文足,買銅壹百斛,林仲和捨四十斛,陳遘捨五十斛,陳富捨三十斛,劉昇、張敘捨二十斛,李珉二十斛,關惟巡、陳亮、郭二娘、劉榮、高保、龔相、鄭立新、文惟亮各捨十斛,譚湜、劉昇、鄭政、張榮、李養、唐世安、元六娘各捨五斛,會首陳文遇捨錫二十五斛。

　　廣州天慶觀東嶽行宮住持賜紫道士胡日新鑄造,永充聖帝殿內供養。元豐二年己未歲二月初六日謹題。匠人張周。

【編者按】

　　款文輯錄自清・潘尚楫等修,鄧士憲等纂:道光《南海縣志》卷二八〈金石略〉①。另見清・阮元主修,陳昌齊等纂:道光《廣東通志》卷二〇八〈金石略〉②,清・戴肇辰修,史澄等纂:光緒《廣州府志》卷一〇一〈金石略〉③,清・陸耀遹:《金石續編》卷一六④,陳垣編纂,陳智超、曾慶瑛校補:《道家金石略》⑤。

【款文考釋】

　　清・阮元主修:道光《廣東通志》按語云:"謹案:鐘在廣州元妙觀。李攸《宋朝事

---

① 清・潘尚楫等修,鄧士憲等纂:道光《南海縣志》,新文豐出版公司編輯部編:《石刻史料新編》第三輯第21冊,頁236下。
② 清・阮元主修,陳昌齊等纂:道光《廣東通志》,《中國省志彙編》之十,頁3514上。
③ 清・戴肇辰修,史澄等纂:光緒《廣州府志》,《中國地方志集成・廣東府縣志輯》第2卷,頁658下。
④ 清・陸耀遹:《金石續編》,新文豐出版公司編輯部編:《石刻史料新編》第一輯第5冊,頁3350上-下。
⑤ 陳垣編纂,陳智超、曾慶瑛校補:《道家金石略》,頁288。

實》載真宗大中祥符二年十月詔曰:'朕欽崇至道,誕受元符,庶敦清淨之風,永洽淳熙之化。式營仙館,以介民禧。宜令諸路、州、府、軍、縣,開擇官地建道觀,或改舊宮觀名題而崇葺之,以奉三清玉皇,并以"天慶"為額。'五年閏十月,詔增設聖祖殿。此鐘款云廣州天慶觀,又云聖帝殿,即其事也。(《錦繡萬花谷》載大中祥符五年十月聖祖降於延恩殿,曰吾人皇中九人之一也,是汝趙之始祖,故自真宗稱之為聖祖,自諸路稱之為聖帝。)又鐘款云錢一十五貫文足者,《容齋三筆》太平興國二年(《宋史‧食貨志》作三年)詔民間緡錢,定以七十七為百,自是以來,天下承用,公私出納皆然,故名省錢;此云足,蓋不省也。其云捨錫二十五斤者,《考工記》:'攻金之工築氏執下齊,冶氏執上齊。'鄭康成注:'多錫為下齊,少錫為上齊。'此鐘用銅二百餘金,而用錫僅二十五斤,則上齊也。題名凡廿四人,其二十二人皆無可考,惟林英見李燾《通鑑長編》云:'元豐二年為淮南路提點刑獄。元祐五年五月,衛尉少卿林英提舉集禧觀,英以疾自請也。'陳遘見元豐八年澹山巖題名云'朝請大夫郡守',未知即此鑄鐘人否?姑著之備考。"[1]今觀已不存,鐘未知尚存否。

〈廣州天慶銅鐘款〉云:"聖帝殿內供養。"這是指在大中祥符五年十月,由真宗下詔,令天下天慶觀增設聖祖殿。此事緣於真宗自稱在十月二十四日夜,趙氏始祖趙玄朗受玉皇之命,率眾仙下降延恩殿,囑其"善為撫育蒼生,勿怠前志"。故真宗上尊稱之為聖祖,尊號為"聖祖上靈高道九天司命保生天尊大帝",並令天下天慶觀增設聖祖殿[2]。其後著令:凡官吏到職署任,并詣觀朝拜聖祖,禁乘馬轎入門,及不得食葷茹厭。到元朝元貞元年,元成宗便詔撤宋室聖祖之祠。

〈廣州天慶觀銅鐘款〉上刻有二十四位供養題名人,但都不可考。阮元《廣東通志》推測首名鑄鐘人林英——"捨錢一十五貫文足,買銅一百斤"——或就是見於李燾《續資

① 清‧阮元主修,陳昌齊纂:道光《廣東通志》卷二〇八,《中國省志彙編》之十,頁3514上-下。

② 此事詳載於宋‧李攸:《宋朝事實》卷七"釋道"條(北京:中華書局,1955),頁111–113。宋真宗以聖祖"定名諱'上曰玄,下曰朗,不得斥犯'。令天下天慶觀增設聖祖殿,修景靈宮以供聖祖。聖祖母為'元天大聖后'。以七月一日為先天節。十月二十四日聖祖降臨日為降聖節。"見〈上九天司命上卿保生天尊號詔〉、〈上元天大聖后號詔〉及〈上聖祖徽號詔〉。見《宋大詔令集》卷一三五、一三六,北京:中華書局,1962,頁473、475、479。另參任繼愈:《中國道教史》下冊,增訂本,北京:中國社會科學出版社,2001,頁546;陳垣纂,陳智超、曾慶瑛校補:《道家金石略》,頁288及Suzanne E. Cahill, "Taoism at the Sung Court: The Heavenly Text Affair of 1008," *Bulletin of Sung and Yuan Studies* 16 (1980): 23–44。

治通鑑長編》的淮南路提點刑獄林英①。不過,阮元《廣東通志》對林英的推考只可備作一說而已,因為宋代淮南路乃蓋荊、徐、揚、豫四州之域,應與屬南海郡的廣州沒有太大關係②。反之,從題名人最後一位稱為"會首"的陳文遇(捨錫二十五斤)來說,或許,這二十四位自稱為"弟子"和"會首"的鑄鐘供養人都同屬於某一個"香會",即是說:以香會會首和弟子名義捨錢鑄銅鐘。北宋,道觀已與商人行會和民間自然性的香火組織結合,彼此結成具有組織性規模的由廟宇與商業連結一起的地方網絡。因此,與其他宋代天慶觀一樣,廣州天慶觀也成為在廣州的一個結合了道觀、行業香會及其他進香組織的宗教活動中心。

---

① 清・阮元主修,陳昌齊纂:道光《廣東通志》卷二〇八〈金石略十〉:"題名凡廿四人,其二十二人皆無可考,惟林英見李燾《通鑑長編》,云元豐二年為淮南路提點刑獄,元祐五年五月衛尉少卿林英提舉集禧觀,英以疾自請也。陳遘見元豐八年澹山岩題名,云朝請大夫郡守,未知即此鑄鐘人否,姑著之備考。"見《續修四庫全書》第673冊,頁444。

② 宋・脫脫等修:《宋史》卷八八〈地理志四〉,北京:中華書局,1977,頁2178。

17　五仙觀

【廟宇簡介】

五仙觀現在廣州市越秀區惠福西路，現為越秀博物館。

歷史上的五仙觀曾幾易其址。

五仙觀在宋代原稱"五仙祠"，原址在番禺十賢坊。廣州人立祠祀五仙，源於一個廣州建城的古老傳說，最早記載此傳說的是東晉顧微的《廣州記》："廣州廳事樑上畫五羊像，以作五穀囊，隨像懸之。昔高固為楚相，五羊銜穀，萃於楚庭。"①。

北宋以後，"五羊"與"五仙"仙跡的傳說開始見諸各種文獻記載。

北宋《新定九域志》卷九"廣州"條："五羊城，《南越志》：昔有五仙人騎五色羊至此。"②

宋方信孺《南海百詠》"五仙觀"條："其先有五仙人，各執穀穗，一莖六出，乘羊而至。衣與羊各異色如五方。既遺穗於州人，忽騰空而去，羊化為石。州人因其地為祠，石今尚存。"③

根據宋政和四年(1114)張勘〈廣州重修五仙祠記〉，大致在宋哲宗元祐(1086—1094)後，因守吏更治州舍，五仙祠被遷徙至他所。宋徽宗政和四年，經略使張勘還原其舊址，並重修了五仙祠。回遷的原因是由於當時天災人禍不斷，"州人咸以謂五仙失所處而然"④。

宋寧宗嘉定年間(1208—1224)五仙祠被遷往藥州，更名奉真觀，祀五仙。乾隆《番禺縣志》卷五"藥州石"條："古藥州在南城內。昔南漢王劉龑鑿湖五百餘丈，聚方士煉藥於此，故名藥州。宋熙寧元豐間，士大夫於此泛舟觴詠。後嘉定間經略陳峴疏鑿之輂石為山，建堂其中，后有白蓮池，池上建奉真觀，祀五仙。"⑤另參《肇域志》卷四八〈廣東二〉

---

① 晉·顧微：《廣州記》，收入魯迅、楊偉群點校，嶺南文庫編輯委員會、廣東中華民族文化促進會合編：《歷代嶺南筆記八種》，廣州：廣東人民出版社，2011，頁 3。

② 北宋《新定九域志》卷九，見宋·王存撰，王文楚、魏嵩山點校：《元豐九域志》附錄，北京：中華書局，1984，頁 694。按，《新定九域志》一書所載政區，凡崇寧以後更置之府州軍監名稱一概不載，故當成書於北宋崇寧之前。

③ 宋·方信孺撰，劉瑞點校：《南海百詠》，廣州：廣東人民出版社，2010，頁 8—9。

④ 宋·張勘：〈廣州重修五仙祠記〉（碑號 17-1，總 34）。

⑤ 清·任果等修，檀萃等纂：乾隆《番禺縣志》卷五〈園林〉，《故宮珍本叢刊》第 168 冊，海口：海南出版社，2001，頁 51 下。

云:"(五仙)騰空而去,羊化為石,州人即地為祠,在今仙羊街。尋移於府治西甕城葯州之後,有白蓮池,今湮。"①

明洪武年間,五仙觀改祀於坡山。先是,洪武二年(1369)征南將軍廖永忠重修被誤燒毀的五仙觀,有孫蕡撰〈五仙觀記〉以誌之,因此可知最遲在洪武二年,宋時的五仙祠已改稱五仙觀。至於五仙觀由葯州移至坡山的過程有兩種說法。一為乾隆《番禺縣志》卷五"葯州石"條:"明洪武三年改現址為市舶公館,移奉五仙於坡山。"②另一說可據清仇巨川《羊城古鈔》,在洪武十年(1377)布政司趙嗣堅改創五仙觀於坡山禁鐘樓之後,塑五仙像於閣中③。

據清嘉慶十七年(1812)曾燠〈重修南海五仙觀碑〉,五仙觀於明成化五年(1469)又由布政司張宣重修。

入清之後,五仙觀曾經過幾次重修,已知的有順治十二年(1655)耿繼茂的重修,雍正二年(1724)提督馮毅的重修,嘉慶十七年(1812)曾燠的重修,以及道光二十五年(1845)廣東巡撫黃恩彤的重修。除了雍正元年的重修碑記未見留存④之外,其餘三次重修都有碑刻記載。根據仇巨川於嘉慶五年(1800)所撰的《羊城古鈔》,其時,五仙觀內神祠殿宇的布局還有玉皇閣、五仙祠、三元殿、老君堂、慈悲堂、真武殿、文昌閣、洪聖殿、金花廟、關帝殿、御風亭、仙人跡、穗石亭、丹井、祖師壇等⑤。

民國初年在五仙觀尚有一兩個道士⑥,但是觀內殿宇已圮。民國十二年時,就五仙觀內的破毀情況有這樣的記載:"通明閣毀,丹井泉枯,孫典籍之刻石已湮,甘泉之題詩安在。而前年觀地屢為駐軍之所,禁鐘樓後,不戒於火,祠像俱焚。所幸羊石仍存,不隨祝融而去。紅羊浩劫,豈仙家亦不能免耶!噫可慨也矣。"⑦民國十二年(1923)五月,廣州市政廳公佈:"照得惠福路五仙觀地址,係屬旗街公廟,前經擬有變售之議,現值軍事緊急,需款甚鉅,亟需定期投變,以應要需。"因此,市政廳決定當眾拍賣"原屬旗產,改歸官有"的惠福路五仙觀。公佈宣稱開投五仙觀的底價為:"〔五仙觀〕計全間面

① 清·顧炎武:《肇域志》卷四八,《續修四庫全書》(史部地理類)第595冊,上海:上海古籍出版社,1995,頁60。
② 清·任果等修,檀萃等纂:乾隆《番禺縣志》卷五〈園林〉,頁51下。。
③ 清·仇巨川纂,陳憲猷校注:《羊城古鈔》卷三,廣州:廣東人民出版社,1993,頁280。
④ 清·仇巨川纂,陳憲猷校注:《羊城古鈔》有記載,惟作"雍正元年"。見該書卷三頁280:"國朝雍正元年,提督馮毅重修,有碑記。"
⑤ 清·仇巨川纂,陳憲猷校注:《羊城古鈔》卷三,頁280。
⑥ 廣州市宗教志編纂委員會:《廣州宗教志資料匯編》,第二冊(道教),廣州,1995,內部參考資料,頁47。
⑦ 見〈香山公會保存古蹟宣言〉(1923)影印本,收藏於廣州市檔案館。

積,共四百一十六井,二十五方尺六十四方寸,上蓋連地,每井定底價毫銀二百元,定期於五月九日中午二時,在本局當眾明投。"①當時,廣州香山公會為了保存千年仙人古蹟,乃於五月二十六日召開香山同鄉特別大會,決定除已經捐收有銀五千元外,公會暫向銀行按揭五萬元,並即日向市政府繳價,承領五仙觀。根據〈香山公會保存古蹟宣言〉(1923),香山公會在承領五仙觀之後,提出保存千年仙人古蹟之辦法,其宣言稱:"擬將觀地三分之二,改為香山公會,三分之一撥為香山公園。所有現存羊石古碑,移置園內。就五仙祠故址,規復穗石古亭,妥為保留。庶坡山勝跡與嶺南第一樓之禁鐘,金石流傳,永垂不朽。"②雖然五仙觀古蹟幸得保存,但千年道觀廟宇的神祠香火卻從此湮沒。

17-1　宋・張勵:廣州重修五仙祠記
宋政和四年(1114)

【碑刻信息】

存址:舊在五仙觀內③。

碑額:廣州重修五仙祠記。楷書。

碑題:無。

尺寸:拓本高193厘米,寬104厘米④。

碑文來源:《北京圖書館藏中國歷代石刻拓本彙編》。

【碑文】

廣為南海,郡治番禺之山,而城以五羊得名,所從來遠。參考南越(嶺

---

① 廣州市宗教志編纂委員會:《廣州宗教誌資料匯編》,第二冊(道教),頁48引廣州市政府《市政公報》,民國十二年五月,第76期。

② 〈香山公會保存古蹟宣言〉(1923)影印本。

③ 清・阮元主修,陳昌齊總纂:道光《廣東通志》(《中國省志彙編》本)存本碑錄文,原題下注曰"存",錄文後有按語云:"碑在廣州五仙觀孫蕡碑後。椎拓者少,故得獨完。"分別見頁3540下、3541下。《北京圖書館藏中國歷代石刻拓本彙編》則云,"石在廣東南海。"見第42冊,頁40。

④ 北京圖書館金石組編:《北京圖書館藏中國歷代石刻拓本彙編》第42冊,頁40,拓本圖片說明云:"五仙祠記,章282,北宋政和四年(1114)十月十五日刻。石在廣東南海。拓片通高193厘米,寬104厘米。張勵撰,行書,額正書。"

表)〔一〕□記錄并圖經所載,初有五仙人,皆手持穀穗,一莖六出,乘羊而至。仙人之□與羊各異色,如五方。既遺穗與廣人,仙忽飛升以去,羊留化為石。廣人因即(其)地為祠祠之,今祠地是也。然所傳時代不一,或以謂繇漢趙佗時,或以謂吳滕修時,或以謂晉郭璞遷城時。說雖不一,要其大致則同。漢距今千三百餘年,而吳晉亦九八百餘年,前此未之有改也。迺者守吏更治州舍,輒遷祠他所,後守繼以其地斥酒室。真仙失故處,非徒神之不安也,而人亦不安。歲多盲風怪雨,疫癘間作;或海溢水潦,為患州人。咸以謂五仙失所處而然,願還其舊有日矣。政和三年春二月,余自鄉郡移守此州。夏四月至官,聞州人之說,訪問故(址),猶有存者。又因讀昔守程公師孟詩,云:"欲舉輕身上碧虛,善鄰猶得道流居。"及蔣公之奇詩,云:"州宅之西敞華堂,我來跪拜焚寶香。堂中塑像何所見,乃有五仙乘五羊。"二公近在熙寧、元祐間,則知其遷徙亦未久。今不復,將遂失其故處,遺跡掃矣。名存實廢,後何所考據?秋八月,乃即故地規度,還其所侵,畚除瓦礫草萊,以胥棟宇。恭承元圭冬祀敕文,應古跡壇場、福地靈祠、聖跡所在,令守令常嚴加崇奉,繇是滋不敢置。明年八月,祠成;其月二十七日奉舊像并五石還祠。維守土之臣,(事)神治民,皆其本職。矧朝廷命令,丁寧如是,其敢弗(虔)?予且(代去),慮來者□不知,又□□之者,謹書以告期,永無廢焉。

十月十五日長樂張勱記。

【編者按】

碑文輯錄自北京圖書館金石組編:《北京圖書館藏中國歷代石刻拓本彙編》①。

碑文又見清·阮元等修,陳昌齊等纂:道光《廣東通志》卷二一〇〈金石略〉②、清·王永瑞修、楊錫震等纂:康熙《新修廣州府志》卷四九〈藝文志〉③、清·郝玉麟等修,魯曾煜

---

① 北京圖書館金石組編:《北京圖書館藏中國歷代石刻拓本彙編》第 42 冊,頁 40。
② 清·阮元等修,陳昌齊等纂:道光《廣東通志》,《中國省志彙編》之十,頁 3540 下–3541 下。
③ 清·王永瑞修,楊錫震等纂:康熙《新修廣州府志》,《北京圖書館古籍珍本叢刊》第 40 冊,頁 1185 下–1186 上。

等纂:雍正《廣東通志》卷五九〈藝文志〉、清·任果等修,檀萃等纂:乾隆《番禺縣志》卷一九〈藝文志〉①、清·張嗣衍主修,沈廷芳總纂:乾隆《廣州府志》卷五四〈藝文志〉②、清·潘尚楫等修,鄧士憲等纂:道光《南海縣志》卷二八〈金石略〉③、清·戴肇辰等修,史澄等纂:光緒《廣州府志》卷一〇〇〈金石略〉④。道光《南海縣志》和光緒《廣州府志》錄文均來自道光《廣東通志》。

【校記】

〔一〕括號内字拓本漫漶,據道光《廣東通志》補。下同。

【碑文考釋】

撰碑者張勱(生卒年不詳),字深道,福建長樂人。宋神宗熙寧六年(1073)進士。宋哲宗紹聖間任淮南、兩浙轉運副使。歷任洪州、福州知府。徽宗政和三年(1113),移知廣州。是年徽宗以天錫元圭冬祀大赦文,令福地、靈祠、聖跡所在守令嚴加崇奉。張勱於是年重修廣州五仙祠而為之記。官終大中大夫。有詩二十卷,已佚。

道光《廣東通志》按語云:"張勱,字深道,長樂人。《吳禮部詩話》稱張公翊清溪圖畫坡公,題詞之後有張勱深道長句,彷彿蘇體,亦佳。此刻筆意亦近蘇也。"⑤

乾隆《番禺縣志》原題下注曰:"政和三年。宋張勱⑥,知廣州軍。"⑦

道光《廣東通志》按語云:"記云:'恭承元圭冬祀赦文,應古跡壇場、福地靈祠、聖跡所在,令守令常嚴加崇奉',考《宋史》政和二年十月乙巳,得玉圭於民間,十一月戊寅日南至受元圭於大慶殿。三年十一月癸未(癸未,《東都事略》作'壬寅',《宋朝事實》云'六日')祀昊天上帝於圜丘,大赦天下。《宋朝事實》載十月三日御筆手詔云:'上天顧諟錫以元圭,内赤外黑,尺有二寸,旁列十有二山,蓋周之鎮圭有法乎是,祇天之休於以昭事

---

① 清·任果等修,檀萃等纂:乾隆《番禺縣志》,《故宫珍本叢刊》第 168 册,海口:海南出版社,2001 影印本,頁 455 上-下。
② 清·張嗣衍主修、沈廷芳總纂:乾隆《廣州府志》,乾隆二十四年〔1759〕刻本顯微資料本,頁 13 上-14 下。
③ 清·潘尚楫等修,鄧士憲等纂:道光《南海縣志》,新文豐出版公司編輯部編:《石刻史料新編》第三輯第 21 册,頁 240 上-下。
④ 清·戴肇辰等修,史澄等纂:光緒《廣州府志》,《中國地方志集成·廣東府縣志輯》第 2 卷,頁 665 上-下。
⑤ 清·阮元主修,陳昌齊總纂:道光《廣東通志》卷二一〇,《中國省志彙編》之十,頁 3541 下-3542 上。
⑥ 按,乾隆《番禺縣志》原文爲"張勵",然北圖藏拓本作"張勱"。應當為"張勱"。
⑦ 清·任果等修,檀萃等纂:乾隆《番禺縣志》卷一九,《故宫珍本叢刊》第 168 册,頁 455 上。

上帝,而體其道過周遠矣。將來冬祀可搢大圭執元圭,庶格上帝之心,以孚祐於下民,永為定制。'即其事也。而赦文云云,則二書所未載,得此可以補之。然則石刻之有關於史傳豈少哉。"①

光緒《廣州府志》在引《廣東通志》上述按語之後,復下按語云:"謹案:'記'上一字作'諸','與'上一字作'服','不'上一字作'之之','之'上二字作'有改'。見張《府志·藝文類》。"②

北宋政和三年,張勘來廣州爲太守,重修了五仙祠。這篇碑文就是重修落成時張勘本人所撰,記述了五羊傳說以及重修五仙祠的緣故和經過。

碑文可分三個段落。第一段自開頭至"前此未之有改也",述說了流傳已久的五仙騎羊的傳說:很久以前,五位仙人騎羊而來,手裏各拿一束穀穗,奇特的是,仙人所穿衣服的顏色各各不同,各自所騎的羊顏色也都不相同。他們把穀穗留給了廣州人,並且教給了他們種植穀物的方法,然後便昇天而去。不過他們所騎的羊卻化爲石頭留在了廣州,而廣州人就在羊化爲石之地立祠祀五仙。各家史書關於五仙傳說的記載大致相同,但是所稱的時間不太一致。不過至遲到東晉後期,"五仙"和"五羊"的傳說已見諸文獻記載。

第二段從"廼者守吏更治州舍"至"願還其舊有日矣",說的是後來廣州的太守重新修整了州治官舍,就將五仙祠遷到了別處,而更後來的太守乾脆將原來的五仙祠改成了酒室。於是五仙失去了原來的居處,導致廣州發生了不少自然災害,於是大家都希望五仙能夠重返故處。

最後一段就詳細記述了作者自己來廣州爲太守,並且重修原五仙祠的經過。值得注意的是,其中提到了兩首詩,一首是昔日廣州太守程師孟作,另一首是蔣之奇作,由於這兩位詩人生活在熙寧、元祐年間,而由他們的詩作知道他們作詩的時候,五仙祠尚在故處,所以其實五仙祠被遷徙時間也並不是太久。總之,在張勘的主持下,宋政和四年八月,五仙祠修成,總算把五仙舊像和五羊石又好好地送回原處了。

---

① 清·阮元主修,陳昌齊總纂:道光《廣東通志》卷二一〇,《中國省志彙編》之十,頁3541下-3542上。
② 清·戴肇辰修,史澄等纂:光緒《廣州府志》卷一〇一,《中國地方志集成·廣東府縣志輯》第2卷,頁666上。

17-2 宋・佚名：五僊觀古仙詩碑[①]

宋德祐間（1275—1276）

【碑刻信息】

存址：今廣州市越秀區惠福西路五仙觀內。

碑額：古僊舊題。隸書。

碑題：無。

尺寸：碑高116厘米，寬70厘米。

碑文來源：原碑抄錄。

【碑文】

撥破紅塵入紫煙，五羊壇上訪神僊。人間自覺無閑地，城裏誰知有洞天。竹葉影繁籠藥圃，桃花香煖暎芝田。吟餘池畔聊敧枕，風雨蕭蕭吹白蓮。

元元分古觀，南鎮越王城。五石空留瑞，群仙不記名。丹砂雖久煉，鷄犬自長生。檻簇鰲頭景，門通鶴頸程。煙霞沿砌起，花木逐時榮。古井涵虛碧，深鐘入竹清。芳蕪延野色，寒溜引秋聲。藥竈封苔老，芝田積雨平。風光齊嶽麓，音信接朱明。願得身從此，乘雲到玉京。

右唐律五十六字、古風五言，紫虛真仙雍熙間所題也。真仙姓古，名成之[②]，字亞奭。國初歲所貢（闕一）[〔一〕]路會試，州止[〔二〕]薦一人。古君貫（廣州增）城縣，雍熙元年被薦，泊到（南宮考）中第二，張賀、劉師道惡其（南人名居）其上，遂於唱名前一夕召古（君夜飲），潛置痞瘧藥於杯中。黎明，赴（唱名），語不出。太宗皇帝宣諭之（曰："明年）再來，必不淹[〔三〕]卿。"雍熙四年，（又取州）解。次年改元端拱，在程宿（榜及第）。淳化二年，召試館職，除秘書省校書郎。聞漢州萃聚神仙之地，授綿竹令。淳化四年到任，遇至人韓泳遺書，啓緘披誦，移寢東廡，自此絕食，

---

① 此爲道光《廣東通志》編者所擬題，道光《南海縣志》、光緒《廣州府志》與之同。《粵東金石略》將題目擬作"五仙觀古成之詩碑"，嘉慶《增城縣志》擬作"五仙觀詩碑"。

② 清・仇巨川纂，陳憲猷校注：《羊城古鈔》卷六"古成之"條（廣州：廣東人民出版社，1993），頁473："古成之，字亞奭。先，惠州河源人，五季末，來籍增城。性簡靜好學，嘗結廬羅浮，博覽群籍，文譽殷殷動四方。"

日惟飲酒。忽一日取誥身,於後題詩云:"物外乾坤誰得到,壺中日月我曾遊。留今留古爭留得,一笑浮生萬事休。"寫畢,擲筆於地而卒。縣佐方申其化去,而古君已先至漢州,謁太守。後有人見之,嘗往來成都市藥,或涉仙都觀,或遊眉山,或入九隴。熙寧中,雷霹武夷山石,有字一行云:"古成之於此上升。"舊綿竹邑東門外有古仙亭,張忠定公刻石以紀其事。今廣州之西城有紫虛古真仙祠,迺經略安撫劉尚書重建。比因五仙祠宇復新,謹以真仙所題本觀之遺什,再勒翠珉,廣傳不朽云。

施工石羣龍、社進士黃宗石、李□□,知觀事寋應祥拜手謹題。

進士李□□書、林□刻。

【編者按】

碑文另見清·阮元修,陳昌齊纂:道光《廣東通志》卷二〇五〈金石略〉①、清·潘尚楫修,鄧士憲纂:道光《南海縣志》卷二八〈金石略〉②、清·趙俊等修,李寶中等纂:嘉慶《增城縣志》卷一九〈金石錄〉③、清·戴肇辰修,史澄等纂:光緒《廣州府志》卷一〇〇〈金石略〉④。

【校記】

〔一〕括號內字原碑闕,據道光《廣東通志》補。下同。

〔二〕"州止薦一人",道光志作"正薦一人",闕"州"字;另"止"字作"正",誤。

〔三〕"淹",道光志作"掩",誤。

【碑文考釋】

關於此碑,翁方綱《粵東金石略》、阮元主修道光《廣東通志》均有較詳切之跋語,為後來方志如道光《南海縣志》、光緒《廣州府志》所沿錄。

《粵東金石略》卷一"五仙觀古成之詩碑"條:"隸額曰'古僊舊題'。中二段草書,七

---

① 清·阮元主修,陳昌齊總纂:道光《廣東通志》,《中國省志彙編》之十,頁3481上-下。

② 清·潘尚楫修,鄧士憲纂:道光《南海縣志》,新文豐出版公司編輯部編:《石刻史料新編》第三輯第21冊,頁234上-下。

③ 清·趙俊等修,李寶中等纂:嘉慶《增城縣志》,《中國方志叢書·華南地方》第161號,臺北:成文出版社,1974,據清同治十年刻本影印,頁1628-1630。

④ 清·戴肇辰修,史澄等纂:光緒《廣州府志》,《中國地方志集成·廣東府縣志輯》第2卷,頁645下-646上。

律一首,五律十韻一首。下段跋云紫虚真仙古成之'字亞奭',所題遺什'再勒翠珉',不書季月。跋以古為增城人,與《惠州志》不同。"①

道光《廣東通志》:"謹案:碑在廣州五仙觀,二詩俱《宋詩紀事》所未收。又《紀事》稱:'〔古〕成之,惠州人,中端拱二年進士。'據跋云貫增城縣,又云次年改元端拱,在程宿榜及第,蓋《紀事》未見是刻,故謂為惠人耳。(王象之亦以古成之為惠人。《粵大記》在陳堯叟榜。亦誤。)跋不著時代年月,文中'國初'字、'太宗皇帝'字,竝空一字書,其為宋刻無疑。文又云紫虚真仙祠,迺經略安撫劉尚書重建。考《宋史・劉應龍傳》:'景定末,以顯謨閣待制知廣州廣東經略安撫使,德祐元年,遷工部尚書寶章閣學士。'則所稱劉尚書當為應龍,是刻當在德祐間矣。以其詩為雍熙間題,故錄入雍熙代云。"②

此碑其實可以分為兩個部分,前一部分為兩首詩,據說為宋古成之所作。後一部分為前詩的跋語,介紹古成之的生平以及將其詩作刊石的背景。根據阮元道光《廣東金石略》的考證,跋語的撰作與碑石之立,當在宋德祐間,故當為宋刻。

17-3　明·孫蕡:五仙觀記
明洪武二年(1369)

【碑刻信息】

存址:舊在五仙觀內③。

碑文來源:道光《南海縣志・金石略》。

【碑文】

五仙觀在廣城藩治西側。按郡《志》:始城建時〔一〕,五僊騎羊臨之,持穗祝曰:"願此闤闠永無荒(饑之)虞〔二〕。"辭(訖徑)去〔三〕,羊化為石。邦人德之,用啟今祀。元年春,今征南將軍中書平章廖公下東廣,駐節藩治,兵寓斯

---

① 清・翁方綱纂:《粵東金石略》卷一,新文豐出版公司編輯部編:《石刻史料新編》第一輯第17冊,頁12374下-12375上。

② 清・阮元主修,陳昌齊總纂:道光《廣東通志》卷二〇五,《中國省志彙編》之十,頁3481下-3482上。

③ 清・潘尚楫修,鄧士憲纂:道光《南海縣志》本碑按語云:"右刻在城西五仙觀。"見新文豐出版公司編輯部編:《石刻史料新編》第三輯,第21冊,頁245下。

觀,誤烈薪火燬焉,由是一區廢為榛莽。(中)書椽〔四〕錢塘高君過之,為之慨然曰:"是靈境也。"即請於公〔五〕,作而新之,以答休貺。(公)〔六〕曰:"吾志也,子其成焉。"(君)〔七〕乃擇吉日,選有司,規(沒)入之贏〔八〕,購免售之氓,(具)〔九〕器就作,用集厥事。材良力勤,勿亟匪徐,翼月告成,(華)〔一〇〕構有嚴。前開靈祠,後峙(蕊)〔一一〕宮,籛楹騫〔一二〕飛,黝堊鮮澤。太平盛觀,復在目中矣。神仙方技,本出常理之外,然為吾人鍾扶輿,萃清淑,苟不梏而全焉,則長生騰化,理亦可致。然使得志於世,出入將相,精神志慮,(竭)〔一三〕於經濟,則交梨火棗所不暇服。惟夫蘊其才而不試,鬱其志而不泄,端居靜默,將谷神於內景,私載營魄,蟬蛻方外,固自君子餘事,而之數老者,其亦斯人之儔也歟?生為英賢,不得以沛惠澤於斯民,去為佺僑,烜其餘光,猶可以垂修名於千秋,待天理之定。觀惠從之極偉,其表建立〔一四〕,可謂寥廓曠絕不凡者矣。然當生死之關,既握元命之柄,萬化生身,宇宙在手,則能明復為人,宜無難者。昌運既復,其亦可以出而上佐天子矣,等人間世,何昔眷而今遺(耶)〔一五〕?(紺)〔一六〕殿風朝,星壇月夕,羽衣士子,其為余吟《步虛》以招之。辭曰:

太和磅礴神搆精,黍珠光開生洞靈。蒼虬出海眼若鉦,白虎嘯風尾為旌。地爐櫸葉乾坤並,龍蟠虎伏丹始成。朱衣真人居黃庭,顏如寒梅眉紫青。泥丸夜誦(蕊)珠(經)〔一七〕,琅風清微韻泠泠。翛然沖虛淩太清,前呵豐隆後朱陵。晨胡十二樓五城,手持芙蓉拜龍軿。帝傍群曹愉且〔一八〕驚,(之)人奚為(目)熒熒〔一九〕。三光(森)〔二〇〕羅下倒明,天孫賜錦華若英。醉騎麒麟驅六丁,來遊人間寄閒贏。何年塵中留幻形,玄都絳闕高岩嶸。霞窗霧閣開彤屏,綺食更覺楓香腥。香風桃花吐前榮〔二一〕,石壇秋高淡見星。兔葵燕麥鶴遺翎,征南南來道復興。環珮〔二二〕清空雲杳冥,天風何處鸞簫聲。昌辰寶曆開天禎,騎羊歸來佐明廷。文為蕭曹武韓黥,明星作景雲作卿。倒傾金潢清北庭,西遊太華浮濁涇,時巡秋郊振流鈴,劍吼鬼血剛〔二三〕風鳴,九還如粟倉箱盈。四海盡化為蓬瀛,蒼生顒望如秋蠅。胡為泥〔二四〕酒酬山坰,遲君一住三千齡。

　　洪武二年歲次己酉暮春吉日郡人孫蕡撰。燕山許雪亭篆蓋,臨川吳錫舉〔二五〕書丹,前住持僧宗暠立。

【編者按】

　　碑文輯錄自清·潘尚楫修,鄧士憲纂:道光《南海縣志》卷二八〈金石略〉①。另又見清·王永瑞修,楊錫震等纂:康熙《新修廣州府志》卷四九〈藝文志〉②、清·張嗣衍主修,沈廷芳總纂:乾隆《廣州府志》卷五五〈藝文志〉③、清·任果修,檀萃等纂:乾隆《番禺縣志》卷一九〈藝文志〉④。

【校記】

　　〔一〕"始城建時",康熙《新修廣州府志》、乾隆《番禺縣志》作"始建城時",乾隆《廣州府志》作"治城建時"。

　　〔二〕"永無荒饑之虞"中"饑之"二字,原本闕,據康熙《新修廣州府志》、乾隆《番禺縣志》補。乾隆《廣州府志》作"永無饑荒之虞"。

　　〔三〕原文闕"訖徑"二字,今據另三本補。

　　〔四〕原文闕"中"字,今據另三本補。

　　〔五〕"即請於公",康熙《新修廣州府志》、乾隆《番禺縣志》作"即請於廖公",乾隆《廣州府志》作"既請於公"。

　　〔六〕"公"字,原文闕,今據乾隆《番禺縣志》、乾隆《廣州府志》補。康熙《廣州府志》作"廖公曰"。

　　〔七〕原文缺"君"字,今據另三本補。

---

　　① 清·潘尚楫修,鄧士憲纂:道光《南海縣志》,新文豐出版公司編輯部編:《石刻史料新編》第三輯第 21 冊,頁 244 下-245 下。

　　② 清·王永瑞修、楊錫震等纂:康熙《新修廣州府志》,《北京圖書館古籍珍本叢刊》第 40 冊,頁 1186 下至 1187 下。

　　③ 清·張嗣衍主修,沈廷芳總纂:乾隆《廣州府志》,乾隆二十四年〔1759〕刻本顯微資料本,頁 1 上-2 下。

　　④ 清·任果修,檀萃等纂:乾隆《番禺縣志》,《故宮珍本叢刊》第 168 冊,頁 455 下-456 上。

〔八〕"沒人之贏"，底本闕"沒"字，今據乾隆《番禺縣志》補。康熙《新修廣州府志》、乾隆《廣州府志》作"沒人之贏"。

〔九〕原文缺"具"字，今據乾隆《番禺縣志》、乾隆《廣州府志》補。

〔一〇〕原文缺"華"字，今據另三本補。

〔一一〕原文缺"蕊"字，今據另三本補。

〔一二〕"騫"字，乾隆《廣州府志》作"騰"。

〔一三〕原文缺"竭"字，今據另三本補。

〔一四〕"其表建立"，康熙志作"其表建真"，番禺志作"其表建"。

〔一五〕原文缺"耶"字，今據另三本補。

〔一六〕原文缺"紺"字，今據另三本補。

〔一七〕原文缺"蕊"、"經"二字，今據另三本補。

〔一八〕"且"，底本作"具"，另三本作"且"，當以"且"為是。

〔一九〕原文缺"之"、"目"二字，今據另三本補。

〔二〇〕原文缺"森"字，今據另三本補。

〔二一〕"榮"，康熙志作"楹"。

〔二二〕"環佩"，康熙志、番禺志作"珮環"。

〔二三〕"剛"，康熙志、番禺志作"罡"。

〔二四〕"泥"，康熙志、番禺志作"澠"。

〔二五〕"吳錫琴"，據翁方綱《粵東金石略》卷一本碑的題跋，當作"吳湯琴"。

【碑文考釋】

撰碑者孫蕡（1333—1389），字仲衍，號西庵，廣東南海人。明洪武三年（1370）舉於鄉，初授工部織染局使，官至翰林典籍。工詩，與黃哲、王佐、李德、趙介開"抗風軒"於南園，世稱"南園五先生"。洪武二十二年（1389）以事謫戍遼東，是年竟以黨禍見殺。著有《通鑒前編綱目》、《孝經集善》、《理學訓蒙》、《和陶集》、《西庵集》等。

翁方綱《粵東金石略》卷一〈孫典籍重修五仙觀記〉："洪武二年己酉暮春，郡人孫蕡撰，臨川吳湯琴書。朱竹垞言觀有建中靖國碑，今訪問，無知者矣。"[1]道光《南海縣志》文

---

① 清·翁方綱纂：《粵東金石略》卷二，新文豐出版公司編輯部編：《石刻史料新編》第一輯第 17 冊，頁 12375 上。

末按語云：“篆蓋之文，本用於墓誌銘，而宋《重修山陰縣朱儲斗門記》題銜云‘越州州學教授江嶼書並題蓋’，殆好奇之過而未考者也。此刻云篆蓋則又沿其誤矣。”[1]

本文的作者是元末明初的著名詩人。這篇碑文記述了明初五仙觀的一次重修的情況。

碑文先略述了五仙觀的位置以及五仙的傳說，以說明五仙之祀的由來。接下來便講述了明初洪武元年發生在五仙觀的事情，原來當時征南將軍廖公（廖永忠）駐兵在廣州藩治，有一些士兵住在五仙觀，結果燒柴不小心燒著了五仙觀，導致整個建築被燒毀。後來中書掾高君（名字不知）恰好經過，於是請求廖公重修它。很快，一個月就修成了[2]。

按理說，碑文至此主要任務已經完成，因為已經把廟宇重修的情況說清楚了。但是作者又用了一半的篇幅來發揮自己對於神仙方技的看法。他總的看法是，神仙方技也有它的合理之處，只是汲汲於入世者是服不了“交梨火棗”，也就是說不能成仙的。但是如果平日能“端居靜默”，涵養魂魄，大概也能成為神仙之儔。

最後碑文請“羽衣士子”（也就是道士之流）爲他吟《步虛辭》來招神仙，結束了本文，顯示了他在詩歌創作方面的優長。

17-4　明·湛若水：五仙觀湛甘泉詩碑

明嘉靖三十三年（1554）

【碑刻信息】

存址：舊在五仙觀內[3]。

碑文來源：《粵東金石略》。

【碑文】

白蓮池上訪仙蹤，□聽攢眉夜夜鐘。七十年前燈火地，東尋無路白雲封。

甘泉子成童館坡山白蓮池東房。嘉靖甲寅夏，李□□青霞父子，邀飲於大鐘之樓，舊跡變遷，惕焉感懷。

---

① 清·鄧士憲纂：道光《南海縣志》，新文豐出版公司編輯部編：《石刻史料新編》第三輯第21冊，頁245下。

② 另參明·郭棐撰，黃國聲、鄧貴忠點校：《粵大記》，廣州：中山大學出版社，1998，頁34-36、195-196。

③ 清·鄭榮等修，桂玷等纂：宣統《南海縣志》按語云：“右刻俱在五仙觀。”見《中國地方志集成·廣東府縣志輯》第30卷，頁292下。

時是秋七月三日,前南京兵部尚書湛若水書。

【編者按】

碑文輯錄自清·翁方綱纂:《粵東金石略》卷一"五仙觀湛甘泉詩碑"條①。碑文又見清·鄭榮等主修,桂坫等總纂:宣統《南海縣志》卷一二〈金石略〉②。

【碑文考釋】

撰碑者湛若水(1466—1560),字元明,號甘泉,廣東增城人。明弘治五年(1492)舉於鄉,弘治十八年(1505)會試第二名,賜進士,選庶吉士,授翰林院編修。明世宗嘉靖初入朝,明年進侍讀。後遷南京國子監祭酒,作《心性圖說》以教士。拜禮部侍郎。歷南京吏、禮、兵三部尚書。少師事陳獻章,後與王陽明同時講學,各立門戶。老,請致仕。年九十五卒。著有《湛若水集》。

清翁方綱纂:《粵東金石略》及清·鄭榮等主修、桂坫等總纂:宣統《南海縣志》文末按語云:"又寺內東側三元殿前有池,片石陂陀,泉出其中,旁刻'仙人足跡'四字。"③

17-5 明·黎民表:真武像贊
明嘉靖四十四年(1565)

【碑刻信息】

存址:舊在五仙觀內④。

碑文來源:宣統《南海縣志·金石略》。

---

① 清·翁方綱纂:《粵東金石略》卷二,新文豐出版公司編輯部編:《石刻史料新編》第一輯第17冊,頁12375上。
② 清·鄭榮等主修,桂坫等總纂:宣統《南海縣志》,《中國地方志集成·廣東府縣志輯》第30卷,頁292下。
③ 清·翁方綱纂:《粵東金石略》卷二,新文豐出版公司編輯部編:《石刻史料新編》第一輯第17冊,頁12375上;清·鄭榮等修、桂坫等纂:宣統《南海縣志》,《中國地方志集成·廣東府縣志輯》第30卷,頁292下。
④ 清·翁方綱纂:《粵東金石略》卷二:"右刻在五仙觀。"見新文豐出版公司編輯部編:《石刻史料新編》第一輯第17冊,頁12375上。又清·鄭榮等主修,桂坫等總纂:宣統《南海縣志》按語云:"右刻在五仙觀真武殿內後側。"見《中國地方志集成·廣東府縣志輯》第30卷,頁294上。

【碑文】

　　玄衣紺髮,威武奮揚。乘雲御氣,翕陰闢陽。上戴虛危,統治朔方。驅除氛慝,奸妖遁藏。陰翊皇祚,卜世遐昌。璚宮御國,是尊是享。圖形貞石,景耀彌彰。

　　嘉靖乙丑冬十月,羅浮山人黎民表謹書,南海陳弘采刻石。

【編者按】

　　碑文輯錄自清·鄭榮等主修,桂玷等總纂:宣統《南海縣志》卷一二〈金石略〉①。

【碑文考釋】

　　撰碑者黎民表,字維敬,自號瑤石山人,貫之子也。嘉靖(1534)舉鄉試,久不第。後授翰林孔目,遷吏部司務。後擢南京兵部職方員外郎。丁母憂,服闋,補浙江司員外郎,監通州倉,轉餉雲中。官至河南布政使司參議。乞致仕。有《瑤石山人稿》行世。與吳旦、梁有譽、歐大任、李時行結社南園,嶺南詩學復振。五人皆出黃泰泉之門,世稱"南園後五先生"。所著有《瑤石類稿》十六卷、《明音類選》十二卷,並存。

　　《粵東金石略》卷二〈真武像贊〉按語云:"嘉靖乙丑羅浮山人黎民表八分書。"②

17-6　清·耿繼茂:重修五仙觀碑記

清順治十二年(1655)

【碑刻信息】

　　存址:舊在五仙觀內③。

　　碑文來源:同治《南海縣志·金石略》。

---

① 清·鄭榮等主修,桂玷等總纂:宣統《南海縣志》,《中國地方志集成·廣東府縣志輯》第30卷,頁294上。
② 清·翁方綱纂:《粵東金石略》,新文豐出版公司編輯部編:《石刻史料新編》第一輯第17冊,頁12375上。
③ 清·鄭夢玉等修,梁紹獻等纂:同治《南海縣志》文末按語云:"右嵌觀東壁。"見《中國方志叢書》第50號,臺北:成文出版社,1967,據清同治十一年刊本影印,頁200下。

【碑文】

　　重修五仙觀碑記

　　靖南王耿繼茂撰

　　在昔軒轅問長生於空同①，羲山乞長生於羨門②，仙人所由昉云。然□□□君子壹志鍊（形）〔一〕，真丹將結，駿鸞可期，積累功行□□□□□□□□幽，牒登仙錄，功行最普，無如世界皆飽稔無餒饉。若廣城之五仙，□□是歟。案郡志：建城伊始，五仙突至，騎羊持穗，祝斯民永無饑荒之虞。言訖飛昇，羊化為石。郡人感其異且德焉，構為觀以祀之。維肇剏之□□□漢相沿以迄於茲。觀之興廢不一，趙宋以前，不可徵矣。於元而一新，於明而再新；今閱數千禩，（五仙）〔二〕所祝猶在人口，粵氓嘉賴之不衰，□□之功行，洵普矣哉。洪惟我皇上，伏紫氣以登三，秉黃離而用九，堯燭與道光齊照，舜河與法水俱清。時和歲豐，塗歌巷誦，蒼生鮮昏墊之倫，神仙有顯化之應。予承天子敕藩，撫蒞此邦，目擊仙觀圮敝，朱軒紺柱，共榛（荊以）〔三〕邱墟；月面星（眸）〔四〕，竝煙霧而映莽。購材鼎新，率令官民合力鳩庀，響應如雲。更奉我慈幃〔五〕太老夫人李氏，秉心塞淵，肅欽神祇，捐發橐貲，勸建勝事，□□□□□庭革□□於廢址，蕊宮絳殿，裁成布置，咸□以式。黃冠有舍，步虛有堂，□□□□□□□事敏，晨夕展力，越數月而□□□□ □□□□。（長生之訣，詎必飯青精，饗瑤漿哉？獨其願力閎深，祝無饑荒。此）〔六〕好生一念，□□靡竟，固長生之訣矣乎〔七〕。予感五仙好生之意，□□□□□無□□□。凡我麾弁爪士，群黎百姓，尚其勤進香膏，薦信勿懈，永禱五仙靈□□□應，人食其祉，莫可紀量，（即予）〔八〕重建之志也。是為記。

　　順治十二年乙未（靖南王耿繼茂書）〔九〕。

---

　　① 有關黃帝問廣成子長生之道之事，見《莊子·在宥》，清·郭慶藩集釋：《莊子集釋》第 2 冊，頁 379–384；又見晉·葛洪《神仙傳》卷一〈廣成子〉，胡守為校釋：《神仙傳校釋》，北京：中華書局，2010，頁 1；又見晉·葛洪《抱朴子內篇·極言》："昔黃帝生而能言……故陟王屋而授丹經，到鼎湖而飛流珠，登崆峒而問廣成，之具茨而事大隗，適東岱而奉中黃，入金谷而諮涓子。"見王明校釋：《抱朴子內篇校釋》卷一三，頁 241。

　　② 有關情節見《紫陽真人內傳》，《道藏》第 5 冊，頁 544 中。

【碑側】

（靖南王捐銀二百五十兩,買地一區,擴為道院東齋,永禁侵佔。)①

【編者按】

碑文輯錄自清·鄭夢玉等修,梁紹獻等纂:同治《南海縣志》卷一二〈金石略〉②。参校清·樊封:《南海百詠續編》卷二〈道觀〉,③另參考清·樊封撰,劉瑞點校:《南海百詠續編》④。

【校記】

〔一〕"形"字據《南海百詠續編》補。

〔二〕"五仙",據《南海百詠續編》補。

〔三〕"荊以",底本爲空格,據《南海百詠續編》補。

〔四〕"睟",底本爲空格,據《南海百詠續編》補。

〔五〕"幬",《南海百詠續編》作"闈"。

〔六〕括號內字據《南海百詠續編》補。

〔七〕"固長生之訣矣乎",《南海百詠續編》作"固真長生之訣矣"。

〔八〕"即予",底本爲空格,據《南海百詠續編》補。

〔九〕"靖南王耿繼茂書",底本無,據《南海百詠續編》補。

【碑文考釋】

撰碑者耿繼茂(?—1671),滿洲漢軍正黃旗人,耿仲明長子,耿精忠之父。清順治六年(1649)隨父進兵廣東。父亡後,代領其眾。順治八年(1651)襲父爵,為靖南王。與尚可喜同鎮廣東,順治十七年(1660)移鎮福建。康熙十年(1671)卒,謚忠敏。

此文是靖南王耿繼茂為清順治十二年(1655)五仙觀的重修而作,核心思想在於表達對於五仙好生之意的讚揚,認為能使世界皆飽穩,乃功行之最普者。

---

① 此為碑側文字,同治《南海縣志》無,根據清·樊封:《南海百詠續編》補。原文爲:"又碑側一行:'靖南王捐銀二百五十兩,買地一區,擴為道院東齋,永禁侵占。'据此則當日修理官廟,以藩府之尊,尚須出貲和買,則兩王在粵,未必如《觚賸》、《嶺南雜記》、《大事錄》所載之橫暴也。"見《叢書集成續編》第236冊,臺北:新文豐出版公司,1989,據1916年翠琅玕館叢書本影印,頁243下。

② 清·鄭夢玉等修,梁紹獻等纂:同治《南海縣志》,《中國方志叢書》第50號,頁200上-下。

③ 清·樊封:《南海百詠續編》,《叢書集成續編》第236冊,頁243上-下。

④ 清·樊封、劉瑞點校:《南海百詠續編》,廣州:廣東人民出版社,2010,頁206-207。

碑文開頭提到"軒轅問長生於空同,羲山乞長生於羨門",前事出自《莊子·在宥》,講的是黃帝成為天子之後向隱居在崆峒(空同)山的廣成子問道的故事;後句所云"羲山",為周羲山,號紫陽真人,根據《紫陽真人內傳》,他曾向仙人羨門高請教長生之術。

17-7 清·佚名:重修關帝廟并三年圓滿功德碑記
清康熙七年(1668)

【碑刻信息】

存址:舊在五仙觀內①。

碑文來源:宣統《南海縣志》。

【碑文】

　　人生一念之善,隨感而發,其有閱歷已深,世路艱危,人情困阻,惻然悲憫,日以利濟元元為念,此大丈夫有意於世道人心之所為也。外此則就地布金,隨緣種福,往往於神佛境界有願力焉。然佛教如獅子林,如龍城鷲嶺,以及一寺一觀,皆有慈悲力,為之護法。而神道之布,載祀典者,予不具論。如福國庇民者,則莫顯於關聖帝君。乃世世一切眾生、善男信女,凡登寶刹,瞻依佛相,欣然生惟愛心,惟生愛,愛生狎,嘻嘻然若無所戒懼,而不知帝廟見真,金容赫奕,侍衛威嚴,傴趨臘拜,凜凜乎若有所敬畏,而無敢少有逾越者。由斯而觀,佛教之以慈悲為門,固足以普度眾生,然總歸於空虛寂滅,殆不如神道之赫聲濯靈,顯然設教,足以儆百邪而奮發人心也。會首□等若有會於此意,於穗城五仙觀內之關帝廟業,起而修之,俾牆壁弗頹,風霜不懼。雖未能侖奐輝煌,已足云廟貌一新者矣。而□等又各抒願力,為三年大緣首,凡朝夕香燈,朔望供奉,以及帝誕,無不虔誠竭力,設諸天供養,為帝德無疆之祝。今三年之緣已滿矣,又復大開道場,延諸道眾,懺悔一切諸劫,以期無量福果。此蓋功

---

　　① 清·鄭榮修,桂玷等纂:宣統《南海縣志》按語云:"右刻在大市街五仙觀內右關帝廟階下。"見《中國地方志集成·廣東府縣志輯》第 30 卷,頁 316 上。

完願滿,弗殆而弗諼者矣。住持道士□睹此善因,乞予一言,以勒諸不朽。

余謂世人具菩提種子,凡諸佛事,無不各各喜舍,樂施恐後,意以積此善根,將來子子孫孫皆受菩提庇也。至於帝廟,或者有疾未除,有疑未決,方將少具香楮,以祈神誨而邀神功,蓋未聞有無故而忻然樂施,廣此善願,三年如一日,無少間斷,如會首諸人者也。由此一念之善,擴而充之,濟世利民,何往不可,又何必區區偏帝之福祐也哉!殆有嘉焉,因為之記。後福姓氏從略。

時龍飛康熙歲次戊申年　月　日立。

【編者按】

碑文錄自清・鄭榮修,桂玷等纂:宣統《南海縣志》卷一三〈金石略〉①。

【碑文考釋】

碑文將神道之像教,與佛教叢林以慈悲為門感化世人相比較,認為神道在教化方面當更勝出一籌。(原碑文云:"佛教之以慈悲為門,固足以普度眾生,然總歸於空虛寂滅,殆不如神道之赫聲濯靈,顯然設教,足以儆百邪而奮發人心也。")同時碑文指出關帝廟在福國庇民方面為最顯著者。接下來,碑文敘述了立碑之緣由。關帝廟之會首諸人,不但修廟,而且發願為三年緣首,現在三年圓滿,因此立碑紀念。

17-8　清・曾燠:重修南海五仙觀碑

清嘉慶十七年(1812)

上碑

【碑刻信息】

存址:今廣州市越秀區惠福西路五仙觀內。

碑額:無。

---

① 清・鄭榮等主修,桂玷等總纂:宣統《南海縣志》,《中國地方志集成・廣東府縣志輯》第30卷,頁315下-316上。

碑題：重修南海五仙觀碑。楷書。

尺寸：碑高 162 厘米，寬 76 厘米。

碑文來源：原碑抄錄。

【碑文】

重修南海五仙觀碑

通奉大夫廣東布政使司布政使南城曾燠撰

中憲大夫署兩廣鹽運使候補道陽湖楊煒書

粵中之有五仙觀，其來久矣。見於傳志者云：周顯王時，有五仙人騎羊降於楚庭，並持穀穗，一莖六出，衣與羊如五方色，遺穗騰空而去，羊化為石。州人即其地立廟祀焉。今城曰"羊城"，門曰"五仙門"，所以志也。楚庭者，楚之疆域，嘗〔一〕至於南海也。夫帝堯之時，五老游河；漢文帝出長安門，若見五人於道北。此皆經史所載，五仙人殆若是歟？黃初平之石為羊，五仙人之羊為石，變化一理，固無足怪。

自宋以前，其廟遷徙不常。至政和三年，經略使張礪乃復其舊址，即今觀是也。明洪武元年，平章廖永忠嘗新之。其十年，布政使趙嗣堅謂仙人好樓居，始建閣奉仙像於其中。成化五年，布政使張瑄又加修焉。嘉慶十五年，予奉命旬宣於粵，始至之日，敬謁諸神祠。至是觀，則庭宇摧頹，香火闃寂，慨然興歎，以為享祀不虔，官斯土者與有責也。都統那公見與予合。於是相與請諸大府，咨諸同人，各捐廉俸，克日鳩工，商旅之有力者亦踴躍求助焉。址不加拓，制準於前。木之材選其堅，陶之工取其密。自殿閣、門庭，以迄齋館、庖湢、更衣之所、焚修之室，靡椽不新，靡塼不固，斐焉翼焉，眈眈轇轇，所以妥神靈而肅觀瞻者，前此殆未嘗有比。歲中風雨以時，癘疫不作，禾黍屢豐，鯨鱷遠徙，瀕海數千里無犬吠之警焉。論者以為非神貺不至。是役既蕆，凡有功斯舉者，自將軍制撫下例得載姓名於樂石。予忝始事，僭為文以紀其顛末。

大清嘉慶十有七年歲次壬申三月既望上石。

下碑

【碑刻信息】

存址：今廣州市越秀區惠福西路五仙觀內。

碑額：重修五僊觀題名碑。楷書。

碑題：無。

尺寸：碑高 163 厘米，寬 81 厘米。

碑文來源：原碑抄錄。

【碑文】

協辦大學士兩廣部堂松筠捐銀貳伯員。

鎮守廣東等處將軍福會捐銀壹伯員。

廣東巡撫部院韓崶捐銀貳伯員。

鎮守廣東左翼都統邵麟泰捐銀貳伯員。

鎮守廣東右翼都統張秉樞捐銀壹伯員。

提督廣東學院程國仁捐銀壹伯員。

粵海監督德慶捐銀貳伯員。

廣東布政使司曾燠捐銀貳伯員。

前任廣東按察使司湖北按察使司陳若霖捐銀壹伯員。

廣東按察使司溫承志捐銀壹伯員。

原任兩廣鹽運使司趙三元捐銀貳伯員。

署兩廣鹽運使楊煒捐銀壹伯員。

廣東督糧道富綸捐銀五拾員。

廣東惠潮嘉道智凝捐銀壹伯員。

廣東南韶連道齊嘉紹捐銀貳伯員。

廣東高廉道和舜武捐銀壹伯員。

護理雷瓊道事務廣州府知府陳鎮捐銀壹伯員。

署廣州府事高州□知府崔景儀捐銀肆拾員。

惠州府知府和瑋額捐銀捌拾員。

署韶州府知府百順捐銀肆拾員。

理事同知舒綸泰捐銀陸拾員。

署理事同知文都捐銀肆拾員。

理猺直隸同知徐如灝捐銀肆拾員。

直隸羅定州知州李華庭捐銀叁拾員。

即補同知福蔭長捐銀肆拾員。

候補同知楊時行捐銀貳拾員。

署廣糧通判謝濤捐銀肆拾員。

署南海縣知縣馬德表捐銀壹伯員。

番禺縣知縣姚祖恩捐銀柒拾員。

署番禺縣知縣姚庭訓捐銀伍拾員。

順德縣知縣周祚熙捐銀壹伯員。

東莞縣知縣鍾祥捐銀壹伯員。

署香山縣知縣鄭承雯捐銀壹伯員。

新會縣知縣沈寶善捐銀壹伯員。

署澳門同知候補知縣□朝俊捐銀貳拾員。

候補知州劉承龍捐銀貳拾員。

署三水縣知縣鄧必蕖捐銀叁拾員。

候補知縣于潛修捐銀貳拾員。

署番禺縣縣丞王玉樹捐銀陸員。

鹽運司庫大使嘉會捐銀貳員。

督標中軍副將庫蒙□捐銀貳拾員。

督標左營參將希凌阿捐銀拾員。

督標右營參將謙元保捐銀拾員。

督標前營參將張光守捐銀拾員。

督標後營參將薩凌阿捐銀拾員。

督標水師營參將陳占鰲捐銀拾員。

撫標中軍參將王□捐銀拾員。

撫標右軍遊擊祁世和捐銀拾員。

廣州協副將張紹緒捐銀貳拾員。

肇慶協副將鍾岳捐銀拾員。

順德協副將孟光捐銀拾員。

世襲一等男羅定協副將吉郎阿捐銀拾員。

三江協副將李應元捐銀拾員。

香山協副將徐廷豹捐銀拾肆員。

新會營參將陳鎮邦捐銀拾員。

永靖營遊擊西拉布捐銀拾員。

督標中營都司張萬□捐銀伍員。

廣州協都司楊大鵬捐銀伍員。

香山協中軍都司易鎮疆捐銀捌員。

香山協右營都司吳紹麟捐銀捌員。

三江協中軍都司張仁捐銀捌員。

澄海營都司余化龍捐銀伍員。

督標右營守備羅鳳樓捐銀伍員。

督標前營守備馮卜熊捐銀伍員。

督標後營守備王永泰捐銀伍員。

督標左營守備李福泰捐銀伍員。

廣州協右營守備徐祖亮捐銀伍員。

香山協左營守備靈恭捐銀伍員。

香山協右營守備余時高捐銀伍員。

新會左營守備余得彪捐銀伍員。

新會右營守備林得陸捐銀伍員。

新會左右營千總楊光、黃權大、陶應忠、羅鳳光,共捐銀捌員。

新會左右營把總沈麟瑞、邱炳超、馮貴高、馮彪、吳永慶、馮大振、文勝高、鄧大忠,共捐銀拾陸員。

滿漢八旗協領:

巴揚阿捐銀捌員。

黑達色捐銀捌員。

廣德捐銀捌員。

榮太捐銀捌員。

陳廷祚捐銀捌員。

鍾濤澤捐銀捌員。

董茂濟捐銀捌員。

樊長齡捐銀捌員。

滿漢八旗佐:

倭仁額捐銀陸員。

六十八捐銀陸員。

雷太捐銀陸員。

泰永捐銀陸員。

王興隆捐銀陸員。

施雄量捐銀陸員。

馬世寧捐銀肆員。

邊宗□捐銀陸員。

水師旗營:

協領翰章阿捐銀捌員。

佐領王文耀捐銀陸員。

佐領官福捐銀陸員。

滿洲八旗防禦：

達興阿捐銀叁員。

海明捐銀肆員。

常保捐銀肆員。

菩薩保捐銀拾肆員。

西布昌阿捐銀肆員。

烏凌阿捐銀肆員。

五十四捐銀肆員。

秋德捐銀肆員。

魁寧捐銀肆員。

安太捐銀肆員。

巴音太捐銀肆員。

雙住捐銀肆員。

舒太捐銀肆員。

雙興保捐銀肆員。

圖桑阿捐銀肆員。

七克灘布捐銀肆員。

漢軍八旗：

劉贊捐銀肆員。

張朝□捐銀肆員。

李璋捐銀肆員。

王陞捐銀肆員。

漢軍八旗防禦：

王瑞麟捐銀肆員。

李全忠捐銀肆員。

李朝鼎捐銀肆員。

李榮捐銀肆員。

李培滔捐銀貳員。

唐建元捐銀貳員。

王鈴捐銀叁員。

萬仕耀捐銀叁員。

楊承震捐銀肆員。

徐服捐銀叁員。

黃鐘捐銀叁員。

水師旗營防禦：

邱正伸捐銀貳員。

賞納哈捐銀叁員。

滿洲八旗驍騎校：

烏郎阿捐銀貳員。

合住捐銀貳員。

金奇里捐銀叁員。

京金捐銀叁員。

關祥捐銀叁員。

班精阿捐銀叁員。

得楞額捐銀貳員。

得魁捐銀貳員。

凌太捐銀叁員。

色勒敏捐銀叁員。

哈達納捐銀叁員。

文魁捐銀叁員。

烏林岱捐銀叁員。

和順捐銀叁員。

薩尔兵阿捐銀貳員。

漢軍八旗驍騎校：

王宗珩捐銀貳員。

韓朝陞捐銀貳員。

從興信捐銀貳員。

楊貴鐸捐銀貳員。

董朝臣捐銀貳員。

李華捐銀貳員。

耿正捐銀貳員。

商守道捐銀貳員。

董明文捐銀貳員。

樊茂齡捐銀貳員。

劉秉裕捐銀貳員。

章世城捐銀貳員。

汪旭耀捐銀貳員。

黃鐸捐銀貳員。

水師旗驍騎校：

孟學捐銀壹員。

于建□捐銀貳員。

□文楷捐銀貳員。

王寧捐銀貳員。

胡□捐銀貳員。

黃得成捐銀壹員。

廣利洋行捐銀肆百貳拾員。

怡和洋行捐銀肆百貳拾員。

東生洋行捐銀壹伯伍拾員。

麗泉洋行捐銀壹伯叁拾員。

萬源洋行捐銀壹伯員。

東裕洋行捐銀壹伯員。

福隆洋行捐銀壹伯員。

天寶洋行捐銀玖拾員。

同泰洋行捐銀玖拾員。

左翼都統府署內梁慎庵、王永安、王永王、劉蘭生：捐銀肆拾員。

監務局運名□共捐銀□□。

粵海關署內門印捐銀叁拾員。

粵海關總處館捐銀拾伍員。

監工領催吉凌阿、扎隆阿、堆器、倉保、凌山、得保、七克伸布、阿凌阿捐七星燈壹□、洋燈一□。

監工兵文陞捐神印叁□對聯壹副。

關署快皂夜處共捐銀拾員。

黃氏捐銀拾陸員。

何振綱捐銀肆員。

豹蔚堂捐銀貳員。

存得捐銀貳員。

陞元店捐銀貳員。

永怡堂蔡捐銀拾貳員。

支善捐銀肆員。

連遠生堂捐銀貳員。

西盛店捐銀貳員。

南榮店捐銀貳員。

趙玉（厢白）、興義（正紅）、陳瑞麟、廣孚店、恆昌店、全興店、胡鳳池、以仁堂林、姚亞周、馬如璧、王黃氏、八十一（厢白）、安寧保（厢藍）、映雪堂蘇、天元店、德盛店、李榮漢、蕭文周、任貴有、張元珍、馬梁氏、張何氏、伊凌阿（厢白）、全得（鑲藍）、佩仁堂鍾、裴沐榮、和盛店、寶華堂楊、樵東達、曾怡昌、黃輔清、賀劉氏、王錢氏、團東額、李陞、張上玉、黃國□、萬益店、梁好善堂、論文堂汪、孟□長、黃□發、曹金氏、劉氏：以上各捐銀壹員。

林何氏捐錢肆錢。

朱萬遜、黃時聰、合達杭阿（正紅）、萬德店、少何紹、馬歐氏、徐崔氏、潘庙敬、徐德盛、六達色、萬興店、麥祖祐、馬馮氏、林何氏、鍾光斗、楊蒲祿、林亞九、七車布、梁高、麥祖得、黃氏、曹張氏、蔡永□、黎□、徐尚德、麥□□、張文□、馬溫□、林張氏、邱何氏：以上各捐銀壹中員。

龍飛大清嘉慶拾柒年歲在壬申孟春吉旦，奉委監修官署番禺縣丞王玉樹，護理左司關防事務滿洲正紅旗佐領六十八，八旗領催札隆阿、蒼保、阿凌阿、得保、吉凌阿、七克申布、凌山、堆器仝勒石。

【編者按】

碑文輯錄自原碑，碑存觀內。另，碑文又見清·鄭榮等主修，桂玷等總纂：宣統《南海縣志》卷一三〈金石略〉①。原文末按語云："右刻在大市街五仙觀大殿右壁。"

【校記】

〔一〕"嘗"，道光志作"皆"，誤。

【碑文考釋】

撰碑者曾燠，清嘉慶年間為通奉大夫廣東布政使。

這篇碑文，主要記述了廣州五仙觀重修的歷史。

---

① 清·鄭榮等主修，桂玷等總纂：宣統《南海縣志》，《中國地方志集成·廣東府縣志輯》第30卷，頁333上—下。

碑文中提到宋政和三年張勱①"復其舊址",事見宋政和四年張勱〈廣州重修五仙祠記〉碑(碑號 17-1,總 34);提到明洪武元年(1368)廖永忠修復斯廟,事見明洪武元年孫蕡〈五仙觀記〉碑(碑號 17-3,總 36)。但碑文中又提到洪武十年(1377)趙嗣堅以"仙人好樓居",建閣奉仙像於其中一事,以及明成化五年(1469)張瑄又加修的事實,則無碑可考,足鑒廟史。

然自明成化五年的重修以下,即接記清嘉慶年間作者本人主持重修此廟的經過,其間似有意無意忽略了此間清順治年間耿繼茂對五仙觀的重修一事(有清順治十二年(1655)耿繼茂〈重修五仙觀碑記〉碑可考〔碑號 17-6,總 39〕)。

17-9 清·黃恩彤:重修五仙觀碑文
清道光二十五年(1845)

【碑刻信息】

存址:今廣州市越秀區惠福西路五仙觀內。

碑額:重修五仙觀碑文。楷書。

碑題:無。

尺寸:碑高 245 厘米,寬 145 厘米。

碑文來源:原碑抄錄。

情況說明:碑總共有四通。

【碑文】

粵東祠廟之古,無過五仙觀。稽諸往牒,周顯王時,有五仙人來集楚庭,乘五色羊,衣應五方。各持嘉禾一莖,穗皆六出,授觀者曰:"願爾闤闠永無災癘。"湏臾仙去,羊化為石。粵人自是建祠,並石祀之。

秦漢而後,崇奉惟謹。宋初,祠遷他所,厥民弗康。政和間,經略使張礪因民籲請,仍復舊址。今之觀即其地也。明洪武二年〔一〕,燬於火,中書平章廖永忠重加修建。七年,行省叅知政事汪廣洋就其地增築嶺南第一樓,鑄巨

鐘懸之。十年,布政使趙嗣堅復搆通明閣以棲神,并範五仙像,臚羊石於前,今之神像即其制也。

我朝自定粵撤藩,移駐八旂滿漢勁旅,特置將軍、兩都統率協領以下各官治之,將以建威銷萌,靖內攘外。二百年來,翼翼濟濟,克壯其猷。而五仙觀適當將軍署之西南隅,官民瞻禮,後先相屬;禱雨祈晴,如響斯應。第以歷年久遠,鳥鼠風雨之所摧剝,漸致楹桷傾欹,丹漆失色。蓋茲觀自入國朝以來,馮提軍毅曾修於雍正之二年,曾方伯燠再修於嘉慶之十七年,迄今又閱三十餘年矣。楚江上公奉命帥粵,慨然以振廢舉墜為志,尤以茲觀為省會名刹,旂民一體,均所託芘;若任其敝壞,是用弗安。亟商寅僚,共任鼎新之責。予惟守土之官,敬神勤民,分所當為,無可諉者。五仙皆神人,其與民事若不相及,但念粵俗信巫,自前代以來,叢祠蘭若,不知凡幾。其間蕩為邱墟、淪為煙草者何限。而維茲巋然古觀,徵嘉名於秦漢以前,隆奉祀於二千年之久,民之所依,神實憑焉。苟非威靈煊赫,功德著明,曷克臻此哉?方今粵東旂民生齒繁衍,養生之計,視昔尤亟。洪維五仙授六出之嘉穗,子闤闠以祝釐,殆天降五行之精,錫福茲土,雨暘時若,嘉禾遂生,以輔佑我聖朝億萬年無疆之休。俾嶺海軍民同享樂利者,其在斯乎?則所以新廟貌而資妥侑,又安可稍緩邪?工既告藏,爰記其事,以泐諸石。至鳩工庀材,益增式廓,並有董其事者,茲不備書。

兵部侍郎兼右副都御史巡撫廣東黃恩彤撰。

太子少保協辦大學士總督兩廣宗室耆英書。

鎮守廣東省將軍奉恩鎮國公宗室奕湘撰額。

大清道光二十五年歲次乙巳八月既望。

【編者按】

碑文輯錄自原碑,碑存五仙觀內。碑有四通,第一碑錄正文,高245厘米,寬145厘米;第二碑錄官紳善信所供供器,高176厘米,寬80厘米;第三碑錄捐助工金官紳名單,高173厘米,寬80厘米;第四碑錄捐助芳名,立石於道光二十六年,高93厘米,寬36厘米。由於損毀嚴重,後三碑不錄。

另碑文又見清·鄭榮等主修,桂玷等總纂:宣統《南海縣志》卷一三〈金石略〉①。原文末按語云:"右刻在大市街五仙觀大殿右壁。"

【校記】

〔一〕南海志作"洪武二十年",誤。

【碑文考釋】

撰碑者黃恩彤,生卒年、里籍不詳,清道光二十五年(1845)任廣東御史巡撫。

這篇碑文,在簡略敘述了五仙的來歷和宋明間五仙觀的重修歷史後,用較多的篇幅記載了入清後五仙觀的情況,特別強調了在清代的新形勢下重修五仙觀的必要性。主要是清代粵東地方"生齒日繁,養生之計視昔尤亟",而五仙贈穀穗之舉,正是好生之義,所以應當重修此廟,以獲得上天的保佑。

除此之外,碑文中還提到了入清以來至此次重修之前,此廟所經歷的重修,主要有雍正二年(1724)提督馮毅的重修,以及嘉慶十七年(1812)曾燠的重修。雍正二年的重修碑刻已不見留存,僅《羊城古鈔》一書留下了此碑的簡單信息②,此處記載可資補廟史。

17-10　清·承惠:重修五仙(觀碑記)③
清同治十一年(1872)

【碑刻信息】

存址:今廣州市越秀區惠福西路五仙觀內。

碑額:同治壬申重修。楷書。

碑題:重修五仙(下泐)。

尺寸:碑高 182 厘米,寬 80 厘米。

碑文來源:原碑抄錄。

---

① 清·鄭榮等主修,桂玷等總纂:宣統《南海縣志》,《中國地方志集成·廣東府縣志輯》第30卷,頁339下至340下。
② 見清·仇巨川纂,陳憲猷校注:《羊城古鈔》卷三,頁280。
③ 括號內為自擬。原碑碑題止餘"重修五仙"四字。另有碑額"同治壬申重修"六字。

【碑文】

觀自道光以前修葺□□□□大□□□者居多□□□丁巳□□□□□□同治甲子後，□災羊石裂。時事之感，非第風雨漂搖也；回祿之警，□□□□□蝕也。苟第施以□□□□不能□□□□□□□是築同人共襄盛事，幸官紳士民踴躍飲助，摒擋未足，在滿洲八旗官軍薪俸補之。自辛未迄□□□□□□玉皇殿、五仙殿、□□□，旁如三官殿、□聖殿、關帝殿、觀音殿，併各殿概行修葺。抑吾思之，瞻北斗魁躔，應南州冠冕，觀之東□□□□並創復焉，行□□□非盛已。顧吾人荷寵聖朝，駐防此地，將使廣廈萬間，冀斯民之廕庇也。鳩工云乎哉，庀材云乎哉，工竣泐石。

時襄事者，有協領承惠、國興、伊勒哈春，佐領全祿、惠齡、吉勒、□□□、色卿阿其人，予殷然而為之序。

欽加二品頂戴簡放副都統記名協領承惠謹撰。

謹將□□□金員名開列於左：

□華殿大□□□廣總督部堂瑞麟：工金壹佰兩正。

欽命粵海關□□□澧：工金壹佰兩正。

□□□□□□□鈞：工金壹佰兩正。

鹽運使司□□□□□：工金壹佰兩正。

□□埠□□□□□：工金壹佰兩正。

□□□□□□□□□□：工金壹佰兩正。

□□□正堂□□□：工金□拾柒兩五錢。

廣□□□□□□□□□：工金四拾叁兩七錢五分。

□□□方□□□□□□：工金四拾叁兩七錢五分。

□□□正□杜□□：工金捌拾柒兩。

番禺縣正堂□□□：工金捌拾柒兩。

□□□正堂王□文：工金□□□。

順德縣正堂孔□□：工金□□□。

香山縣正堂田□□：工金□□□。

新會縣□□□□□：□□□□柒兩。

欽加二□□□□□副都統記名協□□□：工金□□大員。

鑲黃正白旗滿洲□領國興：工金貳拾兩。

鑲白正藍旗滿洲□領伊勒哈春：工金□□□。

□□正黃正紅旗□□協領全祿：工金□□□。

欽加副都統□記□簡放副都統□□：工金壹拾兩。

二品□□記名協領丁德源：工金壹拾兩。

二品□□□□協領劉安保：工金伍大兩。

正黃正紅旗漢軍記名協領楊威：工金伍大兩。

水師旗營協領李松□：工金伍大兩。

正白旗滿洲佐領吉勒：工金壹拾兩。

鑲白旗滿洲佐領惠齡：工金壹拾兩。

鑲紅旗滿洲佐領色卿阿：工金壹拾兩。

鑲紅□藍旗漢軍協領談廣楠：工金四大員。

□□□領正藍旗漢軍佐領劉秉和：工金四大員。

正紅旗漢軍佐領胡清泉：工金貳大員。

鑲紅旗漢軍佐領黃國政：工金六大員。

水師旗營佐領趙國用：工金貳大員。

水師旗營佐領劉承鍰：工金貳大員。

鑲黃旗滿洲防禦成達：工金叁大員。

鑲黃旗滿洲防禦伊三布：工金叁大員。

正白旗滿洲防禦馬珍布：工金叁大員。

正白旗滿洲防禦吉昌：工金五大員。

鑲白旗滿洲防禦世彰：工金叁大員。

鑲白旗滿洲防禦全祿：工金五大員。

□藍旗滿洲防禦蘇勒發堪：工金叁大員。

□□□□□防禦和臣：工金叁大員。

□□□□□防禦貴舒：工金拾大員。

□□□□□防禦恆慶：工金拾大員。

正紅旗滿洲記名防禦三音：工金拾大員。

正紅旗滿洲防禦佛爾青額：工金拾大員。

正紅旗滿洲原品休致防禦邁拉孫：工金叁大員。

鑲紅旗滿洲記名防禦全志：工金拾大員。

鑲紅旗滿洲防禦玉璋：工金叁大員。

鑲藍旗滿洲防禦格成額：工金壹拾兩。

鑲藍旗滿洲防禦貴成：工金叁大員。

鑲黃旗滿洲驍騎校世芳：工金叁大員。

正白旗滿洲驍騎校安棋：工金叁大員。

鑲白旗滿洲驍騎校吉勒占：工金叁大員。

鑲白旗滿洲驍騎校錫蘭：工金叁大員。

正藍旗滿洲驍騎校薩克達春：工金叁大員。

正藍旗滿洲驍騎校訥□賀春：工金叁大員。

正黃旗滿洲驍騎校伊吉思渾：工金五大員。

正黃旗滿洲記名驍騎校毓林：工金叁大員。

正紅旗滿洲記名驍騎校源生：工金拾大員。

鑲紅旗滿洲驍騎校圖明阿：工金叁大員。

鑲紅旗滿洲驍騎校祥志：工金叁大員。

鑲藍旗滿洲驍騎校魁成：工金叁大員。

鑲藍旗滿洲驍騎校廣崑：工金叁大員。

正白旗滿洲世襲騎都尉常志：工金叁大員。

鑲白旗滿洲記名世襲雲騎尉祺惠：工金五兩。

鑲黃旗漢軍防禦王汝梅：工金壹大員。

正白旗漢軍防禦高堂：工金貳大員。

鑲白旗漢軍防禦金□：工金壹大員。

鑲白旗漢軍即補防禦黃建威：工金壹中員。

正黃旗漢軍防禦衡秉略：工金貳大員。

正黃旗漢軍防禦都遠奎：工金貳大員。

正藍旗漢軍防禦朱朝慶：工金壹大員。

正藍旗漢軍防禦賈秞：工金叁大員。

鑲紅旗漢軍防禦金海：工金四大員。

鑲紅旗漢軍防禦章鎮廷：工金壹大員。

鑲藍旗漢軍防禦李澤沛：工金貳大員。

水師旗營防禦舒普澤：工金貳大員。

正白旗漢軍驍騎校陳銓：工金貳大員。

鑲白旗漢軍驍騎校劉紹基：工金四大員。

鑲白旗漢軍驍騎校王鎮綱：工金壹大員。

正紅旗漢軍記名驍騎校徐鎮：工金壹大員。

鑲藍旗漢軍驍騎校黃國鼎：工金貳大員。

鑲黃旗漢軍驍騎校樊鐸：工金壹大員。

水師旗營驍騎校胡清鑒：工金貳大員。

水師旗營驍騎校馬連魁：工金壹大員。

漢軍即補驍騎校倪鳳瑞：工金壹大員。

廣東全省塘務府成傑：工金壹拾兩。

廣東全省塘務府王如槐：工金拾大員。

廣西候補同知謝堯岳：工金五大員。

廣東四匯把總匯源：工金五大員。

即補千總匯□存：工金拾大員。

前任補用知府□多：工金拾大員。

即補守脩楊：工金拾大員。

候選縣正堂：工金貳大員。

候選訓道潘鑑：工金壹拾兩。

鑲黃旗滿洲官兵：工金叁佰柒拾貳兩貳錢。

正白旗滿洲官兵等：工金叁佰柒拾叁兩零壹分。

鑲白旗滿洲官兵等：工金叁佰九拾四兩四錢九分。

正藍旗滿洲官兵等：工金叁佰捌拾壹兩伍錢陸分。

正黃旗滿洲官兵等：工金叁佰柒拾柒兩陸錢四分。

正紅旗滿洲官兵等：工金叁佰柒拾陸兩九錢壹分。

鑲紅旗滿洲官兵等：工金叁佰柒拾九兩貳錢四分。

鑲藍旗滿洲官兵等：工金叁佰陸拾捌兩貳錢柒分。

鑲白旗滿洲 加捐：工金貳拾五兩。

鑲白旗滿洲鄉祠：工金貳拾五兩。

無名氏：工金貳拾兩。

三元宮常住：工金拾大員。

本觀住持道衲盧理珍：工金貳拾兩。

領催常陞：工金拾大員。

莫廣泰：工金叁拾兩。

副領催景堃：工金四兩正。

寶善堂崔：工金壹拾兩。

信士張熾鄉：工金壹拾兩。

英華齋李炳堂：工金五大員。

德昌集木店：工金五大員。

甲兵尚群：工金五大員。

永吉當：工金五大員。

祐隆當：工金五大員。

怡益當：工金五大員。

寶源當：工金五大員。

河南梁永祥：工金五大員。

大源醬料店：工金五大員。

劉鑄山：工金五大員。

領催色郎：工金五大員。

領催吉景：工金貳大員。

領催昇平：工金貳大員。

領催扎布善：工金貳大員。

領催景緻：工金貳大員。

領催恭訥圖：工金貳大員。

領催薩里翰：工金貳大員。

領催吉安：工金貳大員。

領催連陞：工金貳大員。

領催昆元：工金貳大員。

漢軍正白旗舉人高平：工金貳大員。

程門俞氏：工金四大員。

何門池氏：工金貳大員。

鑲紅旗坤吉：工金貳大員。

鑲白旗春源：工金叁大員。

鑲紅旗花仔炎林：工金貳大員。

正白旗春林：工金貳大員。

領催富克精阿：工金貳大員。

振茂烟店：工金貳大員。

西南廣林店：工金貳大員。

名都外吱叶哈等：工金貳大員。

陳門周鍾氏：工金叁大員。

【碑文考釋】

本碑闕文較多，大意乃敘述同治年間共同捐資修葺五仙觀之事，從後面的捐資名單可以看出，這次捐資修觀的主體乃當地清朝官員，以兩廣總督瑞麟和粵海關監督蔣益澧為首。

另外，從殘存碑文提及"丁巳"、"同治甲子"等年份，大略可以猜到，咸豐七年（丁巳）的浩劫，五仙觀也未能倖免。另外五仙觀還遭遇了火災，故碑文中有"時事之感"、"回祿之警"等語加以詠歎之。而這也是重修的原因。

附　錄

1　五仙觀鐘識

明洪武十一年（1378）

【款文】

洪武十一年戊午孟春十八日辛卯，廣東等處承宣布政使司鑄造。

【編者按】

文輯錄自清·鄭榮等主修，桂坫等總纂：宣統《南海縣志》卷一二〈金石略〉[①]。原題下注曰："大篆，字徑二三寸。"文末按語云："右鐘在五仙觀。"

另參《粵東金石略》卷一"五仙觀鐘識"條[②]。

---

① 清·鄭榮等主修，桂坫等總纂：宣統《南海縣志》，《中國地方志集成·廣東府縣志輯》第30卷，頁281上。

② 清·翁方綱纂：《粵東金石略》卷一，《石刻史料新編》第一輯第17冊，頁12375上。

2　五仙觀鐘款

明弘治十年（1497）

【款文】

時大明弘治十年歲次丁巳季冬吉日，眾信喜捨鐘一口，重八百斤，在於五仙觀永遠供養，福有飯者。

【編者按】

文輯錄自清·鄭榮等主修，桂玷等總纂：宣統《南海縣志》卷一二〈金石略〉①。文末按語云："右鐘在五仙觀。"

3　關帝廟鐘款

明天啓三年（1623）

【款文】

大明天啟三年癸亥孟秋庚子之吉，眾信喜發誠心，捐資鑄造洪鐘一口，重千餘斤，在於五仙觀，敕封關帝殿前永遠供奉。

女弟子李門衛氏奉金二兩

黃門李氏奉金一兩

李門王氏奉金一兩

李門陳氏奉金一兩

麗門王氏奉金一兩

李門周氏奉金一兩

---

①　清·鄭榮等主修，桂玷等總纂：宣統《南海縣志》，《中國地方志集成·廣東府縣志輯》第30卷，頁286下至287上。

【編者按】

　　文輯錄自清·鄭榮等主修,桂玷等總纂:宣統《南海縣志》卷一二〈金石略〉①。原文末注曰:"右鐘在五仙觀內右關帝廟。"

4　金花廟鐘款
明天啓五年(1625)

【款文】

　　東莞番禺二縣信士□泰□蒙□魯　仝奉,祈保二門合家清吉。

　　天啟五年秋月吉旦立。

【編者按】

　　文輯錄自清·鄭榮等主修、桂玷等總纂:宣統《南海縣志》卷一二〈金石略〉②。原文末注曰:"右鐘在五仙觀內右金花廟。"

5　三元殿鐘款
明天啓六年(1626)

【款文】

　　□□南番等縣眾信士等發心喜捨洪鐘一口,重八百餘斤,在于三元殿前,永遠應用,萬壽無疆,福有所歸。

　　天啓六年丙寅孟秋吉旦立。募緣僧性悟。

【編者按】

　　文輯錄自清·鄭榮等主修,桂玷等總纂:宣統《南海縣志》卷一二〈金石略〉③。原文末注曰:"右鐘在五仙觀內左三元殿。按:此鐘並鑄捐資人,惟姓名過多,且有漫漶不可辨者,故未錄入。"

---

①　清·鄭榮等主修,桂玷等總纂:宣統《南海縣志》,《中國地方志集成·廣東府縣志輯》第30卷,頁299下至300上。
②　清·鄭榮等主修,桂玷等總纂:宣統《南海縣志》,《中國地方志集成·廣東府縣志輯》第30卷,頁300上。
③　清·鄭榮等主修,桂玷等總纂:宣統《南海縣志》,《中國地方志集成·廣東府縣志輯》第30卷,頁300上-301上。

18　仁威廟

【廟宇簡介】

　　又名仁威祖廟,是供奉真武(北帝)的神廟,位於廣州市荔灣區西泮塘鄉,即今荔灣區龍津路廟前街。

　　關於"仁威祖廟"的名稱由來,據碑記考證:現在的仁威祖廟在明代創建的時候,有很長一段年代稱為"真武廟"。到了清代初期,順治十八年(1661)〈重修北帝祖廟碑記〉和清康熙十七年(1678)〈北帝廟香燈祭業碑〉都已改稱為"北帝祖廟"。到了康熙五十二年(1713)之時,就已經改用了"仁威祖廟"的名稱[①]。從清康熙五十二年的石碑開始,清乾隆年間,同治年間的碑記都是用"仁威祖廟"的名稱,並一直沿用至今天。雖然,我們未能從碑記資料中找到可以解釋為何在康熙五十二年之時泮塘鄉北帝祖廟改稱為仁威祖廟的線索,但北帝與仁威的名稱關係可追溯至元成宗大德八年(1304),將真武封號特加尊號曰"玄天元聖仁威上帝"[②]。

　　現泮塘鄉仁威廟存有明清時期的碑記八通,石碑共有三十塊[③]。其中明代有二塊,其餘都是清代的碑記。明朝的碑記有:1.明天啟二年〈重修真武廟碑記〉;2.明崇禎七年(1634)〈祖師玄天上帝顯靈感應杯圖〉。清代的碑記有:3.清順治十八年(1661)〈重修北帝祖廟碑記〉;4.清康熙十七年(1678)〈北帝廟香燈祭業碑〉;5.清康熙五十二年(1713)〈鼎建仁威祖廟天樞宮題名碑〉;6.清乾隆十三年(1748)〈重修仁威祖廟碑記〉;7.清乾隆五十年(1785)〈重修仁威祖廟碑記〉;8.清同治六年(1867)〈重修仁威祖廟碑記〉。

---

　　① 清康熙五十二年(1713)戴佩撰〈鼎建仁威祖廟天樞宮題名碑〉(碑號18-4,總47)稱:"同西郊泮塘鄉長者過予,請為文,言及鄉中素事上帝香火,其廟榜曰'仁威祖廟'。"清乾隆五十年(1785)張錦芳撰〈重修仁威祖廟碑記〉(碑號18-6,總49)稱:"廣州府城之西四里而近,地為南海之半塘,有廟以奉真武之神,鄉人所稱'仁威廟'者也。"

　　② 黃佩賢:〈仁威廟〉,《廣州文史資料》第45輯(1993),頁203紀錄了一位泮塘鄉鄉民李文根的口述記憶,提供另一個解釋的傳說:"清朝曾有一段時期取締淫祠,鄉民為保存這間廟,故在後座供奉孔子和關公。廟內有聯云:'仁敷四海,威鎮三城。'上聯指孔子,下聯指關公。"根據這個解釋,清康熙五十二年後改稱仁威廟,或兼且包括奉祀孔子(仁)和關帝(威)的涵意。

　　③ 陳建華主編:《廣州市文物普查匯編·荔灣區卷》,頁232-233。

關於泮塘仁威廟創建於何年的問題,有的研究者認為是"始建於宋皇祐四年"①。但是,這一說法是值得懷疑的。根據現存仁威廟八通明、清時期的碑刻,直到清同治六年由梁玉森撰的〈重修仁威祖廟碑記〉才首次明確說出"廟創於宋皇祐四年"。我們相信梁玉森是接受了道光《續修南海縣志》的說法。因為由明天啟二年而迄清乾隆五十年,各通仁威廟的重修碑記都沒有記載此廟是何年創建的,反之,各通碑記只是提及:"恩洲堡泮塘鄉,先年建剙真武帝廟"(1622)、"曰玉虛宮殿也。建立數十年"(1661)、"省城半塘鄉之北帝神廟,創建有年"(1678)、"廣州府城之西四里而近,地為南海之半塘,有廟以奉真武之神,鄉人所稱'仁威廟'者也。剙建年月無可考,而重修則在有明天啟二年,蓋廟之由來舊矣"(1785)。根據上述各碑的記載,我們相信泮塘鄉仁威廟的創建時間不會在北宋皇祐四年,而應是在神宗萬曆年間至明朝熹宗天啟元年之間(1573—1620)。明天啟二年〈重修真武廟碑記〉記載重修真武廟的原因是"先年建剙真武帝廟","逮至甲寅歲,洪水傾頹,神像塵舊,因循歲月,未復營修,道經者無不憂懷而仰嘆也。"這裡碑文提及的"甲寅歲洪水",應是發生於明萬曆四十二年(1614)。

關於明清時期泮塘鄉仁威廟的嶺南祠堂式古建築和奉祀的各位神明的紀錄,今存的八通碑記都保留了明確的宗教訊息。順治十八年〈重修北帝祖廟碑記〉的碑文記載當時仁威廟是一連三進的建築群體,主殿玉虛宮殿供奉真武神,後殿之左則"敬像金花聖母,以綿瓜瓞"。至乾隆十三年,〈重修仁威祖廟碑記〉的碑文記載,仁威祖廟中路正殿奉祀北極帝君,其後座,奉祀帝親,西廡中座(西路二進)奉祀梓潼帝君及華光大帝,第三座(西路三進)金花夫人。這種一廟多神明的宗教格局,碑文稱:"是雖一廟,而六神威靈,實式憑焉。彼都人士,奉為萬年香火,非一日矣,赫厥聲,濯厥靈,凡有祈禱,罔不響應。"乾隆五十年間,仁威廟又進行大規模的修建,在原有中路三進及西序(西廡)之外,增築了東序,與西序相埒,以及增建了第四進的齋堂。乾隆五十年〈重修仁威廟碑記〉碑文記錄了當時大規模的修建情況:"土木陶旂之費,計二萬有奇,而遠近助工者,至三千餘人。"後來同治年間,仁威廟又增築了第五進,為後樓和廂房。

總結來說,泮塘鄉仁威廟為創建於明朝萬曆年間的明清廟宇建築,座北朝南,佔地面積約2000平方米,平面略呈梯形,主體建築分三路五進的格局,具備典型的嶺南祠堂式古建築群体的特色。在中路建築的縱軸線上有頭門、拜庭、正殿和後殿,整體布局平衡連

---

① 參黃佩賢:〈仁威廟〉,頁203。

貫，並且"還以精湛的木雕工藝，逼真的陶塑瓦飾，玲瓏剔透的堙頭磚雕和多姿多彩的灰塑紋飾而著稱"①。前三進建築兩邊以青雲巷相隔，分為左、中、右三組建築，中路為主殿奉祀北帝，左、右兩路為配殿；第四進為齋堂、客堂；第五進為後樓、厢房；廟後為庭園、荷花池等，庭園內有古樹數棵。

1949 年解放之後，仁威廟先後改為工農業餘學校、西村第一中心小學、泮塘小學等，其中有部分地方用作泮塘街派出所。1963 年，泮塘街派出所撤銷，仁威祖廟被安排昌華塑料組使用，改為工廠廠房。文革期間，因"破四舊"，廟宇建築大部分遭受破壞，神像被砸爛運走，正殿和頭門被街道作為昌華塑料廠車間，東、西二路配殿則成為校辦工廠的工場。後來泮塘小學撤換成市第四十三中學。1983 年 8 月，廣州市人民政府公布仁威廟為市級文物保護單位②。2002 年 12 月，經荔灣區政府批准把這座創建於明代萬曆至天啟年間的，並具有濃郁的廣州西關地方建築風格和雕刻工藝特色的鄉村北帝廟，移交給廣州道教協會管理，公開宣稱為"廣州道教仁威廟"③。第一任廣州道教仁威廟的主持黃崇良道長，從 2002 年 12 月接任主持之職一直至今。

18-1　明·佚名：重修真武廟記

明天啟二年（1622）

【碑刻信息】

存址：今廣州市荔灣區西泮塘鄉仁威廟太歲殿內。

碑額：重修真武廟記。篆書。

碑題：無。

尺寸：碑高 157 厘米，寬 74 厘米。

碑文來源：原碑抄錄。

【碑文】

恩洲堡泮塘鄉，先年建剏真武帝廟，雄鎮一方，神威赫奕，至誠福□。□

---

① 黃佩賢：〈仁威廟〉，頁 205；另參陳建華主編：《廣州市文物普查匯編·荔灣區卷》，頁 326–327。
② 黃佩賢：〈仁威廟〉，頁 204。
③ 見《廣州道教仁威廟》印刷品。

是乎人和而神□□以福庇蒙閭里之遐邇也。逮至甲寅歲，洪水傾頹，神像塵舊，因循歲月，未復營修，道經者無不憂懷而仰嘆也。但工用浩繁，難以獨□，不有□□，孰與助□？於是以五社會集募緣，協志重修。即置簿於通鄉，十方募化，喜捨資財，卜日鳩工，置料經營。修復□嚴裝真武金相一尊、部從官將六員、後殿金花奶娘，廟貌一新，煥乎其有章矣。茲筆之，聊以紀施財之姓名併收支數目，開列於左：

信秀梁斯湛捨銀伍錢正。

信吏許大科捨銀肆錢正。

信吏何裔球捨銀叁錢正。

信士王纘緒捨龍殿一座。

朱萬勳捨銀貳兩正。

□□德捨銀壹兩正。

□□□捨銀壹兩正。

□□□捨銀捌錢正。

劉積□捨銀柒錢正。

李仕盛捨銀陸錢正。

朱朝憲捨銀陸錢正。

梁瑞恒、陳應慈、林煥、李紹□、黃端璋、鄭嘉猷、李遇、梁俊恒、李廣俊：已上各捨銀五錢。

黃仕麒捨銀四錢三分。

梁茂恒、梁天與、李春芳：已上各捨銀肆錢。

梁俊捨銀陸錢正，仍□裝金花聖像一尊。

梁柁、黃昊、□圃禣尚貴、梁于璠、梁有恒、劉兆林、杜勝□、□□紀、黃志經、李裔華、鄭有德、梁□□：已上各捨銀叁錢正。

陳太壯捨銀貳錢陸分。

羅于能捨碑不一座。

鄭天成捨銀五錢正。

莫仕珵捨銀叁錢正。

馮継捨銀貳錢正。

劉日英、鄭口行、陳德口、口柾荣、李仕齊、蔡日章、劉積勳、李進、梁兆熊、梁光祿、口宗俊、口口口、口口聖、劉朝一、李紹舜、陳林德、梁兆華、黃麟經、馮裔勝、李兆元、黃仰振、李裔聰、劉觀惠、張士通、黃艮璋、鄭漢行、李紹學、陳應祥、陳嘉議、蔡民邦、梁應熊、李應口、梁紹貞、梁兆裘、鄭宗賢、梁于貴、劉大試、梁于琳、鄭士通、鄭嘉謀、劉尚勤、梁夢俊、黃大忠、舒應舉、李應元、黎文進、暨文通、梁口文、鄭彥球、梁喬林、劉兆科、歐加楹、黃孚潤、陳鍾岳、黃瑞廷、褟尚口、褟尚口、梁光裕、劉日口、梁口口、劉大奇、鄭光裕、李廣義、鄭嘉勳、鄭守仁、黃仕麟、黃大經、暨英瑞、李彥光、黎日東、劉子經、陳俊英、劉積恩、福聯山、李口源、李麒、林卅明、林時蜴、盧口口、口口口、陳紹動、鄭宗顏、何應魁、鄭士遇、梁士貴、林士英、梁熊、岉紹朋、李譚勝、黃禮經、黃大進、李裔闓、劉兆龍、劉孔、魏應選、鄭異興、鄭惟與、劉尚忠、梁應選、李仕隆、梁日章、鄭宗益、梁兆麟、梁鯉、梁于仲、梁子萬、梁口口、李朝輔、李朝弼、顧兆進、梁紹文、鄭彥廣、周應元、鄭士明、口口口、口口口、口口口、梁日口、鄭君辛、黃曰龍、劉朝社、梁紹明、梁逸、口光作、劉積貴、口口剛、劉華口、梁于琛、梁于幹、梁士儒、陳元志、陳嘉會、梁口口、口口新、口口草、口口輅、李口口、鄭積動、羅口智、劉華勤、何敬岳、李朝進、梁士聰、區兆鳳、劉賢亮、黃曰明、鄭口口、劉口活、潘貴參、何聯谷、蕭復初、顧文光、口邦相、口口口、梁口口、祿尚口、梁口讚、梁于瓊、梁士敬、陳元貞、李承因、劉積、鄭士元、李貴芳、黎日口、劉茂豪、潘廷諫、鄭應口、劉進口、劉見恒、劉光進、劉觀執、李天口、潘君祿、梁汝口、陳口爵、鄭士口、鄭口行、鄭國能、鄭奕暹、口萬口、譚口明、口應秋、口口口、顧兆通、李寅、梁秀芳、黃士口、李義口、譚七明、唐口口、植之和、李口口、張萬口、劉天章、馮辛直：以上各捨銀一錢。

天啓元年主會:共捨銀貳兩正。

王纘緒、梁士孟、吳□禮、□布德、鄭宗□、禤尚賢、黃□恒、鄭士明、李仕德、□兆□、吳國球、□彥□、劉積恩、梁有□、□應遷、張士通、梁士□、鄭□□、朱□□、劉□□、陳□□、劉□□、劉積勳、李□□、李紹舉、李□遇、吳一龍、黃紹惟、禤□貞、禤□□、禤□舉、劉道□、□□□、李弘、梁□□、梁□□、鄭國□、□□□、□□□、□□□:以上各捨銀壹錢。

信女馮氏、□□、鄭□、□□、□□、□□、□□、□□、□□、□□、□□、□□、□□、□□、□□:以上各捨銀□□。

募緣:

梁應遷:銀陸錢。

劉儉:銀陸錢。

禤祥:銀貳錢。

劉積思:銀壹兩。

劉兆登:銀壹兩。

□讓:銀壹兩。

何應登:銀柒錢。

梁于琮:銀捌錢。

李紹舉:銀壹兩。

黃巨經:銀壹兩。

鄭有譽:銀捌錢。

梁斯浩:銀捌錢。

鄭宗尹:銀柒錢。

鄭士達:銀五錢。

梁士周:銀□□。

劉應修:銀五錢。

李仕進:銀壹兩。

□□□、□□□、□□□、□成貴、劉夢糸、劉瓊垣
□□□、□□□、□□□、□□□、劉□□、劉成真
（下泐）

天啟二年歲在壬戌季夏十一乙亥吉旦立石。

【碑文考釋】

真武本稱玄武。"玄武"信仰，起源於古代星宿信仰。玄武屬於北方星神，與東方青龍、南方朱雀，西方白虎，合稱四靈，並為二十八宿中北方七宿的總稱。屈大均在《廣東新語》中稱："蓋天官書所稱，北宮黑帝，其精玄武者也。……祀黑帝者以其司水之源也。"①

雖有玄武乃北方星神，主司北方水源的傳說，但唐宋以後，因為王朝的尊崇和道教傳說的神化，北宮玄武由星神逐漸演變為北方武將。五代至宋初的道教經書常常提到北極紫微大帝的四大部將（天蓬、天猷、黑煞、玄武）收斬妖魔、普福生靈的故事②。北宋真宗（997—1022在位）時，奉祀玄武已非常流行③。

《宋朝事實》記載，大中祥符五年（1012），宋室聖祖趙玄朗降臨延神（恩）殿。為了避諱，玄武被改稱"真武"④。宋真宗於天禧二年（1018）加封，詔曰："真武將軍，宜加號曰'鎮天真武靈應祐聖真君'。"⑤並使其祠遍天下⑥。至此，玄武（真武）的崇祀更為普遍。自宋真宗始，真武的神格地位由"將軍"上升為"真君"；並且，又得到歷代宋帝的相繼加

---

① 清·屈大均：《廣東新語》卷六，頁208。
② 見唐·杜光庭：《道教靈驗記》卷一〇，《道藏》第10冊，頁833下-836上；又見《太上元始天尊說北帝伏魔神咒妙經》，《道藏》第34冊，頁392上-432下；《玄天上帝啟聖錄》卷三，《道藏》第19冊，頁587上-594中。
③ 在《正統道藏》裡有關宋以後玄武信仰傳說的道教經書，可參《元始天尊說北方真武妙經》、《真武靈應護世消災滅罪寶懺》、《太上說玄天大聖真武本傳神咒妙經》、《玄天上帝啟聖錄》、《玄天上帝啟聖靈異錄》等。元·程鉅夫（1249—1318）：〈元賜武當山大天一真慶萬壽宮碑〉云："玄武之神，至唐貞觀益顯，天下尊祀。"見《玄天上帝啟聖靈異錄》，《道藏》第19冊，頁643上。
④ 宋·李攸：《宋朝事實》卷七，頁112-114。
⑤ 北宋天禧二年（1018）六月〈封真武靈應真君詔〉，《宋大詔令集》卷一三六，頁480-481。
⑥ 元·趙孟頫（1254—1322）：〈啟聖嘉慶圖序〉稱："玄武之神，始降宋真宗時，為祠天下。"見《玄天上帝啟聖靈異錄》，《道藏》第19冊，頁646上。

封。① 宋仁宗嘉祐二年（1035）加授真武將軍為“北極右垣鎮天真武靈應真君”②。宋徽宗於大觀二年（1108）增上真武尊號，曰“佑聖真武靈應真君”③。欽宗靖康元年（1126），再加號曰“佑聖助順真武靈應真君”④。南宋寧宗嘉定二年（1209），特封號為“北極佑聖助順真武靈應福德真君”⑤。理宗寶祐五年（1257），再加封號為“北極佑聖助順真武福德衍慶仁濟正烈真君”⑥。據元代劉道明《武當福地總真集》稱，宋代真武封號累加至二十四字，即“北極鎮天真武佑聖助順靈應福德仁濟正烈協運輔化真君”⑦。由此，可見宋室對真武尊崇的深入程度。在北宋真宗時，真武攝服龜蛇於足下的神像已成為普遍奉祀的對象。南宋筆記小說趙彥衛《雲麓漫鈔》說宋真宗祥源觀（宋仁宗時觀毀於火，重建後改名醴泉觀）靈真殿所奉真武真君的神像是：“後興醴泉觀，得龜蛇，道士以為真武現，繪其像為北方之神，被髮黑衣，仗劍蹈龜蛇，從者執黑旗。”⑧

尊號玄武為“玄帝”是宋代以後的事。將真武封號由宋封的真君升格為“玄帝”的時期，最確定是在元成宗大德八年（1304），加封玄武曰“玄天元聖仁威上帝”，簡稱就是“玄帝”⑨。自元代開始，民間對“玄帝”的廟祀更為普遍。明朝崇祀玄武，比諸宋元兩代，更有過之而無不及⑩。明成祖永樂十三年（1415）〈御製真武廟碑〉稱：“惟北極玄天上帝真武之神，其功德於我國家者大矣。”⑪成祖熱烈奉祀玄帝的程度，表現在他把玄武提升至明朝國家保護神的崇高神格地位⑫。一方面，其影響見之於成祖在玄帝修煉和顯聖之地武當山，大事規模地修建宮觀一事⑬；並形成了全國性的武當山朝聖進香習俗⑭。另一方面，玄帝信仰亦推至全國；不僅明代御用的監、局、司、廠庫等衙門中，都建有真武廟，真武

① 關於真武的歷代封號考，參楊立志：《武當文化概論》，北京：社會科學文獻出版社，2008，頁126-148。
② 見陳伀集疏：《太上說玄天大聖真武本傳神咒妙經注》卷三引《啟聖記》，《道藏》第17冊，頁118中。
③ 見《真武靈應真君增上佑聖尊號冊文》，《道藏》第18冊，頁42上-中。
④ 見元·馬端臨：《文獻通考》卷九〇，臺北：新興書局，1965，頁824。
⑤ 元·劉道明：《武當福地總真集》卷下，《道藏》第19冊，頁663上。
⑥ 元·劉道明：《武當福地總真集》卷下，《道藏》第19冊，頁663上-中。
⑦ 元·劉道明：《武當福地總真集》卷下，《道藏》，第19冊，頁658下。
⑧ 南宋·趙彥衛《雲麓漫鈔》卷九，北京：中華書局1996，頁148。
⑨ 見元武宗：〈大德八年加封詔〉，收入《玄天上帝啟聖靈異錄》，《道藏》，第19冊，頁644。
⑩ 黃兆漢：〈玄帝考〉，收入氏著：《道教研究論文集》，香港：中文大學出版社，1988，頁139。
⑪ 陳垣編纂，陳智超、曾慶瑛校補：《道家金石略》，1988，頁1250。
⑫ 自明成祖以後，明代所有君主在登基之時，都必須向真武獻祀。見清·張廷玉：《明史》卷五〇〈禮志四〉“北極佑聖真君”一條，北京：中華書局，1974，頁1308-1310。
⑬ 陳學霖：〈“真武神·永樂像”傳說〉，收入氏著：《明代人物與傳說》，香港：中文大學出版社，1997，頁94-99；
⑭ 參梅莉：《明清時期武當山進香研究》，武漢：華中師範大學出版社，2007，頁41-53。

廟更遍及全國,有學者稱玄帝祠在明代甚至超越了老子祠[1],以至今天,我們仍然可以看見大量從明代保留下來的豐富多彩的銅雕、玉雕、石雕和繪製出來的玄天上帝之神像[2]。

這篇碑文記載了明天啓二年重修泮塘鄉真武廟的情況。重修真武廟的原因是"先年建粉真武帝廟","逮至甲寅歲,洪水傾頹,神像塵舊,因循歲月,未復營修,道經者無不憂懷而仰嘆也"。碑文提到的"甲寅歲洪水",應發生於明萬曆四十二年(1614)。

這篇碑文特別提到這次重修的資材出自眾手,於是用了大約四分之三的面積來刻記捐資者的名字。

18-2 清·趙鳴玉:重修北帝祖廟碑記

清順治十八年(1661)

【碑刻信息】

存址:今廣州市荔灣區西泮塘鄉仁威廟太歲殿內。

碑額:祖廟碑記。篆書。

碑題:重修北帝祖廟碑記。楷書。

尺寸:碑高172厘米,寬103厘米。

碑文來源:原碑抄録。

【碑文】

賜進士出身文林郎戶部觀政趙鳴玉薰沐拜撰。

予嘗館業僊城,遍覽名山大川,凡屬天壇郊社,莫不隨而喜□。國郡之西有名鄉,曰仁威里。其地靈,其人傑,間雲霾遊邅,接龍津之瑞氣,通長壽之康莊,環抱大通而屏垣粵秀,帶水礪山,猗歟休哉! 及詢其勝,曰玉虛宮殿也。建立數十年,彼都人士奉之為萬年香火,祈暘禱雨,善善福福,赫濯聲

---

① Stephen Little, "Zhenwu, the Perfected Warrior," in Stephen Little (ed.), *Taoism and the Arts of China* (Chicago: The Art Institute of Chicago in association with University of California Press, 2000), p. 292. 明代民間崇奉玄帝的熱烈程度,可以明代民間小説《北遊記玄帝出身傳》(又稱《北方真武祖師玄天上帝出身全傳》)為例子。

② 參 *Taoism and the Arts of China*, pp. 290–297 裡搜集得到的諸通真武神像。關於明代真武神像的研究,參陳學霖:〈"真武神·永樂像"傳説〉,《明代人物與傳説》,頁108–113。

靈。皇清定粵,四郊軍壘,干戈不擾。兵燹以來,廟貌如故。帝力之覆護斯民者,如此其奕奕也。予則敬而禮之,興而謀諸父老曰:"地□無以斯稱,階砌圮壞,赤白黝堊,漫漶不鮮。豈所以昭明德而薦馨香?"時欲擴而廣之。尋公車北上,叨中穿楊,觀政皇都,未果前願。己亥春初,有里人鄭仕遇等,先得我心之所同,肅虔設帙,會眾釀金,各發歡喜心,莫不唯唯從事。於是卜吉鳩工,掄材興作。度之量之,前後開擴,為棟為梁,為甍為廉。小大具舉,上礱下砌,茸然改觀。圬者飭之,墁者□□,正殿明堂,門亭廡舍,煥然一新。玉容金相,晉麗莊嚴,益增惶慄。舊址既廓,內外觀瞻,一連三進。殿後之左,敬像金花聖母,歲時供奉,以綿瓜瓞。迓帝祉以庇無疆之福,瑞兆於斯。創立匪始於今,而鼎建之績,則千萬年如一日也。美輪美奐,蔚蔚離離,神其妥矣。宜爾多福,於萬斯年,受天之祐,子孫勿替引之①。予旅燕都,得之郵言,喜而不寐,實獲我心。未幾,家札旋至,有里中父老,以帝廟落成,請序於余。予曰:"至敬無文,不文何誌?"因其始事在己亥初春,功成在辛丑秋杪,歷經營之善績,偕題名之善信,統誌乎銘,永垂不朽。是以為序。

一認裝金聖相官將金花一堂:信士梁戀合眷等。
一認鐵供器一副:黃桂藻合眷。
一認錫供器一副:梁也參合眷。
一認神樓助工銀捌兩:黃遂周。
一認神樓助工銀捌兩:葉遂泰。
一認神樓助工銀捌兩:殷作翰。
一認神樓助工銀捌兩:吳起鵬。
信秀黎嘉錫助金壹兩貳錢。
信秀黎嘉猷助金壹兩貳錢。

① 漢·毛亨傳,鄭玄箋,唐·孔穎達疏:《毛詩注疏》卷一三〈小雅·楚茨〉,臺北:藝文印書館,1976,影印宋刊十三經注疏本,頁459下。

信士各助工金叁兩：陳仕龍、龍文光、鄒日廣、崔爵明、張秀膽、劉子遇、李裔貴。

陳兆雄：二兩。

一認案檯：李枝標。

信士各助工金貳兩：宋應標、區重高、梁單、劉天奇、何二酉、梁于乾、顧志恒、梁應運、劉子緒、衛伯瑜、胡德光、李枝秀。

馮文高：壹兩柒錢。

鄭子謙：壹兩六錢。

梁于禎：壹兩五錢。

陳仕禎：壹兩五錢。

信士各助工金壹兩貳錢：陳惟宇、常曰三、劉貴、黃天經、胡尚志、卓邦曾、鍾應陽、鄧林恩。

區慧廣：壹兩壹錢。

陳子恒：壹兩壹錢。

梁泰：一兩二。

陳大亮：一兩二。

梁嗣傳：壹兩壹錢。

潘嗣宙：壹兩。

丁明顯：一兩二。

梁大欽：一兩。

一認案檯一張：黃兆麟。

緣首各助金二兩連前座楮樑壹根。

黃廷耀：叁兩。

岑惠學：叁兩。

李廣昭：貳兩三錢。

鄭仕標：貳兩五錢。

李裔科：貳兩。

劉兆暹、李昭元：貳兩。

鄭仕遇：貳兩。

李□勝：貳兩。

鄭光俊：貳兩。

鄭應春：貳兩。

郭啟貞：貳兩。

陸瑞麟：貳兩。

梁天祐：壹兩五錢。

黎曦聯：壹兩五錢。

梁子歲：壹兩五錢。

李朝貴：壹兩五錢。

梁仕高：壹兩五錢。

梁萬成：壹兩。

黎玄明：壹兩。

方逢年：壹兩。

劉奕真：壹兩。

信士各助金壹兩：李子昌、信士徐右、蔡□昌、丁振□、傅冠、黃宗裔、梁世興、青竹行、陳尚英、劉楚璧、釋明相、白起龍、曾廣、梁正登、梁利登、崔祿明、岑兆裘、劉科、黃勝□、許韜、梁于琔、孫起龍、梁士□、黃明經、黃孟朝、李應元、梁世饒、鄭光偉、郭□禎、黃明初、蔡鰲、李裔禎、梁仕焜、黃明顯、李世魁、黎曜暽、張秀璧、梁嗣攸、李世繁、劉勳貴、梁嗣任、黃越泰、梁嗣佼、劉礼垣、李校瑞、梁鉞、李喜文、陳紹高、潘□明。

各助金壹兩：陳玄胤、李茂暢、黃廷燦、梁嗣循、李裔奇、黃名畧、劉怒飛、梁嗣傑、黃名昭、梁嗣佲、劉赤卿、梁文元、劉夢福、陳顯聰、岑兆明、梁仕綸、岑兆光、郭元禎、鄭寅光、劉子雄、李運生、李永成、梁嗣英、區文華、李耀林、劉耀貴。

各助金捌錢：梁鎰、梁承武、梁弘机、梁弘楫、梁嗣俊、梁庭偉、梁祐昌、曾友鳳。

各助金柒錢：何兆竒、劉夢熊、劉昌譽、各助金陸錢、陳觀祥、梁弘桂、梁嗣倫、梁嗣僎、梁弘禎、劉子授。

各助金陸錢：鄭子鳳、王俊臣、鄭應林、梁殿元、區英傑、梁嗣紅、李應鸞、李四、劉從宇、李奕朝。

何洪：七錢五分。

各助金伍錢：黃孟良、何振初、周厚賢、李兆麟、梁竒琼、陳仕麟、李金成、梁貴、李朝昇、黃名齊、劉聚垣、李世昌、劉天猷、李枝竒、黎鳳虞、李兆熊、黃明標、李世光、岑志惠、李枝標、鄭勝竒、黃名魁、李世華、李金科、李悅勝、黃國求、暨兆龍、李茂名、黃起龍、陳子貴、劉夢偉、李世科、劉文惟、黃名進、劉伯□、周應龍。

各助金伍錢：李□□□□□、□□□、黃名登、何見龍、劉子斌、潘兆□、梁斯俊、李茂才、梁鑑、馮耀榮、陳士進、葉芝英、何芝瓊、梁鉉、梁應元、陳國柱、李應高、李光裕、黃名□、李枝□、劉赤賢、周瑞興、李奕生、梁耀權、岑志太、黃國清、李世祿、李世倫、暨兆明、李光啟、李世吉、劉永暢、劉天翼、李校楊、梁憲祥、劉元忠、劉裔、劉純忠、梁憲鳳、陳雲彩、劉伯勤、梁廷弼、鄭裔竒、鄭見熊、鄭子焜、鄭文光、呂才。

各助金伍錢：梁貞時、□膳□、鄭士鴻、梁君琬、周品、黃士承、區應元、梁兆明、梁兆龍、何天祚、邵泰龍、黃士煜、張天似、張當紅、李高、潘瑞興、李勝韜、李超瑜、梁應熊、何維業、何兆恒、何裘俊、梁昌耀、梁聖游、梁嗣通、梁嗣修、梁興、梁聖和、盧□進、梁聖雄、梁聖業、梁遇熙、梁聖勳、梁世裔、梁萬志、區仕瓊、梁祖裔、馬如聰、梁聖倫、劉縉、朱光、朱迴垣、梁藹、梁承文、梁仕昌、劉□和、黃士京。

各助金伍錢：梁侃、梁嗣儲、梁□、梁起、梁嗣信、梁世興、梁鋼、梁世和、梁昌元、梁闓、梁剑、朱昌虞、梁廷佐、梁廣勝、梁志明、何聖公、梁熙、李金枝、顏彥勝、李貴昌、李宇經、文士華、文光齊、蔡□信、蘇子傑、蔡良士、鄭應光、陳廣宇、楊維秀、梁以進、蕭大相、張裔聰、杜尚進、宋應日、謝明真、李洞然、廖永泰、陳運蒼、黃兆華、黃國順、趙思孟、黃文英、黎喜昭、梁士雄、李成祐、梁熊。

鄭柱光：六錢。

各助金肆錢：馬惟瑜、蔡尚惠、何兆倫、李世良、李兆奇、梁于祺、劉燦霞、鄭士豪、李世寬、梁灼、關兆登、馮兆禮、梁起鵬、鄭關輔、鄭成胤、黃國太、鄭□之、李枝茂、胡尚明。

各助金叁錢三分：曾益初、梁嗣儀、劉赤芝、黃嘉運、（梁燦奇五錢①）、梁迪元。

各助金叁錢：黃元兆、李聯魁、陳思傑、陳思孝、陳思龍、黃名輔、張子璧、陳兆龍、胡社高、彭夢麒、魯成裔、梁仕敬、梁起初、陳文華、梁鑰、梁劻殿、梁奇、何維助、林子奇。

岑兆顯：貳錢。

各助金叁錢：何子明、鄭逢、譚觀文、鄭天恩、何敬瑞、劉子才、劉一鵬、鄭曰朗、劉先魁、劉天瑞、劉昌凰、梁秀芳、黃瑞□、劉念成、李建昌、馮郎昌、李胤奇、黃廷進、李世美、黃勝日、李兆奇、黃興華、李朝弼、黃譽初、李秀生、馮日惟、李美餘、李世傑、李世權、岑肖興、梁日奇、李起明、簡兆麟、馬士聰、李明華、梁兆祥、梁聖謙、周賢、鄭昭郎、羅萬德、鄭國禎、鄭之藩、梁兆元、鄭之翰、鄭子□、鄭國祥。

各助金叁錢：陳光俊、邵文華、黃仕陸、鄭耀明、蔡茂光、蕕子進、羅錦、梁閣輔、馬運昌、馬聖聰、梁聖元、鄭君璧、梁信芝、禇有瓊、羅裔明、郭起貞、鄭士鳶、黎會明、黃□□、何士球、曾兆君、黃士焯、陳大英、何之珍、區芝綸、陳

---

① 括號內字為後來補刻。

德漢、鄭耀明、張奕連、蕭大得、劉子偉、莫文祥、□君爵、黃天錫、何公萬、梁
邁明、葉伯方。

各助金貳錢：劉敬堯、韓子昌、□□憲、譚良新。

各助金貳錢：李鎮國、楊兆祥、周永舉、石觀蓮、何元爵、蕭張龍、蔡社壯、
何仕求、蘇丙昌、馬維超、何世榮、陸應芳、康愷、張炳貴、陳憲魁、黃光廬、鄭
帝倆、陸聖祥、陸聖祿、□召馭、陳兆麟、陳頤之、鄭師憲、梁國棟、羅萬福、梁
尚鵬、顧子成、鄭士元、陳兆麒、梁偉、劉赤君、李壯青、梅念菊、梁天目、劉太
□、李聚文、馬日高、陸瑞宇、林應芝、馮東生、何真。

各助金壹錢五分：梁元芝、劉赤元、劉瑞霞、劉舉、湯濬、羅奕斗、（謝宗允
二錢①）、潘記初。

各助金壹錢：麥昌顯、梁崇漢、霍應賢、梁英、黃志華、黎秉文。

信童如認寶庫：鄭光顯、鄭楚生、陳亮、劉昌成、殷觀章、孫芝發、張鳳翔、
劉金成、劉應昌、鄭帝保、劉社保、梁意雲。

信女：

黃門蔡氏助金拾兩。

陸門黃氏助金六錢。

潘門吳氏助金五錢。

梁門鄭氏助金叁錢。

鄭門梁氏助金氏助金。

梁門李氏：叁錢。

李門趙氏：叁錢。

劉門麥氏：叁錢。

劉門鄭氏：叁錢。

孔門鄭氏：貳錢。

林門張氏：貳錢。

---

① 括號內字為後來補刻。

梁門何氏：叁錢。

龍飛歲次辛丑年孟秋二十日吉旦，緣首鄭仕遇等立石。

【碑文考釋】

撰碑者趙鳴玉，字靄君，廣東順德人。清順治十一年（1654）舉人，十八年（1661）登進士。官南漳縣知縣。尋致仕。

這篇碑記主要記的是仁威里的北帝祖廟得以重修的緣由與經過。北帝廟，也就是真武廟。由於真武屬於北方之神，故封號中有"北極"二字。宋理宗時真武的封號為"北極祐聖助順真武福德衍慶仁濟正烈真君"，明永樂後真武的稱號為"北極鎮天真武玄天上帝"。所以祀真武的廟宇也稱"北帝廟"。

文章先從自己遊覽郡西仁威里鄉，隨喜尋訪勝跡玉虛宮殿說起，由讚鄉里的人傑地靈，而引出靈地勝跡——玉虛宮殿（即北帝廟）。在此順便點出此廟之特別處，不僅在於數十年來保佑生民，而且在於入清後雖經兵燹而不毀。於是作者便起心欲修葺鼎新此廟，擴而廣之，卻因公事而離開了南方。隨後，里人鄭仕遇等發心修建，終於完成這一大事。作者當時在燕都，家鄉人寄信來請他寫一篇紀念性的序文。作者欣然同意，於是就寫作了這篇碑文。最後文章點出重修一事經歷的時間，是在順治十六年（1659）春至十八年（1661）秋，並讚揚有功於重修大業者都會永垂不朽。

18-3　清·佚名：北帝廟香燈祭業碑

清康熙十七年（1678）

【碑刻信息】

存址：今廣州市荔灣區西泮塘鄉仁威廟正殿內。

碑額：北帝廟香燈祭業碑。篆書。

碑題：無。

尺寸：碑高 131 厘米，寬 77 厘米。

碑文來源：原碑抄錄。

【碑文】

致古王者以鄉三物教民而賓興之,其二曰"六行",謂孝、友、睦、淵、任、恤也①。今世鄉里之中,建廟祀神,所以藉明威有赫,一閭里之心志。歲時伏臘,供祀事,集父老弟子於其中,修孝弟,講信睦,明慈惠,辨是非,俾凜然於公議,而無敢有越。厥志於以式靈昭享而長久勿替也。省城半塘鄉之北帝神廟,創建有年,鄉之人講信義而敦詩禮,成醇龐之俗,神之佑之非一日。邇有□等各家稅地,初以□□□□□□□□□□地主發誠心,□□爲神業,以其租之所入供廟中諸賈,甚盛典也。鄉中諸好義者,□□□以□各需,因而□□上□明決公斷□其故物,□成之有赫也,閭党之有慶也。諸耆老秉信仗義,襄助之力實多也,嗣是而國課有供矣,廟中香燈祀典有賴矣。□老成詣予請一言,以記其事,以□永久。予謂神之格思,惟誠是輔。人心惟誠於事神,則一其志氣以將事,而無虞無詐,神之佑之□在是也。念茲祭業,捐地捐貲,皆出一念之誠,無不藉神力之普照。從茲以往,鄉之父老子弟,務期各矢厥誠,始終致敬,毋懷二心,毋圖私己。將地租所入計糧,務供輸外,盡數以修廟中之費。自香燈祀典,以及修茸祠宇,悉於是乎資之,而無敢有越志侵漁者,是之謂端人,是之謂厚俗。以神之祐之,而永保爾,又藏昌熾之美焉。諸父老子弟,其恪守此志以勿斁。予因書此以勒之石,並紀其□□□□用力將事者之姓名於左:

第五約周駿卿地連定弓稅五厘貳毫,稅原在恩洲堡一晶十甲鄭永富戶內。

李胤麒、胤德、胤錫連定弓稅三分貳厘,□在蘇山堡二十三晶四甲周耀光戶內。

□運成連定弓地稅壹分陸厘,稅在蘇山堡二十三晶四甲周耀光戶內。

---

① 《周禮注疏》卷一〇(臺北:藝文印書館,1976,據宋刊十三經注疏本影印),頁160下:"以鄉三物教萬民而賓興之,一曰六德,知、仁、聖、義、忠、和;二曰六行,孝、友、睦、婣、任、恤;三曰六藝,禮、樂、射、御、書、數。"

第四約梁子昭連定弓地稅貳分貳厘,稅在大通堡二十八啚十甲。

梁文法連定弓地稅四分,稅在恩洲堡一啚十甲鄭永富戶內。

鄭星喬、鄭昭霞□稅地一畝七分六厘八毫。

恩洲堡十四啚十甲梁錦琦稅地肆分捌厘正。又梁壯君稅地壹分正,稅在梁錦琦戶內。

恩洲堡十三啚六甲劉會同稅地壹畝肆分,係收藕山堡二十四啚四甲周學□戶的。

康熙十七年戊午歲孟夏吉旦。香燈地已經廣府案內,東南西北四至明白,共稅肆畝九分。

立斷約人顏明佐、鄭永富、梁錦琦等各有地段□□□□本村涌口□因靖藩□□□□□□順治十八年□□□等赴縣領回管業□□。康熙三年,地主各姓卜吉,創造起蓋,時遇被遷民黎恒生呈示安插。至八年,展界內有田藉,又被市棍吳標□□□,復落侵占,富等只得控□□道案,□勢□□□□□□妄裝□□赴職□□准批,廣府蒙行司勘富等無□,強狼眾見,覩目傷心,老少徬徨,致有不平,反□□□使用。各地主□□□□□□□□□入北帝祖廟,永為香燈公用,後但有官中使費,各約科用,其地稅照依丈尺開收,不得多推分厘。自斷約之後,毋得返悔。今仁用信立此斷約,各約鄉老收□□張永遠為炤。

康熙拾貳年五月　日

立斷約人:梁炯南、梁錦琦、顧仰吾、鄭楚生、梁西疇、黃國求、鄭昭明、鄭昭日、鄭昭霞、顏明佐、劉亦庚、鄭星喬、李胤宗、鄭昭陽、鄭高生、羅敬治、鄭國祥。

【碑文考釋】

這篇碑文是一份珍貴的廟宇經濟史料。它記載了康熙年間恩洲堡泮塘鄉民因田地產權糾紛,而將有爭議的田地捐獻給北帝廟,永為廟中香燈祀典,以及修葺祠宇之用。

碑文從時間上看,其實分為兩個部分,第一部分為康熙十七年立,包括了對事情原委的敘述和一份簡單的田約;第二部分則是立於康熙十二年的一份田約。如果拿兩份田約對比來看,就可以發現,第二份田約是對第一份田約的修訂和補充。因為第一份立於康熙十二年的田約只規定了將有爭議的田地捐為香燈地,除官收地稅外,田租收入供廟中香燈之用,卻沒有明確具體的田地和面積。所以五年後又重立了第二份合約,刻於石碑上,明確了是誰的田地,稅在何戶,以及每一塊田地的具體面積。而且最後聲明,這些田地已經經過官府核准,並且強調"東南西北,四至明白,共稅肆畝九分"。

18-4　清·戴佩:鼎建仁威祖廟天樞宮題名碑文

清康熙五十二年(1713)

【碑刻信息】

存址:今廣州市荔灣區西泮塘鄉仁威廟玉皇殿內。

碑額:重修祖廟碑記。篆書。

碑題:鼎建仁威祖廟天樞宮題名碑文。楷書。

尺寸:碑高185厘米,寬92厘米。

碑文來源:原碑抄錄。

【碑文】

　　粵稽天地山川之□往,又因神祇而副之靈益。普陀有大士,武當有上帝,如我嶺南之羅浮而有王野仙,豈不因神靈之昭明而著焉。予自欽假歸廣,因登粵秀而眺鎮海樓。曠而觀之,番山文廟也,禺山神宰也,波山仙境及五羊而西,阜有浮丘之丹灶,澤有彩虹之津泮。前環珠海,後屏雲山,鍾靈毓秀,脈駐西郊。揆諸庶富,文教殷饒,而川源四達,洋又蕃衍,如在斯乎!予顧喜,而聞諸同遊者曰:"此必有聖神功化之樞,主宰於西方郁土地。"未幾,友人黃子東穆,同西郊泮塘鄉長者過予,請為文,言及鄉中素事上帝香火,其廟榜曰"仁威祖廟",而西崇奉帝親,匪伊朝夕。自己丑歲秋,鳩工舖築、繹絡庀材,閱辛卯夏杪,美而輪奐,落成大觀。茲欲顏其碑,而鐫紳士善信芳名,具列題助工金物料之誠典猶是。予俗聞諸始末，因而復告之友人之達親靈運，孰意心性而傳於此，莫非聲靈赫濯，而徵應斯文乎！黃子曰："公膺斯文，天維之作也。且泮鄉醇俗也，諸耆德尤兼諸文，勒石以垂不朽，美事也。天下有如此之美，誠追崇樹宇，以奉帝父母者，此仁民不匱之孝思也。神感孝思而福民，而公以孝思感而為文也。"予廼薰沐授筆而為之序。

鄉進士第奉議大夫戶部江南陝西清吏司主政加三級前知四川馬湖府屏山縣知縣事墨江弟子戴佩薰沐撰。

康熙五十二年歲次癸巳九月初二日立碑。

喜認大殿鐵梨木一座：馮顯祥、顯斌、顯英。

喜認中座鐵梨木一座：劉漢忠、梁琼章、□德明、黃者遇、梁君元、鄭南官、李君成、李菶生、林鳳棲、鄭朝章、李偉生、甯士元、陳弘建、曹權春、周廷爵、黃羽漢、鄭朝□、林士德、梁兆竒、鍾聖龍、郭球、劉國敬、黃羽亮、李廣彥、李善長、李廷佐、蔡士俊。

喜認頭座助金壹拾陸兩：周尚明偕男廷元、廷相、廷亮、廷標。

喜認大紅石四百方：岑昊郎。

喜認助金十兩：何瑞清。

信官梁聖濟喜認助金一兩二錢。

五約眾信助金一十七兩八錢五分。

信官□□□助金一十兩。

喜認寶爐壹座：劉章幹。

喜認助金四兩：謝士洽、蜆塘、里排、林貴、梁孟倫、潘信。

喜認助金三兩：李聖佐。

喜認助金一兩五錢：劉國明。

喜認助金貳御書樓：陳泰祐。

喜認助金貳兩：鄧君順。

喜認助金一兩七錢：顏子聰。

喜認助金一兩六錢：呂蘭芳。

喜認助金一兩六錢：梁顯榮。

喜認松椿一百廿條：楊國英。

喜認助金一兩五錢：黃徹登。

青龍案眾信喜認助金一兩。

信官梁朝英喜認助金七錢。

信官吳士俊喜認助金七錢。

喜認助金一兩一錢：張思廣。

喜認助金一兩一錢：李國彥。

銅器行眾信喜認助金一兩。

鼎建緣首劉純忠、李積倫、劉君則、黃羽漢、岑興蘭、李奉生、李聚斯、李聖韜、鄭朗明、黎文璇、陸國王、黃念松、李偉生、潘瑞珍。

喜認助金各壹兩：周應祥、劉純□、李元德、陳達卿、李挺斯、袁應科、黃享先、陳邦龍、鄧君球、李聚斯、馮斗興、劉國相、黃享成、彭景文、李國昭、陳兆鵬、李廷昭、梁士爵、孫輔臣、李士禛、李士祖、李士祹、李士禕、梁祖佟、郭貴賢。

李應兆助金九錢。

周賢助金八錢。

吳輝：七錢四分。

陳帝積助金七錢。

李貫生助金七錢。

葉覲光、簡涼進、劉振雄、黎應覺、李君□、李奐相、黃社龍、李昌遜、蒙桂球、任青雲：已上各助金六錢。

黃台耀、李貫萬、馮日昭、李興彥、李宗維、黃宗侯、李卓明、李元會、黃宗敬、李卓倫、李帝舉：已上各五錢五分。

黃享鵬：五錢。

鄭朗明：五錢。

黃□：五錢。

黃羽臣：五錢。

黃宗尚：五錢五分。

宗昌牲：八錢。

宗昌珏：七錢。

鄒天祥、黃雲裕、李秀林、岑其先、周殿興、陸仲美、梁文望、劉振聯、李啟先、黃享運、彭聖科、柯啟芊、鄭昭明、何景漢、黃成有、李朝彥：已上各助金五錢。

李君柲、黃宗和、黃應周、林維熊、李承祐、鄭志明、梁燕臣：已上助金四錢。

李恆章、黃起綠、李奐□、馮明已上各三錢三分。陳帝昌、李秀高、黃享萬、李宗客、劉振英、李貫興、林倫興、聯輝案、聯義案、黃文炳、陳醒、李士志、黎紹祥、陳帝尚、譚進明、馬如龍、蔡良斌、蔡瑞瓆、蔡良侯、馬萬鳳、陳葉珍、黃雲衰、蔡奕勝、張萬泰、劉世高、黎元相、黎雲章、黃興懷、劉裔滔、李帝文、陸朝仰：已上各助金三錢。

蔡雄、區弘緒、馬萬鵬：三錢。

李卓君：三錢三分。

岑寶豐、梁有鳳、熊士聰、李挺進、劉振輝、劉世有、岑御客、唐龍生、黃起魁、李國玉、黃敬和、區朝聚、李昇長、何稷文、馮覲侯、承恩、古彬臣、冼應龍：已上各二錢五分。

蕭士貴、李廷瑞、陳畧、魯泰峯、郭廷實、黃子義、馬昌御、蔡良伯、蔡凰、陳維朗：已上各二錢。

梁廷鳳、梁挺相、杜廷基、黃輯五、張錦標、蔡科長、李廷鳳、馬勝翕、馮忠義、宋真祐、李濟和、李仲斯、李君秉、李□盛、簡代用、馮興運、暨迪成、李宗傑、黃宗正、植俊君、岑萬珍、李卓臣、岑萬德、李貫友、李亮滔、李宗倫、陳朝鼎、岑御□、李玉斯、李興聚、暨壯廷、李殿斯、黃宗裕、梁廷輔、劉玉昇、李昌遠、張元德、黃萬鎰、張萬廣、劉世琼、梁燕蒼、劉普謙、劉達謙、鄭昇明、劉楚宗、劉萬國、黃萬羽、鄭廣明、梁帝寵、劉廣聯、劉萬友、梁燕滔、鍾有成、李秀貞、張元輔、甯尚礼、陳瑞儀、李秀子、李興臣、李君畧、李挺漢、林其槐、劉萬雄、李元高、岑其進：已上各二錢。

鼎建神樓：信童□國瑛、宋興全、黎志廣、李聖文、李帝盛、李帝松、李聖琰、黎帝妹、黃帝科、蘓國瑋、黃帝祥、蔡帝罗、黃帝聰、蘇國球、蘇紹賢、黃帝爵、劉帝成、黎兆日、張帝遇、黃觀祿、黃觀習、李葉聖、黃聯庇、馬伯乘、梁帝手、莊應乾、梁帝輔、黃帝妹、鍾帝成、林文珍、梁帝鶴、張觀桂、梁帝槐、鄭文連、伍帝祖、吳帝覲、張帝衡、蕭文棠、李士枋、植帝開、李昌遞、岑帝寧、梁帝良、劉帝齡、黃帝牲、李帝章、李戈聚、李帝聚、李昌迎、林文福、林文垣、郭帝長、洪帝源、李惟熊、郭帝定、胡帝琅、鄭社君、何奇進、何奇遇、李聯斯、李發斯、黃羽秀、劉君具、鄭宗明、蔡瑞奇、李漢公、李文斯、李挺葉：已上各一錢五分。

朱懋修、丘全俞、葉慶相、□明顯、杜廷基、梁士錦、黃社昌、馬萬昌、馬昌進、□琨□、蔡瑞深、蔡思兆、蔡良險、蔡瑞璉、蔡瑞琰、蔡瑞璋、馬伯朝、勞觀裔、胡奇彥、陳吉士、林芝舉、梁□子、蔡瑞璘、蔡昌、蔡瑞珖、馬文煥、蔡奕輝、杜德能、馬勝球、馬勝聰、謝鳳奇、陳建科、劉君相、李倫英、李君俸、李卓雄、李貫一、劉耀章、張萬瑞、劉世葉、劉振和、李廣斯、李卓奐、黃享達、李貫五、李殿章、李貫章、暨羨臣、暨廸漢、暨廸公、李燦彥、李世龍、李善臣、徐御君、陸君仰、劉世運、劉振乾、劉振漢、劉振賓、劉世通、陳萬祥、鄧朝爵、何芝馮、劉振茂、劉貴聯、劉振瓊、劉士敬、葉公漢、劉廣義、劉振彥、馮朝漢、劉振遠、劉世平、黃宗維、李君客、李翰斯、黃享羽、李倫章、陳萬祿、劉先科、劉殿和、劉先廣、方瑞仁：助金二錢。

劉裔章、孫紹蘭、孔燕奐：已上各一錢。

鄭廷逵助金三錢。

　　張士仁、黎朝輔、劉士惟、劉先帝、劉振葉、鄭球、劉振方、劉世祿、何國尚、劉尚錦、劉世能、劉帝恩、梁君敬、劉建章、劉廣德、梁帝漢、陳潤志、陳潤葉、陳潤聖、植仕君、陳萬爵、鄭文亮、劉紹忠、馮君一、李荊秀、馬勝高、李祥瑞、李子通、李享滔、李君和、李貫義、李貫三、李貫置、李君茂、李德王、劉振亮、劉振邦、方吉仁、李君侯、羅臣、黃浩天、岑士顯、鄭朝將、鄭帝存、鄭朝賢：已上各五分。

　　鄭文廣、黃明郭氏：壹兩。

　　李氏：壹兩。

　　黃門白氏：六錢。

　　李門蕭氏：五錢。

　　黃門梁氏：二錢。

　　黃門趙氏：二錢。

　　康熙五十二年歲次癸巳九月初二日。

　　李□倫、李□□、岑奐蘭、鄭朗明共代交過銀三十七兩六錢立碑。黎文璇代交過銀□兩六錢四分。

【碑文考釋】

　　撰碑者戴佩，廣東始興人。任屏山令，時值荒歉，民採蕨根充食。佩為購米，設粥以拯民飢。

　　這篇碑文是作者應好友黃東穆之邀所撰，紀念泮塘鄉仁威祖廟天樞宮的修建成功以及各位襄助人士。

　　前面的碑文提到此廟，有真武廟和北帝廟、北帝祖廟等稱，而這裏則稱"仁威祖廟"。這是因為真武神（即玄武神）在元成宗大德七年（1303）被封為"元聖仁威玄天上帝"，所以崇奉真武帝的神廟也稱"仁威廟"。另外，真武又稱"玄天上帝"。文中提到的"上帝"（"鄉中素事上帝香火"），即"玄天上帝"的簡稱。

　　作者在文章開頭就提出一個觀點，就是神祇往往可以增添山川的靈氣。他舉了普陀山的觀音大士，武當山的玄天上帝以及嶺南羅浮山的王野仙為例。而當他登粵秀山，眺望鎮海樓，見廣地風景秀異，山川毓靈，不禁發出"此必有聖神"的猜測。果然不出所料，西郊泮塘鄉有仁威祖廟,剛重新修建,正好請他寫一篇紀念碑文。碑文的寫成是在康熙五十二年(1713),而廟的重修是在康熙四十八年(1709)秋至五十年(1711)夏。

另外,我們看到作者在碑文開頭舉武當山的玄天上帝爲例,來說明他的"地以神靈"的觀點。這裏面還有一個典故。據道經《元始天尊說北方真武妙經》所云,真武帝君原來是靜樂國太子,他不願繼承王位,卻一心要除盡天下妖魔,拯救人民。後來他遇到紫虛元君,授以無上祕道,又遇天神,授以寶劍。此後他便入太和山修煉。四十二年後,功德圓滿,白日飛昇。玉帝令他鎮守北方,統攝玄武之位,並將太和山易名爲武當山,意思是"非玄武不足以當之",所以武當山就成了祭祀真武帝的聖地了。

18-5　清·佚名:重修仁威祖廟碑記

清乾隆十三年(1748)

上碑

【碑刻信息】

存址:今廣州市荔灣區西泮塘鄉仁威廟太歲殿內。

碑額:重修仁威祖廟碑記。楷書。

碑題:重建仁威祖廟玉虛宮碑記。楷書。

尺寸:碑高190厘米,寬95厘米。

碑文來源:原碑抄錄。

【碑文】

聞之人籍神庇,神以地靈,所謂人傑地靈者,非耶?省城之西,路接龍津,衢通長壽,粵秀雲山擁其後,大通鷺潭繞其前,是為仁威之里。昔人曾建玉虛宮,其中座正殿奉祀北極帝君,其後座奉祀帝親,西廳中座奉祀梓潼帝君暨華光大帝,其第三座奉祀金花夫人。是雖一廟,而六神威靈,實式憑焉。彼都人士,奉為萬年香火,非一日矣。赫厥聲,濯厥靈,凡有祈禱,罔不響應。國朝定鼎之初,四郊多壘,干戈不擾,雖有兵燹,廟貌如故。神威之庇護斯民，何其奕奕也。經今日火，棟宇將傾，牆垣將圮。彼都人士與諸父老謀曰："斯廟為省里一坊香火，棟宇朽壞，垣墉就穨，非所以妥神靈，大觀瞻也。"於是僉謀設薄，會眾釀金，善信樂助，不約而同，得助金若干。就日鳩工庀材，圬者墁者，工師大匠，俱得其人。朽者堅，陳者新，樸者斵，堊者餙。興工于庚申年閏六月二十五日，告竣于戊辰年三月廿八日。於是輪奐聿新，鳥革斯翬，廟貌奕奕，神威赫濯，猗歟休哉！斯時也，神人胥慶，四民樂業。士者功名顯達，耕者時和季豐，商者賈者，利有攸往，遂意貿遷。里人之事神也無已，神之降福于里人寧有涯哉？所有題助芳名，備列於左。遂記。

賜進士出身文林郎吏部截選知縣酈遙。

信官酈逵、（酈）進、（酈）遙仝喜認工金貳兩。

信官鐘元英喜認上帝殿正樑銀壹拾兩。

蜆塘梁兆富喜認西廳，並樑銀壹拾兩。

鴻光會：范清、蘇錦廷、謝文禮、黃煙文、譚兆科、麥天覎、何紹賢、周榮泰、余上貴、馮君泰、岑玉昌、（岑玉）章、劉沚沛、李仕傑、何國賢、葉相俊、鄭廷覲、任羽祐、龔世泰、趙元俊、吳英文，喜認玄天上帝神樓一座。

義威會：蘇迪聯、吳應元、關鵬鳴、容允梅、鍾兆奇、區奇清、黃英遜、吳成俊、洪裔佐、關汝弼，喜認大錫香案一副，棹壹張。

信士黃文斗喜認帝尊殿前大錫香爐壹座。

信士酈森喜認帝尊殿前鐵香爐壹座。

信士李卓信喜認帝尊殿前鐵寶庫一座。

信士利帝富、（利帝）護、（利帝）璽，喜認上帝座宮連六員官將裝金。

裝金會：鄭御太、植廣君等，喜認上帝行宮連四官將裝金。

信官彭炎濟喜認帝尊殿前勒玉璽。

信士邱崟喜認帝尊瑤櫈壹張。

信士譚儒萬喜認大鼓壹面。

信士劉章幹喜認親殿前鐵寶爐壹座。

潼義會：黃上客等，喜認文昌剃面裝金。

信士梁章君喜認金花殿前文□壹座。

蘭桂會：黃宗瑞、黃文著、黃文第、黃文鳳、黃文保、黃文順、黃華壽、黃夫爵、黃華一，重建金花夫人香身裝金彩色壹堂。

信士李子達喜認勅令箭連架壹副。

梁可舉喜認福神相壹尊。

南海當行喜認工金貳拾兩。

信官邱嵩喜認工金壹拾五兩。

信士黃文第喜認工金壹拾貳兩。

劉振英、梁聖舉、梁國樞：已上各工金壹拾壹兩。

梁燕宗、劉世瓊、李善君、黃蔡佐、李斌彥、李昌迎、劉聖魁、劉聖彥：已上各工金壹拾兩。

黃振基、泰和行、陳德茂、長豐行、端和行、豐裕行、劉世會、陸日昇、西關按押行、梁合興等：已上工金柒兩五錢。

梁聖昌、梁聖元：已上各工金柒兩。

張元輔、黃宗文：已上各工金陸兩壹錢。

梁連元、黃宗錦、劉振沛、劉振匯、李昌述、劉奇萬、馮朝漢、劉萬志：已上各工金陸兩。

永裕行、梁與江：已上各工金伍兩壹錢。

經綸行、永利行、黃仁伍、黃可忠、郭任賢、梁上進、鄭學漳、劉學文：已上各工金五兩。

梁耀明：工金肆兩柒錢五分。

蕭永澤、梁國慧：已上各工金肆兩伍錢。

潘文華、鄭信亮、梁國宰、張禮斌、梁耀朗、梁煥文、劉振聯：已上各工金肆兩。

王三捷、達豐行：已上各工金叁兩六錢。

林怡豐、履泰行：已上各工金叁兩陸錢。

梁耀深：工金叁兩叁錢六分。

梁聖垣：工金叁兩叁錢壹分。

信官邱毓射、惟善行、信士葉公漢、李貫一、梁萬貴、梁萬惟、黃宗侯、梁國蛟、何曰聰、劉振斌、梁國聘、陳仕文、李兆桂、劉廣聯、梁連標、黃宗裕、梁上元、梁際斯、梁德仁、李貫置、梁國舉、李兆昇、黃宗約、李善二、梁國俸、黃文著、梁亮斯、劉衍文：已上各工金叁兩。

顧竒仁、劉國悅、李興暢、呂依谷、劉彥章、陳維憲：已上各工金叁兩。

楊尚達：貳兩七錢五分。

潘喬宗、廖世傑、黃宗瑞、黃文勝、黃林煥、李全義、梁品龍、梁煥祥已上各工金貳兩伍錢。

信秀吳捷：工金貳兩貳錢五分。

信官梁林琛、信秀梁連第、信士柳波，涌柴行李則友、黃聖魁、張萬廣、黃宗志，東滘柴排萬勝、恆勝，全朱定昌、壽星案、永壽會、譚廣全、何起貞，全馬申大、李卓明、李章五：已上各工金貳兩。

劉學斌、梁聖訓、高美成、朱襄明、黃禮元、梁文尚、舒文輝、梁伯璋、李松彥、鍾瑞國、梁與珮、梁湛滔、黃宗禮、梁上錦、李文元、梁珮璋、梁佐滔、黃誠勳、梁連躍、梁連達、暨仁政、李善一、梁林英、梁卓斯、梁仲維、劉世禎、黃宗珮、劉萬源、梁連聚、黃宗瑗、梁昌壽、梁諫卿：已上各工金貳兩。

劉世隆、李□御、梁聚五、梁上斌、梁漸進、梁閣朋、梁連振、鄭占亮、梁學夔、劉廣志、梁殿長、劉學禮、梁連瑞、梁志傑、劉連勝、黃與璋、劉振輝、李善臣、梁連任、梁福五、梁洪滔、朱斐然、梁興惟已上各工金貳兩。葉芳蕙、邱崇、蔡玄崑、蔡玄蒿：已上各工金壹兩八錢三分。

梁與恂、顧元聖、劉振瓊、李倫章、李廷佐：已上各工金壹兩五錢。

歐世與、黃佩玉、梁連伯、張在棠、裕源行、梁連仲、李宗傑、鄭潤登、劉振淮、李宗能、梁大成、劉世權、梁煥光、梁近貴、梁標、郭廷宰、李禎子、李昌延、劉志章、李仕弘、梁耀宗、楊天成、姚士華、梁敬天、顧元迪、郭作賢、顧廣恒、黎志有、顧廣爵、梁連裔、李秀元、梁可遷：已上各工金壹兩五錢。

劉堂德、李秀章、黃光茂、劉茂與、陸上鉅、梁萬豪、梁與潤、李貫裔、柴昇漢、劉漢維、劉連芳、李善挹：已上各工金壹兩五錢。

倫斌聚、三齊號黃公發、馮有仝、李開屏：已上各工金壹兩肆錢。

顧國杲、胡順長、梁裔通：已上各工金壹兩叁錢。

鄭揆豪、李貫豪、劉德章、劉華章、李秀文、鄭揆江：已上各工金壹兩貳錢。

曾敬義、黃宗讓、梁栢年、鄭裔享、梁懷萬、梁連照、鄭裔簡：已上各工金壹兩壹錢。

李殿賓：工金壹兩零五分。

李開伯喜□金壹兩□五分。

庚申年出遊會首福聚會胡兆龍等，梁開信、劉振彥、李貫與、高順泰、黃文炳、何聖耀、胡海、蔡與賢、鄧恭允、陳天華、簡朝泰、何端躍、梁耀庚、鄞延齡、劉裕宗、鄧朝爵、李君求、李捷進、劉世有、梁萼夫、梁國祐、鄭昇明、李卓雄、李君俸、陳萬祥、黃尚客、李昇長、梁國用：已上各工金壹兩。

梁國斌、黃宗奇、梁朝貴、梁廷俊、黃兆麟、梁賢奇、李兆賢、梁連燦、黃可生、梁洪千、梁沾昌、黃宗立、李子成、梁直第、梁河泓、黃可敬、鄭元亮、梁開朝、李聯泰、劉振江、何大年、何茂年、麥瑞、甘子茂、劉世君、梁周禮、黃可泰、梁賢錦、李應華、劉廣倫、梁家隆、周三元：已上各工金壹兩。

黃文德、梁俊慧、劉文聯、麥應光、劉世超、梁卓禮、劉世科、李善樹、黃昇客、梁才三、梁連相、陳國選、陳成達、李達進、劉茂儒、梁元新、梁廷敬、陸達昇、李元宰、黃善光、梁裕斯、李善漾、劉佐千、李善進、植文開、鄧茂賢、梁燥生、梁漸鴻、李仕聖、區聖全、梁耀國、梁應惠：已上各金壹兩。

黃奉材、李貫一、關漢斯、李元尚、□□□、李應全、梁廷暨、善雄、孔衍登、李善奇、梁元有、李興邦、梁耀聖、李元則、梁廷健、張義斌、李諫英、李昌□、梁士□、李興子、劉學富、李昌平、暨尚能、鄭朝顯、梁成達、李志霆、黃三上、黃龍客、梁與敬、植奉君、黃關漢、梁連茂、黃可信、劉學周、李應登：已上各工金壹兩。

下碑

【碑刻信息】

存址：今廣州市荔灣區西泮塘鄉仁威廟太歲殿內。

碑額：重修仁威祖廟碑記。楷書。

碑題：無。

尺寸：碑高 190 厘米，寬 95 厘米。

碑文來源：原碑抄錄。

【碑文】

福緣會：黃宗侯、李倫章、黃宗立、黃誠勳、黃宗約、李善進、黃宗兆、黃宗珮、黃宗惠、李應聰、李應光，仝喜認紅石肆百壹拾塊。

信士梁介熙喜認麗石壹百叁拾塊連砌。

信官朱文禎喜認金花殿前紅石壹百塊。

信士吳茂參喜認麗石五拾塊。

梁聚田喜認紅石五拾塊。

辰年出遊會首喜認石伍拾陸塊。

梁一惟等：工金玖錢。

廖連茂、劉奕章：各工金捌錢肆分。

劉萬國、馮朝客、黎文寬、黃宗兆、黎志能：已上各工金捌錢。

曾陶山、梁聖通、楊西亭、蔡思荣、何煥公、杜紹美、曾和萬、梁典玉、李權斗、蔡思亮、馮芝盛、龔朝達：已上工金柒錢伍分。

何廷楮、何國輝、何國耀：已上各工金六錢叁分。

梁□貫、劉應舉：已上各工金七錢。

郭與球：工金五錢。

關宗客、梁倫漢、劉明瑞、梁開明、黃宗翰、陳朗璉、李象元、梁文錦、黃宗惠、梁上也、李秀科、鄭潤舉、鄭麗沾、李文迪、梁品亮、鄭元與、梁品泰、李成泰、鄭榮耀、梁世光、何世迪、梁守文、鄭學昇、李應仲、梁惠光、余朝相、劉任昇、羅紹湘、黃可悅、梁世高、王炳卓、梁興岳、李明昌、梁達修、梁國仲、鄭麗寬、梁作禮、梁恆光：已上各工金七錢五分。

梁品相、李大元、梁萬周、鄭學成、梁漸荣、鄭揆海、梁濟明、梁碧萬、梁直蟾、梁和禮、梁漸昌、潘聚海：已上各工金七錢。

梁佐太、梁開文、倫斌成、胡聖瑞、梁應元、鄭麗元、梁耀江、鄭揆三：已上各工金七錢五分。

馮式郭、梁河清、謝昌言、李漢彥、梁裔光、劉世豪、鄭孝松、梁俊光、鄭建亮、鄭殿君、劉振和、李承彥：已上各工金二錢。

晚景里眾信：譚喬楚、梁聖聯、馮在華、黃觀魁、馬耀太、蔡奇□：已上各工金五錢。

陳桂賢、梁桂成、劉先廣、梁卓滔、黃可君、李乾泰、馬勝聰、劉達謙、徐朝隱、梁位官、蔡思覲、梁君亮、鄭裔國、黃連客、李廷茂、黃可德、梁煥千、梁國錫、梁子豪、梁朝閏、鄭近科、劉振潛、馮閏君、黃起君、李茂華、梁躍錦、梁殿魁、梁陞位、梁大緝、范文舉、冼朝昇、劉啟章、李善宗、徐迪君、王殿章、梁作三、朱文英、梁上士：已上各工金五錢。

徐□海、李善泰、區純伯、李應會、梁齊漢、梁經文、梁元貴、余朝客、鄭孝潛、周能貴、歐萼成、李元寶、馮仲君、李善業、梁聚朗、梁太星、梁耀高、梁昭萬、梁爵從、甘良友、梁興裔、梁國明、何達秀、張昌茂、鄭始濟、梁聚奇、黃誠章、梁桂華、李元吉、何朝宰、鄭朝紳、湯炳惠、羅上賢、何濟德、植文英、李英朝、梁科第、曹廷彪：已上各工金五錢。

梁權昇、黃光燦、李應維、岑其開、李明瑞、黃林瑞、甯連子、梁聚和、潘殿維、梁嵩文、梁應貴、李傑先、徐國昌、梁捷三、區瑞敬、李占高、范文科、馮華開、黃林炎、李昌裔、梁聚光、梁虎文、周觀荣、李紹先、梁殿伯、黃文祖、梁奕禎、李繼宗、黃天祥、梁竒茂、鄭麗長、李應燃、李穗華、梁躍龍、李承祖、李聖科、馬文煥、馬文祿、鄭裔經：已上各工金五錢。

梁漸祥、鄭學能、鄭學近、黃焕章、黃任能、霍成兆、何國羨、梁品裕、梁湛然、余朝昇、李見青、黃羽燦、李應元、李昌漢、陸朝仰：已上各工金五錢。

壬戌年出遊會首馬伯俊、何興台、區世興、黃宗禮、李子達、梁英龍、李善一、黃宗約、梁國俸、麥遇龍、蘇鸞、梁廣田、梁佐五、梁和禮、梁恒萬、梁瑛璋、梁萬年、顧華翰、劉學長、李有全、李珮和、梁廷有：已上各工金四錢。

陳羣英、劉學周、蔡思求、蔡思霖、張桂南、鄭始章、何益朝、馮國運、暨連科、馮朝元、劉振瑤、梁品賢、梁位高、馮天相、李君閣、李卓彥、鄭炳亮、梁位明、李開乾、李仕雄、岑習勝、馮伯昇、梁連啟、黃萬興、劉長聯、劉昇憲、梁伯登、梁子經、陳孔文、倫偉中、關瑷、麥貴馨、黃文林、何聚信、梁彩周、何榮桂、張德英、龍津萬壽林：已上各叁錢七分。

梁斐成、周端登、梁賢位：已上各工金叁錢七分。

劉萬瓊、歐金友、何兆子、梁連學、陳朝開、李燦彥、何君珮、梁子傑、梁維聚、羅萬敬、何濟儒、梁聖裔、蔡思義、馬伯俊、何敬子、蘇喬松、梁聖作、蔡竒珍、梁開茂、梁連元、譚餘平、黃享全、李貫五、梁廷佐、余朝選、梁華輝、何日科、蕉士俊、鄭瑞興、何國達、鄭裔君、植廣君、黃可能、李卓成、梁連發：已上各三錢。

梁公信、何德運、梁瑜玉、蔡思運、何國常、李運昌、酈汝進、鄭佐明、李卓平、冼朝君、何國鎰、李日雄、麥廣如、馬可千、梁廷佐、李廣達、梁會客、黎志廣、劉閣信、何朝相、李善登、黃誠業、鄭御泰、甯尚禮、梁景星、梁恒斯、何瑞傑、梁品輔、朱聖科、梁茂舉、馬昌連、何裔子、梁子森、陳德昭、梁陞爵、張昌裕、陳朝太、張長友：已上各三錢。

黎碧漢、劉廣明、李善和、黃誠日、李長先、劉閣昇、劉德聯、麥國文、李光耀、譚恒長、黃明達、張昌倫、劉閣禮、劉世成、岑其聖、李文光、黃宗相、鄭紹文、鄭御敬、李善為、黃可賓、李昌運、梁倫韜、郭德賢、張昌成、梁殿宰、郭太賢、鄭御簡、李昌迨、李昌泰、暨尚志、黎起祥、馮儒尚、鄭始和、梁英達、李元立、朱文龍、廖卓斌：已上各三錢。

李文會、蔡宗浩、黎光漢、梁學登、李廷士、李明勝、何輔國、李文昭、邱國英、李德寬、梁聖韜、何卿子、梁朝舉、關嗣洪、黃可維、李善蛟、劉世通、孫紹蘭、孔尚錫、李昇伯、梁維英、李元宗、劉昇儒、李朝先、曹科第、柴昇明、梁達源：已上各工金叁錢。

暨啟君（譚祥七錢五分，邱世廣七錢五分，林元邦七錢五分[①]）、王維新：已上工金貳錢五分。

岑御客、鄭樆漢、梁德斯、劉世平、李上珍、劉世聚：已上各貳錢。

梁名魁、李承光、劉義隆、蔡思珍、源起仁、馬可信、周四齊、黃汝綸、徐遇君、劉貞維、黃宗賢、暨迪子、李貫德、區文耀、暨傑君、黃可賢、蔡思成、岑其滔、鄭御爵、黃可源、李弘興、李貫千、李善廣、蔡思勝、關朝科、黃簡賢、劉振齡、梁聖禮、黃可昭、李文進、蔡思、黃誠遇、李昌瑤、陳聚成、梁孔成、李傳子、劉相維、黃友英：已上各貳錢。

李運爵、李德先、李元紀、劉振日、黃文蘭、鄭揆一、吳聚龍、黎志公、梁才祿、李廷翰、李善祖、暨迪君、李廷俊、黃可第、李善能、鄭榮國、陸顯昇、劉世全、李元亮、暨萬君、李元傑、梁應聚、李廷輝、陳聚志、黃可經、暨上賓、岑習高、梁直輝、黃天兆、李奕泰、暨佐君、李元台、劉殿良、蘇琨璞、李廷錦、劉禮周、李善朝、李聖明：已上各工金貳錢。

譚羨明、佐仕科、劉始良、岑習禮、彭紹祖、李昌餘、黃承宗、劉學維、黃懿章、暨上朋、鄭始禮、陳敬林、黃文惠、李弘高、曹起廖、鄭文陞已上各工金貳錢。梁連泰、李全泰、李顯泰、李廣泰：已上各工金壹錢五分。

杜元魁：工金壹錢。

---

① 括號內字為後來補刻。

吳聖汪：工金五分。

文昌帝君、華光大帝神樓壹座：信士黃文德、黃文顯，信童李應燃、黃文賜、黃文介、黃天客、黃文發、黃文遠、鄭華國、李耀秋、黃華一、黃華弘、黃華旺、黃華強、黃華象、黃華載、黃華祿、李廣泰、黃士熙、李華潤。

金花夫人神樓壹座：信士郭任賢：銀七錢五分，劉朝弼：銀三錢七分，劉茂新：銀三錢七分，黃天保：銀三錢。

信童：

李觀梅：銀三錢，梁鴻輝：銀貳錢，張洪滙、暨有文、李沛公、周秉星、劉閏敬、劉觀社、陸兆強：已上各貳錢。

信士黃天生，信童黃文達：各一錢五分。

信士：劉茂興：銀一錢一分，劉志維：銀一錢。

信童：劉昌連、何連第、邱毓射、鄭帝六、張帝康、張洪森、區金福、梁張保、潘子高、邱毓御、李志華、黃觀長、陳漢官、陳盛寬、黃文□、黎觀田、植餘拾、李觀順、陸兆維、李德□、李楚江：已上各一錢。

譚門陳氏：銀三錢七分。許門陳氏：銀三錢。陳門蔣氏：銀貳錢。邱明陳氏：銀一錢。邱門趙氏：銀一錢。龔氏一錢。邱（下沠）。

募緣首事：黃振基、梁琛、林朝叢、邱嵩、黃文會、梁開信、梁上錦、李卓雄、李廷佐、梁連標、梁聖瑞、譚同仁、梁漸進、梁國田、梁聚田、顧裔賢、劉學文、劉振英、劉葛瓊、許伯英、曾陶山、李善君、鄭信亮、張萬廣、梁連光、劉廣聯、郭任賢、黃宗文、梁曜明、李英發、黃文第、黃羽漢、劉聖彥。

文昌期□□面裝金：信士黃□相喜認。

乾隆拾三年歲次戊辰季春二十八日。

【碑文考釋】

這篇碑文記載了清乾隆五年（1740）至十三年（1748）間對仁威祖廟的一次重修。此

碑文有兩點值得注意的地方,一是仁威廟除了曾使用真武廟、北帝廟等名稱外,還曾名爲
"玉虛宮"(按:《道法會元》稱玄天上帝聖號爲"北極佑聖真君玉虛師相玄天上帝"①)。
前面有趙鳴玉的〈重修北帝祖廟碑記〉也提到"玉虛宮殿"之名("及詢其勝,曰玉虛宮殿
也")。二是仁威廟除了祭祀真武外,還同時奉祀其他幾位神靈,即帝親(真武之父母)、
梓潼帝君、華光帝、金花夫人等。碑文云:"中座正殿奉祀北極帝君,其後座奉祀帝親,西
廂中座奉祀梓潼帝君暨華光大帝,其第三座奉祀金花夫人。是雖一廟,而六神威靈,實式
憑焉。"

18-6 清·張錦芳:重修仁威古廟碑記②

清乾隆五十年(1785)

第一碑

【碑刻信息】

存址:今廣州市荔灣區西泮塘鄉仁威廟內。

碑額:重修仁威古廟碑記。隸書。

碑題:重修仁威古廟碑記。楷書。

尺寸:碑高177厘米,寬80厘米。

碑文來源:原碑抄錄。

【碑文】

廣州府城之西四里而近,地爲南海之半塘,有廟以奉真武之神,鄉人所
稱"仁威廟"者也。其剏建年月無可考,而重修則在有明天啟二年,蓋廟之
由來舊矣。國朝百餘年來,香火不絕,而歲久漸圮。鄉人鳩工庀材,葺而新
之。經始於乾隆庚子年七月,以乙巳年十一月落成,屬余作記。余案,元武
者,北方七宿。北爲水位,故其神司水。昔高陽氏以水德帝,少皞氏之子曰

---

① 見《道法會元》卷一三〇,《道藏》第29冊,頁639下。
② 碑刻整體情況是:碑分四通,第一碑爲正文,第二、三、四碑爲捐資名單;其中第四碑碑文已漫漶,不錄。

修曰熙,相繼為水官。故記稱其帝顓頊,其神元冥,所謂有功於民則祀之者也。真武之神,蓋亦生有功德,故隆以列宿之號,而司水者歟?神最顯於均州之太和山,迄今奉祀遍天下。而廣州濱海為水鄉,宜神之靈歆享於是。且廣州之水,當西粵下流,自牂牁江而東注,出羚羊峽,匯北江、滇、洭、溱、肆諸水,逕府城以入大洋。每當暑雨,水潦驟發,南海、順德邨落多被水,小者沒阡陌,大者決堤防。故居人咸思邀福於神,以不至成災。而泮塘地附郭多陂塘,有魚稻荷芰之利,無沮洳墊隘之苦,似神之獨厚於是鄉者。宜鄉人之奉祀倍虔,謀新神寓,而趨事恐後也。廟舊為屋三重,奉神於正殿,而西序以奉別神。今增築東序,與西相埒;又齋室三楹,廊房庖湢,莫不畢治。蓋規模視舊為益拓。土木陶旊之費,計二萬有奇,而遠近助工者,至三千餘人。夫南海祝融之神,載在祀典,廟之修除黝堊,掌於有司。而神之廟,則民間率其私錢,以時修之。此以見水利之關於民者甚鉅,不特上之為民祈福,而民之所以托庇於神者,亦無不盡其誠也。余故樂為之記,以諗後之將事無怠者。

乾隆五十年十一月朔張錦芳並書,曾紹光鐫。

第二碑

【碑刻信息】

存址:今廣州市荔灣區西泮塘鄉仁威廟內。

碑額:重修仁威廟碑記。楷書。

碑題:無。

尺寸:碑高124厘米,寬66厘米。

碑文來源:原碑抄錄。

【碑文】

護理廣東分巡雷瓊兵備道事瓊州府正堂蕭助金柒拾兩正。

正黃旗駐防防禦府孫助金叁拾兩正。

特授廣州府南海縣正堂加九級紀錄十一次毛助金叁拾兩正。

特授萬州正堂袁助金貳拾兩正。

署儋州正堂衛助金貳拾兩正。

署崖州事昌化縣正堂王助金貳拾兩正。

候補分府官瓊山縣正堂汪助金壹拾兩正。

特授瓊山縣正堂周助金壹拾兩正。

特授澄邁縣正堂詹助金壹拾兩正。

特授臨高縣正堂徐助金壹拾兩正。

特授文昌縣正堂趙助金壹拾兩正。

特授定安縣正堂永助金壹拾兩正。

特授會同縣正堂楊助金壹拾兩正。

特授陵水縣正堂齊助金壹拾兩正。

特授感恩縣正堂王助金壹拾兩正。

俸滿昌化縣正堂何助金柒兩貳錢。

署瓊州府經歷廳候補縣左堂宮助金柒兩貳錢。

賜進士出身誥授奉政大夫禮部祠祭司郎中兼儀制司郎中加一級紀錄二次前提督貴州全省學政翰林院編修癸酉科鄉試四川主考官壬申科鄉試順天同考官充大清會典館纂修官庚午科鄉試福建主考官吏部文選司員外郎稽查正黃旗教習館驗封司主事稽勳司主事翰林院庶吉士邑人馮成修助金伍拾兩正。

賜進士出身[助金貳拾兩正]〔一〕敕授文林郎歷任雲南臨安府蒙自縣知縣廣東廉州府教授加三級紀錄五次里人張成賓助金貳拾兩正。

敕授文林郎知福建龍巖州漳平縣事加一級紀錄二次前甲戌科明通進士即授雷州府徐聞縣儒學教諭歷署遂溪縣教諭訓導事里人何維新助金壹拾兩正。

敕授修職郎原任惠州府博羅縣儒學教諭前甲子科鄉進士簽陞雲南廣西州師宗縣知縣里人顧家俊助金壹拾兩正。

特授河南布政司經歷廳加一級鄺振南助金柒拾貳兩正。

惠州府學正堂潘助金伍兩正。

嘉應州學正堂葉助金伍兩正。

信宜縣學正堂方助金伍兩正。

香山縣學副堂劉助金伍兩正。

乙酉科鄉舉進士揀選縣知縣馮友準助金壹拾兩正。

庚寅恩科鄉舉進士揀選縣知縣馮經助金柒兩貳錢。

丙子科舉人即用衛守禦所守禦鄧元助金壹拾兩正。

重修值事：

鄺興炎、徐名通、孫盛、何榮桂、蔡世次、黃天輛、莫士榮、陳大智、許大亨、邱光、黃朝用、潘子暹、程輝恆、洪光遠、馮成□、鄧會剛、甘紹榮、莫世榮、胡信恆、張燕賓、施廷耀、顏澤照、李作霖、譚超、霍啟發、辛公滔、何國紀、梁連成、李英發、梁超隆、黃文德、李明瑞、梁廷賀、劉朝斗、梁禮君、黃文儉、梁和禮、梁可棟、梁科禮、梁周禮、劉茂新、梁奕泗、梁學科、李志霖、李全錦、梁元光、梁昌（鶯）、梁元琦、劉茂枝、余廷簡、鄭忠中、陸兆英、梁英長、梁英爵、李全爵、黃華茂、梁孔、梁浩文、梁大經。

乾隆五十年歲次乙巳仲冬吉旦立石。

第三碑

【碑刻信息】

存址：今廣州市荔灣區西泮塘鄉仁威廟內。

碑額：重修仁威廟碑記。楷書。

279

碑題：無。

尺寸：碑高124厘米，寬66厘米。

碑文來源：原碑抄錄。

【碑文】

信紳梁廷賀喜認上帝金身大座壹尊，另助工金貳拾壹兩陸錢。

鴻光會喜認帝尊龍殿壹座□前聯壹對。

信紳馮成梽喜認正殿扁□貳萬，帝尊龍椅壹張案前□金桌□壹張，頭門仁威祖廟扁額壹個，另助工金伍拾兩正。

城南遊□古廟喜認殿前銅鼎爐壹座，另助工金叁拾陸□正。

信官馮□□喜認殿前長聯壹對。

□□陳聯□、湯顯國全認頭門滿金長聯壹對。

□□□□□喜認殿前長聯壹對，另助工金柒拾貳分。

何名舉喜認□門□□□□□對聯畫綵門□祭。

□□□□喜認□□□帝神□貳□。

騰蛟會喜認一對□□□□□□聯壹對。

□□會喜認□□□□聯壹對。

□□□喜認金花□人神像壹堂。

□堂喜認華帝頭門長聯壹對。

吳章海喜認福神扁額對聯。

各坊宰官鄉士行會善信喜助工金□列：

鄒興炎：壹佰兩正。

鄒門金氏：柒拾貳兩。

甘紹□、城南玉□□、信官潘振承、信官蔡世文、就桂堂、信官陳文擴、信紳伍國釗：已上各助叁拾陸兩。

信官孫盛、信紳陳大智、信紳劉□、信紳馬永泰、李錫五：以上各助貳拾捌兩捌錢。

梁振文：貳拾叁兩零肆分。

□□□華□廟、陳允昌、揚岑龔：已上各助貳拾壹兩陸錢。

梁可望：貳拾兩零捌錢捌分。

信紳黃文德、信紳黃華茂：已上各助貳拾兩零壹錢陸分。

梁元殿：壹拾玖兩肆錢壹分。

梁智□、信紳梁可棟、李聖聚：各助金壹拾柒兩貳錢捌分。

劉茂生：壹拾柒兩貳錢。

潘□□：□□壹□錢。

黃華□：□□壹兩捌錢肆分。

梁卓禮、梁元珍：各助金拾伍兩貳錢。

施毛□、譚元超：各助金□□□□。

□□吳□□、□□□□□、□□蔡□□、□□□、蔡四□、董昌、簡隆、李朝海、趙景熹、任德綱、□□□、黃天輛、黃文耀、鄒積餘、梁禎祥、梁科禮、豐泰行、黃楊□：已上各助壹□□錢。

梁昌盛：壹拾叁兩陸錢捌分。

李應□、梁超隆：各助壹拾□兩玖錢陸分。

□□□、黃華璠：各助壹拾貳兩貳錢肆分。

梁元德、李明鳳、李全錦、黃□鏷、陸兆英：已上各助壹拾壹兩五錢貳分。

信紳徐名通、信秀梁珍、信紳蔡奇敬、而益行、李作霖、蘇德輝、鄭學泓、梁元琦、黃華一、梁元超、梁元陞、梁德侯、梁□華、余建簡、城南新福里、梁昌元、梁昌鶖、劉茂枝、梁顯英、梁英長：已上各助壹拾兩零捌分。

城西上帝廟、城南鮮果行、信紳顏時球、信紳黃士舉：已上各助壹拾兩。

劉世球、□昌逸、劉□翰、□□□、□□□、□□□：已上玖兩□錢□分。

梁浩文、信紳梁勝萬、李廣全、李佩賢、李全業、梁勝超：已上各助捌兩陸錢四分。

梁崑秀、梁崙秀：各助捌兩壹錢陸分。

梁連成、李明瑞、陸達昇、陳朝璉、金□寬、□□□、梁維洪、□朝□、□□□：已上各助柒兩□□分。

□□□□□、□□天后廟、城西藻聖廟、海□□州稅口、番禺押□行、長壽杉□行、豆行張□玉等。

卜廷彩、蔡璇佳、林合源、德盛行、聚和行、周□坤、杜其永、鄧超元、永福□、鄧應□、霍啟發、霍□□。

（下泐）

乾隆五十年歲次乙巳仲冬吉旦立石。

第四碑

【碑刻信息】

存址：今廣州市荔灣區西泮塘鄉仁威廟内。

碑額：重修仁威廟碑記。楷書。

碑題：無。

尺寸：碑高 124 厘米，寬 66 厘米。

碑文來源：原碑抄錄。

【編者按】

碑文另見清·鄭夢玉等修，梁紹獻等纂：同治《南海縣志》卷一二①。

【校注】

〔一〕括號内當爲衍文。

---

① 清·鄭夢玉等修，梁紹獻等纂：同治《南海縣志》，《中國方志叢書》第 50 號，頁 204 上-下。

【碑文考釋】

撰碑者張錦芳,字粲光(一曰字粲夫),廣東順德人。清乾隆五十四年(1789)進士,改翰林院庶吉士散館,授編修。學問博洽,通《說文》,喜金石文字,長於詩。與欽州馮敏昌、同邑胡亦常稱"嶺南三子"。年四十七卒,著有《南雪軒文鈔》二卷、《逃虛閣詩鈔》六卷、《南雪軒詩餘》一卷。

這篇碑文的撰作是爲了紀念乾隆五十年(1785)泮塘鄉仁威廟的重修落成〔開始於乾隆四十五年(1780),即碑文所說的庚子年〕。更值得重視的是,碑文的主體介紹了玄武神以及解釋爲何北帝雖非源於嶺南本土的地方神,但卻在粵地各鄉村都得普遍奉祀(文中稱"玄武"爲"元武",是爲了避清聖祖康熙的諱,因爲康熙名玄燁)。張錦芳的解釋基本是採用屈大均《廣東新語》之說,即是強調玄武身兼水神的特徵。《廣東新語》卷六云:"粵人祀赤帝,亦祀黑帝,蓋以黑帝位居北極而司命南溟,南溟之水生於北極,北極爲源而南溟爲委。祀赤帝者以其治水之委,祀黑帝者以其司水之源也。吾粵固水國也,民生於咸潮,長於淡汐,所不與黿鼉蛟蜃同變化,人知爲赤帝之功,不知黑帝之德。家尸而戶祝之,禮雖不合,亦粵人之所以報本者也。"①同樣,張錦芳指出玄武本爲北方七宿的總稱,而北方爲水位,因而玄武神司水,是水神。而廣州濱海,爲水鄉,所以崇奉玄武水神是理所當然的。

不僅如此,粵地的崇祀玄武神,還因爲希望不遭洪水災害,以及陂塘多水利的緣故。碑文云:"且廣州之水,當西粵下流,自牂牁江而東注,出羚羊峽,匯北江、滇、洭、溱、肆諸水,遶府城以入大洋。每當暑雨,水潦驟發,南海、順德邨落多被水,小者沒阡陌,大者決堤防。故居人咸思邀福於神,以不至成災。"正因爲有這樣種種現實利益的期待,在許多方面都有求於水神,所以粵地人民"奉祀倍虔"。

接下來,碑文介紹了這一次重修所帶來的廟宇的變化,以及重修的費用。最後作者又一次指出,正是因爲水利與當地居民關係甚大,不僅官方爲民祈福,百姓也十分竭誠盡心。因而自己很願意作此碑文,紀念這件事。

---

① 清·屈大均:《廣東新語》卷六,頁208。

18-7　清·梁玉森:重修仁威祖廟碑記[①]

清同治六年(1867)

第一碑

【碑刻信息】

存址:今廣州市荔灣區西泮塘鄉仁威廟内。

碑額:重修仁威祖廟碑記。隸書。

碑題:無。

尺寸:碑高 177 厘米,寬 80 厘米。

碑文來源:原碑抄錄。

【碑文】

　　北方真武之神,位正天樞,澤流坎水。相傳北斗七星降靈,得道於武當山,有龍樓鳳閣之奇,儼羽蓋霓旌之制。耀被髮仗劍之威,道兼仙佛;擅伏虎降龍之力,靈懾龜蛇。我泮塘鄉近連珠海,遠接石門,無旱乾水溢之虞,具菱芡菰荄之利。以水鄉而虔祀水神,理固然也。廟創於宋皇祐四年,由元而明,以迄我朝,代有葺治,不懈益虔。至乾隆五十年大恢舊制,式煥新模,張葯房太史為之記,蓋駸駸乎有桂殿蘭宫之盛矣。當咸豐四年,紅匪蠢起,豺牙宓厲,虺毒潛吹,省垣成鼎沸之形,薄海儼土崩之勢。森時鄉居,與家鳳笙、司馬景韶、黃醴泉都戎、洪釗等首倡團練,力壓賊衝,擒獲賊匪百餘人;復倡捐仁威巡船貳號,自備口糧。森與黃都戎及李記委逢清等,隨同官軍在韶關、清遠、石門、文溪打仗十餘次,奪獲賊船賊目、旂幟礮械無算,計費白金萬餘。後外洋滋擾,復倡團練,饑饉洊臻,力謀捐賑,卒能井閭如故,雞犬無驚。雖經營辛苦十餘年,實神之力有以默佑於無窮也。惟是閱時歷日,上雨旁

---

① 碑刻整體情況是:碑分七通,第一碑爲正文,第二至第七碑爲捐資芳名;其中第六、七碑碑文已漫漶,不錄。

風,瓦竟分鴛,簷空宿燕。爰邀太守黃雲峰先生暨耆老值事等,力謀鼎新,鳩工庀材,刻日雲集。經始於同治六年二月,落成於六年十月。捐助者約五千人,縻白金壹萬伍千餘兩。奠土日蹌蹌濟濟,喬喬皇皇,萬善同歸,神儀有懌。雖所云從蓬闕於人間,落蕊宮於地上,不是過也。事竣,諸督理備極勤劬,復顧瞻麗牲之石,屬森為文。森幸生禮讓之鄉,躬逢盛事,千載一時,不當以譾陋無文解,爰不辭而為之記,復為迎神、送神之曲,使歌以侑神。其詞曰:

龍樓鳳閣開重重,武當山峙天當中,星旗寶劍光熊熊。神之來兮乘黑龍,前驅屏翳後豐隆。泮塘萬頃荷花紅,荔香菱熟吹薰風。爾酒既旨殽既豐,神具醉止天改容。嘉祥上瑞來無窮,康衢鼓腹歌時雍。

右迎神。

神之去兮歸武當,雲車風馬神洋洋。七星旗閃騰光芒,龍降虎伏道力強。古之花塢寔水鄉,早禾晚稻饒豐穰。盜賊姦宄胥遁藏,報之殽烝與腯羊。天樞正位何堂堂,齋宮肅肅占靈長,萬年降福歌無疆。

右送神。

軍功五品藍翎歲貢生即選訓導里人梁玉森頓首拜撰,候選縣丞國學生番禺黃景羲墨池頓首拜書丹。

同治六年十月穀旦勒石。

長樂周文任手刻。

第二碑

【碑刻信息】

存址:今廣州市荔灣區西泮塘鄉仁威廟內。

碑額:重修仁威祖廟碑記。楷書。

碑題:無。

尺寸：碑高 124 厘米，寬 66 厘米。

碑文來源：原碑抄錄。

【碑文】

重修紳士：

黃其表、李殿元、余良貴、李顯澄、黃其火、梁元勳、余崇烈、梁蔭麟、梁景韶、梁星朝、梁慕登、梁全安、梁秉權、梁、英、梁廣吉、陳瑞欣、梁玉森、劉達元、梁廣寬、劉景懷、何定邦、鄭萬龍、梁思齊、鄭良材、黃維建、黃中楷、李光圖、梁邦泰、李廣枝、梁蔭廷、李榮潤、梁希顏、梁國材、梁士忠、李志誠、余良琛、李詒裕、黃維潔、梁省謀、梁汝銘、李廣聰、梁英仁、暨國安、梁兆蕖、李茂登、余良梓、梁蔭棠、李元芳、梁榮勳、梁時敏、李廣灝、鄭萬慶、黃維瀚、梁藻勳、李廣柏、李逢清、黃士旺、梁湛浩、梁作駒、梁懋勳、黃秉剛、鄭、生、黃定光、黃其生、李詒昭、梁漸磐、梁惠嘉、黃維疊、梁錫華、梁定江、劉景秀、李詒廣、李廣福、梁振江、梁致陞、梁錫元。

重修值事：

梁時敏、余良琛、黃其火、暨興信、李謀揚、李廣柏、馬蕃茂、梁廣吉、黃志錦、黃士旺、余良梓、梁錫清、劉源裔、梁省謀、李蘭芳、李詒溥、梁會木、李瀛芳、梁盛光、梁惠嘉、劉兆麟、梁湛浩、李廷獻、陳瑞欣、何定邦、劉紹皆、梁作科、伍耀光。

重修緣首：

黃維瀚：勸捐工金銀壹百柒拾五兩五錢八分。

陳顯華：勸捐工金銀壹百柒拾四兩六錢五分。

蔡端瓊：勸捐工金銀壹百叁拾九兩四錢五分。

梁作駒、楊榮春：勸捐工金銀壹百貳拾九兩三錢六分。

馬英畦：勸捐工金銀壹百壹拾八兩三錢五分。

李裔亨：勸捐工金銀壹百零九兩一錢三分。

余良琛：勸捐工金銀壹百零八兩二錢一分。

元京號:勸捐工金銀玖拾八兩八錢七分。
潘顯昭:勸捐工金銀捌拾七兩八錢五分。
黄其發:勸捐工金銀捌拾七兩二錢八分又八兩貳錢八分。
李仁湛:勸捐工金銀捌拾六兩二錢七分。
鄧潤和:勸捐工金銀捌拾壹兩八錢正。
義和號:勸捐工金銀柒拾九兩六錢三分。
梁錫華:勸捐工金銀柒拾五兩九錢正。
荷溪鄉:勸捐工金銀柒拾五兩壹錢七分。
三全欄:勸捐工金銀捌拾壹兩一錢四分又壹兩三錢九分。
榮昌號:勸捐工金銀柒拾兩正。
鄭英聯:勸捐工金銀六拾七兩六錢八分。
永義號:勸捐工金銀六拾壹兩三錢三分。
李廣號:勸捐工金銀五拾九兩六錢七分。
陳瑞欣:勸捐工金銀五拾九兩三錢六分。
李詒熖:勸捐工金銀五拾三兩零五分。
劉高:勸捐工金銀四拾六兩四錢正。
梁惠元:勸捐工金銀四拾五兩八錢四分。
梁全安:勸捐工金銀四拾兩零五錢二分。
梁賢基:勸捐工金銀叁拾九兩八錢八分。
劉歡祥:勸捐工金銀叁拾九兩六錢三分。
李廣書:勸捐工金銀叁拾八兩七錢二分。
梁省學:勸捐工金銀叁拾七兩貳錢正。
德興號:勸捐工金銀叁拾七兩零二分。
梁澤榮:勸捐工金銀叁拾四兩九錢正。
李榮潤:勸捐工金銀叁拾叁兩四錢三分。
梁蔭麟:勸捐工金銀叁拾貳兩貳錢二分。

余良梓：勸捐工金銀貳拾九兩壹錢正。

鄭萬慶：勸捐工金銀貳拾叁兩五錢正。

劉可松：勸捐工金銀貳拾叁兩壹錢六分。

廣益棧：勸捐工金銀貳拾貳兩七錢五分。

梁省三：勸捐工金銀貳拾貳兩七錢二分。

劉紹賓：勸捐工金銀壹拾捌兩八錢三分。

梁子石：勸捐工金銀壹拾四兩二錢正。

金利埠：勸捐工金銀九兩九錢正。

黃定光：勸捐工金銀捌兩六錢五分。

林炳基：勸捐工金銀四兩零三分。

梁蔭廷：勸捐工金銀叁兩八錢正。

各神廟共送工金銀壹千陸百餘兩，各緣簿首共勸捐工金銀貳千陸百餘兩，本鄉眾信共助工金銀叁千貳百餘兩。

已上統計約捐助銀柒千伍百餘兩。本廟除送捐助者之外另支出銀捌千五百餘兩。

同治六年歲次丁卯孟冬吉旦立石。

第三碑

【碑刻信息】

存址：今廣州市荔灣區西泮塘鄉仁威廟內。

碑額：重修仁威祖廟碑記。楷書。

碑題：無。

尺寸：碑高 124 厘米，寬 66 厘米。

碑文來源：原碑抄錄。

【碑文】

今將各助工金芳名開列：

城南祖廟：助銀叁百大員，另錫香案壹副。

城南天后宮：貳百五拾大員。

城南水月宮：貳百大員。

城南古龍王廟：貳百大員。

城西祖廟：壹百兩正。

城南古紅天后廟：壹百大員。

城南三界古廟：壹百大員。

城西御祭西廟：壹百大員。

城西西山祖廟：五拾兩正。

鹽步五顯祖廟：五拾大員。

清平天后古廟：五拾大員。

晚景華帝古廟：五拾大員。

城內九曜古廟：五拾大員。

城西藻聖廟：叁拾兩正。

城北三鞏廟：八寶金銀三十兩正。

城北天后廟：四拾大員。

大新古廟：叁拾大員。

朝聖十約：叁拾大員。

城西醫靈古廟：叁拾大員。

南聯天華堂：叁拾大員。

城南□□天后廟：叁拾大員。

龍津華帝廟：叁拾大員。

龍津首約：貳拾大員。

三聖社鄉：貳拾大員。

荷溪水月宮：貳拾大員。

□□三界廟：貳拾大員。

□□□公廟：貳拾大員。

□□□府廟：貳拾大員。

□□祖廟：貳拾大員。

□上帝廟：貳拾大員。

三元里聚龍廟：貳拾大員。

龍津□約眾信：壹拾五大員。

琯珠財帛星君廟：壹拾兩正。

三元里三元廟：壹拾兩正。

西塲武帝廟：壹拾兩正。

城西御祭武廟：壹拾兩正。

高崗醫靈廟：壹拾兩正。

荔灣古廟：壹拾大員。

王聖堂關帝廟：壹拾大員。

三元里鄉眾：壹拾大員。

城西司馬廟：壹拾大員。

城西斗姥宮：壹拾大員。

城西太保廟：壹拾大員。

三元坊三官古廟：壹拾大員。

叢桂大巷眾信：壹拾大員。

增步鄉眾信：六大員。

荷溪二約華帝廟：五大員。

荷溪三約華帝廟：五大員。

瑤臺鄉聖堂廟：四大員。

鹽步□中養正社：銅爐壹個。

緦福堂：浮龍方燈壹盞、香燭一對。

首二三約相公古廟：貳百大員。

四約眾源社：壹百大員。

五約三官古廟：壹百大員。

首社華光古廟：叁拾大員。

四約觀音廟：五大員。

梁時敏：喜認上帝大座舖金銀四兩正。

梁子恆、梁子聰：喜認上帝二座舖金銀壹兩六錢正。

劉名璋：喜認上帝三座舖金銀七錢正。

梁炳垣：喜認金花滿堂舖金銀三兩八錢五分正。

梁惠嘉：六拾大員。

梁時敏：五拾大員。

義和號：四拾大員。

黃名揚：四拾大員。

陳國材：貳拾五兩正。

陳國榮：貳拾五兩正。

梁景韶：叁拾大員。

伍耀光：叁拾大員。

暨興信：叁拾大員。

何定邦：叁拾大員。

李廣灝：叁拾大員。

梁振江：貳拾五大員。

梁國溱：貳拾大員。

梁會才：貳拾大員。

梁蘭徵：貳拾大員。

義利號：貳拾大員。

梁兆菓：貳拾大員。

陳瑞欣：貳拾大員。

陳瑞輝：貳拾大員。

陳瑞生：貳拾大員。

黃維仟：貳拾大員。

黃志錦：貳拾大員。

蔡榮芳：貳拾大員。

恩洲十九圖：貳拾大員。

新泰來號：貳拾大員。

新悅盛號：貳拾大員。

新合記號：貳拾大員。

蔡信珩：貳拾大員。

何裕記：拾五大員。

黃華明：拾五大員。

源利號：拾五大員。

黃定昌：拾五大員。

黃定英：拾五大員。

積善堂：拾四大員。

峻華號：拾四大員。

白蠟公行：拾四大員。

黃繼述堂：拾四大員。

興利尾窰：拾四大員。

劉可拱：拾貳大員。

梁思齊：拾大員。

梁湛浩：拾大員。

郭厚德堂：拾大員。

潘文□：拾大員。

潘顯昭：拾大員。

黃其修：拾大員。

區世騰：拾大員。

顧昌業：拾大員。

怡興號：拾大員。

董雲榜：拾大員。

惠經號：拾大員。

董家如：拾大員。

李煥端：拾大員。

梁錫華：拾大員。

梁錫清：拾大員。

李廷獻：拾大員。

梁作科：拾大員。

吳錦光：拾大員。

梁盛光：拾大員。

梁廣吉：拾大員。

梁和善：拾大員。

梁傳謙：拾大員。

談紹康：拾大員。

梁國材：拾大員。

崔仁合：拾大員。

余良琛：拾大員。

合興號：拾大員。

余良梓：拾大員。

李文泰：拾大員。

梁省三：拾大員。

梁傳敏:拾大員。

梁應朝:拾大員。

伍文達:拾大員。

李裔亨:拾大員。

梁正邦:拾大員。

梁正安:拾大員。

梁正□:拾大員。

梁潤澤:拾大員。

同發號:拾大員。

全聚號:拾大員。

梁玉森:拾大員。

梁元勳:拾大員。

梁□□:拾大員。

梁□勳:拾大員。

李啟貞:拾大員。

鄭萬慶:拾大員。

劉榮錦:拾大員。

劉達元:拾大員。

劉鵬威:拾大員。

劉源裔:拾大員。

劉兆熊:拾大員。

劉兆麟:拾大員。

馬蕃茂:拾大員。

李蘭芳:拾大員。

劉士顯:拾大員。

劉可義:拾大員。

劉超顯:拾大員。

劉超連:拾大員。

劉景懷:拾大員。

鄧奇廣:拾大員。

劉志亮:拾大員。

劉景福:拾大員。

馮仁著堂:拾大員。

黃其表:拾大員。

黃士楷:拾大員。

黃士旺:拾大員。

黃志勇:拾大員。

黃其生:拾大員。

李仁就:拾大員。

李仁清:拾大員。

陳顯華:拾大員。

陳□□:拾大員。

李元□號:拾大員。

暨榮澤:拾大員。

湯錦輝:拾大員。

畢德興:拾大員。

馮國安:拾大員。

黃其火:拾大員。

李□澄:拾大員。

李廣垣:拾大員。

李始秋:拾大員。

李始德:拾大員。

李始應:拾大員。

李騰基:拾大員。

李串秋:拾大員。

李蔭波:拾大員。

李謀揚:拾大員。

李逢清:拾大員。

李詒裕:拾大員。

李詒廣:拾大員。

李詒溥:拾大員

恩洲十六圖:拾大員。

慎思堂:拾大員。

鄒崇德:拾大員。

陳聚洪:拾大員。

陳嘉樹堂:拾大員。

李光裕堂:拾大員。

余建中堂:拾大員。

永義號:拾大員。

蔡端瓊:拾大員。

溫和厚堂:拾大員。

和隆號:拾大員。

楊榮春:拾大員。

黃念善堂:拾大員。

湯敦本堂:拾大員。

崔四英堂:拾大員。

厚安號:拾大員。

三全欄:拾大員。

彭敬餘堂：拾大員。

李漁門：拾大員。

鄧六計堂：拾大員。

黃寶仁堂：八大員。

梁湛匯：八大員。

廣泰號：八大員。

同聚號：八大員。

文發號：八大員。

永生號：八大員。

李始裕：八大員。

梁湛添：七大員。

梁作振：七大員。

陳□□：七大員。

義益號：七大員。

梁省懷：七大員。

程元榮：七大員。

劉上傑：七大員。

黃英朝：六大員。

黃務滋：六大員。

梁湛沛：六大員。

劉歡祥：六大員。

李成記：六大員。

黃定光：六大員。

鄭萬能：六大員。

黃維樹：六大員。

劉士華：六大員。

李詒鋐：六大員。

源聚號：六大員。

餅行永全堂：六大員。

仍昌行：六大員。

新盛號：六大員。

潘錫麒：六大員。

陳炎揚：六大員。

潘讓益堂：六大員。

麥積德堂：六大員。

馬詒穀堂：六大員。

黃春暉堂：六大員。

黃蘭桂堂：六大員。

方燕詒堂：六大員。

陳燦垣：六大員。

何啟林：六大員。

上步三聖宮：五大員。

小橋北帝廟：五大員。

梁省謀：五大員。

梁兆南：五大員。

陳詒樂堂：五大員。

永祥號：五大員。

葉□趣園：五大員。

楊啟德堂：五大員。

傅□珍：五大員。

金利埠：五大員。

經筵眾信：五大員。

榮昌號：五大員。

□澤潤堂：五大員。

大盛號：五大員。

梁潤高：五大員。

鄧起鷗：五大員。

姚尚忠：五大員。

鄧喬雲：五大員。

鄧潤和：五大員。

梁士錦：五大員。

朱文蘭堂：五大員。

祥記：五大員。

元京號：五大員。

梁作駒：五大員。

廣德堂：五大員。

梁英仁：五大員。

萬和堂：五大員。

何天衢：五大員。

何天御：五大員。

恆昌號：五大員。

鄭麗軒：五大員。

程元標：五大員。

陸登華：五大員。

大興號：五大員。

梁啟柏：五大員。

梁啟鈞：五大員。

區朝福：五大員。

區朝登：五大員。

梁會占：五大員。

區茂蓮堂：五大員。

何祿安堂：五大員。

區朝爵：五大員。

何福臨：五大員。

泗聚號：五大員。

梁觀汝：五大員。

同治六年歲次丁卯孟冬吉旦立。

第四碑

【碑刻信息】

存址：今廣州市荔灣區西泙塘鄉仁威廟內。

碑額：重修仁威祖廟碑記。楷書。

碑題：無。

尺寸：碑高 124 厘米，寬 66 厘米。

碑文來源：原碑抄錄。

【碑文】

黃閏松：五大員。

鍾岳靈：五大員。

馮禹順：五大員。

豐盛號：五大員。

梁廣□：五大員。

梁積林：五大員。

梁　勝：五大員。

梁藻勳：五大員。

徐萬全：五大員。

區容慶：五大員。

梁漸磐：五大員。

梁蔭廷：五大員。

馮慎餘堂：五大員。

梁秉權：五大員。

梁星朝：五大員。

梁錫元：五大員

余良棟：五大員。

梁世達：五大員。

鄭明記：五大員。

梁興江：五大員。

梁有寧：五大員。

黃肇霖：五大員。

梁修錡：五大員。

安和號：五大員。

□利號：五大員。

梁□朝：五大員。

黎怡□堂：五大員。

梁永芳：五大員。

梁子恭：五大員

梁子儉：五大員。

文怡安：五大員。

梁賢基：五大員。

梁瑞華：五大員。

梁門周氏：五大員。

何門梁氏：五大員。

梁傳敬：五大員。

李文星：五大員。

梁傳壽：五大員。

黃秉賢：五大員。

梁盛英：五大員。

梁玉銓：五大員。

梁作積：五大員。

梁萬錦：五大員。

梁懷烜：五大員。

梁萬容：五大員。

梁慶勳：五大員。

和昌號：五大員。

經隆號：五大員。

郭正合：五大員。

梁士忠：五大員。

鄭英聯：五大員。

梁履發：五大員。

李茂培：五大員。

劉達勳：五大員。

黃道輝：五大員。

梁錦章：五大員。

梁瑞芳：五大員。

三盛號：五大員。

鄧合興：五大員。

梁傳熙：五大員。

黃維富：五大員。

梁省學：五大員。

李結記：五大員。

鄧壽山：五大員。

陸效忠：五大員。

鄭英銓：五大員。

黃茂賢：五大員。

劉源昌：五大員。

劉源順：五大員。

劉源芳：五大員。

劉榮耀：五大員。

劉陸全：五大員。

德盛店：五大員。

陳義德：五大員。

梁朝金：五大員。

暨紹昌：五大員。

馬英畦：五大員。

劉可松：五大員。

顧廷滿：五大員。

陳厚德堂：五大員。

鄭奇高：五大員。

李廣柏：五大員。

李廣聰：五大員。

李殿元：五大員。

李瀛芳：五大員。

李萊芳：五大員。

李榕秋：五大員。

黃其發：五大員。

黃其秋：五大員。

黃祖臣：五大員。

黃其鑾：五大員。

李仁湛：五大員。

李仁顯：五大員。

李詒燕：五大員。

李榮祿：五大員。

黃其溪：五大員。

植恩朝：五大員。

黃瑞麟：五大員。

羅誕登：五大員。

黃裕昌店：五大員。

泰生店：五大員。

臨全省館：五大員。

泗合欄：五大員。

萃享店：五大員。

怡利棧：五大員。

怡豐店：五大員。

怡安店：五大員。

福盛堂：五大員。

劉篤敬：五大員。

陳履謙堂：五大員。

致和店：五大員。

採芝堂：五大員。

王信和：五大員。

維盛店：五大員。

怡合成：五大員。

何鏡堂：五大員。

慶和仁：五大員。

馮華彬：五大員。

段昆泰：五大員。

陳敬業堂：五大員。

和合店：五大員。

龔靜觀堂：五大員。

梁九思堂：五大員。

潤福堂：五大員。

楊永修堂：五大員。

富隆店：五大員。

蔡星南：五大員。

黃好善堂：五大員。

何全順：五大員。

陶定勳：五大員。

鄭廣朝：五大員。

黃廷彪：五大員。

公和欄：五大員。

白沙四涌眾信：五大員。

郭泗來：五大員。

郭合興：五大員。

其昌號：五大員。

廣順和：五大員。

泰豐號：五大員。

榮發號：五大員。

何蘭桂堂：五大員。

張雙興號：五大員。

譚福照：五大員。

合聚棧：五大員。

何陳氏：五大員。

何若蘭：五大員。

鄭德馨：五大員。

伊緝庭：五大員。

萃和福：五大員。

伊君愷：五大員。

梁賢庭：五大員。

黃顯進：五大員。

林炳基：五大員。

南□兩班：五大員。

永太平班：五大員。

梁有源、劉子容、馮士琨、劉士鑾、馮直泰、黃維建、信和棧、黃善廸、區桂顯、李仁貫、楊其樾、蔡居易堂、沈堯年、沈佩之、巨生號、新昌號、永發號、陳勉之、伍光裕堂、潘鶴林、溫蘭□堂、裕記號、裴金德堂、集源行、裕和堂、福星堂、昆怡號、余俊輝、義隆號、維新堂、杜永發、林朝記、曹茂記、昭隆號、又隆號、郭崇德堂、楊鐘錦、蔡德行、李敬善堂、李晃、李誠齋、郭崇敬堂、黃筠堂黃仕楨、郭渼南、郭敬朝、梁烈光、葉沃然堂、黃平政、吉慶公所：以上各四大員。

區桂昭、繆永記、區桂達、梁有棠、區朝炳、陳怡明、梁積顯、黃有輝、梁炳昆、宗洪章、怡源號、新盛號、昌盛號、王恒安堂、歐陽伯、嚴在輝、梁大滔、何紹勳、梁高華、梁能裔、寶盛號、梁其貞、黃成恭、譚□濟、梁蔭堂、余正記、劉紹椿、李天培、劉士傳、李同利號、順興號、劉日昭、萬興號、劉紹明、劉志安、梁志滔、永發號、陳卓信、劉錦元、劉滿廣、李仁本、李仁著、李仁長、李詒樞、黃士和、黃其勤、黃志聰、麥秉禮、黃平華、植聖葵、劉士力、豐源號、蔡永記、順發號、伍日盛堂、李謙益堂、鄭樂耕堂、李夢惺、建南號、陳春畈、彭樂壽堂、張餘慶堂、沈傑文、周懷勝、公信號、福隆號、羅明義堂、羅標、宏源號、柯昇記、泗合號、霍兆霖、伍榮祿堂、尹林安、余仕號、合興號、泰源號、祥興號、益昌號、公興行、成信押、源利當、梁盛珩、梁邦珍、福昌號、泗隆號、祥隆號、瑞合號、美豐號、日隆號、元吉押、林靜川、薛培榮、方東洪、梁全安、郭容勝、李志合、泰隆號、兩益棧、怡心號、關凝遠、孫興隆、孫啟隆、晉隆號、劉詒齋、廖瑞：以上各叁大員。

林耀榮、梁澄芳、梁金榮、梁金應：以上各貳員半。

區世任、黃秉剛、黃慶和、梁會昌、梁子福、梁家榮、和盛號、梁會賢、梁培基、伍學勤、梁茂通、冼其昌、林道登、祥和號、胡硯章、茂盛號、萬春堂、余良貴、梁子鑑、梁文徵、郭建新、余正均、吳溶章、梁宗印、梁錫明、梁錫國、李榮煜、梁錫桂、梁錫祥、梁錫禧、梁斯裕、梁閏永、李天桂、梁寅生、梁正興、梁有寬、左宅、正記、鍾閱鄉堂、義源昌、梁柱江、梁朝江、梁啟祥、周廷金、梁敬邦、梁萬福、梁傳浩、梁鎮柏、梁士炳、潘滔則、江履端、李裔達、區朝湛、梁茂德、藍瑞福、梁省廉、梁廷坤、陳潤光、葉榮登、梁堅和、梁潤廣、梁世朋、梁廣寬、梁裔賢、梁傳啟、梁榮邦、李進田、黃之慶、鄭煥新、梁其棠、梁宗泰、梁炳貞、顧廷悅、李文標、李廷芬、朱威、李懷清、梁應垣、楊顯綿、郭仁、梁蔭麟、梁進珩、黃信輝、梁興滿、黃鏡祥、顧金昌、黃順賢、鄭明貴、梁定江、鄭明新、梁傳貴、梁世祥、廖啓祥、劉能章、劉華全、劉景秀、李廣枝、李廣書、劉士良、萬安號、劉紹培、梁志明、李廣健、鄭滿開、梁振成、劉汝謙、李有樹、劉殿邦、劉殿揚：以上各貳大員。

同治六年歲次丁卯孟冬吉旦立。

第五碑

【碑刻信息】

　　存址：今廣州市荔灣區西瑲塘鄉仁威廟內。

　　碑額：重修仁威祖廟碑記。楷書。

　　碑題：無。

　　尺寸：碑高124厘米，寬66厘米。

　　碑文來源：原碑抄錄。

【碑文】

　　李勝業、梁世勳、黎開燦、張永壽、蘇炳忠、鄭□亮、李桂□、李大占、何俊江、何俊傑、何俊彰、何俊□、何俊泰、譚□生、李裔芳、黃其儀、黃維瀚、黃維澧、黃維□、黃永發、李□悅、李光圖、李顯渭、合成號、李詒昭、黃紹活、蔡□廷、梁傳永、麥大昌、黃之□、黃其灝、黃其勳、李文賢、李文鑑、余鴻俊、陳熾南、李始□、黃其照、黃家韶、李廣福、李裕秋、李始瑩、李□挺、黃士忠、□□□、黃士昇、黃其有、黃其就、莫林氏、黃志添、黃然滔、何萬勝、潘宜安堂、韓壽昌、柯清潔、滿均成、國興號、廣興號、胡竹溪、黃瑞亨、廣隆昌、楊兆鏞、吳才元、岑廷芳堂、辛家勤、信合號、何品威、何綿澤堂、蔡光裕堂、安壽堂、沈李氏、蔡文傑、蔡文徵、楊能述堂、蔡福蔭堂、黃敦怡堂、蔡松裕、和興號、兩全堂、泰成堂、貞記號、福昌堂、永祥和、□昌號、安興號、肖鳳、楊何郭氏、何蘭芳、許金全、協盛號、生隆號、盧生昌、源生號、茂盛號、德盛號、何福昌、黃世昌、何敬善堂、劉聲怡、柯昆裕堂、德祥號、永祥順、永安號、利永興、高樹德堂、允安堂、永吉祥、瑞昇號、昌和號、高長年、會益號、怡盛號、廣泰號、順隆號、文含號、靈光裕堂、裕昌號、茂興號、全利號、永發號、鄧澤亨、朱茂蘭堂、吳炳光、倫精明、李耀佳、何明遠、易煜華、黃昌容、吳積蔭堂、新記堂、五福號、黃錦芳、趙樹秋、廣泰押、梁澤榮、和盛押、遙香館、祥興館、金安號、勝和號、奇珍號、楊陳氏、柯學□堂、梁安和堂、鄧德源、中興號、英記號、何德光、梁茂科、興記、梁貴根、何福榮堂、晉祥當、梁程萬堂、昌隆號、遂和成、蔡積善堂、王子勤、裕德號、裕成慎、北堂、潘忠誠信、馮熾昌、崔柏蔭堂、崔伍氏、經綸號、大昌生、□蘭堂、博濟堂、福泰號、聚源堂、晉益號、怡來堂、陳明禮堂、陳明仁堂、鄭世瀾、羅昭玉、福安號、嘉興行、同茂生、昌泰號、羅玉田堂、陳明德堂、崔純熙、馮應華、蘇登謀、呂應霖、德興倫、譚敬義堂、孔文連、泗和當、順和隆、師榮基、李引彩、曹永秋、順記、周榮記、霍材合、蔡恒錦、梁德餘、梁建枝、李達章、郭日章、郭日祥、曹焜、泰安號、鄒崇德堂、西炮台、和興號、利昇號、和新號、劉記、圖利號、新盛號、裕成慎、陳秉鈞、廣豐棧、萬合棧、黃堯庚、生記、泰昌號、長發號、啟昌號、梁世遠堂、廣安堂、黃詒安堂、廣記、其昌榮、品南號、美南號、大昌號、義盛號、許敬義堂、曹介福堂、湛湘、郭錦常、黃成耀、鄭洪輝、徐京蔚、潘松德堂、潘敬業堂、全美成、康壽堂、敬記、昌發號、鎰豐號、安隆生、李德煥、歐陽球、愉貞號、伍煦榮、張安止堂、胡廣源、馮思賢堂、務發堂、怡□號、梁潤澤、郭崇義堂、薛黃氏、協豐號、通安泰、謝裕合、鄭廷宗、坤和金合利、潘花女、林晏盛、寶盛號、李光耀堂、李翕和堂、張聯盛、嘉和號、和章號、劉本立堂、裕泰號、踰輝山、金和號、□發記、朝記、葉廣孚、富貴全、元豐行、鄭其彥、許杏村堂、日勝號、徐□墀、高古祥堂、招光硯、何世傑、楊懷叶堂、吳道安堂、何光耀堂、徐許氏、黃進源、祥和行、何枝、梁進記、郭達邦、南興號、鄧守仁、杜國安、廣昌隆、萬草堂、廣成棧、綿源號、福山號、蔡慎修堂、新記號、協豐號、潘順記、□□□、梁□□、梁琦、鄧松門、陳潤生、鄒鐵珊、梁兆敬、李裕昌堂、李冠元、黃屏西、陳成號、曹□廷、譚引之堂、何章甫、盧文瑞、陳慎餘堂、郭祖祺、石綿遠堂、關硯雲、馮雲石、恒記、楊儀仕、楊敬業堂、鄧士良、張□棠、顏光培、寶興號、錦和號、蔡佳合、蕭浚芳、郭麟、□□□、□□□、□□□、譚福培、譚福善、譚華勝、朱壽山、陳七寬、李鎮榮、陳國齊、合利號、李信榮、文榮光、陳士芬、李慎安堂、福昌榮、陳日秀、麗源號、朱崇禮堂、吳宜瑞、永安堂、建記號、長盛通、□和長、德記號、□盛隆、羅崇本堂、利記號、吳健庵、鄺英豪、郭泰、朱安、劉光、曾釗、謝煥、□巨建、周江、羅禎、吳陞、歐榕、李祥、陳標、勞釗、周陞、關標、何昌、黃焜、何開、馮開、李光、區子佳、葉標、劉超、潘□、勞標、吳高、許合光、吳華記、德盛號、晉和當、劉紹宗、嘉綸號、逢泰號、晉興號、怡生號、劉梁氏、溫文德、恒□□、黃燦經、梁餘慶堂、楊宅、進合號、伍福安堂、關和悅堂、黃官甲、李季良、謙和泰、祥興號、鄒應台、鄒秀齡、陳時威：已上各貳大員。

區朝滿、梁錫梅、李天樑、合盛號、李成澤、袁桂昌、黃建勳、曾連興、同聚棧、□問敬、鄭衍祥、廣利號、李成合、郭合號、杜福贊、郭穗合、黃士基、裕盛號、和發號：已上各壹員半。

恒盛號、陳榮福、馮富貴堂、祥合號、徐本敬堂、永泰安、嘉恒號、恒順茂、馮衍章：已上各壹兩正。

陳成聚：九錢一分。

太昌號：銀捌錢。

梁積垣、區文偉、梁松記、區貴松、梁煥章、區朝振、梁惠興、區華興、張昭蓮、梁鳳儀、梁錫安、李水杏、區滙娣、梁□揚、梁茂琼、高培炘、徐榮聚、梁昭順、□錦芬、區文高、區朝鑑、區積洪、程元柱、李朝珍、張灶、區貴芳、張進、陳官溥、李志順、梁程科、梁金松、梁錫和、區世玉、梁柏、伍學清、梁觀朝、梁子禧、陳光威、麥光、區□、區帝明、呂貴、梁示容、萬隆號、梁會滿、梁林氏、梁惠發、張起發、梁錫洪、蘇光裕堂、梁會華、梁□江、梁連合、梁進□、麥錦容、周□氏、區文貴、文周氏、陳大光、呂炳坤、梁興、呂炳寬、梁惠英、呂燦華、潘貴發、余良楨、李三娣、余崇烈、黃湛傳、梁錫棠、梁紹根、梁斯康：已上各壹大員。

同治六年歲次丁卯孟冬吉日立石。

第六碑

【碑刻信息】

存址:今廣州市荔灣區西𣲖塘鄉仁威廟内。

碑額:重修仁威祖廟碑記。楷書。

碑題:無。

尺寸:碑高 124 厘米,寬 66 厘米。

碑文來源:原碑。碑文已漫漶,不錄。

第七碑

【碑刻信息】

存址:今廣州市荔灣區西𣲖塘鄉仁威廟内。

碑額:重修仁威祖廟碑記。楷書。

碑題:無。

尺寸:碑高 124 厘米,寬 66 厘米。

碑文來源:原碑。碑文已漫漶,不錄。

【碑文考釋】

撰碑者梁玉森,字靄儔,邑廩生,清同治間人。以詩鳴,死後有集。

這篇碑文寫作於清同治六年(1867),重修仁威廟之後。此碑一方面介紹北方真武神乃兼司水之神,因此,水鄉𣲖塘"虔祀水神,理固然也"。另一方面,碑文載咸豐四年(1854),"紅匪蠢起","省垣成鼎沸之形,薄海儼土崩之勢"。這裹所描述的就是 1854 年 7 月至 1861 年 8 月的廣東洪兵(也稱紅兵)起義。這次起義發生在太平天國時期,而且起義軍自稱"洪兵",其實就是在太平天國起義的直接影響下發生的(太平天國起義的首領為洪秀全)。另外,因以紅旗為標誌,又稱"紅兵"。當時洪兵起義的聲勢非常大,波及面也很廣。1854 年 8 月,起義軍開始圍攻廣州城。一直圍至年底,由於中外勢力聯合起來,起義軍被擊敗,於當年年底才撤圍,分頭轉移。

這篇碑文提到作者自己與另幾位鄉紳"首倡團練",與"賊匪"(指起義軍)進行鬥爭

311

並隨同官軍進行作戰的事情,反映了當時廣東地方的又一個富有特色的歷史事物——公局的產生。公局是"團練公局"的簡稱,是廣東地方士紳組織建立、控制鄉村基層社會的一種權力機構,廣泛建立於晚清的廣東鄉村社會。而這種機構的出現,與咸豐年間的洪兵起義有直接的關係。從碑文看,作者梁玉森等人組織的團練,在鎮壓洪兵起義中發揮了重大作用。實際上,洪兵圍攻廣州的失敗,與鄉紳組織的團練的頑強抵抗有密切關係。

但團練的作用不僅如此。碑文還提到,除對洪兵作戰外,"後外洋滋擾,復倡團練",又進行了一些救濟、捐賑的工作。這裏的"外洋滋擾"指的是第二次鴉片戰爭中,英法聯軍於 1857 年 12 月 29 日侵入廣州,不僅俘虜了兩廣總督葉名琛,而且進行了燒殺劫掠,給廣州居民造成了巨大的災難。當時的地方鄉紳團練面對這些侵略,做了大量救助工作,碑文總結成果,則稱是真武神靈所助——"實神之力有以默佑於無窮也",雖經營辛苦十餘年,"卒能井閭如故,雞犬無驚"。

19　文武廟(茭塘東村)

【廟宇簡介】

據 2010 年實地考察,廟位於今廣州市番禺區石樓鎮茭塘東村浦江路北,保存狀況良好。廟門上方正書"文武殿"三字,門邊有對聯一副:"陰騭兩言文字骨,春烋一卷聖神心。"廟內奉祀文昌帝君、關聖帝君。

此廟始建於清道光十一年(1831),咸豐十一年(1861)重修,光緒十八年(1893)遷建,1988 年再次重修。除這裡收錄的佚名光緒十八年〈新建蔭善會碑記〉外,廟內尚存有始建至光緒十八年重修的三通碑刻[1]。

19-1　清·佚名:新建蔭善會碑記

清光緒十八年(1892)

【碑刻信息】

存址:今廣州市番禺區石樓鎮茭塘東村浦江路北文武廟內。

碑額:新建蔭善會碑記。楷書。

碑題:無。

尺寸:碑高 152 厘米,寬 76 厘米。

碑文來源:原碑抄錄。

【碑文】

聞之善與人同,大舜所以為大也[2]。蓋自天降生民,莫不與以至善

---

[1]　有關資料可參考陳建華主編:《廣州市文物普查彙編·番禺區卷》,頁 177–178。

[2]　原文出自《孟子》卷三〈公孫丑上〉:"孟子曰:'子路,人告之以有過則喜。禹聞善言則拜。大舜有大焉,善與人同,舍己從人,樂取於人以為善。自耕、稼、陶、漁以至為帝,無非取於人者。取諸人以為善,是與人為善者也。故君子莫大乎與人為善。'"見宋·朱熹:《四書章句集注》,頁 239。

□□□，□流於不善者①，則以習染害之耳。於此而欲挽不善以歸於善，非設善法以振興不為功。我東約永世堂，人丁頗庶而風俗漸漓，皆由□於積習，而根本節目所在未曉握其要而探其原，以故澆漓之風愈甚。撫時興感者，往往歸咎於氣□□□，□知氣運無定，轉移在人，苟本善心以行善法，則善俗之效可於此会而觀其成。是為序。

建会議定規條開列：

一議蔭善之法。現存会友做一份者蔭一子，做兩份者蔭兩子，如多照因□□伯仲次序挨蔭，不得陵躐。無親生子則蔭承繼子，若親生子、承繼子俱不在，必定蔭孫，不得移蔭旁枝。承蔭之人，其後裔無論多少，一概永遠受蔭，若係先祖会份，祇領神福，公惠免蔭。

一議会金供廿四個月為滿，每份每月供銀壹錢五分，按月供清，不準過期。如過期不供，將会份注消，俟滿會後，七折交回。供錢照時價申算，如一會供清兩年會金者，每份扣回彩銀貳錢壹分六厘，一會供清一年份金者，每份扣回七分貳厘。不準以私數調兌，供滿停一年始行開执。

一議文武廟開光始行祭禮，每份領福肉四兩，喜飽貳個；自後每年文武二帝各賀一誕，每誕照前領神福。惟各祖會份神福準其折銀，生存之人所做會份，神福概不折銀，永遠憑票領福。

一議供滿會後，會友或有緊急事情，將會份轉頂與人，祇許轉頂會金，其名字不能改易，自後神福公惠仍蔭原人子孫，免失先人美意。

一議值理公舉五人，會正公舉二人，凡收銀之人俱要鴈按，以免拖累。

一議會份多寡，悉行刊碑，俾知好善之情孰淺孰深，以垂同炯鑒。

預議滿會章程開列：

---

① 碑闕字。原文有可能為“莫不與以至善之性矣，其流於不善者，則以習染害之耳”。《大學章句序》：“自天降生民，則既莫不與之以仁義禮智之性矣。”見宋·朱熹：《四書章句集注》，頁1。

一設書金所以慈幼也。凡子弟率循不謹，皆由父兄教誨不先，年當幼學，何可任其嬉戲。自十歲起至十二歲止，每人每年領書金三元，俾就傳誨，以端蒙養。

一議壽金所以敬老也。凡人善始，尤貴善終，況鄉黨莫如齒，何可任其零落，與草木同。如六十歲以上仙遊，約領壽金壹元；七十歲以上領貳元；八十歲以上領三元；九十歲以上領四元；一百歲以上領八元，俾得礼終，以表後福。

一議贍學所以育才也。凡入學，為成才之士，宜知奮興，第窮且益堅，士林罕見；扶則易起，俗學皆然。兹擬贍學金，生員每名每年叁兩正，以六名為額，多則照額均派；武生每名每年貳兩，以四名為額，多則照額均派。俾知勸勉以□上進。

一設花紅所以興賢也。凡登賢書之後，宜加旌賞以獎勵勳。各新科舉人，每名約賞花金壹拾兩正；新科進士，每名賞花紅金貳拾兩正；欽點即用知縣，加賞花紅金五兩正；欽點主事中書，加賞花紅金壹拾兩正；欽點翰林院庶吉士，加賞花紅金壹拾五兩正；欽點三及第，加賞花紅金貳拾兩正。武科武魁視文舉人，武進士視文進士，花翎侍衛視翰林院庶吉士，藍翎侍衛視主事中書，營用守備外委等視即用知縣，武視文花紅金均各照七成旌賞。俾知觀感，以開風氣。

一延師講善書，所以正人心也。凡人不信陰隲，以為報應無憑，所以為善不堅，為惡不懼耳。果知惠廸吉，從逆凶，惟影響自然，勸善懲惡，是正人心莫如講善書。

一雇人执字紙，所以厚風俗也。凡人見路上金銀，执之惟恐不速，見路上字紙，棄之竟如違。以為金銀有用，字紙無靈耳。推斯弊也，重貨財而不重翰墨，風俗由此而偷。豈知翰墨為至寶，天下無是寶不能一朝居，是風俗之厚必自敬字始。

以上章程乃敬老慈幼、興賢育才,正人心、厚風俗之要務,不過略舉其概以為起例。惟会名蔭善,取其所作皆善事,益蔭在後人,倘滿会之後□有嬴餘,推廣善心,擴充善類,匡予不逮,有待後人。然必顧名思義,主善為師,切勿作無益以害有益。

且每年入息支八留二,以期生生不息,斯立德、立功,永垂不朽,而風移俗易,聿觀厥成矣。

會友名列:

天后宮貳十份。

南峯祖貳十份。

百益堂貳十份。

表海祖十份。

華山祖十份。

祥子祖十份。

雲岳祖八份。

式公祖三份。

東湖祖六份。

前津祖十份。

巨海祖四份。

全江祖十份。

日先祖二份。

斗山祖三份。

抱珍祖二份。

仲成祖二份。

端吾祖四份。

怀津祖十五份。

照魁五份。

相時三份。

作新四份。

挺時壹份。

清和壹份。

勝和壹份。

贊和二份。

謙和六份。

志容壹份。

俊和二份。

維新四份。

泰時壹份。

熙和二份。

煥和三份。

蔭魁壹份。

松筠壹份。

錫和三份。

政和貳份。

翁和壹份。

澤英壹份。

森時壹份。

景新壹份。

結時壹份。

善和四份。

昭和二份。

永時二份。

秉時二份。

常和四份。

英和壹份。

澤端壹份。

步香壹份。

閏堅二份。

亞泰壹份。

利時壹份。

逢時壹份。

照時壹份。

□和二份。

焯新壹份。

恭和二份。

品和二份。

亨和壹份。

廣和壹份。

召和壹份。

融和壹份。

奇新壹份。

敬和壹份。

錦新壹份。

閏權壹份。

暢時壹份。

文泰三份。

禮春壹份。

卓凡三份。

成昭二份。

志德二份。

贊昭壹份。

仰高四份。

宜高壹份。

紀昭三份。

燦滔二份。

品高二份。

幹昭壹份。

鎮昭三份。

崇高壹份。

占高壹份。

敬善壹份。

福高壹份。

朝星二份。

澤高壹份。

才高壹份。

宏高壹份。

國康壹份。

達昭壹份。

璇德壹份。

爵高二份。

配德三份。

發開壹份。

錦垣壹份。

敬昭壹份。

翕昭壹份。

平德壹份。

業昭壹份。

澤林壹份。

瑞徵二份。

早春壹份。

會昌壹份。

亮仁七十二份。

居智四份。

宝銚壹份。

宝榮壹份。

汪波二十份。

洪基壹份。

靄仁三份。

旺仁壹份。

博厚壹份。

垣厚壹份。

龍安二份。

沛仁二十份。

杏李壹份。

聰厚四份。

德權二份。

德厚三份。

和厚壹份。

閏洪二份。

洪有二份。

廣謙壹份。

廣礼壹份。

述仁二份。

廣英壹份。

啓仁四份。

悅全三份。

寿仁壹份。

滿厚壹份。

昌厚壹份。

端仁壹份。

銳喬壹份。

輔仁二份。

容厚二份。

履厚壹份。

兆仁二份。

永基壹份。

忠厚二份。

慶端壹份。

福厚二份。

深仁二份。

興仁壹份。

盛端壹份。

業全二份。

紹柏三份。

源厚壹份。

沛厚二份。

良謙壹份。

敬謙壹份。

炳森壹份。

宇仁壹份。

權開壹份。

官慶壹份。

龍興壹份。

美祺壹份。

錫光二份。

朝海四份。

煥光二份。

巨蔭壹份。

昇仁一份

宇光壹份。

日熙二份。

春光二份。

順蔭二份。

漢雯五份。

輔成三份。

道成三份。

顯成三份。

永先二份。

日靈壹份。

信昌壹份。

春熙二份。

戊光二份。

瑤光壹份。

遠光壹份。

傑光壹份。

順添壹份。

來熙二份。

德順壹份。

扶坤壹份。

翕厚壹份。

礼先五份。

占先二份。

隆基二份。

慎先二份。

美初壹份。

澄秋壹份。

照光壹份。

滿鏞壹份。

載熙二份。

福光壹份。

桓光壹份。

鎮光二份。

配忠壹份。

配南壹份。

茂熙三份。

聯芬二份。

金海二份。

聯吉二份。

連燊三份。

暢怀壹份。

位喬壹份。

瑞賢壹份。

瑞添壹份。

祉芬三份。

祥芬五份。

群娣壹份。

聯威二份。

浩成壹份。

定芬二份。

連達三份。

宝林壹份。

連泰二份。

進芬二份。

意階壹份。

容近壹份。

明階壹份。

鎮階壹份。

連進壹份。

和芬三份。

光彬壹份。

耀蔭壹份。

光緒十八年十月吉旦，会正黃朝海、黃沛仁，值事黃業端、黃日熙、黃聯芬、黃贊昭、黃相時等立石。

【碑文考釋】

　　碑文記鄉里新設蔭善會之事，並將章程一併記入。所謂的"蔭善"，其實有蔭及後代與做善事、助善俗兩方面的意思。碑文先引《孟子》、《大學章句》，表示設善法以振興風俗人心的宗旨，是為立會之本意。然後在後面所列的規條、滿會章程中，具體一一展現怎樣來達到這一目的。章程大體來講，包括敬老、慈幼、興賢、育才以及講善書、惜字紙等幾個方面。而規條則規定了入會者的權利與義務，主要思想是大眾集資來做大眾福利。這方碑放置在該村的文武廟內，體現了此廟其實是村民的一個公眾議事、活動的場所。

20　文昌宮（白雲山）

【廟宇簡介】

月溪文昌宮，原位於廣州白雲山最高峰摩星嶺之右，曾於明萬曆中、天啓年間重修。

20-1　明·梁士濟：重修月溪文昌宮記

明天啟五年（1625）略後

【碑刻信息】

存址：舊在月溪文昌宮內。

碑文來源：康熙《新修廣州府志·藝文》

【碑文】

會城當山海之轊。去城東北，可二十里，爲白雲山，蓋省會之來龍出焉。山之巘爲摩星嶺，俯瞰會城，如萬馬奔騰，飛駐於此。一水繞巘而下，穿林伏澗，濂泉瀑布，未足狀之。故山曰"摩星"，水曰"月溪"，合郡之精氣，聚於上而通於天。《詩》所謂"峻極於天，惟嶽降神"①，此之謂矣。是以儁傑挺生，代有哲人，道德功業焉宇內彪炳，其來遠矣。

巘之右，群峰拱揖，靈源襟帶，殆天造一仙靈窟宅。古之人即其地建月溪禪寺，而縉紳多士崇祀文昌於其中，故又爲文昌宮焉。《天官書》曰："平旦建者魁，魁海岱以東北也。斗魁戴匡六星，曰文昌宮，一上將，二次將，三貴相，四司命，五司中，六司祿。"②司祿，則賞功進士之宰也。斗柄用昏，建而魁

---

① 句出漢·毛亨傳，漢·鄭玄箋，唐·孔穎達疏：《毛詩注疏》卷一八之三〈大雅·崧高〉，頁 669 上："崧高惟嶽，駿極于天。維嶽降神，生甫及申。維甫及申，維周之翰。四國于蕃，四方于宣。"又見漢·鄭玄注，唐·孔穎達疏：《禮記注疏》卷五一（臺北：藝文印書館 1976 影印宋刊十三經注疏本），頁 862 下："其在詩曰：崧高惟嶽，峻極于天，惟嶽降神。"

② 出自《史記》卷二七〈天官書〉，頁 1292–1293。原文爲："北斗七星，所謂'旋、璣、玉衡，以齊七政'。杓攜龍角，衡殷南斗，魁枕參首。用昏建者杓；杓，自華以南。夜半建者衡；衡，殷中州河、濟之間。平旦建者魁；魁，海岱以東北也。……斗魁戴匡六星曰文昌宮：一曰上將，二曰次將，三曰貴相，四曰司命，五曰司中，六曰司祿。"

獨建平旦,旭日初升,其候爲文明,其地爲寅、甲之間,故曰海岱以東北,其在吾郡則白雲爲城之東北,月溪爲白雲之最東北,魁建平旦,文明之宅,舍此其何屬焉?魁戴文昌宮而歸於司祿,故即其地祀文昌,地靈鍾矣,天紀合矣。昔之君子馳驅二十里,走層巒疊巘而香火於斯。其舉事也得天,故人文事業從來冠十郡。萬曆中年重修,則少宰黃公爲之勒石。今又三十年而頹圮矣,有其舉之,勿之廢也,是在當吾世之君子。於是孝廉子□之雄鳴斯時者,協力鼎新而侈其輪奐,吾郡文章之運又應大振矣。不佞從諸君子之請而紀其事,敢拜手颺言曰:"嶺以南爲郡十,而科甲吾郡獨十當其九,非獨人傑,蓋實有地靈焉。"堪輿形勝,既鍾大美,而俎豆之薦,又上聽天文,自昔稱事神治民,爲吾儒具讀書事,則修舉廢墜,併以望後之君子。《詩》曰:"以似以續,續古之人。"①又曰:"子子孫孫,勿替引之。"②古人深於祭義,故其丁寧告戒如此。不佞爲吾郡國人文祈久遠,敢拜手祝焉。

【編者按】

碑文輯錄自清·王永瑞修,楊錫震等纂:康熙《新修廣州府志》卷四九〈藝文〉③。

【碑文考釋】

梁士濟,字遂良,廣東南海人。弱冠登明萬曆三十四年(1606)鄉薦,天啟五年(1625)進士。授奉新令,調清江。崇禎五年(1632)擢江西道御史,歷巡浙江、南海、雲南、四川、北直、河南諸道。後乞歸,入西樵山。著有《橋臺集》、《城臺集》。年七十七卒。

碑文記述了明季月溪文昌宮的一次重修。碑文中有云,文昌宮於"萬曆中年重修","今又三十年而頹圮矣",故碑文之撰應在梁士濟中進士(天啟五年,1625)之後不久。

碑文先描述了白雲山上摩星嶺一帶的奇妙靈境,引《詩經》語,稱讚此地上通於天,可以"降神"。接下來便引出了在此地(摩星嶺之右)所建造的文昌宮。碑文引《史記·天官書》,追溯了"文昌"源於星宿信仰的來歷,並借其中"魁海岱以東北也"一語,

---

① 漢·毛亨傳,漢·鄭玄箋,唐·孔穎達疏:《毛詩注疏》卷一九之四,頁750上。
② 漢·毛亨傳,漢·鄭玄箋,唐·孔穎達疏:《毛詩注疏》卷一三之二〈小雅·楚茨〉,頁459下。
③ 清·王永瑞修,楊錫震等纂:康熙《新修廣州府志》,《北京圖書館古籍珍本叢刊》第40冊,頁1194下-1195上。

指出白雲山在廣州城之東北,月溪又在山之東北,故文昌宮之建非常得宜。因而本郡人文事業興隆發達,"冠十郡"。最後碑文談到了這次廟宇的重修,預言本郡"文章之運又應大振矣"。

"文昌"本是古代星名。《史記‧天官書》說:"斗魁戴匡六星曰文昌宮,一上將,二次將,三貴相,四司命,五司中,六司祿。在斗魁中,貴人之牢。"[1]東漢緯書《孝經援神契》云:"文者精所聚,昌者揚天紀。輔拂并居,以成天象,故曰文昌宮。"《隋書‧天文志》載:"文昌六星,在北斗魁前,天之六府也,主集計天道。"[2]"斗魁"是北斗七星中前面的四顆星,因其形狀而名之魁星。斗魁背上屬大熊星座的六顆星叫文昌,屬紫微垣,民間俗稱"文曲星"。古代占星家將文昌星解釋為主大貴的吉星。《春秋元命苞》稱司祿星專主功名祿位。隋唐科舉產生之後,文昌星尤為士人奉祀,以其為主宰功名、祿位之神。

唐代以前,文昌信仰尚未與民間的梓潼神崇拜結合一體。宋元以後,文昌星逐漸與四川梓潼地方的神"梓潼神"合而為一。據《華陽國志》卷二記載,四川梓潼縣有"亞子廟"[3]。後人稱張亞子仕晉戰歿,並與東晉張育之事有關。東晉張育自稱蜀王,抗擊前秦苻堅而戰死綿竹。人們在梓潼郡七曲山為之建祠,並尊奉他為雷澤龍神。其時七曲山另有梓潼神亞子祠,後人遂將二祠神名合稱張亞子[4]。安史之亂,唐玄宗入蜀,途經七曲山,夢感張亞子顯靈,封之為左丞相。兩宋間蔡絛撰《鐵圍山叢談》記載蜀道有梓潼神祠之靈驗時寫道:"士大夫過之,得風雨送,必至宰相;進士過之,得風雨則必殿魁。自古傳無一失者。"[5]茲據《宋會要》及《文獻通考》,南宋高宗敕封梓潼神亞子祠號為靈應祠,光宗追封他為"忠文仁武孝德聖烈王",理宗追封為"神文聖武孝德忠仁王",元仁宗延祐三年(1316)加封其為"輔元開化文昌司祿宏仁帝君",簡稱"文昌帝君"[6]。至此,文昌神信仰與梓潼神崇拜結合一體,士子信仰梓潼神司祿位在宋元以後尤盛。

元時期出現梓潼神降筆的《梓潼帝君化書》和明代《清河內傳》,都說他生於周初,經

① 《史記》卷二七〈天官書〉,頁1293。
② 《隋書》卷一四,北京:中華書局,1973,頁532。
③ 晉‧常璩著,任乃強校注:《華陽國志校補圖注》卷二,上海:上海古籍出版社,1987,頁91。
④ 丁培仁:〈明道藏有關文昌梓潼帝君文獻考述〉,《宗教學研究》2004年第3期,頁41–52。
⑤ 宋‧蔡絛:《鐵圍山叢談》卷四,北京:中華書局,1983,頁64。
⑥ 清‧徐松輯:《宋會要》,〈禮二一〉,《續修四庫全書》第776冊,上海:上海古籍出版社,1995,據北京圖書館藏稿本影印,頁18下;明‧王圻:《續文獻通考》卷一一〇〈郊社考〉,《續修四庫全書》第764冊,上海:上海古籍出版社,1995,據明萬曆三十年松江府刻本影印,頁131上。

過七十三化,至西晉末降生在四川為張亞子,成為梓潼神①。後來其地位逐漸提高,並說玉皇大帝命他掌管文昌府和人間祿籍,因此能預知士人的科舉命運,受到士人的崇祀。明代《正統道藏》收載南宋傳下來的有關梓潼神司祿信仰的道經,包括有《元始天尊說梓潼帝君應驗經》、《元始天尊說梓潼帝君本願經》、《太上無極總真文昌大洞仙經》等。

出自明末的一部托名文昌帝君降授的《文昌帝君陰騭文》,是各種文昌信仰的勸善書中影響最大之一(簡稱《陰騭文》或《丹桂籍》),與《太上感應篇》和《關聖帝君覺世真經》,為三大勸善書。“陰”,默也;“騭”,定也。“陰騭”一詞來自《尚書·洪範》:“維天陰騭下民,相協厥居。”②後引申為積累陰德。《陰騭文》以“因果報應”和“天人感應”為主要依據,說明廣行陰騭,即可得善報③。清初以來更廣泛刊流《陰騭文》的“圖說善書”及“注釋本”,例如康熙五十八年趙如昇刊刻的《陰騭文像注》、乾隆二年(1738)黃正元纂輯的《陰騭文圖說》、乾隆七年(1743)劉體恕輯的《文帝全書》三十二卷,就收進《文昌帝君陰騭文》注釋本,包括《文昌化書》、《大洞仙經》、《陰騭文註證》、《丹桂籍註案》等④。

---

① 《清河內傳》,《道藏》第3冊,頁286中;《梓潼帝君化書》卷四,《道藏》第3冊,頁318下;另參《繪圖三教源流搜神大全》,頁476–488。

② 漢·孔安國傳,唐·孔穎達正義:《尚書注疏》卷一二〈周書·洪範〉,頁167下。

③ 參陳霞:《道教勸善書研究》,成都:巴蜀書社,1999,頁60–63。

④ 關於清代《文昌帝君陰騭文》注釋本及圖說善書的研究,參游子安:《善與人同——明清以來的慈善與教化》,北京:中華書局,2005,頁28–30,62–64;譚德貴、甯俊偉:〈文昌信仰的神諭性訓誡研究——以昌勸善書為中心〉,《世界宗教研究》2011年第2期,頁73–79。

21　文昌宮（協天勝里）

【廟宇簡介】

　　廟祀文昌，在舊南海縣佛山堡祖廟舖協天勝里，靈應祠左，又名桂香宮[①]。乾隆五十八年（1793）重修，有韓紹賢〈重修文昌宮堂寢碑記〉。

21-1　清·韓紹賢：重修文昌宮堂寢碑記

清乾隆五十八年（1793）

【碑刻信息】

　　存址：舊在文昌宮內。

　　碑文來源：道光《佛山忠義鄉志·金石下》。

【碑文】

　　南海之佛山鎮，嶺南一都會也。余忝分符廣州，駐防其地，首留意於土俗，竊歎其士民之好義而奮於公也。夫官典所貴者，祝聖壽，宣上諭，居恒凜凜，罔敢斁焉。而佛山士民迺知以此爲第一義，非素矢敬慎者能見及此歟？夫既重其事，則必定厥宇，倘匪軒廠整備之處，未足以明虔。鄉有文昌宮，在靈應祠左，夙稱宏潔，以是爲釐祝讀法之所，亦云妥矣。余下車之始，心竊嘉之。俄而彭生金祈等，以“堂將圮，宜亟修”來告，余曰：“善哉！是不可緩也。”爰允其請，且勗以鞏固。未幾，舉人霍君超士等，又以“併修後寢”來告，余曰：“事有相因而濟者，不亦善乎？殆不容已也，司事者其連歲修之，以觀

---

　　①　有關資料參清·吳榮光：道光《佛山忠義鄉志》卷二〈祀典·各舖廟宇·祖廟舖〉“桂香宮”條，《中國地方志集成·鄉鎮志專輯》第30卷，頁42上。民·冼寶幹：民國《佛山忠義鄉志》稱“文昌廟”，見此志卷八〈祠祀二·羣廟〉“文昌廟”條，《中國地方志集成·鄉鎮志專輯》第30卷，頁422下。

厥成。”茲兩俱告竣矣,余甚喜其公事之完美也。蓋前之請特葺已形之廢壞,
後之請則預救將形之傾頹,合堂寢而重新之,煌煌乎偉觀也歟!士民趨赴之
勤,其曷可沒與?矧是舉也,出靈應祠租羨之項,不費民間一錢,又仍其舊而
飭理之,無絲毫變易而已煥然聳人心目矣,是豈徒神之安其宇哉?於以頌萬
壽之無疆,揭聖訓之有典有則,用知嚴庭堦而遙瞻雲日,庶幾乎肅視聽而共
尚典型。余且藉是以伸其儆恪,而士民尊親之誠,亦於此著矣。其有裨大義
豈淺鮮哉?夫佛山五方雜處,商賈輻輳,而士民顧慕義急公若是,此涖斯土
者之所樂與也。爲忭慰者久之。適彭生等謁余,請記其事。余爲述其由來
暨其一再之勞瘁,可垂久遠而有賴也。付諸貞珉,庶復得以覽焉。

佛山同知韓紹賢撰。

【編者按】

碑文輯錄自清·吳榮光:道光《佛山忠義鄉志》卷一二〈金石下〉①。

【碑文考釋】

撰碑者韓紹賢,生平不詳。清乾隆五十八年(1793)時任佛山同知。

此文昌宮,在佛山堡祖廟舖協天勝里。關於佛山的文昌宮(閣),兩部《佛山忠義鄉
志》都有記載:

吳榮光《佛山忠義鄉志》卷二《祀典·祖廟舖》“桂香宮”條:“桂香宮,祀文昌,在協天
勝里,乾隆癸丑年重修。”②

冼寶幹民國《佛山忠義鄉志》卷八〈祠祀二〉“文昌廟”條:“在明心舖,名文昌書院,里
人李象豐有記。一在協天勝里,名桂香宮,乾隆癸丑年重修。一在柵下海口,名文昌閣,
乾隆七年建,佛山同知黃興禮有記,道光乙酉年重修,吳榮光有記。”③

冼寶幹志記載了三個文昌廟,其中第一個文昌書院顯然不可能是本碑所記載的文昌
宮;而柵下海口的文昌閣,重修撰記者為黃興禮和吳榮光,也不是本碑所涉及的文昌宮。

① 清·吳榮光:道光《佛山忠義鄉志》,《中國地方志集成·鄉鎮志專輯》第30卷,頁250上-251上。
② 清·吳榮光:道光《佛山忠義鄉志》,《中國地方志集成·鄉鎮志專輯》第30卷,頁42上。
③ 民·冼寶幹:民國《佛山忠義鄉志》,《中國地方志集成·鄉鎮志專輯》第30卷,頁422下。

所以,本碑記載的文昌宮,只能是協天勝里的桂香宮。考吳榮光道光《佛山忠義鄉志》卷一〈鄉域志〉,"協天勝里"屬於祖廟舖。而根據韓紹賢的〈重修文昌宮堂寢碑記〉:"鄉有文昌宮,在靈應祠左。"由此可知,文昌宮和靈應祠相去不遠,而協天勝里與靈應祠又都屬於祖廟舖,可見,協天勝里的桂香宮就是韓紹賢撰碑的文昌宮。

此碑記述了乾隆五十八年(1793)對佛山堡祖廟舖的文昌宮的一次重修。碑文突出讚揚了佛山士民的"慕義急公"。

22 文昌宮（桂香街）

【廟宇簡介】

舊在番禺縣惠愛坊桂香街口。清康熙二十三年（1694）巡撫李士楨重修，存有清蔣伊〈重修文昌宮碑記〉。清雍正七年（1729）巡撫傅泰、布政使王士俊重修，又於祠後買地建揚化樓。清乾隆五年（1740）南海魏絽撥置田畝充祀。清嘉慶六年（1801）以廟宇狹隘，改建於府學孝弟祠左。咸豐十年（1860）知府李福泰重修桂香街舊廟，香火仍由地方紳士管理①。

22-1 清·蔣伊：重修文昌宮碑記

清康熙二十三年（1694）

【碑刻信息】

存址：舊在文昌宮內。

碑文來源：乾隆《廣州府志·藝文志》。

【碑文】

人世之功名富貴不能自主，則舉而歸之于數，聽之於神。以為數如是，不可得而強也。不然，則又習為烖薈誕妄之說，尸巫紛若，以冀其一當。夫棄所可知之事，而求之於不可知之天，非愚則巫。然則世之人安可不務修德乎哉？今試語於人曰："爾為善，毋為不善。"則聽之者唯唯。又試語于人曰："為善則降之祥，為不善則降之殃。"未有不忻然喜，而惕然懼者。陟降左右，此士之所以藉收其放心也。況乎司文章、主科名，赫赫炳靈如帝君者哉！

---

① 以上關於廟宇的歷史資料，參考清·李福泰主修，史澄等纂：同治《番禺縣志》卷一七〈建置略·壇廟〉"文昌宮"條，《中國地方志集成·廣東府縣志輯》第6卷，頁188上；清·梁鼎芬修，丁仁長纂：宣統《番禺縣續志》卷五〈建置略·壇廟〉"文昌宮"條，《中國地方志集成·廣東府縣志輯》第7卷，頁89下。

　　羊城桂香街,舊有文昌祠。街名桂香,以祠名也。其城西太平門外,市屋九楹,每歲俎豆之需,於是乎出。廢藩入粵,遂為強有力者踞去,祀事不修,廟亦頹廢。積三十餘年,藩黨北徙,大中丞李公移署舊城,修舉廢墜,因葺文昌祠,新其堂構。冬十一月,諸紳士醵金,恢復故業,几筵蘋藻,煥乎改觀,誠盛典也。

　　夫神顯於蜀①,詎粵萬里,而帝君之靈在天下,瀰淪磅礴,無往不御。天將雨,水氣上升,溝塍溪間,應時而盈,帝君之神亦若是而已矣。二三子謹事之,毋廢厥業,毋曠祀典,毋變易改置,以為神明羞,神必佑之。向之所謂不可必者,無不可券而得焉。於是礱石以紀歲月,而係以迎神送神之曲以祀之。辭曰:

　　神之來兮憑巫陽,駕赤豹兮驂鳳凰。手攜雲笈粧書倉,瑤函王簡爭輝煌。綠蕉丹荔鬱苾芳,撞鐘伐鼓聲喤喤。牡肥黍潔酒醴香,神具醉止悅以康。神之去兮颭輪翔,桂旗芝蓋白雲香。天間洪蕩降百祥,福吾粵兮樂未央。

【編者按】

　　碑文輯錄自清·張嗣衍主修,沈廷芳總纂:乾隆《廣州府志》卷五七〈藝文〉②。另清·李福泰主修,史澄等纂:同治《番禺縣志》卷一七〈建置略·壇廟〉有節文③。

【碑文考釋】

　　撰碑者蔣伊(1631—1687),字謂公,號莘田(一曰字莘田),江蘇常熟人。清康熙十二年(1673)進士。選庶吉士,授監察御史,出為廣東督糧道參議。康熙二十四年(1685),擢河南督學。工詩文,善繪事。有《莘田詩文集》傳世。

　　這篇碑文記載了廣州撤藩後重修文昌宮的一些情況。

---

　　① "夫神顯於蜀",有關情況,參前明·梁士濟:〈重修月溪文昌宮記〉［明天啟五年(1625)稍後,碑號20–1,總號52］考釋。

　　② 清·張嗣衍主修,沈廷芳總纂:乾隆《廣州府志》,乾隆二十四年刻本之縮微膠捲本,頁13上–14上。

　　③ 清·李福泰主修,史澄等纂:同治《番禺縣志》,《中國地方志集成·廣東府縣志輯》第6卷,頁188上。

　　碑文開頭先發表了一番作者對於數與神的意見。作者認為，有些人把人生的功名富貴歸結於命運（"數"）或者神靈，都屬於"非愚則巫"的想法。但是，從另一個角度來看，士人又需要藉助神靈的感召力來使一般人避惡向善，所以神靈信仰的存在又具有它的合理性。

　　接下來碑文便介紹了羊城桂香街的文昌宮的情況。因為該街有祭祀文昌帝君的祠堂，所以稱桂香街，意為文昌帝君將保佑該街人士"蟾宮折桂"，獲取功名。這個文昌宮，本來靠城西太平門外的九所門市來提供香火之資，可是"廢藩入粵，遂為強有力者踞去"，導致"祀事不修"。這裏所指的是順治七年（1650）平南王尚可喜與靖南王耿繼茂奉命打擊南明政權而進入廣州之事。據有關記載，二藩進入廣州後，各圈田地，強佔房屋。一時間，民房、官署、廟宇、學宮、貢院等都成了兵營或馬廄。另外又橫征暴斂，征收各種苛捐雜稅，就連日用品也一概加倍抽稅，所以碑文中提到的霸佔門市也是極有可能的。接下來碑文又云三十餘年後"藩黨北徙"，大中丞李公（李士楨）來管理廣州，"因葺文昌祠"。史載康熙十二年（1673）平西王吳三桂開始叛亂，至康熙二十年（1681）十月平定叛亂，戰爭結束；然後次年康熙帝便下令撤除藩府。從 1650 年至 1682 年撤藩恰為三十三年。撤藩後，李士楨來接管廣州，修舉廢墜，不僅修文昌宮，也重修了關帝廟等。這裏便講述了李士楨於康熙二十三年（1694）十一月重修文昌宮，使得祠廟煥然一新的經過。

　　最後碑文以詩意的語言祝願文昌帝君將要在粵地靈氣蓬勃，並保佑士子得到榜上題名，並以一首"迎神送神之曲"結束了該文。

23　文昌閣（海口）

【廟宇簡介】

閣在佛山柵下海口，清乾隆七年（1742）建，存有黃興禮〈海口文昌閣記〉。清道光五年（1825）重修，存有吳榮光〈重修佛山海口文昌閣記〉①。

23-1　清·黃興禮：海口文昌閣記

清乾隆十三年（1748）

【碑刻信息】

存址：舊在文昌閣內。

碑文來源：道光《佛山忠義鄉志·金石下》。

【碑文】

乾隆七年九月，佛山之文昌閣落成，諸紳士相率來謁，請余誌之。佛山固嶺表一大都會也，控東西省之上游，四方商賈，奔走鱗集。乃其諸生獨閉戶潛修，絃誦自樂，不見異物而遷焉。宿學之餘，類多得雋以去。故廣郡科第之盛甲於粵中，南海科第之盛甲於廣郡，佛山科第之盛又甲於南海。地靈人傑，或亦其形勝使然歟？余竊考佛山圖經，地本鳳形。鳳爲文明之象，產是地者，宜其有秀出奇偉之材，奮王路而登天衢，以黼黻太平。茲〔一〕所建之文昌閣，適當鳳翅。嘗讀〈卷阿〉之詩，曰："鳳凰於飛，翽翽其羽。"諸生之升華耀采，其不藉此翙翙者歟？故詩繼之曰："亦集爰止，藹藹王多吉士，惟君子使，媚於天子。"言愛君也。又繼之曰："亦傅於天，藹藹王多吉人，惟君子

---

　　① 參民·冼寶幹：民國《佛山忠義鄉志》卷八〈祠祀二·羣廟〉"文昌廟"條，《中國地方志集成·鄉鎮志專輯》第30卷，頁422下。

命,媚於庶人。"言愛民也。諸生束髮肄業,非徒弋取科第,從事於利祿之路而已,必上之以愛君,下之以愛民,講求實學,爲天下國家之用。夫羽毛不豐滿者不可以高飛,鳳凰非竹實不食,非梧桐不棲,其立志之遠且大也。否則鷦鷯之巢林,不過一枝;斥鷃之決起,止於榆枋,豈余所望夫諸生者耶?嘗恭繹上諭,諄命直省重臣,頒行經史,振興學校,洵成周〈卷阿〉之盛際矣。"鳳凰鳴矣,於彼高岡"①,斯非〔二〕諸生乘運而興,雝雝喈喈之候乎?夫文昌星在薇垣,天文也;聖天子化成天下,人文也。以文明之曜,臨文明之地,而又逢文明之世,余於諸生有厚望焉。閣自經始至今,已七年矣。其在丙辰,佛山之發解者爲談君德;其在辛酉,佛山之發解者爲陳君炎宗。以三科而出兩元,人皆詫爲盛事,然此其乘韋爾。嗣今以往,人才蒸蒸蔚起,凡馮翼孝德圭璋之聞,望日出而爲剛爲則,以光輔我國家,四海九州,群仰佛山爲阿閣,而以爲鳳凰之所萃處焉,豈不休哉?

誥授奉政大夫廣東廣州府分防佛山督捕海防同知加三級天都黃興禮撰。

乾隆十三年歲次戊辰仲秋穀旦立。

【編者按】

碑文輯錄自清·吳榮光:道光《佛山忠義鄉志》卷一二〈金石下〉②。又見民國·冼寶幹:民國《佛山忠義鄉志》卷八〈祠祀二·羣廟〉③。

【校記】

〔一〕"茲",民國《佛山忠義鄉志》作"諸"字。

〔二〕民國《佛山忠義鄉志》無"非"字。

---

① 以上所引四處,均見於漢·毛亨傳,漢·鄭玄箋,唐·孔穎達疏:《毛詩注疏·大雅·卷阿》,分別見頁628下、628下、629上、629上。
② 清·吳榮光:道光《佛山忠義鄉志》,《中國地方志集成·鄉鎮志專輯》第30冊,頁244上—245上。
③ 民·冼寶幹:民國《佛山忠義鄉志》,《中國地方志集成·鄉鎮志專輯》第30冊,頁422下—423上。

【碑文考釋】

撰碑者黃興禮,號敬堂,江南休寧人,由貢生乾隆四年(1739)任佛山同知。尤以興文教為己任,清乾隆八年(1743)捐俸倡建汾江義學(後改名佛山書院)。

此文撰於海口文昌閣落成之時。碑文盛讚佛山"科第之盛甲於南海",是因為"地靈人傑"。為了說明這一點,作者指出佛山地形為鳳形。而文昌閣恰在鳳翅,由此作者舉《詩經》"鳳凰於飛"之句,暗示諸生必將因為文昌閣而更加文運亨通。又引此詩後段數語,鼓勵諸生要愛君愛民,為天下國家之用,並且要如鳳凰"非竹實不食,非梧桐不棲"一樣,要品格高潔,有遠大志向。

碑文又舉實例來表現對於文昌閣落成後科舉興盛和佛山文化昌盛的展望和祝願。一是丙辰年(乾隆元年,1736)談德發解,二是辛酉年(乾隆六年,1741)陳炎宗發解。三科連出兩元,確為盛事;而且兩元之出都恰當文昌閣修建之時。然而作者樂觀地認為這祇是文昌帝君先送給佛山的薄禮,後必將有更大的盛況,而佛山也將成為人才薈萃之所。

23-2　清·吳榮光:重修佛山海口文昌閣記[一]

清道光六年(1826)

【碑刻信息】

存址:舊在文昌閣內。

碑文來源:道光《佛山忠義鄉志·金石下》。

【碑文】

天下之祀文昌以求福眾矣。顧神明之舍不辨[二],崇奉之儀不至,神且弗歆,烏乎福?吾粵佛山之東南海口有閣,以祀文昌,建於乾隆七年,迄今九十餘載。譚形勢者曰:此文星也宜乎,舉甲乙科登顯仕者歲不乏人。道光乙酉二月,余備藩黔南[三],鄉之人郵余[四]曰:"閣且日圮,眾議釀金三千兩有奇,鳩工庀材,因地勢所宜而增高之。"屬記於余。余捐廉襄工,以復曰:"萬物相見乎離,而齊乎巽。巽,東南也。其象為風,九卦以風行,權居高則令可布也;其方爲巳,十二辰以巳爲文,非高則文不耀也。文昌斗戴匡六星[1],文者精所聚,昌者揚天紀,輔拂並居,以成天象。而貴相理文緒,司祿賞功進士,意者其顯鑠[五]昭著,萬古如一日乎!今仍其方位,則神明之舍妥矣,隆其棟宇,則崇奉之儀著矣。"

佛山爲省垣西南重鎮,四面環海,氣運所鍾,商賈輻輳,人文奮興,於今爲盛。四方之遷者、僑者、從學而來者、宦成而歸者、權緡笇以起家者、執藝事以自食其力者,咸以風淳俗美,鄉有賢耆,梯航簋笈,鱗萃雲集,偕來而卜居焉。今閣之修也,文明之氣高矗東南,上通斗極,光焰萬丈,蒼茫廻合,下澈海水,而香煙燈燭復與虹梁蛤戶,沙碧雲青,五色十輝,互相映發,厥文彌彰。其將有躋三台魁多士者,出乎其間,以應聖天子[六]作人之運歟!抑又聞之,道書以文昌帝君一十七世爲士大夫,在周曰張仲[2]。《詩》曰:"張仲孝友。"[3]吾願與諸君子敦錫類之仁,求篤慶之本,各親其親,各長其長,庶幾風愈淳,俗愈美,毋戾神之教,以迓庥福於無窮也。是爲記。

里人吳榮光撰。道光六年丙戌四月督修里人方鈺等立石。

【編者按】

碑文輯錄自清・吳榮光:道光《佛山忠義鄉志》卷一二〈金石下〉[4]。又見清・吳榮光:《石雲山人文集》卷二[5]、民國・冼寶幹:民國《佛山忠義鄉志》卷八《祠祀二・羣廟》[6]。

【校記】

〔一〕《石雲山人文集》題作"佛山重修海口文昌閣記"。

〔二〕"辨",原文如此,根據文意當爲"辦"。

---

[1] 出自《史記》卷二七〈天官書〉,參前明・梁士濟:〈重修月溪文昌宮記〉[明天啟五年(1625)稍後,碑號20-1,總52]注。

[2] 如《清河內傳》,《道藏》第3冊,頁286中:"吾本吳會間人,生於周初,復七十三化,累爲士大夫。"

[3] 漢・毛亨傳,鄭玄箋,唐・孔穎達疏:《毛詩注疏》卷一〇〈小雅・六月〉,頁360下,原文爲:"侯誰在矣,張仲孝友。"

[4] 清・吳榮光:道光《佛山忠義鄉志》,《中國地方志集成・鄉鎮志專輯》第30冊,頁258下—259上。

[5] 清・吳榮光:《石雲山人文集》,《續修四庫全書》第1498冊,頁77上一下。

[6] 民・冼寶幹:民國《佛山忠義鄉志》,《中國地方志集成・鄉鎮志專輯》第30冊,頁423上。

〔三〕"余備藩黔南",《石雲山人文集》無此句。

〔四〕"郵余",《石雲山人文集》作"郵余書"。

〔五〕"鑠",《石雲山人文集》作"爍"。

〔六〕"聖天子"三字,《石雲山人文集》無。

【碑文考釋】

撰碑者吳榮光,生平見前〈重修佛山三官廟碑記〉〔清道光八年(1828),碑號5－1,總13〕。

此文作於道光六年(1826)海口文昌閣重修落成之時。按此閣建成於乾隆七年(1742),此次重修據建成之期已有九十餘年。

文中指出,海口的文昌閣,符合於"形勢"之需要,風水得宜,因此登科舉者"歲不乏人"。故理應修舉。用作者的話說,修此閣則"神明之舍妥矣,崇奉之儀著矣"。

不僅如此,由於佛山地處要衝,經濟發達,文化的發展也蒸蒸日上,所以此閣之修,必將有助於文明之氣,進而淳風俗,助教化,以獲長久的福祉。

24　文帝宮(園夏村)

【廟宇簡介】

文帝宮,又名文帝廟。位於廣州市白雲區太和鎮園夏村園夏路南側。廟門額曰"文帝宮",門聯為"池擁鳳凰蟠福地,嶺排獅象拱文星"。文帝宮主祀文昌帝君,其左奉土地,右側為金花及娘媽(天后)。因廟內還安放有兩尊三界爺菩薩,又稱三界廟,此兩尊神像今仍置於文昌帝君兩旁。始建時間待考,清光緒三十年(1904)重修[①]。

24-1　清·顏仲瑜、顏載宏:重建文帝廟碑記

清光緒三十年(1904)

上碑

【碑刻信息】

存址:今廣州市白雲區太和鎮園夏村園夏路南側文帝廟內。

碑額:重建文帝廟碑記。楷書。

碑題:重建文帝廟小引。楷書。

尺寸:碑高106厘米,寬64厘米。

碑文來源:原碑抄錄。

【碑文】

重建文帝廟小引。

嘗聞申生佩玦,且通夢於新城;子晉吹笙,亦昇仙於緱嶺。從可知神靈之昭著,自古皆然,矧我文帝廟結數百年香火之緣者也。時至今日,棟折垣

---

① 有關此廟資料請參考陳建華主編:《廣州市文物普查彙編·白雲區卷》,頁161-162。

穨,日虞傾陷,使或委諸草莽,任其摧殘,何以妥神靈而伸拜跪？然而經費實繁,籌辦匪易。爰集闔鄉之老幼,詢謀僉同;更援外埠之泉刀,資其補助。多多寡寡,聽其隨緣;百百千千,任其樂助。想當年桑里安居,屢感文星之照;豈今日梓宮重建,肯慳翰墨之濡。將見鳥革落成,共慶美奐美輪之耀;而鳩工既屆,先憑銀山銀海之來。所有芳名簽題,備勒於後。

後學顏仲瑜、(顏)載宏敬撰。

乩批宅主:顏建攀。

乩批董理:顏仲瑜、劉健廷、樊日登、顏載宏、林聯興、劉顯祥。

乩批幫理:顏朝彥、劉悅隆、林匯高、劉泮昭、顏成枝、顏俊升。

謹將本鄉神會並各善信喜助工金芳名列:

老文昌會助銀壹拾大員。

築陂文昌會助銀捌大員。

新文昌會助銀五大員。

三界會助銀壹拾大員。

康公會助銀壹拾大員。

天后會助銀貳拾大員。

壯志堂助銀五大員。

松柏堂助銀五大員。

金花會助銀叁大員。

洪福堂助銀捌大員。

祐福堂助銀拾大員。

成福堂助銀四大員。

秉政會助銀六大員。

本鄉簽題芳名列：

顏建攀助銀貳大員。

顏仲瑜助銀五大員。

劉健廷助銀五大員。

樊日登助銀五大員。

顏載宏助銀五大員。

林聯興助銀四大員。

劉顯祥助銀五大員。

顏朝彥助銀五大員。

劉泮豐助銀拾大員。

劉悅隆助銀壹大員。

林匯高助銀叁大員。

劉泮昭助銀四大員。

顏成枝助銀壹大員。

顏俊升助銀五大員。

顏煥標祖助銀拾壹大員。

顏厚光助銀拾大員。

顏溫氏助銀拾大員。

顏朝丕助銀六大員。

顏朝芬助銀五員半。

顏錫昌助銀五大員。

顏錫珍助銀五大員。

顏沛宏助銀五大員。

劉廣源助銀五大員。

劉秉陽助銀五大員。

劉泮成助銀五大員。

顏量宏助銀四大員。

顏協榮助銀四大員。

劉渭煌助銀五大員。

林倬雲助銀四大員。

顏躍蟾助銀四大員。

顏培堅助銀四大員。

陸國銘助銀叁大員。

顏士霖助銀叁大員。

顏阜宏助銀叁大員。

顏善培助銀貳大員。

顏慶祺助銀貳大員。

顏慶疇助銀貳大員。

顏廷珫助銀貳大員。

顏士衡助銀貳大員。

顏頌平助銀貳大員。

顏詠祺助銀貳大員。

顏士鏞助銀貳大員。

顏士鴻助銀貳大員。

顏淮廣助銀貳大員。

顏朝欣助銀貳大員。

劉麗華助銀貳大員。

劉紹祺助銀貳大員。

劉悅雄助銀貳大員。

劉燦華助銀貳大員。

劉統勳助銀貳大員。

劉厚華助銀貳大員。

劉寶恒助銀貳大員。

劉春華助銀貳大員。

劉齊國助銀貳大員。

劉楊威助銀貳大員。

劉可輝助銀貳大員。

林寶傳助銀貳大員。

林燦芳助銀貳大員。

林祿傳助銀貳大員。

林祥恩助銀貳大員。

顏錫興助銀貳大員。

顏睿昇助銀貳大員。

林釣傳助銀貳大員。

顏潤榮助銀貳大員。

顏錦榮堂助銀貳大員。

顏茂源助銀貳大員。

林湛勳助銀貳大員。

林錫勳助銀貳大員。

顏福成助銀貳大員。

林展泰助銀貳大員。

林□培助銀貳大員。

林勵傳助銀貳大員。

顏時均助銀貳大員。

顏大韶助銀貳大員。

顏大坤助銀貳大員。

劉懿光助銀貳大員。

顏朝振助銀貳大員。

顏威榆助銀貳大員。

林智傳助銀貳大員。

劉泮滔助銀貳大員。

劉存光助銀貳大員。

林啟泰助銀貳大員。

劉耀庭助銀貳大員。

劉寵光助銀貳大員。

顏玉襄助銀貳大員。

顏懷興助銀貳大員。

顏敬承助銀貳大員。

顏溢昇助銀貳大員。

顏事宜助銀貳大員。

顏士珍助銀貳大員。

顏朝佐助銀貳大員。

顏藻華助銀貳大員。

顏藻榮助銀貳大員。

顏周氏助銀貳大員。

劉啟枝助銀壹員半。

劉載陽助銀貳大員。

劉月沂助銀貳大員。

劉輪堯助銀貳大員。

劉錫勤助銀貳大員。

劉可祥助銀貳大員。

顏燦垣助銀貳大員。

劉錫然助銀貳大員。

林壁傳助銀貳大員。

顏鏡池助銀貳大員。

劉載沂助銀貳大員。

林其昌助銀貳大員。

劉允平助銀貳大員。

顏牛筋助銀貳大員。

顏茂光助銀貳大員。

劉樹枝助銀貳大員。

中碑

【碑刻信息】

存址：今廣州市白雲區太和鎮園夏村園夏路南側文帝廟內。

碑額：重建文帝廟碑記。楷書。

碑題：無。

尺寸：碑高 106 厘米，寬 64 厘米。

碑文來源：原碑抄錄。

【碑文】

樊業常、顏煥鎮、顏遺光、樊作勤、樊梓饒、顏南昌號、顏子昌、顏占元、顏潤克、顏挺光、顏偉光、顏祝期、顏鏡珩、顏懷珍、顏家智、顏俊明、顏惠勳、顏惠泉、顏海新、顏怡泰、顏浣新、顏日新、顏士高、顏才沛、顏壯焜、顏衍光、林□泰、顏潤廷、顏潤儀、陸汝成、劉植榮、劉春和、林其章、劉植蟾、顏錫蕃、林慎傳、梁潮聲、劉純兆、顏平彬、顏麗彬、曹複昌、顏士恒、劉祥輝、劉殿培、林皓華、林志華、劉澤文、顏士亨、顏祐昇、顏崇波、顏士培、梁嚴光、劉瑞波、林秀傳、顏寶農、顏可忠、林聯輝、林廣興、林健傳、林長泰、顏大生、劉向光、顏佩華、顏愉驥、林偉唐、顏焯祺、劉植材、顏焯華、顏鑑光、顏習光、顏燦光、顏鍍玲、顏瀾光、林厚傳、林直傳、顏浩泉、陸相清、顏永祥、顏爵賢、顏湛河、顏麗泉、顏麗彬、顏麗興、顏彝光、顏炳良、顏羽翔、顏偉翔、顏植基、顏健章、顏樹南、顏□雄、顏汝深、顏庭秀、顏庭忠、梁耀波、顏懷德、劉浪興、劉演波、劉怡興、劉榮規、劉橋斌、劉可就、劉紹宏、劉演華、劉業楠、劉祐恒、劉永兆、劉榮澤、劉聖勳、劉泮憶、劉松芬、劉禮仁、顏朝進、顏清甜、顏滿榮、顏藻翔、顏榮基、顏榮章、顏業榮、顏榮枝、顏作文、顏鏡鴻、顏裕祥、顏碧□、顏□□、顏錫棋、顏社薀、顏□□、劉可皆、顏級興、顏葵清、顏朝光、劉可昭、劉榮標、顏純謙、顏佩勤、顏培墪、顏禮恒、顏禮南、劉泮欣、劉泮芳：以上各助銀壹大員。

　　樊秋汝、樊秋桿、樊秋璪、樊秋騰、顏士楷、顏士彤、顏可繹、顏可畏、顏西雍、顏西鎬、顏利和、顏玉驊、顏秉衡、顏金細、顏貫忠、顏驥良、顏福良、顏梓恒、顏瑞和、顏承澤、顏惠吾、林玉昆、顏文枝、顏耀高、樊暖祺、樊炳坤、樊作勤、顏錦元、顏滿壬、顏乙酉、顏慎才、顏鏡珍、顏金餘、顏潤周、顏欽鉎、顏葦杭、顏達才、顏錫聰、顏錫葵、顏卓科、顏汝滔、顏滿漢、顏暢思、顏錫雄、顏耀松、樊紹圖、顏彥才、顏應祺、顏堯廣、顏業開、顏暢榮、顏傑禎、顏錫玲、顏錫鴻、顏相基、顏慶珍、顏士超、顏美興、顏揚會、顏威燮、顏榕燦、顏澤思、顏可法、顏可馨、顏成光、顏窈喜、顏耀光、顏炳楷、顏聘英、顏祥芬、顏潤霖、顏晚留、顏量芬、顏浩儀、顏偉業、顏鎮鏽、顏鎮威、顏日華、顏玉韶、顏聘珍、顏文煊、顏習之、顏動襟、顏輝光、顏滿堂、顏耀森、顏廣明、顏金焯、林玉照、劉炳汛、林俊朋、林汝章、劉純禧、顏緒華、顏熾華、林金滿、顏蓉鏡、顏閏明、劉洪章、顏伯才、顏耀琼、劉藻思、劉藻濂、劉藻章、林炳燈、林贊燈、劉隆禧、劉東就、顏鈺乾、顏金潮、林才珍、顏亮焜、顏朋彬、顏朋根、林自成、顏麗儀、顏耀華、林仕傳、林澤勝、林其勝、林斌猷、林斌祺、林俊謙、林□堅、顏鉅平、劉樹基、劉樹材、顏崇坤、林俊廉、林俊才、顏協中、林進相、林維舉、林桂全、林錫全、林玉湛、林玉光、林玉培、林榕芬、林維珍、林炳燦、蘇富榮、顏志榆、劉植芬、顏榆駱、林泰沂、顏勵珍、顏迪懷、顏暖懷、劉貴春、陸達名、顏錦煊、顏樹基、陸載禎、林弄南、劉泮生、劉泮香、劉泮鍾、顏湛鈞、劉顯宗、劉可洤、顏茂榮、顏源勝、林廣泰、林時添、顏鎮垣、梁饒光、梁恒貞、顏桂容、顏致平、顏作良、顏炳猷、劉可財、劉載恩、顏結球、劉鏡禎、劉伯清、劉悅輝、劉厥華、劉根揚、劉錫恒、劉牛詩、劉禧垣、劉渭河、劉燦枝、劉棋岳、劉鉅揚、劉鉅良、劉日廷、劉棋斌、劉棋思、劉棋生、劉棋鐺、劉燊林、劉雁林、劉路娣、劉悅和、劉渭金、劉柏祥、劉紹良、劉堯喜、劉啟謙、劉積禧、劉周氏、劉肖球、劉藻棠、劉燵燎、劉廣居、劉拱陽、劉松觀、劉曉琼、劉著聲、劉燊松、劉福潤、劉棋光、劉玉鐘、劉冬韶、劉熠楠、劉燊亮、劉榮禧、劉沃根、劉沃廷、劉陳氏、劉紹俞、劉煥堯、劉啟財、劉寶照、劉寶炎、劉炳棋、劉秀□、劉燕經、劉藻倫、劉耀章、劉樹森、劉啟帆、劉興輝、劉藻鍊、劉禮義、劉炳南、顏伯珍、顏伯廷、顏迭奐、顏可高、顏可均、顏玉維、顏炳添、顏耀星、顏景煜、顏裔甜、顏裔唐、顏樹乾、顏錫丕、顏湛衡、顏湛瑤、顏慶雲、顏潤兼、顏鏡明、顏變明、顏魁皮、顏魁沂、顏金時、顏金鍊、顏崇勳、顏禮泉、顏澧義、顏憲饒、顏□□、顏金夑、顏連第、顏文清、劉鎮球、劉立忠、劉其照、劉熾坡、林潤枝、林潤能、林玉興、劉富常、顏廷瑞、顏廷苟、劉橋章、顏麗芬、顏鳳翔、劉礼敦、顏瑜光、顏士模、劉利球、劉益球、劉樂衡、顏郁波、顏桂新、顏鑑泉、顏煥然、劉廣就、劉廣能、林瑞魁、劉錫濤、劉焯球、劉燦文、顏衍新、顏良珍：以上各助銀壹中員。

顏湛光、顏慶□、顏慶璇（下泂）

外鄉簽題芳名列：

柏塘曹瑞洲助銀叁大員。

高唐廣和昌助銀貳大員。

北村徐贊量助銀貳大員。

南村周佩深助銀貳大員。

南村周深記助銀貳大員。

蚌湖黃澤平助銀貳大員。

龍歸市大和利助銀貳大員。

南村周燦琼助銀貳大員。

下良謝紹功、南村周玉興、南村周時暄、南村周錫標、蚌湖黃衍韜、南村樊信能、黃滑莊蘇宏深、南村周作明、南村李佐華、南村周金啟、新圩梁容記、南村周生泰、南村周載昇、南村周裕鴻、南村周作桐、南村周顯春、南村周載登、南村周培根、南村周啟發、蚌湖黃廷昭：以上各助銀壹大員。

南村周紹能、南村周孔佳、南村周土成、南村周錦滔、南村周斯寶、河塘周日昭、省城招有開、省城招炳根、南村李顏氏、南村周朝坤、南村樊登容、南村周耀洪、大和莊劉萬信、柏塘蘇國寶、南村周冠林、南村周德威、南村周玉相：以上各助銀壹中員。

下碑

【碑刻信息】

存址：今廣州市白雲區太和鎮園夏村園夏路南側文帝廟內。

碑額：重建文帝廟碑記。楷書。

碑題：無。

尺寸：碑高106厘米，寬64厘米。

碑文來源：原碑抄錄。

【碑文】

謹將外埠各善信喜助工金芳名列：

喊哆唎大埠簽題芳名列：

樊榮彬助金錢銀貳拾五員。

樊作華助金錢銀拾員。

顏潤身助金錢銀拾員。

顏潤芝助金錢銀拾員。

樊作卿助金錢銀五員。

樊子敏助金錢銀五員。

劉錫國助金錢銀五員。

顏顯才助金錢銀五員。

南村周宴維助金錢銀五員。

南村周和勝助金錢銀貳員半。

林俊馨助金錢銀貳員半。

劉應扶助金錢銀貳員半。

劉渭能助金錢銀貳員半。

劉渭文助金錢銀貳員半。

劉渭平助金錢銀貳員半。

劉澄沛助金錢銀貳員半。

以上共伸銀貳百零叄員貳毫。

汪架侶埠簽題芳名列：

顏福雄助金錢拾員。

顏英泰助金錢五員。

顏士鈴助金錢叄元。

顏家禮助金錢壹員。

顏勵宏助金錢壹員。

顏清汝助金錢壹員。

顏鎮沾助金錢壹員。

顏戊寅助金錢壹員。

顏仲平助金錢壹員。

顏炳芬助金錢壹員。

顏秉耀助金錢壹員。

顏秉坻助金錢壹員。

林見明助金錢壹員。

顏顯輝助金錢半員。
顏魁廷助金錢半員。
顏潤槐助金錢半員。
顏建賢助金錢半員。
□□楊金聲助金錢半員。
顏□耀助滙□銀八員半。
以上共□得銀貳百四拾八兩壹錢四分八厘。

啪咪吐嘏埠簽題芳名列：
劉瑞勲助金錢貳員。
劉齊高助金錢貳員。
樊作櫟助金錢貳員。
劉植楠助金錢貳員。
劉朗勲助金錢貳員。
樊滙圖助金錢壹員。
劉泮謙助金銀壹員。
劉常勲助金銀壹員。
劉襚存助金錢壹員。
劉□華助金錢壹員。
顏橋枝助金錢壹員。
劉松富助金錢壹員。
南村周鋭廷助金錢壹員。
蚌湖朱鈞來助金錢半員。
南村周潤似助金錢半員。
南村周德明助金錢半員。
劉禮祥助金錢半員。

新寧余科助司連五員。

南村周福根助司連五員。

新寧雷建助司連四員。

南村周學平助司連四員。

望岡黎崇德助司連貳員半。

以上共找得銀壹百陸拾九兩五錢四分六厘。

威令□埠簽題芳名列：

劉錦輝助金錢五員。

顏湛斯助金錢五員零五司連。

顏伯祥助金錢五員零五司連。

顏俊才助金錢四員半。

顏作宏助金錢四員半。

樊作舟助金錢四員半。

林紹芳助金錢四員。

劉泮蒼助金錢四員。

劉權輝助金錢叁員半。

林耀邦助金錢叁員半。

南村周聯科助金錢叁員零三司連。

劉際亨助金錢叁員。

新安陳金信助金錢叁員。

顏蔥枝助金錢叁員。

顏大焯助金錢貳員半。

顏俊祥助金錢貳員半。

顏庭蔭助金錢貳員半。

顏玉球助金錢貳員。

顏玉枝助金錢貳員。

顏藜耀助金錢貳員。

顏贊宏助金錢貳員。

顏幹宏助金錢壹員半。

顏季芬助金錢壹員零壹司連。

龍□張本桂助金錢壹員零壹司連。

南村周社杰助金錢壹員零壹司連。

劉潤衿助金錢壹員。

劉金龍助金錢壹員。

劉木昇助金錢壹員。

劉木連助金錢壹員。

顏殿清助金錢壹員。

顏行福助金錢壹員。

顏錦昇助金錢壹員。

樊梓圖助金錢壹員。

南村周銳容助金錢壹員。

劉比祐助金錢半員。

劉子佳助金錢半員。

顏士蟠助金錢半員。

顏德沾助金錢半員。

南村周戊才助金錢半員。

鴉□葉□開助金錢半員。

南村周容星助學金錢半員。

南村周澤輝助金錢半員。

南村周文伷助學錢半員。

顏連科助金錢半員。

南村周明忠助金錢半員。

南村周深□助金錢半員。

南村周社能助司連五員。

南村周社培助司連五員。

柏塘張齊□助司連貳員。

以上共找得銀柒百零七兩五錢零五厘。

大呂宋啞灣埠簽題芳名列：

顏鏡河助英銀貳拾大員。

顏士芬助英銀貳拾大員。

顏志高助英銀壹拾大員。

顏浩彰助英銀壹拾大員。

劉鑑恒助英銀拾貳大員。

劉鑑恒助英銀壹拾大員。

劉鳳培助英銀壹拾大員。

顏業宏助英銀壹拾大員。

南村周庚午助英銀五大員。

南村周金懷助英銀五大員。

下良謝綿高助英銀五大員。

以上共助得銀壹百壹拾七大員。

喊哆唎二埠簽題芳名列：

劉齊登助金錢銀五員。

劉秀恒助金錢銀五員。

顏錫泉助金錢銀五員。

劉澤華助金錢銀叁員。

林倬昇助金錢銀叁員。

顏鏡明助金錢銀叁員。

劉利泰助金錢銀叁員。

劉載榮助金錢銀叁員。

劉紹和助金錢銀叁員。

劉興尭助金錢銀叁員。

劉泮貞助金錢銀叁員。

劉載滿助金錢銀叁員。

劉鏡勳助金錢銀叁員。

劉錦發助金錢銀叁員。

顏浩慈助金錢銀叁員。

劉載福助金錢銀叁員。

□□□助金錢銀叁員。

林□□助金錢銀貳員半。

顏鏡南助金錢銀貳員半。

顏鏡廷助金錢銀貳員半。

劉理泰助金錢銀壹員。

劉載邦助金錢銀壹員。

劉載興助金錢銀壹員。

劉吉□助金錢銀壹員。

鴉湖劉陳高助金錢銀壹員。

南村周淳坤助金錢銀壹員。

南村周明柏助金錢銀壹員。

以上共匯得銀壹百五拾叁大員

星架坡埠簽題芳名列：

顔潤□助銀貳拾□。

顔潤儀助銀五大員。

顔健枝助銀五大員。

顔渭祥助銀五大員。

劉橋助銀五大員。

以上共助得銀四拾壹大員。

舊金山大埠簽題芳名列：

南村周祖仁助銀貳拾五大員。

劉樹屏助銀貳拾貳大員。

林恭泰助銀貳拾貳大員。

林景泰助銀貳拾大員。

劉五體助銀貳拾大員。

陸相宏助銀貳拾大員。

顔弼高助銀貳拾大員。

顔國運助銀拾壹大員。

林棠勳助銀拾壹大員。

劉贊天助銀壹拾大員。

顔進才助銀壹拾大員

顔亞娣助銀六大員。

林輔全助銀五大員。

顔桐清助銀六大員。

顔松興助銀四大員。

林紹培助銀貳大員。

南村周烈光助銀叁員。

南村周耿光助銀叁員。

南村周昌熾助銀五員。

南村周日和助銀五員。

南村周容傑助銀叁員。

南村周翰榮助銀叁員。

柏塘□瑞洲助銀叁員。

以上共助得銀貳百□□□□。

續捐芳名列：

劉齊國助金錢壹□□。

柏塘劉永助金錢□□。

□□楊永秀助金□□。

□信□助□□□。

□□□□□□員。

□□助金□□員。

□□埠簽題芳名列：

顏鳳儀助金錢五員。

顏□華助金錢貳員。

林金成助金錢□員。

顏厚鄙助金錢□員。

南村周戊申助金錢□員。

北村董照助金錢□員。

下茅劉蔭堂助金錢五員。

石馬陳倫星助銀四員。

黃邊龍養芬助銀五員。

石馬黃堆助銀叁員。

北村董宜德助銀六員。

羅岡謝成添助金錢半員。

平山劉秋朗助銀五員。

香山孫□俊助銀四員。

四邑余廣昌助金錢半員。

四邑余春和助銀五員。

香山高六助銀五員。

以上共助金錢拾叁員零貳司連,找得銀玖拾八兩七□五分。

光緒三十年歲次申辰冬吉旦立石。

【碑文考釋】

撰碑者顏仲瑜、顏載宏,邑人,生平不詳。

這篇碑文記載了光緒三十年(1904)對園夏村文帝廟的一次重修。對該廟我們從碑文中不能得到更多的瞭解,僅可以由"結數百年香火之緣"可以判斷此廟至少已有數百年歷史。另外,我們還可以知道,光緒三十年的這一次重修,還包括了廟內舉行的扶乩活動。碑文的作者就是"乩批宅主",另外還透露了其他參與扶乩活動的人員的名字,包括"乩批董理"和"乩批幫理"。

除此之外,從重修的捐助芳名看,參與捐款的不僅是本鄉鄉民,還有本鄉的神會,共有十三個:老文昌會、築陂文昌會、新文昌會、三界會、康公會、天后會、金花會、秉政會、壯志堂、松柏堂、洪福堂、祐福堂、成福堂等。一鄉有如此眾多的神會,他們各自發揮怎樣的作用,此問題值得進一步研究。另外,從名單亦可看出園夏村的村民移民外埠的情況,包括:喊哆喇大埠、喊哆喇二埠、汪架侶埠、帕咪吐嘏埠、威令□埠、大呂宋啞灣埠、星架坡埠、舊金山大埠等。

25　文教古廟（小文教村）

【廟宇簡介】

廟舊在南海下白石堡小文教村①。

廟始建年月不詳。曾於清康熙五十八年（1719）、道光七年（1827）、同治四年（1865）重修。方志中存有清康熙五十八年鍾和聲〈重修文教古廟碑記〉和清同治四年王賢超〈文教古廟碑記〉。根據王賢超碑，文教古廟舊名文溪古廟，道光七年重建時才改稱"文教古廟"。

根據鍾和聲碑和王賢超碑，該廟中祀玄天上帝（北帝），兩旁分祀南海觀音和洪聖大王。

25-1　清·鍾和聲：重修文教古廟碑記

清康熙五十八年（1719）

【碑刻信息】

存址：舊在南海白石堡文教鄉文教古廟內。清宣統間尚存②。

碑文來源：宣統《南海縣志·金石略》。

【碑文】

吾境距省會三十餘里，上自金山，下至石門，號稱名勝者二。環境而居

---

① 清·鄭榮等主修，桂坫等總纂：宣統《南海縣志》卷六〈建置略〉"文教古廟"條："文教古廟，在白石堡文教鄉。"見《中國地方志集成·廣東府縣志輯》第30卷，頁187上。同書同卷有"天后古廟"條："一在白石堡文教鄉，一在豐岡堡里水鄉，光緒乙未年重修。"故白石堡文教鄉有二廟，文教古廟和天后古廟。而且清·王賢超撰同治四年〈文教古廟碑記〉（碑號25-2，總59）亦云："乙丑十月，鄉之天妃廟落成，同人以斯廟繫鄉名，瞻依尤切，亟為鳩工庀材，復於歲之暮重新之。"按，根據宣統《南海縣志》卷三〈輿地略·都堡〉，南海縣金利司有上白石堡和下白石堡，其中下白石堡有小文教村和大文教。而宣統《南海縣志》卷一三〈金石略〉所收梁懷文〈重修天后廟碑記〉之按語曰："右刻在小文教鄉本廟。"見《中國地方志集成·廣東府縣志輯》第30卷，頁334下。故文教古廟和天后古廟所在的文教鄉，當爲小文教村。

② 清·鄭榮等主修，桂坫等總纂：宣統《南海縣志》卷一三〈金石略〉錄文，文末按語云："右刻在白石堡文教鄉本廟。"見《中國地方志集成·廣東府縣志集》第30卷，頁320下。

者,散若棋置,惟文教一鄉,適居二勝之中。疊嶂曲流,龍盤虎踞,鍾靈特甚。居斯土者,隸籍數千百年,唐、王、蔡、李、嚴、彭、孔、黃、徐、黎屬姓者十,星羅繡錯,煙火萬家,友助親愛,固如唇齒。鄉之中有文溪古廟,十姓共為香火,奉祀玄天上帝、南海觀音、洪聖大王,諸神之靈,實妥於斯。歲時伏臘,祭賽飲福,由來已舊。邇者因見棟宇傾頹,垣牆敧卸,鄉之人士,圮塌是憂,咸欲起而更新之。卜之於神,神簽曰可。爰是集眾醵金,一唱百和,董其事者,因人善任。鳩工庀材,盡善盡美。址仍其舊,制戢其新。從此廟貌崇隆,增其式廓,與天地同其悠久,與皇圖共為鞏固。神靈而地益靈,地靈而人自傑。金山、石門之勝,畢攬而聚於文教之鄉,猗歟盛哉!是役也,肇工於丁酉年九月初二日丑時,落成於戊戌年六月十二日,共成厥美,微諸善信之力不及此。謹次序題名,勒之貞珉,以垂不朽。於是乎記。

  鄉進士序選文林郎瑤溪沐恩弟子鍾和聲薰沐敬撰。

  沐恩弟子王廷佐薰沐敬書。

  康熙五十八年歲次己亥季冬朔日。

【編者按】

  碑文輯錄自清·鄭榮等主修,桂玷等總纂:宣統《南海縣志》卷一三〈金石略〉①。

【碑文考釋】

  撰碑者鍾和聲,清康熙間人,邑人。撰碑時為鄉進士序選文林郎。

  這篇碑文記載了南海文教鄉的文教古廟早期的一些情況。碑文中提到此廟稱的是"文溪古廟",這是道光七年(1827)之前對文教古廟的稱呼。此廟由文教鄉的唐、王、蔡、李、嚴、彭、孔、黃、徐、黎等十姓宗族居民供奉,主祀玄天上帝、兩旁配祀觀音和洪聖大王。碑文還記載了康熙末年對文溪古廟的一次重修,肇始於康熙五十六年(1717),落成於康熙五十七年(1718),而此碑則立於康熙五十八年(1719)。

---

  ①　清·鄭榮等主修,桂玷等總纂:宣統《南海縣志》,《中國地方志集成·廣東府縣志輯》第30卷,頁320上至下。

25-2　清·王賢超:文教古廟碑記

清同治四年(1865)

【碑刻信息】

　　存址:舊在南海白石堡文教鄉文教古廟內。

　　碑文來源:宣統《南海縣志·建置略》。

【碑文】

　　嶺南為水火交匯之區,於卦屬離。離者,麗也,日月麗天而文明焉。於地濱海,海吐納江河,風水相盪而文煥焉。是則水火者,天地之大文也,天地之氣於水火焉洩之,水火之精,凝而為日月,沛而為江河。然天地固未嘗自私也,雲之蒸,霞之蔚,星辰之煬燿,雷電之閃鑠,冰雪之晶瑩,而天若迭著其文;山川之秀麗,草木之芳華,珠玉之玲瓏,金石羽毛齒角之陸離斑駁,而地若各成其文;草野之經綸,廟廊之黼黻,典章文物,詩書禮樂,道德功業之光華而絢爛,而人又若日新月盛而遞嬗其文。而要無非大造之化載,聖神之轇相之有以致之也。故孔子言:天地無私,於四時流行,庶物露生,而概曰無非教也。

　　方今聖天子文教罩敷,懷柔之百神,皆將効靈於窮方僻壤之鄉,以成兩大之文章,而助聖朝之所不及。況其在南海衣冠之地,此吾鄉文教古廟之所由日著神靈,歷數百年來而共留畏服也。文教者,吾鄉名也。廟環溪水,舊題文溪古廟,道光七年重建,易今名。中祀北帝,兩旁分祀觀音、洪聖。北帝,水神也。觀音宮水月,長西方,有金水相生之義。洪聖王南海,號祝融,則以水而攝乎火,皆彬彬乎有文象焉。沐其化者,本水火之互濟而為蔚起之人文。他日爭光日月,洋溢江河,以經緯乎天地,知皆氣類潛通而諸神之所樂為造就者也。然則文教之相承,直揆諸八千里而外,斷非無自而然,吾願同居是鄉者之思義顧名,以仰副朝廷右文之盛焉可也。乙丑十月,鄉之天妃廟落成，同人以斯廟繫鄉名，瞻依尤切，亟為鳩工庀材，復於歲之暮重新之，而誘掖獎勸，神之功不容或忘也。因記而刊諸石，後之入廟者俯察仰觀，覿斯文之盛，沾教澤之隆，夫亦可以悠然興矣。

【編者按】

　　碑文輯錄自清・鄭榮等主修，桂坫等總纂：宣統《南海縣志》卷六〈建置略・祠廟〉①。

【碑文考釋】

　　撰碑者王賢超，生平不詳。

　　這篇碑文告訴我們，康熙末年曾重修的文溪古廟，於道光七年（1827）重建，改稱文教古廟。而其所祀三位主神，與康熙五十八年（1719）立碑中所述無異，仍是北帝、觀音、洪聖。

　　除此之外，我們還瞭解到此廟重修的一個因緣是同治四年（1865）十月同鄉的天妃廟的落成，因此大家感到以鄉名命名的文教古廟更應該修葺，於是有了這一次的重修。

---

① 　清・鄭榮等主修，桂坫等總纂：宣統《南海縣志》，《中國地方志集成・廣東府縣志輯》第 30 卷，頁 187 上。

26　北帝古廟（塘頭村）

【廟宇簡介】

根據 2010 年實地考察，廟仍存於今廣州蘿崗區蘿崗街塘頭村，保存狀況良好。始建年份不詳，由塘頭、元貝、柏蘿三鄉共建。曾在清乾隆元年（1736）、乾隆三十九年（1774）、嘉慶十二年（1807）、咸豐六年（1856）和民國十六年（1927）多次重修。廟保存完好，廟內存石碑五通。

2005 年 9 月此廟被公佈爲廣州市登記保護文物單位①。

26-1　清·鍾光尚：重建廟宇碑記

清乾隆元年（1736）

【碑刻信息】

存址：今廣州市蘿崗區塘頭村均安坊北帝古廟內。

碑額：重建廟宇碑記。楷書。

碑題：無。

尺寸：碑高 161 厘米，寬 43.5 厘米。

碑文來源：原碑抄錄。

【碑文】

玄帝，水神也；嶺南，澤國也，鎮於南北，宜也。各鄉僻處山谷，奉為香火，有由來矣。誠以神威無遠弗屆也。塘頭一鄉，四面皆田，突插奇峯，人煙稠集，中構一廟，來龍綿遠，臨水面山，若天作然。然日久傾頹，耆老合而商之曰："辱在帲幪，廟貌不修，無以妥神靈，即無以庇族黨也。第為費不資，點

金無術。凡居梓里，務集腋以成裘，積塵而纍岳。"眾曰："唯唯。"由是鳩工悉集，百堵新興，肇飛矢革，堂廡昭壯麗之觀；松茂竹苞，上下著實枚之固。其出分金以助者固屬誠心，而額外僉題者更爲欣躍。爰勒石以垂永久。

乾隆元年恩進士候選儒學教諭弟子鍾光尚薰沐拜撰。

文林郎壬子科舉人序選知縣乙卯科廣西同考試官弟子鍾獅薰沐拜書。

計開：

通約壹百伍拾人，每人出分金叁錢、米壹斗，芳名不錄。另加題者序列于左：

鍾日昇、盛泰、有道、督理英豪：俱陸錢壹。

德星：五錢八分。

宗健、嗣周：俱伍錢伍。

廷輔、孔昭：俱四錢六。

督理覲翰、斐翰、英顯：俱叁錢壹。

閏成、盛周、振岳、宗智、配侯：俱叁錢。

瓘璘、宗璧、睿星：俱貳錢六。

郁周、英侯、出萃：俱貳錢五。

督理瑞璋、起祿、獻賢、宗彥、振奭、宗貴、桂蕃、孟榕、英銳、英才、英韜：俱貳錢壹。

信秀子明、文穎、翹翰、奇靜、有昇、文英、獻崑、廷俊、文佐、帝裔，信官廷望，信官廷顯、應南、益友、權、曰友、振塅、廷恩、丕：俱壹錢陸。

志葉、應虞、盛文、文集、連貴、志塅、興貴、應廷、孔貴、桂魁、壯侯、誕賢、偉蕃、顯福、傑賢：俱壹錢貳。

阮秀權：壹錢陸分。

黎曰進、阮秀能、彭芝明、何遇貴：俱壹錢貳。

未冠鍾呂□、朝友、舜千、勝興、孟桂、觀興、英剛：俱叁錢壹。

應春、應冬、文卿、鍾近、希賢、宗時、宗保：俱壹錢六。

宗富、應乾、顯禮、本：俱壹錢貳。

旹雍正歲在壬子孟秋吉旦喜題重建，乾隆元年歲在丙辰季春上巳吉旦立石。

【碑文考釋】

撰碑者鍾光尚，清乾隆間人，進士，撰碑時為候選儒學教諭。

這篇碑文主要記載塘頭鄉北帝廟在清乾隆元年（1736）的一次重修。從碑文中我們可以瞭解到，當地的一個觀念是玄帝屬水神，而嶺南為澤國，當然應當因地制宜，奉祀玄帝。另外，還可以瞭解到嶺南很多偏僻鄉村都有北帝廟，這與實際情況也是相符的。而從題目題爲"重建廟宇碑記"分析，很可能當時塘頭鄉只有北帝廟一廟。

26-2　清·佚名：重修北帝廟①碑記

清乾隆三十九年（1774）

【碑刻信息】

存址：今廣州市蘿崗區塘頭村均安坊北帝古廟內。

碑額：重修碑記。楷書。

碑題：無。

尺寸：碑高 89.5 厘米，寬 55 厘米。

碑文來源：原碑抄錄

【碑文】

　塘頭之北，玄帝廟焉，為塘頭、山貝、栢蘿三鄉所建，其創造不知自何年昉也，然已古矣。舊碑載雍正壬子重修，經今四十餘載，年深日久，風雨飄搖，木朽蟲生，榱崩棟折。乾隆癸巳秋，集三鄉老少而謀之，皆欲撤而新之，

---

①　"北帝廟"三字為編者所加。原碑碑額題為"重修碑記"。

但功程浩大，用度實繁。卻喜人情踴躍，一時樂助，取材甚便，董事得人。肇工於癸巳十月，至明年二月訖事，不數月而告成功。莫不以為神靈之默助云。

茲將捐金爰為勒石：

首事鍾呂升：一錢一分。

鍾應春：一中員。

鍾廷輔：二大員。

鍾沛文：一錢一分。

鍾國略：一兩一錢。

鍾林：一兩。

眾信鍾玿祐：伍大員。

鍾孟容、鍾周略、鍾傑修：俱貳員。

鍾宗誠：一兩一錢。

鍾秀巒：一兩零八分。

鍾宗錦：一兩零伍分。

鍾傑賢、鍾秀芊、鍾有略、鍾贊廷、鍾尚棟、鍾草翰、鍾士永：俱一兩。

鍾翰修八錢。

鍾興貴、鍾華文、鍾卯濟、鍾大沛、鍾殿英、鍾敬修、鍾士滔、鍾成修：俱一大員。

鍾上發：五錢一分。

鍾燦朝：五錢。

鍾成略：四錢。

鍾奕瑞、鍾宗有、鍾公振、鍾雲千、鍾孟洪、鍾維高、鍾廣安、鍾秀萬、鍾敏修、鍾禮朝、鍾宗興、鍾達朝、鍾躍朝、鍾清翰、鍾昌翰、鍾廷立、鍾世躍、鍾澄光、鍾波：俱一中員。

鍾七簪：三錢一分。

鍾大光、鍾象容、鍾元滔、鍾普光、鍾國翰：俱三錢。

鍾子儀、鍾宗孔、鍾宗禹：俱貳錢伍分。

鍾行大、鍾貴盛、鍾宜昌、鍾樂天、鍾孟丁、鍾星拱、鍾癸酉、鍾富略、鍾會溪、鍾金閏：俱貳錢貳分。

鍾國平、鍾弘祚、鍾亞艇：俱貳錢一分。

鍾應南、鍾佐平、鍾應寬、鍾勺蕃、鍾洪振、鍾禮成、鍾卯潤、鍾卯澤、鍾遠聲、鍾俊秀、鍾希文、鍾卯球、鍾習成、鍾宗矩、鍾粵溪、鍾宗尚、鍾紹修、鍾惠朝、鍾德朝、鍾亞六、鍾亞細、鍾宗旦、鍾英略、鍾朝翰、鍾超翰、鍾接、鍾國朝、鍾三承、鍾大群、鍾華樹、鍾金祿、鍾燦章、鍾閏癸：俱貳錢。

鍾秀演、鍾秀潔、鍾世炳、鍾世炬、鍾敬、鍾有：俱一錢八分。

鍾廷璉、鍾聖通、鍾七閏、鍾廣、鍾連：俱一錢六分。

鍾犲千、鍾應電、鍾矣儀、鍾接祖、鍾挺朝、鍾聒略、鍾裕喜、鍾喬幹、鍾華耀、鍾秋：俱一錢五分。

余允尚：一錢二分。

鍾宗堯：一錢二分。

鍾文寬、鍾德輝、鍾祥輝、鍾孟賢、鍾卯漢、鍾貴積、鍾進賢、鍾松秀、鍾萬長、鍾朝泉、鍾貴俸、鍾仲已、鍾秀芳、鍾疊文、鍾富、鍾士望、鍾盛朝、鍾卓修、鍾秉乾、鍾士周、鍾鳳山、鍾宗敬、鍾瑞英、鍾書、鍾會泮、鍾廷祿、鍾昌榮、鍾帝、鍾彥、鍾顯、鍾樹：俱一錢一分。

鍾文彬、鍾華興、鍾應廷、鍾應坤、鍾喜友、鍾振平、鍾貴聚、鍾仕任、鍾廷燦、鍾文漠、鍾秀文、鍾緝恥、鍾梅秀、鍾大賜、鍾文秀、鍾亮、鍾爵朝、鍾宜國、鍾宜茂、鍾宗文、鍾潁溪、鍾積千、鍾宗舜、鍾派、鍾成溪、鍾貴、鍾宗允、鍾郊、鍾鳳俊、鍾崑、鍾足、鍾通、鍾時翰、鍾廷英、鍾乾秀、鍾和秀、鍾蕪、鍾達秀、鍾大成、鍾亞二、鍾成、鍾柱、鍾士鰲、鍾積、鍾養、鍾立、鍾秀、鍾井、鍾業、鍾鬢、鍾簪、鍾種、鍾華、鍾煥章、鍾大千、鍾帝積：俱一錢

鍾士林：九分。

鍾士秋：八分。

鍾德修、鍾秋：五分。

鍾明：三分。

何德貴：一大員。

何孔光：貳大員。

阮錫猷、何鳳光：俱一大員。

何勝光：一中員。

彭廣大：三錢。

黃昌盛、何亞順：俱二錢。

何亞滿、何亞維、陳彩興、李允常：俱一錢。

乾隆三十九年歲次甲午季春吉旦重修立石。

【碑文考釋】

碑文記載了塘頭村北帝廟在乾隆三十九年（1774）的一次重修。

關於此北帝廟的始建，碑文提供了一個重要信息，此廟乃塘頭、元貝、柏蘿三鄉共建。但是年月已經無考。

另外，碑文提到"舊碑載雍正壬子重修"。雍正壬子就是雍正十年（1732）。上一篇碑文作於乾隆元年（1736），那次重修應當就是本篇碑文所提到的重修。但是上篇碑文並沒有提到重修開始與竣工的具體時間，不知是否即碑文所謂的"舊碑"。

26-3　清·鍾谷：題捐創建本廟東廳記

清嘉慶十二年（1807）

【碑刻信息】

存址：今廣州市蘿崗區塘頭村均安坊北帝古廟內。

碑額：重修碑記。楷書。

碑題：無。

尺寸:碑高 47 厘米,寬 76 厘米。

碑文來源:原碑抄錄。

【碑文】

　　吾約之建有神廟非一日矣,第廊廡淺狹,約内同人,凡每當有事會議,殊少暢敍之所。歲在丙寅上元日,因公慶集姪孫秀長,商諸父老,欲於廟左增建東廳。適地主鍾裕勝兄弟亦殷然將地送出,不計其直,而約之人復爲踴躍題助工費,以足其用。遂即令秀長董乃役,畢乃工焉,洵屬一時美舉也。維茲落成,因紀其事,而並次第其樂助之名以勒於石。

　　約人國學生鍾谷撰。

　　廟左白地原有坑渠通流後簷滴水,今蒙福主鍾裕勝、裕德、裕智兄弟願送地橫濶十三,坑明坑外另陽牆坑渠,任衆造建,前後俱照廟滴水,日後不得種樹遮逼,致礙牆垣,衆即送回地價銀八兩貳錢正,合並書明。

　　今將芳名列后:

　　職員鍾秀長:貳大員。

　　鍾和秀、鍾秀演、鍾乾秀、鍾達秀、鍾端秀、鍾會泮、鍾明秀、鍾世耀、鍾堯天、鍾金潤:已上各壹大員。

　　鍾樂天:五錢六分。

　　鍾廣達:五錢正。

　　鍾會江:四錢正。

　　鍾秀萬、鍾廷秀、鍾潔修、鍾廷立、鍾瑞泰、鍾積潔、鍾文昭、鍾觀祖、鍾士鳳、鍾國朝、鍾輝明、鍾德齊、鍾就天、鍾澄天、鍾達長、鍾輝華、鍾世炬、鍾宗民、鍾士深:已上各一中員。

　　鍾孟丁、鍾嚴餘、鍾三進、鍾廷英:已上各三錢正。

　　鍾桂昌、鍾士秋、鍾閏洪、鍾勝寶:已上各三錢五分。

　　信監鍾谷、鍾躍朝、鍾積発、鍾大連、鍾用和、鍾士波、鍾宜顯、鍾士隆、鍾勝顯、鍾世高、鍾茂秀、鍾文錦、鍾阿光、鍾煥廷、鍾進成、鍾成枝、鍾得中、鍾會全、鍾用長、鍾用佐、鍾麗秀、鍾朝秀、鍾普天、鍾宗日、鍾富昌、鍾玉秀、鍾達英、鍾文光、鍾勝署、鍾成署、鍾時翰、鍾清翰、鍾喜禮、鍾成溪、鍾宏業、鍾鎮江、鍾華溪、鍾浩禎、鍾世章、鍾賦天、鍾廷佐、鍾宏嵩、鍾昌榮、鍾宏海、鍾宏寬、鍾廷祿、鍾閏科：已上各二錢正。

鍾裕文：一錢八分。

鍾富禮、鍾秀潔、鍾德尚、鍾高森、鍾佐時、鍾福朝、鍾文爵、鍾炳朝、鍾宗旦、鍾廷貴、鍾德泉、鍾鳳佐、鍾澄光、鍾承澤、鍾浩祥、鍾華耀、鍾德和、鍾廣川：已上各一錢五分。

鍾華文、鍾宗連、鍾富彥、鍾會章：已上各一錢二分。

鍾貴盛、鍾維德、鍾韞餘、鍾華璧、鍾士禮、鍾朝東、鍾積高、鍾配乾、鍾配德、鍾輝能、鍾廷耀、鍾興善、鍾華秋、鍾廣有、鍾文漢、鍾阿耀、鍾佐昭、鍾接泉、鍾拱照、鍾富昭、鍾輝洪、鍾勝朝、鍾積昌、鍾七閏、鍾瑞明、鍾金定、鍾占明、鍾輝耀、鍾廣昌、鍾念寶、鍾大興、鍾廣昭、鍾顯輝、鍾英國、鍾英友、鍾阿九、鍾帝恩、鍾尚吉、鍾世明、鍾邦翰、鍾從勝、鍾宇仁、鍾廷富、鍾阿鳳、鍾維高、鍾維興、鍾結翰、鍾普光、鍾英署、鍾阿福、鍾士永、鍾金勝、鍾帝勝、鍾華爛、鍾祖發、鍾煖、鍾喜宙、鍾廷長、鍾成長、鍾三九、鍾桂英、鍾如秀、鍾滙川、鍾閏成、鍾禮周、鍾輝彥、鍾丕成、鍾奇彥、鍾華日、鍾裕寬、鍾閏杯、鍾智署、鍾世勇、鍾世輔、鍾彩明、鍾維經、鍾習成、鍾裕勝、鍾廷佐、鍾士保、鍾昌發、鍾德操、鍾廣大、鍾藝成、鍾緝聖、鍾德純、鍾閏科、鍾佳□、鍾福如、鍾潤東、鍾宇枝、鍾善興、鍾士靈：已上各一錢正。

鍾漢寧：五分。

何廷昭、何華注：已上一大員。

何阿海：四錢。

阮献璧：一中員。

阮錫献、何良壽、何潤壽、陳本榮：已上各二錢。

李學賢、翟阿六：已上各一錢半。

彭日新、何阿巾、何閏昭、陳茂興：已上各一錢正。

嘉慶十二年歲次丁卯季春吉旦立石。

【碑文考釋】

撰碑者鍾谷，邑人，生平不詳。

本碑文記載了清嘉慶十二年（1807）在塘頭村北帝廟創建東廳的事情經過。起因是廟的"廊廡淺狹"，而村裏"每當有事會議，殊少暢敘之所"。於是在嘉慶十一年（1806）作者的侄孫鍾秀長提議增建東廳，他便也擔任了此事的主持。所幸地主鍾裕勝等兄弟將相關的土地捐出，碑文清楚列明捐地面積："地橫闊十三，坑明坑外另陽牆坑渠，任眾造建。"加上其他各約村民的捐款，北帝廟創建東廳之事得以成功。這件事告訴我們，塘頭村的北帝廟不僅是村民奉祀神靈的宗教活動場所，也是重要的公議會所，在聯繫村民和管理鄉村事務方面，宗教廟宇也承擔了相當大的作用。這就使得一個本屬於純粹的宗教信仰空間同時成為一個具備多重功能性的社會教化和行政管理的空間。這正如咸豐六年鍾文煥〈重修北帝古廟碑記〉所說，此廟"所以庇人民、攝邪魅、悚禮教而肅觀瞻者，誠重地也"。

26-4　清·鍾文煥：重修北帝古廟碑記

清咸豐六年（1856）

【碑刻信息】

存址：今廣州市蘿崗區塘頭村均安坊北帝古廟內。

碑額：重修北帝古廟碑記。楷書。

碑題：重修塘頭約北帝廟碑記。楷書。

尺寸：碑高110厘米，寬64厘米。

碑文來源：原碑抄錄。

【碑文】

嘗思人事安康，皆由基址之得所；神靈赫濯，還需廟宇之光輝。我塘頭約北帝神廟,不知創建何代,然故老相傳,謂此廟實為一洞群廟化殺之祖,所以庇人民,攝邪魅,悚崇敬而肅觀瞻者,誠重地也。雍正、乾隆年間前人已疊經修,迄今歷年已久,茲見棟宇將頹,丹青剝落,登堂祀奉者固覺悚然,入廟議事者尤深惕若。歲壬子,老少集廟,共商修葺,眾皆欣然踴躍而議遂成。惟是神蒸磷薄,支絀堪虞,非行鼓舞簽助之策,則無以應支而舉其事。因即妥議章程,每家皆科銀叁錢,而殷戶又復隨力樂捐,得銀柒拾餘兩之數,尚屬不敷,又復集眾籌畫,集請江西會壹股,共計得壹佰壹拾一分,合計共得會本銀叁百三拾有餘兩。於是公舉文煥等以理其事,即諏吉,鳩工庀材,將廟頭門悉換砌磚石,全間天面木瓦皆煥然一新。惟以四圍舊牆堅固,逾□新築,故仍其舊而增飾之。不日而功告竣,洵足以見神靈之默祐,人心之踴躍也。獨是善始,猶貴善終。今廟既固矣,神既妥矣,而會事究未完結也,因又集眾定議,將本約每年所獲屠例銀入息撥入江西會,如數收回,以為遞年次第沒收會分及辦東敘飲之需。落成後,因謹將此議及重修始末事由勒諸貞珉,俾後人知而凜之,將見人民愈熙,邪魅□掃,禮敬倍虔,觀瞻彌肅,豈惟躋堂商事,伏臘賽神者邀遐福而介眉壽已哉!是為記。

儒林郎候選同知鍾文煥謹撰。

今將眾信樂助工金芳名開列:
塘頭鄉助工金貳拾大員。
均安坊助工金拾兩正。
北社坊助工金三大員。
西社坊助工金貳兩正。
山相坊助工金八錢正。
坑尾坊助工金壹大員。
信紳鍾文煥助工金六大員。
信紳鍾文綺助工金三大員。

鍾文成助工金貳大員。

鍾文信助工金貳大員。

鍾朝英助工金貳大員。

鍾達長助工金壹大員。

鍾文昭助工金壹大員。

鍾應元助工金壹大員。

鍾順彥助工金壹大員。

鍾應鰲助工金壹大員。

鍾廣川助工金壹大員。

鍾滙川助工金壹大員。

鍾容邦助工金壹大員。

鍾坤斗助工金壹大員。

鍾金養助工金壹大員。

鍾維福助工金六錢五分。

鍾承澤助工金五錢六分。

鍾□□助工金五錢正。

鍾□□助工金五錢正。

鍾□□助工金四錢正。

鍾有餘助工金壹中員。

鍾毓華、鍾金泉、鍾昆玉、鍾永昭、鍾毓祥、鍾喬佐、鍾德高、鍾永徵、鍾廣能、鍾潤懷、鍾存謙、鍾金祥、鍾文修、鍾兆康、鍾銀屏、鍾金漢、鍾荷根、鍾□□、鍾毓霖、鍾金鼉、鍾翕平、鍾天福：已上各壹中員。

鍾士隆、鍾勝有、鍾昆容、鍾成昌、鍾鴻禧、鍾俊業：已上各三錢正。

鍾廣大、鍾成□、鍾瑞珍、鍾華福、鍾成多、鍾甯□、鍾光漢、鍾毓芳、鍾金會、鍾帝當、鍾容登、鍾光璧、鍾秋華、鍾□五、鍾福賜、鍾金翎、鍾逢會、鍾勝興、鍾三養、鍾永江、鍾永清、鍾帝成、鍾汝興、鍾汝祥、鍾汝明、鍾汝金、鍾汝成、鍾汝麟、鍾洪明、鍾注明、鍾永榮、鍾永泰、鍾祖鵠、鍾祖培、鍾祖槐、鍾藏保、鍾祖輝、鍾榕輝、鍾汝勳、鍾汝□、鍾汝瑚、鍾曾氏、鍾金惠、鍾滿上、鍾焱光、鍾帝林、鍾金甯、鍾石權、鍾金垣、鍾保勝、鍾朝麟、鍾結凤、鍾容禮、鍾汝河、鍾應宗：已上各二錢正。

鍾金垣、鍾錦勝、鍾容滔、鍾帝福、鍾帝平、鍾帝甯、鍾帝陽、鍾金維、鍾漢、鍾廷富、鍾汝寶、鍾廷貴、鍾廣泉、鍾廷相、鍾三閏、鍾清泰、鍾耀炳、鍾耀鏞、鍾祖枝、鍾榮光：已上各壹錢正。

信僕何束明：壹大員。

信僕何閏有：壹大員。

今將江西會分芳名開列于左：

塘頭鄉：四分。

均安坊：五分。

北社坊：貳分。

貽善堂：貳分。

敦厚堂：三分。

垂遠堂：貳分。

信紳鍾文煥：六分。

鍾文盛：四分。

鍾嶽禎：四分。

鍾文信：三分。

信紳鍾文綺：三分。

鍾成發：貳分。

鍾應鰲：貳分。

鍾永昭：貳分。

鍾坤斗：貳分。

鍾存謙:貳分。

鍾文昭:壹分。

鍾松勝:壹分。

鍾浩華:壹分。

鍾順彥:壹分。

鍾瑞珍:壹分。

鍾灶成:壹分。

鍾□□:壹分。

鍾帝朝:壹分。

鍾帝魁:壹分。

鍾應端:壹分。

鍾士□:壹分。

鍾光漢:壹分。

鍾帝容:壹分。

鍾文東:壹分。

鍾容根:壹分。

鍾亞旋:壹分。

鍾帝當:壹分。

鍾亞美:壹分。

鍾容邦:壹分。

鍾運通:壹分。

鍾秋和:壹分。

鍾金福:壹分。

鍾福賜:壹分。

鍾容登:壹分。

鍾廣能:壹分。

鍾永□:壹分。

鍾德高:壹分。

鍾成安:壹分。

鍾閏懷:壹分。

鍾金祥:壹分。

鍾金會:壹分。

鍾章遠:壹分。

鍾結周、鍾朝龍:仝壹分。

鍾壬暖:壹分。

鍾銀屏:壹分。

鍾貯九:壹分。

鍾金養:壹分。

鍾梅根:壹分。

鍾永江:壹分。

鍾永清:壹分。

鍾壬維:壹分。

鍾金鼉:壹分。

鍾容安:壹分。

鍾翕平:壹分。

鍾成就、鍾聖過:仝壹分。

鍾光成、鍾廷惠:仝壹分。

□栢坊:壹分。

鍾廣川:三分

鍾滙□:三分

鍾喬□:貳分

鍾金垣:壹分。

鍾廷貴：壹分。

信僕

何束明：壹分。

何閏有：貳分。

何亞容：壹分。

何亞美：壹分。

何亞九：壹分。

咸豐六年歲次丙辰四月吉日，塘頭約衿耆鍾世祿、鍾達長、鍾文昭、鍾松勝、鍾炳有、鍾承澤、鍾應元、鍾文綺等，值事鍾嶽禎、鍾文盛、鍾應鰲、鍾坤斗、鍾永昭、鍾喬佐、鍾德高等全立石。

【碑文考釋】

撰碑者鍾文煥，邑人，清咸豐間人。撰碑時為儒林郎候選同知。

這篇碑文記載了咸豐六年（1856）塘頭村北帝廟的重修情況。這次重修很大一個難題是資金問題，碑文用了較大篇幅講述如何獲得足夠的營建資金。一個來源是村民的科派，“每家皆科銀三錢”；第二個來源是富戶的“隨力集捐”；第三個來源，也是比較特殊的一個來源，是江西會的股金，共有“壹佰壹拾一分”，合計“會本銀叁百叁拾有餘兩。”而且在廟宇重建竣工後，又決定將塘頭約每年所得的“屠例銀入息撥入江西會，如數收回”。這些經濟上的來往昭示了以北帝廟集合起來的鄉村地方勢力與省地方銀團投資經濟的複雜關係。

27　北帝古廟(滄頭村)

【廟宇簡介】

根據 2010 年實地考察,北帝古廟仍存於廣州市黃埔區荔聯街滄聯社區滄頭孟田街。廟始建年份不詳,分別於清康熙二年(1663)、乾隆六十年(1795)、光緒十四年(1888)、民國三十四年(1945)四次重修①。

27-1　清·區必佳:重修北帝古廟碑記

清乾隆六十年(1795)

【碑刻信息】

存址:今廣州市黃埔區荔聯街滄聯社區滄頭孟田街北帝古廟內。

碑額:重修北帝古廟碑記。楷書。

碑題:無。

碑文來源:原碑抄錄。

【碑文】

距村東不數武,舊建真武廟,蓋與村而俱古矣。向無碑碣,莫考興建之由。詢諸故老,云自康熙二年,歲在癸卯,圮而復修。然是列神以五:真武為主,而武帝、而雷霆、而玄壇,土地則配享焉。閱七十餘年,至於乾隆四年己未之歲,鄉人重謀式廓,新奉文昌帝君而列於上,維時觀音之堂猶未有也。迄乾隆乙亥,有白衣女郎攜女侍詢途而至。人見其突如之來,疑而跡之。入廟,瞥不復睹,始悟其神。因是而有建廟之議。緣廟舊有雕刻幔亭,為每歲優唱娛神之具,備極華麗,歲久不鮮。紳耆方謀創廟,而鄉人

---

① 有關此廟的資料,可參考陳建華主編:《廣州市文物普查彙編·黃埔區卷》,頁110–111。

乃有持議先修幔亭者，語畢卒昏倒。眾知其獲譴於神也，掖而禱之。少頃，豁然頓蘇。其人亟請與督修，朔望皈依，終身不懈。觀音之堂，由是不日而成矣。

夫廟之創興，不知幾歷年所。考吾區氏家乘，前明嘉靖中，先邑宰塈峰公已形諸歌詠，有"千年燈火千年慶，都仗開山鼻祖功"之句。其殆宋季之遺制歟？惜世遠年湮，其中廟之廢興、神之顯應，如故老所傳者不知凡幾。獨康熙癸卯而後，始得征其事而紀其年也。豈前人之荒略如是哉？亦顯晦之遲速有時耳。邇來垣墉棟宇，朽蠹頻仍，鄉人輒思修復，終如道謀。壬子秋，長幼咸集廟庭。鄉老士成、作時、錫球、鳳興等言於眾曰："神之降福吾鄉，匪伊朝夕，凡禱必靈，祈必應者，蓋指不勝屈。況近歲以來，饑饉薦臻，吾鄉猶幸菑而不害者，悉出神賜。神固大有造於吾鄉矣，吾儕何心而不思所以妥神者報神乎？"眾曰："唯唯。"然猶慮貲絀不敷也，爰卜諸神，量為樽節，鄉之公費，約得五六百金，仍設冊簽題。而先叔錫國首先樂助，為眾倡率，不崇朝而獲三百有餘之數，合四方嚮慕來捐者，又不下數十餘金。遂鳩工庀材，經始於是歲六月癸卯，落成於十二月丙申，七閱月而工告竣。正殿六楹，大門四楹，改舊觀也；易木而石，易土而磚，務堅致也；左聯觀音之堂，仍舊貫也；右辟庖湢之所，便省牲也。初嫌舊制卑湫，欲聳發之，以崇美觀。繼以形家者言，僅增一咫，慎更張也。落成之日，予隨諸父老洗爵奠斝於庭，見夫翼翼嚴嚴，惕然生敬；皇皇穆穆，凜然改容。神悅人和，於斯概見。《詩》曰："神具醉止。"[1]又曰："既多受祉。"[2]吾人誠能潔俎豆而潔身心，以虔供祀事，有不昭格而受祉者乎？不然，爾酒雖多，爾肴雖嘉，神其吐之矣，豈徒夸廟貌之壯麗而已哉？父老趣予言，命記巔末於石，以勸夫後之信善樂施者，不致如前此之荒略無傳也。若歲時報賽諸典，俗有常規，茲固無庸具述。是役也，數載經營，力肩出納之任者，則有家文江、良玉二人；董

---

① 漢·毛亨傳，漢·鄭玄箋，唐·孔穎達疏：《毛詩注疏》卷一三〈小雅·楚茨〉，頁458下，原文為："神具醉止，皇尸載起，鼓鍾送尸，神保聿歸。"

② 漢·毛亨傳，鄭玄箋，唐·孔穎達疏：《毛詩注疏》卷一〇〈小雅·六月〉，頁360上，原文為："吉甫燕喜，既多受祉。"

事任勞者,則有家運宗、廣宗、式遂、冠東、近仁五人;予與諸父老坐觀厥成而已。是為記。

時乾隆六十年歲次乙卯季冬戊寅朔越立春前七日吉旦,沐恩國學生里人區必佳薰沐百拜謹撰。

今將本鄉題助工金眾信芳名臚列於左:

信士:

區士成、區鹿宗:俱壹大員。

區瑞達:叁錢。

區作時:叁大員。

區錫球:壹大員。

區滿宗:叁大員。

區鳳興:貳錢。

區華德:貳大員。

區式博:壹大員。

區必陞:壹錢。

區俊權:壹錢。

區俊任:捌大員。

區時俊:壹錢五分。

區綸功:貳錢。

區必昌:壹錢。

區孔禹:壹大員。

區德伍:四錢。

區沛楚:壹兩五錢。

區孔義、區英富、區孔鈿、區必耕:以上俱鄉老。

信童：

區張九叁拾兩正。

區運宗、區良玉：俱貳拾兩。

區珏：壹拾兩正。

區宏大、區必健、區耀祖：俱伍兩正。

信監：

區必佳、區紹宗：俱伍大員。

區式遂、區必新、區悅勝、區悅進：以上俱三元整。

區式燕、區為邦：俱四大員。

區友泉：貳兩五錢。

區蕃昌、區冠東：俱叁大員。

區倫紀、區瑞華、區如茂、區秀琼、區擎今、區國柱：以上俱貳兩正。

區廣宗、（區宛榮）、區進池、區顯今、區品序、區朝今、區品位、區子衛、區文炳：以上俱貳大員。

區振今：壹兩四錢。

區沛祖、區大志：俱壹兩貳錢。

區應陽：壹兩壹錢。

區文江、區瑞忠、區金卜、區良琛、區洪愛、區藕九、區象千、區為國：以上俱壹兩正。

區榮昌：八錢五分。

區文淮、區學成：俱八錢正。

區裕昌、區進領、區廸昌、區寵珍、區德沛、區瑞賢、區宜書、區延熙、區秀瑤、區贊池、區敬熙、趙元標、趙元亨、區汝敬、區勝池、區成恩、區成□、區祖見、區貴常、區朝相、區閏大、區沛禧、區滙泙、區金穩、區鎮長、區鎮尚、區閏秀、區麟瑞：以上俱壹大員。

區倫締、區愛、區金發、區昌聯、區瑞聯、區品貴、區燦聯、區汝成、區晚發：以上俱五錢。

區倫慶、區世德、區顯昌、區秀糸、區霞昇、區集千、區閏德、區萬、區雨冬、區雨秋、區文瑞：以上俱四錢。

區觀大：叁錢八分。

區士清、區尚華、區漢英、區就昌、區月恒、區俊昇、區俊廷、區俊英、區俊爵、區如綏、區學升、區祖成、區德剛、區聘江、區裕祖、區成大、區悅剛、區彩戊、區喬芳、區郁芳、區祖亮、區滙波、區滙沼、區暢中、區首、區永瑞、區叙昌、區夢熊、區恕、區兆熊、區愿、區樂秋、區閏陽、區文揆、區雨春、區雨夏、區永兆：以上三錢二分。

區三貴、區張保、區日新、區月喜、區耀昌、區孔晚、區聘昌、區永昌、區成養、區應受、區超拔、區閏成、區奕抜、區祖尚、區汝松、區東亮、區羅坤：以上俱叁錢。

區金滿：貳錢九分。

區燕昌、區清福、區萬勝、區福如、區滿瓊：俱貳錢貳分。

區麟廣：貳錢一分。

區艷貴、區進添、區進舉、區月明、區仁禧、區祖瓊、區祖貴、區德宏、區俊初、區閏勝、區世博、區柏庭、區學大、區競秀、區如弟、區權發、區佐朝、區成諒、區勝千、區學仲、區喜千、區閏全、區勝剛、區美德、區合成、區成開、區閏靈、區成富、區超成、區逢春、區閏生：以上俱貳錢。

區秋貴、區永新：俱壹錢六分。

區進賢、區逢恩、區帝耀、區善英、區佐今、區爾能、區爾芳、區遂祖、區萬歡、區雲基、區帝坤、區貴□、區永弟、區鎮邦、區祖添、區閏爵、區奕安：以上壹錢五分。

區萬全、區發祖、區承受、區閏貴：以上壹錢二分。

區叙富、區寧耐、區權坤、區□漠、區麟國、區敬池、區祖歡：以上俱壹錢。

信婦：

區門朱氏、區門陳氏：俱貳錢正。

區門鍾氏：壹錢五分。

區門朱氏、區門葉氏：俱壹錢正。

信女：

區三澗、趙阿鳳、區玩珍：俱貳錢。

彭貴廣：壹大員。

黃乾有：六錢。

黃乾進：三錢五分。

仇貴發：壹兩一錢。

何英萬、黃就成：俱壹兩正。

徐富華：叁錢。

關惟大：壹兩五錢。

關惟義：貳大員。

黃燕廷、黃燕安、黃燕秋、黃燕東、關締國：以上俱壹兩。

何喜萬：七錢六分。

彭景昭、仇協達、何作惠、鍾成富、莫志達、梁權萬、何□林、關締祿、關聚成、莫黃氏、莫雨民：以上俱壹大員。

仇貴傳、仇行達、關瑞富：以上五錢。

何明惠、周亞勇、彭昌期、彭允達：以上四錢。

陳茂高、陳林高、鄧常進、何成惠、莫祖祐、黃福進、仇連有、仇興連、黃同氣：以上俱一中員。

徐富昌、徐富紀、徐富連、盧運達、何□惠、李榮達、鍾□得、仇成達、潘奇玉、關聚有：以上俱叁錢。

何瑶萬：貳錢七分。

莫亞后、仇權志、彭景福、關閏常、何興全：以上貳錢□分。

梁勝世、潘奇國、潘顯進、何煥廷、鍾奇富、陳亞敬、仇亞四、仇亞力、仇權達、鍾□富、陳亞寬、陳亞祥、關善發、關善本、□□保、潘永業、潘祖連、李廣進、莫閏成、彭亞五、彭亞六、黃亞元、潘祖光、鄺金富：以上俱貳錢。

何日思：□錢七分。

莫亞成、□□成、關善安、何亞蘇、何壬根：以上壹錢五分。

陳亞帶、何亞二、鍾壬貴：俱壹錢六分。

劉麟書：壹錢三分。

陳逢閏：壹錢二分。

鍾亞蘇、陳亞添：俱壹錢□。

今將外鄉喜助工金眾信芳名列左：

小逕墟眾信：叁大員。

麥邊市眾信：壹大員。

祐成押：四大員。

陳炳盛：叁大員。

陳長興、賴豐盛店：俱貳大員。

泗和押：壹大員。

袁裔合店：五錢。

悅來店、萬合店、三興店、施永盛店：俱壹中員。

葉天進、福昌店：俱貳錢正。

陸亞閏壹錢。

以上小逕墟客。

東州鍾九閏：七錢二分。

西州蕭有祿：七錢。

順邑區勝忠、沙堤陳梓林：俱四錢正。

東□和合窑□□十□□

乾隆乙卯年季冬吉立石。

【碑文考釋】

撰碑者區必佳，清乾隆間人，邑人，生平不詳。

這篇碑文乃爲滄頭村北帝古廟的重修而作。碑文先用近一半篇幅介紹了作者所瞭解的該廟的歷史。該廟可徵的歷史最早止於康熙二年（1663），當時祀神有五位：真武、武帝（關帝）、雷霆、玄壇、土地。乾隆四年（1739）重修時增祀文昌帝君。乾隆二十年（1755），則新修了觀音堂。

接下來碑文便詳細介紹了這一次重修的情況。重修前廟宇破毀，"垣墉棟宇，朽蠹頻仍"，因此村民咸集商議重修事宜。鄉老提出，重修古廟的理由是北帝有大益於本鄉："神之降福吾鄉，匪伊朝夕，凡禱必靈，祈必應者，蓋指不勝屈。況近歲以來，饑饉薦臻，吾鄉猶幸薔而不害者，悉出神賜。神固大有造於吾鄉矣，吾儕何心而不思所以妥神者報神乎？"重修時間則在乾隆五十七年（1792），用了七個月。而碑文的撰寫立石則是在三年後，即乾隆六十年（1795）。

碑文還記錄了題助捐金的信眾名字。從碑上題名來看，乾隆時期，滄頭村為單姓村，以區姓宗族為大族。本鄉眾信芳名劃分為五類，包括信監（212 人）、信士（22 人）、信童（7 人）、信婦（5 人）及信女（98 人）。除了滄頭村信眾之外，碑文還記錄有外鄉捐金的信眾名字，特別之處是這些名字是屬墟市組織和店舖，例如小逕墟眾信、麥邊市眾信、祐成押、泗和押、賴豐盛店、袁裔合店、悅來店、萬合店、三興店、施永盛店等，相信它們是與滄頭村區氏宗族有生意經濟上的往來關係。

28　北帝古廟（塘口村）

【廟宇簡介】

　　根據 2010 年的實地考察，廟位於廣州市荔灣區魚珠街茅崗社區塘口大街十五巷，保存狀況良好。廟後殿中奉北帝神像，右供萬壽醫靈大帝，左供金花惠福夫人。清代歷次重修時所刻立的各通碑記仍存。

　　根據清道光十二年（1832）周瑞生撰〈重修北帝古廟碑記〉，此廟始建於宋，原在今廟之後數步的地方①，而在清乾隆五十五年遷於今址。根據歷次重修碑記，可知在清嘉慶十一年（1806）、道光十二年（1832）、同治七年（1868）、光緒二十四年（1898）相繼又有四次重修。1996 年復有第六次重修。

28-1　清·佚名：重修北帝古廟碑

清乾隆五十五年（1790）

【碑刻信息】

　　存址：今廣州市荔灣區魚珠街茅崗社區塘口大街十五巷北帝古廟內。

　　碑額：重修北帝古廟碑記。楷書。

　　碑題：無。

　　碑刻尺寸：高 85 厘米，寬 55 厘米。

　　碑文來源：原碑抄錄。

【碑文】

　　吾家自卜居塘口以來，其所建北廟者也。東連浴日，並及扶胥旋座后；西有長庚，光浮鴈塔對堂前；珠海如南，湧起鵝峰多毓秀；雲山若北，凝藏鹿

---

　　①　陳建華主編：《廣州市文物普查彙編·荔灣區卷》關於此廟的始建時間的記載頗有不同，云"建於明末清初，清代曾經五次重修"。見頁 114。

洞幾巍峨。欣觀四方之景象，永播千載之流風，不啻益於村莊，民皆瞻仰。然則上帝尊崇，威靈赫濯，位宜北極，錫福祿於無疆矣。但是年多朽舊，猶欲遷新。竊念材木甚繁，所費非輕，獨力難成，爰請群士踴躍簽題，捐金多寡，欣然樂助，則財恆足矣。隨邀百工居群，不日成之，福祿依然來之。乃是神力為之，而亦人力致之也。共將捐金芳名開列於後。

值事：梁輝彰、梁芳秀、梁芳秉、梁芳耀。

存德會助金花銀壹十兩正。

華光會助金花銀九兩正。

娘娘會助金花銀八兩正。

觀音會助金花銀七兩二錢正。

社王會助金花銀五兩正。

土地會助金花銀貳兩八錢八分正。

橫片會助金花銀貳兩八錢八分正。

合義會助金花銀貳兩八錢八分正。

金花會助金花銀壹兩四錢四分。

泗盛會助金花銀貳兩一錢六分。

永興會助金花銀壹兩四錢六分。

關帝會助金花銀七錢二分。

□社會助金花銀七錢二分。

聯盛會助金花銀七錢二分。

義盛會助金花銀三錢六分。

永保會助金花銀三錢六分。

合勝會助金花銀二錢六分。

永全會助金花銀三錢六分。

蕭德成助金三錢六分。

梁以忠太祖喜認工金花銀廿兩正。

梁松隱祖喜認工金花銀十兩正。

梁竹溪祖喜認工金花銀五兩正。

梁繩俸喜認花銀五兩零四分。

梁輝享喜認花銀四兩三錢二分。

梁芳耀喜認花銀四兩三錢二分。

梁芳勤喜認花銀三兩六錢正。

梁繩禮喜認花銀三兩三錢四分。

梁芳秩喜認花銀貳兩四錢六分。

梁芳聘喜認花銀貳兩貳錢六分。

梁芳秀喜認花銀二兩二錢六分。

梁輝衢喜認花銀二兩一錢六錢。

梁輝佩喜認花銀一兩八錢正。

梁芳藝喜認花銀一兩五錢四分。

梁芳珍喜認花銀一兩四錢四分。

梁輝彰喜認花銀一兩零八分。

梁芳穎喜認花銀壹兩正。

梁輝錦喜認花銀九錢二分。

梁芳泰喜認花銀九錢二分。

梁芳殿喜認花銀八錢二分。

梁芳傑喜認花銀八錢七分。

梁繩堯喜認花銀八錢七分。

梁輝聰助金花銀七錢五分。

梁輝金、梁輝端、梁輝進、梁輝林、梁芳遁、梁芳□、梁芳泮、梁芳澤、梁芳宏、梁芳懋、梁芳勉、梁繩祿、梁繩枝、梁繩綱、梁繩開、梁繩雲、梁繩昌、梁繩遠：以上七錢二分。

梁悅和、梁芳顯：已上各六錢六分。

梁芳祔：六錢正。

梁輝桐、梁芳美、梁繩會：已上各五錢正。

梁芳桂、梁芳覲、梁繩登、梁繩扳、梁繩填：已上各四錢六分。

梁芳伯：四錢二分。

梁繩敏：四錢正。

梁德喜、梁輝通、梁輝朝、梁輝栢、梁輝府、梁芳仕、梁芳芝、梁芳韜、梁芳交、梁芳秉、梁芳文、梁芳猷、梁芳學、梁芳斌、梁芳華、梁芳善、梁芳普、梁芳琼、梁芳作、梁芳鑑、梁芳英、梁芳慶、梁芳濂、梁繩令、梁繩習、梁繩漢、梁繩覲、梁繩憲、梁繩活、梁繩修、梁繩英、梁繩紀、梁繩高、梁繩璋、梁繩桂、梁繩維、梁繩廣、梁繩大、梁其漢、梁其昌、□□□、梁其宗：已上各三錢六分。

梁輝佐、梁芳瑞、梁芳敬、梁芳派：已上三錢正。

秦高貴：貳錢二分。

梁德□、梁輝遑、梁輝爵、梁輝造、梁輝長、梁輝成、梁輝雲、梁芳索、梁芳榮、梁芳惠、梁芳允、梁芳洪、梁繩相、梁繩潮、梁繩孔、梁繩東、梁其陞、梁杜寬：已上各貳錢三。

梁德悅、梁德聚：已上一錢八分。

梁芳葵、梁繩顯：已上一錢六分。

梁輝本、梁繩琨、梁繩明、梁繩金、梁繩玉：已上各一錢五分。

梁輝朗、梁繩胡、梁繩竹、梁繩新、梁繩芳、梁繩珮、梁繩燦、梁繩堅、梁華住、梁其光、梁其用、梁其彩、梁其傅：已上各一錢正。

梁門奠氏、梁門周氏、梁門凌氏：已上各七錢二分。

梁門孔氏、梁門陳氏、梁門馮氏：已上各三錢六分。

梁門黃氏、梁門周氏、梁門趙氏、梁門羅氏、梁門周氏、梁門彭氏：已上各二錢正。

梁門酈氏、梁門李氏、梁門莫氏、梁門趙氏、梁門鍾氏：已上各一錢正。

梁門黃氏：二錢正。

乾隆五十五年仲冬吉旦立。

【碑文考釋】

　　碑文作於清乾隆五十五年（1790），此時塘口村北帝古廟遷於新址，重修落成。碑文描述了北帝古廟所處的良好位置以及四方之景象。最後預言新廟落成後，村民可以繼續享有北帝所賜之福祿。

　　碑文記錄了題助捐金的信眾名字。從碑上題名來看，乾隆時期，魚珠村為單姓村，以梁姓宗族為大族。此外，題助捐金的信眾名字出現"香會"的組織。香會，又稱香火會、香社，一村或數村的鄉民信眾由於祭祀神靈的志趣相同而自發結成的民間信仰組織①。圍繞廟宇而自發組織起來的香會組織及其活動，多與捐錢修葺廟宇、朝廟進香、建醮祈福等香火活動有關。香會的名稱各有不同，有善會、義會、聖會、公會、老會、小會、勝會等。至於香會的類型主要包括以下四種：1.以供奉的神靈命名，例如關帝會；2.以進香的目的地命名，例如朝武當聖會；3.以表明對神靈的虔誠之心或祈求的願望而命名，例如仁義會或老平安會；4.以為進香的廟宇所提供的義務性任務而命名，例如撢塵會。"香會的經費來源一般是會員義務性的捐獻。加入香會要繳費，有的會是一人繳一份，有的會是由會眾憑心意、憑家底上繳。"②

　　這篇塘口村〈重修北帝古廟碑〉記錄了十七個香會和善會的名字，有華光會、娘娘會、觀音會、關帝會、金花會、社王會、□社會、存德會、橫片會、合義會、泗盛會、永興會、聯盛會、義盛會、永保會、合勝會、永全會。從香會名稱來說，塘口村北帝古廟的香會組織主要是屬於第1種以供奉的神靈命名的香會和第3種以表明對神靈的虔誠之心或祈求的願望而命名的香會。

　　根據各種以供奉的神靈而命名的香會名稱來說，塘口村北帝古廟以奉祀北帝（玄

① 關於香會的歷史研究，參袁冰凌：〈北京東嶽廟碑文考述〉，收入 *Sanjiao wenxian：Matériaux pour l'étude de la religion chinoise*（《三教文獻》）no.3，（1999），頁137-158；袁冰凌：〈北京東嶽廟香會〉，《法國漢學》第七輯（2002），頁397-426；梅莉、晏昌貴：〈明清時期武當山香會研究〉，《歷史研究》2008年第3期，頁4-22。

② 梅莉、晏昌貴：〈明清時期武當山香會研究〉，《歷史研究》2008年第3期，頁13。

天上帝）為主,而配祀的諸神靈則包括華光大帝、天妃娘娘、觀音大士、關聖帝君、金花夫人等。這正如同治七年(1868)〈重修北帝古廟碑〉所記:"故以北帝居其中而諸神配享焉。"

28-2　清·佚名:重修北帝古^①廟碑

清嘉慶十一年(1806)

【碑刻信息】

存址:今廣州市荔灣區魚珠街茅崗社區塘口大街十五巷北帝古廟內。

碑額:重修廟碑。楷書。

碑題:無。

碑刻尺寸:高 59 厘米,寬 39 厘米。

碑文來源:原碑抄錄。

【碑文】

廟拱庚金,神司坎水。金水相生,以致民物所由興也。自鼎建而來十有餘歲,然風雨飄零,廟貌豈無剝落;塵烟繚繞,神容未免頹污。是故眾秉丹誠,爰舉重修之念;捐囊弗吝,題成數十之金。敦請良工,復興材木。不日鳩工告竣,儼然神廟重新。則赫赫厥聲,濯濯厥靈,合喜認之芳名,永勒於貞珉而不朽矣。是為引。

福主梁芳祹:一錢。

緣首梁芳裕:四錢。

梁芳耀:七錢三分。

梁芳懿:一中員。

梁繩明:一錢二分。

觀音會:貳元。

---

① "北帝古"三字為編者所加。原碑碑額為"重修廟碑"。

華光會:貳元。

社王會:貳元。

存德會:貳元。

金花會:壹元。

土地會:壹元。

橫片會:壹元。

永興會:壹元。

餘慶會:六錢。

梁繩俸:貳元。

梁芳澤、梁芳茂、信紳梁榮光、梁芳琳、梁繩枝、梁繩開、梁繩憲:已上壹元。

梁繩燦:五錢二分。

梁繩潮:四錢二分。

梁芳藝、梁芳祈、梁繩禮:已上四錢。

梁輝梓、梁輝進、梁輝琳、梁輝善、梁芳穎、悅和店、梁芳泰、梁芳勤、梁芳堯、梁芳裔、梁芳實、梁芳勉、梁芳濂、梁芳信、梁繩足、梁繩英、梁繩功、梁其昌、梁其發、梁其標:已上壹中元。

梁繩敏:三錢二分。

梁繩雲:三錢一分。

梁芳球、梁芳柱、梁繩綱、梁繩新、梁繩藻:已上三錢。

梁芳新:二錢半。

梁輝本、梁芳美、梁芳善、梁芳惠、梁芳允、梁芳達、梁芳順、梁芳就、梁芳維、梁繩祿、梁繩集、梁繩漢、梁繩國、梁繩觀、梁繩業、梁繩泰、梁繩浩、梁繩佳、梁繩德、梁繩芳、梁繩恩、梁其珠、梁其魁、梁其鶚:已上貳錢。

梁芳建、梁芳贊、梁繩會、梁繩玉、梁繩有、梁繩啟、梁繩西、梁繩堅、梁繩柒、梁繩千、梁繩光、梁繩斗:已上錢八分。

梁繩塤:錢六分。

梁繩相:錢六分。

梁輝長、梁芳顯、梁芳學、梁芳英:已上錢半。

梁芳勤:錢四。

梁其陞:錢四。

梁繩東:錢二分。

梁芳泮、梁芳派、梁芳流、梁繩令、梁繩昆、梁繩扳、梁繩孔、梁繩寬、梁繩彩、梁繩秀、梁繩器、梁繩驥、梁金容、梁其光、梁其用、梁其□、梁其笋、梁其高、梁其積、梁華清、梁華柱、梁華晃:已上壹錢。

嘉慶十一年歲次丙寅梅月吉旦立石。

【碑文考釋】

碑文作於清嘉慶十一年(1806)北帝古廟重修落成之後,碑文指出,"廟拱庚金,神司坎水","金水相生,以致民物",意思是北帝(玄武)屬水,而廟的方位則屬金,故金水相得宜,從而造福於民眾。碑文除了記錄題助捐金的信眾名字之外,亦記錄有以"香會"組織的名稱捐錢修葺廟宇。和乾隆五十五年〈重修北帝古廟碑〉相比較,前者記錄有十八個香會,嘉慶十一年的重修碑記卻只有九個,包括觀音會、華光會、社王會、土地會、金花會、存德會、橫片會、永興會和餘慶會等。

28-3　清·周瑞生:重修北帝古廟碑記

清道光十二年(1832)

【碑刻信息】

存址:今廣州市荔灣區魚珠街茅崗社區塘口大街十五巷北帝古廟內。

碑額:重修北帝古廟碑記。楷書。

碑題:北帝廟重修碑記。楷書。

碑刻尺寸:高118厘米,寬63厘米。

碑文來源：原碑抄錄。

【碑文】

塘口鄉在茆岡之側，枕東面西。邨右坎位有北帝古廟，居民祀之唯謹。建始於宋，原在今廟後數弓，以大清乾隆五十五年遷於此，迨嘉慶十一年重修。風雨銷蝕，黝而黔者，神之容也；剝而蠡者，廟之頹也，非所以妥神靈而承赫濯也。於是好義者萃其財力，合謀新之。俄而繩者、墨者、削者、斲者、杇者、鏝者，鳩工而庀材也；俄而宋謂之梁，栭謂之窠，甍謂之甓，牆謂之墍者，巍然而煥然也。蓋黝而黔者，粉之飾之也；剝而蠡者，塗之腏之也。將見赫而奕者，神其妥之也；額而頌者，人其樂之也。既蕆事，屬序於余。予維衡宇相望，喜其廟之落成，知神以水德王，其所以潤及生民者，詎惟塘口一方哉！爰考建遷之由，治事者之勤，俾鐫碑端，暨諸好義芳名並列於末，用垂不朽。

大清道光十二年歲在壬辰季冬，里人郡廩生周瑞生拜撰。

蒙各鄉芳名香資金開列於左：

茅岡觀善堂：肆大員正。

岡貝梁同始堂：叁大員。

棠溪水月宮：貳大員正。

珠溪拱宸堂：貳大員正。

沙井匯環堂：貳大員正。

珠溪洪聖宮：壹大員正。

石岡墟約：銀壹大員正。

茅岡周永思堂：貳大員。

東圃邵兩順店：貳大員。

珠江梁傳益祖：貳大員。

吉山鄉：銀貳大員正。

順邑梁智佑:壹大員正。

西葦彭積厚堂:壹大員。

馬坑園梁廣誠祖:壹大員。

茅岡周福勝會:壹大員。

茅岡周義勝會:壹大員。

茅岡周福善會:壹大員。

茅岡周彭新陂頭會:壹大員。

茅岡周全勝會:壹中員。

沙井黃立承:壹大員正。

市頭蕭章茂、蕭載成:四錢一分。

石岡墟周順利店:四錢。

茅岡周傑璽:三錢七分。

東圃梁三興店:壹中員。

珠溪恆豐當:壹中員正。

沙井程祖輝:壹中員正。

烏涌墟何殿甲、梁明學:貳錢八分。

琥珀韓上元:貳錢一分。

楊亞貫:貳錢一分正。

石岡墟鄒益壽堂:貳錢正。

石岡墟吳義利店:貳錢正。

南岡黃廣合店:貳錢正。

茅岡周賢謙銀:貳錢正。

東圃黎悅盛店:壹錢九分。

沙井黃俊寧:壹錢九分。

石岡墟周茂昌店:一錢八分。

郡廩生周瑞生:壹錢□分。

石岡墟福香店：壹錢□分。

茅岡周賢泗：壹錢八分。

烏涌墟蘇元興店：一錢八分。

石岡墟黃恆昌店：一錢八分。

烏涌墟鄭和安店：一錢八分。

江貝梁禮儀：壹錢八分。

沙井程流興：壹錢八分。

倉下彭輝屏：壹錢八分。

石岡墟屈博愛堂：一錢八分。

沙井黃秀通：壹錢六分。

茅岡周俊傲：壹錢六分。

□□周爵邦：壹錢六分。

江貝梁義登：壹錢五分。

宦溪凌遠運：壹錢五分。

沙井黃俊馭：壹錢五分。

橫坑胡瑞燦：壹錢五分。

珠溪潘孔好：壹錢五分。

茅岡周傑燕：壹錢四分。

石岡潘聚昌：壹錢四分。

江貝梁禮銓：壹錢二分。

茅岡周爵道：壹錢二分。

西華彭爵人：壹錢二分。

茅岡周賢效：壹錢一分。

茅岡周爵昭：壹錢一分。

西華彭錫祥：壹錢一分。

西華彭錫能：壹錢一分。

西華彭錫項：壹錢一分。

石岡墟周德利店：壹錢。

西華彭錫年：銀壹錢正。

西華彭爵乾：銀壹錢正。

西華彭爵成：銀壹錢正。

西華彭錫滔：銀壹錢正。

馬坑園梁禮智：銀七分。

鐫字鄧七：香資壹錢二分。

今將芳名喜助工金開列於左：

全德會：八大員正。

永勝會：四大員正。

永興會：四大員正。

社王會：三大員正。

娘娘會：三大員正。

忠義會：壹兩八錢。

永樂會：二大員正。

觀音會：二大員正。

關帝會：二大員正。

集賢會：二大員正。

宏光會：一大員正。

餘慶會：一大員正。

全勝會：一大員正。

聯壽會：一大員正。

重陽會：一大員正。

廣澤會：一大員正。

聯慶會：一大員正。

同盛會：一大員正。

萬盛會：一大員正。

天后會：一大員正。

金花會：一大員正。

庇民會：一中員正。

積善會：一中員正。

華光會：一中員正。

積厚會：一中員正。

福壽會：一中員正。

聯福會：一中員正。

泗勝會：一中員正。

聯勝會：一中員正。

合意會：一中員正。

土地會：一中員正。

五顯會：一中員正。

橫片會：一中員正。

華陀會：一中員正。

積盛會：一中員正。

永保堂：捌拾大圓。

思敬堂：壹拾大圓。

后峰祖：陸大員正。

松山祖：四大員正。

佑啟堂：四大員正。

守餘祖：壹兩零八分。

紹芳祖：壹兩零八分。

竹溪祖：一大員正。

儉齋祖：一大員正。

鵬萬祖：一大員正。

鵬圖祖：一大員正。

□環堂：一中員正。

梁繩俸：三兩九錢六分。

梁其量：四兩零□□。

梁繩暎：五大員正。

梁繩璉：五大員正。

梁其勸：三大員正。

梁繩綻：三大員正。

梁其施：銀二兩正。

梁芳挺：一兩八錢。

梁繩德：一兩八錢。

梁悅和：一兩八錢。

梁繩光：一兩八錢。

梁繩斗：一兩八錢。

梁其勛：一兩八錢。

梁其周：一兩八錢。

梁其勖：一兩八錢。

梁芳堯：一兩八錢。

梁繩璧：一兩五錢二分。

梁繩矩：一兩五錢二分。

梁其梅：二大員正。

梁其當：二大員正。

梁其秩：二大員正。

梁芳濂：二大員正。

梁芳效：一兩一錢。

梁芳覿：一兩零八分。

梁繩開：一兩零八分。

梁繩有：一兩零八分。

梁繩萬：一兩零八分。

梁繩景：一兩零八分。

梁繩享：一兩零八分。

梁其起：一兩零八分。

梁其楠、梁其鰲、梁其鰌、梁其貴、梁其閏、梁其勝、梁其樂：以上各壹兩零八分。

梁芳廸：九錢四分。

梁其遠：九錢二分。

梁芳懋：九錢正。

梁其標：八錢六分。

梁芳敬：八錢四分。

梁其開：七錢六分。

梁遠簡：七錢六分。

梁芳舜、梁芳斁、梁芳清、梁繩紀、梁繩敏、梁繩多、梁繩驥、梁繩馭、梁繩銈、梁繩宦、梁繩懿、梁繩楷、梁繩當、梁繩輝、梁繩慶、梁繩聰、梁其輝、梁其鐸、梁其讓、梁其曉、梁其柏、梁其德、梁遠田：已上各壹大員正。

梁繩貫：六錢六分。

梁其□：六錢二分。

梁芳盛：六錢一分。

梁並雄：五錢八分。

梁繩錦：五錢七分。

梁繩玻、梁繩祐、梁繩庚、梁其業、梁其高：已上各五錢六分。

梁其盛：五錢四分。

梁芳□：五錢一分。

梁繩佳：五錢正。

梁芳樂：四錢八分。

梁其章：四錢八分。

梁芳揚：四錢六分。

梁遠惠：四錢六分。

梁繩修：四錢正。

梁芳伸、梁芳實、梁芳綿、梁繩寬、梁繩芳、梁繩照、梁繩□、梁繩拔、梁繩福、梁繩巧、梁繩秦、梁繩簡、梁繩昴、梁繩英、梁繩兆、梁其枝、梁其恭、梁其勤、梁其緒、梁其琛、梁其渭、梁其福、梁其達、梁其英、梁其初、梁其積、梁其富、梁其立、梁其杞、梁其洛、梁其毓、梁其萬、梁曉亭、梁遠瑞、梁遠清、梁遠高、梁遠冀、梁遠浩、梁遠寬：已上各壹中員。

梁輝成：二錢五分。

梁芳勉：二錢五分。

梁其清：二錢四分。

梁芳安、梁繩金、梁繩千、梁繩滿、梁繩珍、梁繩恩、梁其安、梁其珍、梁其爵、梁遠祥、梁遠芬、梁遠懷：已上各貳錢正。

梁芳祈、梁繩藻、梁繩彪、梁遠熊、梁善慶、梁華炳、梁兆霈：已上各壹錢八分。

梁輝長：一錢五分。

梁繩明：一錢五分。

梁繩志、梁其佳、梁遠瓊、梁觀喬：已上各壹錢貳分。

梁其祥、梁金榮、梁帝添：已上各壹錢一分。

梁芬派、梁其注：已上各壹錢正。

花女梁亞什敬送紗帳叁堂，另題金壹中員。

梁陳氏：一錢二分。

梁周氏、梁秦氏：已上各壹錢正。

道光十二年歲次壬辰仲冬月吉旦重修。

緣首梁繩璉、梁繩綻、梁其超、梁其鰲等仝立碑記。

【碑文考釋】

撰碑者周瑞生，里人，生平不詳。

碑文記述了清道光十二年（1832）的重修事件。碑文談到了廟的歷史，云"建始於宋，原在今廟之後數弓"，在清乾隆五十五年才遷建於此。道光十二年重修碑記上題助捐金信眾名稱的記錄與前三通碑記的不同處是增加了很多外鄉的助金人名和香會、廟宇及店舖的組織，例如茅岡觀善堂、沙井匯環堂、棠溪水月宮、珠溪洪聖宮、石岡墟約、吉山鄉、東圃邵兩順店等。相信原因是出於塘口鄉的社區發展增長了，以及與外鄉的交往接觸頻繁多了。另外，圍繞塘口鄉北帝古廟的香會數目亦增加了很多，碑文記錄了三十五個香會名稱。新增的香會，例如有五顯會、華陀會、娘娘會、重陽會、同盛會、庇民會、積善會、積厚會、福壽會、聯福會等。各種香會在道光年間塘口村之活躍，可想而知。同時亦顯示北帝古廟成為塘口鄉民眾最大的宗教和社會活動中心。

28-4　清·梁其緒：重修北帝古廟碑記

清同治七年（1868）

【碑刻信息】

存址：今廣州市荔灣區魚珠街茅崗社區塘口大街十五巷北帝古廟內。

碑額：重修北帝古廟碑記。楷書。

碑題：北帝廟重修碑記。楷書。

碑刻尺寸：高 129 厘米，寬 76 厘米。

碑文來源：原碑抄錄。

【碑文】

　　鄉之北有古廟焉，由來久矣。緣吾族面西面南而居，建廟於北方，故以北帝居其中而諸神配享焉。將以護鄉閭而安民物，於神有厚賴焉。鄉人奉祀維虔，聖神靈應如響。故凡水旱癘疫，有祈必應，人之福，神之靈也。顧自道光壬辰重修而後，瓦剝於風，垣頹於雨，岌岌乎有傾圮憂。眾慮無以肅靈爽而壯觀瞻也，爰倡義舉，士女捐囊。於是鳩工庀材，廓而新之，厚其墉，隆其棟，金縷莊嚴，玉綴寶相，堂堂焉，皇皇焉，極此地之大觀也。經始於同治戊辰季春甲子，落成於仲冬壬辰。襄事者囑予記之，故即神之所以默佑乎人，與人之所以祇事乎神，而述其梗概如此。當必神享其祀，人凝其福矣。是為記。

　　沐恩弟子梁其緒拜撰。

　　各鄉香資芳名開列：

　　茅岡觀善堂：銀肆大員。

　　棠溪水月宮：銀貳大員。

　　石牌中立堂：銀貳大員木聯壹對。

　　珠溪拱宸堂：銀貳大員。

　　黃村永靈堂：銀貳大員。

　　瑞雲堂：銀貳大員。

　　珠江約：銀貳大員。

　　石岡咸有堂：銀貳大員木聯壹對。

　　河南廣聚昌記：銀貳大員。

　　西華鄉約亭：銀貳大員。

　　吉山洪聖宮：銀貳大員。

　　沙井匯環堂：銀貳大員。

珠江梁詒燕堂：銀貳大員。

北江梁善慶堂：銀貳大員木聯壹對。

岡貝梁同始堂：銀貳大員木聯壹對。

岡貝梁樹滋堂：銀貳大員。

東甫和昌店：壹兩零五分。

石岡墟廟：壹兩零六分。

棠溪福善社：銀壹大員。

棠溪東東社：銀壹大員。

棠溪聖堂廟：銀壹大員。

棠溪仁聖宮：銀壹大員。

棠溪豐樂社：銀壹大員。

南有東廟：題銀壹大員。

南有吳樹德堂：壹大員。

南有張述銘堂：壹大員。

珠溪大靈山廟：壹大員。

珠溪洪聖宮：銀壹大員。

珠溪鍾草書堂：壹大員。

茅岡周永思堂：壹大員。

坑田趙永思堂：壹大員。

省城羅炳：銀壹大員。

岡貝梁維新堂：壹大員。

□□□梁遠敬堂：壹大員。

□□□梁廣誠祖：壹大員。

和貴周德讓：銀壹大員。

姬堂龍頭廟：陸錢四分。

六德堂更練：伍錢四分。

沙井程靜觀堂：壹中員。

新造馬財興：銀壹中員。

東甫全益店：銀壹中員。

黎泗和店：壹中員。

程遠芬：銀壹中員。

周德義：銀壹中員。

梁忠堃：銀壹中員。

彭世興：叁錢貳分。

林煬記：銀叁錢正。

周德敬：貳錢六分。

周定湖：貳錢四分。

周德利：貳錢貳分。

周賢藝：貳錢壹分。

周賢孫：銀貳錢正。

信紳周遇清：銀貳錢正。

周定乾：銀貳錢正。

博愛堂：銀貳錢正。

廣順店：銀貳錢正。

同吉店：銀貳錢正。

杏林春：銀貳錢正。

信紳彭世知：銀貳錢正。

趙叔霄：銀貳錢正。

吳傳滔：銀貳錢正。

吳傳成：銀貳錢正。

程大容：銀貳錢正。

信紳梁禮門：銀貳錢正。

梁禮添:銀貳錢正。

周賢申:壹錢九分。

黃俊傑:壹錢九分。

黃昭緒:壹錢九分。

同和店:壹錢八分。

合豐店:壹錢八分。

長順店:壹錢八分。

陳悅盛:壹錢八分。

義順店:壹錢八分。

劉嵩:壹錢八分。

信紳周大文:壹錢八分。

信紳同嘉玉:壹錢八分。

同成輝:壹錢八分。

信紳彭定國:壹錢八分。

彭世寬:壹錢八分。

彭世常:壹錢八分。

程流安:壹錢八分。

程流新:壹錢八分。

程德利:壹錢八分。

信紳黃顯章:壹錢八分。

黃宏利:壹錢八分。

信紳梁禮儒:壹錢八分。

梁義□:壹錢八分。

梁義池:壹錢八分。

梁義宏:壹錢八分。

梁義懷:壹錢八分。

梁萬昌:壹錢八分。

信紳周德芬:壹錢七分。

彭傅祿:壹錢七分。

信紳周長清:壹錢六分。

聯合店:壹錢六分。

彭傅廣:壹錢六分。

周德鄰:壹錢五分。

周定河:壹錢五分。

周永聚:壹錢五分。

梁義威:壹錢五分。

周德好:壹錢四分。

洪會蕃:壹錢四分。

彭傅敬:壹錢四分。

梁禮耀:壹錢四分。

趙義盛:壹錢四分。

周賢憲:壹錢叁分。

周賢親:壹錢叁分。

程嘉禮:壹錢叁分。

梁禮科:壹錢叁分。

周德平:壹錢貳分。

區　就:壹錢貳分。

鐫字鄧廣鋪:壹錢貳分。

今將本鄉題金芳名開列:

全德會:銀壹拾肆員。

永興會:銀捌大員。

順成堂：銀肆大員。

觀音會：銀肆大員。

保良會：銀肆大員。

集賢會：銀肆大員。

聯勝會：銀叁大員。

社王會：銀貳大員。

重陽會：銀貳大員。

長勝會：銀貳大員。

娘娘會：銀貳大員。

老土地會：貳大員。

永樂會：銀貳大員。

龍慶堂：銀貳大員。

大土地會：貳大員。

忠義會：銀壹大員。

合勝會：銀壹大員。

五顯會：銀壹大員。

三黥土地會：銀壹大員。

宏光會：銀壹大員。

永勝會：銀壹中員。

全勝會：銀壹中員。

華光會：銀壹中員。

世德會：銀壹中員。

福壽會：銀壹中員。

同連堂：銀壹中員。

思敬堂：銀叁大員。

后峰祖：銀叁大員。

茂榮堂：銀叁大員。

佑啟堂：銀叁大員。

思愛堂：銀貳大員。

守餘祖：銀貳大員。

務勤堂：銀貳大員。

福蔭堂：銀貳大員。

吉慶堂：銀貳大員。

鵬萬祖：銀壹大員。

芳滔祖：銀壹大員。

儉齋祖：銀壹中員。

芳澤祖：銀壹中員。

梁繩志：銀陸大員。

梁繩興：銀陸大員。

梁其照：銀陸大員。

梁遠寬：銀陸大員。

梁遠合：銀伍大員。

梁繩璧：銀肆大員。

梁其緒：銀肆大員。

梁其各：銀肆大員。

梁其蔭：銀肆大員。

梁其名：銀肆大員。

梁其嵩：銀肆大員。

梁其就：銀肆大員。

梁遠來：銀肆大員。

梁其舜：銀叁大員。

梁其和：銀叁大員。

梁其浩：銀叁大員。

梁遠根：銀叁大員。

信紳梁國基：銀貳大員。

梁繩伯、梁繩就、梁繩蔭、梁繩景、梁其逢、梁其端、梁其怡、梁遠煥、梁遠熾、梁遠科、梁澤杭：已上各貳大員。

梁繩當、梁繩宦、梁繩湛、梁繩建、梁繩茂、梁繩璉、梁得元、梁其石、梁其藻、梁其現、梁其益、梁其親、梁其禮、梁其讓、梁其當、梁其傑、梁其熖、梁其紹、梁遠寶、梁遠星、梁遠銀、梁遠潘、梁遠琦、梁遠滔：木聯壹對。

梁遠芬、梁遠培、梁遠錦、梁遠享、梁遠耀、梁遠鵬、梁遠派、梁遠成、梁遠穎、梁遠高、梁遠英、梁遠明、梁遠登、梁遠富、梁澤新、梁澤鏜、梁澤安：已上各壹大員。

梁遠恆：伍錢。

梁繩矩：肆錢。

梁遠珍：肆錢。

梁遠殿：肆錢。

梁芳清、梁繩福、梁繩馭、梁繩美、梁繩享、梁繩亮、梁繩達、梁繩發、梁繩耀、梁繩香、梁繩進、梁繩喬、梁繩合、梁繩悅、梁繩念、梁繩貫、梁繩祐、梁其毓、梁其盛、梁其莊、梁其卓、梁其閏、梁其陞、梁其悅、梁其□、梁其玉、梁其裔、梁其立、梁其景、梁其贊、梁其基、梁其猷、梁其揚、梁其業、梁其鎰、梁其秋、梁其懿、梁其焜、梁其坤、梁遠熊、梁遠麗、梁遠發、梁遠宏、梁遠懷、梁遠鐸、梁遠盛、梁遠昌、梁遠枝、梁遠安、梁遠綻、梁遠周、梁遠華、梁遠猷、梁遠開、梁遠福、梁遠達、梁遠財、梁遠堅、梁遠通、梁遠學、梁遠會、梁遠護、梁澤成、梁澤江、梁澤駿、梁澤閏、梁澤均、梁澤保、梁澤波、梁澤輝、梁澤耀、梁澤永：已上各壹中員。

梁繩賢：叁錢正。

梁澤瑞：叁錢正。

梁澤綿：貳錢五分。

梁澤德：貳錢五分。

梁廣有：貳錢壹分。

梁繩溪、梁其洽、梁其滔、梁其唐、梁其錦、梁遠義、梁遠容、梁遠威、梁遠杰、梁遠益、梁遠豪、梁金鑑、梁文翰、梁澤居、梁澤升：已上各貳錢正。

梁繩洪、梁其容、梁其祿、梁其博、梁其鳳、梁其瑞、梁其誠、梁遠同、梁遠圖、梁遠谷、梁遠基、梁遠蒲、梁遠恩、梁遠凍、梁遠琛、梁遠播、梁遠鳳、梁澤英、梁遠文、梁厚成、梁澤溥、梁永昌、梁炳垣、梁重壽：已上各壹錢八。

梁潘氏：壹錢八分，另耳環壹對。

梁秦氏、鍾氏、陸氏、周氏：銀壹錢八，沙帳壹堂。

梁凌氏：壹錢八分。

梁陳氏：壹錢八分。

梁陳氏：壹錢八分。

花女梁亞什：壹中員。

緣首：梁繩璧、梁繩興、梁繩志、梁其吉、梁其蔭、梁其名、梁其照、梁遠潘、梁遠熊、梁遠來、梁遠合仝立。

同治七年歲次戊辰仲冬吉旦重修泐石。

【碑文考釋】

撰碑者梁其緒，生平不詳。

碑文作於清同治七年（1868）重修廟宇之後。碑文指出對塘口村鄉民而言，在村之北的北帝古廟內所能奉祀的諸位神靈都能“護鄉閭而安民物”。由於鄉人奉祀神靈維虔，而神靈之應亦響，例如“凡水旱癘疫有祈必應”，所以鄉民為神靈重修廟宇，必將“神享其麻，人凝其福”。

如道光十二年〈重修北帝古廟碑記〉一樣,同治七年重修碑文記錄的捐助人名包括大量的各鄉組織、廟宇和店舖。外村的名稱有茅岡、棠溪、石牌、珠溪、黃村、石岡、河南、西南鄉、吉山、沙井、珠江、北江、岡貝、東甫、南有、坑田、姬堂、新造等。根據以供奉的神靈而命名的香會名稱來說,在北帝古廟內配祀的諸位神靈,包括天妃娘娘、觀音大士、關聖帝君、王重陽祖師、金花夫人、華光大帝、五顯神、華陀。

28-5 清·彭金銘:塘口北帝廟重修碑記

清光緒二十四年(1898)

【碑刻信息】

存址:今廣州市荔灣區魚珠街茅崗社區塘口大街十五巷北帝古廟內。

碑額:重修北帝廟碑記。楷書。

碑題:塘口北帝廟重修碑記。楷書。

碑刻尺寸:高 108 厘米,寬 75 厘米。

碑文來源:原碑抄錄。

【碑文】

光緒戊戌冬,予方夜讀書,聞有聲自西南來者,傾耳聽之,曰:"樂哉,此弦歌聲也,胡為乎來哉?"童子告予曰:"塘口北帝古廟重修蕆事,劇演歌舞也。"翌日,偕二三知己,登臺覽之。旋入廟,摩挲舊碑。父老延至別齋,請記於予。予曰:"其詳不可得聞,烏能記?"父老曰:"危矣哉,斯廟乎!歲夏五月,伏讀上諭:'凡廟不入祀典者,掃除務盡,無使留。'時有急於遵旨者幾欲毀之。未幾,又下一令,凡廟,仍之焉可。初為斯廟危者,轉為斯廟幸。眾謀新之,爰醵義財,大興鳩工,成之不日。餘金數百,召優人歌詠,以迓神庥,此其大略也。若夫潤澤之,是在吾子。"予聞之,喟然嘆曰:"嗟乎!前毀廟之令者,蓋見邀福者流未能事人,但謀事鬼,不知敬祖,妄欲敬神,寔有所激而云。然欲使天下之眾遠鬼神而務民義也。繼罷毀廟之令者,即古聖人神道設教之遺意,官府所不及察者,鬼神足以範之。初、終均以化民為心也。鄉人奉命唯謹，廟貌煥然，妥神靈寔以承君命，何其忠且敬也？"予乃執筆以記之。至於斯廟迭經重修，前人述之備矣，古碑具存，不復贅。

里人郡庠生彭金銘拜撰。

重修值事：

澤桓、澤銒、其名、澤潤、其端、澤威、其逢、澤□、遠禎、澤全、遠綿、文章。

謹將眾信金助香資芳名開列於左：

□□觀善堂助香銀陸大員。

□□中立堂助香銀貳大員。

□□善蔭堂助香銀貳大員。

□□周永□堂助香銀貳大員。

□□會源堂助木聯香銀貳大員。

□□善慶堂助木聯香銀貳大員。

□□梁黃約助木聯香銀貳大員。

□□張萬□堂助香銀貳大員。

□□洪宸堂助香銀貳大員。

□□天后廟助香銀貳大員。

□□匯環堂助香銀貳大員。

□□□有堂助香銀貳大員。

□□振文堂助香銀貳大員。

□□詒燕堂助香銀貳大員。

□□區利成助木聯香銀貳大員。

坑田趙永思堂助木聯香資銀貳大員。

吉山仁本堂助木聯香資銀貳大員。

瑞雲堂助香資銀貳大員香資銀貳大員。

鄉約亭助香資銀貳大員香資銀貳大員。

江月周始堂助木聯香資銀貳大員。

北亭永思堂助木聯香資銀貳大員。

鹿步廣昌堂助香資銀貳大員。

黃埔咸正堂助香資銀貳大員。

沙埔敦睦堂助香資銀貳大員。

金鼎永思堂助香資銀壹兩零八分。

橫沙三境助香資銀貳大員。

江北三約助香資銀壹大員。

香港錫七福助香資銀貳大員。

南有東廟助香資銀壹大員。

祿馬頭遠敬堂助香資銀壹大員。

新□永安堂助香資銀壹大員。

上姬堂鵝公堂助香資銀壹大員。

茅岡周有鄰堂助香資銀壹大員。

茅岡周東福坊助香資銀壹大員。

馬坑園廣誠堂助香資銀壹大員。

珠溪洪恩堂助香資銀壹大員。

坭水行耀祥店助香資銀壹大員。

棠下英靈廟助香資銀壹大員。

棠下豐樂社助香資銀壹大員。

陵塘善世堂助香資銀壹大員。

石□康公廟助香資銀壹大員。

棠下李紫氣助香資銀壹大員。

棠下□□玉虛宮助香資銀壹大員。

棠下福善社助香資銀壹大員。

□□□□靈堂助香資銀壹大員。

□□光□堂助木聯香資銀壹大員。

棠下上社仁聖宮助香資銀壹大員。

聖堂廟助香資銀壹大員。

東甫吉興店助香資銀壹中員。

東甫全益店助香資銀壹中員。

東甫陳燦記助香資銀壹中員。

東福周德有助香資銀壹中員。

彭世興助香資銀壹中員。

彭世可助香資銀壹中員。

□□順昌店助香資銀壹中員。

□□蘇華悅助香資銀壹中員。

潘孔倫助香資銀壹中員。

石岡周德利助香資銀貳錢壹分六厘。

魚珠悅南店助香資銀貳錢壹分六厘。

□□周世榮助香資銀貳錢壹分六厘。

廻就源昌店助香資銀貳錢壹分六厘。

魚珠海利店助香資銀貳錢壹分六厘。

陳玉利助香資銀貳錢壹分六厘。

程家禮助香資銀貳錢壹分六厘。

石岡黎泗和助香資銀貳錢壹分六厘。

義乾助香資銀貳錢壹分六厘。

廣益店助香資銀貳錢壹分六厘。

梁信熙助香資銀貳錢壹分六厘。

石岡何恆盛助香資銀壹錢八分。

黃宏利助香資銀壹錢八分。

魚珠順隆店助香資銀壹錢八分。

周德平助香資銀壹錢八分。

昌隆助香資銀壹錢八分。

梁令達助香資銀壹錢八分。

首隆助香資銀壹錢八分。

瑞昌店助香資銀壹錢八分。

義雄助香資銀壹錢八分。

義俊助香資銀壹錢八分。

義棠助香資銀壹錢八分。

徐伯鑴助香資銀壹錢八分。

彭□助香資銀壹錢八分。

彭萬華助香資銀壹錢八分正。

魚珠志和助香資銀壹錢四分四厘。

程流聰助香資銀壹錢四分四厘。

忠光助香資銀壹錢四分四厘。

簡陸胡助香資銀壹錢零八厘。

今將簽助工金芳名列左：

遠昌助工金壹拾五大員。

重陽會助工金壹拾大員。

保良會助工金壹拾大員。

福蔭會助工金壹拾大員。

全德會助工金捌大員。

永興會助工金捌大員。

遠禎助工金捌大員。

思敬堂助工金六大員。

佑啟堂助工金六大員。

順成堂助工金五大員。

集賢會助工金五大員。

澤恩助工金五大員。

其逢助工金五大員。

澤霖助工金五大員。

澤鑫助工金五大員。

其崧助工金五大員。

同和堂助工金四大員。

觀音會助工金四大員。

聯勝會助工金四大員。

茂榮堂助工金四大員。

務勤堂助工金四大員。

其名助工金四大員。

浩源助工金四大員。

澤燦助工金四大員。

澤鈃助工金四大員。

澤沾助工金四大員。

澤威助工金叁大員。

澤桓助工金叁大員。

澤潤助工金叁大員。

上帝會助工金貳大員。

忠義會助工金貳大員。

思愛堂助工金貳大員。

錫光堂助工金貳大員。

敦德堂助工金貳大員。

儉齋祖助工金貳大員。

敬齋祖助工金貳大員。

其東助工金貳大員。

其健助工金貳大員。

其賤助工金貳大員。

澤明助工金貳大員。

其厚助工金貳大員。

其豪助工金貳大員。

遠綿助工金貳大員。

其翰助工金貳大員。

澤成助工金貳大員。

澤利助工金貳大員。

澤楠助工金貳大員。

文章助工金貳大員。

澤全助工金壹兩零八分。

遠丕助工金壹兩零八分。

遠根助工金壹兩零八分。

遠熹助工金壹兩零八分。

遠格助工金壹兩零八分。

社王會助工金壹大員。

重光會助工金壹大員。

道德堂助工金壹大員。

長勝會助工金壹大員。

大土地會助工金壹大員。

五顯會助工金壹大員。

老土地會助工金壹大員。

娘娘會助工金壹大員。

鵬萬祖助工金壹大員。

遠開助工金壹大員。

其端助工金壹大員。

遠爵助工金壹大員。

澤森助工金壹大員。

遠光助工金壹大員。

錦全助工金壹大員。

澤泰助工金壹大員。

澤勤助工金壹大員。

遠裕助工金壹大員。

其湧助工金壹大員。

遠集助工金壹大員。

其潛助工金壹大員。

其贊助工金壹大員。

澤禮助工金壹大員。

澤通助工金壹大員。

遠林助工金壹大員。

其足助工金壹大員。

金水助工金壹大員。

梁周氏助工金壹大員。

遠枝助工金壹大員。

遠鉅助工金壹大員。

華開助工金壹大員。

帝彩助工金壹大員。

遠楊助工金壹大員。

遠樞助工金壹大員。

遠威助工金壹大員。
澤梅助工金壹大員。
澤鑾助工金壹大員。
遠翹助工金壹大員。
澤煊助工金壹大員。
澤恆助工金壹大員。
澤惠助工金壹大員。
文盛助工金壹大員。
澤鏜助工金壹大員。
澤昭助工金壹大員。
澤齡助工金壹大員。
其綿助工金壹大員。
旦家助工金壹大員。
遠學助工金壹大員。
其燊助工金壹大員。
澤桃助工金壹大員。
遠紀助工金壹大員。
其堯助工金壹大員。
六和堂助工金壹大員。
澤蘇助工金壹大員。
連柏助工金壹大員。
三弟助工金壹大員。
金盆助工金壹大員。
信婦梁周氏助工金壹大員。

周連堂、遠桓、遠堂、遠安、遠埠、澤添、澤初、澤儀、澤榮、澤銀、遠九、澤

珍、帝莫、其□、澤詔、澤運、澤清、炳熾、其長、遠紹、其廣、遠龍、文作、潤光、
其李、華表、澤勇、東財、文澤、成香、遠釗、澤廣、帝財、帝參、澤雲、遠松、遠
逵、遠廷、澤賢、澤銳、澤敬、澤耀、文勳、進波、文德、昌賤、澤英、其定、澤容、
遠啟、澤永、遠穎、帝書、遠照、其朔、澤琼、遠利、文龍、澤汴、文秋、文錦、其
務、其鑑、遠廣、澤邦、聚安、澤勳、遠信、文咸、遠祿、其邦、澤江、澤堅、澤鍾、
光棋、細棋、文獻、其松、澤康、英葉、文聚、文康、其朗、其熾、其鳳、其巧、遠
汴、光颯、澤矩、澤松、其藻、繩就、金琚、其財、遠廟、炳暖：已上助工金壹
中員。

文輝、文堯、文坤、其任、光榮、土登、土洪、阿妹、華接、炳燦、沛鴻、帝根、
帝寶、其晃、遠銀、遠就、其規、窩笪、錦鏜、潤珠、澤安、遠剛、華聚、遠珍、其
祿、繩建、遠果、其雲、社添、華定、遠茶、其浩、遠寶、其澤、遠□：已上助銀壹
錢八分。

信婦：
梁門氏：中元。
梁區氏：中元。
梁吳氏：□□。
梁陳氏：□□。

信女：
菜何：中元。
觀裳：中元。
潤寬：□□。
月明：□□。
福成：□□。

土勝：中元。

愛環：中元。

東圃燦記造。

【碑文考釋】

撰碑者彭金銘，里人，生平不詳。

碑文的主要內容乃記述塘口村北帝古廟的重修，然而作者對北帝廟以及廟的重修前後情況的瞭解完全來自於耳聞，即村中父老之言。大略是說光緒二十四年（1898）朝廷先後下了兩條詔令，先是要毀掉所有不入朝廷祀典的廟宇（"凡廟不入祀典者，掃除務盡，無使留"）；接下來又下了一條詔令，卻又推翻了前令，說廟宇可以繼續保留。於是起初塘口村鄉民爲了北帝古廟的安危擔憂，但稍後又爲之慶幸，既可保留，因此，大家就重葺古廟。接下來作者發揮了一番對於毀廟之令和罷毀廟之令的用意的看法。作者相信前令的目的是"欲使天下之眾遠鬼神而務民義也"。而第二令看似持相反之意，但亦是出於官府欲化民之意，不過方法不一樣，保留廟宇其實是繼承"古聖人神道設教之遺意"；而事實上，神道設教與化民的核心關係在於"官府所不及察者，鬼神足以範之"。

29　北帝神廟（曾邊村）

【廟宇簡介】

根據 2010 年實地考察，廟位於今廣州市番禺區新造鎮曾邊行政村白賢堂自然村涌邊大街 1 號，保存狀況良好。始建年代不詳，曾於清嘉慶三年（1798）、道光八年（1828）、光緒二十六年（1900）先後重修。廟內保存有清嘉慶三年、道光八年和光緒二十六年三次重修碑刻①。

29-1　清·容輝：重修古廟碑記

清嘉慶三年（1798）

【碑刻信息】

存址：今廣州市番禺區新造鎮曾邊行政村白賢堂自然村涌邊大街 1 號北帝神廟內。

碑額：重修古廟碑記。楷書。

碑題：無。

尺寸：碑高 112 厘米，寬 62 厘米。

碑文來源：原碑抄錄。

【碑文】

神也者，妙萬物而為言者也②，而其實徵於人。孔子言鬼神之盛，體物不遺，能使天下之人齋明盛服，以承祭祀③，則知人之事神，實神之靈有以使之也。余邨旁所建北帝神廟，由來古矣。久則必修，修之工費則必出於樂助。

---

① 有關廟宇的資料，可參考陳建華主編：《廣州市文物普查彙編·番禺區卷》，頁 173。

② 見魏·王弼、晉·韓康伯注，唐·孔穎達疏：《周易注疏》卷九。參前清·佚名：《重修三元古廟碑記》（碑號 3-2，總 5）注。

③ 見宋·朱熹：《四書章句集注·中庸章句》，頁 25："子曰：'鬼神之為德，其盛矣乎！視之而弗見，聽之而弗聞，體物而不可遺。使天下之人齋明盛服，以承祭祀。'"

而茲役則盡易其垣墉楹桷而新之，蓋較前修而倍力焉。事既則紀諸石，或曰：所貴乎紀者，謂其難能而可貴也。吾觀廟內真武神像一，左右康趙元帥像二，門首福神像一，言乎其址，則丈不逾三；言乎其費，則金不逾百。邈乎其小，紀之奚為？余曰：地大而人稠者，其興事也易；地狹而人寡者，其興事也難。以茲廟圮於風雨又厄於桂玉，難孰甚焉？而人情樂助，不日成之，是孰非鬼神之靈有以使之耶？是較之地大人稠者似有加焉。是即所謂難能可貴也，是可紀也。至於廟外山水之趣，足以供騷人之寓目，則覽者自得之，不復贅也。是為序。

里人邑庠廩生容輝拜撰。

江南鄉李湛端助金壹中員。
曾邊鄉文連波助金壹中員。
上梅坑鄉陳裕彬助金貳錢。
北村鄉鄭天貴助金壹中員。

今將本鄉容姓助金開列：
首事：容立公、容敬德、容積發、容盛最。（仁最：貳錢，慶公：二錢七分）[1]
輸公：肆員。
盛最：叁員。
輝最：貳員半。
賢最：貳員零貳錢。
積發：貳員。
利最：貳員。
尚勝：貳員。
敬德：壹員半。

---

[1] 括號內字似為後來補刻。

蘊公:貳員。

茂恒:貳員。

學全:壹員。

華印:壹員。

敬賢:壹員。

朝覲:壹員。

順最:壹員。

漸勤:壹員。

作賢:壹員。

德輝:壹員。

霖最:四錢。

能最:四錢。

翊公:四錢。

紹東、茂章、李富開、就公、滿最、元魁、秩最、燦公、立公、簡最、振先、萬公、熾公、德貴、澤公、德秀、仕公、裕公、耀公、良公、傑公、達公、維最、大均、德勝、學智、學宏、學貴、學成、奮公、亞豪、尚公:已上壹中員。

茂發、存公、廣勝、周德最、勝公、信公、滔最、奇最、儀公、玉最、愛公:已上三錢。

秋最:貳錢五分。

瑞公:貳錢五分。

亞慎:貳錢五分。

德昌:貳錢五分。

悅公、瑤最、灼公、秀公、永公、河最、蒲最、熙最、敘公、亞剛、德剛、接先、時最、茂顯、德彰、元昭、逸公、輔公、博公、顯最、紹最、前最、德悅、德華、德榮、朝最、元迴、連最、聖先、華眷、亞夏、厚全、瑞安、汝最、亞合、華禮、潤科、悅最、茂勳、炳最、賜寶、亞科、元玉、周可公、致公:已上俱貳錢。

閏維：一錢八分。

帝乾：一錢八分。

洪坤：一錢八分。

文寬、彩公、會最、德成、金玉、存禮最、德高、萬最、勝斐、有作、亞根、旺公、德茂、可最、厚彩、全最、聖兼、直最、厚德、茂富、社洪、藝公、楚最：已上一錢五分。

亞考、德明、惠最、輝耀、靜公、元照、奉公、業最、德有、周亞和、亞癩、廣公：已上一錢二分。

李自寬一錢一分。

發還、振公、昌最、有能、學賢、漸禮、石宇、孔最、德奇、厚聰、茂善、巨最、德光：已上俱一錢。

允光：三錢八分。

德從：三錢六分。

紹從：一錢五分。

九泰：一錢二分。

亞有：一錢五分。

嘉慶三年歲在戊午仲秋壬辰吉旦勒石。

【碑文考釋】

撰碑者容輝，邑人，廩生，生平不詳。

碑文記錄了清嘉慶三年（1798）番禺新造鎮北帝神廟的一次重修。主要突出了此次重修"難能而可貴"之義。因為地狹人寡，難以舉事，而且廟生計困難，又傾圮於風雨。在這種種困難之下得以成功，就是所謂的"難能可貴"，所以值得一記。

30　北帝廟(黃埔村)

【廟宇簡介】

根據2010年實地考察,廟位於今廣州市海珠區柳塘大街鳳浦公園內。此廟又名玉虛宮、水月宮、張王爺廟。廟建於清代,主建築三間兩進。正殿祀北帝,偏殿為水月宮、張王爺廟。廟內存有八通碑刻。

此廟在20世紀50年代初曾遭破壞,60年代後一度用作衛生院。現廟內無神祇供奉,空置①。

30-1　清·馮任:重建北帝廟碑記

清乾隆十一年(1746)

【碑刻信息】

存址:今廣州市海珠區柳塘大街黃埔村北帝廟內。

碑額:重建北帝廟碑記。楷書。

碑題:無。

尺寸:碑高131厘米,寬69厘米。

碑文來源:原碑抄錄。

【碑文】

於維我鄉神廟西接浮屠,脉原五嶺,東參文閣,局関四靈,南則奎嶺崟峯,交障於後,北則白雲黃木,映帶于前,左右前後,位置天然。是以地靈神聖,恩光溥博,德澤淵泉,近則為鄉閭保障,遠則為賓旅機緘。但創自皇宋,[來]〔一〕世運代更,垣廡不無頹圮,楹棟靡勝朽蠹。雖前人幾經修葺,乃今始得合眾而

---

① 有關此廟資料請參考陳建華主編:《廣州市文物普查彙編·海珠區卷》,頁320-321。

更重建焉。維時仰觀水月宮、玉虛宮，舊貌則弘麗而煥然矣，三元殿、西廚廡，廣地而增創也。清淑之氣益以偉，構而愈靈，□秀之神濟以威，光而彌聖。所望虔心崇祀，福祐寧有極歟？是舉也，興工於季秋，告竣於臘月。既奠，用筭數言於石，俾踵事增華者有所考據，而遠近題助，芳名均得藉是以誌不朽云。

緣首馮夢聚、馮貞信、馮廷壯、馮開國、馮貞相、馮開盛、馮開廩、馮問琦、馮景鳳、馮萬琮、馮穎麟：已上各柒錢貳分。

馮氏始祖□□□：十兩。

馮歸隱祖：捌兩連地價。

馮雲隱祖：陸兩。

馮勉□祖：七錢三分。

馮貴珍祖：貳兩。

馮開儉：五兩七錢三分。

馮萬倍：五兩五錢。

馮萬儀：五兩正。

馮聖召：四兩貳錢。

馮世儉：肆兩。

曾廣賢：叁兩。

德利號：貳兩壹錢六分。

國士馮世覺：貳兩一錢。

馮開琚：貳兩。

豊利號：貳兩。

馮萬潮：壹兩八錢一分。

馮世捷：一兩六錢七分。

馮文桐：一兩五錢。

馮福基：一兩四錢四分。

曾世英：一兩四錢四分。

信利號、勝利號、陳翰楚、馮天眷、馮世崇、國士郭輝岐：已上各一兩四錢四分。

馮萬勳：一兩貳錢四分。

庠士馮梁：一兩貳錢二分。

馮萬芳：一兩貳錢。

馮奕際：一兩一錢一分。

馮萬邑：一兩一錢。

馮開豁：一兩九分。

馮萬捷：一兩八分。

馮開瓊：一兩四分。

馮萬漪：一兩四分。

稅館：壹兩。

蕭萬俸、梁帝則、庠士胡家載、馮萬孚、馮世恭、馮世藏、馮奕佳：右各一兩。

馮萬樂：捌錢七分。

馮世讓：捌錢六分。

孟貴賓：七錢六分。

馮世廣：七錢三分。

馮世拱：七錢三分。

馮郎逈、馮開見、馮祥錦、馮萬昌、莫世吉、洪利號、文成錦、馮萬兼、馮萬銓、馮汝沆、馮汝福、馮汝穀、馮世逢、馮世勸：右各七錢貳分。

馮世倫：七錢。

馮世縑：六錢一分。

馮萬錫：六錢。

馮秀石：六錢。

張德富：六錢。

馮萬戶：五錢貳分。

馮世日：五錢貳分。

馮英信：五錢貳分。

馮汝萬：五錢一分。

馮義勇、屈孔昭、馮萬昭、衛英有、胡士敬、馮高魁、馮萬越、梁友文、梁楚文、馮儒蔭、馮儒藹、馮世雄、馮世綱、馮世緝、馮勝：右各伍錢。

胡宗賢、胡聖任：右各四錢五分。

馮萬藕、馮世紀、馮世專：右各四錢貳分。

馮萬秩、朱秀韜、馮萬記：右各四錢一分。

馮開錫、□蘭茂、奕利號、陳起德、馮開復、馮開平、馮開樹、馮開潮、馮萬堅、馮萬尚、馮萬創、馮萬定、馮宗傑、馮世榮、馮世蒼、馮世志、馮世象、馮世我、馮璠性、馮穎超、馮世祐、馮詩能、馮詩詠：右各四錢。

馮澤沛、胡宗岐、吳元爵、何德成、吳懋禮、呂光耀、陳顯恭、梁元友：右各三錢二分。

馮英海、馮萬振、梁朝富、胡士傑、胡士端、馮高凌、馮萬燦、馮世勛、馮世敏、馮阿賔、馮世情、馮奕彰、馮奕清、馮詩誘、馮詩配、馮詩豁：右各三錢六分。

梁惠齡、馮穎聰：右三錢五分。

梁汝千：三錢四分。

胡堪煥：三錢貳分。

馮章新、馮萬裔、李朝貴、梁帝賔：右各三錢一分。

馮萬客、馮開長、馮開田、馮開攝、馮華珇、梁亮彩、胡京文：右各三錢。

馮開璧、番順店、馮天德、関恒有、馮萬朋、馮萬福、羅騰雄、梁祐彩、梁照文、胡尚琬、馮汝尚、馮萬餘、馮汝祿、馮世海、馮世賢、馮世寅、馮世仰、馮世沃、馮世端、馮世昌、馮世文、馮世維、馮會性、馮奕國、馮詩學、馮惠時、馮憲時、馮懋時：右各三錢。

馮汝成、馮華璉、馮華鑑：右各貳錢八分。

馮世浩：二錢六分。

馮孟卓、林辰茂、馮開賀、馮開周、馮開始、胡裔漢、馮開濡、馮開簡、馮開景、馮天運、馮雲登、李昌達、邵輝奇、馮萬常、馮萬威、馮萬雪、馮萬東、馮萬翰、馮萬魁、嚴應國、馮世灌、馮世勳、馮世成、馮世展、馮世旺、馮世相、馮名達、馮紹達、馮詩創：右各貳錢五分。

馮萬庚、馮奕德：各二錢四分。

梁卓文、羅騰虬、馮世安、馮世莊、馮詩教：各二錢三分。

馮萬鎰、梁廣遂、馮會文、梁承恩、蘇星長、梁挺觀、梁汝相、馮紹貢、馮穎熊、馮帝表：右各二錢二分。

馮子清、馮開覲、馮開緒、馮萬雅、胡廣銓、馮萬義、馮萬安、馮萬康、馮萬新、馮文奕、馮世濡、馮世澤、馮世阜、馮世顥、馮世漳、馮世鑑、馮世操、馮祖亮、馮詩習、馮詩成、馮顯維：右各二錢一分。

馮啟千、馮元佐、馮義全、馮章培、馮章最、馮秉尚、馮聖卓、馮曉陽、馮大卓、馮聯捷、馮開韶、馮開則、馮開前、馮開拾、馮開邑、馮開雄、馮開啟、馮開寶、馮開維、馮開富、馮開學、馮開穀、馮開拔、胡金彥、庠士胡家麟、陸錫仁、胡裔斐、原德興、梁興進、梁湛維、梁岐采、梁御鵬、梁御漢、李明秩、韓聰伍、羅騰惠、羅惠敏、胡廣有、林丕文、梁大昌、黃文孚、胡貴琚、胡華昌、胡昌富、胡昌士、梁高文、梁俊文、梁惠蓮、梁汝君、梁蔭三、胡福世、胡福曰、冼國元、劉奕廣、馮景壽、馮君顯、馮萬津、馮景芳：右各貳錢。

馮萬式、馮萬寵、馮萬灼、馮萬學、馮萬緒、馮天進、馮萬約、馮萬良、馮萬秀、馮萬梓、馮萬博、馮萬鄔、馮萬石、馮萬澤、馮萬法、馮萬權、馮萬達、庠士馮萬顥、馮萬著、馮汝岳、馮高耀、馮文輔、馮文水、馮汝捷、馮萬勤、馮文智、馮國士、馮作文、馮文騰、馮汝占、馮汝山、馮文高、馮汝祥、馮汝任、馮世豪、馮世國、馮世山、馮世耀、馮世糸、馮世羨、馮世恩、馮世采、馮世仲、馮世邦、馮世翰、馮世來、馮世俊、馮世果、馮奕輔、馮宗異、馮奕昌、馮穎常、馮世永、馮詩士、馮詩興、馮詩閏、馮詩懋、馮始達、馮詩正、馮詩兆：右各貳錢。

馮萬蕖：一錢八分。

馮秉彝、馮開能：各一錢七分。

馮聖文、馮萬宗、馮萬來、馮萬義、梁大廷、馮世香、馮成雁、馮帝養、羅騰遠、馮世滙、馮祖勝、馮詩春：右各一錢六分。

馮義燦、馮□達、馮章儉、馮章端、馮章慶、馮章拜、馮貞維、馮孟錦、馮聯卓、馮貞俸、周潮寊、陳尚明、黃興湛、関孔泰、錢昌傑、馮開鐸、馮開會、馮開□、馮開羨、馮開澤、馮開諫、馮開立、馮開帶、馮開發、馮開作、馮開浩、馮開南、馮開志、馮開曉、馮景賢、馮君式、黎錫文、馮汝驥、鄭達觀、羅朝仲、辛殿成、羅學廣、胡福師、黃興進、鄭傳積、羅騰捷、莫汝灼、莫世贊、胡尚瓊、吳亮明、梁元輔、胡裔綱、羅朝勳、陳惠福、羅朝弼、羅騰裔、胡福信、馮萬懿、馮萬雄、馮萬彙、馮萬佐、馮萬仲、馮萬閏、馮萬翼、馮萬占、馮萬劍、馮高國、馮萬則、馮萬弟、馮萬仰、馮萬勝、馮萬堂、馮萬邦、馮萬瑞、馮萬能、馮萬相、馮萬際、馮萬本、馮萬熾、馮萬坤、馮萬孔、馮萬晃、馮萬□、馮汝耕、馮弘翰、馮萬文、馮萬碧、馮萬好、馮汝博、馮萬景、馮萬廩、馮萬株、馮文耕、馮文吉、馮萬田、馮汝信、馮萬為、馮汝昌、馮汝德、馮國勤、馮萬積、馮萬智、馮萬俊、馮萬盛、馮萬徹、馮萬楷、馮世則、馮世異、馮世多、馮世儒、馮世援、馮世漢、馮世芝、馮世廩、馮世祚、馮世健、馮世璧、馮世□、馮世鳳、馮世寊、馮世望、馮瞻淇、馮世法、馮世遜、馮世金、馮世敷、馮世好、馮世印、馮世□、馮世沾、馮世旦、馮世傑、馮世基、馮奕鳳、馮世群、馮世熾、馮世聚、馮世鉅、馮世嘉、馮世禎、馮世亮、馮世孟、馮詩合、馮詩序、馮詩球、馮詩敬、馮詩惠、馮詩景、馮詩和、馮禮安：已上各一錢五分。

馮貞裕、馮萬鰲、馮詩祐：各一錢四分。

馮章照、倪卓茂、馮開罟、馮開聘、馮開煥、馮君爵、馮天作、馮萬修：各一錢二分。

馮萬獲：一錢三分。

馮貞德、馮周明、馮開貴、羅騰鰲、林福□、梁孔惠、馮開運、馮開叔、馮開梅、馮開力、馮開晝、馮開日、馮開容、馮開綬、馮萬當、馮文儀、馮萬珇、馮萬贊、馮萬健、馮萬侶、馮文一、馮汝爵、馮萬羡、馮萬□、胡裔富、陳惠仲、莫世賢、羅昌傑、羅朝覺、馮世関、馮世石、馮世允、馮世星、馮帝傑、馮世寬、馮世用、馮詩耀、馮詩誦、馮詩甲、胡國才：各一錢二分。

馮萬左、馮萬作、馮萬洞、馮萬曉、馮世著、馮世獎、潘閏科：各一錢一分五□。

馮聖和、馮開珇、馮開懷、馮開輔、馮開桓、馮問艷、馮開戶、馮開香、馮景惠、胡松生、莫懿文、羅騰華、羅朝勇、胡宗敬、羅朝寶、羅朝簡、羅昌贊、胡宗達、胡宗慶、羅騰飛、胡裔法、胡聖國、梁□有、馮廸錦、馮萬廣、馮萬輔、馮萬湧、馮可也、馮萬里、馮文成、馮耀采、馮汝贊、馮萬儉、馮汝閏、馮萬偉、馮汝昭、馮世郎、馮世富、馮世柱、馮世鐸、馮世翕、馮紹雄、馮世敬、馮世繢、馮奕寬、馮紹寬、馮詩情、馮詩任：已上各一錢一分。

馮韜偉、馮以興、馮章禮、馮若葵、馮仲卓、馮次、馮貞賢、馮聖岳、馮若明、馮太卓、馮若裕、馮玉燦、馮開勳、馮子智、馮貞葵、馮斯卓、馮聖裔、馮開尚、馮開羡、馮開蒼、馮開教、馮開成、馮開乾、馮開健、馮開貫、馮開乎、馮開祐、馮開璋、馮開信、馮開來、馮開滿、馮開聖、馮開祿、馮開朔、馮開起、馮開寬、馮開儀、馮文斯、胡彥君、陳兆進、胡文衡、羅朝佐、胡悅采、馮萬長、羅朝德、胡惠德、羅學維、胡裔傑、胡文俊、胡朝煥、羅昌裔、胡廸貴、羅昌澤、胡京萬、莫世成、梁金全、梁傳集、林文非、羅昌其、屈上鳳、羅騰漠、屈長麟、羅騰志、衛上品、羅朝相、凌帝藝、郭有寬、梁勝□、胡大魁、馮傳開、馮效□、馮孟賢、馮萬顯、馮景仁、馮天球、馮倫士、馮萬池、馮萬高、馮萬浩、馮萬信、馮萬興、馮萬鍾、馮萬聚、馮萬漢、馮萬猷、馮萬賢、馮萬標、悅和店、馮萬起、馮萬登、馮萬藏、馮萬枝、馮萬遠、馮萬詔、馮萬葉、馮高占、馮高祿、馮萬□、馮萬□、馮萬戴、馮萬琛、馮萬倚、馮萬鈞、馮萬都、馮萬金、馮萬德、馮萬鼎、馮萬阜、馮萬禹、馮萬足、馮萬千、馮萬眾、馮萬藉、馮萬科、馮傑相、馮萬粟、馮萬琬、馮文興、馮萬才、馮萬祠、馮汝學、馮文通、馮萬薛、馮萬惠、馮萬山、馮汝法、馮汝覺、馮汝昇、馮文教、馮萬漳、馮汝積、馮汝志、馮文好、馮君學、馮萬平、馮文秉、馮文秋、馮文就、馮文尚、馮萬奏、馮汝廩、馮萬輝、馮弘傑、馮萬恕、馮萬童、馮汝潮、馮汝專、馮汝文、馮弘國、馮汝興、馮汝大、馮汝春、馮汝寅、馮汝君、馮汝輝、馮汝標、馮萬朗、馮萬鑑、馮汝合、馮汝謙、馮汝傳、馮汝鳳、馮汝國、馮汝存、馮紹倉、馮世集、馮世維、馮世遠、馮世拔、馮世珍、馮世興、馮世詢、馮紹賓、馮世通、馮勇淇、馮世忠、馮世寵、馮世遇、馮世潮、馮世寧、馮世正、馮世聰、馮世壯、馮世巧、馮世享、馮世昇、馮穎松、馮穎琳、馮達天、馮世□、馮世與、馮世聯、馮世覲、馮世勤、馮世□、馮世尚、馮世蕃、馮世穀、馮奕賦、馮世時、馮世晃、馮世饌、馮世師、馮世賀、馮世儼、馮世坤、馮世荷、馮裕興、馮世幸、馮世業、馮世蔡、陳錫光、馮世樂、馮世□、馮世畧、馮世清、馮世弼、馮宗應、馮穎千、馮穎新、馮亞高、馮世瑞、馮奕儉、馮世純、馮世繹、馮世弘、馮世珇、馮世就、馮瞻明、馮穎達、馮穎捷、馮世嵩、馮世經、馮奕振、馮奕平、馮奕坤、馮奕嵩、馮世儀、馮奕忠、馮亞科、馮世羙、馮阿彪、馮莫潘、馮詩國、馮詩爵、馮詩郎、馮詩法、馮詩捷、馮詩龐、馮紹、馮詩廣、馮詩葵、馮詩印、馮華有、馮煥恭、馮煥璽、馮詩邦、馮詩賀、馮日帶、馮仲達、馮秀達、馮詩語、馮詩論、馮詩諭、馮詩作、馮詩啟、馮詩□、馮亞田：已上各一錢。

馮萬泌、馮世串、馮世脉、馮世杯：各八分。

馮效貴：七分□□。

乾隆十一年歲次丙寅季冬吉日立。

沐恩庠士鳳川馮任熏沐敬書。

【校記】

〔一〕"來"，當爲衍文。

【碑文考釋】

撰碑者馮任，里人，撰碑時爲庠生。

　　碑文以"地靈神聖"爲中心,讚頌了黃埔村北帝廟對當地鄉民的重要,以此凸顯了重修之必要。接下來碑文説明了重修的概況,從碑文可知,當時廟宇的建構包括有水月宮、玉虚宮、三元殿和西廚廊等。

30-2　清·馮景華:北帝廟重修碑

清道光二十九年(1849)

【碑刻信息】

　　碑分上下,共用碑額。

　　存址:今廣州市海珠區柳塘大街黃埔村北帝廟内。

　　碑額:北帝廟重修碑。隸書。

　　碑題:無。

　　尺寸:上下碑均高170厘米,寬81厘米。

　　碑文來源:原碑抄錄。

上碑

【碑文】

　　南方敬尚鬼神,而東粵為最。凡閭閣虛務,莫不像一神廟焉,以為香火。濱海之鄉,則奉司水之神,皆是也。余世居黃圃,環鄉皆水。族姓咸奉北帝廟於鄉北,面坎位離,蘿峰聳翠於其前,金鼎環繞乎其後,白雲黃木,鼇塔魚珠,映帶左右,洵凰洲之勝地。而我族則臘蜡於斯,報賽於斯,自宋以來至今,未之有改也。夷考北帝,即北方元武之神。宋祥符間避諱,易元曰真,故又稱真武。蓋北斗七宿水之精,《漢書》所謂黑靈元冥者也①。

---

　　① 見漢·班固撰,唐·顏師古注:《漢書》卷二五〈郊祀志下〉(北京:中華書局,1959)第4冊,頁1268:"後莽又奏言:'……分羣神以類相從為五部,兆天墜之别神:中央帝黃靈后土畤及日廟、北辰、北斗、填星、中宿中宫於長安城之未墜兆;東方帝太昊青靈勾芒畤及靁公、風伯廟、歲星、東宿東宫於東郊兆;南方炎帝赤靈祝融畤及熒惑星、南宿南宫於南郊兆;西方帝少皞百靈蓐收畤及太白星、西宿西宫於西郊兆;北方帝顓頊黑靈玄冥畤及月廟、雨師廟、辰星、北宿北宫於北郊兆。'奏可。於是長安旁諸廟兆畤甚盛矣。"

斯廟也,實權輿於宋代,惟有歷年,我朝以前無可考。可考者,乾隆丙寅,華曾祖廷壯公曾董重修之事。由丙寅以迄道光丙戌,百有餘歲,修不一。修由丙戌以至於今,甫歷二紀,而廟貌非昔,神相模糊,棟宇以蟫食而毀傷,垣墉以蘚積而蕪穢。念我族數百年來子姓繁衍,寖熾寖昌,皆藉神靈默庇,何忍此廟貌神相垢污默點,而不新之以少報萬一也?爰偕弟晴華暨族之同志、穎志、長青,倡議聚族勸捐而更新之。僉曰:"善。"於是咸樂輸資,踴躍恐後。遂鳩工庀材,址基仍舊,惟客堂則改作而變通,頗勝前制。溯經始於春仲,乃告竣於冬初,工勿亟而堂構森嚴,廟既成而規模輪奐。此實神靈之聰明赫濯,孚著顯鑠,其感人者無窮,而人之昭事訪愻,思報未遑,有以致也。

是役也,一切升梁奠土諸吉日,皆諏於張王爺,而族姓襄事者以及工匠人役,賴以安吉。族咸德之,乃塑三爺寶相於廟之西室而神焉。將見威靈共帝廟同尊,享祀與真武等盛,猗歟休哉,萬世永賴矣。

廟下通道高下佹邪,多艱行步。因價穎湧、詩巧之田九分,使石工石之。今無頗不平,觀瞻益壯。後來繼今,可永久而不必更舉矣。族紳老囑余序其事而壽諸石,因誌今日帝廟之重新,神張王爺之伊始,與族人樂輸將事之虔,并誌八方善男子善女人開善心,捐喜金,而福有攸歸者。

沐恩里人馮景華薰沐敬撰,馮晴華盥手書丹。

重修值事:馮穎志、馮詩登、馮始遠、馮景華、馮智中、馮詩曉、馮晴華、馮宏發、馮長青、馮著永。

謹將眾信敬奉廟器工金戲金芳名列左:

馮悅賢堂敬奉金花殿錫香案壹副、三官殿錫香案壹副、正殿錫大香鑪壹座、神相滿堂羅傘一柄、龍牌滿座工金伍員、福神鉄聚寶盤壹個、諸神桌上座燈五盞、堯天彩班大戲壹本。

馮和樂堂敬奉觀音殿長聯壹對、正殿銅方鑪貳個、工金戲金貳拾貳員。

馮禮好敬奉正殿顧繡簷帳貳張、工金戲金拾捌大員。

馮世登男士方、伯棠、翰英敬奉三官殿懸燈壹盞、三官殿神樓壹座、工金壹拾伍大員。

馮始洪男樹榮敬奉正殿懸燈壹盞、正殿神樓壹座、工金戲金玖員。

馮穎志男佩琨敬奉金花殿懸燈壹盞、金花殿神樓壹座、工金戲金柒大員。

馮應榮男振基業敬奉金鼓旗貳枝、高腳牌壹副、銅蘇鑼貳面、工金戲金捌員。

馮福謙堂、福基堂敬奉神案銅宣鑪壹座、三官殿神案壹張、工金戲金伍大員。

馮應念敬奉正殿神案壹張、工金貳員。

馮世添男應雄敬奉正殿錫香案一副、工金戲金貳員。

馮材敬奉觀音神樓一張、戲金貳員。

馮昭錦、顯敬奉觀音神樓一座,玻盃、磁瓶各一具。

馮詩登男禮許敬奉福神神案壹張、工金戲金貳員。

馮宏炳敬奉金花神案壹張。

馮著焰敬奉正殿楹聯一對、工戲金肆員。

馮時華敬奉觀音殿懸燈壹盞、工金貳大員。

馮茂義堂敬奉觀音殿錫香鑪一座。

馮千鏐敬奉觀音神帳一張、工金中員。

重修值事敬奉中門楹聯匾額。

馮晴華男城翰、城標、城驤、城璧、城枬敬奉神劍壹持、工金貳員。

馮兆常敬奉金花殿神帳壹張、工金壹錢捌分。

馮佩瑶敬奉福神懸燈壹盞、工金壹錢捌分。

馮詩齊敬奉正殿磁香鑪壹座。

馮光大堂敬奉正殿旗令全副。

馮禮侃敬奉工戲金壹拾陸大員。

馮清敬奉工金壹拾肆大員。

馮英杰敬奉工戲金壹拾叁大員。

馮朝恩敬奉工戲金壹拾叁大員。

馮昭瑚敬奉工金壹拾大員。

馮應同敬奉工戲金玖大員。

馮務滋堂敬奉工戲金捌大員。

馮瑞蔭堂敬奉工戲金捌大員。

馮樂成堂敬奉工戲金捌大員。

馮景華敬奉工金伍大員。

馮啓敬奉工戲金陸員半。

馮剛敬奉工金伍大員。

馮禮協敬奉工戲金伍大員。

馮禮剛敬奉工戲金肆大員。

馮著媞敬奉工戲金肆大員。

馮康樂堂敬奉工金叁大員。

馮禮琤敬奉工戲金叁大員。

馮穎啓敬奉工戲金叁大員。

馮宏寬敬奉工戲金叁大員。

馮著貞敬奉工戲金叁大員。

馮宏準敬奉工戲金貳員半。

馮宏就敬奉工戲金貳員半。

馮元湛敬奉工金貳大員。

馮元材敬奉工金貳大員。

馮始吉敬奉工金貳員半。

馮禮寵敬奉工戲金貳員半。

馮著超敬奉工戲金貳員半。

馮洪敬奉工金貳大員。

馮湘敬奉工金貳大員。

馮應金敬奉工戲金貳大員。

馮著塤敬奉工金貳大員。

馮著冬敬奉工金貳大員。

馮著烈敬奉工金貳大員。

馮耀初敬奉工戲金壹員半。

馮禮裔敬奉工戲金壹員半。

馮著厚敬奉工戲金壹員半。

馮翰華敬奉工戲金壹員半。

馮翰海敬奉工戲金壹員半。

馮昭彥敬奉工金壹員半。

馮三有敬奉工金壹員半。

馮義敬奉工金壹員半。

馮著淳、廉敬奉工戲金玖錢正。

馮禮登敬奉工戲金玖錢正。

馮始純敬奉工金壹大員。

馮禮齊敬奉工金壹大員。

馮詩莊敬奉工金壹大員。

馮晉華敬奉工金壹大員。

馮暟華敬奉工金壹大員。

馮昌熾敬奉工金貳大員。

馮禮兆敬奉工金壹大員。

馮嘉明敬奉工金壹大員。

馮廣漢敬奉工金壹大員。

馮道能敬奉工金壹大員。

馮著湖敬奉工金壹大員。

馮禮持敬奉工金壹大員。

馮著翰敬奉工金壹大員。

馮著上敬奉工戲金壹大員。

馮著雲敬奉工金壹大員。

馮著彪敬奉工金壹大員。

馮廣澤敬奉工金壹大員。

馮廣業敬奉工金壹大員。

馮泗餘堂敬奉工金壹大員。

馮聯慶堂敬奉工金壹大員。

馮廷秋敬奉工金壹大員。

馮浩滿敬奉工金壹大員。

馮作新敬奉工金壹大員。

馮作勤敬奉工金壹大員。

馮禮祿敬奉工金壹大員。

馮著珍敬奉工金壹大員。

馮炳然敬奉工金壹大員。

馮閏琛敬奉工金壹大員。

馮金泉敬奉工金壹大員。

馮著國敬奉工金壹大員。

馮著兆敬奉工戲金壹大員。

馮昌豪敬奉工金壹大員。

馮大志敬奉工金壹大員。

馮清淮敬奉工金壹大員。

馮榮材敬奉工金壹大員。

馮詩巧敬奉工金壹大員。

馮昭勝敬奉工金壹大員。

馮昭德敬奉工金壹大員。

馮昭淮敬奉工金壹大員。

馮昭匯敬奉工金壹大員。

馮昭垣敬奉工金壹大員。

馮宏嵩敬奉工金壹大員。

馮宏秀敬奉工金壹大員。

馮禮聰敬奉工金壹大員。

馮禮扳敬奉工金壹大員。

馮禮醱敬奉工金壹大員。

馮禮波敬奉工金壹大員。

馮大陽敬奉工金壹大員。

馮元焰敬奉工金壹大員。

馮兆塤敬奉工金壹大員。

馮廣杰敬奉工金壹大員。

馮廣鉅敬奉工金壹大員。

馮著饒敬奉工金壹大員。

馮著藹敬奉工金壹大員。

馮著漢敬奉工金壹大員。

馮著洸敬奉工金壹大員。

馮文光敬奉工金壹大員。

馮著猷敬奉工金壹大員。

馮士彬敬奉工金壹大員。

馮燦林敬奉工金壹大員。

馮漢儀敬奉工金壹大員。

馮昌紹敬奉工金壹大員。

馮金勝敬奉工金壹大員。

馮之秋敬奉工金壹大員。

馮泰淳敬奉工金壹大員。

馮壽昌敬奉戲金壹大員。

馮積德堂敬奉工金壹員。

馮宏睿敬奉工戲金五錢四分。

馮著業敬奉工戲金五錢四分。

馮宏昭敬奉工戲金五錢四分。

馮融啓敬奉工金伍錢正。

馮兆剛敬奉工戲金五錢貳分。

馮星敬奉工戲金五錢貳分。

馮仲啟敬奉工戲金五錢貳分。

馮始英敬奉工金壹中員。

馮詩閒敬奉工金壹中員。

馮始剛敬奉工金壹中員。

馮詩暢敬奉工金壹中員。

馮智中敬奉工金壹中員。

馮昭彰敬奉工金壹中員。

馮昭華敬奉工金壹中員。

馮星華敬奉工金壹中員。

馮昱華敬奉工金壹中員。

馮亮功敬奉工金壹中員。

馮作光敬奉工金壹中員。

馮作前敬奉工金壹中員。

馮作裕敬奉工金壹中員。

馮作後敬奉工金壹中員。

馮詩祥敬奉工金壹中員。

馮芝竹堂敬奉工金中員。

馮禮捷敬奉工金壹中員。

馮禮燕敬奉工金壹中員。

馮禮竺敬奉工金壹中員。

馮禮廉敬奉工金壹中員。

馮奕秩敬奉工金壹中員。

馮昭淋敬奉工金壹中員。

馮昭善敬奉工金壹中員。

馮昭耆敬奉工金壹中員。

馮仁泰敬奉工金壹中員。

馮仁樸敬奉工金壹中員。

馮仁謙敬奉工金壹中員。

馮仁惠敬奉工金壹中員。

馮禮守敬奉工金壹中員。

馮禮康敬奉工金壹中員。

馮禮翰敬奉工金壹中員。

馮禮規敬奉工金壹中員。

馮禮望敬奉工金壹中員。

馮禮通敬奉工金壹中員。

馮禮足敬奉工金壹中員。

馮禮椿敬奉工金壹中員。

馮華翰敬奉工金壹中員。

馮宏康敬奉工金壹中員。

馮宏蔭敬奉工金壹中員

馮宏容敬奉工金壹中員。

馮宏佳敬奉工金壹中員。

馮宏樂敬奉工金壹中員。

馮兆松敬奉工金壹中員。

馮兆麟敬奉工金壹中員。

馮閏熙敬奉工金壹中員。

馮桂榮敬奉工金壹中員。

馮元會敬奉工金壹中員。

馮元楷敬奉工金壹中員。

馮朝開敬奉工金壹中員。

馮耀焞敬奉工金壹中員。

馮耀焜敬奉工金壹中員。

馮耀煇敬奉工金壹中員。

馮滿淋敬奉工金壹中員。

馮滿泉敬奉工金壹中員。

馮宏漢敬奉工金壹中員。

馮民暨敬奉工金壹中員。

馮著蕃敬奉工金壹中員。

馮著穎敬奉工金壹中員。

馮廣珮敬奉工金壹中員。

馮廣垣敬奉工金壹中員。

馮廣志敬奉工金壹中員。

馮其錡敬奉工金壹中員。

馮著旺敬奉工金壹中員。

馮著允敬奉工金壹中員。

馮著瓊敬奉工金壹中員。

馮著堅敬奉工金壹中員。

馮著幹敬奉工金壹中員。

馮千恒敬奉工金壹中員。

馮千俊敬奉工金壹中員。

馮源澤敬奉工金壹中員。

馮顯宗敬奉工金壹中員。

馮世才敬奉工金壹中員。

下碑

【碑文】

馮定中敬奉工金壹中員。

馮秉謙敬奉工金壹中員。

馮秉機敬奉工金壹中員。

馮沛彬敬奉工金壹中員。

馮宏鈺敬奉工金貳錢四分。

馮詩衢敬奉工金貳錢正。

馮世悅敬奉工金貳錢正。

馮詩琪敬奉工金貳錢正。

馮著耀敬奉工金貳錢正。

馮著洸敬奉工金貳錢正。

馮蒂旺敬奉工金貳錢正。

馮詩時敬奉工金壹錢八分。

馮詩蒂敬奉工金壹錢八分。

馮應理敬奉工金壹錢八分。

馮昭源敬奉工金壹錢八分。

馮禮崇敬奉工金壹中員。

馮元江敬奉工金壹錢八分。

馮著奎敬奉工金壹錢八分。

馮著靜敬奉工金壹錢八分。

馮著常敬奉工金壹錢八分。

馮宏烈敬奉工金壹錢八分。

馮著椿敬奉工金壹錢八分。

馮著福敬奉工金壹錢八分。

馮著壽敬奉工金壹錢八分。

馮瑞芝敬奉工金壹錢八分。

馮大英敬奉工金壹錢八分。

馮禮禩敬奉工金壹錢八分。

馮禮前敬奉工金壹錢八分。

馮禮枚敬奉工金壹錢八分。

馮松高敬奉工金壹錢八分。

馮樹敬奉工金壹中員。

馮宏慶敬奉工金壹錢八分。

馮耀塤敬奉工金壹錢八分。

馮耀湘敬奉工金壹錢八分。

馮耀能敬奉工金壹錢八分。

馮耀錦敬奉工金壹錢八分。

馮昭奎敬奉工金壹錢八分。

馮昭宏敬奉工金壹錢八分。

馮昭勳敬奉工金壹錢八分。

馮廣厚敬奉工金壹錢八分。

馮廣南敬奉工金壹錢八分。

馮廣燦敬奉工金壹錢八分。

馮廣芬敬奉工金壹錢八分。

馮錦然敬奉工金壹錢八分。

馮沛然敬奉工金壹錢八分。

馮禮蕃敬奉工金壹錢八分。

馮禮郁敬奉工金壹錢八分。

馮禮簡敬奉工金壹錢八分。

馮禮卷敬奉工金壹錢八分。

馮禮運敬奉工金壹錢八分。

馮禮喬敬奉工金壹錢八分。

馮禮羣敬奉工金壹錢八分。

馮配坤敬奉工金壹錢八分。

馮配泉敬奉工金壹錢八分。

馮鎮威敬奉工金壹錢八分。

馮鎮能敬奉工金壹錢八分。

馮炳貴敬奉工金壹錢八分。

馮炳芳敬奉工金壹錢八分。

馮道能敬奉工金壹錢八分。

馮道常敬奉工金壹錢八分。

馮紹鰲敬奉工金壹錢八分。

馮兆柏敬奉工金壹錢八分。

馮兆輝敬奉工金壹錢八分。

馮兆忠敬奉工金壹錢八分。

馮兆勳敬奉工金壹錢八分。

馮兆常敬奉工金壹錢八分。

馮宏職敬奉工金壹錢八分。

馮宏好敬奉工金壹錢八分。

馮著棉敬奉工金壹錢八分。

馮著令敬奉工金壹錢八分。

馮著波敬奉工金壹錢八分。

馮著淋敬奉工金壹錢八分。

馮著爵敬奉工金壹錢八分。

馮著寶敬奉工金壹錢八分。

馮著瑤敬奉工金壹錢八分。

馮長庚敬奉工金壹錢八分。

馮長標敬奉工金壹錢八分。

馮如海敬奉工金壹錢八分。

馮大基敬奉工金壹錢八分。

馮廷光敬奉工金壹錢八分。

馮珠鐃敬奉工金壹錢八分。

馮榮福敬奉工金壹錢八分。

馮華耀敬奉工金壹錢八分。

馮耀祥敬奉工金壹錢八分。

馮穎帶敬奉工金壹錢八分。

馮疇英敬奉工金壹錢八分。

馮千貴敬奉工金壹錢八分。

馮千成敬奉工金壹錢八分。

馮千亮敬奉工金壹錢八分。

馮千齊敬奉工金壹錢八分。

馮元魁敬奉工金壹錢八分。

馮聚安敬奉工金叁錢六分。

馮贊祥敬奉工金壹錢八分。

馮焜齡敬奉工金壹錢八分。

馮裔饒敬奉工金壹錢八分。

馮煥洪敬奉工金壹錢八分。

馮傳坤敬奉工金壹錢八分。

馮炳寬敬奉工金壹錢八分。

馮慶國敬奉工金壹錢八分。

馮閏貞敬奉工金壹錢八分。

馮民鎮敬奉工金壹錢八分。

馮丈開敬奉工金壹錢八分。

馮澤揚敬奉工金壹錢八分。

馮燦樞敬奉工金壹錢八分。

馮閏輝敬奉工金壹錢八分。

馮志敬奉工金壹錢八分。

馮寬敬奉工金壹錢八分。

馮宏幹敬奉工金壹錢八分。

馮均堂敬奉工金壹錢正。

馮禮璧敬奉工金壹錢正。

馮泰徽敬奉工金壹錢正。

屈馮氏敬奉工金壹中員。

馮何氏敬奉工金貳錢正。

馮簡氏敬奉工金壹錢八分。

馮鄭氏敬奉工金壹錢八分。

馮朱氏敬奉工金壹錢八分。

馮金有敬奉工金壹錢八分。

馮河清敬奉工金壹錢八分。

馮培歡敬奉工金壹錢八分。

馮煥燕敬奉工金壹錢八分。

馮閏桂敬奉工金壹錢八分。

馮鄧氏敬奉工金壹錢八分。

邵馮氏敬奉工金壹錢八分。

梁馮氏敬奉工金壹錢八分。

徐馮氏敬奉工金壹錢八分。

梁咸正堂、胡慎徽堂、仝敬奉花紅金叁員。

梁綸恩敬奉正殿頂脊木聯、另工金陸大員。

羅繼彰敬奉工金伍大員。

梁師儉堂敬奉工金肆大員。

胡履煒敬奉工金貳大員。

胡廣澤敬奉工金貳大員。

李同春敬奉工金貳大員。

余永合、梁泰昌敬奉福神神樓一座。

梁松年敬奉工金壹大員。

梁柏年敬奉工金壹大員。

梁椿年敬奉工金壹大員。

梁筠敬奉工金壹大員。

梁時升敬奉工金壹大員。

梁顯相敬奉工金壹大員。

胡宏幹敬奉工金壹大員。

胡緒開敬奉工金壹大員。

高朝敬奉工金壹大員。

植匯泉敬奉工金壹大員。

陳起福敬奉玻璃宮鐙壹對。

陳萬盛敬奉玻璃宮鐙壹對。

夏啟熊敬奉工金壹大員。

潘國基敬奉工金壹大員。

潘殿彪敬奉工金壹大員。

潘孔燮敬奉工金壹大員。

邵顯猷敬奉工金壹大員。

蔡喜孫敬奉工金壹大員。

曾興齊敬奉工金壹大員。

曾廣全敬奉工金壹大員。

陳大宇敬奉工金壹大員。

陳金彰敬奉工金壹大員。

黃朝福敬奉工金壹大員。

黃日喜敬奉工金壹大員。

盧育顏敬奉工金壹大員。

陳積善敬奉工金壹大員。

梁應麟敬奉工金壹中員。

梁泰清敬奉工金壹中員。

梁泰常敬奉工金壹中員。

胡宏基敬奉工金壹中員。

胡緒源敬奉工金壹中員。

胡緒兆敬奉工金壹中員。

胡金濤敬奉工金壹中員。

胡金松敬奉工金壹中員。

胡宏萬敬奉工金壹中員。

胡喜聖敬奉工金壹中員。

胡鐘沂敬奉工金壹中員。

胡紅桂堂敬奉工金壹中員。

徐符積敬奉工金壹中員。

徐時翰敬奉工金壹中員。

霍善邦敬奉工金壹中員。

霍昌萬敬奉工金壹中員。

潘源基敬奉工金壹中員。

潘浩基敬奉工金壹中員。

鄭渦成敬奉工金壹中員。

鄭紹洪敬奉工金壹中員。

鄭述協敬奉工金壹中員。

陳紹恭敬奉工金壹中員。

陳郁茂敬奉工金壹中員。

黃惠宏敬奉工金壹中員。

謝瑞洲敬奉工金壹中員。

盧桃規敬奉工金壹中員。

盧國祥敬奉工金壹中員。

衛廣富敬奉工金壹中員。

姚德傳敬奉工金貳錢四分。

潘達基敬奉工金貳錢正。

鄭和斌敬奉工金貳錢正。

梁錫鎏敬奉工金壹錢八分。

梁其輝敬奉工金壹錢八分。

梁日有敬奉工金壹錢八分。

梁進寬敬奉工金壹錢八分。

胡宏沛敬奉工金壹錢八分。

胡顯輝敬奉工金壹錢八分。

姚宏裕敬奉工金壹錢八分。

姚兆祺敬奉工金壹錢八分。

姚兆福敬奉工金壹錢八分。

姚兆禧敬奉工金壹錢八分。

霍庚棉敬奉工金壹錢八分。

霍沛敬奉工金壹錢八分。

簡志材敬奉工金壹錢八分。

鄭紹聯敬奉工金壹錢八分。

鄭紹旦敬奉工金壹錢八分。

曾十九敬奉工金壹中員。

梁筠尹氏敬奉工金壹中員。

梁念貞崔氏敬奉工金壹中員。

崔祥輝敬奉工金壹錢八分。

曾廣昭敬奉工金壹錢八分。

程閏成敬奉工金壹錢八分。

黃東貴敬奉工金壹錢八分。

鄭斯錦敬奉工金壹錢八分。

梁治成敬奉工金壹錢六分。

凌椿敬奉工金壹錢五分。

羅結成敬奉工金壹錢正。

新昌棧敬奉工金壹拾大員。

恒豐號敬奉九子銅鐙貳盞，另工金陸大員。

東西市眾商敬奉正殿楹聯。

悅勝號敬奉石酒船壹具、另工金壹員。

潘寶善堂敬奉七星旗壹枝。

聚和棧敬奉工金伍大員。

祐昌棧敬奉工金肆大員。

進合號敬奉工金肆大員。

泰昌棧敬奉工金叁大員。

隆記棧敬奉工金貳大員。

福昌棧敬奉工金貳大員。

順昌棧敬奉工金貳大員。

恒昌棧敬奉工金貳大員。

義和號敬奉工金貳大員。

同吉號敬奉工金貳大員。

勝淦號敬奉工金貳大員。

大昌窑敬奉工金貳大員。

穗豐號敬奉工金壹大員。

金昌號敬奉工金壹大員。

存仁堂敬奉工金壹大員。

美珍號敬奉工金壹大員。

怡益號敬奉工金壹大員。

順馨號敬奉工金壹大員。

合益號敬奉工金壹大員。

源昌號敬奉工金壹大員。

榮發號敬奉工金壹大員。

天安齋敬奉工金壹大員。

滙昌號敬奉工金壹大員。

東圃義和號敬奉工金壹大員。

長壽號敬奉工金壹大員。

滙來號敬奉工金壹中員。

錦雲號敬奉工金壹中員。

泗和號敬奉工金壹中員。

萬昌號敬奉工金壹中員。

泰昌號敬奉工金壹中員。

和益號敬奉工金壹中員。

昌隆號敬奉工金壹中員。

有祥號敬奉工金壹中員。

集興號敬奉工金壹中員。

傑隆號敬奉工金壹中員。

悅聚號敬奉工金壹錢八分。

三興號敬奉工金壹錢八分。

鄧彩綸敬奉工金壹錢正。

謹將築廟下石路喜捐芳名附列：

馮悅賢堂捐金伍大員。

馮蔭善堂捐金伍大員。

馮裕昆堂捐金伍大員。

馮慎言堂捐金伍大員。

馮思賢堂捐金肆大員。

馮載福堂捐金肆大員。

馮立本堂捐金叁大員。

馮裕福堂捐金叁大員。

馮應同捐金叁大員。

馮剛捐金貳大員。

馮畫捐金貳大員。

馮禮寅捐金貳大員。

馮福基堂捐金貳大員。

馮寬恕堂捐金貳大員。

馮應念捐金壹員半。

馮啓捐金壹員半。

馮禮剛捐金壹員半。

馮景華捐金壹大員。

馮穎啟捐金壹大員。

馮悅和捐金壹大員。

馮禮寵捐金壹大員。

馮昭榮捐金壹大員。

馮著兆捐金壹大員。

馮大志捐金壹大員。

馮應雄捐金壹大員。

馮福謙堂捐金壹大員。

馮仁厚堂捐金壹大員。

馮康樂堂捐金壹大員。

馮宏嵩捐金壹大員。

馮朝鎰捐金壹大員。

廣珍號捐壹大員。

馮作任捐金壹中員。

馮始剛捐金壹中員。

馮著雲捐金壹中員。

馮著綽捐金壹中員。

馮晴華捐金壹中員。

馮禮協捐金壹中員。

馮禮醱捐金壹中員。

馮禮暄捐金壹中員。

馮禮琦捐金壹中員。

馮著上捐金壹中員。

馮著國捐金壹中員。

馮著蕃捐金壹中員。

馮著珍捐金壹中員。

馮禮祿捐金壹中員。

馮千耀捐金壹中員。

馮翰華、海捐金壹中員。

馮昭濤捐金壹中員。

馮昭霜捐金壹中員。

馮禮登捐金貳錢八分。

馮禮康捐金貳錢正。

馮禮郁捐金壹錢八分。

馮輝尚捐金壹錢八分。

馮詩登捐金壹錢八分。

馮煥瓊捐金壹錢八分。

馮桂榮捐金壹錢八分。

馮禮翰捐金壹錢八分。

馮朝開捐金壹錢八分。

馮詩琪捐金壹錢八分。

馮著彪捐金壹錢八分。

馮著彥捐金壹錢八分。

馮禮學捐金壹錢八分。

馮詩衢捐金壹錢八分。

道光己酉二十有九年冬十月穀旦重修值事謹鐫。

【碑文考釋】

撰碑者馮景華,里人。

本碑記述了道光二十九年(1849)重修黃埔村北帝廟之事。

碑文首先指明本鄉乃水鄉,亦奉司水之神北帝,而且本鄉的北帝廟在宋代已經存在了。接下來略考證了北帝之來源,仍回到本鄉的北帝廟。北帝廟清代之前的歷史已無可考,最早有碑記記載的,乃乾隆十一年(1746)的重修,而且作者的曾祖父廷壯公曾主持那次重修。廷壯公,即馮廷壯,前碑中有記載,為重修北帝廟的緣首之一。除了乾隆十一年的重修之外,碑文還提到道光六年(1826)的重修,而且在乾隆十一年迄道光六年之間北帝廟"修不一"。但是都沒有碑刻留存。

最後碑文記述了道光二十九年這次重修的詳細經過。值得注意的是,這次工程,一切吉日都"諏於張王爺",因此塑張王爺(又稱三爺)的寶相,供奉於廟之西室。此事另有碑刻記載,見下碑。

30-3　清·馮景華:始祀張王爺碑記

清道光三十年(1850)

【碑刻信息】

存址:今廣州市海珠區柳塘大街黃埔村北帝廟內。

碑額:始祀張王爺碑記。隸書。

碑題:無。

尺寸:碑高 147 厘米,寬 73 厘米。

碑文來源:原碑抄錄。

【碑文】

昔展禽論聖王之制祀也,法施於民則祀之,以勞定國則祀之,能禦大災捍大患則祀之。烈山子柱植百穀,周棄播種,後世祀以為稷,共工氏之子后土能平九土,祀以為社①。則凡有功德於民皆可神而祀之,不拘方隅,不別今古,一視乎人心之敬服而已。今我廣州神而有益於民者,莫張王爺若也。張王爺者,緣道光初年修石井橋官道,董事縉紳素仰清遠雙井坑張王爺諏吉靈應,延王爺於石井,最起工建造,諸善日皆於王爺筊卜,工不日成,百凡利順。

---

　①　漢·鄭玄注,唐·孔穎達疏:《禮記注疏》卷四六〈祭法〉,頁 802 下:"夫聖王之制祭祀也,法施於民則祀之,以死勤事則祀之,以勞定國則祀之,能禦大菑則祀之,能捍大患則祀之。是故厲山氏之有天下也,其子曰農,能殖百穀,夏之衰也,周棄繼之,故祀以為稷。共工氏之霸九州也,其子曰后土,能平九州,故祀以為社。"

工竣,遂廟王爺於石井。道光己酉,修我族香火北帝神廟,紳老一信張王爺,乃踵石井諏吉,並迎王爺寶相旋鄉。坐鎮六越月,廟即告成。匠人樂安,族姓褆福,僉曰:"非王爺神庥,曷克臻此?"耆幼咸欲廟而神之,曰不惟我族福,而闔鄉莫不蒙其祐也。於是葺北帝廟之西室,像王爺像而崇祀焉。夫王爺之靈,初則昭昭於清邑之雙井坑,既乃著靈於城北之石井、城西之西邨,凡士民有所禱請,無不如禱而應。一切凶煞,為日家所深忌,無不化兇轉吉。夷考在昔,荷王爺諏吉而獲顯庥者,如茶園曹氏之以日破安神而子姓則應於十年,不孕之妾東邨唐氏重修祖墓,選日一遵王爺之吉,六載而三見孿生。即我鄉沐神恩而兆應不爽者,亦不乏人。目覩吾友遷墓,應時舉事,四山驟雨,而墓所不及者四。又族人作舍,巨石傾,神力仗匠手,擎而舉安。顯神靈之赫濯,而菽萌賴以貞吉者,不勝觀縷。夫有功於民則當神而祀,自古為昭。我族被王爺功德,至矣美矣,茲神王爺而廟食於為我鄉,亦猶古昔祀烈山氏之子為稷,共工氏之子為社之意耳。今我鄉士女罔不畏敬奉承,生淨信心,於西室之建像神之之始,多所樂輸,此神之發見昭著,有以使之也。族紳老屬余序其顛末,並誌輸誠士女鐫名於石,以矢弗諼於靡既。余弗敢辭,是為序。

沐恩里人馮景華敬撰。馮晴華熏沐書丹。

值事:馮穎志、馮詩登、馮始遠、馮景華、馮智中、馮詩曉、馮晴華、馮宏發、馮長青、馮著永。

謹將輸誠眾紳士敬奉各器工金戲金芳名臚列:

馮悅賢堂敬奉錫大香鑪、神相一尊、龍牌一座、銇聚寶鑪、柱聯一對、匾額一個、桌燈一座、工戲金五員。

馮慎言堂敬奉神樓一座、香案一副、工戲金拾伍員。

馮材敬奉神案一張、工戲金貳員。

馮大志敬奉印令全副、工戲金貳員。

馮英杰敬奉神帳一張、工戲金壹員。

馮樹榮敬奉工戲金肆大員。

馮昭顯敬奉神前懸燈一盞。

馮和樂堂敬奉工戲金貳員。

馮慎修堂敬奉工戲金貳員。

馮禮侃敬奉工戲金貳大員。

馮應榮、元湛、元材敬奉工戲金貳員。

馮佩琨敬奉工戲金貳大員。

東西市各店眾信敬奉工戲金伍拾員。

梁綸恩敬奉工戲金肆大員。

梁保庸、姚烓敬奉楹聯壹對。

胡紅桂堂敬奉工戲金貳大員。

馮穎志敬奉工戲金壹員。

馮耀初敬奉工戲金壹員。

馮穎啟敬奉工戲金壹員。

馮始純敬奉工戲金壹員。

馮景華敬奉工戲金壹員。

馮晴華敬奉工戲金壹員。

馮應雄敬奉工戲金壹員。

馮禮寵敬奉工戲金壹員。

馮著滿敬奉工戲金壹員。

馮著匯敬奉工戲金壹員。

馮著焰敬奉工戲金壹員。

馮著焜敬奉工戲金壹員。

馮昭淋敬奉工戲金中員。

馮昭彥敬奉工戲金中員。

馮禮許敬奉工戲金中員。

勝兆堂敬奉工戲金叁員。

順勝堂敬奉工戲金叁員。

梁松年敬奉工戲金中員。

梁柏年敬奉工戲金中員。

馮禮祿敬奉工戲金中員。

馮禮裔敬奉工戲金中員。

馮昭榮敬奉工戲金中員。

馮禮寅敬奉工戲金中員。

馮宏俊敬奉工戲金中員。

馮著珍敬奉工戲金中員。

馮壽昌敬奉工戲金中員。

馮詩巧敬奉工戲金中員。

馮昭理敬奉工戲金中員。

馮千耀敬奉工戲金中員。

馮禮持敬奉工戲金中員。

馮千仞敬奉工戲金中員。

馮著貞敬奉工戲金中員。

馮著藹敬奉工戲金中員。

馮著翰敬奉工戲金中員。

進合號敬奉工戲金貳員。

梁椿年敬奉工戲金中員。

梁筠敬奉工戲金中員。

梁時升敬奉工戲金中員。

馮泗餘堂敬奉工戲金中員。

馮日省堂敬奉工戲金中員。

馮康樂堂敬奉工戲金中員。

馮昌豪敬奉工戲金壹錢八分。

馮潁開敬奉工戲金壹錢八分。

馮詩莊敬奉工戲金壹錢八分。

馮宏準敬奉工戲金壹錢八分。

馮宏慶敬奉工戲金壹錢八分。

馮宏昭敬奉工戲金壹錢八分。

馮宏照敬奉工戲金壹錢八分。

馮宏職敬奉工戲金壹錢八分。

馮宏炳敬奉工戲金壹錢八分。

馮宏好敬奉工戲金壹錢八分。

馮宏容敬奉工戲金壹錢八分。

馮昭勝敬奉工戲金壹錢八分。

源盛號敬奉工戲金壹員。

李同春敬奉工戲金中員。

隆記號敬奉工戲金中員。

梁治成敬奉工戲金錢八分。

馮詩聶敬奉工戲金壹錢八分。

馮禮剛敬奉工戲金壹錢八分。

馮禮從敬奉工戲金壹錢八分。

馮禮聰敬奉工戲金壹錢八分。

馮禮崇敬奉工戲金壹錢八分。

馮禮康敬奉工戲金壹錢八分。

馮禮協敬奉工戲金壹錢八分。

馮禮交敬奉工戲金壹錢八分。

馮禮珦敬奉工戲金壹錢八分。

馮禮醱敬奉工戲金壹錢八分。

馮禮簡敬奉工戲金壹錢八分。

馮禮守敬奉工戲金壹錢八分。

馮應念敬奉工戲金壹錢八分。

馮應金敬奉工戲金壹錢八分。

馮智中敬奉工戲金壹錢八分。

馮道常敬奉工戲金壹錢八分。

梁泰清敬奉工戲金壹錢八分。

梁子瀏敬奉工戲金壹錢八分。

陳成敬奉工戲金壹錢八分。

馮桂榮敬奉工戲金壹錢八分。

馮芝發敬奉工戲金壹錢八分。

馮毓槐敬奉工戲金壹錢八分。

馮著活敬奉工戲金壹錢八分。

馮著雲敬奉工戲金壹錢八分。

馮著彪敬奉工戲金壹錢八分。

馮著允敬奉工戲金壹錢八分。

馮著堅敬奉工戲金壹錢八分。

馮著業敬奉工戲金壹錢八分。

馮著瑤敬奉工戲金壹錢八分。

馮著上敬奉工戲金壹錢八分。

馮耀祥敬奉工戲金壹錢八分。

馮耀芳敬奉工戲金壹錢八分。

馮輝餘敬奉工戲金壹錢八分。

馮大英敬奉工戲金壹錢八分。

馮元魁敬奉工戲金壹錢八分。

馮元會敬奉工戲金壹錢八分。

馮民暨敬奉工戲金壹錢八分。

馮民鎮敬奉工戲金壹錢八分。

馮燦海敬奉工戲金壹錢八分。

馮翰華敬奉工戲金壹錢八分。

馮翰海敬奉工戲金壹錢八分。

馮閏春敬奉工戲金壹錢八分。

道光庚戌三十年春正月上日值事敬鐫。

【碑文考釋】

撰碑者馮景華,里人,生平不詳。

本碑記述了張王爺在黃埔村的奉祀之始。張王爺本是清遠雙井坑奉祀的神靈,主要負責諏吉。而來到廣州的因緣,第一次是道光初年石井橋修官道,延請張王爺到石井諏吉,工竣,就在石井建廟奉祀張王爺;第二次就是這次道光二十九年(1849)黃埔村北帝廟重修,又請張王爺諏吉,這次就在北帝廟的西室塑王爺像,從此奉祀。碑文後半段又記載了若干張王爺靈異的“事蹟”。

本碑清楚地顯示了神明信仰的遷徙過程。

30-4 清·馮晴華:重修玉虛宮碑記

清同治四年(1866)

【碑刻信息】

存址:今廣州市海珠區柳塘大街黃埔村北帝廟內。

碑額:重修玉虛宮碑記。楷書。

碑題:無。

尺寸:碑高 150 厘米,寬 82 厘米。

碑文來源:原碑抄錄。

【碑文】

　　古者立廟以祀神,昭其誠也;修廟以妥神,昭其敬也。我族敬奉上帝神為萬年香火,以地瀕海,祀所宜也。帝之德莫可名議,位乎坎,道大配天,知必體天道,福善禍淫,能與配饗諸神同奠此土,眷此民也。敢不敬承恩德,尊崇廟貌,以妥神靈,略表誠敬也乎。廟因時而修,時而飾,碑紀歷詳。溯道光己酉修,晴華暨長青、詩曉與理。越十七載,同治乙丑,選等議修,晴等三人復同襄事,族之敬而事神者靡不樂輸。爰爝吉,二月升梁,四月升座,玉虛宮改舊牓題。既叶尊崇,還歌輪奐,每歲重三鄉人士會同庚,心香頂祝,舉凡祈年禱福,莫不向北坎抒誠,諸神起敬。神惟德輔,不惟善紀,樂輸即一念誠敬,上格諸天,俾爾多福,奚待工竣,刊名貞石,方足感於神明也耶。是為序。

　　沐恩里人馮晴華薰沐敬撰拜書。

　　重修值事:馮詩教、馮詩曉、馮晴華、馮伯棠、馮昭淋、馮仁樸、馮禮星、馮大章、馮長青、馮選、馮啓、馮著猷、馮著允、馮金順。

　　謹將敬送廟器工金芳名刊列於左:
　　馮立本堂重新神前桂對一對。
　　馮昭錦、馮昭榮、馮昭顯重新觀音神樓一座。
　　馮道生堂重新張王爺神枱一張、觀音殿神枱一張。
　　馮慎言堂重新張王爺殿神樓。
　　馮述經堂重新正殿神樓。
　　梁綸思重新頂脊聯一對。
　　馮裕福堂重新金花夫人神樓。
　　馮礼許重新福神槎一張。
　　馮選男其綺、其綬,孫為烈喜認香亭前石桂聯一對。

馮樹蔭堂重新廟門口金面木聯。

馮家瀛、馮城驥敬送張王爺鐵香爐一個。

馮慎修堂重新三官神樓一座懸燈一盞。

永合店重新福神殿神樓一座。

馮良弼喜認張王爺殿吊燈一座。

馮元焰喜認張王爺殿錫香爐一個。

曾門馮氏喜認三官殿座燈一個。

梁保庸重新抱柱聯一對。

馮悅賢堂重新抱柱聯一對。

馮應榮重新高腳牌四對、小七星族一度。

馮兆森兄弟重新張王爺旗令架一對。

馮慎修堂助工金壹拾五大員。

馮選男其綺其綏、孫為烈工金壹拾大員。

馮啟助工金五大員。

馮明康助工金五大員。

胡紅桂堂助工金五大員。

馮英杰助工金五大員。

永興圍助工金四大員。

馮宏效助工金貳大員。

馮昭德助工金貳大員。

梁柏年助工金貳大員。

帝福堂助工金貳大員。

胡履煒助工金貳大員。

馮千齊助工金貳大員。

馮耀祖助工金貳大員。

馮仁厚堂助工金貳大員。

馮禮用助工金壹大員半。

馮城驥助工金壹大員。

馮綿福堂助工金壹大員。

馮元楷助工金壹大員。

馮元鑑助工金壹大員。

馮廣義助工金壹大員。

馮昭浩助工金壹大員。

馮著上助工金壹大員。

馮城寶助工金壹大員。

馮宏大助工金壹大員。

梁時升助工金壹大員。

陳建常助工金壹大員。

馮良弼助工金壹大員。

金英會助工金壹大員。

馮蕙蕆堂助工金壹大員。

馮悅賢堂助工金壹大員。

馮宏佳助工金壹大員。

馮礼持助工金壹大員。

馮鼎勳助工金壹大員。

馮元熺助工金壹大員。

馮昭勝助工金壹大員。

馮元焰助工金壹大員。

馮晴華助工金壹大員。

馮昭瀏助工金壹大員。

梁耀成助工金壹大員。

梁泰煒助工金壹大員。

陳帶容助工金壹大員。

馮鐘靈助工金壹大員。

馮榮後助工金壹大員。

馮昭霜助工金壹大員。

宴新店助工金壹大員。

馮溥助工金壹大員。

馮宏樂助工金壹大員。

馮元瀚助工金壹大員。

馮寶書助工金壹大員。

馮錫祺助工金壹大員。

馮礼遜助工金壹大員。

馮城翰助工金壹大員。

馮著顯助工金壹大員。

夏日長堂助工金壹大員。

梁筠助工金壹大員。

海記店助工金壹大員。

馮廷錦助工金壹大員。

馮本源助工金壹大員。

馮添錦助工金壹大員。

鄧連合店助工金壹大員。

馮著醇助工金壹大員。

馮清淮助工金壹大員。

馮元焜助工金壹大員。

羅紹彰助工金壹大員。

馮鳳森助工金壹大員。

馮著謀助工金壹大員。

馮城勳助工金壹大員。

馮金順助工金壹大員。

馮著邦助工金壹大員。

衛榮德堂助工金壹大員。

奇珍店助工金壹大員。

馮恭儉堂助工金壹大員。

馮炳光助工金壹大員。

馮五之堂助工金壹大員。

馮穎啓助工金壹中員。

馮星華助工金壹中員。

馮光熾助工金壹中員。

馮運成助工金壹中員。

馮昭邑助工金壹中員。

馮著□助工金壹中員。

馮耀芳助工金壹中員。

馮曾氏助工金壹中員。

馮有楠助工金壹中員。

馮著艮助工金壹中員。

馮肇鏞助工金壹中員。

馮廣芬助工金壹中員。

馮元星助工金壹中員。

馮元春助工金壹中員。

馮沛璋助工金壹中員。

馮昭錕助工金壹中員。

馮惠文助工金壹中員。

馮贊昌助工金壹中員。

胡善昌堂助工金壹中員。

梁念宗助工金壹中員。

衛進佳助工金壹中員。

陳大字助工金壹中員。

鄧長奐助工金壹中員。

梁吳氏助工金壹中員。

馮粲輝助工金壹中員。

馮廸安助工金壹中員。

馮千□助工金壹中員。

馮著廣助工金壹中員。

馮家鸞助工金壹中員。

馮著奮助工金壹中員。

馮廣棠助工金壹中員。

馮礼武助工金壹中員。

馮著珍助工金壹中員。

劉泗和助工金壹中員。

羅継德助工金壹中員。

馮東文助工金壹中員。

馮道常助工金壹中員。

馮賜廷助工金壹中員。

馮有棠助工金壹中員。

馮著秋助工金壹中員。

馮畫助工金壹中員。

馮廣潮助工金壹中員。

馮應榮助工金壹中員。

簡懷礼助工金壹中員。

馮礼莊助工金壹中員。

馮北先助工金壹中員。

馮錦茂助工金壹中員。

馮礼幹助工金壹中員。

梁步升助工金壹中員。

梁連芳助工金壹中員。

衛進顯助工金壹中員。

黃瑞廣助工金壹中員。

順奐店助工金壹中員。

馮順平助工金壹中員。

馮著熙助工金壹中員。

馮成澤助工金壹中員。

馮廣基助工金壹中員。

馮積啓助工金壹中員。

馮瑞芝助工金壹中員。

屈志仁助工金壹中員。

馮煜桂助工金壹中員。

馮千顯助工金壹中員。

馮千樹助工金壹中員。

馮兆喧助工金壹中員。

馮仁思助工金壹中員。

馮顯揚助工金壹中員。

馮著春助工金壹中員。

馮有樞助工金壹中員。

馮著韶助工金壹中員。

馮浩然助工金壹中員。

馮期頤堂助工金壹中員。

劉奕攉助工金壹中員。

馮礼儉助工金壹中員。

凌步雲助工金壹中員。

黃爵威助工金壹中員。

馮錦芳助工金壹中員。

馮壽昌助工金壹中員。

梁龍芳助工金壹中員。

梁令瑜助工金壹中員。

衛進釗助工金壹中員。

黃瑞珍助工金壹中員。

伍三奐助工金壹中員。

馮浩平助工金壹中員。

源合店助工金壹中員。

馮佩琚助工金壹中員。

馮廣翰助工金壹中員。

馮著廷助工金壹中員。

馮玉符助工金壹中員。

永昌店助工金壹中員。

馮耀坤助工金壹中員。

馮著瑛助工金壹中員。

馮千祚助工金壹中員。

馮千齡助工金壹中員。

羅継良助工金壹中員。

馮林氏助工金壹中員。

馮著籌助工金壹中員。

馮有鎏助工金壹中員。

馮漢書助工金壹中員。

馮廣粲助工金壹中員。

馮詩曉助工金壹中員。

劉文煥助工金壹中員。

馮著巧助工金壹中員。

胡介貞助工金壹中員。

馮礼竺助工金壹中員。

馮錦兆助工金壹中員。

麥馮氏助工金壹中員。

梁桂芳助工金壹中員。

梁汝勳助工金壹中員。

黎廷典助工金壹中員。

徐東田助工金壹中員。

均隆店助工金壹中員。

馮著溢助工金壹中員。

馮廷燎助工金壹中員。

馮暟華助工金壹中員。

馮耀昌助工金壹中員。

馮宏準助工金壹中員。

馮廷秋助工金壹中員。

馮錦奇助工金貳錢四。

胡緒慶助工金貳錢正。

羅茂昌助工金貳錢正。

馮作光、馮作前、馮作裕、馮作後、馮作全、馮鎮能、馮鎮豪、馮鎮基、馮鎮安、馮鎮威、馮靜女、馮廣河、馮昭道、馮廣和、馮氏堅、馮松滿、馮宏玉、馮可驄、馮澤暘、馮昭樹、馮著績、馮廣源、馮仁樸、馮氏細、馮著根、馮廣堂、馮洪耀、馮致烜、馮女有金、馮廣澤、馮礼規、崔官鐸、馮元湛、馮著行、馮廣道、馮昭濤、馮兆坤、馮詩才、馮道成、馮礼孔、馮朝鐘、馮葉氏、鄭紹貢、陳蘇妹、姚宏裕、馮閏炳、馮礼軌、郭金注、馮宏聚、馮容致、馮昌豪、馮著河、馮廣如、馮千海、馮沛昭、羅継鈺、馮恭儉堂、馮黄氏、馮千浩、馮耀錦、馮廣樹、馮千德、馮礼如、馮志宇、徐成斌、馮著魁、馮致濉、馮閏基、馮礼科、馮著成、馮范氏、馮振基、馮昭輝、馮礼滋、馮昭鈐、馮細韜、馮灼輝、馮礼梓、馮炳寬、梁氏、梁兆礽、鄭振洪、陳國積、姚松盛、馮千開、馮耀初、馮著清、淨女換竹、馮千騰、馮容汪、馮聚挺、馮千年、馮詩照、馮長標、馮著書、羅継芳、馮廣楠、馮大基、林梁氏、馮著瀏、馮廣祐、羅述勳、馮陳氏、羅継彬、馮廣勤、徐時瀚、馮桂森、馮致廣、馮棟才、馮培寬、曾馮氏、馮朝垣、馮李氏、馮宏賛、馮千倉、馮滿林、馮礼亨、馮清秩、馮露啓、馮礼德、馮著池、馮著廉、胡宏基、衛廷芳、鄭振和、區氏、黎登昌、馮著明、馮著蘅、馮茂恒、鄗美裕、莫馮氏、馮昭匯、胡瑞和、馮昭晃、馮大光、馮長齡、馮礼禩、羅述文、馮廣懷、梁凌氏、馮國仁、馮著藝、陳女八、馮著祖、馮千梅、羅継全、羅泰堅、徐時潤、馮桂叢、馮致錕、馮傑才、馮煥轉、凌滙祥、馮紹源、羅述光、馮昌熾、馮金炳、馮詩閒、馮清泰、馮功啟、馮帝光、馮世熙、馮礼琬、胡德朝、吴光耀、馮英浚、李梁氏、曾逢奐、馮千孫、馮著萊、胡乾道、郭李氏、馮千煥、馮廣提、馮昭芝、馮昭壽、馮著勤、馮長□、馮可驥、羅述逑、馮礼奕、馮秩榮、馮廣慆、李女桂、馮氏金、馮千和、關陳氏、羅述長、徐時慶、馮炳文、馮致周、馮金陵、李馮氏、崔馮氏、馮著松、馮千貴、馮昭煒、馮宏聽、馮礼明、馮著常、馮廣波、馮詩簡、馮千楷、馮鴻運、胡鳳翔、鄭振南、馮英燦、閔土敬、悦昌店、馮宏翕、馮著功、李松奐、馮晉華、馮晢屏、馮千輝、馮楷明、馮帝豪、馮華彬、馮昭垣、馮著盈、馮著瑶、馮宏烈、馮華澤、馮簡氏、馮金鎮、馮千應、馮礼倫、馮著波、馮昭應、馮昭槐、馮金煥、馮昭理、羅金羣、馮千照、馮著霖、馮千瑞、馮著鋈、馮奮鐸、馮光傑、馮廣涼、馮潤觀、馮廣讓、馮粲德、馮閏相、馮肇焜、馮著潮、馮洪啓、馮詩暢、馮鐘傑、馮廣詠、馮昭彥、馮廣謙、馮耀彰、馮著選、馮梁氏、馮千英、馮著溥、馮華志、馮兆常、馮廣漸、馮礼教、馮元添:已上助工金壹錢捌分正。

　　同治四年歲次乙丑孟夏吉旦重修敬刊。

【碑文考釋】

　　撰碑者馮晴華,里人。

　　碑文首先指出本族所居濱海,奉祀北帝(玄天上帝)固所宜。因為北帝是司水之神。繼而稱頌帝德配天,足以眷顧一方之民,所以修廟以表誠敬,當然就是應有之義了。接下來碑文記述了重修的一些細節,比如作者與馮長青、馮詩曉二人,共同參加了道光二十九年和同治四年兩次重修的董理。查前碑和本碑值事名單,三人確實都在其中。這一點顯示了北帝廟的信眾群體的一貫性和穩定性。

30-5　清·馮煥章:重建玉虛宮碑

清光緒十七年(1891)

【碑刻信息】

　　碑分上下,合用碑額、碑題。

　　存址:今廣州市海珠區柳塘大街黃埔村北帝廟内。

　　碑額:重建玉虛宮碑記。楷書。

　　碑題:重建玉虛宮碑記。楷書。

　　尺寸:上下碑均高 189 厘米,寬 81 厘米。

　　碑文來源:原碑抄錄。

【碑文】

　　文林郎揀選知縣光緒乙酉科舉人馮煥章薰沐撰文。

　　蓋聞祀典有曰:"有功德於民者則祀,能禦大災則祀,能捍大患則祀。"①

_____

　　① 漢·鄭玄注,唐·孔穎達疏:《禮記注疏》卷四六〈祭法〉,頁 802 下:"夫聖王之制祭祀也,法施於民則祀之,以死勤事則祀之,以勞定國則祀之,能禦大菑則祀之,能捍大患則祀之。"

故廟貌每視神靈為盛衰。若吾里玉虛宮，其盛足紀焉。謹案是宮恭奉北方真武元天上帝，乃太陰始炁化生之神，攝躡龜蛇，鎮臨坎位，上應虛危二大辰宿，能祐善黜惡，摧邪歸正，迅掃妖氛，救護羣品，故歷朝皆崇其位號。祀典記載彰灼，余小子何容贊一辭。然值重新廟貌，第敘修建歲月，舖揚浮華，至神之大有功德於鄉族，與能禦灾捍患者，闕而不紀，何以誌不忘。謹訪耆老能道前烈者，錄之以垂悠久。

初，廟之剏建在於宋，而族始祖亦自宋淳祐間來□是鄉。同時有袁姓，並有石街馮者相錯處，後俱式微。我族獨緜延勿替，至前明，而族日蕃；及今，各房丁口之盛，倍蓰什百於明。民殷物阜，罕旱潦患，士之游庠序，登科第，搢紳笏仕者，視前有加。尤利行商服賈，遠迄歐洲、美洲，間里頓為增華。僉曰："伊神之賜。"用相勸我馮家。由是歲時祈年，重三日聯庚，祝神嘏，雲集廟中。故廟日修而日崇，愈恢愈廣矣。此鉅功潛德之可徵者一。

嘉慶間，張保仔嘯聚海上，為患經年。吾鄉匆促甃塘築基以守，足見人和要由神助。保仔果糾賊入村，忽若有覩，膽落而奔。里內用獲按堵。咸豐初年，紅匪陳顯良等豎旗新造墟，蹂躪鄉邑。嘗率眾竄鳳浦，是日晴霽，忽陰霾，賊見廟前七星旗飛揚，甲兵無算，怖畏顛沛，隨即潰散。其他轉禍為福事難覼述，而此為禦灾捍患之大端，尤其藉藉可徵者。且神之靈應亦以彙聚。其左曰水月宮，恭奉觀音大士；再左則為張王爺神殿，景響昭答，皆宜廟食百世。

且夫德威廣博，維神所以錫福下民也；廟祀豐隆，下民所以仰答神貺也。攷廟之香火為鄉族最，修建者屢。其近自乾隆十一年重建，道光己酉、同治乙丑重修，尚有能述者。蓋香煙盛則材物易朽，且有白蟻，故頻煩修復。茲覯牆垣欹側，棟楹荼桷，仰漏俯窊，非所以奠厥神居也。於是族紳四品銜前任福建惠安場鹽大使補用知縣馮選，與煥章等倡議重建，族正馮應甲、玉瑛兩茂才主其事，舉凡家居者、遠客外洋者，無老幼皆樂其成也。自捐、勸捐將二千金，各殷戶所認義會約三千金，務使堂寢廊廡、槺桷樠櫨，壞者易之，蠹者剔之，湫隘者廓之。以昔日地址易欹也，則加工填築；齋廚向無定所，則購旁地以補之。神像、神案，各視其力，重加修葺；器皿未全，爭先供奉，而廟益煥然美備矣。猗歟，非神澤入人者深，何能致此歟？眾情既協，謹以光緒辛卯孟夏祈告興工，是年季冬望日告成開光。于時星月輝映，祥薰颯至，神威洋洋，是歆是享。耆倪士庶莫不拜手稽首以頌曰："盛哉斯禮！宜大書深刻，壽諸貞珉。"第煥章學殖荒落，曷足膺茲鉅製。猥念童年曾恭禱於神，獲祐科名，且里人也，義弗可辭，故特詳敘如此。愚忱懇懇，抑更有芻蕘之說。四廟以重建，益輪奐厥，後廟事寄司祝，必也致誠致潔，毋愿匪人瀆神明，毋惰整理朽廟器，毋需索外來祈祝者，有一於此斥勿貸，廟規始肅。廟之嘗業在北步前，沙田圍田，毋使積欠侵蝕，廟食斯長。況神能祐善黜惡，摧邪歸正，民有非彝則殛之，人有善類則植之，凡欲事神，須體神心。且繼自今，廟無百年不壞，後有賢能遇壞必葺，惟其工固料實，堅樸微緻，思有以妥神之居，神依人而行，蓋將與吾族相終始，庶幾捍禦得所憑，而功德未有乂也。後之詣廟者尚其共鑑乎斯文。

值事：馮選、馮煥章、馮應甲、馮良弼、馮玉瑛、馮鏡璇、馮作後、馮榮熙、馮仲和、馮廣義、馮允濂、馮其亮、馮宏遠、馮澤行、馮國臨、馮國材、馮千齊、馮濟安、馮千齡、馮錫鴻、馮千匯、馮千敬、馮千幹、馮廣翰、馮千彬、馮金順、馮錫麟。

謹將眾信喜認廟內各器用並工金芳名開列于左：
重建佸事敬奉中門楹聯扁額。
馮選重新香亭木聯壹對，工金五員。
馮允濂喜認三官殿錫香爐壹對工金貳拾員。
馮德器喜認廟口新木聯一對，工金壹中員。
葉克昌堂信女、胡氏鄭氏、周氏謝氏敬奉水月宮白石長枱壹張。

馮慶善堂敬奉玉虛宮通花銅宮扇壹對連架、張王爺殿小輪輿壹對、觀音銅沙斗壹對。

馮仲和：工金壹拾員。

馮立本堂六宅重新正殿抱柱聯壹對。

馮千幹、馮千煊喜認張王爺行宮聖像鋪金。

馮千幹：工金五員。

馮千煊：工金五員。

馮樹春堂喜認張王爺聖像鋪金、龍牌鋪金、土地神像鋪金、龍牌鋪金。

馮昌明工金貳拾員。

馮茂枝堂喜認金花聖像鋪金、禾穗聖像鋪金、龍牌鋪金、神枱鋪金、神帳壹堂、吊燈壹枝、桌燈壹枝，重新正殿香案。

馮福謙堂、馮福基堂喜認重新三官殿神枱。

馮家驤等喜認重新三官殿神樓。

馮兆炳、馮錫垣喜認重新金花殿神樓。

馮家灼喜認張王爺殿抱柱聯壹對、工金五大員。

馮慎言堂喜認重新張王爺神樓。

馮安懷堂喜認重新正殿神枱。

馮千齡喜認正殿頂脊聯壹對。

馮錫慶堂喜認重新張王爺殿木聯壹對。

馮和樂堂喜認重新觀音殿木聯壹對。

羅仁和堂敬送銅宣爐壹座。

余永合店喜認重新土地神樓。

李馮氏敬送神帳壹堂。

傳漢敬送弔燈壹盞、工金壹中員正。

馮何氏男有勳敬送弔燈壹盞。

馮吳氏敬送弔燈壹盞。

馮永九敬送弔燈壹盞。

郭九敬送弔燈壹盞。

馮楊氏敬送桌燈壹盞。

純合棚店敬送木聯壹對、工金貳大員正。

東西市信商敬送木聯壹對、簽帳壹張。

羅述蔭敬送銅鼎壹座、石獅壹對連墪、工金伍拾員。

羅述儉敬送金地高腳牌四對連架、工金貳拾員正。

馮千敬喜認張王爺殿銅沙斗壹對、正殿錫高燈壹枝、工金壹拾員正。

馮林氏敬送木看燭壹對。

馮廣翰喜認重新正殿木聯壹對、工金壹拾五員正。

馮道生堂嘉政等喜認重新張王爺殿神柏、工金六員正。

馮昭顯等喜認重新觀音殿神樓。

馮迷興堂敬奉正殿白石長枱壹張。

馮鏡璇：工金叁拾員。

馮靜安堂、南河成興店敬送新輪興壹座。

馮靜安堂：工金叁拾員。

南河成興店：工金叁拾員。

馮貽厚堂敬送御棍壹對。

馮建良堂、馮敬善堂敬送小羅傘壹把。

馮金順敬送桌燈壹枝、神帳壹堂，工金貳員。

眾信堂：

馮仲彬、馮秋英、馮惟炳、馮維賢、馮朝梓、馮秋平、馮鑑鸞、胡能揚、胡淑宜、胡緒賢、鄭敏亮、何文威、凌樹桂、郭容凍、郭金垣、陳廷樞、梁文標、鄧祥、李靜女、羅靖女、李琪、張靜女、胡劉氏、胡鄭氏、花女官平、馮葉氏、馮陳氏、梁琴、劉妙青、羅妙環、馮簡氏、馮徐氏、馮劉氏、馮余氏、馮許氏、馮黃氏、陳簡氏、馮闕氏、闕菜容、馮簡氏、楊孫氏、衛馮氏、馮曰心。

已上仝喜認三官聖像鋪金、龍牌鋪金、觀音聖像鋪金、龍牌鋪金、觀音殿神柸鋪金、土地神柸鋪金、桌燈壹枝、神帳壹堂。

潘璧光敬送吊燈壹枝。

李靜女敬送桌燈壹枝。

鄧松昌石店敬送石香爐壹座、工金壹員。

聯誠堂、馮述經堂、馮思永堂、馮其義堂、馮芝盛、馮維翰、楊錫球、馮道成、馮兆雨、馮斯炳、馮廣椿、馮良弼、馮大生、馮耀毓、馮楊氏、鄭正新、羅福成堂、黎肖懷、馮秋陽、馮焰松、羅廣榮、馮滿林、馮兆文、胡緒焯、胡緒幹、胡緒善、馮灼南、馮屈氏、馮昭熠、馮偉業、馮榮炳、馮劉氏、馮潘氏、馮千堯、洪煥月、馮其嵩、董廷杰、馮千瑞、馮嘉政、馮千里、潘璧光、潘汝杰、潘寶年、馮汝庸、曾培基、胡達權、馮耀求、馮千星、馮昭晃、馮志明、馮秋光、馮簡氏、馮著美、馮靜安堂、梁鶯昌、馮廣志、馮慎誠堂、馮瑤積、林堯光、鐘獻金、胡殿江、馮奉莊、馮奉宣。

已上共喜認殿聖像金堂鋪金、龍牌鋪金、正殿重新小輪輿、重新神帳壹堂、正殿重新神樓、七星旗壹枝、正殿行宮聖像鋪金、大鼓壹個、桌燈壹枝。

馮念澤堂：壹百員。

有名氏：八拾員正。

馮勵氏堂：伍拾員。

馮集成堂：四拾員。

馮緝熙堂：叁拾員。

馮日昇：叁拾員。

福和店：叁拾員。

馮城翰:貳拾員。

馮城勳:貳拾員。

馮城驥:貳拾員。

羅玉書:貳拾員。

馮秋揚:壹拾五員正。

陳永祥堂:壹拾五員。

曜記店:拾員。

羅泮亭:拾員。

裕綸貞:拾員。

胡顯倬:拾員。

禮興店:拾員。

裕興店:拾員。

譚厚豐堂:拾員。

悅和店:拾員。

姚瑞南:拾員。

楊日亭:拾員。

福隆店:拾員。

恒隆鹹魚欄:拾員。

盧添和:拾員。

生和祥:拾員。

馮國材:拾員。

盧焯之:拾員。

馮千匯:拾員。

馮廣義:拾員。

馮鏡明:拾員。

馮錫鴻:拾員。

馮汝猷：拾員。

馮其勉：拾員。

合興行：八員。

廣福和：七員。

馮明康：七員。

馮千鋼：七員。

馮廣湘：七員。

橫水渡：六員。

阮進：五員。

羅作舟：五員。

陳澄波：五員。

陳良臣：五員。

簡星台：五員。

永同仁：五員。

廣福號：五員。

羅賢浩：五員。

羅澂浩：五員。

羅彭浩：五員。

羅樞浩：五員。

羅棟浩：五員。

羅維浩：五員。

羅敏浩：五員。

益茂號：五員。

同泰號：五員。

馮振邦：五員。

羅子芬：五員。

葉洛生：五員。

公源號：五員。

羅作雲：五員。

蔡星垣：五員。

羅珍浩：五員。

羅暢浩：五員。

和記公司：五員。

恭泰號：五員。

羅焯浩：五員。

鄧伯山：五員。

曾琼記：五員。

聚棧號：五員。

胡佐卿：五員。

劉芾南：五員。

聚益號：五員。

黎心田：五員。

恒記行：五員。

惠和號：五員。

屈叶三：五員。

陳德星堂：五員。

黃積裕堂：五員。

鄭雲浦：五員。

養和堂：五員。

胡經猷：五員。

胡善昌堂：五員。

怡泰店：五員。

源記號:五員。

陳酉敬:五員。

衛樹德堂:五員。

順隆德:五員。

同記號:五員。

吳瑞生:五員。

綿源店:五員。

鐸記店:五員。

林成之:五員。

成和公司:五員。

羅述猷:五員。

蔣仕佳:五員。

馮千程:五員。

馮成清:五員。

廣福昌:五員。

馮千朗:五員。

馮秋光:五員。

楊溢記:五員。

馮鎮邦:五員。

屈晴谷:五員。

馮□明:五員。

馮斯炳:五員。

豐泰庄:五員。

京昌店:五員。

馮琬珍:五員。

羅福添:五員。

馮榮炳：五員。

馮元秩：五員。

吳合豐：五員。

馮東裕：五員。

馮慎誠：五員。

馮濟安：五員。

泰興銀行辦房：五員。

廖義：五員。

蔡子莊：五員。

裕昇昌：五員。

黃景安：四員。

馮千堯：四員。

容功甫：四員。

馮天池：四員。

馮楫：四員。

馮國臨：四員。

馮沛霖：叁員。

黃萌初：叁員。

馮佐芳：叁員。

馮瑞丁：叁員。

馮昭耆：叁員。

元發行：叁員。

馮錦財：叁員。

馮著垣：叁員。

馮著亮：叁員。

林知章：叁員。

馮滿鎮:叁員。

馮著普:叁員。

馮千綸:叁員。

吳芝禮:叁員。

馮浩標:叁員。

馮仕清:叁員。

生和隆號:叁員。

梁燕昌:叁員。

衛奠臣:叁員。

馮瑤階:叁員。

馮著強:叁員。

黃清岩:叁員。

泰應南:叁員。

馮榮學:叁員。

至德店:叁員。

林冠章:叁員。

茂告祥:叁員。

馮耀華:叁員。

明德店:叁員。

恒茂咨:叁員。

新造順隆店:叁員。

馮鑑:叁員。

明記號:叁員。

簡六佳堂:叁員。

安泰押:叁員。

馮千浩:叁員。

慎安店：叁員。

凌潤芝：叁員。

同昌店：叁員。

馮朗如堂：叁員。

巢益厚堂：叁員。

高翊臣：叁員。

廖全昌：叁員。

馮瑞珍：叁員。

廣福興：叁員。

羅朗邨：叁員。

公昌店：叁員。

馮仕昌：叁員。

談巨生：叁員。

陳瑞遠堂：叁員。

馮玉儀堂：叁員。

馮因樹堂：叁員。

馮承業堂：叁員。

馮昭熠：叁員。

馮經：叁員。

馮哲華：叁員。

馮千翰：叁員。

馮千明：叁員。

馮作後：叁員。

馮善鎮：叁員。

馮裕蔭堂：貳員半。

李景垣：貳員。

梁少彭:貳員。

德和祥:貳員。

陳豪章:貳員。

裕申恒:貳員。

胡善富:貳員。

陸松裕:貳員。

合成店:貳員。

廣興祥:貳員。

陸蓉川:貳員。

李爵廷:貳員。

羅厚之:貳員。

劉蔭泉:貳員。

王家緒:貳員。

怡源店:貳員。

萬全:貳員。

鉅源:貳員。

亨記:貳員。

鄧贊廷:貳員。

唐明溪:貳員。

梁景南:貳員。

安興號:貳員。

一壺天:貳員。

義記洋行辦房:貳員。

衛子元:貳員。

蘇焯廷:貳員。

蔡耀光:貳員。

吳顯廷：貳員。

李紹華：貳員。

施耀德堂：貳員。

蔡應才：貳員。

李成昌：貳員。

原樂：貳員。

逢泰店：貳員。

黃石泉：貳員。

鄺明遠堂：貳員。

錦昌店：貳員。

益隆店：貳員。

周雲訪：貳員。

何雲境：貳員。

凌其燊：貳員。

羅述述：貳員。

泗珍店：貳員。

廣吉店：貳員。

埠隆店：貳員。

彩珍店：貳員。

洋珍店：貳員。

咸記：貳員。

三興店：貳員。

合昌店：貳員。

廣昌店：貳員。

鐘誠佳：貳員。

利豐行：貳員。

振成店：貳員。

淇源店：貳員。

西商亞的沙：貳員。

泰盛店：貳員。

陸貢川：貳員。

廣源盛：貳員。

均裕店：貳員。

永興和：貳員。

黃朧川：貳員。

生源店：貳員。

黃竹友：貳員。

恒昌店：貳員。

陳瑚海：貳員。

亨記店：貳員。

瑞吉店：貳員。

陳逸樵：貳員。

凌伯平：貳員。

益隆店：貳員。

衛柱臣：貳員。

怡源店：貳員。

郭桃溪：貳員。

郭藻溪：貳員。

郭守餘堂：貳員。

郭蔭溪：貳員。

源豐潤：貳員。

鄧玉華：貳員。

雷鏡池:貳員。

羅述良:貳員。

楊緒補:貳員。

梁礼禎:貳員。

楊甜:貳員。

昌盛隆:貳員。

德昌店:貳員。

盧添順:貳員。

李秋垣:貳員。

凌慶端:貳員。

正昌店:貳員。

黃紫安:貳員。

羅慶南:貳員。

詠隆元:貳員。

陸裕後堂:貳員。

楊聲意:貳員。

陳鴻清:貳員。

南興隆:貳員。

麥崇義堂:貳員。

劉瑞生:貳員。

何熙垣:貳員。

羅述文:貳員。

和源店:貳員。

夏日長堂:貳員。

莫耀堂:貳員。

謙信:貳員。

聯生店：貳員。

李日熙：貳員。

馮蘊之：貳員。

馮千煥：貳員。

馮公彝：貳員。

馮藟香、馮草堂：貳員。

馮著周：貳員。

馮瑤積：貳員。

馮廣但：貳員。

馮維寶：貳員。

馮應啟：貳員。

馮千彬：貳員。

馮河清：貳員。

馮其傑：貳員。

馮樹堂：貳員。

馮照焰：貳員。

馮同樹堂：貳員。

馮著寶：貳員。

馮著恩：貳員。

馮鞏：貳員。

馮著謀：貳員。

馮滿林：貳員。

馮礽：貳員。

馮禔：貳員。

馮振聲：貳員。

馮廣儀：貳員。

馮鐘靈：貳員。

馮著群：貳員。

馮慎言堂、馮麥氏：貳員。

馮廣堯：貳員。

馮廣唐：貳員。

馮廣陶：貳員。

馮承焰：貳員。

馮禮儀：貳員。

馮恒安堂：貳員。

馮國文：貳員。

馮著儔：貳員。

馮學韜：貳員。

馮福培：貳員。

馮晉華：貳員。

馮浩昌：貳員。

馮千謀：貳員。

馮應甲：貳員。

徐序堅：貳員。

黃柏邨：貳員。

馮秋仁：貳員。

馮沛成：壹兩貳錢正。

馮其利：壹員半。

義興店：壹員半。

新昌杉店：壹員半。

簡新義利：壹員半。

馮德標：壹員半。

新義和：壹兩正。

元亨店：壹兩正。

順昌店：壹兩正。

馮千傑、陳達和、馮廣錫、馮時學、黃進恒、周世成、馮廣鏞、馮永年、周世英、陳炳、馮廣柏、馮秋發、廣盛店、黃彰礼、馮沛樑、馮旭輝、陳就廣、黃兆焜、馮桂添、馮著驛、何厚植、銓合店、馮桂煊、馮樹南、何厚禧、李光浦、馮壽謙、馮旭榮、許萼生、黃達筠、馮福煊、凌相寬、朱式如、林錦亭、張炳光、關錦江、石綿遠、源景行、馮瑞禎、薛少泉、劉守慎堂、陳鳳臺、鄭達保、簡蔭田、區旭初、鴻裕號、馮肇焜、郭威、林子謙、李澤楠、馮千暉、靜女周改、吳昌臣、黃定安、馮國彥、羅樂朋、鄧佐生、黃定波、馮著概、羅煥文、杜祥記、馮秩邦、羅煥亭、張勵賓、興利合記、馮洪柏、興記號、郭秀生、冼耀揚、馮偉人、安順店、周定鴻、林吉雲、馮廣鑾、李月池、陳輔臣、譚煥廷、馮玉堂、劉協之、游介眉、義和隆、馮兆雲、陸應濂、曹永裕、梁昌、馮千基、韋占雲、志和玲記、陳滄洲、馮聚信、馮賽瑤、陳信英、林敝臣、馮錦英、馮千枝、吳吉堂、何樹根、馮錦權、馮千屏、何溢琼、葉達三、福記店、容德立、潘經傳、彭氏、陳伯和、歐竹亭、楊錦洪、楊順義、李耀藩、黃慶南、陳柏窻、楊錦榮、黃潤何、楊德富、盧楊氏、盧陳氏、盧錦泰、梁彩滿、梁廣志、黎鏡泉、駱秀石、陸次雲、劉務蓑、徐華鈞、薛賡年、徐介南、梁耀庭、屈星槎、徐晴川、徐萬清、曾福亮、陳牛、羅振全、梁冠英、梁載之、郭寅初、陳少岩、戚俊生、梁傑琛、夏俊生、卓禧庭、高世煊、梁景三、簡展鵬、桂芳、簡世熙、徐成會、曾泰源、黎潤生、梁耀星、徐棟臣、吳藻馨、關維湘、羅亨記、協和記、何家泰、馮帝豪、馮千豔、馮元昌、馮廣祺、馮啟保、馮曉、馮照炘、馮潤輝、馮啟祥、馮駿發、馮錦焰、馮榮柏、馮炳章、馮顯揚、馮愛杏、馮著華、馮錦堂、馮廣才、馮廣煌、馮翰屏、馮華耀、馮廣椿、馮千兆、馮照熊、馮會澤、馮千發、馮廣金、馮廣深、馮忠杰、馮庭彌、馮關氏、馮紹裘、馮紹棠、馮紹壎、馮成允、馮其冉、馮彬、馮為盛、馮為寶、馮為熙、馮為邦、馮肇沅、馮劉氏、馮騰曜、馮怡和、馮其國、馮其景、馮黎氏、馮梁氏、馮敏韜、馮敏顯、馮敏祥、馮敏賢、永泰隆、楊耀南、崔珠、周瑞年、張貫戌、紀錦春、陳妹、方積裕堂、原潤樑、原金土、蘇志貞、董美舉、百和堂、高維昭、葉廣全、曾達之、吳慎德堂、梁錦田、長友店、陸汝元、陳振雄、周錦寬、周錦和、梁娣、胡國仁、寶安隆、楊榕章、李朝選、胡注汪、西樵羅劉氏、胡濬淇、羅錫垣、林文星、林金倫、胡殿江、陳潤波、潘殿桂、廣生店、李祥華、黃瑞珍、胡成合、梁杜氏、朱順利、謝裕光、胡朝發、吳容福、胡殿昌、陳培、曾紀嵩、劉泗和、林廸章、梁昭成、黃谷仔、和泰店、怡珍店、觀自在軒、順興店、生生堂、合昌店、富珍店、錦珍店、安生店、寶源店、悅豐店、源安店、和珍店、存壽堂、永隆店、百福店、元和店、鍾記店、合聚店、和利店、利成店、同興店、頭艇祥利、鄧樂廷、兝源店、李偉記、成記、李榮發、楊耀廷、成昌店、泰進記、李素賢、萬龍店、馮錫垣、馮千進、馮宏開、馮金興、馮元善、馮堯輝、馮廣初、馮增鹿、馮家彬、馮家湘、馮國麟、馮廣桐、馮壽垣、馮壽熾、馮壽椿、馮明細、馮著東、馮千秀、馮裕生、馮著威、馮紹森、馮禮禧、馮著秩、馮致錕、馮秋官、馮著東、馮廣祐、馮千偉、馮千嶽、馮鴻文、馮著健、馮榮嵩、馮秋福、馮著翁、馮炳文、馮德厚堂、馮秉良、馮耀沃、馮應時、馮注松、羅壽泉、馮日昌、新泗勝、馮潤楷、張集善堂、馮日康、周世啟、花女馮浣泇、陳浩勳、馮榮開、馮喜成堂、馮國燎、馮沛昆、馮兆炳、馮錦洪、馮著杰、馮春柏、馮朱氏、馮維銓、馮陳氏、馮顯耀、馮作成、馮著崇、馮千貫、馮千鶴、馮家齊、馮福添、馮珽珍、馮明浦、馮浩基、馮傑榮、馮金富、馮耀開、馮廣胖、胡培根、胡麗考、胡馮氏、孫楊氏、梁睿生、陳敬釗、陳焰彬、梁芺澍、生興店、劉翅文、新合意、裕安店、宏泰店、泗和堂、致和堂、同和利、全棧、馮汝材、馮耀駒、馮耀熙、馮紹芳、馮禮如、馮秋雨、馮廷基、馮潤啟、馮松桂、馮觀光、馮著享、馮廣恢、馮啟桃、馮錦威、楊順彪：已上各壹員。

徐序賢、胡熾榮、胡錦榮、鐘福枝、李馮氏、梁慶年、梁慶鎏、梁慶賀、梁慶秋、范瑞意、林馮氏、胡寶泉、陳繼祖、陳秉灶、陳進明、陳基、莊李氏、黃兆塾、郝育平、梁馮氏、馬松根、徐序康、馮容傑：已上各壹大員。

馮步森、吳光耀、吳炳財、馮毓章、馮敬業、馮元泰、馮廣樂、馮千鐘、馮錦培、馮慶臣、李錦全、梁張氏、馮嘉亮、馮廣津、馮秋培、馮秋旺、馮其塤、馮千棠、馮千傑、馮千籌、馮千城、潘應煌、潘應金、潘應堯、馮潘氏、凌同濟堂、廣興祥、潘勝安、永發店、燕南店、林帶積、東聚店、洪昌店、永濟堂、章興棧、經泰店、廣豐店、廣安店、廣順店、同和店、友寬、羅博安、黎泰階、楊蒓、梁侗、馮樹華、馮寶盈、馮永春、馮應祥、馮宏森、馮堯貫、馮堯治、馮松焰、馮福餘、馮就娣、馮清桃、馮禮式、馮千榕、馮淡娥、馮昭應、鄭斯熙、梁德隆、同順店、亮記、金記、恒記、鄭斯堪、鄭斯協、鄭汝康、鄭耀麟、彭潤、黎燦之、崔馮氏、朱金換、郭帶好、梁積貴、羅銘達、潤壽店、永興店、存濟堂、同聚店、天生堂、順泰店、劉全昌、梁泰利、李威、榮記、凌鏡泉、楊順祥、黃雨森、曾同和、盧金、德興店、郭祥、義合店、福合店、楊詒樂堂、楊順達、同泰店、蔡義合、杜細容、陳得勝、鄧福安、英記店、楊進貴、成發店、仁昌店、南昌店、梁敬昌、梁帶、李心泉、茂源店、耕田來、王潤桂、馮千蒓、馮著惠、馮千裔、馮培基、馮秋志、馮金棠、馮金杰、馮仲彬、馮禮亨、馮汝幹、馮緯興、馮瑤聘、馮著昌、馮千洲、馮千拱、馮千能、馮千聲、馮千春、馮有藘、馮帝裕、馮錫恩、馮著遠、馮詩傑、馮炳宗、馮常、馮祥斯堂、馮遂意、馮湛熙、馮樂和、馮漢秋、馮禮巨、馮柏芬、馮承芬、馮成滿、馮成標、馮淮翰、馮兆華、馮兆慶、馮兆堅、馮兆康、馮錫興、馮錫杰、馮千枝、馮千恕、馮著璧、馮國永、馮容基、馮玉銓、馮貴旺、馮錦華、馮灌棠、馮應標、馮朝彬、馮朝滔、馮朝深、馮澤芳、馮玉彬、馮玉凉、馮玉倫、馮瑞根、馮晉英、馮瑞圖、馮子珍、馮為鐸、馮福培、馮福昌、馮鎮和、馮富彬、馮顯芬、馮顯儀、馮傑□、馮裕光、馮成光、馮漸堂、馮意田、馮關氏、馮禮傑、馮海溪、馮秋盛、馮慶昌、馮浩生、馮千梅、馮燊、馮禮嚴、馮禮建、馮作明、馮承田、馮瑞熙、馮懷謙、馮民清、馮澤霖、馮維爵、馮兆芬、彭汝懷、盧梁氏、馮松森、劉傑記、關永澤、盧松根、李登盈、關國鏞、馮松波、盧松寬、馮著護、梁盧氏、馮民海、馮玉屏、馮小馨、馮佩鸞、馮千嶽、馮潤卯、馮自歡、馮堯謙、馮寶珍、馮煥開、馮佩凰、馮著才、馮美好、馮捧杉、馮翠仙、馮千祥、馮鏗渭、馮鏗棠、馮鏗宇、馮振全、馮閏國、馮夏氏、馮廣、馮錦祥、馮松基、梁殿南、區貫、尹泰來、胡朝財、黄子峯、鄧溶鑑、有名氏、黎金、美南店、何誠初、譚悦傳、潘剛傳、羅記、劉晉高、楊毓雲、何錦堃、李橋、陳滿章、楊鸞坡、周華登、陳耀發、梁錦寬、梁應元、歐世煌、陳仁山、黎秋成、梁奇光、杜松柏、周金、陳錦松、簡秀垣、新合記、郭漸光、彭九、屈楚生、楊成發、吴容基、黄彰祥、廖廷均、闞琼、麥廷坤、林躍門、怡安店、黄□、馮格書、徐甘澍、盧梁氏、陳耀廷、馮嚴氏、馮著球、馮廣祐、馮廣柱、馮素清、馮著洪、馮瑞佳、馮蒲基、馮廣彬、馮杏宴、馮沛霖、馮廣悦、馮明達、馮著雅、馮著滔、馮肇郁、馮千繡、馮禮務、馮禮蔭、馮廣熙、馮其莊、馮燦芝、馮著光、馮金榮、馮錦枝、馮桂森、馮維彬、馮維炳、馮連寬、馮如琛、馮廣桃、馮廣杞、馮賜婉、馮沛熙、馮廣儉、馮鏗睿、馮豔儀、馮桂容、馮趣儀、馮換轉、馮美馨、馮其詠、馮肇瑛、馮侶書、馮社娘、馮錫暄、馮慕琳、馮肇基、馮肇華、馮翰藻、馮輕炳、馮著賢、馮裕坤、馮裕珍、馮瑞生、馮瑞基、馮成滔、馮承養、馮承寶、馮瑞忠、馮國裕、馮廣勒、馮鎮文、馮厚培、馮樹芬、馮堯興、馮文錦、馮振標、馮莫氏、馮胡氏、馮維煥、馮錫熾、馮著彬、馮沛容、馮沛郁、馮鎮法、馮杏如、馮杏娟、馮杏齊、馮杏容、馮有林、馮有祥、馮炳佳、馮郁桂、馮譚氏、馮煥足、馮昭裔、馮松能、馮滿成、曾雲漢、鐘錦桐、陸銀邦、凌梓才、羅黄氏、怡發園、羅陳氏、陳九仔、衛世安、李鳳祥、陳連添、陳容昇、李其興、李林氏、彭德當、周進華、曾啟章、姚有坤、徐畢氏、歐陽義德、歐陽聰、胡北愛、胡琼廣、蕭小鴻、蘇就勝、梁華炳、吕號、陳錦堃、李錦輝、譚順騰、譚炳杰、衛世衡、黄表樂、陳祥添、陳祥枝、馮廣佀、馮廣柏、馮閏嫦、馮廣樑、馮灼楠、馮灼權、馮定娥、馮兆芳、馮瑞其、馮進滔、馮貽建堂三宅、馮成基、馮千篆、馮昭業、馮坤然、馮文驥、馮禮合、馮廣章、馮柏根、馮可騏、馮閏維、馮芝盛、馮瑞鐘、馮耀球、馮振球、馮千就、馮昭偉、馮著鶴、馮顕宗、馮致松、馮柱廷、馮昭茂、馮昭贊、馮昭享、馮祺祜、馮富春、馮富德、馮禮秩、馮禮勝、馮著書、馮千蔭、馮日滔、馮禮植、馮廣達、馮廣開、馮流興、馮玉顏、陳兆財、梁燦記、黎理卿、鄭奕興堂、白甘雪、白六妹、梁氏、馮著菜、凌振基、梁兆英、梁鈖榕、鄧金水、陳金顕、黎應堦、黎應津、林秋利店、鄭敏亮、陳永其、陳堅、李聯振、胡朝福、楊其晉、利鏜濬、黎康、馮榮福、馮千壽、馮意聰、馮意柔、馮宏勳、馮松華、馮晚壽、馮木池、馮著林、馮鎮海、馮浩泉、馮秋騰、馮著炅、馮輝鎏、馮輝樹、馮著荊、馮千樂、馮著電、馮千業、馮金能、馮炳南、馮禮海、馮錫墍、馮維濬、馮著河、馮悅森、馮廣勳、馮兆安、馮其尹、馮廣韶、馮曾氏、馮群芳、馮錦春、馮樹檀、馮樹蔭、馮千佳、馮耀昌、馮衛氏、馮玉霞、馮簡氏、馮千城、馮著澄、馮昆湛、馮帶好、馮占祥、馮福開、馮福培、馮羅氏、馮細妹、馮昭龍、馮千譽、馮廣樹、馮宜春、馮洪運、馮元鑑、馮敬松、馮許氏、馮永衍、馮兆熊、馮免棄、馮吳氏、馮靐、馮柏昆、馮有常、馮細妹、馮鑑光、馮福沾、馮紹端、馮紹□、馮□□、馮□□、馮菜聘、胡馮氏、馮著明、馮家儀、馮家相、馮大年、馮瑞成、馮西泉、馮禮儔、馮千威、馮帝成、馮演樹、馮沛杰、馮念生、馮維嵩、馮維滿、馮浩榮、馮李氏、馮懷坤、馮廣全、馮著旺、馮滿娣、馮棟葉、馮國聰、馮燦威、馮秩初、陳窩帶、楊祐隆、楊聚隆、南順店、同棧、粵增隆、杏芳店、鄧煥彪、裕和店、林炳正、麥氏、凌朝明、屈詩獻、屈禮和、屈士楚、胡運泰、胡兆機、羅瑞聯、陳旺蘇、衛文保、陳沛然、陳炳洪、何元記、宋金勝、陳滿、李翠玉、李馮氏、李廷煊、李廷威、徐五妹、潘梁氏、羅淇滔、羅秉南、吳開、梁慶釗、鐘高、業廣禮、蘇開鑑、凌杍、凌棠記、義合棚店、德興店、福興店、耀記、胡枝培、胡積昆、羅錫、公和店、業東耀、梁兆允、簡華敬、業進滿、曾祖培、林愛珍、簡燦賢、陳廣、廣盛店、黎燦灝、謝氏、朱光杰、李洪裕、陳漸洪、大安店、源盛店、義合店、胡斯、德和店、楊桂高、全和店、郭裔發、陳錦全、方六桂堂、廣興店、郭正才、興和店、東安店、長興店、郭居、凌其湛、梁洪斯、梁炳芳、梁朝芳、梁朝敬、林金海、林金煥、和益店、順豐店、雲心店、徐區氏、李馮氏、劉炳隆、劉炳桂、林馮氏、黃金、梁振祥、長興店、已上各壹中員、何卓佳、何國林、張容泰、陳秀雲、莫宵麗、朱蘇、曾會鐘、鄭長銘、韓燦基、賴月明、長益店、鄭占和堂、楊坤記、楊順登、楊橋、梁茂成、梁廸、長和店、李樹德堂、楊昇、楊耀祥、楊富敬、楊訓沖、梁星亮、杜松柏堂、宋泗利、闕水耀、人生堂、焰記、聯興店、章興店、勝源店、就記店、就和店：已上各三錢六分。

楊新秀、黃南山、合盛店、錫記、逢利店、義成店、有利店、日興店、會生堂、大隆店、用行店、信祥堂、澤蘭堂、梁保生、祥發店、新同記、合興店、鄧志高、東裕店、盧明、梁蘇、陳金就、陳福安堂、祥順店、林氏、阿金、恰心店、李耀記、泰昌店、崔毓初、鄭培、兩明店、梁炳基、周金成、馮肇晉、馮碧仙、廣華店、燕南金記、其昌店、馮莫氏、楊永富、楊福、祥馨店、盧窩蕴、遠盛店、楊成、新昌店、李宅、倪乾初：已上各一錢八分。

何啟倫、泗和店、李容錦、周根、馮杜氏、泗隆店、永棧、忠記、盧就當、楊思遠堂、楊昇流：已上各一錢四分。

馮千紀、萬利、江記、馮炳堯、梁浩財、黃妹、馮八妹、馮千作、梁花女、盧洪啟、盧秋、祥隆店、黃和、同安店、盧蕴、梁金華、何柏、劉英、鄧華、簡鳳岐、張宅：已上各□分□。

阿煥、陳綺南、華棧、德豐店、日隆店、郭福、馮振庸、馮振膺、何有、李杏環：已上各壹錢八分。

鄧寬裕堂：壹錢零八厘。

馮沛杰：壹錢正。

彭蚊：壹錢正。

昌和店、楊黃氏、黃松滿、黃金祐、彭柏全、陳潤爵、黃生能、陳海、陳紫、陳福善堂、黃松錦、黃松有、彭玉帶、林大勝、陳甦、邵廣賢、黃珠、麥道館、陳榮基、莫生、鄧煥源、陳細、合和：已上各七分二厘。

南約定安堂：香資壹拾大員。

琶洲徐世德堂：香資貳大員。

永靖營黃埔廠陳：香資壹員。

車陂大昌窑：香資壹大員。

東圃萬興店：香資壹中員。

光緒十七年歲次辛卯季冬吉旦重建值事仝敬刊。

【碑文考釋】

撰碑者馮煥章,里人,光緒十一年(1885)舉人。

本碑爲舉人馮煥章爲光緒十七年(1891)北帝廟的重修而作。碑文開頭先概述了玄天上帝的本源與受崇祀的情況,但馬上即指出,本文主要的内容是敘述北帝廟的重修經過,以及北帝所給本鄉族帶來的功德與保護。

接下來碑文便追溯了本族初遷此地與建廟的歷史。宋代本族始祖遷來是鄉,大約同時建廟。雖然同時居住的還有袁姓與石街的馮姓,但是後來此二姓均式微。惟本族馮姓,自明代起得以繁盛。爲了感謝北帝的功德,本族人不斷修廟,使得廟宇越來越恢弘。

另外碑文記述了兩件足以表明北帝的功德的大事,一是嘉慶間抵禦海盜張保仔的故事,一是咸豐初年抵禦陳顯良等洪兵的故事。由此我們知道這兩支力量曾到過黄埔村。

由於神的"功德",所以鄉民屢次修建廟宇。碑文舉了年代較近的乾隆十一年(1885)、道光二十九年(1849)和同治四年(1865)等三次重修爲例,但是均一筆帶過。碑文用墨較多的是這次的重修,開始於光緒十七年的孟夏,竣工於該年的季冬。同時碑文詳述了重修的倡議者、主修者,以及捐款情況、修築情況、落成情況等。最後,碑文作者表達了自己對鄉人的希望,不要讓人褻瀆神明,不要懶於打理廟和神器,不要要求外來者的祈祝,以正廟規;另外,不要令廟產遭到侵蝕,以使廟食長久,等等。

31　北廟(大北門直街)

【廟宇簡介】

北廟,在大北門直街①。又耿繼茂〈重修玄帝廟碑記〉記廟在"城之北十里,地名沙涌"。此廟主祀玄天上帝,故又稱玄帝廟。

根據同治《南海縣志·建置略·祠廟》的記載,大北門直街的北廟應屬廣州城最古道觀之一,至少在宋代已創建("兩廊碑碣林立,皆宋元刊刻")。另外同治《南海縣志》懷疑此北廟即北宋樂史《太平寰宇記》所記的北廟,並引《太平寰宇記》云:"天井崗下有廟,甚靈。土人祈年報賽,咸奔走乎此。州人稱之為北廟。"另外,北廟原祀三教祖師(孔子、老君和如來佛祖),但明以後,改主祀玄天上帝②。北廟是於清初李成棟之亂時毀於大火③。康熙二十四年,"駐防參領高登始修復之"④。

今廟已不存。但直至清末、民國初年的時間,北廟還是一座重要的道教廟宇,"規模雄峻,香火至盛。兩廊碑碣林立,皆宋元刊刻,有至聖先師暨老子、如來諸象,復有明成祖巾服御容。其他斷碣殘碑,泯沒如土"⑤。本書收錄的明天啟元年(1621)〈老子像石刻暨題字〉及崇禎六年(1633)〈許真君像石刻暨題字〉這兩通碑都是由道士麥兩岐所立的碑石。

31-1　文昌帝君暨侍者像石刻並題字⑥

明萬曆四十八年(1620)

【碑刻信息】

存址:舊在大北門直街北廟廟內。今已不存⑦。

---

① 清·鄭夢玉等修,梁紹獻等纂:同治《南海縣志》卷一一〈建置略·祠廟〉,《中國方志叢書》第50號,頁119上。

② 以上信息參清·鄭夢玉等修,梁紹獻等纂:同治《南海縣志》卷一一,《中國方志叢書》第50號,頁119上;黃佛頤編纂,仇江、鄭力民、遲以武點註:《廣州城坊志》,頁361。

③ 黃佛頤編纂,仇江、鄭力民、遲以武點註:《廣州城坊志》,頁363注釋3云:"李成棟,明末叛將,遼陽(今屬遼寧)人。從清軍入關,定浙江、福建、廣東,官至兩廣提督。後因爭功叛清作亂。"

④ 黃佛頤編纂,仇江、鄭力民、遲以武點註:《廣州城坊志》,頁362。

⑤ 黃佛頤編纂,仇江、鄭力民、遲以武點註:《廣州城坊志》,頁362。

⑥ 此篇題目當爲清·鄭夢玉等修,梁紹獻等纂:同治《南海縣志》編者自擬。

⑦ 清·鄭夢玉等修,梁紹獻等纂:同治《南海縣志》卷一一本碑按語云:"右碑嵌大北門直街北廟東廊。"見《中國方志叢書》第50號,頁197上。

碑文來源:同治《南海縣志·金石略》。

【碑文】

成祖《文皇帝讚》:

開九天之化運,萃七曲之至真。顯周朝之孝友,著金闕之侍宸。掌桂籍而司乎祚胤,剪妖祟而制乎鬼神。允崇文昌之徽號,垂範古今之儒紳。

萬曆庚申仲秋丙辰弟子麥兩岐立。

【編者按】

碑文輯錄自清·鄭夢玉等修,梁紹獻等纂:同治《南海縣志》卷一一〈金石略〉①。

【碑文考釋】

碑刻原文"垂範古今之儒紳"後有小字夾注曰:"楷書,在像上方。"可見石碑主體為文昌帝君和侍者刻像,像上方為明成祖的《文皇帝讚》。文末按語又云:"右碑嵌大北門直街北廟東廊。案,漢武梁祠堂畫像,紀金石者均著錄,然畫像縮本頗難精妙,故均闕焉。"②

31-2　老子像石刻暨題字③

明天啟元年(1621)

【碑刻信息】

存址:舊在大北門直街北廟廟內。今已不存④。

碑文來源:同治《南海縣志·金石略》。

---

① 　清·鄭夢玉等修,梁紹獻等纂:同治《南海縣志》,《中國方志叢書》第50號,頁197上。
② 　清·鄭夢玉等修,梁紹獻等纂:同治《南海縣志》,《中國方志叢書》第50號,頁197上。
③ 　此篇題目當為同治《南海縣志》編者自擬。
④ 　清·鄭夢玉等修,梁紹獻等纂:同治《南海縣志》卷一一錄文,文末按語云:"右碑嵌大北門直街北廟東廊。"見《中國方志叢書》第50號,頁198上。

【碑文】

太上老君說常清靜經

老君曰：“大道無形，生育天地；大道無情，運行日月；大道無名，長養萬物。吾不知其名，強名曰道。夫道者，有清有濁，有動有靜；天清地濁，天動地靜；男清女濁，男動女靜；降本流末，而生萬物。清者濁之源，動者靜之基；人能常清靜，天地悉皆歸。夫人神好清而心擾之，心好靜而欲牽之，常能遣其欲而心自靜，澄其心而神自清，自然六欲不生，三毒消滅。所以不能者，為心未澄，欲未遣也。能遣之者，內觀其心，心無其心；外觀其形，形無其形；遠觀其物，物無其物。三者既悟，唯見於空；觀空亦空，空無所空；所空既無，無無亦無；無無既無，湛然常寂；寂無所寂，欲豈能生；欲既不生，即是真靜。真常應物，真常得性，常應常靜，常清靜矣。如此真靜，漸入真道，既入真道，名為得道。雖名得道，實無所得，為化眾生，名為得道，能悟道者，可傳聖道。”

老君曰：“上士不爭，下士好爭；上德不德，下德執德。執著之者，不名道德。眾生所以不得真道者，為有妄心。既有妄心，即驚其神；既驚其神，即著萬物；既著萬物，即生貪求；既生貪求，即是煩惱；煩惱妄想，憂苦身心，便遭辱濁，流浪生死，常迷苦海，永失真道。真常之道，悟者自得。得悟道者，常清靜矣。”①

孔子曰：“鳥吾知其能飛，魚吾知其能游，獸吾知其能走。走者可以為罔，游者可以為綸，飛者可以為矰。至於龍，吾不知其乘風雲而上天。吾今日見老子，其猶龍耶！”②

黎民表書。

天啟元年仲夏壬寅，得一道人麥兩岐立石，古端梁嶠摹刻。

---

① 以上內容見於《太上老君說常清靜妙經》，見《道藏》第 34 冊，頁 334 上-中。
② 此段孔子語見《史記》卷六三〈老子韓非列傳〉，第 7 冊，頁 2140。

【編者按】

　　錄自清·鄭夢玉等修、梁紹獻等纂:同治《南海縣志》卷一一〈金石略〉①。

【碑文考釋】

　　原文在"老君曰"的兩段之後,有夾注:"俱楷書,在像上。"在"黎民表書"後有夾注:"行書,在像左。"②可見石碑上老子像為主體,像上刻有《老君說常清靜經》,老子像之左則爲孔子語。

31-3　許真君像石刻暨題字③

　　明崇禎六年(1633)

【碑刻信息】

　　存址:舊在大北門直街北廟廟內。今已不存④。
　　碑文來源:同治《南海縣志·金石略》。

【碑文】

　　九州都仙高明大史太乙定命至道玄應神功妙濟許真君像

　　玉蟾白真人贊曰:

　　曾傳諶母煉丹訣,夜夜西山採明月。壺裏滿盛烏兔精,劍尖尚帶蛟龍血。一自旌陽縣歸來,拔宅騰空入金闕。但留[仵](許)道八百年,未教他喫東華雪。

　　崇禎癸酉孟冬十二日弟子麥兩岐立石,古端梁懋熙薰沐刻。

---

　　① 清·鄭夢玉等修,梁紹獻等纂:同治《南海縣志》,《中國方志叢書》第50號,頁197下。
　　② 清·鄭夢玉等修,梁紹獻等纂:同治《南海縣志》,《中國方志叢書》第50號,分別見頁197下、198上。
　　③ 此篇題目當爲同治《南海縣志》編者自擬。
　　④ 清·鄭夢玉等修,梁紹獻等纂:同治《南海縣志》卷一一錄文,文末按語云:"右碑嵌大北門直街北廟西廊。"見《中國方志叢書》第50號,頁198上。

【編者按】

據清·鄭夢玉等修,梁紹獻等纂:同治《南海縣志》卷一一〈金石略〉錄文①。

【碑文考釋】

原文"九州都仙高明大史太乙定命至道玄應神功妙濟許真君像"後有小字夾注曰:"楷書,在像左。"原文"未教他喫東華雪"後有小字夾注曰:"楷書,在像右。"②

許真君名遜,字敬之,江西南昌人。據說許真君生於吳孫權赤烏二年(239)正月二十八日。因他曾為蜀旌陽(今四川德陽)縣令,故稱他為"許旌陽"。他在任時為官清廉,法德並施,救民水火,蜀民感其德化,為其建立旌陽生祠。後來,許真君以西晉亂棄官,回到江西豫章。當時江西河水為患,百姓飽受洪水中的蛟害之苦。許真君拜諶母為師,獲授考悌之道、銅符鐵卷、金丹寶經以及正一斬邪之法、三五飛步之術等各種經法道術。傳說在西晉永嘉六年(312),許真君於鄱陽湖底,用五雷把蛟龍打死,為民除害。許真君將江西境內引發洪水的蛟龍制服後,又繼續在兩湖及福建各地進行逐蛟鎮邪,結果治水大功告成。真君回到故鄉新建縣西山傳道修煉,或往江西各處煉丹傳教,因此到處留下許多有關他的傳奇神話。到孝武帝寧康二年(374)八月許真君一百三十六歲,全家隱沒得不見影蹤。從此西山人傳說許真君一家四十二口連同雞犬,拔宅飛昇的仙話,即所謂"一人得道,雞犬昇天"③。白玉蟾《旌陽許真君傳》記載許遜飛昇前,有二仙人受玉皇命,宣詔曰:"授(許遜)九州都仙太史兼高明大使,賜紫綵羽袍,瓊旄寶節,玉膏金丹各一合。"④

北宋王朝崇奉道教。宋真宗大中祥符三年(1010)改賜西山游帷觀為"玉隆觀",取自《度人經》中"太釋玉隆騰勝之天"之義。宋徽宗政和二年(1112)五月十七日遣道士三十七人在玉隆宮建道場七晝夜,並封許真君為"神功妙濟真君"(按:元朝成宗加封號"至道玄應神功妙濟真君")。政和六年(1116),宋徽宗升觀為宮,改名為"玉隆萬壽宮",並稱於夢中遇許真君⑤。南宋西山玉隆萬壽宮宮道士何真公於建炎二年(1128)禱請許真君丐垂解救戰亂,隨而真君降神授靈寶淨明祕法,化民以忠孝廉慎之教。紹興元年

---

① 清·鄭夢玉等修,梁紹獻等纂:同治《南海縣志》,《中國方志叢書》第50號,頁198上。
② 清·鄭夢玉等修,梁紹獻等纂:同治《南海縣志》,《中國方志叢書》第50號,均見頁198上。
③ 以上關於許真君傳說及南宋出現淨明大法的撮錄,乃出自章文煥:《萬壽宮》,南昌:華夏出版社,2003,頁24–56。另參南宋·白玉蟾:《修真十書玉隆集》卷三三〈旌陽許真君傳〉,《道藏》第4冊,頁755–761。
④ 南宋·白玉蟾:《修真十書玉隆集》卷三三〈旌陽許真君傳〉,頁760中。
⑤ 南宋·白玉蟾:《修真十書玉隆集》卷三四〈續真君傳〉,頁762中。

（1131），何真公徒何守證撰《太上靈寶淨明新修九老神印伏魔秘法序》，傳說“龍沙之讖”，稱：“顧唯龍沙已合，五陵之內，應地仙者八百人，而師（許遜）出於豫章。此言載於方冊，今黃童白叟皆熟誦之，信不誣也。”[①]此後，淨明大法遂行於世，南宋新道派淨明道創立，尊許真君為教祖。

白玉蟾原名葛長庚，字白叟，先世福建閩清人，生於南宋光宗紹熙五年（1194），因其父葛有興董教於廣東瓊州，遂稱瓊州人。父亡母嫁雷州白氏，改名白玉蟾。後遇陳楠，攜入羅浮山中學道。九年間，盡得其秘。又於黎母山中遇神人授以洞玄雷法。嘉定十一年（1218）二十四歲，游南昌西山玉隆宮，創作《玉隆宮會仙閣記》，並校正淨明符籙科教經典及撰寫《旌陽許真君傳》（收錄於《修真十書·玉隆集》）。

31-4　清·耿繼茂：重修玄帝廟碑記

清順治十六年（1659）

【碑刻信息】

存址：舊在大北門直街北廟廟內。今已不存[②]。

碑文來源：同治《南海縣志·金石略》。

【碑文】

重修玄帝廟碑記

靖南王耿繼茂撰

嶺以南吐納瀛海，仙蹤靈境，記載甚繁。若夫山雲澗草，咫尺丹臺，則穗城為最。城之北十里，地名沙涌，有廟翼然，森若屏障，玄帝實居之。相傳建自宋朝，其後有督學魏使者，盡毀粵祠，獨茲廟以靈故免。歷今數百載，屢經劫火，禱祠之弗衰。余偶以蒐獮經過其地，肅然起敬。已而俯視几筵，仰視欀桷，閱歲既久，頹敝頗多，因慨然有鼎新之志。乃進諸父老，告之曰：“玄帝

---

① 南宋·何守證：《太上靈寶淨明新修九老神印伏魔秘法序》，《道藏》第 10 冊，頁 547 中。

② 清·鄭夢玉等修，梁紹獻等纂：同治《南海縣志》卷一一錄文，文末按語云：“右嵌廟東壁。”見《中國方志叢書》第 50 號，頁 201 上。

司天北,令粵處南方,興斗絕而帝廟在焉。豈非聲靈赫濯,無遠弗屆哉?即余不穀,生長北方,距嶺南萬里;聖人崛起,化被遐方,余因得以旌矢彤弓,輯寧茲土。無亦天道自北而南,氣運使然?帝德之與皇威相為表裏,無幽明,一也。且也粵為炎州,玄帝以水濟火,補造化之偏。將見澤槁噓枯,禦災捍患,俱於是乎?在帝所憑依,實惟茲廟,是可不一新之以竦視聽而宏福饗也乎?"父老曰:"唯唯。"爰捐封祿,為諸藩員倡。而幼弟繼美,同斯勝果,共布祇金,付保長陳文洛等,鳩工庀材,聽其營度,踰年而廟告成。槜楄加崇,几筵生色,罩然望之,如十洲之島,鸞鶴冉冉,自九天下也。於是諸父老復旅進而請曰:"唯王自庚寅再造吾粵,生聚教訓,於今十年,功德與玄帝竝。今帝廟成而王且拜命入蜀,吾儕小人尸祝帝,即無異尸祝王也。不永之貞珉,何以慰神人望?"余為之避席曰:"不穀奉天子命,幸無隕越,得告成事於粵。以鼎新茲廟,帝之靈也,社稷之福也,余何有焉?"諸父老遷延辭退,遂以余言授諸簡。是役也,不煩公帑,不勞民力,經始於戊戌春,落成於己亥夏。廟橫廣可五丈許,深倍之;前為廟門,後為正殿,祀玄帝,以文昌帝君配,志右文也。迤東更闢一院,祀帝小像,兼為僧舍,以供香火。規制粗備,增而飾之,則俟後之君子。

順治己亥季夏吉旦立。

【編者按】

碑文輯錄自清·鄭夢玉等修,梁紹獻等纂:同治《南海縣志》卷一二〈金石略〉①。原題下有"楷書"二字。

【碑文考釋】

撰碑者耿繼茂,生平見前〈重修五仙觀碑記〉[清順治十二年(1655),碑號17–6,總39]。

---

① 清·鄭夢玉等修,梁紹獻等纂:同治《南海縣志》,《中國方志叢書》第50號,頁200下–201上。

　　從此碑文得知靖南王耿繼茂在清順治十六年（1659）曾重修此廟。耿繼茂，於順治七年（1650）入粵（碑文云"唯王自庚寅再造吾粵"，庚寅即順治七年），順治十七年（1660）移駐福建，對此廟的重修，乃在離粵的前一年。

　　繼茂在碑文中對玄帝有一番評說，道出了玄帝在粵受奉祀的兩個主因：

　　一是玄帝雖屬於北方之神，但神靈赫濯，無遠弗屆。耿云："玄帝司天北，令粵屬南方，輿斗絕而帝廟在焉。"而且又拿玄帝與自己相比，說自己本來生長北方，距嶺南有萬里之遙，因為"聖人"（指順治帝）崛起，奉命來南方，因此，耿云："帝德之與皇威相為表裏，無幽明，一也。"

　　二是玄帝屬水神。碑文稱："粵為炎州，玄帝以水濟火，補造化之偏。"

　　卻說耿繼茂在順治七年與平南王尚可喜來廣東，本為鎮壓南明政權與其他抗清勢力，而文中拿玄帝自比，不無夸功自矜之意。文中父老云："唯王自庚寅再造吾粵，生聚教訓，於今十年，功德與玄帝竝。"雖出自父老之口，實反映出耿繼茂本人的心態。

32　玄帝廟（筆村）

【廟宇簡介】

　　根據 2010 年實地考察，廟位於廣州市蘿崗區東區街筆村（明時筆村屬番禺鹿步都）。廟宇保存狀況良好，存有十通碑刻。

　　根據鍾鼎臣南明隆武元年（1645）撰〈鼎建玄帝廟碑記〉，玄帝廟始建於明代，本位於佛跡嶺山頂，而於明崇禎十六年（1643）遷至山下。而根據清朱廉乾隆四十八年（1783）撰碑，玄帝廟前身爲崧覺庵。由於鍾鼎臣碑已提到玄帝廟之名，故至少在遷建後不久已改名玄帝廟。

　　廟主殿供奉有五位道教神祇的神像，從左至右，分別記稱為"玄壇伏虎趙公元帥"、"玉封道果康聖真君"、"北方真武玄天上帝"、"九天開化文昌帝君"及"敕賜五顯華光大帝"。中殿天井上首設有觀音殿，供奉觀音；天井下首為韋馱殿。後殿天井上首爲都城隍殿，供奉城隍神①。

32-1　明·佚名：蒲盧園陂圍碑記

明嘉靖十八年（1539 年）

【碑刻信息】

　　存址：今廣州市蘿崗區東區街筆村玄帝廟內。

　　碑額：蒲盧園陂圍碑記。楷書。

　　碑題：無。

　　尺寸：碑高 73 厘米，寬 51.5 厘米。

　　碑文來源：原碑抄錄。

【碑文】

　　立名約人朱、區、架〔一〕、周等：

---

　　① 有關此廟資料可參考陳建華主編：《廣州市文物普查彙編·蘿崗區卷》，頁 63–65。

為建築陂圍以邵灌漚事，竊見吾鄉良田百頃屢逢旱魃，國課難輸，且粒食無靠。咸見大陂土名蒲盧園處，建築陂圍，丁資淯活，遂集通鄉衿者，赴稟縣年臺前，懇恩准蒙批。既能防水旱，堪為善作，當官領稅，改圍上渠口圳左右兩壆及大漳，民稅八畝零，凡各家子弟務宜同心戮力，每日齊到陂所挑築，毋得躲避。倘有一名不到者，每工補回銀壹錢正歸眾，其附近將田撥圳者，永遠收單以抵國稅。其餘論水遠近，派算雙單。取雙者，每斗收禾壹把四分，單者收禾七分，永為定例，日後毋得異言执物。如有外鄉耕入界內食水之田，收禾加倍。賴藉榕村彭公、何村鍾、黃各公鼎力秉公赴訊，無可報答。自后彭宅耕管食水之田，永不收禾。眾見陂水頗有餘剩，陂源之東任依鍾、黃二宅開一小渠，每尺水議送水貳寸，不得深濶奪水，每年蒙許酌回稻子壹千觔，以助每年修築工費。今欲有憑，立此合約，永遠收執存照。

集眾公舉
區鰲、朱敬、朱悅、鍾寧、區紹明、彭演匯、黃賓、朱懷國、區紹、區宗等

嘉靖八年工築，至十八年，蒙各公鼎力請貴鄉所酬神，本年正月十五日集眾立合約。朱、區、彭、鍾、黃、梁、周各公人等，同志立約，永垂於遠久。

【校記】
〔一〕“架”，當爲“梁”之誤。

【碑文考釋】
這篇碑文記載了明代中期筆村爲了解決農田灌溉問題而在蒲盧園建築陂圍，興修水利的事情。碑文的形式是一個合約，乃筆村參與此事的幾個大姓（朱、區、彭、鍾、黃、梁、周）共同建立。碑文篇幅雖短小，卻涉及到了方方面面的問題。首先講述了事情的緣起，乃“為建築陂圍以邵灌漚事”，“竊見吾鄉良田百頃屢逢旱魃，國課難輸，且粒食無靠”，然後指出了解決的辦法，即在大陂蒲盧園建築陂圍，引水灌溉。具體採取的行動，是經過了

官府允許的,於是在這之後,便確定了具體的地域和面積來動工。除了這些之外,還涉及到工人的問題。看得出用來建築陂圍的工人主要是本村的勞力,爲了約束大家,避免有人消極怠工,當時還規定了一些共同遵守的法則,那就是倘有一名不到者,每工補回銀一錢正歸眾。最後,碑文詳細記述了因此陂圍之建得益或付出代價的方方面面的人群,以後將要享有的權益和付出的義務。大概可以分為四類:

一是陂圍附近將田地撥圳者,也就是被陂圍侵佔了田地的地主,永遠可以收單來抵需要繳交的國稅;二是享有水利之便的群體,根據距離水利的遠近派雙單,遠的應該取單,收禾七分,近的算雙,收禾一把四分;三是外鄉人,需要加倍收禾;最後是幫助過此事的,榕村的彭姓與何村的鍾姓和黃姓。他們的情況又略有不同:彭姓可以永不收禾,而鍾、黃二姓則可以開一小渠,每年交一千斛稻穀作為工費就可以了。

總的來說,刻於石碑的這一有關陂圍修建的合約,從修築陂圍的起因、措施、具體利益的分配等各個方面都做出了詳細而具體的規定,是研究廣州農田水利發展史的重要史料。

32-2 明·鍾鼎臣:鼎建玄帝廟碑記

南明隆武元年(1645)

【碑刻信息】

存址:今廣州市蘿崗區東區街筆村玄帝廟內。

碑額:鼎建玄帝廟碑記。篆書。

碑題:鼎建玄帝廟碑記。楷書。

尺寸:碑高 100 厘米,寬 60 厘米。

碑文來源:原碑抄錄。

【碑文】

番禺鹿步都有筆村焉。筆者,經天緯地,錯綜群藝,成公綏讚為偉器[1]。

---

[1] 晉·成公綏作有〈故筆賦〉。見唐·歐陽詢撰,汪紹楹校:《藝文類聚》卷五八〈雜文部四〉(上海:上海古籍出版社 1982)第 2 冊,頁 1055:"晉成公綏〈故筆賦〉曰:'有倉頡之奇生,列四目而兼明,慕羲氏之畫卦,載萬物于五行。乃發慮於書契,採秋毫之類芒,加膠漆之綢繆,結三束而五重。建犀角之玄管,屬象齒於纖鋒。染青松之微煙,著不泯之永蹤。則象神仙,人皇九頭。式範羣生,異體怪軀,注玉度於七經,訓河洛之讖緯。書日月之所躔,別列宿之舍次。乃皆是筆之勳,人日用而不寤。仡盡力於萬機,卒見棄於行路。'"

厥村多偉人，故名為筆。地接增江，衢通惠潮。南有佛跡嶺，甚峻，巨樹長蘿，幽巖古石，石作人足馬蹄形，名曰仙掌。大石上兩石，鼓之響應，韻有雌雄。迴矚江山無際，允為大觀。始建玄帝廟，經數十載，堪輿家言：天柱高長壽之徵，離火炎文明之象。鄉人欲利風水，在崇禎癸未歲遷之山下。前眺羅浮，雲霞變現，群峰插天，疊嶂聳秀，長溪環繞。左右巖泉，澄流漱玉，泠泠不竭，味甘若醴，氣冷如冰，真足稱勝。玄武七宿，龜蛇蟠蚪之形，天下圖書之府，惟筆有之。玄帝之神，歷劫成道，蕩出妖魔，惟筆有之。伊鄉風俗淳厚，人物康泰，文運茂興。門徒朱生振奇，文得韓柳胎骨，字傳鍾王衣缽，莫非地之靈歟？董營告竣，棟宇咸新。余遂為之記。

賜進士及第北直隸真定守鍾鼎臣頓首拜撰。

隆武元年仲冬吉旦鐫石。

助金題名：

荔枝園坊：伍兩。

中南坊：肆兩。

西頭坊：叁兩。

朱仕賓：壹兩叁錢。

朱大鵬：壹兩叁錢。

朱光宸：壹兩貳錢。

區鰲：壹兩壹錢。

朱祖證：捌錢肆分。

朱服：捌錢。

區思鎮：捌錢。

朱捷科：七錢陸分。

區大諒、朱祖謂、朱仕榮、朱偕、朱大期：各陸錢。

朱大相、朱光斗、朱家睿、區賢：各伍錢六分。

朱可權、朱直臣：各伍錢貳分。

朱大鸞、朱家會、朱一鶚：各伍錢。

朱倫、朱擢科、梁學新：各肆錢陸分。

梁學高：陸錢。

管尚齊：叁錢。

朱守權、梁學禮、梁學超、岑奕忠：叁錢二分。

廟地價金三兩。

朱光□、□□□、朱□□、朱振奇、朱挺□、□□□□□錢。

朱□□、朱□□、朱光□、朱永昌：各□錢□分。

朱任、朱可立、朱聯、朱尚貴、朱良棟、朱大經、朱明相、區思問、朱日耀、朱祖榮、朱廷相、朱宗相、朱明通、朱聖華、朱光□、朱永熙、朱振科、朱子傑、朱家茂、朱□俊：各叁錢。

黃紹智、梁紹宗、管彥勤、梁有積：各□錢。

朱□□、朱□、朱大用、朱□、朱組、區思□、朱尚志、朱應□、朱國柱、朱治化、朱國祥、朱治廷、朱祖耀、陳起龍、朱大勝、朱聖嘉、朱大鸞、朱祖爵、朱隆運、朱大業、朱勳相、朱家弼、朱社成、朱運昌、朱國昌、朱家翰、朱家贊、區穗、朱子受、區鐸、朱子俊：各貳錢六分。

周□權、管彥朋、朱健成、姚瑞英：各壹錢。

區□翰、朱一鳳、朱□桂：各貳錢陸分。

朱紳、朱子勉、朱効動、朱□昇、朱尚華、朱大贊、區志經、區叙楚、朱□龍、朱聖昌、朱永興、朱朝□、朱夢桂、朱治明、區祥伯、朱朝伯、朱仞、朱直相、區斗天、朱履鸞、朱在裾、朱朝昇、朱朝憲、朱華相、朱騰龍、葉茂芳、朱家兆、朱霄：各貳錢。

黃紹聰、管尚信、梁應祖、梁正昌：各壹錢。

朱時諒、朱□遑、朱觀□、朱一鰲、朱第昌、朱一麟、朱明□、朱子奇、朱挺萃、朱挺生、朱鍾氏、葉連茂：各貳錢。

區士龍：貳錢。

朱㳂、朱可明、朱□先、朱孔□、區建興、區思勤、區勝藩、朱聖用、區謢明、朱國興、朱治平、區蜚卿、朱隆彰、朱承運、朱明耀、朱夢雷、區聖清、朱玉門：各壹錢陸分。

梁學清、梁日和、梁斗成、梁□新：各壹錢。

葉進高、朱昌聖、朱箕、區一龍、區起裔、朱振華、朱啓運、朱永耀、朱士奇、朱振猷、朱正奇、朱子聘：壹錢陸分。

朱仕楚、朱公進、朱珩、朱用先、朱公惠、朱仕豪、朱昺、區瑞燦、朱汝存、區旭明、朱國胤、朱治聖、朱存良、朱瑞珍、朱聖智、朱必進、區業□、朱□□、區□□、朱聖□、李□得、梁惠、梁森：各壹錢。

朱裔之、朱光裔、朱錫、梁聖傑、朱鳳翔、朱光祿、區聖祐、區秬、朱瑞、區一佐、區承詔、區起夏、朱子敬、朱子胤、朱子超、朱啓遇、朱子勝、區可勝、朱子英、朱綏、區一進、朱家鸞、朱振廷、區可祥、朱洪科、區一賢、朱廷弼、朱端翰、朱子楨、朱挺豪、朱挺英：各一錢。

李茂華、管存高、徐日華、梁學譽、梁繼祖：各一分。

朱挺才、葉連芬、業連登、陳守政、區俊、朱昌俊：各壹錢。

區志信、區瑞瞻、區瑞初、朱翁晟、朱國明、區志高、朱聖期：各捌分。

朱祖詔、朱仕勳、朱允貴、區秀宇、區明昭、宋可昭、朱文通、朱仕裘、區炵昭、朱勝、區思評、區思貴、朱洪禮、區叔溥、朱光胤、朱隆胤、朱壁：各□分。

區誠明、朱彥相、朱耀興、區創華、朱聖聰、朱志仁、朱帝明、區可大、陳起鳳、朱家鳳、朱永傑、葉進明、秦伯容、陳起鸞、朱擅科、朱應運、朱子安、朱隆裘、朱日燦、朱熙望、朱光崙、梁聖忠、朱家聘、朱明俊、葉向日、朱章、朱光連、朱子昌、林朝禮、岑彥昭、李茂傑、洪志剛、姚門□氏、姚彥貴、梁兆相、李耀明、黃德昭、麥茂達、姚順泰、朱守儉、徐凡青、葉紹基、彭學聖、梁茂畬、梁子華、梁有新、梁兆光、黃茂魁、梁應安、梁有勤、梁應□、□奕信、黃龍騰：各二分。

　　秦從字、管尚明、梁正隆、李□□。

【碑文考釋】

　　撰碑者鍾鼎臣,字彝公,廣東新會人。明崇禎六年(1633)舉於鄉,明年成進士,授寧國府推官。崇禎九年(1636)分考山東鄉試,累陞部郎,出為真定知府,旋改知嘉興。時郡縣已多淪陷,鼎臣星馳受事,誓師死守,等待救援。然孤城不支,鼎臣懸大瓜於堂隅,朝服北面再拜,疾呼"砍賊",斷瓜自縊死。

　　這篇碑文介紹了番禺筆村遷建玄帝廟的情況。

　　首先,碑文用讚美的筆調介紹了筆村的名稱由來、地勢和景物。然後談到玄帝廟,原來幾十年前已經建立此廟,但是到了崇禎十六年(1643),因爲風水的原因而將此廟遷移到山下,由此景觀益勝。最後碑文探討了玄帝與筆村的因緣,並且認為筆村人的文運好,人物(如朱振奇)有文采,很可能是因地靈之故。

32-3　清·佚名:重建玄帝廟碑

清乾隆十五年(1750)

【碑刻信息】

　　存址:今廣州市蘿崗區東區街筆村玄帝廟內。

　　碑額:重建玄帝廟碑記。篆書。

　　碑題:無。

　　尺寸:碑高96厘米,寬62.5厘米。

　　碑文來源:原碑抄錄。

【碑文】

　　蓋佛跡崧山,勝地存然,想廟宇巍巍,神明顯赫。溯自崇禎癸未遷移山下,寺名松覺,澤被筆村,由是民居樂土,振古如斯。凡遇傾頹,前已修葺。至今梁棟腐朽,帝相塵污。少長齊集,喜念同興。所需灰瓦棟材,俱樂題而捐費,仍舊重修,猶不日以告成。從此神聖威靈,依然昔日之敷恩;黎庶丕興,愈勝曩時之冀德。豈非人傑由於神靈者乎!謹勒芳名,永傳盛事。

眾信:

朱演萬:一兩四錢六分。

朱昭伍:柒錢六分。

區舜祥:柒錢五分。

朱榮萬、朱□祐:各柒錢□分。

朱沛芝、區南耀:□錢。

朱傳喜:四錢□分。

朱慶龍、朱鳳占:各四錢。

朱鳳儀、區逸芝:各三錢六分。

朱成長、區自昌:各三錢五分。

朱昌、朱公任、朱鳳千、朱式大:各三錢二分。

朱曰敬、朱學達、區聯英、朱公輔、朱進千、朱昇任、朱鳳文、朱秩昇:各三錢正。

區天爵、朱傳貴、區丕任、朱傳殿:各貳錢四分。

朱文翰:貳錢貳分。

朱喬任、區廷彩、朱仕達、朱佑朝、朱上魁:各貳錢。

朱金明、朱朝英、區如富、朱秩任、朱式文:各貳錢。

朱佑公:壹錢八分。

朱傳聲:壹錢六分。

朱昌□、朱仕明、朱彰進、朱秩昌:各壹錢五分。

朱勝組、朱祐文、朱上達:各壹錢三分。

區開文、朱帝憲、朱朝玉、朱惠進:各壹錢貳分。

朱傳進、朱孟蒼、朱輔金、朱成國、朱田祐、朱會袍、區南禧、區阿二、區耀宗、朱文可、朱興有、朱福英、朱鳳著、朱容英、朱乾任、朱煥章、朱秩生、朱式沛：各壹錢貳分。

朱朝珍、朱秩行、朱組堯、朱致仕、朱帝現：各壹錢貳分。

朱廣連、朱會達、朱松：各壹錢壹分。

朱佐君、朱朝達、朱成鑑、朱演斯、朱作金、朱曰政、朱達德、區朝興、區錫侯、朱上客、區喬爵、朱象賢、朱興賢、朱熙泰、朱慶侶、朱朝近、朱興修、朱君上、朱秩剛、區西嶽、區維璽、區如璠、區如耕、朱興仕、朱德蘭、朱觀□、區金烈：各壹錢。

朱德高：九分。

區國文、朱彰德、區組綬、區達經、朱際獅、朱際麟、朱際鳳、朱南明、朱大千、朱天桂、朱德蕙、朱組□、區達綸、朱德仕：各八分。

區□侯、區晉侯、區顯勝、區如祖、區居仁、區秀□、區顯仁、區如聖、區魁長、區鳳德、區廣仁、區如貴、區湛、區曰瑚、區茂齡、區達奇：各七分。

朱朝聘、區君朋、朱朝用、朱桂上、朱華上、朱東起、朱進魁、朱進達、朱□：各六分。

沐恩弟子梁達超助金四錢。

徐朝興：七分。

朱門徐氏、朱門秦氏：各壹錢二分。

管廣興：叁錢。

蔡志昌、凌壯才：各壹錢貳分。

黃廣立：壹錢。

首事朱天乙、朱傳昌、朱南任、區師任、朱明斯卜吉重修，擇日朱作賢。

乾隆歲次庚午仲春吉旦重建碑記。

【碑文考釋】

碑文首先回顧了玄帝廟與佛跡嶺的因緣，原來是在明崇禎十六年（1643）廟才遷至山下。碑文稱自那以後，"民居樂土，振古如斯"，無疑是讚美廟得其所，保佑村民。接下來十分自然敘及此次重修過程與告成盛況。最後碑文祝願從此以後神靈依舊敷恩，黎庶仍然冀德，以達到神靈人傑的效果。

32-4 清·朱廉：重修玄帝廟碑記

清乾隆四十八年（1783）

【碑刻信息】

存址：今廣州市蘿崗區東區街筆村玄帝廟內。

碑額：重修玄帝廟碑記。楷書。

碑題：重修上帝廟碑記。楷書。

尺寸：碑高 117 厘米，寬 61 厘米。

碑文來源：原碑抄錄。

【碑文】

《詩》曰："明明在下，赫赫在上。"①蓋謂天之與人，其理相為感通，未有人誠於下而神不靈於上者，未有神靈於上而人不興於鄉者。番禺握五羊郡城東南之秀，為百粵名區。循城邐迤而東，山行五六十里，有筆村鄉，以佛跡嶺為屏翼，居人盡背嶺而家，林木森蔚，地古風淳，宛然流水桃花漁人問道處。嶺頂有銅鼓石，廣可容席，扣之聲韻鏗鞳，鳴應山谷。距石十餘武，舊有松覺庵，自明李[一]崇禎癸未歲鄉人始移於山下，建有廟宇一連二間。其正殿為玉虛宮，而諸神之有功德於世者，亦咸繪像丹青，縣望奉祀焉。東偏祀慈悲大士，為一鄉香火。然歲時伏臘，絜牲牷，分酒醴[二]，擊社鼓，報土功，鄉之父老子弟胥婆娑奔奏於其地。廟貌之莊嚴，神威之赫奕，實振古如斯。顧閱年既遠，物力難支，曩時之榱題刻桷，粉壁丹楹，不能不蠹於搖風漂雨。今春

---

① 見漢·毛亨傳，鄭玄箋，唐·孔穎達疏：《毛詩注疏》卷一六之二〈大雅·大明〉，臺北：藝文印書館，1976，影印宋刊《十三經注疏》本，頁 540 上。

幸時和年豐,鄉人士僉欲搽^[三]而新之,爰設簿隨緣,計得白金若干兩,鳩工庀事,垣庸之圮者葺之,椽瓴之腐者剔之,神像之剝落者,更新之,黝堊之,潤色之。霞蒸雲蔚,經始於芒月辛丑日,迄□月乙酉日,而工師告峻。因索一言,紀其巔末。余惟《周書·旅獒》曰:"民不易物,惟德繄物。"^①而《君陳》之扁又曰:"黍稷非馨,明德惟馨。"^②《蔡仲之命》亦曰:"皇天無親,惟德是輔。"^③蓋神所憑依將在德矣。吾不知筆村之人若何虔肅而後得明神之呵獲,有如是之田池桑竹,間閭煙火,物阜民康,皥皥熙熙,此日重修之役,人心踴躍,可不日而告成,凡以有明明之德,故獲邀赫赫之眷。《詩》、《書》所載,洵有若合符節者。從此神恩永佑,異日定有蛟騰鳳起之士,揚佛跡之鐘鼓,奮筆嶺之風雲,聯袂接踵,為筆村生色者。將風俗益厚,人心加厚,去稂莠而植嘉禾,三代之化,去人不遠,胥由此日。作新之念,基之矣。用濡筆述其梗槩,以勸鄉之好義者,勒姓名於碑陰,以垂不朽。

邑庠生里人朱廉敬撰。

今將眾信助金芳名開列於左:

朱武文、朱有容:已上各四大員。

朱明聰、男達□:三大員□□。

朱際麟、朱明大、朱式華、朱有進、朱洪任、朱秩昇、朱組文、朱烃炳、區式祿、朱麟聚、朱庭譚:已上各壹大員。

朱祐朝、朱文炳:已上各五錢。

---

① 漢·孔安國傳,唐·孔穎達正義:《尚書注疏·周書·旅獒第七》(臺北:藝文印書館,1976),頁184:"人不易物,惟德其物。"

② 語見漢·孔安國傳,唐·孔穎達正義:《尚書正義·周書·君陳第二十三》(臺北:藝文印書館,1976),頁273–274:"我聞曰:至治馨香,感于神明,黍稷非馨,明德惟馨。"

③ 此語見漢·孔安國傳,唐·孔穎達正義:《尚書注疏》卷一七〈周書·蔡仲之命第十九〉(臺北:藝文印書館,1976),頁254:"皇天無親,惟德是輔;民心無常,惟惠之懷。"關於上面三段引文,又見晉·杜預注,唐·孔穎達正義:《春秋左傳正義》卷一二,頁208上:"對曰:臣聞之鬼神非人實親,惟德是依。故周書曰:'皇天無親,惟德是輔。'又曰:'黍稷非馨,明德惟馨。'又曰:'民不易物,惟德繄物。'如是則非德民不和,神不享矣。神所馮依,將在德矣。"參前清·吳榮光:〈重修佛山三官廟碑記〉[清道光八年(1828),碑號5–1,總13]注。

朱明霽、朱曰賢、朱曰□、朱際鳳、朱福英、朱云仕、朱有達、朱聚英、朱□文、朱紹英、朱德業、區華周、朱式剛、朱德華、朱進魁、朱德貴、□□周、朱應鳳、朱組□：已上各□員。

朱進□、朱子□、區集成：已上各□員。

朱容英、區達邦：已上各二錢二分。

朱仕達、朱朝興、朱昇禮、朱朝富、朱殿英、朱朝宗、朱達衡、朱啓進、朱□遠、朱國珍、朱大占、朱宗儒、朱殿國、朱□仲、朱奕進、朱邦彥、朱朝居、朱紹組、朱閏庭、朱仕拴、朱庭璉、朱紹雄：以上各二錢。

朱德釗：壹錢六分。

朱仕明、朱居上、朱曰成、朱組乾、區組瑞、朱曰瑚、朱大敬、朱天客、朱富達、朱汝興、朱西佐、朱德沛、朱德翰、朱大邦、區達才、朱日興：以上各壹錢五分。

區組受、區式昭、朱日堯：以上各壹錢三分。

區君富、區西嶽、區英乾、朱培天、區天受：以上各壹錢二分。

區華天、區集天、區新天、朱意和：以上各一錢一分。

朱仕興、朱朝聘、朱隆現、朱興有、朱明仕、朱朝海、朱日瑞、區鳳梅、朱英志、朱上可、區組祿、朱文成、朱大千、區汝栢、區連綸、區眾明、區組珍、朱天桂、朱云裕、朱殿興、朱紹成、朱惟□、朱恆彩、朱君泰、區□□、朱□□、區振有、區建周、朱仕進、朱志仕、朱君任、朱邦傑、朱近君、朱顯任、朱大和、徐益□、朱邦佐、朱廊芝、朱彩建、朱宗□、朱進權、朱進昌、朱德昌、區達有、朱英□、朱秀芝、朱德輝、朱進華、朱進聰、朱會昌、朱仲興、朱進國、朱昭文、區德著、朱進科、區達魁、朱巨鰲、區作乾、區遇成、區□成、區集梧、朱應全、朱占鰲、區德峰、朱海鰲、朱鳳和、朱仕□、朱聖□、朱應龍、朱乘□、朱永祐、朱紹熹、朱乾大、區慶新：以上各一錢正。

卜吉重修：□主朱容英、□主朱際麟、朱集三、朱有進、朱殿國、區組受、朱宗儒、朱烇炳。

乾隆歲次癸卯季冬吉旦重修碑記。

【校記】

〔一〕"李",當為"季"之誤。

〔二〕"軆",當為"醴"之誤。

〔三〕"擦",當為"撤"之誤。

【碑文考釋】

撰碑者朱廉,里人,生平不詳。

碑文先引《詩經》"明明在下,赫赫在上"之語,論述天(神)與人的關係是建立在其理相為感通,具體而言是人誠神靈的道理:"未有人誠於下而神不靈於上者,未有神靈於上而人不興於鄉者。"由此作者敘及番禺筆村鄉佛跡嶺有玄帝廟,一鄉民眾虔誠侍奉,神威赫奕,並由此次的重修落成,自己"記其顛末"生發。又引《尚書》中數語,稱敬天事神最重要的表現在於"明德"。而神所憑依而作的判斷亦在於民之德。作者讚美筆村之鄉民有"明明之德",故此,得神之呵護,以致在筆村"有如是之田池桑竹、閭閻煙火,物阜民康,皥皥熙熙"。作者並預言筆村定有異才出世,為筆村生色。

32-5 清・佚名:番禺縣正堂訊斷繪註蒲蘆園陂圍各圳水道圖形

清道光十二年(1832)

【碑刻信息】

存址:今廣州市蘿崗區東區街筆村玄帝廟內。

碑額:番禺縣正堂訊斷繪註蒲蘆園陂圍各圳水道圖形。楷書。

碑題:無。

尺寸:碑高145厘米,寬74厘米。

碑文來源:原碑抄錄。

【碑文】

特調番禺縣正堂加十級紀十次徐訊斷硃判：

土名蒲蘆園大陂及白沙浦陂頭，原係筆村用工砌築，今仍歸筆村，照舊修築，並照舊每畝收取工食禾穀五把，不得多索。其白沙浦下土名薑頭小陂，向係榕村鍾姓用木杙築塞，今亦准榕村彭、鍾二姓照舊用木杙修築取水。又薑頭之下，土名羅貝小陂，因榕村鍾、彭二姓與富春庄嚴姓互爭，今亦准富春庄嚴姓用木杙築塞。鍾、彭、嚴姓日後不得藉修築為詞，妄收鍾、彭二姓及各姓工穀，鍾、彭二姓亦不得收嚴姓及各姓工穀。所有富春庄嚴姓及榕村鍾、彭二姓，凡藉陂水灌溉各田畝，至十字路、宏岡橋、田心石等處，俱每年照舊按畝送交筆村陂主工食禾穀五把，以為修築陂道之費，不得藉詞短交。各具遵結，當堂繪圖註明，蓋印存案，三造均釋。

（下有圖與印，今略）①

道光十二年六月初七日，據富春庄嚴啟華等稟，稱伊村田土均在筆村坲界之下，藉筆村稅陂分流小圳，灌溉田禾，始獲收成，是以歲中遇造，致送工穀，以酬筆村築陂工食，詎榕村鍾、彭姓人等逞強霸佔等情，赴稟縣憲。蒙批：該陂如果係筆村所築，榕村何得平空索佔工穀，筆村衿耆亦不應任其霸勒，著同理論阻止，并將新豎石杙起除，毋致興訟。六月十九日，旋據嚴啟華等，復以勒收拂欲統黨強掠等事赴控。蒙批：候飭差喚訊察奪。六月念八日，據榕村衿耆鍾玉成、彭勝顯等訴，稱村鄰筆村於前明嘉靖年間，建築蒲蘆園陂水灌田，當官領稅，食水各田年收禾把以補工費，詎富春庄嚴姓人等妄圖勒收工穀等情，赴訴縣憲。蒙批：已經飭差喚訊，據訴是否屬實，候集訊察奪。八月念一日，本鄉衿耆朱海鰲、區錫祿等據實陳明，聯懇飭拆以杜訟端事，聯呈縣憲。蒙批：候集訊察奪。

---

① 見本書碑圖。

查據伊等呈,稱筆村於前明嘉靖年間當官領稅,在蒲蘆園建築陂圍,并於陂道分築小障,各圳水路分灌至薑頭、羅貝、沙界、銀則橋、宏岡塱、犁頭嘴、兜肚懦、田心石、宏岡橋、氹埔、元洲、十字路等處,其白沙稅陂達流至榕村,土名薑頭、羅貝,向來以食陂水各田年收禾穀為酬,補筆村修築工費,立有約碑。六月內榕村衿耆鍾玉成等投,稱富春庄嚴姓等突背舊章,在薑頭、羅貝處擅用木杙豎築,鍾、彭二姓亦在該處豎立"彭鍾埗陂頭"字樣石杙等語稟。蒙批:著理處遵。即邀同兩造,親詣踏看該處,勸令兩造將木石杙一併起除,各照舊章用坭防塞,俾無相碍。殊嚴姓不從,反捏控榕村強掠田禾,只得據實粘繳碑圖呈核等情,據富春庄嚴啟華等出具遵結。緣蟻等與榕村彭華興等互爭陂水一案,今蒙訊明:

土名蒲蘆園大陂,及土名白沙浦陂頭,原係筆村用工砌築,仍歸筆村,照舊修築,並照舊每畝收取工食禾穀五把,不得多索;白沙浦下土名薑頭小陂,向係榕村鍾姓用木杙築塞,亦准榕村鍾、彭二姓用木杙修築取水,薑頭之下土名羅貝小陂,因榕村鍾、彭二姓與富春庄嚴姓互爭,亦准富春庄嚴姓用木杙塞築,鍾彭嚴姓日後不得藉修築為詞,妄取鍾、彭二姓及各姓工穀,鍾、彭二姓亦不得收嚴姓及各姓工穀。所有富春庄及榕村凡藉陂水灌溉各田畝,至兜肚懦、田心石、宏岡橋、十字路等處,俱每年照舊按畝送交筆村陂主工食禾穀五把,以為修築陂道之用,不得藉詞短交。

蟻等情願遵斷完結,繪圖註說存案。

至鍾、彭二姓實無強掠嚴姓禾□的事,合具甘結是實。據榕村彭華興、鍾玉成等出具遵結。緣蟻被嚴啟華等控告蟻等互爭陂水一案,今蒙訊明:

土名蒲蘆園大陂及土名白沙浦陂頭,原係筆村用工砌築,仍歸筆村照舊修築,并照舊每畝收取工食禾穀五把,不得多索;白沙浦下土名薑頭小陂,向係榕村鍾姓用木杙塞,亦准榕村鍾、彭二姓用木杙修築取水,薑頭之下土名羅貝小陂,亦不得與富春庄嚴姓互爭,亦准富春庄嚴姓用木杙築塞,鍾、彭、嚴姓日後不得藉修築為詞,勒受鍾、彭二姓及各姓工穀,蟻姓等亦不得收嚴姓及各姓工穀,所有富春庄及蟻村,凡藉陂水灌溉各田畝,至兜肚懦、田心石、宏岡橋、十字路等處,俱每年照舊按畝送交筆村陂主工食禾穀五把,以為修築陂道之用,不得藉詞短交。

蟻等情願遵斷完結,繪圖註說存案。至蟻姓等實無強掠嚴姓禾束的事,合具遵結是實。

本鄉衿耆遵結與榕村富春庄遵結無異,不復重敘。謹將各稟詞摘敘,批判、陂圖、遵結備載,并陂圍之東開一小渠與何村鍾、黃二姓,每尺水議送水二寸,不得深濶奪水,每年何村鍾、黃各姓致送工食穀壹千觔附載,以垂久遠查核。

朱卓猷膳敘,朱靖邦敬書,朱廷重、朱□□經理。
道光十二年九月二十四日,經官訊斷,當堂繪圖註說,給
　　筆村耆老朱海鰲、朱進成、區錫祿、朱應鳳、朱沛金、區義成
　　榕村彭華興、鍾玉成、彭金著、鍾亞榜、鍾禮仁、鍾瑞意
　　富春嚴啟華、嚴札芳、嚴輝大、嚴宗蕚、嚴輝茂、嚴滿盛
遵照存據。

【碑文考釋】

這是一通具有特殊歷史價值的水利圖碑,立碑時間在清道光十二年(1832)。碑文記載番禺縣縣官就與筆村相鄰的榕村鍾、彭二姓鄉民與富春莊嚴姓鄉民之間發生水利爭端的判詞。碑刻同時鑴刻了筆村鄉民在蒲蘆園建築陂圍所築各圳水路的圖形。這通水利圖碑對於清代番禺縣的水利建設、水利管理條規的制定具有研究價值。此外,由於碑文也是一篇判詞,即是一種法律文獻,因此顯得更具有另一層學術價值。隨著近年來對我中國傳統社會法律研究的深入,法律文獻的整理也越來越受到學界的重視。而判詞就是

最重要的一種法律文獻,歷經唐宋元明,判詞發展到清代,已達古代法律判詞的最高峰。然而除了一些清代判詞專集外,還有大量散存於各種地方文獻的判詞未能整理出來。而這篇被刻於水文石碑的判詞,無疑直接反映了道光年間筆村以及與之相鄰的榕村、富春村之間的水利糾紛和當地判決情況,值得保存下來,留待研究。

32-6 清·朱堯勳:重修玄帝古廟碑記

清同治九年(1870)

【碑刻信息】

存址:今廣州市蘿崗區東區街筆村玄帝廟內。

碑額:重修玄帝古廟碑記。楷書。

碑題:無。

尺寸:碑高 114.5 厘米,寬 66.5 厘米。

碑文來源:原碑抄錄。

【碑文】

環吾筆邨而居者,其東有廟,奉玄帝之神靈也。有感斯邇,無求不應。春祈秋報,居民祀之,罔弗肅。自嘉慶乙亥重修,迄今有年矣。感星霜兮變易,慨風雨兮漂搖,鄉人曰:維新是圖。詢謀僉同,捐金樂助,廟貌仍其舊制,神容煥乎重光,鳩工庀材,不日成之。雖曰人事,豈非神靈哉!余觀斯地,左旋繞,右迴環,棟飛獅嶺之雲,門吸鷔湖之日,洵大觀也。後之君子入廟思敬,訓俗型方,由斯舉也。爰將好義芳名勒石,後之覽者將有感於斯文。是為記。

候選儒學正堂貢生朱堯勳薰沐敬撰。

緣首:朱日楊、朱成萬、朱顯耀、朱金滿、朱創寧、朱壬聰、區□根。

信員:(下泐)

同治九年五月初九吉旦重修立石。

【碑文考釋】

撰碑者朱堯勳,里人,生平不詳,撰碑時爲貢生,候選儒學正堂。

根據這篇碑刻,可以知道筆村的玄帝廟曾於清嘉慶二十年(1815)重修,而本次重修(同治九年,1870)則是在上次重修的五十五年之後。時間不可謂久,由此可以見出該村村民對於此廟的重視。而從碑文所云"春祈秋報,居民祀之,罔弗肅"亦可明瞭,此廟乃有社廟的地位。前碑清乾隆四十八年(1783)朱廉撰〈重修玄帝廟碑記〉亦提到這一點:"……爲一鄉香火。然歲時伏臘,絜牲牷,分酒[體](醴),擊社鼓,報土功,鄉之父老子弟胥婆娑奔奏於其地。"

32-7　清·黃德華:重修玄帝殿觀音殿碑記

清光緒九年(1883)

【碑刻信息】

存址:今廣州市蘿崗區東區街筆村玄帝廟内。

碑額:重修玄帝殿觀音殿碑記。楷書。

碑題:無。

尺寸:碑高176厘米,寬79厘米。

碑文來源:原碑抄錄。

【碑文】

蓋聞嘗行物生,悉荷神功之調護;人給家足,具□□□□□。是人所賴者在乎神,神之靈者驗於今,神人默感,顯應昭彰,今古相符,歷驗不爽。如筆村通鄉隅之東,建有玄帝古廟,由來已久。與觀音殿望,街衝對宇,兩相依峙。鄉之人恆奉為香火,竭誠虔祀,屢荷神靈默祐,莫不可名狀□。此地山環水繞,氣聚靈鍾,棟棲佛嶺之雲,門拱鵝湖之日。凡過往游人驅車洀止,莫不流連憑眺,稱為鉅觀。宜乎廟貌巍峨,英靈赫濯,里閭忭舞,留蔭孔長。惟自嘉慶乙亥重修,迄至同治庚午小葺,其間閱歷,已有年所,物換星移,風摧雨剝,棟宇固虞頹廢,垣墉亦慮傾斜。爰集闔鄉士庶合商,鼎力題捐,重邢新之規模,仍沿其舊制,神容乃煥乎重光。從此肅雍入廟,同攄蟻慕之忱;儼恪拈香,均藉鴻恩之庇。將見聞風興趣,富貴綿延,降福孔偕,馨香不墜,胥於斯舉基之矣。爰將好義芳名永勒於石,俾後日鄉內有志接踵,仿而行之,知所矜式云爾。是為序。

中書銜堯平縣訓導南海信紳黃德華薰沐拜撰。

督修信紳:朱堯勳、朱本炘。

信者:朱世明、朱陳性、朱成就、朱逢年、朱榮光、區成寬。

緣首:信士朱孔勳、朱錦波、朱聘宜、朱汝兜、朱廸英、朱琦瑚、朱帝燎、朱帝祐、朱派成、區茂林、朱羣學、朱杰才。

雙岡區應瓊、司祀葉佛佑、文園陸容焰、羅岡鍾禮榛、東邑曾定安、樂邑林為煥:已上壹大員。

孟田鍾殿材、曾邑朱觀貴、南岡秦繼顏、江北陳賤九、容村彭九、沙涌區良貞:已上壹中員。

羅岡鍾維高、墾美李燦昭、羅岡鍾贊勳、沙涌何日仔、惠府歸邑葉葆棠:已上貳錢正。

信貢朱堯勳:壹拾四大員。

信士朱紹元:六大員。

朱賢佐、朱福松、朱德元、朱瀚川、區廷根:已上五大員。

朱喜凌:四大員。

朱錦波:四大員。

信者朱世明、朱合成號、朱煥中:已上叁大員。

信者朱錫中、信監朱本炘、信者朱成萬、信者朱廸成、朱永壽、朱永進、朱燦輝、朱光岐、朱合興館:已上貳大員。

信紳朱有輝、朱孔勳、朱世泉：已上壹兩正。

信耆朱觀揚、信紳朱茂蘭、信紳朱本榮、信耆朱陳勝、信耆朱華后、信耆朱成富、朱冠耀、朱廷光、朱洪昌、朱煥秋、朱溢江、朱凌芳、朱凌章、朱世榮、朱帝芬、朱潮興、朱康耀、朱汝□、朱汝定、朱琦□、朱琦瑋、朱琦生、朱琦彪、朱琦禎、朱孔燕、朱孔輝、朱孔巢、朱壽橋、朱熙光、朱應桐、朱鳳書、朱耀周、朱舜勳、朱良學、朱九妹、朱華安、朱大玖、朱福興、朱協中、朱帝祐、朱帝倫、朱德楨、朱德煌、朱德流、朱登瀛、朱植仁、朱鑑淦、朱焰杓、朱業蕃、朱鎮堂、區德林、區錫善、區錫沖、區世裕、區光弟、區茂林、區有林：已上壹大員。

信耆朱錦屏、朱澤森：已上五錢貳分。

朱濟南：三錢九分。

信耆朱錫伸、信耆朱成就、信耆朱振邦、信耆朱士勝、信監朱有波、朱乾金、朱炳耀、朱羣興、朱權章、朱揚昭、朱閏江、朱桂玉、朱德河、朱煜培、朱金泰、朱金鐸、朱運金、朱維嶽、朱用賓、朱湛恩、朱明聰、朱敬棠、朱學海、朱帝容、朱鑑森、朱琦昌、朱帝旺、朱壬泗、朱渭安、朱滙河、朱樹彪、朱林發、朱樹德、朱良躋、朱演芬、朱境垣、朱樹垣、朱金河、朱壬彪、朱浩洋、朱世倫、朱蔭溟、朱集賢、朱成宗、朱松齡、朱彩章、朱廣應、朱永全、朱華龍、朱凌廣、朱聘宜、朱閏河、朱派承、朱秉文、朱橋勝、朱橋灼、朱社耀、朱金垣、朱羣學、朱溢燦、朱汝寬、朱社光、朱松安、朱錫洪、朱教賢、朱鑑沂、朱開達、朱炳才、朱錫閏、朱樹棠、朱顯耀、朱帝旺、朱壬冬、朱敦厚、朱郎波、朱□邦、朱汝聰：已上壹中員。

信耆朱榮光：三錢貳分。

朱帝壬、朱容輝、朱根蘇、朱愛住、朱亨躋、區燦群：已上三錢正。

朱揚金、朱國安、區土培、區燦培、區樹彬：已上貳錢四分。

朱進全、朱進安：已上貳錢貳分。

朱煜焜：貳錢五分。

區燦廣、區金裕、區位凌、區金華、區進添、區德寧、區掌賢、區掌發、區金琦、區自騰、區貴順、區汝壽、區華森、區鏻鑾、區才森、區亨仔、區成祖、區丙貴、區時珍：已上壹中員。

信耆朱炳容、信耆朱壬貴、信監朱嶽英、信耆朱逢年、朱會興、朱壬久、朱成滿、朱凌威、朱國枝、朱金棠、朱觀桂、朱帝和、朱鐸波、朱滿成、朱灼輝、朱元仔、朱容廣、朱容柱、朱連德、朱康汝、朱容薑、朱凝祥、朱觀洪、朱金有、朱志懷、朱梓桐、朱澄昆、朱福興、朱國賢、朱帝成、朱炳□、朱廟寬、朱華暖、朱榮輝、朱錦昌、朱焰光、朱炳光、朱成光、朱澤林、朱渭林、朱祖興、朱門福、朱樹添、朱樹參、朱鉅洪、朱金垣、朱宏裔、朱亮坤、朱容芳、朱松旺、朱容坤、朱沃林、朱炳堯、朱伯源、朱浩潮、朱錫江、朱瑞光、朱閏才、朱浩江、朱華焰、朱浩星、朱溢開、朱有章、朱成江、朱華森、朱浩昆、朱鼎彜、朱五福、朱成昌、朱汝倫、朱貴良、朱閏泰、朱汝鋰、朱廷杰、朱鑑奎、朱容泰、朱祖福、朱丙成、朱席珍、朱應蘇、朱華申、朱亞伍、朱壬富、朱閏求、朱日光、朱日洪、朱蚊躋、朱啟唐、朱汝留、朱汝篇、朱禮源、朱煥祥、朱伯英、朱順平、朱順合、朱貴根、朱壬躋、朱庇昌、朱明新、朱華熾、朱容清、朱炳賢、朱水祥、朱住勝、朱結才、朱容波、朱瑞凌、朱錫成、朱潮英、朱金洪、朱梓光、朱金雨、朱住凌、朱元通、朱二妹、朱全光、朱全勝、朱長久、朱福蔭、朱慕濂、朱錦和、朱容光、朱輝垣、朱鎮波、朱汝桐、朱錫康、朱永康、朱進康、朱冬慶、朱明躋、朱汝森、朱湛成、朱結英、朱閏家、區培金：已上貳錢正。

信婦朱徐氏：叁大員。

朱秦氏、朱鍾氏、朱區氏、朱葉氏、朱陸氏、朱徐氏、區朱氏、信女朱鑾馨、朱結彩、朱煥新、朱住梅朱兒弟、朱貴常：已上壹大員。

信婦朱唐氏、朱鍾氏、朱麥氏、朱曾氏、朱黎氏、朱鍾氏、朱蕭氏、朱黃氏、朱湛氏、朱鍾氏、朱區氏新邑黃氏、信女花女、朱愛容、朱容枝、朱閏滇、朱爭可、朱隰棟、朱聯棣：已上壹中員。

信婦朱秦氏：叁錢正。

朱黃氏、朱鍾氏、朱鍾氏、信女朱美玉、朱亞躋、朱松意、朱栵梃：已上貳錢正。

梁壬慶：壹大員。

梁亨桃、黄義進、信女黄愛容、姚船光、姚閏昌、姚金才、洪日祥、洪滿維、洪仲多、梁細桃：已上壹中員。

姚殿華：貳錢六分。

姚喜權、姚閏聰、姚金汝、姚容鐸、黄義□、黄義凌、黄洪蔭：已上貳錢正。

光緒九年歲次癸未仲秋吉旦，闔鄉立石。

【碑文考釋】

撰碑者黄德華，南海人，其餘生平不詳。撰碑時爲堯平縣訓導。

這篇碑文告訴我們，在同治九年（1870）的重修之後，筆村的玄帝廟於光緒九年（1883）又再次重修。與前次不同的是，這次重修的主要項目是玄帝殿和觀音殿。根據乾隆四十八年（1783）朱廉撰〈重修玄帝廟碑記〉，當時的玄帝廟即已有觀音殿之設："建有廟宇一連二間，其正殿爲玉虛宮……東偏祀慈悲大士。"

33　玉虛宮（小洲村）

【廟宇簡介】

　　根據實地考察，廟仍存於海珠區新滘鎮小洲村，保存狀況良好；廟內奉祀玄天上帝。
"玉虛宮"之名，源於《道藏》經多稱萬法教主玄天上帝在天界居位"極玉虛之奧"，故稱其
聖號為"北極佑聖真君玉虛師相玄天上帝"[①]。廟始建年月不詳，曾於清康熙二十九年
（1690）、乾隆二十三年（1758）重修。廟內保存有清乾隆二十三年簡謙撰重修碑。

33–1　清·簡謙：重修本廟碑記

清乾隆二十三年（1758）

【碑刻信息】

　　存址：今廣州市海珠區新滘鎮小洲村玉虛宮內。

　　碑額：重修本廟碑記。篆書。

　　碑題：無。

　　尺寸：碑高 106 厘米，寬 65 厘米。

　　碑文來源：原碑抄錄。

【碑文】

　　吾鄉北隅廟祀玄天上帝，其來舊矣。神之威靈顯赫，遠邇同欽。歲上
巳，里居長幼咸齊明會祀，即異鄉人士，莫不輸誠來謁，祈禱響應，從無或爽。
詢諸父老，康熙庚午有事重修，於今幾七十載。仰觀廟宇，材木朽，牆壁敧，
風雨飄搖，不無傾圮之虞。坐視摧頹，神靈弗安，可乎？撤其舊而新是圖，何

---

　　①　例如見《道法會元》卷一三〇，《道藏》第 29 冊，頁 639 下。另《玄天上帝說報父母恩重經》，《道藏》第 11 冊，
頁 473 下，稱玄帝為"佑聖真武治世福神玉虛師相玄天上帝金闕化身天尊"。

能己已。度材計工,一其算而總之,二百金有奇。齊疏資以助,一唱百和,不日募足,神實默使於其間也。爰是興役,經營布置,堂垣高廣,視昔稍加。且前搆一亭,以壯觀瞻,拜於其下者益凜威靈焉。原肇工於丁丑十月,告竣於戊寅二月神像裝嚴開光於戊寅三月初二戊子日也。董率不憚勞,捐資無吝色,僉謂宜同勒石,永垂不朽云。國庠弟子簡謙薰沐拜撰。

乾隆戊寅歲季春吉旦。

值事弟子簡國殷、朝佩、芳興、遇賓、賢倉、象華、國相、樸士、遠明、惠相、遠來、肇元、允適、朝熙、廷璋、作彥仝立石。

克成祖:捌拾兩。

簡碩潛:叁兩陸錢四分。

簡君正:叁兩陸錢。

簡渭夫:叁兩零三分。

簡淳夫:貳兩伍錢二分。

簡擎夫:貳兩壹錢六分。

簡乾夫:貳兩壹錢。

國庠簡謙:壹兩陸錢。

郡庠簡琛:壹兩肆錢四分。

簡佐莘:壹兩肆錢四分。

簡美夫:壹兩肆錢四分。

簡紳耀:壹兩叁錢九分。

簡殿夫:壹兩叁錢。

簡巨夫:壹兩正。

簡庶咸:壹兩正。

簡建夫:玖錢四分。

簡東怡:玖錢。

簡東熙:玖錢。

簡茂南:捌錢七分。

簡允賢:捌錢五分。

簡爌士:捌錢四分。

簡國選:捌錢四分。

簡經兆:捌錢四分。

簡喬芝:捌錢三分。

簡□峯:捌錢貳分。

簡敏夫:捌錢貳分。

簡文修:捌錢貳分。

簡偉文:捌錢貳分。

簡華亮:捌錢壹分。

簡毅夫:柒錢八分、

簡開蕃:柒錢八分。

國庠簡作為:柒錢五分。

簡異夫:柒錢叁分。

南昌會:柒錢五分、

簡君衡:柒錢貳分。

簡昌幹:柒錢貳分。

簡梅夫:柒錢貳分。

簡寢功:柒錢貳分。

簡文夫:柒錢貳分。

梁生合:柒錢貳分。

簡鐸夫:柒錢貳分。

簡立夫:柒錢貳分。

簡景南：柒錢貳分。

簡帝錫：柒錢貳分。

簡毓南：柒錢貳分、

簡喬秀：陸錢六分。

簡乾長：陸錢五分。

簡佩德：陸錢四分、

簡熊夫：陸錢。

簡鳴鴻：伍錢八分。

簡宗任：伍錢七分。

簡悅隆：伍錢五分。

簡藹文：伍錢三分。

簡君相：伍錢。

簡司直：伍錢。

簡鴻文：伍錢。

簡允秀：伍錢。

簡騰海：肆錢八分。

簡高齊：肆錢八分。

簡友南：肆錢八分。

簡上長：肆錢七分。

簡榮長：肆錢七分。

簡昌士、簡華照、梁裔聖、簡東瑜、簡挺木、簡國任、簡東南、簡宗達、簡乾大、簡純如、簡存誠：已上各肆錢六分。

簡屏夫：四錢五分。

簡乾秀：四錢七分。

簡達長：四錢四分。

簡海亮、簡國雲、簡華昭、簡挹芳、簡宗寶、簡慎五、簡秀叔、簡東球、簡堂儜、簡成三、簡昌達：已上各肆錢貳分。

簡允爵、簡君憲、簡彩雲、周伯雄、簡昌遠、簡敬士、梁開聖、簡華海、簡惠全、簡鰲長、簡經上、簡鼐夫、簡端木、簡朝秀、簡輝餘、簡徵五、簡儀鳳、簡國信、簡勸南：已上各肆錢壹分。

簡鎮南、簡際泰：已上錢叁錢柒分。

簡擴華、簡仁亮、簡敬萬、簡聯達、簡君瑞、簡君鳳、簡凌岳、簡君禮、簡君佐、簡士夫、簡華接、簡貴長、簡華端、簡華卓、簡華敬、簡廣夫、簡華通、簡寢上、簡著時、簡岳夫、簡華佐、簡經學、簡經木、簡開鳳、簡開秀、簡羨夫、簡開廣、簡拔侯、簡贊國、簡冠夫、簡變南、簡華重、翅長會、簡仁達、簡天富、簡國柱、[國庠]簡任、簡澤東、簡亮輝、簡國達、簡正南、簡名揚、簡冠南：各叁錢六分。

簡粵南：四錢五分。

簡國敬、簡國唐、簡憲南、簡廷桂、簡惠極、簡宜文、簡騰波、簡官得、簡官意、簡惠疇、簡大東：已上各叁錢六分。

簡祥夫、簡喬木、簡國夫、簡茂達、簡乾倬：已上各叁錢三分。

簡經立、簡象夫、簡亮英：已上各叁錢正。

簡拱明、簡惠達：已上各貳錢六分。

簡儀一、簡聯斌、簡華冕、簡逸夫、簡朗夫、簡文璞、簡恆夫、簡華信、簡達進、簡敦士、簡起蛟、簡斐達、簡聖達、簡逸南、簡相如、簡際平、簡傑東：已上各貳錢五分。

簡貴全、簡日秀、簡文宗、簡高明、簡起達、簡國權：已上各貳錢三分。

簡敬恆、簡君祥、簡揚雲、簡君岳、簡君友、簡紹夫、簡同士、簡乾德、簡際高、簡郁賓、簡會賓、簡著南：已上各貳錢二分。

簡雲士、簡贊潛、簡如一、簡達潛、吳彥君、陳昌五、簡敬亮、簡君佩、簡君會、簡賢夫、簡茂錫、簡經緯、黃耀全、簡耀夫、簡殿長、簡寢明、梁奇聖、簡秀全、簡華漢、簡興國、簡開盛、簡禮秀、簡開晉、簡聖就、簡拔行、林作高、簡礦夫、簡經進、簡經輝、簡倫夫、簡翅長、黃陛□、簡彩士、簡仁錫、簡華士、簡曉達、簡英達、簡應南、簡國齊、簡聖翰、簡燦南、簡從周、梁萬豪、簡興達、霍進昭、簡廣達、簡起達、簡嘉成、姚廸開、簡遠弘、簡作棟：已上各貳錢。

簡惠喧：壹錢八分。

簡經友：壹錢七分。

簡振桓、簡作潤、簡君任、簡恒新、簡贊夫、簡英秀、簡開遠、簡達夫、簡經貴、簡漸餘、簡睿夫、簡定夫、簡悅賢、簡經秀、簡國彥、簡碘南、簡進賢、簡怡惠、簡國建、簡清南、簡達邦、簡意昌、簡廸邦、簡承修、簡佩南、簡顯斯：已上各壹錢五分。

簡振桓、簡君澤、簡喬剛、簡廷獻、鄭時通、簡君幹、簡聯長、簡經璧、簡經宇、簡振東、簡章秀、簡丕顯、簡富弘、簡萬成、簡閏夫、陳宗客、簡經聖、梁學聖、簡萬秀、梁功聖、梁悅聖、李耀華、簡喬南、簡國賢、簡際耀、簡廷達、簡顯西：已上各壹錢三分。

簡君琳、簡君秀、簡君照、簡行亮、簡禮錫、簡秀長、簡有長、簡茂夫、梁希聖、簡禮全、簡經全、簡經維、簡禮通、簡志明、簡儉夫、簡鳴岐、簡經科、孫兆麟、簡聖全、梁萬聖、簡禄泰、梁乾聖、簡國侯、簡國宗、簡聖南、簡國英、梁興國、簡闊通、簡恆健、簡國璧、簡元惠、張起龍、簡茂德、簡佩玉、簡茂賢、簡乾泰、簡遠明、簡犬任、簡帝璋、簡官德：已上各壹錢。

簡經華、周江秀、梁寬聖、簡華熙：各八分。

簡君濟、簡聖夫、簡朝長、簡建夫、簡作開、簡殷秀、簡泰勳、簡惠秀、簡經福、簡富全、簡帝翰：各七分。

簡帝韶：六分。

簡學夫、黃允高：已上各三分。

何門簡氏：貳兩貳錢六分。

簡門凌氏：叁錢六分。

簡門衛氏：叁錢六分。

曾門簡氏：貳錢。

簡智達、簡魁翰、簡惠東、簡揚名：各二錢。

又得顯：柒錢貳分。

贊俸：伍錢六分。

善廣：叁錢六分。

奕壯：貳錢九分。

得參：貳錢六分。

順可、能可、達海：各貳錢五分。

德燦、得彩、奕興：各貳錢。

得進：壹錢八分。

得元、明彩：各壹錢五分。

明富：壹錢二分。

進興：壹錢一分。

思禮、善可、得耀、得昭、得順、悅恆：已上各壹錢。

明聚八分、得貴七分、禮敬、得亮、得餘、得全、審得：各五分。

乾隆戊寅歲季春吉旦值事弟子簡、國殷、朝佩、芳興、遇賓、賢倉、象華、國相、樸士、遠明、惠相、遠來、肇元、久适、朝熙、廷璋、作彦仝立石。

【碑文考釋】

撰碑者簡謙，邑人，生平不詳。

本篇碑文記載了小洲村玉虛宮在乾隆二十三年（1758）的一次重修。根據碑文，此廟在康熙二十九年（1690）重修過一次，距這次重修已有近七十年。

34 玉虛宮(元貝村)

【廟宇簡介】

根據 2010 年實地考察,廟仍位於今廣州市蘿崗區蘿崗街元貝村,村民為單姓鍾氏。廟現存,保存良好,香火鼎盛。廟內存有碑刻六通。

根據乾隆五十六年(1791)的碑文,此廟始建於清雍正年間,於清乾隆五十年(1785)、嘉慶十八年(1813)、道光二十七年(1847)重修。道光二十七年重修的同時添建文武殿。

2005 年 9 月本廟公佈為廣州市登記保護文物單位①。

34-1 清·佚名:元貝村禁約

清乾隆五十年(1785)

【碑刻信息】

存址:今廣州市蘿崗區蘿崗鎮元貝村玉虛宮內。

碑額:無。

碑題:元貝村禁約。楷書。

尺寸:碑高 39.5 厘米,寬 25 厘米。

碑文來源:原碑抄錄。

【碑文】

自先人由蘿岡遷居元貝,數百年來亦既寖昌寖熾矣。顧支分而不忘乎本歲,逢春秋祀事,回謁大宗祖祠,與族內衿耆聚首立談,除教孝教弟外,尤必按切近日流弊,諄諄告誡不許招惹客家一事。蓋客家人眾而雜,呼群引

① 有關本廟資料,可參看陳建華主編:《廣州市文物普查彙編·蘿崗區卷》,頁 72。

類,日聚日多,招之即來,麾之不去,其患將有不可勝言者。祖宗之預立家規,父老之常為提命,洵屬先機卓識也。況我元貝一村,山深地僻,現有橫岡客籍实偪處此,更不可不深謀遠慮。爰承族約,重申禁例:凡我村內子弟,有田園地段,枕近客家村莊前後左右者,一概不得貪涎重價,私賣与客家為業,以種爭訟之根。如有故違,即為不孝,所有各祖祀事胙飲,永遠世代革罰。各宜凜遵,毋貽後悔。

乾隆五十年仲秋吉日闔鄉衿老仝啟泐石。

【碑文考釋】

由此碑文可知,乾隆年間居於元貝村的鍾姓一族,實乃蘿崗遷來。而本碑所刻禁約,主要的目的只有一個,就是嚴令本族人不得招惹客家,不得私賣土地與客家,以避免日後之爭訟。禁約稱:"如有故違,即為不孝,所有各祖祀事胙飲,永遠世代革罰。"

34-2　清·鍾鳳:重建上帝祖廟碑記

清乾隆五十六年(1791)

【碑刻信息】

存址:今廣州市蘿崗區蘿崗鎮元貝村玉虛宮內。
碑額:重建上帝祖廟碑記。楷書。
碑題:重建元貝鄉神廟記。楷書。
尺寸:碑高112厘米,寬66厘米。
碑文來源:原碑抄錄。

【碑文】

神不恃人而存,而村每依神而立。故南方鄉落莫不各奉神以為之主,是猶有古聖人神道設教之遺也。然吾粵居天之南,于辰為午,于卦為離,則祀事應惟火帝是專,而何以家尸而戶祝者,又不遺乎北帝哉?蓋離以水為體,以火為用,北居坎位,其德在水,而帝之威靈亦昭應于炎方者,殆所謂用不離乎體，而水火之所以既濟歟？距予鄉火村數里而北，有同族之鄉曰元貝，厥祖自蘿岡青紫約遷居至此。青紫約固奉帝為香火者也，元貝之人不忘所自，于雍正壬子歲塑帝像而祀之。至乾隆己未，立廟于鄉之下關。後因鄉運中衰，堪輿家咸謂廟位未協允臧之卜，而棟桷復遭風雨飄零，遂迎神歸祀鄉間，忽忽數十載矣。乾隆庚子，鄉人復起重建之議，然以所貯無多，未遽興役，乃先請集百益會銀積放生息。迄今垂十餘年，而又為之設簿題助，以充其工費。于是就舊廟之前地數丈外，相其陰陽，度其高下，砌石為基，結磚為牆，灰瓦材木，靡不具備。計經始于辛亥二月，而落成于九月，從此居歆有所，聲靈愈赫，鄉之人禳災者恒于斯，祈福者恒于斯，將見神普其庥，人蒙其惠，和風甘雨，錫我豐年，野有絃歌，民無夭札，則神之威靈與祝融火帝同昭昭于炎方也，曷有既乎。是役也，其功首在百益會，而題助者亦與有力焉。鄉人曰："是不可不有以記之。"因命鄉中之素與予交厚者朝顯、巨萬二君，浼予執筆，予故為記其顛末，而並書百益會友及題助之姓名，勒諸石以為後來之念祖敬神者勉。

番禺縣儒學增生火村弟子鍾鳳薰沐叩首拜撰。

百益會友芳名開列：

上占、天顯、愽文、悅海祖覺萬，仝朝顯、宗顯、傳會文，仝覺萬、昌顯、月顯、逢斯，仝志顯、貫萬、拔儒、近斯、偉斯、震天、雄斯、沛斯、溢斯、順天、兆昌、植昌、桂昌、才斯、巨萬、巨富、巨奐、巨彰，仝巨聖、巨禮、成桂、成章，仝

首事鍾朝顯、鍾覺萬、鍾偉斯、鍾震天。

題助金芳名開列：
竹泉祖：五兩正。
泉崗祖喜□廟地。

悅梅祖：五兩正。

紹興祖：四兩正。

逸齋祖：三兩正。

廣巖祖：二兩正。

五合會：壹十兩正。

鍾覺萬：壹十兩七錢二分。

信監鍾巨萬：七兩九錢二分。

鍾朝顯：五兩七錢六分。

信監鍾桂昌、鍾遂懷、鍾巨魁：已上五兩七錢二分。

鍾巨富：四兩五錢二分。

鍾貫萬、鍾溢斯、鍾兆昌、鍾德昌、鍾梅：已上四兩二錢二分。

鍾震天、鍾順天、鍾巨德：已上三兩七錢二分。

鍾志顯、鍾巨興、鍾巨聖、鍾瑞唐：已上二兩八錢八分。

鍾成萬、鍾植昌、鍾大登、鍾容昌：已上二兩一錢六分。

鍾臣顯、鍾履昌：已上壹兩七錢二分。

鍾富萬、鍾鐸斯、鍾巨禮、鍾炳儒、鍾炳全、鍾閏隆、鍾夢怡：已上一兩四錢四分。

鍾才斯：一兩二錢二分。

鍾錦斯、鍾秩昌：已上一兩一錢二分。

鍾昌顯、鍾逢斯、鍾耀昌、鍾燦昌、鍾量斯、鍾廣昌、鍾應昌、鍾成達、鍾成桂：已上一兩零八分。

鍾禹斯、鍾盛斯、鍾宗大、鍾俊昌、鍾巨存、鍾成有、陳敬池、已上九錢二分。

黎允國、鍾效之、鍾偉斯：已上七錢二分。

鍾上占：三錢六分。

鍾巨有：七錢二分。

鍾巨盛：八錢二分。

信童鍾承祖：壹兩四錢四分。

鍾英博：七錢二分。

鍾愈懷：四錢正。

鍾翎萬、鍾喬萬：已上三錢六分。

鍾瑞敬：三錢二分。

鍾寬、鍾帝榕、鍾觀林、鍾快九、鍾成章、鍾光灯、鍾彩成、鍾金榕：已上二錢。

鍾觀增、鍾楷、鍾梓：已上一錢八分。

鍾潯渭、鍾觀鐵、鍾華山、鍾華石、鍾閏餘、鍾財勝：已上一錢五分。

鍾達懷、鍾德懷、鍾齡昌、鍾書懷、鍾茂麟、鍾永南、鍾成德、鍾成科、鍾觀奇、鍾榕發、鍾浩、鍾鍼喜、鍾光榕、鍾光耀、鍾光睿、鍾觀枴、鍾光南、鍾光麟、鍾光高、鍾晚成、黃三貴：已上一錢。

鍾鍼孔、鍾輝耀：已上八分。

鍾觀拜：七分。

鍾甦、鍾錫、鍾夢熊：已上六分。

鍾駒：壹兩貳錢貳分。

信婦鍾門黃氏、鍾門周氏：已上一兩四錢四分。

鍾門徐氏：壹兩正。

關門盧氏：七錢二分。

鍾門陳氏：三錢六分。

鍾門潘氏、鍾門謝氏：已上三錢。

鍾門禾氏、鍾門陳氏、鍾門劉氏、鍾門李氏、鍾門崔氏、鍾門周氏、鍾門簡氏、鍾門潘氏、鍾門徐氏鍾門區氏、鍾門陳氏：已上二錢。

鍾門謝氏、鍾門徐氏、鍾門徐氏、鍾門關氏：已上一錢五分。

鍾門湛氏、鍾門秦氏、鍾門劉氏、鍾門陳氏、鍾門秦氏、鍾門陳氏、鍾門龍氏、鍾門梁氏、鍾門唐氏、鍾門徐氏、鍾門秦氏、鍾門徐氏、鍾門歐陽氏、鍾門黃氏、鍾門徐氏、陳門鍾氏：已上一錢。

鍾門戴氏：六分。

妾：

鍾門利氏：二錢。

鍾門黃氏、鍾門吳氏：已上一錢。

鍾門羅氏：一錢正。

信女鍾真：三錢六分。

鍾近、鍾琼音、鍾蘭弟：已上二錢。

鍾彩、鍾二姑、鍾雪英、鍾桂、鍾煥：已上一錢。

鍾壬帶：六分。

僕：

盧有明、彭仲、梁斗、楊燦、徐后：已上九錢二分。

楊聚、譚六：已上八錢七分。

李七：一錢五分。

盧成周：一錢正。

陳進奐：二錢正。

區禮富：七錢二分。

乾隆五十六年歲次辛亥孟秋日闔鄉立。

【碑文考釋】

撰碑者鍾鳳，里人，生平不詳。

本碑敘述了元貝鄉鍾姓族人遷移和奉祀玄天上帝的歷史。據碑文所云，元貝鄉的族人自蘿崗青紫約遷來，清雍正十年（1732）起繼續舊有傳統，塑像祭祀玄帝。然後至乾隆四年（1739）才建廟，此亦當爲建廟之始。然而起初的廟址據說不合風水，於是神又被迎回鄉間,舊廟廢棄。乾隆四十五年(1780),才又開始議論重建玄天上帝廟。終於在舊廟之前數丈外建成新廟,時間在乾隆五十六年(1791)。碑文尤推崇此次建廟之功勞首在於鄉中的香會百益會。

34-3　清·鍾騰蛟:重建元貝鄉上帝爺廟碑記

清嘉慶十八年(1813)

【碑刻信息】

存址:今廣州市蘿崗區蘿崗鎮元貝村玉虛宮內。

碑額:重建元貝鄉上帝爺廟碑記。楷書。

碑題:建廟小記。楷書。

尺寸:碑高 66 厘米,寬 54.5 厘米。

碑文來源:原碑抄錄。

【碑文】

聞之鄉必立廟,廟以祀神,則廟固神所憑依,而為一鄉之香火。凡鄉之生民利病,雨暘時若,胥于神是賴。然則擇地以建廟,詎不重哉。吾鄉崇奉北帝尊神數百年矣,然廟無定所,屢迁不利。自乾隆辛亥在本圍,而迁于鄉右之松林,繼又迁于祖祠之側,去歲復迁于鄉之上手田心,垣墉就矣,後以礙山坟,不果。人心洶洶,僉曰:"人之所不安,即神之所不安也。盍卜焉以定厥議?"于是禱于神杯,得鄉外下手庚位南向,眾心欣踴,各捐金以助。經始于今歲孟春,閱四月而工告峻,爰奉上帝而居焉。繼自今,五氣或戾,神調燮之;雨暘不時,神節宣之。神慶那居,人安樂業;神揚其休,人食其福。將庙之香煙與吾鄉同其悠久,不宜厚幸乎。余故喜而記之,廼並樂助之人鑱諸石。

沐恩弟子國學鍾騰蛟謹誌。

事首芳名開列:

鍾震天、信監鍾騰蛟、鍾喬萬：敬送香案壹副。

信士鍾瑞、翔舉偕姪、信監鍾楷梓等。

信士監助金芳名開列：

鍾覺萬助工金貳大元正。

鍾震天助工金壹中元正。

鍾順天助工金貳大元正。

鍾兆昌助工金貳大元正。

信監鍾騰蛟助工金貳大元正。

信監鍾英博助工金叁大元正。

鍾成章助工金叁大元正。

鍾凌萬助工金壹兩正。

鍾喬萬助工金肆兩五錢壹分正。

鍾大鈞助工金壹兩正。

鍾巨德助工金壹大元重七錢正。

鍾阿登助工金壹大元重七錢正。

鍾植昌助工金壹中元。

鍾巨聖助工金壹中元。

鍾三多助工金壹中元。

鐘臣顯助工金壹中元。

鍾貫萬助工金壹中元。

鍾成萬助工金壹中元。

鍾錦斯、鍾成達、鍾成桂、鍾怡記、鍾德懷、鍾奕昌、鍾汝剛、鍾瑞昌、鍾汝明：已上壹中元。

鍾明山、鍾維學、鍾餘海、鍾美超、鍾冬成、鍾華沖：已上助金壹中元。

鍾肇周、鍾量斯、鍾秩昌、鍾應昌、鍾雲光、鍾汝祥：已上助金貳錢正。

外客題金芳名開列：

嚴滙昆助工金壹中元。

黃享畏助工金壹大元。

鄭積泰助工金壹大元。

梁國浩助工金壹中元。

陳貴容助工金叁錢正。

何潤壽助工金貳錢正。

嘉慶拾八年歲次癸酉孟夏吉日，值事人鍾騰蛟、鍾震天、鍾喬萬仝立石。

【碑文考釋】

撰碑者鍾鳳，里人，生平不詳。

本碑敘述了自乾隆五十六年（1791）建廟以後到嘉慶十八年（1813），大約二十三年間，北帝廟"廟無定所，屢遷不利"的情況。碑文起首強調"鄉必立廟，廟以祀神"，"凡鄉之生民利病，雨暘時若，胥于神是賴"的神道之理。由前乾隆五十六年鍾鳳撰碑我們已經知道，當時的新廟之建，本就已經過了不少波折。然而由本碑看來，即使在建新廟之後，北帝廟仍然未能得到一個固定的合適位置。終於在嘉慶十八年重新卜於神，定在鄉外某處而又建新廟。由此可以看出，元貝村村民對於風水的特別重視。

34-4　清·佚名：嚴禁風水樹條例

清道光十八年（1838）

【碑刻信息】

存址：今廣州市蘿崗區蘿崗鎮元貝村玉虛宮內。

碑額：無。

碑題：嚴禁風水樹條例。楷書。

尺寸：碑高 53 厘米，寬 33 厘米。

碑文來源：原碑抄錄。

【碑文】

　　本村下手一帶樹木,乃先人遺下通鄉風水樹也,雖有人家之樹,亦不得自行砍伐,向來有例嚴禁,無人敢犯。第日久漸寬,人心不一,有無知之輩,竟向林中砍伐,而不知有壞風水也。茲闔鄉老少酌議,不得不深謀遠慮,重申例嚴:自後凡我村內之人,無論男女,所有一樔乾濕樹枝,不許入林私拾私砍,如有故犯,被獲有贓,罰銀伍大圓歸廟。倘不依例遵罰,鳴眾聯名稟究,決不寬恕。使費眾人支理,議每年看守銀貳大圓,歸更夫巡守,以作酬勞之費。更夫不得自看自拾自砍,如有故違,經鄉人聲明,衿耆有據,加倍處罰。倘別人私拾私砍,更夫亦不得包庇隱瞞,托為不知,日後察出,仍加倍處罰歸廟。各宜自重,毋貽後悔可也。

　　道光十八年秋月吉日闔鄉重申公禁。

【碑文考釋】

　　本碑為一個禁約,主要的意旨是禁止砍伐風水樹林。由前鍾鳳碑和鍾騰蛟碑已可大略看出鍾姓族人對於風水的重視,導致北帝廟屢遷其址。而這一禁約主要就是爲了保護風水樹林,並爲了永久約束族人而刻諸碑石。

　　碑文中提到,"如有故犯,被獲有贓,罰銀五大圓歸廟";看守的更夫"亦不得包庇隱瞞,托為不知,日後察出,仍加倍處罰歸廟"。由罰金的歸屬問題,顯示出北帝廟在元貝村,其實帶有公共仲裁機構的性質。

34-5　清·鍾瑞翔、鍾佩翎:重建玉虛宮添建文武殿碑記

　　清道光二十七年(1847)

【碑刻信息】

　　存址:今廣州市蘿崗區蘿崗鎮元貝村玉虛宮內。
　　碑額:重建玉虛宮添建文武殿碑記。楷書。
　　碑題:建廟原委備覽。楷書。

尺寸：碑高 101 厘米，寬 58 厘米。

碑文來源：原碑抄錄。

【碑文】

　　蓋聞我等元貝鄉之建廟以妥神也，始則建於鄉之下手中林，初未嘗有鞏飛鳥革之美，迨後因見未善而謀遷於下林嘴，意其時人心踴躍，除簽助工金外，復集請百益會一股，為之鳩工庀材，所有牆壁均以磚石，寬大宏廠，較前頗覺壯觀。越十餘年，鄉人又見未善，遂迎神於鄉內祠廳祀奉，集眾議拆磚瓦木石，搬遷在於泉岡祖祠右側定位，立向隨闢地基而修建焉。似此可云得所矣。乃未幾，鄉人聽時師所說祖祠與神廟並列，爭龍爭局，殊有不合之處，則其為未善也。又滋擬議，無奈謀於鄉之上手，土名新田，地方因碍山墳，不就。由是議論多而難成，迫得憑神作主，議定庚位南向，祈禱於神，杯示在於上林外，此際經營地段，未免大費躊躇。後幸本鄉廣巖公子孫情願將地送出，眾亦給與花紅銀五兩壹錢正。噫，此則謀事雖在人，而成事豈非天哉！眾乃即將舊廟全間材料投默，而荔石祖標中，拆改為祠，此不必論。爰於杯示吉地，土築為牆，亦無過暫妥神明耳，其美奐美輪，當俟諸異日。茲者神靈赫濯，眾信咸沐姘懞，此重建之舉所由興也。適丙午臘月飲蜡，一倡百和，樂意簽題，經營材料，仍舊維新。不意老少咸稱此廟向來崇奉北帝、洪聖、玄壇、福神，已叨庇佑，今欲於堂西購地，添建一間，以祀文武二帝，堂內左右偏間，安奉金花聖母、高元帥諸神，或邀福蔭。僉曰善。隨即不日成之，蕆事日，眾謂此廟自初建以至于今，其原委不可不記，俾後人知之。因勒貞珉，以垂不朽云。是為記。

　　闔鄉紳耆鍾瑞翔、鍾佩翎等同識。鄧子春刻字並書。

　　今將眾信題助工金芳名開列于左：

外客：

陳東昌店題銀壹大員。

高顯宗題銀壹中員。

黃元秀題銀壹中員。

高奕題銀貳錢正。

葉福題銀貳錢正。

本鄉：

職員鍾洪魁題銀壹拾五大員。

千總鍾大鵬題銀壹拾五大員。

監生鍾煥翎題銀柒大員。

邑庠鍾佩翎題銀陸大員。

邑庠鍾福安題銀伍大員。

信士鍾志剛題銀肆大員。

鍾蔭升題銀叄大員。

鍾華登題銀壹兩八錢。

鍾嘉翎題銀貳大員。

鍾應祥:貳大員。

鍾朝安題銀貳大員。

鍾倫發題銀貳大員。

忠信社題銀貳大員。

鍾泗洹題銀壹兩四錢正。

鍾朝剛題銀壹兩零八分。

鍾明山題銀壹兩零八分。

鍾明崗題銀壹兩零八分。

監生鍾福瑜題銀壹兩零八分。

鍾福寧題銀壹兩零八分。

鍾伍全題銀壹兩零八分。

鍾百貴題銀壹兩正。

鍾汝龍題銀捌錢二分。

監生鍾騰蛟題銀壹大員。

登仕郎鍾奕昌題銀壹大員。

鍾汝光題銀壹大員。

吏員鍾瑞翔題銀壹大員。

鍾滿堂題銀壹大員。

鍾葵先題銀壹大員。

鍾應春題銀壹大員。

鍾華正題銀壹大員。

仁興社題銀壹大員。

鍾敏昌題銀五錢六分。

鍾其昌題銀五錢六分。

鍾華士題銀五錢六分。

鍾廣懷題銀四錢六分。

鍾華朗題銀四錢六分。

鍾金箸題銀四錢六分。

鍾慶堂題銀四錢六分。

鍾金作題銀四錢三分。

修職郎鍾臣顯、鍾定昌、鍾凌萬、鍾光玉、鍾汝岫、鍾敬揚、鍾瑞皋、鍾連宗、鍾澤基、鍾廣有、鍾華恩、鍾焱光、鍾餘慶、鍾海光、鍾流保、鍾湘、鍾金堂：已上各題銀壹中員。

鍾應時：二錢九分。

鍾廷光、鍾丙機：已上各二錢五分

鍾光遠：二錢二分。

鍾量斯、鍾社光、鍾光其、鍾光照、鍾應彩、鍾富賢、鍾祚、鍾帝心、鍾博明、鍾祖敬、鍾權志、鍾得勝、軍功記委鍾得高、鍾聚賢、鍾聚勤、鍾鏡泉、鍾鑑泉、鍾麗泉、鍾郭氏、鍾占開、鍾日開、鍾成春、鍾冬華、鍾榕彪、鍾榮量、鍾智量、鍾昇量、鍾橋清、鍾景嶽、鍾景崧：已上各題銀貳錢。

鍾承宗：壹錢八分正。

鍾達：壹錢五分六。

鍾聯升：壹錢五分六。

鍾進胡：壹錢三分。

鍾懋修、鍾懋勳、鍾懋仁：已上各壹錢一分。

鍾華新、鍾木堅、鍾燦堅、鍾杜堅、鍾全堅、鍾亞細、鍾華祖、鍾勝開、鍾廣亨、鍾亞雞、鍾樹根、鍾廣躋：已上各壹錢正。

信僕區亞有：三錢正。

陳亞關、陳亞尚、陳亞蘇、陳祖賜：已上各貳錢正。

區華壽：壹錢正。

道光二十七年歲次丁未孟秋中浣吉旦闔鄉紳耆等立石。

緣首：修職郎鍾臣顯、監生鍾騰蛟、鍾量斯、千總鍾大鵬、藍翎分府鍾兆翎。

督修：登任郎鍾奕昌、監生鍾煥翎、鍾汝光、鍾瑞舉、鍾應春。

勸捐：鍾明崗、鍾嘉翎。

【碑文考釋】

撰碑者鍾瑞翔、鍾佩翎，里人，生平不詳。

本碑敘述了元貝村的北帝廟前後遷建的始末。另外，由此碑，可以得知道光二十七年（1847）北帝廟重建之時，所奉祀神明有北帝、洪聖、趙玄壇（趙元帥）、福德神。而又於堂西新建文武殿，除了文武二帝外，還供奉金花聖母、高元帥等諸神。

35　玉虛宮（楊箕村）

【廟宇簡介】

廟又稱玄帝古廟或北帝廟。根據 2011 年實地考察，廟位於廣州越秀區中山一路楊箕村泰興直街 60 號，保存狀況良好，廟內保存有十方碑刻。根據碑刻記載，該廟始建於明代萬曆年間，重建於清康熙六十年（1721），以後又經歷七次重修，分別在乾隆七年（1742）、乾隆十九年（1754）、嘉慶四年（1799）、嘉慶十年（1805）、道光二十二年（1842）、光緒二十七年（1901）和民國二十五年（1936）。最近於 1989 年又重修。

楊箕村村民編纂的《楊箕村歷史》云："廟的建築面積 312.19 平方米，建築結構屬明清的磚木結構風格，兩進一天井。兩側走廊，後堂正中為北帝公殿座。正門牌匾石刻玉虛宮三字。廟門兩邊石刻對聯曰：秀挹雲山功昭北極，恩流粵嶠澤沛南箕。該石刻是清代文學家鮑俊書寫。廟前為花園，設有龜蛇池。廟內兩邊倒仍存九幅石刻碑文，記載大廟的重修史。"[1]

根據《楊箕村歷史》，楊箕村的主要宗族姓氏有姚、李、秦、梁四大姓。據說，楊箕村的開村過程是："楊箕村自北宋嘉祐三年（1058）到明代中期四百多年間，村各族先祖，因避兵燹或受皇恩派任或得同宗推介，從中原南移入粵，途經梅關古驛，逗留南雄珠璣古巷，再轉移番禺永泰鄉，進簸箕里，澤地開基。到明代弘治年間，簸箕里已形成四社五約的村落，後改稱為楊箕村。"楊箕村的李姓宗族有兩支，一支李氏深海基祖，但無族譜遺傳，只口頭傳說是約於宋哲宗年間從中原南移，最後遷到永泰鄉簸箕里北約建點發展[2]。另一支李氏，開基始祖是必大，號賴南，祠堂號"耕道堂"。據李氏族譜——《廣東李氏安政公譜系》，李氏賴南祖必大房，是於南宋理宗淳祐年間（1241—1252），由廣州城南遷入楊箕村西北約。而在元朝初期，楊箕李氏五世祖李東溢分支省城西門外泮塘鄉二渡橋，後為泮塘房派系。

---

① 楊箕村編：《楊箕村歷史》（影印本、內部參考），頁 225。有關此廟的資料另外可參考陳建華主編：《廣州市文物普查彙編·越秀區卷》，頁 186–187；廣州市天河區文化局編：《廣州市天河區文物志》，廣州：廣東人民出版社，1994，頁 54–56。

② 《楊箕村歷史》（影印本），頁 48。

35-1　清·佚名:重建玄帝古廟碑記

清康熙六十年(1721)

【碑刻信息】

存址:今廣州市越秀區中山一路楊箕村泰興直街60號玉虛宮內。

碑額:重建玄帝古廟碑記。楷書。

碑題:無。

尺寸:碑高140厘米,寬79厘米。

碑文來源:原碑抄錄。

【碑文】

我鄉之北,巍然聳者,玉虛宮也。前控雲山,快覩層巒蒼翠;後環珠海,欣瞻塔筆凌霄。奎壁東連,羊城西近。四美備具,自宜帝澤高深;五福恆沾,固遂比閭康阜。莫奈廟宇傾頹,雖則昭報不爽,然聖像煥然,始足妥其聲靈。故去歲上巳之辰,恭祝飲餕之暇,眾欲重新鼎建。果爾人謀神合,發簿沿簽,以成美舉。雖人心之允協,實神力之所致也。爰卜歲次辛丑孟夏乙卯穀旦,鳩工庀材。坐向如前,深濶仍舊,聿爾巍峨,如竹苞矣,如松茂矣。故今之銘其碑者,並刻助金多寡,以編次第。自後而千倉萬箱,陶朱可小;允文允武,奕世簪纓,老安少懷,優游於光天化日之中矣。

緣首:

姚荊美助金壹兩。

李正君助金壹兩。

秦燦碧助金壹兩。

姚美集助金壹兩伍錢。

李爵餘助金壹兩壹錢。

李瓊弼助金壹兩貳錢。

李聖嘉助金壹兩伍錢。

眾信士：

姚聯客、李元章、梁以裘：已上各助金貳兩。

李聖智助金壹兩八錢。

梁敬殿助金壹兩六分。

姚庭秘助金壹兩四錢。

李聚恆、秦昌閣、姚美祿、姚美東：已上各助金壹兩貳錢。

姚光祥、姚光盛、李俸餘：已上各助金壹兩壹錢。

李時若助金壹兩零二分。

李燦餘助金壹兩零一分。

秦霍□、姚英三、李時可、李□北、姚美汭、李侯爵、李□一、李卓禎、李聚全、李□廣、李景德：已上各助金壹兩。

□□□□助金八錢五分。

李□琳、姚美大、李聖會、李聖君、李時富、姚光鳳、李茂芬：已上各助金八錢。

姚美弼助金七錢九分。

姚獻美助金七錢三分。

姚美遐、李苑林、姚□客、李茂賢：已上各助金七錢。

姚□子助金□□。

李□瑞、姚美悠、姚迴美、李□爵、姚光基：已上各助金六錢五分。

姚光國、姚光勇：已上各助金六錢一分。

李彩君、李東蕃、李楚雲、李□珮、姚昇子、梁敬寯、姚御倫、姚世美、李聖彥、李景進、姚光迁、李會爵、姚文子、譚蕃□、李公爵、李卓蕃、李萬禎、李三進、姚□先：已上各助金六錢。

李□亮助金五錢五分。

秦英倩助金伍錢貳分。

姚喬客、李國璽、李殿侯、李澤歧、李苑郎、姚華美、王元堅、姚美新、李時萬、李時乘、李周官、梁壯殿、李□漠、李時尚、姚美偉、李逸餘、姚美景、梁以佳、姚美運、梁敬侯、姚光球、李□璋、蒲雲泰、姚光□、李聖一、姚光普、秦日盛、姚卓子、姚聖賢、姚名奏、姚求賢：已上各助金五錢。

李壯三助金四錢五分。

李景坤助金四錢五分。

姚博子助金四錢貳分。

姚□唐、姚□美、姚美□、李健興、姚美五、李楚禧、李炳雄、李聖涵、梁敬重、秦寅賓、李壯五、李景輝、李聖任、秦□師、李聖端、李聖□、李聖大、李聖□、李聖□、李聖耀、李萬枝、羅騰興、李長衍、姚端子、李運生、杜興立、秦元瑞、姚美用、姚美教、姚庭始、姚庭振、姚庭曉、李長彩、李亮爵、李茂昭、李茂積、李瑞聖、姚敬賢、秦元孝：已上各助金四錢。

李聚君、李葉球、秦潤堂、李聖顯、姚庭遜、李振昇、姚康永：已上各助金二錢五分。

姚光彩助金□錢□分。

姚美榮助金三錢一分。

姚光恩助金三錢一分。

秦□碧、李苑客、李時千、秦君晃、姚奕拔、姚悅美、梁熙廷、姚□會、梁以翰、秦旋集、姚美臣、秦洪鳴、姚□豪、李卓輝、姚光略、秦日麟、李卓餘、李聖淘、羅端客、李聖□、秦逸相、李聖公、姚光聖、姚光寧、梁敬鳳、姚光□、李爵尚、秦逸朝、秦裔堂、秦逸財、梁和啟、李元壯、李學華、李不磷、李景敏、秦逸怡、李景全、姚光海、姚光卓、姚光貫、秦蕙堂、秦逸靈、姚瑞子、黃卓純、李聖祥、秦逸湖、秦元敬、姚名亮、李富爵、李顯爵、李長□、李萬明、李長燦、李運□、李茂成、姚剛子、姚名超、姚庭俊、梁廣忠、姚則賢、李茂達、姚達賢、李茂勇、秦霍俊：已上各助金三錢。

　　姚美元助金二錢八分。

　　姚光任助金二錢二分。

　　秦霍□、秦逸侯、姚光富、秦逸朗、李君爵、秦鳳堂、姚美霍、姚御聖、姚美立、姚美鳳、姚德珮、姚朝子、姚魁子、姚光粵、姚光馳、姚名緒、秦鑑彩、梁世臣、姚國瑞、姚庭岳：已上各助金二錢五分。

　　姚光天助金二錢四分。

　　姚美作、姚美望、秦霍振、秦高朝：已上各助金二錢二分。

　　姚庭遇助金二錢一分。

　　姚庭玉助金二錢一分。

　　梁敬賢助金二錢一分。

　　李苑常、秦君侯、秦聖碧、秦旋賓、秦洪奕、秦洪星、姚郁美、秦霍高、秦壓庭、李瓊三、姚御賢、姚美佳、姚美業、姚美利、黃朝舉、姚美澤、姚壓沖、姚美全、姚美毅、姚美頡、李聚德、姚光榮、姚光秀、李聖餘、彭起友、秦逸堂、姚光上、姚光澤、姚光華、梁敬德、秦逸海、黃　爵、姚聰子、姚耀子、姚光昭、梁和朋、姚光禎、李昭餘、李聖略、李長弼、李茂□、秦逸有、姚光魁、姚名國、姚名天、姚允騁、秦元壽、秦元鑲、秦賜爵、秦德爵、秦錫爵、秦高聖、李存德、姚務明、姚務□、李茂思、李振紀、姚業子：已上各助金貳錢。

　　李紹華助金□錢八分。

　　李茂禎助金□錢□分。

　　李燦□、李聖芳、李茂富：已上各助金壹錢五分。

　　李聚有助金壹錢二分。

　　李□□助金壹錢二分。

　　李秀文助金壹錢□分。

　　李□韜、李恍波、李聖御、李萬葉、王文魁、翁子俊、梁會朋、姚靈瑞、姚可瑞、李顯攜、姚帝保、甯超林：已上各助金壹錢。

秦霍海助金壹錢五分。

姚恆科、李□琚、□霍星、姚□燦、姚廷寬：已上各助金壹錢。

李□隆助金七分。

李帝章助金六分。

麥廣裔助金二錢五分。

李儉臣助金□錢零五□。

姚明子：壹錢六分。

姚子瑞：七分五□。

李門佐氏助金二錢。

姚門范氏助金壹錢。

共計：

南約信士一百零六名，助金七十五兩四錢六分。

西約信士九十五名，助金四十兩零七錢二分。

北約信士五十四名，助金貳十九兩二錢四分。

康熙六十年歲次辛丑季秋穀旦立碑。

古廟東廂房原□二坑一䘓，西廂房亦原三坑一䘓，前地至田後餘地一丈二尺。

【碑文考釋】

　　碑文用讚美的筆調描繪了鄉北玉虛宮周圍的地勢與景象，稱讚玉虛宮位置好（"前控雲山，快覩層巒蒼翠；後環珠海，欣瞻塔筆凌霄。奎璧東連，羊城西近"），所以北帝降與了人們豐厚的福澤，因而民眾"五福恒沾，比閭康阜"，由此自然引出重修一事。最後祝願村民富足而登仕，最終老安少懷，優遊卒歲。

35-2 清·佚名：玉虛宮重修碑記

清乾隆十九年（1754）

【碑刻信息】

存址：今廣州市越秀區中山一路楊箕村泰興直街60號玉虛宮內。

碑額：玉虛宮重修碑記。楷書。

碑題：無。

尺寸：碑高162厘米，寬79厘米。

碑文來源：原碑抄錄。

【碑文】

嘗聞人傑地靈，無非藉神明之默祐；然必廟宇輝煌，庶得展馨香之荐而報德昭功也。如我鄉之玉虛宮，控雲山而環珠海，山川鍾秀，神最靈焉。迄今百有餘年，鄉人莫不蒙恩而默祐也。但重建日久，風剝雨蝕，頹垣拆棟，大失觀瞻，神明是褻，情所難安。是以集眾，議復重修。果爾童叟欣然，隨緣樂助，鳩工庀材，指日告成。煥然廟宇，將見地之靈者益靈，人之傑者益傑，後之蒙恩而默祐者，視昔不更有加乎？爰序數言，以鐫諸石，并編勒金多寡於後，永垂不朽。

緣首：

姚德振助金壹兩。

李朝慶助金壹兩。

李賢章助金壹兩伍錢。

姚廣瑞助金壹兩。

姚名著助金壹兩。

秦文盛助金壹兩。

李三嚴助金壹兩。

李麗章助金壹兩伍錢。

東約：

社王助金壹拾兩。

異鄉信士：

葉尚廣助金柒錢二分。

冼永連助金柒錢二分。

甘枝發助金叁錢六分。

姚沛周助金叁錢六分。

韓峻斯助金叁錢六分。

張政然助金貳錢。

黃獻麟助金壹錢三分。

本鄉信士：

李秀章助金叁兩二錢。

姚光基助金叁兩壹錢。

李□修助金叁兩。

李祖兌助金貳兩捌錢八分。

李元章助金貳兩壹錢六分。

李始達助金貳兩壹錢六分。

李蟠章助金壹兩捌錢五分。

李達章助金壹兩捌錢。

姚光玉助金壹兩伍錢二分。

姚光烈助金壹兩伍錢。

李聖智、姚江子、姚光積、秦逸□、李斐章、秦逸士、姚光臻、姚光朗、李三齊、姚光奮、姚庭□、姚務星、姚庭攜、姚佐先：已上各壹兩肆錢四分。

姚光獻：壹兩壹錢六分。

李祖尚：壹兩壹錢四分。

姚務業、李恆章、李顯章、李羨章、姚高賢、李純章、李祖□、李振紀、姚務達、梁宗聖、姚瑛國：已上各壹兩零五分。

姚光貫：壹兩零三分。

姚仲華、李偉友、李文國、李高章、李郁章、梁和君、李潤章、李祿章、李登尚、李仁章、李繼章、李明祖、李社海：已上各壹兩。

姚美用、李能章、李祖君：已上各玖錢。

姚光生：捌錢六分。

姚光敏：捌錢伍分。

姚光唐、姚悅可：已上捌錢貳分。

姚美作、李儒章、李登聞、姚務讓、李祖慶、李祖連、姚光沛：已上各捌錢。

李文顯、李文玉、姚美大、李文元、李溢章、姚光化、秦逸高、姚仲千、姚光試、李全章、姚光融、姚光淮、姚光萬、姚光輝、秦富有、秦茂爵、姚光騰、秦高運、秦恆世、李文彬、梁和就、姚光珠、李輝章、李彬章、姚光雅、姚光躍、李惠章、姚俊子、姚光合、姚庭相、姚庭高、梁和國、姚禹賢、姚庭聚、李祖耀、李祖昭、李祖達、李祖善、李祖建、姚務貴、姚庭護、李祖鵬、姚庭佳、姚名集、秦福爵、姚庭科、李登士、李祖勳、李祖輝、梁和盛、李珠光、李祖初、姚庭敬、姚孔教、李祖溢、李祖惠、梁彥恆、姚勤先：已上柒錢二分。

姚悅祖：陸錢五分。

李文強、姚仲德、李經章、李有章、李英章、李祖進：已上各陸錢。

姚務仁：伍錢五分。

姚庭岳、姚庭潤、李三連、李煥章、李尚章、姚庭規、李三鳴、李祖憲、姚庭健、李登豪、李登富、李祖就、姚務齊、李祖彥、李祖韜、李祖宏、李祖維、秦紹廣、秦祖銓：已上各五□。

　　姚□惠：□錢□分。

　　秦高志：□錢六分。

　　姚庭□：□錢五分。

　　秦遠章：□錢三分。

　　姚庭巧：□錢□分。

　　李偉□、李三□、秦尚寶、姚文琳、姚文會、姚光□、姚光祖、李文經、李登□、姚光□、姚庭□、姚務□、李□□、李發□、李□章、李祖尚、姚文教、李三元、李三浩、李澤魁、李登盛、李登名：已上各肆錢。

　　姚庭植：叁錢八分。

　　姚庭璽：叁錢八分。

　　李澤秀：叁錢七分。

　　姚美景、梁敬賢、姚美立、姚光球、姚光上、李成□、秦逸蒼、李浩章、姚光嶸、姚光戴、秦恆爵、李翰章、李珠華、姚光享、鍾慶□、姚光開、秦富潤、秦富海、秦鳴世、姚鳳子、李遠章、姚光秋、姚德子、姚遠蕃、秦逸江、秦元兆、秦富聚、梁和達、梁和景、秦御爵、秦高鵬、秦高遠、李本章、李敬章、李□章、□光斯、李三彩、李登昌、李侯章、梁彥聖、李祖廷、李祖傑、李祖芳、李祖富、李祖華、李祖仁、李祖全、嚴名弼、姚光夢、姚光創、李祖英、李祖魁、秦高衍、姚□高、姚光瞻、姚光遼、姚光本、姚庭玉、姚務禮、姚彩賢、姚庭法、姚庭祐、姚庭讓、姚庭楚、秦高望、秦高文、姚務進、姚庭顯、姚庭修、姚庭潤、姚庭森、秦顯爵、秦高夔、秦紹聖、姚□占、李祖成、姚朝□、姚成□、姚聖教、姚悅華、李達高、秦遠魁、梁彥廣、姚禮教、姚俊教、梁彥友、秦紹有、姚超教、姚悅科、姚志教、姚才教、姚傑教、梁彥興、李珠明、□務興、李祖鸞：已上各叁錢六分。

　　姚□達：二錢二分。

　　秦逸海、姚文業、李文斐、李懿章、李登賢、李裔章、李喬章、姚先啓、姚務□、姚□朗、李志章、秦士爵、李振章、秦活堂、李習章、姚光燕、姚光澣、姚光志、李星章、姚庭振、李槐章、秦悅堂、秦禮堂、秦鐸世、李登魁、秦翰爵、秦彩爵、姚光可、李慶章、姚光波、姚務本、梁和昭、姚恆心、李三勇、李德章、姚務友、秦華爵、秦高壽、姚庭壯、姚舜國、李業章、李衍章、李健章、李祖光、李祖舜、姚務聚、秦高鑲、姚務盛、姚庭周、姚庭樂、李祖強、秦輔爵、姚庭述、李祖亮、姚庭對、姚庭炳、秦高泗、姚勤國、秦高悅、姚□廣、秦高可、秦紹倫、秦紹伍、秦運聖、秦紹凌、李祖祐、姚庭溪、姚庭善、李登為、秦紹富、秦紹德、秦紹□、姚允湛、姚名秋、姚名多、姚尚顯、姚悅德、姚悅盛：已上各□錢。

李登伍：一錢九分。

李達聰：一錢七分。

姚光陸：一錢六分。

姚庭聰：一錢六分。

李文賢、秦元佐、黎卓士、姚恆朗、秦奏章、李賜章、彭朝泰、姚光經、姚恆□、梁和萬、秦紹教、秦紹三、李樹章、李勤章、秦運串、李伍章、李祖乙、李祖賜、李祖貴、李澤國、秦聖爵：已上各壹錢五分。

李登泰：壹錢二分。

秦紹高：一錢二分。

姚悅祿：一錢一分。

李國珍、李文輝、李齊章、李三國、姚光荐、李三就、李敏章、姚光策、秦高昌、姚全國、李祖多、彭紹光、李達聖、秦高禹、秦紹進、黃文敬、李達龍：已上各壹錢。

姚門梁氏：叁錢六分。

潘門蘇氏：貳錢。

姚門譚氏：貳錢。

姚門鍾氏：壹錢三分。

李儉勇：叁錢六分。

秦恆有：叁錢六分。

李用昌：貳錢。

姚進來：壹錢三分。

姚亞德：壹錢。

信童：

姚靄達助金壹兩肆錢四分。

秦紹興助金壹兩。

姚允賢助金叁錢六分。

姚□津助金叁錢六分。

姚悅多、梁彥文、姚社志、姚龍樹、姚文武：已上各叁錢六分。

姚儒望：三錢一分。

秦高光、梁彥魁、李帝禹、李社閏、梁帝灝：已上□錢。

李□曾：二錢六分。

秦紹則、李祖元、梁帝律、秦帝堅、李帝參、姚槐也：已上各壹錢五分。

秦紹才、李祖純、李祖浩、姚名通、姚□□、秦高佐、李澤賢、李澤君、秦紹□、李□顯、秦紹亮、□澤□、梁帝群、李社勇、梁純米、秦帝□、姚社才、姚社□、李華□、姚華尚、李帝□、李帝盛：已上各壹錢。

李瑛章、李祖參、李帝開：已上各□分。

李祖習、秦帝祿：六分。

李祖燦、李祖敬、李祖勤、李祖童、李社綱、李華辛、李澤廣、李帝張、李大興：已上各六分。

花女秦亞兼：壹錢。

花女姚亞玉：壹錢。

南約共人壹百四十八名，共計銀捌拾壹兩一錢八分。

西約共人壹百五十三名，共計銀柒拾五兩貳錢六分。

東約共人壹百三十八名,連社王共計銀伍拾捌兩叁錢九分。

北約共計七十三人,共銀叁拾三兩三錢四分。

乾隆十九年歲次甲戌季冬吉旦重修。

【碑文考釋】

碑文記述了乾隆十九年(1754)玉虛宮的一次重修。碑文開頭即云,人傑地靈靠的是神靈的默祐,所以要廟宇輝煌才能表達對神靈的敬意,以及報答神靈的恩德。最後碑文祝願地益靈,人益傑,有更多的人得到神明的保佑。這也正是重修玉虛宮的原因與意義。

碑文記錄有八名緣首,分屬姚、李、秦三姓宗族。楊箕村共有東、南、西、北四約。此次四約鄉民的捐助金人數共有五百一十二人,共計銀二百五四兩一錢七分。

35-3 清·姚允楫:重修北帝廟碑記

清嘉慶四年(1799)

【碑刻信息】

存址:今廣州市越秀區中山一路楊箕村泰興直街 60 號玉虛宮內。

碑額:重修北帝廟碑記。楷書。

碑題:無。

尺寸:碑高 137 厘米,寬 73 厘米。

碑文來源:原碑抄錄。

【碑文】

幽明一理。鄉之有廟,將以達有神,即將以興有德也,故虔禱奉祀。《書》言"明德惟馨"[1],修德行仁;《詩》言"神罔時怨"[2],事神事人,殊途而同

---

[1] 語見《尚書·周書·君陳第二十三》,參前清·朱廉:〈重修玄帝廟碑記〉[清乾隆四十八年(1783),碑號32-4,總83]注。

[2] 漢·毛亨傳,鄭玄箋,唐·孔穎達疏:《毛詩注疏》卷一六〈大雅·思齊〉(臺北:藝文印書館,1976),頁561下:"神罔時怨,神罔時恫。"

歸矣。我鄉之於北帝廟也，奠居鄉□□，前挹雲山靈秀，後帶珠海瀠洄，一鄉之中奉為福主，亦為鄉約。約之為義，約束其蕩檢踰閑之謂約。要其講信修睦之禮。假而有不由其道者，則於廟中是懲；有不睦於□□，則於廟中是勸。恭逢盛世，君德隆盛，治教休明，恪遵聖諭廣訓。凡我父老，四時詣廟宣講，教誡子弟，和鄉黨，睦鄰里，厚風俗，正人倫，以仰副聖天子□□上理。《記》曰"觀於鄉而知王道之易易也"[1]，其在斯乎。時因日久不修，東垣剝蝕，興舉廢墜，眾志從同。是舉也，興工於仲冬朔日，告竣於季冬乙巳之吉。所有助金芳名備勒□□，以垂不朽。

里人姚允楫撰。

值事：

秦高贊：貳員。

姚儒陞：壹兩。

姚允楫：三錢六分。

姚允欽：三錢六分。

李祖紳：貳員。

李澤慶：壹兩零八分。

李珠斗：壹兩零八分。

異鄉東莞東合號眾信喜助工金肆大員：

麥應時：壹員。

鍾天明：三錢六分。

袁亞寬：三錢。

謝貴仁、秦紹宦：壹錢。

---

① 漢·鄭玄注，唐·孔穎達疏：《禮記注疏》卷六一（臺北：藝文印書館，1976，影印宋刊十三經注疏本），頁1006下："孔子曰：吾觀於鄉而知王道之易易也。"

東約喜助工金共計銀叁拾九兩貳錢五分。

耆老：

秦高學：二錢。

秦高望：二錢。

秦高攜：壹錢五分

秦紹德：壹錢。

秦紹貴：壹大員。

秦紹祖：壹大員。

秦紹佳：壹大員。

姚珍國：壹大員。

梁彥文：三錢。

秦紹開：二錢。

秦紹宦：壹錢。

各家喜助工金：

秦高巧、□□、秦高晃、梁會富、梁彥佐、秦紹斗、姚儒桂、秦紹大、秦紹光、秦超起、梁會福、姚儒芳、梁德興、何章祿、秦紹平、秦紹京：已上壹大員。

秦紹聰：五錢。

秦紹興、姚顯國、姚敘教：已上四錢。

秦高敘、杜廣平、梁彥斌、秦紹魁、秦紹蒼、梁德貴、姚廷遠、秦德捷、秦德樂、秦德超、梁聖善、秦紹秀、秦紹蔭、秦紹達、梁彥修、秦紹逸、秦紹成、姚廷彥、秦紹斌、秦德祖、梁彥楊、姚尚德、秦德蒲、秦德永、秦紹就、秦紹亮、姚秀業、秦紹英、秦德曉、梁彥昌、秦德敘、秦德信、秦紹金、姚儒翰、秦德聰、秦德珍、杜美傑、秦德貴：已上壹中員。

秦德閑、秦德耀、姚儒寅、姚禮國、梁聖昭：已上二錢六分。

姚寬國、姚尚有：已上二錢五分。

梁彥舉、姚球國、秦紹江、姚儒發、姚儒業、秦德禮、秦章澤、秦紹東、秦德彩、秦成敘、秦德聰、姚儒珍、姚秀盛、秦德財、區天進、秦德朋、姚秀蕃、姚秀和：已上二錢。

秦德昇：壹錢七分。

秦紹愛、姚秀榮：已上壹錢二分。

梁彥達：壹錢。

梁榮德：壹錢。

信□秦亞六：壹錢五分。

信童姚儒燦：壹錢二分。

信童秦華增：壹錢。

石門樓喜助工金共計銀壹拾兩零五錢五分又□□。

耆老：

姚俊子：三錢六分。

各家喜助工金：

姚順賢、姥惠賢、姚孔賢、姚悅元、姥悅福、姚悅暢：已上各壹員。

姚習賢：五錢。

姚務才、姚悅剛、姚悅友、姚悅慶、姚悅秀、姚悅沛：已上三錢六分。

姚廣就：三錢。

姚潤成：二錢八分。

姚悅明、姚悅奇、姚悅英、姚廣興、姚廣發、姚廣全、姚廣炳、姚啟公：已上二錢。

姚悅寅：壹錢六分。

姚一達：壹錢五分。

姚悅高：一錢二分。

姚悅璽、姚悅海、姚悅瓊、姚廣耀、姚廣隆、劉有德、姚廣沛：已上各壹錢。

南約喜助工金共計銀叁拾伍兩零三分。

行勸下約□約工金：

耆老：

姚兆臻、姚光唐、姚光生、姚庭津、耆老姚光薦、姚庭佳、姚庭攜、姚仲才：已上各二錢。

各家喜助工金：

姚元居、姚遠貞：已上三大員。

姚庭就、姚庭裔：已上各貳員。

姚榮教：壹兩零八分。

耆老姚庭善、姚庭拱、姚庭暢、姚恆教、姚庭蔭、姚庭遊、姚法教、姚祐教、姚常居：已上各壹員。

姚庭大、姚任教、姚昇教、姚仕居：已上各五分。

姚庭長、姚庭德、姚庭泰、姚庭順、姚和教、姚高教、姚華教、姚景教、姚恆教、姚響教、姚安教、姚淮教、姚良教、姚慶教、姚勇教、姚有居、姚迪居、姚春芳：已上各三錢六分。

耆老姚光意、姚庭通、姚庭鐸、姚庭能、姚庭賀、姚庭式、姚庭勸、姚庭容、姚經教、姚輝教、姚福教、姚全教、姚賀教、姚恆泰、姚恆斌、姚引教、姚奕教、姚豐教、姚能教、姚楚教、姚厚教、姚灼教、姚生教、姚與教、姚享先、姚彩居、姚勝居、姚大居、姚明居、姚明居、姚榮居、姚啟居、姚觀居、姚宏達：已上各二錢。

姚正怡：一錢六分。

姚庭全、姚庭嗣、姚常教：已上一錢五分。

姚庭耀、姚庭味、姚庭略、姚庭宜、姚庭玩、姚衍教、姚恭教、姚□教、姚旺教、姚元教、姚聯教、姚揚教、姚樹教、姚可教、姚暢教、姚合居、姚善居、姚逢居、姚熾居：已上各一錢。

西約喜助工金共計銀貳拾□兩五錢五分。

耆老李祖熙、李澤高：已上三錢六分。

各家喜助工金：

耆老：

李祖初：貳員。

李澤明、李澤堅：已上各壹兩。

李祖法、李祖培、李澤維、李有榮：已上各壹員。

李澤波五錢、李祖柱、李祖文、李祖滄、李祖枝、李祖沛、李祖教、李祖悅、李祖江、李祖侯、李祖贊、簡福高、李澤昇、李澤舉、李澤和、李澤嚴、李澤河、李澤珍、李澤朗、鄧昌仕、信童李澤定、信童李澤法、信童李澤田、李悅榮、李富榮、李相榮：已上三錢六分。

李祖禮、李德榮、李輝榮：已上各三錢。

李祖珍、李澤通、李澤周、李澤斌、李澤晃、李澤敏、李澤浩、李澤京、李起榮：已上各二錢五分。

李祖猷、李澤汶、李澤聰、李澤大、李澤柱、李澤福、李柱榮、李近榮、李卓榮、李壯榮：已上各二錢。

李聚榮、李新榮：已上各一錢八分。

李祖河、李祖康、李祖有、李澤近、李澤滄、李澤德、李澤金、李開□、李□榮、李光榮：已上各壹錢五分。

李令章、李祖景、李祖安、李祖洵、李祖奕、李祖常、李澤輝、李澤□、李澤赦、李澤惠、梁大起、李澤榕、李澤照、李順榮、信童李華穩、信童李帝和、信童李帝添、信童李帝洲、節孀李門鍾氏：已上各一錢二分。

李澤唐、李就□

北約喜助工金共計銀貳拾壹兩四錢四分。

李珠光、李珠耀：已上壹兩零八分。

李登福、李祖雅、李達成：已上七錢二分。

李登志：五錢。

李維章、李奉章、李宗信、李銅章、李登有、李登義、李登用、李達豪、鍾奕喬、李達明、李達曉、李祖金、李高□、李達京、姚尚進、李星漢、李洪漢：已上三錢六分。

李登耀、李信章、李美章、李登進、李順章、李祖羨、李達生、姚尚才、李元有：已上二錢□分。

張振傳、李文作、李登學、李登祿、姚尚志、李祖桓、李祖紹、李祖津、姚尚貴、李彰漢、李達富、李達國、李□漢、李清漢、李元魁、李元種、李元福、李澤淋、李元意、李元昭：已上二錢。

李登作、姚尚禎、李祖宇：已上一錢五分。

信童李亞樹、李元漢：已上□六分。

李茂林、李亞津、李亞初、李金錫、李亞赦、李亞釗、李潤成、李亞漳、花女李亞清、李亞業：已上一錢一分。

李會先：一錢。

李亞二：一錢。

嘉慶四年季□吉旦重修立碑。

【碑文考釋】

撰碑者姚允楫，里人，生平不詳。

碑文借重修廟宇一事，重點探討了廟在鄉里的作用。碑文開頭即提出鄉之有廟，將以"達神"與"興德"。作者分別引用《尚書》和《詩經》說明鄉之有廟的存在道理，云"明德惟馨，修德行仁"，及"神罔時怨，事神事人，殊途而同歸矣"。後面更通過本鄉的北帝廟，具體詮釋了這兩句話的意義，尤其是《詩經》的意義。原來北帝廟不僅是福主，更是"鄉約"，因為"約"的意思是約束鄉里不守正道、不相和睦的子弟，要其講信修睦。而廟宇便成了懲罰和勸誡的場所，碑文說："假而有不由其道者，則於廟中是懲；有不睦於

□□,則於廟中是勸。"這也正是重修廟宇的意義。

35-4　清·姚允楫:重修兩廟碑記

清嘉慶十年(1805)

【碑刻信息】

存址:今廣州市越秀區中山一路楊箕村泰興直街 60 號玉虛宮内。

碑額:重修兩廟碑記。楷書。

碑題:無。

尺寸:碑高 129 厘米,寬 72 厘米。

碑文來源:原碑抄錄。

【碑文】

閱諸世廢者則修,墜者則舉,人之同心也。而其最切於心者,莫過於神廟。蓋以鬼神之為德極盛,能使人畏敬奉承而立廟以祀,惟恐廢墜而褻瀆於神明。如我鄉北帝廟、龍潭廟,奉祀惟虔,一遇風雨剝蝕,亟為修理,往往如是。甲子、乙丑之歲,風雨頗多,廟宇因而有壞。是以鄉人本素懷恭敬之心,而廟貌不齊,將致其齊,不容怠□。□開緣簿,簽題樂助,得金數十,克成其事。神靈福庇,永錫無疆,指日廟貌莊嚴,而樂助芳名垂諸不朽。是為記。

里人姚允楫撰。

緣首助金芳名開列:

李澤舉:工金壹中員。

姚儒桂:工金壹中員。

秦紹大:工金壹中員。

李星漢:工金壹大員。

姚祐教:工金壹中員。

姚樂教:工金壹中員。

李澤珍：工金壹大員。

信士助金芳名開列：

李珠光、秦高晃、李祖紳、姚始達、李珠斗、秦高讚、梁會富、李澤堅、姚遠貞、梁彥佐、李澤定、秦成廣、姚德貞、李澤法、秦德就、李澤鈿、姚綵貞、李澤杏、李有榮、李輝榮：已上工金壹大員。

秦紹祖、姚庭拱、李祖法、秦紹逸、姚斌國、李祖綱、姚敘教、李珠耀、姚庭泰、李登學、姚庭裔、程步青、秦高巧、鍾奕喬、李祖悅、李達明、姚悅福、姚庭大、梁彥昌、李祖詩、李達成、姚庭暢、秦紹秀、李祖侯、李登才、姚庭遊、姚庭順、秦紹起、奉澤周、李登義、姚庭蔭、秦紹平、李祖金、姚儒陞、李澤維、李達生、秦紹光、姚法教、李澤波、姚高教、李洪漢、秦德祖、姚儒芳、李澤贊、姚恆法、姚華教、秦德禮、姚榮教、李昭漢、姚昇教、梁會福、姚淮教、李澤恆、李宗信、姚儒珍、姚錦教、梁德興、李悅榮、姚恆斌、姚悅暢、李富榮、姚瑞教、梁聖善、李德榮、姚常居、李貴榮、姚儒成、鍾天潮、簡祿成、姚儒法、姚秀和、李清漢、信童李帝洲、信童梁觀慶：已上工金壹中員。

李澤河：叁錢正。

秦紹魁、姚和教、姚儒茂、秦紹就、李會榮、姚良教：已上貳錢五分。

李祖文、姚庭仰、秦紹興、姚珍國、秦紹聰、李維章、杜廣平、姚庭釗、李本章、秦紹斌、姚庭略、李美章、姚寬國、秦紹鳳、李順章、梁聖光、姚經教、秦紹京、李祖蕃、秦紹成、秦紹蒼、姚務聖、姚庭遠、李祖奕、姚任教、秦紹金、姚輝國、李登用、何章祿、姚輝教、李祖賢、秦紹達、姚安教、李登悅、姚恆泰、李祖培、姚厚教、秦紹瓊、姚恆教、李祖雅、秦德曉、姚灼教、李祖紹、姚尚德、姚儒傑、李祖津、秦德捷、姚觀教、李祖雄、何啟富、李澤大、秦德耀、姚勇教、鄧昌仕、李登祿、姚儒旺、李澤輝、秦德樂、李澤斌、姚慶教、李達京、秦德永、王成宗、李澤造、姚能教、李祖球、秦德敘、姚與教、李澤蒼、姚秀業、李澤柱、李達富、秦德珍、李澤拱、潘起悅、杜英傑、李澤敏、姚鵬教、李元有、李澤起、秦德昇、姚靄教、李澤沾、李澤淋、姚儒寬、李澤惠、李元廣、秦賢昇、李澤蕃、姚大居、李澤任、李元福、秦德貞、李柱榮、李澤揚、姚廣興、李壯榮、李元法、姚榮居、李聚榮、李元昭、姚明居、李相榮、李考榮、姚儒通、李惠榮、姚遂貞、李元善、冼創業、姚秀蕃、信童姚安達、信童梁華贊：已上工金貳錢正。

姚悅元、姚悅江：已上工金壹錢八分。

李祖枝、秦高敘、李登習、李信章、姚庭味、李祖唐、李登耀、李祖讓、秦紹榮、李祖秩、姚全教、李澤餘、梁聖學、李祖宇、姚悅愛、李澤洪、秦紹安、李澤晃、李澤錦、姚彩居、李澤啟、李澤安、李起榮、梁大喜、李新榮、李登福、李禮榮、姚尚志、李滔榮、姚尚貞、李順榮、姚尚才、李元魁、李光榮、姚尚進、李暢榮、姚尚貴、李金榮、姚尚榮、李達就、信童姚桂榮、信童姚秀江：已上工金壹錢五分。

秦紹開：工金壹錢三分。

李祖安、李祖定、姚旺教、李祖朗、李澤貴、秦德潤、李澤巖、李澤初、李澤德、李澤宜、李澤添、李澤近、李澤江、李澤赦、李澤金、李國榮、李福榮、信童李盛昌、信童李華恂：已上工金壹錢二分。

姚庭式、捆紹宦、姚悅璽、李澤光、姚悅友、姚廣發、姚福教、姚一達、梁彥斌、姚悅慶、姚悅秀、梁彥□、梁彥文、緣球國、秦德彩、姚仕卓、李澤鰲、秦紹蔭、李元種、姚尚有、梁榮高、姚秀宏、信童李瓊有、信童姚官帶：已上工金壹錢。

信女李門鍾氏、李松達、李用奇、李志達：已上工金貳錢。

嘉慶十年十一月吉日立碑。

【碑文考釋】

撰碑者姚允楫，里人，生平不詳。

本文記述了清嘉慶十年（1805）楊箕村兩廟（北帝廟和龍潭廟）的重修之事。碑文指出，修舉廢墜，以神廟最重要，最切於人心。至於立廟以祀的目的，是因為鬼神之為德極盛,能使人畏敬奉承。而百姓唯恐廟宇不修,褻瀆神明,所以才有了本次兩廟的興修。

35-5 清·姚仰居:重建玉虛宮碑記

清道光二十三年(1843)

【碑刻信息】

存址:今廣州市越秀區中山一路楊箕村泰興直街60號玉虛宮內。

碑額:重建玉虛宮碑記。楷書。

碑題:無。

尺寸:碑高143厘米,寬78厘米。

碑文來源:原碑抄錄。

【碑文】

蓋聞"莫為之前,雖美弗彰;莫為之後,雖盛弗傳"①,旨哉斯言,誠古今之通義也。如我簸箕鄉崇奉北極真武玄天上帝暨列聖尊神,福蔭一鄉,靈昭奕禩,由來尚矣。遙溯立廟伊始,創自前明,迨國朝康熙辛丑歲,鄉人復為重建。厥後重修數次,不可勝書。邇來風雨漂搖,垣墉傾側,爰諏吉旦,用集紳耆,叩明神而拜許,合眾志以僉同;於是發簿題簽,□緣樂助,規模仍舊,磚石更新。斯時以季秋辛卯啟工,閱至三冬而告竣。從此金容煥彩,玉宇重光,靈威如昨,瞻拜加虔,福祉永綏,誠求倍應,其大有造□鄉人者,前後總如一轍也。落成,紳耆及共事人等咸囑余為文。余沐神庥,義不獲辭,爰紀始末,因鐫此石以垂於後。是為序。

沐恩信紳姚仰居拜撰。

緣首:

姚仰居:壹拾肆員。

---

① 參考清佚名乾隆四十五年〈重修三清古廟碑記〉(碑號7-2,總16)本句註釋。

李德榮：壹拾肆員。

姚佐居：壹拾肆員。

姚永深：壹拾肆員。

李澤恆：陸員。

秦賢聘：陸員。

李奕邦：陸員。

姚瓊居：五員。

姚悅秋：貳員。

梁榮開：貳員。

姚秀成：貳員。

李達喜：貳員。

李福昌：貳員。

秦德觀：貳員。

李澤倭：壹員。

異鄉：

三鞏古廟：肆大員。

韋陂萬善堂：肆員。

獵德龍母宮：肆員。

山河鄉天后宮：叁員。

大水圳玄帝廟：叁員。

南陂八約：貳大員。

吉山洪聖宮：貳員。

程界紫竹堂：貳員。

石溪觀音堂：貳員。

石溪侯王廟：貳員。

潭村潛德堂：貳員。

車陂黎□堂：壹員。

鍾炳光：壹拾兩。

鍾肖文：柒員。

許廷珍：肆兩叄錢。

鍾肖勳：五員。

羅應朝：叄員。

鍾任邦：叄員。

鍾任卿：貳員。

鍾鳴泰：貳員。

李修和：壹兩四錢二分。

潘成享：壹員。

鍾厚光：壹員。

許國珍：七錢。

伍永年：中員。

鄧文海：中員。

鍾達昌：中員。

孔廣颺：貳錢。

鍾炳章：貳錢。

鄭貴倫：壹錢四分。

本鄉信士：

信監姚啟教：貳拾員。

姚尚達：拾肆員。

姚鎧居：拾肆員。

姚垣居：壹拾員。

秦德開：陸員。

秦德忠：陸員。

姚知居：五員。

姚遐居：叁員。

姥佩居：叁員。

秦德應：叁員。

梁聖滿：叁員。

梁榮彩：叁員。

姚昇居、姚照居、姚瑜居、姚璟居、姚澤貞、姚揚貞、姚祥顯、姚悅周、姚啟臻、姚啟恆、姚秀彩、秦德厚、秦德明、信童秦社結、梁彥泰、梁彥開、梁彥添、梁聖松、李澤眾、李居榮、李珍榮、李恩榮、李曉榮、李漢昌、李奕賢、李奕福、李茂科：已上各貳員。

梁聖芳、梁榮福、李元意、李元富：已上各壹兩零八分。

姚廣盛、李京昌：已上各壹兩。

姚恆斌、姚與教、姚興教、姚慎教、姚恩教、姚香教、姚義居、姚信居、姚顯居、姚創居、姚騰居、姚倉居、姚興居、姚琰居、姚聚居、姚浩貞、姚進貞、姚順貞、姚熾顯、姚受顯、姚華顯、姚符顯、信童姚蚉茂、姚啟富、姚均泰、姚秀蕃、姚秀江、姚秀生、秦德寶、秦德祥、秦德恆、秦開祥、秦開榮、梁聖旺、梁聖高、梁榮富、梁榮高、梁榮廣、何茂珍、何宏基、冼著開、李澤瓊、李澤登、李結榮、李志興、李敏榮、李接榮、李芳榮、李勇昌、李燕昌、李贊昌、李允昌、李瓊昌、李彩昌、李兆昌、李奕財、李奕貴、李奕慶、李成宗、李達敬、李聰榮、李顯德：已上各壹員。

梁昇豪、姚演居、梁聖基、梁昌明、李炳昌、李興昌：已上各伍錢。

姚廣福、秦德立、秦開泰、秦開恆、秦開業、梁昌豪：已上各肆錢。

耆老姚庭蔭、耆老姚勇教、姚朋教、姚殿教、姚道教、姚唐教、姚昌居、姚良居、姚英居、姚晃居、姚漢居、姚謙居、姚益居、姚燦居、姚□居、姚壽居、姚勇居、姚彩貞、姚能貞、姚睿貞、姚河顯、姚仕基、耆老姚廣成、耆老姚廣秀、姚亞福、姚啟榮、姚英泰、姚秀海、姚秀鈿、姚秀聰、秦德秋、秦德和、秦德昭、秦德威、秦德筠、秦賢章、秦賢好、秦開秀、秦開燦、秦社賀、梁彥法、梁榮沛、梁榮達、杜勝開、李澤清、李澤芬、李澤聚、李澤蔭、簡祿成、梁名遠、李茂榮、李啟榮、李斌榮、李栢榮、李賀榮、李初榮、李洵榮、李晃榮、李彰榮、李鳳榮、李安榮、李繼榮、李豐榮、李祿榮、李疊榮、李允榮、李爵榮、李謙榮、李長榮、李宗榮、李德昌、李瑞昌、李雲昌、李洪昌、李起昌、李太昌、李熾昌、李浩昌、李蛋昌、信童李帝珏、耆老姚慶遠、姚勝遠、姚仕寧、耆老李登福、李祖福、李達文、李達開、李達惟、李達貴、李達福、李達裕、李達彩、李達雄、李達泰、李元基、李元通、李澤恩、李澤隆、李茂法、李茂東、李茂蕃、李魁榮、李福榮、李善榮、李港榮、李敬榮、李成德、李悅德、李賢德、李善德、李榕德、李臨德、李亞群：已上各壹中員。

秦容貴、李昇榮、李建榮、鄧其居：已上各叁錢。

李成昌：貳錢五分。

李舒榮：貳錢四分。

李澤成：貳錢二分。

姚敏教、姚登教、姚永教、姚滿教、姚英□、姚泰居、姚相居、姚本居、姚廉居、姚堂居、姚康居、姚播居、姚式居、姚敬貞、姚作貞、姚隆貞、姚繼貞、姚尚敏、信童姚初進、姚嘉顯、姚振顯、姚亞務、姚振章、姚廣容、姚啟平、姚安泰、姚雄貴、秦德芬、秦德群、秦賢信、秦賢善、秦賢寬、秦開寧、梁聖瑞、梁明壽、李澤旺、李澤水、李澤會、李仕榮、李享榮、李運榮、李嵩榮、李世榮、李遠榮、李寬榮、李業榮、李標榮、李賜榮、李高榮、李生榮、李添榮、李傑棕、李古榮、李珍榮、李錫榮、李廣榮、李巨榮、李祐榮、李道榮、李振榮、李漢榮、李炳榮、李聖榮、李樂榮、李香榮、李森榮、李約榮、黃期彰、謝朝彰、樊業清、鍾聯帶、鍾聯昌、鄧其興、李華相、李壽昌、李祿昌、李日昌、李恆昌、李法昌、李業昌、李銓昌、李會昌、李財昌、李富昌、李聚昌、李寧昌、李信昌、李連昌、李和昌、

李廷昌、李惟昌、李培昌、李楠昌、李奕祥、李奕寬、李奕有、李奕龍、李奕儀、
信童李帝儀、信童李華本、李始祖、李達言、李元柏、李元亨、李澤麗、李亞榕、
李亞栢、李世德、姚仕波、姚仕興：已上各貳錢正。

　　姚慶貞：□□。
　　李日光：□□。
　　李日勝：□□。
　　李日交：貳錢。

　　南約緣簿各信助金共□百貳拾肆兩捌錢。
　　東約緣簿各信助金共□拾伍兩柒錢五分□。
　　西約緣簿各信助金共□拾肆兩捌錢五分□。
　　北約緣簿各信助金共□拾貳兩零貳分□。
　　石門樓緣簿各信助金共壹拾壹兩正。

　　道光歲次癸卯季冬吉旦闔鄉眾信等重建立。

【碑文考釋】

　　撰碑者姚仰居，里人，生平不詳。

　　碑文開頭即引韓愈語，暗示前人的創始與後人的繼修都是很重要的。由此敘述了本
鄉玉虛宮的始建與重修的歷史，並重點記述了本次的重修經過。根據碑文，道光年間楊
箕村仍用舊鄉名，稱"簸箕鄉"。廟內所崇奉的神靈是"北極真武玄天上帝暨列聖尊神"。

35-6　清·姚登翰：重修玉虛宮碑記

清光緒二十七年（1901）

【碑刻信息】

　　存址：今廣州市越秀區中山一路楊箕村泰興直街 60 號玉虛宮內。
　　碑額：重修玉虛宮碑記。楷書。

碑題：重修上帝廟碑記。楷書。

尺寸：碑高 136 厘米，寬 77 厘米。

碑文來源：原碑抄錄。

【碑文】

　　盖聞雕梁繪棟，借巧妙於丹青；瓊室璇宮，壯觀瞻於藻火。堂堂翠宇，赫煊騰北極之靈；綴綴銀璜，光焰鎮南離之土。至使神庥山荷，法像雲巍，壨璧焜□，□門崇峻者，則有如我簸箕鄉之上帝廟是也。溯此廟創自前明，作一鄉之保障；威振南越，饗六代之明禋。蒙莫大之洪恩，敢効一番新氣；覩如生之廟貌，常留百載英名。此重修之舉所由□□。逮自年湮代遠，崇墉就圮於風霜；蒼海桑田，槐楠已埋於苔蘚。夕照低而鼪鼯竄，榭宇荒涼；秋風颯而絡緯啼，亭臺湮沒。蓬榛梗道，廻廊橫廢檻之薪；瓦□□空，斗殿恽埋蹤之鼎。誠不忍也，盍有意乎？爰告同人，共襄勝事，喜落誠於今日，屬銘勒於吾儕。從茲瞻寶相之尊嚴，仰玉階之壯麗，吉金貞石，長題不滅□□，密葉叢花，預織登科之記。

　　沐恩信紳姚登翰敬撰。

　　耆老信紳緣首列：

　　姚用居、姚正貞、姚泓顯、姚保貞、姚崧貞、姚雄岳、姚志貞、姚達顯、姚健顯、姚沛貞、姚能顯、□維熊、姚演貞、姚驥顯、姚登翰、姚乾貞、姚勇顯、姚義地、姚文旺、姚豪顯、姚鴻星、姚金樹、姚樹棠、姚□光、李翰昌、李世滿、李世用、李奕操、李世順、李世鈞、李奕蕤、李世藍、李兆圖、李奕斌、李世和、鍾有盛、李奕昭、李世垣、李應京、李奕貫、李世培、李敬德、李奕眾、李世祥、李堅基、李世護、李世良、李奕常、李宏昌、李□祥、梁成香、梁昌乾、梁昌威、梁昌熾、梁昌咸、梁成章、梁榮燦、秦賢舖、秦賢均、秦開福、秦光雄、秦光蔭、秦光鏞、姚成顯、姚傑顯、姚逵顯、姚成滿、姚國仕、秦開瑞、秦光廷：以上助錢叁大員。

立會名列：

姚可貞、姚鐸顯、姚國善、姚燕貞、姚沛顯、姚垣進、姚離□、姚創□、姚坤顯、姚仕常、姚頤顯、姚栢貞、姚國猷、姚九根、姚咸華、姚禮湛、姚德安、姚□貞、姚昭顯、姚廣顯、姚松、姚耀基、姚水、梁松、李敬榮、李奕本、李世就、李定昌、李世煥、李錦、李禮昌、李世□、李世英、李綿昌、李康、李世饒、李奕佳、李生、李聯登、李奕定、李世珍、鍾寶、李奕文、李世言、佐樟顯、李葵、李可榮、李應芳、李□□、李□桂、秦賢高、秦開旺、秦開科、秦光照、秦光禧、梁榮信、梁榮□、梁榮珍、梁□學、梁昌規、姚順顯、姚國藩、姚允：以上助銀貳大員。

緣簿各信士簽助主金芳名列左：

南約：

信紳廖龍□：助銀拾大員。

姚用居：助銀伍拾員。

信紳姚國颺：助銀拾大員。

姚鳳儀：助銀拾大員。

姚咸顯：助銀六大員。

姚驥顯：助銀六大員。

姚明貞：助銀叁大員。

姚江：助銀貳大員。

姚□顯：助銀貳大員。

姚申貞：助銀貳大員。

姚國善：助銀貳大員。

耆老姚寬貞：助銀壹員半。

姚崔貞：助銀壹大員。

姚朝顯：助銀壹大員。

姚燊顯：助銀壹大員。

姚榮述：助銀壹大員。

姚阜貞：助銀壹大員。

姚勇顯：助銀壹大員。

姚□就：助銀壹大員。

姚義地：助銀壹大員。

姚容浪：助銀壹大員。

姚桐顯：助銀壹大員。

姚□貞：助銀壹大員。

姚焯金：助銀壹大員。

徐郁齡：助銀壹大員。

姚閏根：助銀壹大員。

姚創顯：助銀壹大員。

姚徐氏：助銀壹大員。

陳清：助銀壹大員。

姚豪禧：助銀壹大員。

姚沛貞：助銀九錢□。

姚梯貞：助銀壹大員。

姚國華：助銀壹大員。

姚國澤：助銀壹大員。

姚金可：助銀壹大員。

姚瓊貞：助銀壹大員。

姚普貞：助銀壹中員。

姚遠顯：助銀壹中員。

姚瓊顯、周榕添、姚唐團、姚筐貞、姚國仁、姚國寶、姚丞顯、江安、姚金銳、姚敢顯、姚賢居、姚益貞、崔德遠、姚雄科、姚文旺、姚文勝、□路結、□壯顯、□□居、姚佑居、姚鐸顯、姚國鴻、姚國猷、姚健顯、姚塹寶、姚岳貞、姚容禧、姚國勳、姚容興、關陸氏、姚國清、姚國□、姚鴻彬、姚國基、姚華澤、姚國椿：以上助銀壹□員。

　姚耀朗、姚劉氏、姚寶漢、姚發顯、姚□洪、姚厚貞、姚翹顯、姚晚景、董宴坤、姚華幹、姚炳均、姚山顯、姚和顯、姚容鏡、姚泗顯、姚雲顯、姚維良、姚維賢、姚維經、姚金律、樊應暢、李丞攝、姚華開、姚啟硯、姚容梯、姚□新、姚福佩、姚登□、姚容詠、姚洪貞、姚陳氏、姚細妹：以上助銀壹□八分。

　西約緣簿：

　李奕彬：拾員。

　李奕操、李意昌、李世護、李奕眾、石金榮、葉森泉：以上助銀貳大員。

　李世度、李世錢：以上助銀壹員十。

　李爵顯、李廣、李祐昌、李世彭、李世用、李奕章、李□忠、李世榮、李世添、李世順、李容彬、李世藍、李奕昭、李世祥、鍾芳桂、鍾芳顯、鍾芳麟：以上助銀壹大員。

　李華建、李昭、李正昌、李□惠、李□通、李奕緒、李奕庚、李奕恩、李世卓、李世□、李聯登、李奕蟾、李世良、李□□、李世□、李世耀、馬□□、李奕學、李鑑昌、李世俊、李柱昌、鍾芳廷、李卓榮、李世滿、李世昭、李奕惠、李世修、李世平、李世江、李緒昌、李寬昌、李世□、李渭昌、李世杰、李奕齊、李鎮浩、李冼氏、李聖望、李世光、李廣富、李世綿、李世培、李世康、李世恩、李奕巨、李奕威、李世□、□□□、李奕彭、鍾芳冠、□□氏、李□佳、李世永、鍾葵英、李□篇、李奕滿、李高昌、潘麟典、李奕效、梁垣：以上助銀壹中員。

　何永榮、李英榮、□□□、□□□、□□□、周掌、李奕相、李伍昌、李炳華、李□昌、曾英、李普、阮柱臣、李奕照、李旺昌、李潛昌、李朱、李奕開、李奕□、李何、李流、李奕就、□□昌、□□□、李奕佳、周票、李奕順、□金巨：以上助銀壹□八分。

東約緣簿：

秦揚斌、秦世才、姚浩□、姚國□：以上助銀□□。

梁錦基、梁永瑞：以上助銀壹員半。

梁榮華、秦□□、何洪□、梁□□、□□□、秦開政、秦世高、梁成重、潘□謙、姚□鴻、梁昌遠、蘇□耀、□□順、□齊望、□澤霖、秦甜牛：以上助銀壹大員。

□國有、□□信、□能記、秦開廣、池昌華、秦□良、□□貴、姚鞏貞、秦世容、秦光遠、姚國亨、姚□皮、梁昌錦、□創□、□□□、姚東□、梁昌□、秦賢衍、秦□昌、秦開□、秦華息、梁昌英、梁□毫、梁昌鉅、梁勤學、梁昌乾、譚澤群、冼文興、何裕光、□□德、秦開驥、姚國□、秦位忍、秦光合：以上助銀□中員。

秦光惠、信女梁燕娥：三毛。

姚閏八、李昌、姚牛□、何袁鈴、張景□、姚鳳□、□容□、秦光□、陳勝、潘禮□、秦賢雙、秦光錦、秦光善、梁昌建、梁昌錫、梁耀光、秦世泉、秦賢鉅、秦開勤、秦開枝、秦容□、秦妙興、□美銀、□□琼、□□氏、□以廷：以上助銀□□八分。

北約緣簿：

李就榮、李廷康：以上助銀貳大員。

伍帝澤、李後、李景榮、李樹良、李旺昭、李慶榮、李帶榮：以上助銀壹大員。

李應鈞、李近昌、李金沂、李聖聯、伍文熙、李森昌、梁祖善、榕勝、李傳昌、李遜開、李前昌、李成開、李建德、李應錦、黃齊雍、李奮昌、李達榮、李萬順、李桂溢、李建開、李光潛、李燕榮、姚炳堂、李德順、李賢開、李榮開、李攝昌、李平開、李元珍、李元啟、李金水、李應珍：以上助銀壹中員。

李帝微、李錦榮、李應基、李杞森、李炳鐸、李世忠、李社滿、李梁氏、李耀卓、李樹、□金鐸：以上助銀壹□八分。

石約緣簿：

廖□翁：五元。

廖□□、廖光祐：以上助銀貳大員。

姚□堂、廖光裕、廖光焯、廖光煁、廖活龍、廖匯光、廖龍慶：以上助銀壹大員。

姚昇祥、梁秩明、廖顯志、廖賀龍、廖光洪、廖光炤、姚有行、廖光□、□天瀚、廖龍昌、廖龍活：以上助銀壹中員。

姚桂昇、姚燦昇、姚鳳儀、梁麗繇、梁熊多：以上助銀壹□八分。

廖榮泮：三毫。

廖光祥、廖光成、廖龍輝、廖□富、廖龍□：以上助銀□□。

各鄉敬送香資列：

□□鄉玄帝廟：六大員。

□□鄉經緯堂：伍大員。

□□□□英堂：四大員。

□□文武宮：銀四大員。

□下鄉聖堂：□四大員。

□□十約萬善堂：四大員。

車陂八約：銀叁大員。

□堡天后宮：叁大員。

□鄉中立堂：四大員。

□里怡德堂：叁大員。

大水圳永樂堂：銀叁大員。

□下鄉東約玉虛宮：叁大員。

永泰鄉聯慶社□□：叁大員。

堂下鄉西北元華堂：貳員。

□□康公廟：銀貳大員。

李和庄聯義堂：貳大員。

程界鄉紫竹堂：貳大員。

車陂鄉東海廟：貳大員。

車陂鄉□尾首勝廟：貳大員。

□□鄉天后宮：銀貳大員。

□□□龍母宮：貳大員。

□□□□成堂：貳大員。

龍□□□聯堂：貳大員。

大塘鄉生益社：貳大員。

吉山鄉洪聖宮：□大員。

下□鄉永華堂：貳大員。

光村鄉天后宮：貳大員。

□村鄉中正堂：貳大員。

長□□□□堂：貳大員。

花生寫三聖宮：貳大員。

橫□□□□□：□大員。

棠□□音□□：貳大員。

茅□觀音□□：貳大員。

菜欄□□□□：貳大員。

菜欄德隆□：銀貳大員。

三元里□約：銀貳大員。

石溪鄉觀音堂：貳大員。

石溪鄉侯王廟：貳大員。

　　東□華光廟：銀貳大員。

　　黃華鄉姚炳垣：銀□□。

　　潭村萬善堂：銀壹大員。

　　長龍約：香資銀壹大員。

　　長龍約姚與善堂：壹員。

　　棠□鄉李紫氣堂：壹員。

　　□□□洪聖宮：壹大員。

　　□欄同利號：銀壹大員。

　　菜欄萬興隆：銀壹大員。

　　成記坭水店：銀壹中員。

　　陳建賀：香資銀壹中員。

　　徐郁齡：香資銀壹中員。

　　光緒二十七年歲次辛丑仲秋穀旦□。

【碑文考釋】

　　撰碑者姚登翰，里人，生平不詳。

　　碑文用駢體描述了本鄉上帝廟的盛況，回顧了該廟的輝煌歷史（"創自前明"、"饗六代之明禋"）和對本鄉的重要作用（"作一鄉之保障"），並且與重修前的頹廢景況作對比，以突出重修的必要。

　　碑文除了列出本鄉題金信士鄉民的名字之外，還有記錄其他各鄉祖堂和廟宇的資助名單，這是此碑文歷史價值之一。

36　玉虛宮(長龍村)

【廟宇簡介】

　　廟祀真武帝,故又稱真武帝廟,今在廣州市白雲區蘿崗鎮長龍村。始建於清乾隆四十二年(1777),重修於嘉慶十二年(1807)。

36-1　清·鍾楨國:鼎建真武帝廟碑記

清乾隆四十二年(1777)

【碑刻信息】

　　存址:今在廣州市白雲區蘿崗鎮長龍村玉虛宮內①。
　　碑文來源:冼劍民、陳鴻鈞編:《廣州碑刻集》。

【碑文】

　　予家西北十里許有鄉長巒,山盤水繞,環而居者,則鍾、姚、黃三族也。之三族者,自宋元以來,代相婚媾,迄今生齒愈繁,凡而出入類若,皆伯叔舅甥。然唯各祖其祖,各廟其廟,春祈秋報燕集,靡所憂之。倡眾沿簽相鄉之地,勅建廟以祀武帝焉。一時搦管爭先,未幾而所助足需也;一時購材恐後,又未幾而堂廡儼然也。卜吉奉帝像入祀,尤慮久而或忘,因問記於予以弁石。予聞之殷人以神道設教,神非能教人也,使將之敬即教之也。抑又聞之:粵,牛女地也;帝,元武神也。生於火者和以水,《易》所謂既濟也。則茲廟之建而祀以帝者,彼果其意歟?彼誠能於立廟之後,舉三族中之若老若少,恒於斯明倫教稼,恒於斯祭祀祈禱,恒於斯迎麻賽會,恒於斯相助相友,人和而神錫之以福,廟固互古不朽,之三族者綿綿繩繩,亦互古不朽。

信監葉陽鍾楨國撰。①

時乾隆四十二年歲次丁酉仲秋八月十七吉旦。

【編者按】

碑文輯錄自冼劍民、陳鴻鈞編：《廣州碑刻集》②。

【碑文考釋】

撰碑者鍾楨國，邑人，生平不詳。

本篇碑文介紹了長龍鄉在清乾隆四十二年（1777）鼎建真武帝廟的情況。立廟者爲該鄉鍾、姚、黃三姓大族。立廟原因是：雖然三族自宋元以來，世代通婚，出入皆稱伯叔舅甥，但是三姓家族仍然是“各祖其祖，各廟其廟，春秋祈報燕集，靡所憂之”，也就是三姓鄉民沒有一個屬於長龍鄉的共同集會的廟宇場所。故此，在提議創建真武帝廟時，大家立即共議贊成。碑文亦同時記載為何立廟祀奉真武玄帝。關於這一點，作者解釋說：“抑又聞之：粤，牛女地也；帝，元（玄）武神也，生於火者，和以水，《易》所謂既濟也。”也就是說，玄武是生於火的水神，在《易》卦里屬於“既濟”，而粤地天文屬牛女，所以玄帝的性質正好可以彌補粤地的不足。

36-2　清·佚名：重修玉虛宮碑記

清嘉慶十二年（1807）

【碑刻信息】

存址：今在廣州市白雲區蘿崗鎮長龍村玉虛宮內③。

碑文來源：冼劍民、陳鴻鈞編：《廣州碑刻集》。

【碑文】

今夫真武尊神，赫聲濯靈，與天地同其悠久，與日月齊其光華。其離宮

---

① 此處原書有“捐款人姓名款目略，皆鍾、姚、黃三姓”字樣，爲本書編者所刪。
② 冼劍民、陳鴻鈞編：《廣州碑刻集》，頁450-451。
③ 冼劍民、陳鴻鈞編：《廣州碑刻集》”，頁468：“碑在白雲區蘿崗鎮長龍村玉虛宮內。

遍於吾粵,迨至山陬海隅,虔而奉之者恒八九矣。第鄉之人因藉神庥而興,而神之廟亦仗人力而壯。人興則廟壯,廟壯則人興,理固宜然。故往來者必於是鄉之神廟占風彩焉。予兒時過長巒之鄉,落落寞寞,而神亦迄無事宇。及壯,歲見其鄉之人寖昌寖熾,而神廟屹然而出。邇年來,農有餘粟,女有餘布,歌富庶者,僻壤之鄉,幾首推焉。歲丁卯,鄉人入廟告虔,狹小前規,欲謀改作。於是建部簽助,各俱響應。爰諏日鳩工,匠人操斤,圬人操墁,陶瓦礱石,鱗次運至。而神殿、而頭門,俱廓而大之;而省牲所亦次第修理,丹堊有光,壯麗逾舊;並帝像而新之,裝金布彩,喬喬皇皇,大小諸神,有嚴有翼。是役也,經始於二月,告成於九月,督事姚君朝長及家俊等囑予為記。予曾館於是鄉,素沐神庥,且與鄉之人最洽。喜其神廟壯觀,更卜其鄉之興而靡涯也,故不忖固陋直書之,以為神慶,且為茲鄉慶也。

首事:姚朝長、鄧光舉、黃成章、鍾良俊[1]。

嘉慶十二歲次丁卯季秋上浣初七日吉旦立。

【編者按】

碑文輯錄自冼劍民、陳鴻鈞編:《廣州碑刻集》[2]。

【碑文考釋】

這篇碑文主要記載了清嘉慶十二年(1807)長龍村玉虛宮的一次重修。碑文首先稱讚真武之靈驗及其在粵地信仰的隆盛,"其離宮遍於吾粵,迨至山陬海隅,虔而奉之者恒八九矣"。然後用自己親眼所見長龍村的發展作為例證來證明真武神給村民帶來的保佑庇護:兒時未見神廟(廟始建於 1777 年),鄉里落落寞寞;壯年廟宇屹立,鄉里民樂富庶。最後碑文點明為此文以表達對真武神與鄉人的慶祝。

---

[1]　此處原書有"捐款人姓名款目略,多鍾、姚、黃三姓,另有陳、李、鄧姓"字樣,為本書編者所刪。

[2]　冼劍民、陳鴻鈞編:《廣州碑刻集》,頁468。

37　安期仙祠

【廟宇簡介】

廟在白雲山菖蒲澗,黃培芳、江瀛濤於嘉慶十八年(1813)所建,祀安期仙人。

37-1　清·黃培芳:蒲澗安期仙祠碑記

清嘉慶十八年(1813)

【碑刻信息】

存址:舊在安期祠內①。

碑文來源:宣統《番禺縣續志·金石志》。

【碑文】

余讀《羅浮山志》:"安期生與神女觴於元邱,呼吸水露,皆成酥醪。"後人遂以酥醪名其地。余初遊酥醪觀,適道人江瀛濤特祀安期仙像於齋堂,不忘本也。嘉慶十七年,瀛濤來羊城,遊白雲山菖蒲澗,與余輩購碧虛觀旁地,築雲泉山館;復割山館北餘地,與瀛濤創建安期僊祠。相傳安期嘗餌菖蒲於澗中,飛昇於鶴舒臺,臺下有巖,巖下肖仙像,奉祀最為靈著。以歲七月二十五為沖舉日,都人士於是日往遊謁仙巖,修禊乎蒲澗,飲酒歌詠而歸,其來久矣。夫神仙之說多惝恍,其見於史傳,至顯者莫如安期生。《封禪書》謂安期生僊者②,《列仙傳》以為瑯邪阜鄉高人③。今俗稱鄭仙,類於無稽,蓋秦漢間

---

①　清·梁鼎芬倡修,丁仁長等總纂:宣統《番禺縣續志》錄有碑文,原題下注曰:"草書,存。"文末按語曰:"右碑在濂泉旁安期祠中。"見《中國地方志集成·廣東府縣志輯》第7卷,分別見頁514下、515上。

②　此語見《史記》卷二八〈封禪書〉,第4冊,頁1385:"(李)少君言上曰:'……臣嘗遊海上,見安期生,安期生食巨棗,大如瓜。安期生僊者,通蓬萊中,合則見人,不合則隱。'"另類似語又見《史記》卷一二〈孝武本紀〉,第2冊,頁455。

③　《列仙傳》(《龍溪精舍叢書》第98冊,潮陽鄭氏用郝氏遺書本校刊)卷上,頁11下:"安期先生者,瑯邪阜鄉人也。賣藥於東海邊,時人皆言千歲翁。秦始皇東遊,請見,與語三日三夜,賜金璧度數千萬。出於阜鄉亭,皆置去,留書,以赤玉舄一量為報,曰:'後數年求我於蓬萊山。'"

有道之隱君子也。當秦始皇時，天下將亂，余意其一見始皇，飄然長往，遵海濱而處，如伯夷避紂居北海之濱，太公避紂居東海之濱。安期避秦，則居南海之濱，故羅浮、白雲，有遺蹟焉。其留書報始皇曰："後千歲，求我於蓬萊山下。"殆明示其意，而隱躍其辭耶。瀛濤自酥醪來，謂仙巖既有專祀，蒲澗為服餌處，不祠無以妥僊靈。爰合諸善士力，建祠澗上，與山館以次落成。此山中千百年來創舉也，不可不識其顛末，乃屬余書之。

嘉慶十八年癸酉重陽，香山黃培芳撰並書。

【編者按】

碑文輯錄自清·梁鼎芬倡修，丁仁長總纂：宣統《番禺縣續志》卷三七〈金石志〉①。

【碑文考釋】

撰碑者黃培芳（1778—1859），字子實，又字香石，廣東香山人。清嘉慶九年（1804）副貢生，官內閣中書。太學肄業，歷任武英殿校錄官、陵水縣教諭、肇慶府訓導等職。嘗三遊羅浮，於絕頂築粵嶽祠以觀日出，自號粵嶽山人。又作《浮山小志》。善詩文，曾與番禺張維屏等交遊唱和，翁方綱目其二人與陽春譚敬昭為"粵東三子"。著作甚豐，有《嶺海樓詩文鈔》、《香石詩話》等數十種。咸豐九年（1859）卒，享年八十二，世稱"嶺南名儒"。

本碑文記述了黃培芳等人與羅浮山道觀酥醪觀住持江瀛濤在白雲山菖蒲澗碧虛觀旁地修建雲泉山館和安期仙祠的經過，以及講述安期生的神僊故事。

安期生，關於他的傳說漢代即有書記載，例如見《封禪書》和《列仙傳》，為最早進入道教神仙系列的人物之一。然而作者認為他只不過是"秦漢間有道之隱君子"。安期生曾來南海，所以在羅浮山和白雲山都有他的遺跡留存。

江瀛濤，屬全真教龍門派道士，道號本源，自號松竹山人，廣州府番禺人。入道羅浮山酥醪觀，後繼承其師童復魁（1703—1801）任本觀住持②。陳銘珪《長春道教源流》稱江

---

① 清·梁鼎芬修，丁仁長纂：宣統《番禺縣續志》，《中國地方志集成·廣東府縣志輯》第7卷，頁514下–515上。
② 關於道士江瀛濤與酥醪觀的關係，參黎志添：《廣東地方道教研究——道觀、道士及科儀》，頁84–93。

瀛濤"通儒釋之學,能詩,文人大夫喜從之遊"①。

黃培芳與江瀛濤等於嘉慶十七年(1813)在白雲山菖蒲澗的碧虛觀旁購地,先築了雲泉山館;後在山館之北,修建了安期僊祠,因為據傳安期生在此處澗中服餌菖蒲,飛昇於鶴舒臺。宋·王象之:《輿地紀勝》云:"(碧虛觀)在蒲澗,舊傳秦始皇訪安期生于此。"②

除此之外,碑文記載,菖蒲澗附近還有安期巖,因為巖下酷似安期的肖像。碑文稱都人士在每年七月二十五安期仙的沖舉日到仙巖下謁拜,並且在蒲澗修禊。

本文就是白雲山菖蒲澗安期仙祠落成的紀念碑文。

附　錄

清·陳恭尹:重修安期巖碑記

清康熙五年(1666)

【碑刻信息】

碑文來源:《廣東碑刻集》。

【碑文】

安期生見於史遷、葛洪書〔一〕,皆言海上而不實其地。而吾郡郭北白雲諸峰往往得其遺跡。相傳〔二〕安期巖饒竹石古木,其神最著。間者數用兵,禱祀不至,而樵人斧斤尋之,濯然無復存者。去歲秋〔三〕,永平譚君孟安暨弟仲和、季彬、子愚,郡人楊長卿、張康侯、吳叔華、溫斐章、程右臣〔四〕避雨巖下。顧瞻[芥](叢莽)〔五〕有神[隤](頹)〔六〕然,丹堊淋瀝,仰首倚石壁立數人者,相與揖(而)〔七〕祈子,踰年悉驗。乃醵金為屋,其旁置僧,以朝夕香水。領是[江](工)〔八〕者十有二人,未畢而產子者六人〔九〕,有踰耄而產者〔一〇〕。既落成,招予〔一一〕及梁差山〔一二〕住〔一三〕,俾為記,以劖諸石。是日登自山西絕嶺,南折而

① 清·陳銘珪:《長春道教源流》卷七,《藏外道書》第 31 冊,成都:巴蜀書社,1992—1994,頁 138。
② 宋·王象之:《輿地紀勝》卷八九〈廣東東路〉,臺北:文海出版社,1962,頁 518。

下入戶，崖石蒼然，苔草雜生室內，[五]（其為）[一四]堂軒房廚凡六，皆倚石為後壁。從屋漏仰觀，石片片有紋瓣，層壘遞出，其形下刳上卷。最上有石角如大鳥喙，俯［喙］[一五]（啄）屋上。前檻臨深溪，枝峰葉[一六]繞，下見[一七]其脊，皆若藤蔓[一八]，風聒聒從山背鳴。高空送雲，日光下漏，遊移去來[一九]，陰晴[二〇]倏忽。東南極望無際，浮青點點，落積水中者，虎門之山。稍近如潢匯[二一]而不波者，扶胥之口也。從巖左[二二]折為白雲絕頂，有泉宛轉溪石間，潀然墜橋下。又此[二三]東為歸龍，又東為月溪。雲淙巖石，出為蒲澗濂泉[二四]，踰嶺西為景泰寺。沿泉而下，得茂林清溪，其幽曠超忽，皆不及安期巖。安期生仙人所托，殆不謬者。既還，遂為文記。

獨漉山人陳恭尹撰。

喜助重建眾信芳名開列於左：

緣首：

譚守智助銀三十兩，吳啟炫助銀十五兩，張洪泰助銀十兩，程弼助銀十兩，溫茂林助銀十兩，楊如桂助銀十兩。

弟子：

梁佩蘭助銀三兩，龔之敬助銀三兩，朱潼助銀三兩，吳嘉晏助銀三兩，汪尚達助銀二兩，歐時薦助銀二兩，齊良棟助銀二兩，程嘉言助銀二兩，郭弘亮助銀二兩，□毓英助銀二兩，程士炳助銀二兩，孫成謨助銀二兩，倪盛春助銀二兩，吳日躋助銀二兩，林維顯助銀二兩，王元貞助銀二兩，王得育助銀二兩，賈汝德助銀一兩，李海龍助銀一兩，陳恭尹助銀一兩，謝廷和助銀一兩，謝廷侃助銀一兩，潘嗣澄助銀一兩，陳駿助銀一兩，龍雲虯助銀一兩，胡貞助銀一兩，蔡廷蘭助銀一兩，陳文兆助銀一兩，林啟元認琉璃一座連架，鄧繼聖助銀一兩，吳應祈助銀五錢，孫萬善助銀五錢，陳堯紀助銀五錢，李應杰助銀五錢，嚴德盛助銀五錢，王芝龍助銀五錢，黃燦助銀五錢，李文瀹助銀四錢，胡尚明助銀三錢，何志升助銀三錢，談玉卿助銀三錢。

自時僧性德和。

康熙五年歲在丙午六月初一日庚戌吉旦立。

【編者按】

碑文輯錄自譚棣華、曹騰騑、冼劍民編:《廣東碑刻集》①。參校以清·陳恭尹:《獨漉堂文集》卷五〈記〉②。

【校記】

〔一〕"書",《獨漉堂文集》作"諸書"。

〔二〕"相傳"前《獨漉堂文集》多"故老"二字。

〔三〕"秋",《獨漉堂文集》作"夏"。

〔四〕"永平譚君孟安暨弟仲和、季彬、子愚,郡人楊長卿、張康侯、吳叔華、溫斐章、程右臣",《獨漉堂文集》作"郡人某某"。

〔五〕"叢莽",底本作"芥",今據《獨漉堂文集》改。

〔六〕"頹然",底本作"隤",今據《獨漉堂文集》改。

〔七〕"而",據《獨漉堂文集》補。

〔八〕"工",底本作"江",今據《獨漉堂文集》改。

〔九〕"未畢而產子者六人",《獨漉堂文集》作"未畢而產男者七"。

〔一〇〕"有踚毫而產者",《獨漉堂文集》作"有踚毫無子而驟產者"。

〔一一〕"招予",《獨漉堂文集》作"要余"。

〔一二〕"梁差山",《獨漉堂文集》作"梁藥亭"。

〔一三〕"住",《獨漉堂文集》作"往"。當以"往"為是。

〔一四〕"其為",底本作"五",今據《獨漉堂文集》改。

〔一五〕"啄",底本作"喙",今據《獨漉堂文集》改。

---

① 譚棣華、曹騰騑、冼劍民編:《廣東碑刻集》,廣州:廣東高等教育出版社,2001,頁6—7。

② 清·陳恭尹:《獨漉堂文集》,《四庫禁燬書叢刊》第183卷,北京:北京出版社,2000,據清康熙晚成堂刻本影印,頁658上。

〔一六〕"葉",《獨漉堂文集》作"叢"。

〔一七〕"下見",《獨漉堂文集》作"皆俯視"。

〔一八〕"皆若藤蔓",《獨漉堂文集》無"皆"字。

〔一九〕"去來",《獨漉堂文集》作"往來"。

〔二〇〕"陰晴",《獨漉堂文集》作"陰陽"。

〔二一〕"匯",《獨漉堂文集》作"白"。

〔二二〕"從巖左",《獨漉堂文集》作"路右"。

〔二三〕"此",《獨漉堂文集》作"北"。

〔二四〕"蒲澗濂泉",《獨漉堂文集》無"濂泉"二字。

【碑文考釋】

撰碑者陳恭尹(1631—1700),字元孝,初號半峰,晚號獨漉子,廣東順德人。抗清志士陳邦彥之子。明亡後,以氣節自勵,隱居不仕,自稱羅浮布衣。與友人何衡、何絳、陶窳、梁梿相與砥礪名節,發憤讀書,世稱"北田五子"。工詩,與清初著名詩人屈大均、梁佩蘭同稱嶺南三大家。康熙三十九年(1700),年七十卒。有《獨漉堂全集》存世。

38　佛山祖廟

【廟宇簡介】

佛山祖廟位於佛山禪城區祖廟路 21 號,是供奉真武神(北帝)的著名廟宇①。佛山祖廟,又稱祖堂,別名慶真堂。佛山祖廟供奉多神。供奉真武神的神祠稱北帝神祠,或龍翥祠。自平定黃蕭養起義(景泰二年,1451)後,龍翥祠敕改名靈應祠(按:宋真宗天禧二年詔封真武神為"真武靈應真君")。

據民國《佛山忠義鄉志》的記載,"真武帝祠之始建不可考,或云宋元豐時"。元末遭毀,明洪武五年(1672)重建。明洪武間趙仲修重建祠宇。明宣德四年(1429),梁文繘②等廣其規模,梁文繘與冼灝通等買地鑿灌花池。明正德八年(1513)復重修,建流芳堂、牌樓,修飾灌花池。李待問分別於明崇禎二年(1630)和崇禎十四年(1641)兩次重修靈應祠(崇禎二年修的是靈應祠右掖鼓樓)。

入清後,又經歷數次重修。清康熙二十三年(1684)龐之兌、李錫簡等重修靈應祠。清康熙二十九年(1690),李錫祚勘丈土地,重修靈應祠。清乾隆二十六年(1761),駐防司馬趙公重修靈應祠。清嘉慶二年(1797),楊楷修靈應祠,兼鼎建靈宮。

38-1　明·唐璧:重修祖廟碑記

明宣德四年(1429)

【碑刻信息】

存址:舊在佛山祖廟③。

---

① 有關此廟資料,可參考佛山市博物館編:《佛山祖廟》,北京:文物出版社,2005;肖海明:《中樞與象徵:佛山祖廟的歷史、藝術與社會》,北京:文物出版社,2009。

② 偶作"梁民繘",如 38-2 明正統三年(1438)佚名撰〈重修慶真堂記〉。然粵語"文"、"民"同音,故記載者不甚加區分。除明正統三年碑刻遵從原碑,作"梁民繘"之外,本書統一稱"梁文繘"。

③ 清·潘尚楫等修,鄧士憲等纂:道光《南海縣志》錄有碑文,文末按語曰:"右碑在佛山。"見新文豐出版公司編輯部:《石刻史料新編》第三輯第 21 冊,頁 246 上。

碑文來源：道光《佛山忠義鄉志·金石志》。

【碑文】

　　《祭法》曰："法施於民，能禦大災大患則祀之。"①觀此，則佛山之民崇奉祖廟不妄矣。廟之創不知何代，以其冠於眾廟之始，故名之曰祖廟。所奉之神不一，惟真武為最靈，其鼓舞群動，捷於桴鼓影響〔一〕，莫知其所以然。當元季時，群盜蜂起。有龍潭賊，勢甚猖獗，艤艦於汾水之岸，欲摽掠鄉土。父老求衛於神。是時天氣晴明，俄有黑雲起自西北，須臾烈風雷雨，賊艦幾盡覆溺，境土遂寧。鄉有被盜者，叩於神，盜乃病狂，自齎所竊物歸其主。復有同賈而分財不明者，矢於神，其昧心者即禍之。其靈應多類此。洪武間，鄉耆趙仲修重建祠宇，緣卑隘無以稱神威德。宣德四年己酉，士民梁文繡等廣其規模，好善者多樂助之。不終歲而畢，丹碧焜燿，照炫林〔二〕壑。復與冼灝通率眾財，買廟前民地百餘步，鑿池植蓮，號曰"灌花池"，由是景概益勝。塘之稅，文繡、佛兒分承輸官。其崇奉可謂誠至矣。眾請記其事於石，余謂神之像乃土木為耳〔三〕，無言語可聞、號令可畏，而能使強戾者不得肆其暴，昧心者不得遂其奸。《記》謂"法施於民，能遇〔四〕大災大患者"，神豈爽乎哉！民之崇奉宜矣。噫！世之都高位，享厚祿，以保民為己任者，求如神之為，何不多見耶？此陸龜蒙所謂纓弁言語之土木，視神之為可不發愧，而以善政自勵者歟？文繡等所以勤勤懇懇而新是廟者，蓋亦藉神之靈化人，使咸歸於善耳。厥志良可嘉也，遂書於石，俾後人知所崇奉云。

　　宣德四年己酉邑人唐璧撰。

【編者按】

　　碑文輯錄自清·吳榮光：道光《佛山忠義鄉志》卷一二〈金石志〉②。又見清·潘尚楫

---

①　出《禮記·祭法》，參前清·馮煥章：〈重建玉虛宮碑〉［清光緒十七年（1891），碑號30-5，總75〕注。
②　清·吳榮光：道光《佛山忠義鄉志》，《中國地方志集成·鄉鎮志專輯》第30卷，頁217上。

編,鄧士憲等纂:道光《南海縣志》卷二九〈金石略〉①、民國·汪宗準修,冼寶幹纂:民國《佛山忠義鄉志》卷八〈祠祀一·靈應祠〉②。

【校記】

〔一〕"捷於桴鼓影響",民國《佛山忠義鄉志》無"影響"二字。

〔二〕"林",道光《南海縣志》作"幽"。

〔三〕"乃土木為耳",民國《佛山忠義鄉志》作"乃土木為之耳"。

〔四〕"遇",民國《佛山忠義鄉志》作"禦",當以"禦"為是。

【碑文考釋】

撰碑者唐璧,號主一,南海平步人,唐豫之子。侍母至孝。陳贄視為益友。正統己巳之亂,避寇佛山,為其鄉人畫策,賊不能入,遠近賴之。

關於佛山祖廟,存有一系列的重修碑文,這是現存碑文中最早的一篇。

這篇碑文乃因紀念明宣德四年(1429)佛山祖廟的重修而作。首先,碑文談到了"祖廟"名稱之由來:"以其冠於眾廟之始,故名之曰祖廟。"(按:清·黃芝:《粵小記》對"祖廟"之說,持不同解釋。黃芝說:"粵呼北帝廟為祖廟者,以佛山靈應祠建自宋元豐間,為神廟之始,故名為祖廟,後世凡建北帝廟多稱祖廟云。竊謂不然。蓋水者五行之始也,以其序言之,水則居中,以其初言之,水實居始。居其中所以濟民之用,居其始所以生民之本,祖者本始之謂也,故尊之為祖者,猶人之生必始自祖之意云爾。"③)

接下來便重點描述了真武神的"靈應"。在碑文的開始部分,已先稱讚了佛山祖廟之真武神"能禦大災大患"。雖然廟中供奉多神,作者著重要寫的是廟中所祀真武神的"靈應",如元代抵禦龍潭賊,起風雨翻覆賊船,令盜竊財物者自己歸還失主財物,令昧錢財者遭禍等。

第二個重要內容是敘述祖廟的重修經過。前已述及"廟之創不知何代",有年代可徵的最早的一次重修是在明洪武年間,主持者是鄉人趙仲修。而宣德四年的這次

---

① 清·潘尚楫編,鄧士憲等纂:道光《南海縣志》,新文豐出版公司編輯部編:《石刻史料新編》第三輯第 21 冊,頁 245 下–246 上。

② 民·汪宗準修、冼寶幹纂:民國《佛山忠義鄉志》,《中國地方志集成·鄉鎮志專輯》第 30 卷,頁 409 上。

③ 清·黃芝:《粵小記》,吳綺等撰,林子雄點校:《清代廣東筆記五種》,頁 413。

重修,規模更大,不僅擴建了廟宇,而且還在廟前開鑿了一片池塘,名灌花池,於是景觀更佳了。文中還提到了塘稅的問題,由梁文繾、佛兒(霍佛兒)兩人共同承擔,輸送官府。

最後碑文點出了此文撰作的緣由:重修完成後,眾人請作者將此事記下來,並刻成碑石。作者更借此事發表了一番對於神像與官吏的看法,神像雖然土木所造,不會言語,卻能起到懲惡壓暴的作用,而世間身處高位的官員,雖享受俸祿,卻未必能做到,所以官吏應當"以善政自勵"。

唐璧所撰這篇碑文,保存了黃蕭養起義之前佛山祖廟的重修狀況以及真武的信仰情況,十分珍貴,值得重視。

38-2　明·佚名:重修慶真堂記

明正統三年(1438)

碑陽

【碑刻信息】

存址:今佛山市佛山祖廟正殿內。

碑額:重修慶真堂記。篆書。

碑題:慶真堂重修記。楷書。

尺寸:碑高189厘米,寬115厘米。

碑文來源:原碑抄錄。

【碑文】

蓋聞天地之間,道為最大;三才之內,神為最靈。故聖神之德,有以合造化,致中和,位天地而育萬物,各得其所,體物寧得而遠之乎?恭惟玄天上帝,太陰之化,水位之精,職居四聖之中,威鎮九天之下。剪除妖怪,迅秋令於雷霆;快護善良,沛春恩於雨露。有求皆應,無願不從。本堂奉事香火,世世相承。建基之初,不知何代也,以為冠一鄉眾廟之始,名之曰"祖堂"。自前元以來，三月三日，恭遇帝誕，本廟奉醮宴賀。其為會首者，不惟本鄉之善士，抑有四遠之君子，咸相與竭力以贊其成。是日也，會中執事者，動以千計，皆散銷金旗花，供具酒食，笙歌喧闐，車馬雜遝。看者駢肩累跡，里巷壅塞，無有爭競者。豈非致中和之效乎？

大德之間，廟前有榕樹二株，被風吹頹，鄉人聚以二百餘眾，扶立不動。是夜忽聞風雨聲，次早樹起而端然，豈非聖神之德驗乎？名之曰"聖榕"。元末群盜蜂起，時有龍潭賊來寇本鄉，艤船數十艘於汾水之岸。鄉人啟之於神。是時天氣晴明，俄有黑雲起自西南，既而狂風暴作，飄賊船于江之北，覆溺者過半。望見雲中有神人披髮，方知帝真救民於急難之中，驅賊於水火之際，有此顯現。後元祚將移，神亦昇天矣。賊乃買致守廟僧，用葷穢之物，竊污神像，遂入境剽掠。而廟宇聖榕，俱為灰燼。守廟僧不數日亦遭惡死。迨我聖朝混一天下，民安其生，有鄉老趙仲修等，節次抄題，重修廟宇。忽於小橋浦見水湧，隨即一木躍出于淤泥之中，濯如也。眾以為神，稽之父老，傳言其木係是創基之初雕塑神像之餘，不敢毀以他用，是用藏之，迨夫歲久而失其蹤也。今既顯出，豈非神現而用之乎？遂命良工雕刻聖像如故，以奉事之，祈求雨暘時若，百穀豐登，保佑斯民，以迄于今矣。緣其棟宇卑狹，未足以稱神光。宣德四年己酉，鄉之善士梁民繕出為主緣，化財重建，其趨事赴工者，不厭不怠，經之營之，畢年成之。起工之夜，廟前現一火毬，大如車輪，滾于地上，光徹遠近，倏然不見。豎柱之日，化緣中有不潔，神責其傅匠者，以言其過。庚戌之秋，九月朔日，曙色初分之際，廟前現一神旗，風煙颯颯，初濃漸淡，隱隱不見。丁巳歲六月十有七日，現一白蛇，蜿蜒之狀，往來於棟梁之間，鳥雀驚呼，觀者漸眾，遂隱于藻梲不見。如此者，皆神光不測之妙也，何其盛歟！

矧茲廟貌隘塞，無以闡其勝覽，正統元年丙辰歲，主緣梁民繕等各出己財，買到廟前民地一丘，以步計之，一百廿有五，鑿為灌花之池，植以波羅、梧桐二木於餘土之上，其地稅糧，則有梁民繕、霍佛兒分承在戶，以輸納之，冀千載之下，無有侵占，永為本堂風水之壯觀也。噫！積善之家，必有餘慶；積不善之家，必有餘殃。豈不信哉！近因隣境有無知者，妄借神繳以為競渡之戲，災害隨至，悔何及也。鄉間有被盜者，旦夕來聖前禱告，而賊人陰懷畏懼修省之心，遂生無妄之災，將財物以歸其主也。又有同生理而財物不明，誓之於神，其瞞昧之人，皆有惡報。以此明彰昭報者非一，難盡條舉，姑書此以記之。

正統三年春龍集戊午春二月良辰花朝前一日化緣立。

嗚呼！莫為於前，雖善弗揚；莫繼於後，雖美弗彰。是祠之建，肇宋元豐。禦災捍患，賜額褒功。瞻彼神明，赫赫厥靈；顧彼前修，創造惟周。祠成績著，刻木傳流。閱歷歲久，慮其頹朽。正德癸酉，貴等會首，竭力構材，煥然重修。流芳堂建，爰及牌樓；灌花池飾，寒林所就。六房改造，三門新搆；廟貌增光，輝映宇宙。松柏森嚴，四時擁秀；永期壯觀，民安物阜。噫！前之開今，今之繼前，先後之用心若是，咸欲傳之悠久而有澂耳。述前繼後，端有望於後人也歟。

大明正德八年歲次癸酉孟冬吉日，撰跋霍球。

會首：霍時貴（本坊）、霍珪（左隣）、霍斌（突歧巷）、蘇澄輝（□洞道士）。

捨石：霍珪，書丹：陳諫，篆額：張愷。

碑陰

【碑刻信息】

碑額：世濟忠義記。篆書。

碑題：世濟忠義記。楷書。

【碑文】

賜進士奉政大夫刑部郎中邑人盧夢陽撰文。

賜進士中順大夫湖廣按察司副使邑人陳紹儒書丹。

賜進士奉議大夫河南按察司僉事邑人李兆龍篆額。

余嘗稽古之人，所以制大敵，弭大難，未有不因甲兵，據險塞，居得意之位，操能致之權者。及其論功於朝，則必晉殊秩，膺顯號，銘之旂常，藏之金匱石室，死則廟而祀之，不以爲異，其有功不受賞者蓋寡。惟夫禍變起於倉卒，而當其時與地，無甲兵之援，無險阻之限，而又無得意之位、能致之權，彼豪傑者出其間，不忍坐視其危，莫之捄以死。徒以其忠義之所激發，能使阡陌末耜之輩，奮而爲精兵，而大敵破；咆哮嘯聚之徒，化而爲良民，而大難平。其成事之難，繄夫有所憑藉者，功相萬也。若此者不尤偉歟？然而有司不以表揚，廷臣不以入告，不得論功於朝，卒與閭巷之人同堙滅不見，況敢希榮寵、豪廟祀，流聞當時，聲施後世哉？自余所睹聞者，則余所居之南境曰佛山，百餘年來兩遘變亂，而亦莫不有豪傑之士、共濟艱難者出焉。人才之不必取借於異代異地，亦明矣。正統十四年，黃賊作亂，爲嶺南患，聚黨數萬人，樓櫓二千艘，攻城掠地，僭號稱制，張官置吏，所過之地屠僇殆盡。則佛山之父老，若梁廣、梁懋善、霍伯倉、梁厚積、霍佛兒、倫逸森、梁濬浩、冼浩通、梁存慶、何燾凱、冼勝祿、梁敬親、梁裔堅、倫逸安、譚履禎、梁裔誠、梁顥、梁彝頫、冼光、何文鑑、霍宗禮、陳靖者，二十二人，度賊且至，首倡大義。罄貲財，樹木柵，濬溝塹，儲兵械，一夕而具，蓋若神所助焉。賊至，則供具酒食，以勞敢戰之士，不避鋒鏑，爲有眾先。飛槍連弩，以摧其陣車；熔鐵水，焚其皮帳，奇謀迭出。斬其偽將彭文俊、梁昇、李觀奴，生擒張嘉積[一]等，前後斬首二千餘級。無亡矢遺鏃之費，而黃賊已困矣。由前所云，無甲兵之援，險塞之限，徒以忠義之所激發，能使阡陌末耜之輩，奮而爲精兵而大敵破者，此也耶？左布政使揭稽上其事于朝，而當事者歸於真武廟之神，名其鄉曰"忠義鄉"，而二十二人之功不與焉。此余之所聞者也。嘉靖三十二年，山東、淮、徐皆大侵，嶺南尤甚，道路死者相枕籍。蓋因年穀不登，賦役繁多，財力詘乏，人無餘蓄。有司限民平糴，法非不良也，頑悍之民從而挾取之，而剽掠之釁啟矣。佛山尤地廣人眾，力田者寡，游手之氓充斥道路，欲爲亂者十家而七。當是時，倡爲亂首者一二人，而四境之民一日雲合而響應者四五百人，明日即數千人矣。初猶以乞濟爲名，旋即恣所欲而取之矣。白晝大都之中，斬關而奪之金，傾覆良善，震動官府，而亂勢成矣。時則主事冼子桂奇，憤同室之鬭，不避危險，親往諭之，誘之以利，懼之以禍。其人亦皆媿服，解其黨而去，愿受約束。是日所保全者蓋數十姓云。於是畫爲權約，先自出粟，煮粥以勸，二十四舖之有恒產者，亦各煮粥，以周其鄰近。遣人分護穀船米市，以通交易，陰械爲首之最桀鶩者一人，以驚冥頑，亟訴當路遣官撫諭，以安良善，乞粟於公府，以繼粥之不足。始因淫霖傷稼，躬禱晴於神，以慰民望。繼因鐵蟲爲災，復爲文以驅之。是以一權約立，而民罔有背戾者焉。拯數百家之危，活千百人之命，而不尸其功者，冼子是也。由前所云，無得意之位，能致之權，徒以其忠義之所激發，能使咆哮嘯聚之徒，化而爲良民而大難平者，非此也耶！佛山及張槎之父老，多冼子之功，合詞於行部，欲與二十二人者，並入祀典祀之。冼子聞而力止之。此余之所睹者也。謹按國朝議功之典，以寧濟一時，與摧鋒萬里者同賞。然則二十二人者，能捍外變，摧鋒於萬里；冼子能靖內亂，寧濟於一時。其勞佚久速有不同，而同於共濟艱難者也。要皆在所議者，顧非其時與地，則人以爲是適然矣。漢鄒陽有言：“明月之珠，夜光之璧，以暗投人於道，眾莫不按劍相眄者，無因而至前也。蟠木根柢，輪囷離奇，而爲萬乘器者，以左右爲之先容也。”天下之事，大率類此。余獨悲二十二人者，布衣起窮巷，建大勳勞，將必有雋異之行，爲眾所推服者。而當時之人皆淳樸，不以文字顯於世，故其行不錄。若冼子，甫登第授職，輒謀歸養，屏跡城市，開徑方山。古今載籍，靡所不究，又多著述，跡晦而道愈明，身隱而名彌顯，是以取信於鄉人久矣。夫以介然一身，坐銷大變於萬姓危疑之日，謂不有所本哉！余暇日爲此論，入吾之家乘，將以告吾子若孫，知鄰境有此變亂，而亦莫不有豪傑之士共濟艱難者出焉。忠義鄉之名，於是爲不誣云。無何，廣西大參元生陳子至自錢塘，丹陽令石臺岑子至自京師，聞余有是論也,率諸士庶造雲帽之廬,謂余曰:"吾鄉有忠義之士焉,功成而弗居,名立而不傳,猶幸吾子之持正論也。或可藉以不泯,願因吾子之言,吾將圖爲錦,藏之祖堂,歲時祭祀賽會,必張之,以明示我後之人,其於風化似非小補。且洗灝通者,洗主事君之高大父也,世以忠義相濟,其庸可無述乎哉?"余故併論著題曰《世濟忠義記》以歸之。

嘉靖三十二年歲次癸丑八月一日,佛山堡二十四舖士民陳圖、梁宇、霍琪、洗震熙等同立石。

【編者按】

碑陽文字又見佛山市博物館編:《佛山祖廟》①、清·吳榮光:道光《佛山忠義鄉志》卷一二〈金石志〉②、民國·汪宗準修,洗寶幹纂:民國《佛山忠義鄉志》卷八〈祠祀志·羣祀〉③、清·潘尚楫修,鄧士憲纂:道光《南海縣志》卷二九〈金石略〉④。但"嗚呼"之後跋文,後三種文獻以〈靈應祠田地渡頭事記〉爲題,作爲另一方碑錄入⑤。

碑陰文字以〈世濟忠義記〉爲題,又見佛山市博物館編:《佛山祖廟》⑥、清·吳榮光:道光《佛山忠義鄉志》卷一二⑦。

【碑文考釋】

撰碑者盧夢陽,字少明,南海人,嘉靖十六年(1537)舉人,十七年(1538)進士。官至福建布政使。著有《煥初堂集》。

修廟緣首之中有蘇澄輝,據道光《佛山忠義鄉志·雜錄》,"蘇道士名澄輝,字碧真,靈應祠巫祝也。嘗募新祠宇,築照壁,殫心瘁力而疏於會計。……塑像附祀於祠

① 佛山市博物館編:《佛山祖廟》,北京:文物出版社,2005,頁87-89。
② 清·吳榮光:道光《佛山忠義鄉志》,《中國地方志集成·鄉鎮志專輯》第30卷,頁217下-218下。
③ 民·汪宗準修,洗寶幹纂:民國《佛山忠義鄉志》,《中國地方志集成·鄉鎮志專輯》第30卷,頁409上至下。
④ 清·潘尚楫修,鄧士憲纂:道光《南海縣志》,新文豐出版公司編輯部編:《石刻史料新編》第三輯第21冊,頁246上-247上。
⑤ 分別見:道光《佛山忠義鄉志》卷一二,《中國地方志集成·鄉鎮志專輯》第30卷,頁218下-219上;民國《佛山忠義鄉志》卷八,《中國地方志集成·鄉鎮志專輯》第30卷,頁409下;道光《南海縣志》卷二九,新文豐出版公司編輯部編:《石刻史料新編》第三輯第21冊,頁254上-下。
⑥ 佛山市博物館編:《佛山祖廟》,頁93-95。
⑦ 清·吳榮光:道光《佛山忠義鄉志》卷一二,《中國地方志集成·鄉鎮志專輯》第30卷,頁221下至223下。

之左廡下"①。

此篇碑文亦作於黃蕭養起義前。所述事件與前唐璧碑有不少重複者,但是又有不少增飾與改變之處。

首先值得注意的是碑文將祖廟稱為"慶真堂"。碑題為"慶真堂重修記",文中則稱:"本堂奉事香火,世世相承。建基之初,不知何代也,以為一鄉眾廟之始,名之曰'祖堂'。"很顯然,其中的"本堂"指的就是"慶真堂",而聯繫下文看,"慶真堂"就是"祖堂"。所以,可以判定,"慶真堂"在當時是"佛山祖廟"的又一個稱號。除了稱謂外,碑文還描述了三月三日真武帝誕辰佛山祖廟舉行醮會的盛況,為前唐璧碑文所無。

接下來碑文重點記敘了真武神的靈異事蹟與廟宇的重修經過,而寫作的核心則放在神的"靈異"上,對"靈異"的表達甚至亦貫穿到對重修的記敘中,二者緊密糅合在一起。

據碑文所云,元代佛山祖廟即有靈異,碑文舉了"聖榕自起"與"覆溺龍潭賊"兩件事來說明,其中對"龍潭賊"一事的描述大致同於唐璧碑。至元末聖像被污,聖榕被毀,廟宇亦廢。下面所述明代的兩次重修,唐璧碑中也有所記述,然而此碑有兩處頗不同於唐碑:一是增添了神異的事蹟,如洪武間趙仲修主持的重修,補充了"水涌木出"的神奇事件,又如宣德四年的重修,則描述了廟前現"火球"、"神旗"、"白蛇"等的奇異現象。二是修灌花池的時間。唐璧碑中已經提到梁文縟與冼灝通等買廟前地,修灌花池一事,而唐璧碑立於宣德四年(1429),所以修灌花池的時間也當在宣德四年,也就是在修廟稍後的時間。而此碑卻說灌花池之修在明正統元年(1436),當誤。

後面的跋文("嗚呼"一段)作於明正德八年(1513)。值得注意的是,跋文指出:"是祠之建,肇宋元豐。"而之前的三篇明代碑文都對祖廟的始建年代語焉不詳,故這篇跋文是最早提出祖廟始建於宋代元豐的文獻。除此之外,跋文還敘及重修所涉及的範圍,包括建流芳堂、修牌樓、修飾灌花池等等。其中流芳堂是為紀念黃蕭養起義中平叛有功的二十二人而建。另外值得注意的是,會首當中有蘇澄輝,此人為"有記載的佛山最早的道士","史載,明代嘉靖三十一年(1537),靈應祠修築照壁,'石上刺花龍,道士

---

① 清·吳榮光:道光《佛山忠義鄉志》卷一四,《中國地方志集成·鄉鎮志專輯》第30卷,頁284下。

蘇澄輝募'"①。

38-3　明·陳贄:佛山真武祖廟靈應記

明景泰二年(1451)

總體說明:

有碑陰。碑圓首,碑額"靈應碑"兩邊刻有龍像。

【碑刻信息】

存址:今佛山市佛山祖廟正殿內。

碑額:靈應碑。

碑題:無。

尺寸:碑高 180 厘米,寬 85 厘米。

碑文來源:原碑抄錄。

【碑文】

朝列大夫廣東等處承宣布政使司、左參議前翰林院五經博士、會稽陳贄撰。奉政大夫前河南按察司僉事、五羊趙純篆額。奉訓大夫廣西賓州知州南海鍾順書丹。

南海縣佛山堡,東距廣城僅五十里。民廬櫛比,屋瓦鱗次,幾三千餘家,習俗淳厚。士修學業,農勤耕稼,工擅鑪冶之巧,四遠商販,恒輻輳焉。境內祠廟數處,有所謂祖廟者,奉北極真武玄天上帝塑像及觀音、龍樹諸像。因歷歲久遠故,鄉人以祖廟稱之。水旱災沴,有所祈禳,夙著靈響,一鄉之人,奉之惟謹。

大明正統十四年己巳秋,海賊黃蕭養初以行劫禁錮,越獄亡命。有司緩於追捕,遂糾合惡黨,剽掠村落,擄貲貨,焚廬舍,迫脅兵民從之為逆,弗從輒殺。聚其烏合之眾以數萬計,舟楫塞川,攻圍廣城,而南海、番禺諸村堡,多

---

① 參蘇東軍:〈清代佛山道教歷史管窺〉,《中國道教》2011 年第 1 期,頁 12。

有從為逆者。聲言欲攻佛山，佛山父老赴祖廟叩之於神，以卜來否，神謂賊必來，宜蚤為備。於是耆民聚其鄉人子弟，自相團結，選壯勇，治器械，濬築濠塹，豎木柵周十許里。沿柵設舖凡三十有五，每舖立長一人，統三百餘眾。刑牲歃血，誓于神前曰：“苟有臨敵退縮懷二心者，神必殛之。”眾皆以忠義自許，莫不慷慨思奮。居無何，賊果率舟數百艘至，而其鄰比村堡從逆者，皆視佛山為奇貨，破之則大有所虜獲，以充其欲。是以四面環而攻之者，晝夜弗休。每當戰，父老必禱於神，許之，出戰，則戰必勝，大有斬獲；不許，則嚴兵防守，不敢輕出。賊夜遙見柵外列兵甚盛，有海鳥千百為群飛噪賊舟上，又見飛蚊結陣，自廟間出，飄曳空中，若旗幟形。賊屢攻而屢敗之，獲賊首級千數百計。賊又造雲梯，臨柵，阻於溝塹不能前，卻，眾擲火炬焚之。賊計窮，無如之何，遂退兵二里許，聯舟而營，意將久駐，伺柵內食盡人憊，不攻自破矣。然佛山大家巨室藏蓄頗厚，各出糧餉資給，人皆飽食無慮。賊中有自恃勇悍翹足，向柵謾罵者，柵內火鎗一發，中之即斃。凡若此者，鄉人皆以為神之助之也。賊雖不復敢攻，而相持累月弗退。景泰改元，四月十一日，黃蕭養被擒，戮於廣。賊聞之，一夕散去。蓋佛山為廣城上游，足為聲援。佛山失守則廣城愈危，其所關係，豈細故哉。

賊平後，余與憲僉淮陽宮公安同出諸處村落，招撫民之避寇流散者，俾還復業。因過佛山，見其濠塹、木柵與凡戰艦俱完然在，召其父老而獎勞之。父老述神明靈應事甚詳悉。余與宮公往謁祠下，再拜瞻仰，嗟歎久之。諸父老請余為文記其事，以示來世。余歸而言於方伯揭公。既而公以佛山耆民能保護境土及真武靈應疏聞于朝，今命下覆寔。而父老復詣余請記，甚勤，義不可拒。因曰：真武玄天上帝，昔我太宗文皇帝崇奉，極其隆重，營建武當宮觀，至今選廷臣往彼護視岡闕。而普天之下士庶之家奉侍真武，在在有焉。然其感通之機或有不同者。何哉？蓋在誠心之至否何如耳。大抵動天地，感鬼神，不過一誠而已。有其誠則有其神，無其誠則無其神，此理之自然者也。《書》曰："至誠感神。"①詎不信夫？惟爾佛山一境，民庶之於祖廟，莫不極其嚴奉，其來久矣。比劇賊臨境，又能傾心叩禱，厥誠不亦至乎？神烏有不感通者哉？宜乎靈應昭昭如是，非偶然也。且夫叛寇罪逆滔天，荼毒生靈，人神共怒，朝廷命將而大兵四集，賊尚不量力度勢，自來送死，安知非神明欲其亟亡而使之然耶？嗚呼！彼各鄉從叛黨，其父母妻子今皆安在？而佛山一境，晏然無恙，室家相慶，父兄子弟，鄉黨族婣，歡好如舊，共享太平，視彼作惡者，相去豈特霄壤之懸絕，而忠義之美名，將亙古而不息。矧諸父老殫心竭慮，保全境土，未嘗有德色希望之心，而勤勤切切，惟欲表彰神明之休烈，以昭示遐永。若此者，皆可嘉也。因為備書而詳錄之，俾後之來者世世嚴奉，無有懈，則神亦福汝芘汝於無極矣。請文立石，著民名氏，列之碑陰，是為記。

景泰二年龍集辛未仲冬長至日立。

【碑陰】

六月二十日，余與僉憲宮公同撫安人民。舟過南海縣之佛山鄉，因成五十六字，以美其鄉人父老之能守。先是，海賊猖獗，諸鄉多遭劫虜，因而從叛者亦眾。惟佛山人民輻輳，境內耆老泊諸閭胥邏夫之長，慨然奮發，以忠義自許，誓不從賊，為叛逆事。乃聚其鄉里子弟，自相團結，立營柵，利器械，申嚴號令，保護境土。眾皆相率聽命。寇至，莫不吊踊躍赴斗，再至而再卻之。賊救死扶傷之不暇，遂退去，不敢再窺其境。且其地居廣之上游，是為廣城之聲援者也。以諸鄉人父老乃能如此信乎，其可嘉也矣。使悖鄉亦能若此，賊豈不殄災哉！總戎已錄其功，將聞於朝，必有旌賞之來矣。詩以美之，亦所以勸忠也。詩曰："忠義心齊器仗精，萬人守柵勝堅城。尋常銳炮如雷霆，無數戈矛耀日明。狂寇再攻全失利，佛山從此遠聞名。天朝早晚來褒

---

① 《尚書正義》卷四〈虞書・大禹謨〉（臺北：藝文印書館，1976，影印宋刊十三經注疏本），頁 58 下："至誠感神，矧茲有苗。"

賞,闔境皆應被寵榮。"

景泰元年歲在庚午夏六月下澣,朝列大夫廣東等處承宣布政使司左參議前翰林院五經博士會稽陳贊書。

立石耆民姓名: 梁廣、梁懋善、霍伯倉、梁厚積、霍佛兒、倫逸森、梁濬浩、冼浩通、梁存慶、何燾凱、冼勝祿、梁敬親、梁裔堅、倫逸安、譚履禎、梁裔誠、梁顒、梁彝頫、冼光、何文鑒、霍宗禮、陳靖。

承納本廟田地塘稅粮耆民姓氏:

一土名河四洛,田捌畝五分,係石硝堡耆民□文澗喜捨,於梁裔堅戶內供報。後以干昉□元進士日□□孫臨家皆是曾□□①。

一廟前塘,五分,眾買到霍亞奴塘,於梁文緝、霍佛兒戶內供報。

一廟後地,叁分,眾買到霍普敘地,於梁彝順、彝頫、冼光戶內供報。

一土名大墾田叁段,稅四畝,山子村田貳段,稅(下泐),係豐崗堡民鄧瑀榮捨,稅在倫逸安戶內供□。

新會縣潮陽都二啚陳涌村陳宣卿祈嗣得子,原許銀十兩,萬曆十五年備價銀壹拾陸兩,置買南海縣張槎堡土名塌坦三山路腳田二號,稅四畝貳分。遞年租穀壹拾壹石,奉入祖廟,永供香燈。謹錄②。

一土名深村窞涌田壹段,該稅柒畝伍分,遞年租穀壹拾貳石,係本堡民何康求嗣果遂,喜捨本祠,永為常住③。

---

① "後以……皆是曾□□",此一段爲小字,分兩行。
② 這一段位於正文("六月二十日……陳贊書")之右,"立石耆民姓名"之上,爲小字。從內容看,當屬下文,爲後來補刻。
③ 這一段位於正文("六月二十日……陳贊書")之左,"立石耆民姓名"之上,爲小字。從內容看,當屬下文,爲後來補刻。

贈鄉耆梁信親採碑石歌

靈祠峩峩歲千載，畫棟朱甍耀光彩。風景依稀似武當，神恩浩蕩涇滄海。鄉人崇奉心精誠，晨昏不斷鍾鼓聲。雨暘時若息災沴，物阜民康歌太平。俄驚湞洞風塵起，十萬紅巾據江水。虐焰連空孰敢攖，生民無□堪逃死。維時獨荷神之功，頓令殺氣成長虹。靈旂一片絢雲日，江鳥百隊旋左飛。湞臾漢外欃槍墜，砲銃如雷鐵山碎。羣兇膽落將焉歸，蕩然一掃無遺類。遐荒盛事誰能書，薇垣亞相真文儒。彩雲揮洒落毫素，白鳳吐出翔青虛。磨崖十丈那可得，汗竹應難紀靈蹟。梁公心與神明孚，千里拏舟賞貞石。會□鑿破匡廬峯，鞭驅回首風雲從。雄詞鐫刻照穹壤，□□□氣流無窮。

主一齋唐璧。

一本祠渡船貳隻，正統七年，蒙巡按廣東監察御史張公善發下，仰於本堡分水頭，擺至廣州西廟前登岸。往來公差，排年里甲，夫匠不許取錢。買賣人量取，供奉本祠香燈，毋得變易，依蒙外。合刻諸石，俾永世遵而有考。

掌祠道人帥季成。

【編者按】

碑文又見佛山市博物館編：《佛山祖廟》①、清‧吳榮光：道光《佛山忠義鄉志》卷一二〈金石志〉②、民國‧汪宗準修，冼寶幹纂：民國《佛山忠義鄉志》卷八〈祠祀一‧靈應祠〉③、清‧潘尚楫修，鄧士憲等纂：道光《南海縣志》卷二九〈金石略〉④。《佛山祖廟》收有碑陰，但文字不全。其餘諸志均未收碑陰。

---

① 佛山市博物館編：《佛山祖廟》，頁 90–92。
② 清‧吳榮光：道光《佛山忠義鄉志》，《中國地方志集成‧鄉鎮志專輯》第 30 卷，頁 219 上。題目作“祖廟靈應祠碑記”。
③ 民‧汪宗準修，冼寶幹纂：民國《佛山忠義鄉志》，《中國地方志集成‧鄉鎮志專輯》第 30 卷，頁 409 下。題目作“祖廟靈應祠碑記”。
④ 清‧潘尚楫修，鄧士憲等纂：道光《南海金石志》，新文豐出版公司編輯部編：《石刻史料新編》第三輯第 21 冊，頁 247 下。題目作“祖廟靈應祠碑記”。

【碑文考釋】

撰碑者陳贄(1392—1466),字惟成,號蒙軒,浙江餘姚人,陳嘉猷父。撰碑時爲廣東布政司左參議,黃蕭養之亂後奉命安撫有關地方。景泰癸酉(一曰正統十四年)遷太常少卿。以六十八歲高齡致仕。明成化二年(1466)卒,年七十五。所著有《自娱稿》、《容臺稿》、《薇垣稿》、《撫安錄》、《歸田稿》,凡若干卷,藏於家,而其《和陶詩》、《唐音》、《西湖百詠》梓行於世。

道光《南海縣志》文後按語云:"右刻在佛山。揭稽,字孟哲,建昌人。永樂甲辰進士,正統十三年任左布政使。宮安,淮安人,正統十四年任僉事。趙純,番禺人,永樂乙未進士。鍾順,宣德舉人。見《人物傳》。"

這篇碑文是黃蕭養起義後關於佛山祖廟的第一篇碑記。因而頗不同於其他碑文,此碑並非因廟宇的重修而作,而是爲了記載黃蕭養叛亂中佛山父老依仗真武神竭力保全境土的事蹟而作,以及敘述真武神在此事中所表現出的"靈應"而作。同時這也是有關佛山祖廟的眾碑中第一篇提到"靈應祠"之名的碑文。

碑文開頭簡單介紹了佛山祖廟所在南海縣佛山堡的情況以及祖廟本身的情況。然而碑文的主體是介紹真武神如何在黃蕭養之亂中保佑佛山的經過。據碑文記敘,明正統十四年黃蕭養從獄中逃出,聚合民眾,攻城作亂。南海、番禺諸村堡多已歸附,而佛山是咽喉要地,遂成爲攻守的關鍵。由於佛山"父老"向神祈禱,堅守作戰,終於取得了勝利。景泰元年黃蕭養被俘。亂平後揭稽將此事上疏朝廷,敕祠名爲"靈應"。這也就是"靈應祠"的來歷。

碑陰主要記錄立石耆老鄉民的姓名,其中有"掌祠道人帥季成",這說明當時佛山祖廟是由道士帥季成擔任住持。

38-4　明·李待問:重修靈應祠鼓樓記

明崇禎二年(1630)

【碑刻信息】

存址:舊在佛山祖廟①。

---

① 清·潘尚楫等修,鄧士憲等纂:道光《南海縣志》錄有碑文,文末按語曰:"右碑在佛山。"見新文豐出版公司編輯部編:《石刻史料新編》第三輯第21冊,頁283上。

碑文來源:道光《佛山忠義鄉志·金石志》。

【碑文】

靈應祠之鎮忠義鄉也,誠一方鴻芘,萬古鉅觀。其為右掖也,有鼓樓焉,源遠流長,遞修遞圮。迄今夕陽斜入,碧草堆長,殊深壁破垣頹之感。其何以峙左右之鐘鼓,而壯廟貌之形勝也?余每徘徊環顧,中心踴躍,亟欲旦夕而鼎新之。幸賴梓里同志者,多咸樂捐輸,得若而人,合得金錢若干。而遂庀材鳩工,於五月十五日經始,八月之晦日告成。實沖宇霍君之力居多焉。肅次芳名勒石,永垂不朽。今而後聞鼓興思,莫不倍奮忠義,期繼響於千秋,亦好義終事之一斑云爾。

崇禎二年己巳　月,里人李待問撰。

【編者按】

碑文輯錄自清·吳榮光:道光《佛山忠義鄉志》卷一二〈金石志〉[1]。又見清·潘尚楫修,鄧士憲等纂:道光《南海縣志》卷三〇〈金石略〉[2]、民國·汪宗準修,冼寶幹纂:民國《佛山忠義鄉志》卷八〈祠祀一·靈應祠〉[3]。

【碑文考釋】

撰碑者李待問,生平見前〈柵下天妃廟記〉[明崇禎元年(1628),碑號14-1,總25]。

這篇碑文記載了明崇禎二年(1630)李待問親自主持修復靈應祠右掖鼓樓的事情。靈應祠,本名龍耇祠,是祖廟中祭祀真武的祠堂,在明中期平定黃蕭養起義後龍耇祠始奉敕改為靈應祠。但後來有時靈應祠也用來代稱佛山祖廟。

碑文開頭即云:"靈應祠之鎮忠義鄉也,誠一方鴻芘,萬古鉅觀。"這裏提到的"忠義鄉",本為桂華鄉,亦為平黃蕭養亂後朝廷敕命所改。

---

[1]　清·吳榮光:道光《佛山忠義鄉志》,《中國地方志集成·鄉鎮志專輯》第30卷,頁228上。

[2]　清·潘尚楫修,鄧士憲等纂:道光《南海縣志》,新文豐出版公司編輯部編:《石刻史料新編》第三輯第21冊,頁283上。

[3]　民·汪宗準修,冼寶幹纂:民國《佛山忠義鄉志》,《中國地方志集成·鄉鎮志專輯》第30卷,頁410上。

38-5　明·李待問：重修靈應祠記

明崇禎十四年（1641）

【碑刻信息】

存址：舊在佛山祖廟①。

碑文來源：道光《佛山忠義鄉志·金石志》。

【碑文】

　　昔人謂南海盛衣冠之氣者，豈偶然哉！說者謂地脈使然，而不盡然也。是必有神明之冑，血食其間，如解州之關夫子廟，朱仙鎮之岳武穆廟。是皆其神靈降綏，禋祀茲土，用能維千百年之命脈，而俾國家長享有道於不窮。吾鄉佛山舊為南海之冠，凡庇茲宇者，咸獲鳩。其保聚生齒日繁，四方之舟車，日以輻輳者，則實惟帝之靈爽有以致之也。其廟號祖堂，以其歸然為諸廟首，其神司北方之水，是為元帝。予自幼聞諸父老，言帝之著異於吾鄉者不一，獨於禦黃蕭養之亂，為神最靈，亦最奇。後予服官於朝，垂三十餘年，累藉神庥，備員卿輔。歲辛巳，予以請告南還，即謁神祠。而見夫牆垣日久，茀茨不除[一]，朱題漫滅，又其堂廡湫隘。雖曰具粢盛，備肥腯，不疾瘯蠡，而一拜一跪間，得毋顧風雨而飄搖，委神依於草莽乎？因退而敬捐俸金，謀所以新厥廟貌者。材取其庇，工取其堅，自堂徂基，壯麗宏敞。榜其殿曰紫霄宮，外列牌樓，復以其前為照壁，飾以鴟吻。是役也，董其事者，則有予姪述生，從姪几生。經始於辛巳孟夏，歷數月而工始竣。由是而遊於廟中者，遂有輪輪奕奕之觀焉，而心力亦云竭矣。顧自念筮仕以來，清白之衷久矣在帝左右。今茲之役，實荷神庥。繼自今，其惟帝昭明，迄用豐年，歲修禋祀，以阜成我忠義之賜邦，上翊聖主有道之靈長，下啟我師之毗倚，俾吾南海衣冠之氣，日新而月異者，又豈獨一鄉之福庇

---

　　① 清·潘尚楫等修，鄧士憲等纂：道光《南海縣志》錄有碑文，文末按語曰："右碑在佛山。"見新文豐出版公司編輯部編：《石刻史料新編》第三輯第21冊，頁283下。

而已哉！因書其事於石，以垂不朽云。

崇禎十四年辛巳月，里人李待問撰。

【編者按】

碑文輯錄自清・吳榮光：道光《佛山忠義鄉志》卷一二〈金石志〉①。又見民國・汪宗準修，冼寶幹纂：民國《佛山忠義鄉志》卷八〈祠祀一・靈應祠〉②、清・潘尚楫修，鄧士憲等纂：道光《南海縣志》卷三〇〈金石略〉③。

【校記】

〔一〕"茀茨不除"，冼寶幹民國《佛山忠義鄉志》作"茅茨不除"。

【碑文考釋】

撰碑者李待問，生平見前〈柵下天妃廟記〉〔明崇禎元年（1628），碑號14-1，總25〕。

此碑所記載的靈應祠的重修，在明崇禎十四年（1641），距離李待問上次重修鼓樓僅有十二年，由此可見李待問對於靈應祠的重視。在碑文中他闡述了靈應祠（祖廟）對於佛山的意義：爲什麼南海盛衣冠之氣（郭璞語）？不僅是因爲地脈使然，而是因爲有神靈的保佑，那就是真武神。真武之靈，據碑中所云，一是作者小時候即聽說的抵禦黃蕭養之亂，二則是作者自己爲官三十餘年，官運亨通，"備員卿輔"，也是因爲真武神的福佑。所以才要重修祖廟，以使"南海衣冠之氣日新而月異"。

38-6　清・郎廷樞：修靈應祠記

清康熙二十三年（1684）

【碑刻信息】

存址：舊在佛山祖廟靈應祠內④。

---

① 清・吳榮光：道光《佛山忠義鄉志》，《中國地方志集成・鄉鎮志專輯》第30卷，頁228下。
② 民・汪宗準修，冼寶幹纂：民國《佛山忠義鄉志》，《中國地方志集成・鄉鎮志專輯》第30卷，頁410上。
③ 清・潘尚楫修，鄧士憲等纂：道光《南海縣志》，新文豐出版公司編輯部編：《石刻史料新編》第三輯第21冊，頁283上。
④ 清・鄭夢玉等修，梁紹獻等纂：同治《南海縣志》錄有碑文，原題下注曰"楷書"，文末按語曰："右嵌祠廊東壁。"見《中國方志叢書》第50號，臺北：成文出版社，1967，據清同治十一年刊本影印，分別見頁202上、202下。

碑文來源：道光《佛山忠義鄉志·金石志》。

【碑文】

南海，廣郡附郭邑也。所隸有佛山堡，距會城五十里，為上游地。連鄉接畛，沃衍四達，漓鬱之所經於其北。四方商賈之至粵者，率以是為歸。河面廣踰十尋，而舸舶之停泊者，鱗砌而蟻附。中流行舟之道，至不盈數武，橈楫交擊，爭沸喧騰，聲越四五里，有為郡會之所不及者。沿岸而上，屋宇森覆，彌望莫極。其中若縱若橫，為衢為衕，幾以千數。闤闠層列，百貨山積，凡希靚之物，會城所未備者，無不取給於此。往來驛絡，駢踵摩肩，廛肆居民，楶踰十萬。雖曲遂之狀，無以過也。

其逼西一隅，為地脈所由鍾，有祠而顏曰"靈應"，所祀為元天上帝。壄鄐之制，大類唐宋以上。蓋其所以權輿乎茲鄉者，不知幾千百年矣。當明景泰中，海寇黃蕭養倡亂，屠陷鄉邑，郡南數百里，堡落萬千，無不為其所脅，至於覆官軍，圍郡縣，鋒焰所至，曾莫與攖。而佛山四面列柵，相距數旬。賊眾輒見皂麾中有巨人，玄衣披髮，手揮長劍，冉冉而出。故當之者毋不披靡云。事平後，布政使揭公上其狀，詔予祀典。迨崇禎時，鄉人大司農李捐資重修，制度視前稍擴矣。惟祠前之地，逼於民居，湫隘特甚，且歷代所捐送田畝，為香燈奉者，悉入中飽。甲子之春，鄉紳士麗之兌、李錫簡等，耆老冼闇生、何景純、麗燕甫等，發願重修。設簿廣募祠前民舍，高值買置牌坊廊宇，株植臺池，一一森布，望者蕭然。而几筵椳桷，丹艧一新，蓋廟貌於是成大觀。而田畝舖舍，咸就清理，收其歲租，以供祀典，中飽之弊遂絕。則紳耆繼事之勞不可沒焉。然神之為道至幽杳，難知者也，而帝之靈，其應如響，蓋不特退賊一事為然。其於佛山之民，不［翅］（啻）〔一〕如慈母之哺赤子，顯赫之跡，至不可殫述。若是者何也？豈以南方火地，以帝為水德於此，固有相濟之功耶？抑佛山以鼓鑄為業，火之炎烈特甚，而水德之發揚亦特甚耶？吾聞〔二〕上帝之祀，有天下者之禮則然，而茲下逮於氓庶，毋乃褻神而瀆其覬乎？不知王者之祀，郊天之大典；氓庶之祀，事天之實心也。然則所謂"上帝"者，一天而已矣。萬物本乎天,是則能事天者,乃其真能事上帝者也。佛山之民,其庶幾乎?故在五行,則有相濟之用,在人心,則有敬神之功。帝之廟食乎茲土者,豈偶然哉!余備藩東粵,百神之所主也。故於落成,序其事以誌之。凡田若干畝,舖舍若干椽,土名若干處,與首事之紳耆、捐助之善信,其名氏悉載於碑陰。

康熙二十三年歲次甲子月立。

廣東承宣布政使奉天郎廷樞撰。

【編者按】

碑文輯錄自清·吳榮光:道光《佛山忠義鄉志》卷一二〈金石志〉①。又見民國《佛山忠義鄉志》卷八〈祠祀一·靈應祠〉②、清·鄭夢玉等修,梁紹獻等纂:同治《南海縣志》卷一二〈金石略〉③。

【校記】

〔一〕"不翅",民國《佛山忠義鄉志》作"不啻"。當以民國志為是。

〔二〕"吾聞",同治《南海縣志》無此二字。

【碑文考釋】

撰碑者郎廷樞,奉天人,清康熙間為廣東承宣布政使。李士楨清康熙二十二年〈重修關帝廟碑記〉提到,郎時與胡戴仁、蔣伊等參與了禺山麓關帝廟的重修。

這篇碑文記載了入清後對靈應祠的又一次重修,時間在康熙二十三年(1684)。這次重修頗不同於以前,加入了經濟上的原因。因為"歷代所捐送田畝,為香燈奉者,悉入中飽",從而使得祠廟的運營受到影響。另外一個原因是祠前地逼近民居,比較狹窄。解決的辦法是幾位鄉紳、耆老一方面高價買置祠前民舍,擴大靈應祠的總體規模,另一方面清整屬於廟產的田畝舖舍,確保由這些田畝舖舍所入的歲租可

---

① 清·吳榮光:道光《佛山忠義鄉志》,《中國地方志集成·鄉鎮志專輯》第 30 卷,頁 231 上。
② 民國《佛山忠義鄉志》,《中國地方志集成·鄉鎮志專輯》第 30 卷,頁 410 下。
③ 清·鄭夢玉等修,梁紹獻等纂:同治《南海縣志》,《中國方志叢書》第 50 號,頁 202 上。

以用於祀典。

這裏我們看到,清代宗教廟宇的經濟收入主要來源於信眾所捐奉的田地和舖舍,靠歲租來維持經濟運營;另一方面,鄉紳在當地是很重要的一個維持秩序的力量。

38-7 清·冼煜:重修錦香池記

清康熙三十年(1691)以前

【碑刻信息】

存址:舊在佛山祖廟靈應祠內[①]。

碑文來源:道光《佛山忠義鄉志·金石志》。

【碑文】

昔晉記室郭景純留讖於靈洲,曰:"南海盛衣冠之氣。"當是時,人物盛於江左。粵隸屬遐陬,乃若所云,豈非靈氣所鍾,善審氣機者,豫得而券之耶?夫氣之翕而聚也,必有神焉守之;氣之流而行也,必有神焉宣之。雖時有先後,主之者惟神。佛山鄉夙稱巨鎮,汾阿之水西來,青螺之嶂北峙,勳名文物,埒於中邦。五嶺以南,亦一都會也。其間四方之貝貨,商旅之輳集,仕宦之往來,絡繹於茲。有神曰真武元帝,保障功高,不可殫述。昔景泰間,渠魁黄蕭養蜂擁流劫,鄉邑或懼而倒戈。此鄉藉神威鎮,星旗赫濯,望風披靡,卒罹天誅。有司疏厥功,請封典敕為"靈應",令州縣歲修祀典。載在邑乘,童叟至今紀之。神廟食於斯,據形勝之上游,接靈洲之佳氣,委蛇窟伏,延袤百餘里,特鍾靈於此,維帝主焉。初,祠曰"龍耆",形家者言曰元武屬水,龍得水而變化乃神。爰鑿池於祠之南,為"錦香",為"灌花",二池相表裏,以瀦衆流之匯。日久淤堙,至今灌花為平壤矣,錦香尚存。甃以礛石,繚以雕闌,刻石為龜蛇狀,引

---

① 清·鄭榮等主修,桂玷等總纂:宣統《南海縣志》錄有碑文,文後按語云:"右刻在佛山靈應祠。"見《中國地方志集成·廣東府縣志輯》第30卷,頁318上。

流植[一]樹其間,遊觀者有臨流眺望之樂。日久,池水漸涸,雨潦時至,四衢為之洋溢。是坎離不交,山澤之氣未通也。爰議浚之,由古洛社涌旁始,結石渠,引水而灌之池。謀諸人,人曰可;卜諸神,神曰從;質諸星曆形勝諸家,僉曰吉。用是釀金輸粟,鏊土鳩工,不數月而告成。自是眾流之水,以池為歸。龍得水而神益靈,龜蛇得水遂其生,日星雲物得水而顯其精,文之瀾、詞之源、學之海得水以成其文。猗歟休哉!神之在天,猶水之在地也;神之降福,猶水之在下也。挹之注之則罩而闊,疏之瀹之則流而行,瀦之蓄之則停而平。凡此,皆人力之為,亦神威之佑也。工既竣,將勒石以紀其事,屬言於予。予世居此鄉,荷神庥庇,仰報無從,茲舉也,何敢遜謝,爰捉筆而為之記。

里人冼煜撰。

【編者按】

碑文輯錄自清·吳榮光:道光《佛山忠義鄉志》卷一二〈金石志〉①。又見民國·汪宗準修,冼寶幹纂:民國《佛山忠義鄉志》卷八〈祠祀一·靈應祠〉②、清·鄭榮等主修,桂玷等總纂:宣統《南海縣志》卷一三〈金石略〉③。

【校記】

〔一〕"植",宣統《南海縣志》作"種"。

【碑文考釋】

冼煜,佛山人,生平不詳。

關於此碑的立石年代,清·鄭榮等主修,桂玷等總纂:宣統《南海縣志》錄文後有按語云:"右刻在佛山靈應祠。案此碑文不載年月,考《佛山忠義鄉志》,附於〈文院祭器碑記〉後(此碑題"康熙二十一年泐")、〈新建文昌書院碑記〉前(此碑題"康熙二十九年

---

① 清·吳榮光:道光《佛山忠義鄉志》,《中國地方志集成·鄉鎮志專輯》第30卷,頁232下。
② 民·汪宗準修,冼寶幹纂:民國《佛山忠義鄉志》,《中國地方志集成·鄉鎮志專輯》第30卷,頁411上。
③ 清·鄭榮等主修,桂玷等總纂:宣統《南海縣志》,《中國地方志集成·廣東府縣志輯》第30卷,頁317下。

立"),則修池泐碑,當在康熙三十年以前事,故附載於此。"①

這篇碑文主要記載了靈應祠錦香池的一次重修。卻說靈應祠前本有二池,一爲灌花池,一爲錦香池。灌花池於明宣德四年(1429)開鑿,主持者是梁文縉、冼灝通,鑿成後塘稅由梁文縉、霍佛兒承擔(參前唐璧碑〈重修祖廟碑記〉[碑號38-1,總102])。而且灌花池於明正德八年(1513)還曾經過修飾(參前佚名碑〈重修慶真堂記〉[碑號38-2,總103])。而錦香池於何時開鑿,則無碑可徵。吳榮光纂道光《佛山忠義鄉志·祠祀志》云:"宣德中梁文縉等繼拓修之,鑿灌花池於祠前。已而霍時貴等再修建牌樓,增鑿錦香池。而廟貌乃寬整矣。"也就是說,錦香池的開鑿就在正德八年重修祖廟以及修飾灌花池的時候。但是從正德八年的重修碑記並不能看出這一點。

38-8　清·李錫祚:重修靈應祠記

清康熙二十九年(1690)

【碑刻信息】

存址:舊在佛山祖廟靈應祠內。

碑文來源:道光《佛山忠義鄉志·金石志》。

【碑文】

西雍四時,秦祀不聞黑帝子。漢興,高祖加祀北時,五帝之名始著。前代正統間,神捍黃蕭養亂,廟遂為吾鄉靈應祠,諭祭春秋,祀典勿絕,宜哉!歲三月,都人士上巳賽神,莫不虔恭飭事,飲至廟中,奉璋以告,奉酒醴告,奉粢盛告,欽哉!蓋各承靈一天,覩備物之咸有矣。然年甲不再,日月其除,茲往事之易湮,維廢興於吾黨,變本加厲,因故宇而光大之。實予叔祖忠定公捐貲力新厥美,而予家大人瑞映公亦捐貲,任茲厥勞。則廟石固存,甯俟口碑傳信耶?迄今世遠人違,田漸併於豪強,器或隳於世守。予向憂之,而力未逮。藉緣首冼闍生諸公廣為募化,而廟貌之剝蝕以新;東侶龐公

① 清·鄭榮等主修,桂玷等總纂:宣統《南海縣志》,《中國地方志集成·廣東府縣志輯》第30卷,頁318上。

與同事六君子,力為廓清,而祭器之殘缺以飭;庚午之役,予親身勘丈,而田土之湮沒以歸。凡歲時袞對,廟中遂無不平不戒之慮焉。今春,吾弟公賚與值事諸公復恐其久而漫滅也,於是圖諸剞劂,囑予誌之。首廟貌,次土田,次祭器。夫鐘鼓集鯨音之震響,用妥神依;樓臺肅狻座之高明,聿毗聖壽。覽入廟而生其敬者,覽斯圖而可知已。泰山之祀,爰錫祊田;保介之咨,受釐上帝。所以成民力而致於神也。今而後,其敢有率我蟊賊而蕩搖我疆里乎?召虎平淮,昭有功則錫爾珪瓚;俔父南[代](伐)〔一〕,節乎金則彰爾鼎彝。神為天子,默佑斯民,可無鐘懸之守也庶幾哉! 其無有譏挈瓶而悲失墜者矣。余嘗俯仰百年間,神之威靈如在也。而廟典之存亡,創興之率由者,代有其人,予故嘉諸君子能相與有成,與龐、冼諸公之志,無遺後先,用大慰予所未逮者,揚神庥於罔替,享國祀之無疆,其在斯乎? 是為記。

　　康熙二十九年庚午日月吉旦,里人李錫祚撰。

【編者按】

　　碑文輯錄自清・吳榮光:道光《佛山忠義鄉志》卷一二〈金石志〉①。又見民國・汪宗準修、冼寶幹纂:民國《佛山忠義鄉志》卷八〈祠祀一・靈應祠〉②。此二志均注出《廟志》。

【校記】

　　〔一〕"俔父南代",民國《佛山忠義鄉志》作"俔父南伐"。當以民國志為是。

【碑文考釋】

　　撰碑者李錫祚,據碑文是佛山人("康熙二十九年庚午日月吉旦,里人李錫祚撰"),在吳榮光所撰道光《佛山忠義鄉志》選舉志中有載,但僅知他是南海學的監生,清朝初

---

①　清・吳榮光:道光《佛山忠義鄉志》,《中國地方志集成・鄉鎮志專輯》第30卷,頁234上。

②　民・汪宗準修,冼寶幹纂:民國《佛山忠義鄉志》,《中國地方志集成・鄉鎮志專輯》第30卷,頁411上。

年人。

　　這篇碑文所敘述的重修事宜,與前郎廷樞碑中所云康熙二十三年(1684)年間進行的重修關係非常密切。兩碑都提到了祠廟的田地問題,而且也都提到與重修有關的一些相同的人物。但是,李錫祚此碑除了田地問題外,還提到祭器的問題("世遠人違,田漸併於豪強,器或竁於世守");另外,將解決問題的相關人物根據他們發揮的作用,也作了區分:冼闓生等是修飾廟貌的,而龐東侶等六人是整飭祭器的,李錫祚本人則是清理田地的。或許整個過程從康熙二十三年一直延續到二十九年。

38-9　清·佚名:清復靈應祠租雜記

清康熙四十五年(1706)

【碑刻信息】

　　存址:舊在佛山祖廟靈應祠內。

　　碑文來源:道光《佛山忠義鄉志·金石志》。

【碑文】

　　五帝之祀,載于《月令》①,其一爲黑帝。黑帝者,顓頊之神,居水之位,司冬之令,而爲大一之佐。蓋周天之度,三百六十有五,而二十八宿爲經。北方七宿,曰斗,曰牛,曰女、虛,曰危、室、壁。象曰龜蛇,謂之元武,武者星形,元者水形。北帝者,元武之精也。吾粵星分牛、女,同隸北垣,呼吸與帝座通,由此言之,神之爲民捍災禦患,成民忠義,而爲累朝崇報所由歸者。禪山爲粵巨鎮,秀氣攸鍾,故祖廟爲靈,獨顯其實。帝之神在天,有感斯通,則正不必沾沾于祖廟也。獨是廟貌由來已久,而祀典載在春秋者,又炳如日星,則其本末始終,誌之不可不詳。曩者,祀事歷久而敝,土田舖舍,半入強侵,賴麗、李、簡、梁諸君子,力爲廓清。癸未,值事諸公嘉之,實爲文以敘其事。而鄉飲一條,亦屬同時修舉,故並刻之。其餘前後紀事碑文、前明諭祭祝文,

① 見漢·鄭玄注,唐·孔穎達疏:《禮記注疏》卷一四至卷一七,頁278-349。

及題扁額、門柱、對聯,與夫眾當事題贈詩章,概未授梓。更有事而無碑者,如李忠定公捐俸金數千,重修殿宇,當時勒石未就,今文稿猶存。他若附廟近地供祭土田,雖各圖形,而本自何人,稅載何戶,亦缺而未備。凡此者,皆不容泯滅。是用忘其固陋,黽勉搜羅,凡夫一事一言,有關于廟祭者,莫不付之剞劂。夫紀載明,則神之威靈如見,威靈見,則承其下者皆生恭敬慕悅之心,匪獨潔爾籩豆,奉祀春秋已也。行將顧名思義,爲臣思忠,爲子思孝,爲弟思悌,爲民思良,力踐忠義之實,以爲明報國家,幽格神明之本,則人心風俗,胥于焉係之。今茲之役,夫亦事之不容或已者也。若夫神之顯靈于某年月日,前朝諭祭。至我朝諭祭于某年月日,創廟于某年月日,重修于某年月日,則自有前人之言在,今亦不復贅云。

康熙四十五年歲次丙戌臘月穀旦。

值事:霍游鳳、梁世美、霍宗光、陳紹猷、李錫瓚、陳世瑛、梁厥修、梁應球、冼元瑞、李象水、梁國珍、羅世彥、李炳球、李泮、陳一凱。

【編者按】

碑文輯錄自清·吳榮光:道光《佛山忠義鄉志》卷一二〈金石志〉①。

【碑文考釋】

這篇碑文是前述郎廷樞碑、李錫祚碑的延續,回顧了靈應祠田租問題的產生與解決過程:"曩者祀事歷久而敝,土田舖舍半入強侵,賴龐、李、簡、梁諸君子力爲廓清。"不過此碑又提到,這次工作與前面不同的是,雖然以前曾將廟附近的供祭土田繪成圖形,但是這些田地捐自何人,稅在何戶,並沒有記錄,所以這篇碑文就是爲了記載對這些方面的整理而作的。由這些相連續的碑文關於田租問題的解決和處理辦法的記錄,可以看出,廟宇經濟問題是關乎廟宇存在與發展的大問題,也是廟宇的管理者所關注的核心問題。

---

① 清·吳榮光:道光《佛山忠義鄉志》,《中國地方志集成·鄉鎮志專輯》第30卷,頁235下。

38-10　清·佚名:靈應祠廟舖還廟碑示

清康熙五十九年(1720)

【碑刻信息】

存址:舊在佛山祖廟靈應祠內。

碑文來源:《明清佛山碑刻文獻經濟資料》。

【碑文】

南海縣正堂宋,為廟業恩斷還廟,乞天給示,勒石以垂永久事:

現據舉人梁葉千、李紹祖、陳清傑、李焜、陳文炯,貢生鄭紹勛、冼湛、霍登允,監生霍游鳳、黃上泰,生員李錫斑、岑尚豐、黃國絃、霍世榮,里民梁萬履、陳祥、黃應同、岑永泰、梁修進等稟,稱:梁圖首告梁翰章、簡熊子等踞業斯神,葉千等以備歷吞舖確據等事覆明在案,荷蒙仁台洞燭前程,將排後寶塘地上蓋廟舖九間,斷還入廟,永遠收租成祀,仍著殷實忠正,妥人收支,毋致侵斯。斧斷之下,輿情允協,闔鎮謳歌。但恐歲月因循,復生覬覦,只得聯恳天台,給示勒石,著令各佃照額輸租,毋得踞舖揑阻,任由短少。至嗣後輪管,務遵公舉,妥人收支留存,聽眾稽查,庶神享千秋,恩流百代等情到縣。據此,當批准給示,勒石在案。

查先據紳士梁葉千等稟,為備歷吞舖確據等事,前來經批。查甲子、乙丑兩年,通共剩銀一十餘兩,當築塘搭舖之時,自必無可動支,則梁葉千等所謂何用捐築,乃今日之苛論;而梁翰章等所稱捐工築塘,捐建舖舍,收租廣祀,乃當日之真情。但捐之為言公也,梁翰章等身為會首,系廟中之人,既以廣祀發願,地則廟地,舖亦廟舖,何乃竊此廟外四方諸人租地蓋舖為業之例,於成舖之後,概將上蓋入己,豈非假公濟私乎?歷三十年而不覺者,神之厚以報其功;今一旦群起而攻之者,神之使以歸此業也。應將從前已往,均無庸議,所有排後寶塘地上蓋舖屋九間,斷還入廟,永遠收租廣祀。仍著廟屬紳士耆民,公舉殷實忠正妥人,輪年承管,收支賬目,毋致侵欺,自干神譴。梁翰章等獲利已多,毋再貪吝爭執,以期默邀神貺可也。毋庸質審,立案存照,各簿發還在案。今據前情,合就給示勒石。為此示諭紳士里民梁葉千等知悉,即便遵照,將現斷還排後竇舖屋九間,以及廟中一切田土祭業。嗣後務擇殷實忠正妥人,輪流管理,查核收支,免致侵欺。其現住排後竇九間舖佃,務遵批斷,地系廟地,舖係廟舖,各宜赴廟承批,照額輸租,毋得誤聽指使,踞舖捐阻,任由短少,致干查究。均毋有違。

　　康熙五十九年五月　　日給

【編者按】

　　碑文輯錄自《明清佛山碑刻文獻經濟資料》,該書錄自乾隆《佛山忠義鄉志》卷一一〈藝文〉①。

【碑文考釋】

　　本碑爲清康熙五十九年(1720)官府所下關於廟產歸廟的一首判詞。根據碑文內容,以梁葉千爲首的一批鄉紳,告梁翰章等侵吞靈應祠廟舖所入租金。官司所涉及的產業,爲排後竇塘地上蓋廟舖九間。康熙二十三年、二十四年間,築塘搭舖,本意是爲了收租以增加廟祀。可是會首梁翰章卻將上蓋所入租金,盡入私囊,因而引起了眾憤。官府判定,從今以後,竇塘地上蓋九間舖,仍歸靈應祠,要公舉出來比較忠正的人,輪流承管收支帳目,不可再令受到侵蝕。

38-11　清·陳炎宗:重修南海佛山靈應祠碑記

　　清乾隆二十七年(1762)

【碑刻信息】

　　存址:舊在佛山祖廟靈應祠內。

　　碑文來源:道光《佛山忠義鄉志·金石志》。

---

　　① 廣東省社會科學院歷史研究所中國古代史研究室、中山大學歷史系中國古代史教研室、廣東省佛山市博物館編:《明清佛山碑刻文獻經濟資料》,頁29-30。

【碑文】

國家治隆化洽，百神效靈，雖村社田師，亦福民而享報，況司天一之水，稱北方之帝者哉！吾鄉有靈應祠，厥祀北帝。曷名靈應？則以明景泰時神捍大患之故。蓋眷護所由來舊矣。迄今士庶殷繁，文物[一]蔚盛，倍加於疇昔，非神之益昭其庇歟！夫虔於事神，用仰承聖天子敬神之德意，此固官是地、居是地者之所宜為，奚敢有圮弗修、有美弗飾也哉！駐防司馬趙公覩斯祠之將頹，慨然興修舉之志。爰謀諸鄉之人士，僉曰："願如公旨。"各輸其力，合貲一萬二千有奇。經始於己卯之秋，迄辛巳之臘月告成。懽趨樂事，殆神之感孚者深歟！其規度高廣仍舊，無減增，從青烏家言也。材則易其新良，工必期於堅緻，門庭堂寢，巍然煥然，非復向之樸略矣。門外有棹[二]楔，則藻澤之；棹楔前為歌舞臺，則恢拓之；左右垣舊連矮屋，則盡毀而撤之。但築淺廊，以貯碑扁，由是截然方正，豁然舒敞，與祠之壯麗相配。其聖樂宮及祠右之觀音堂，亦并修建，圖整肅也。於以揭虔妥靈，其庶幾與！夫神之祠徧天下，獨是祠邀諭祭之典，故錫福無疆，久乃彌著，神若藉以報春秋禮饗之休命也。然則今之棟宇輝煌，余知神必陟鑒安居，以綿威惠於是地焉爾。抑余聞之：神無不愛於人，而予福則量其可受。惟慶神之新其祠，即勉以自新其德，則迓嘉祥。而拜神賜，必屬桑梓之吉人，且為國家之良士，此則司馬公之所厚期於吾鄉者，而非徒以重修侈雄鉅之觀也。余曩修鄉志，於祠事載之極詳。亦欲鄉之父老子弟，羣入祠而生敬，隨發其仁義之馨香，斯俗美風淳，不負神之保庇，茲何幸新祠之益，有以聳其目也？余竊忭焉。會值事諸君以記言見屬，遂欣然振筆從之，為次其概，以鐫諸石，俾盛事傳於世世無窮云。

賜同進士出身翰林院庶吉士解元里人陳炎宗撰，里人朱江書丹并篆額。

乾隆二十七年歲次壬午季秋吉旦，值事彭金祈龔珆等立。

【編者按】

碑文輯錄自清・吳榮光:道光《佛山忠義鄉志》卷一二〈金石志〉①。又見民國・汪宗準修,冼寶幹纂:民國《佛山忠義鄉志》卷八〈祠祀一・靈應祠〉②。

【校記】

〔一〕"文物",民國志作"人物"。

〔二〕"棹",民國志作"綽"。下句同。

【碑文考釋】

撰碑者陳炎宗,字文樵,號雲麓,廣東佛山人。清乾隆十三年(1748)進士,選授庶吉士,未幾辭官歸田,居家三十年,主講嶺南義學。工詩,曾與番禺秀才李因齋、貢生李埴齋、順德太學生左省軒於汾江邊結社,作詩唱和,稱為"懶園四子"。編撰《佛山忠義鄉志》十一卷,以"簡而有章"而為有識者稱。

此碑記載了乾隆年間佛山祖廟的一次重修,始於乾隆二十四年(1759),落成於乾隆二十六年(1761),主持者為駐防司馬趙公。此乃入清以來對靈應祠的第三次重修。

38-12 清・陳其焜:重修靈應祠鼎建靈宮碑記

清嘉慶二年(1797)

【碑刻信息】

存址:舊在佛山祖廟靈應祠內。

碑文來源:道光《佛山忠義鄉志・金石志》。

【碑文】

儒者作事,論理不論數。而要事之成否,則無非數也。見為理所當為,輒思奮然為之。然或格於眾議,或絀於物力,謀之而弗行,行之而弗成。直俟有

---

① 清・吳榮光:道光《佛山忠義鄉志》,《中國地方志集成・鄉鎮志專輯》第30卷,頁247下。

② 民・汪宗準修,冼寶幹纂:民國《佛山忠義鄉志》,《中國地方志集成・鄉鎮志專輯》第30卷,頁411下。

大力者,倡其說而眾莫違,括其資而人樂助,而其事迄用有成。是不謂之數焉不可也。予自乾隆丁未歲,乞假歸里,旋蒙當事延為粵秀書院山長,鄉事概弗暇為經理。甲寅冬,諸友向予言:靈應祠祀北極鎮天真武上帝,旁設神墊,安奉帝親。前修廟時,未之或易。此狃於故習而莫之革也。夫為子居中,親乃旁坐,理不順,情不安,甚非所以教孝也。今議廟後鼎建靈宮,崇祀帝親,各自為尊,以正倫理。予曰:"是宜勉為之矣。"既而事弗果成,詢之眾,僉曰:"志不一,不可集事;財不裕,不可圖功。"予曰:"有其舉之,存乎其人,此中莫不有數焉。君等姑以待之。"

乙卯之冬,司馬楊公名楷,來署佛山,同知篆方。予在諫垣,風聞公為山東單縣宰,卓有政績,廉介之聲無間遠邇,鋤強梗以植善良,尤素志然也。佛山夙為文物之區,居斯土者,類多醇雅。顧商賈輻輳,五方雜處,寇攘奸宄,恒涸跡其間,恣強橫,逞兇暴,善良受毒者多隱忍而無所控告。此匪黨之所以日肆行而莫忌也。公至,廉知其狀,亟捕治之。有以被害告者,公即差拘,立懲以法,民無訟累。公急於聽斷,至不遑食,初未嘗以勤勞憚也。羣匪畏公明威,潛為遁去。然公究以劇賊不除則善良不保,劇賊如陳迭舉等,擒解速正典刑,餘黨悉相繼捕獲。凡各鄉往來道路,奔走墟市,率無復遭乎刃而奪之金者矣。佛山人不更咸藉安堵哉!昔黃蕭養寇佛山,靈應祠神實為捍禦。公計擒匪賊,禱於神,輒獲。是神特付[一]之以捍禦而感通冥漠,有獨至也。丙辰正月望日,公詣祠焚香,向鄉人士曰:"廟修自乾隆己卯,於今三十餘年矣。以起敬畏,則神將宜裝飾也;以肅觀瞻,則棟柱宜刮摩也,牆垣宜黝堊也。"捐俸金五十兩,為之倡,命鄉人士董其役。眾因言於公曰:"前甲寅歲,曾議建靈宮,緣其地有數百年古樹,人不敢議伐,故眾志弗一。兼乙卯之春,米價日騰,遂寢其說。今修靈應祠,其並建靈宮,可乎?"公曰:"創別宮以隆享祀,禮固宜然,是烏可以不建?"遂出示諭,重修靈應祠及鼎建靈宮,諄切敷陳,以此見公之留心風化也。人凜公明示,靡不響應,而神更式憑焉。

二月十四夜,天大雨以風,廟後樹株大如合抱,忽折其右偏,折處如刀切狀。中一株枯而復萌,大已盈拱,俱被壓倒。數十工人睡廊下者,一無所傷,一無片瓦墮地,眾共異之。翌日,恭行諭祀,鄉人士以告於公。公往視曰:"神之欲建此宮也,其示諸此矣,夫復何所疑焉?"聞之而往觀者殆不可以數計。眾於是愈惕然於神之靈,而倍加踴躍,僉捐工費銀兩,共九千七百有奇。經始嘉慶元年二月,至十有一月而落成。余曰:"事之成也,莫不有數焉。此非其彰明較著乎?"

是役也,余雖廁名司事,然鳩工庀材,未嘗身任,功不敢尸。即日有事於程材課工者,亦不自以為能,咸曰:"楊公能成民而致力於神,神罔怨而罔恫也,民奉令而承教也。微楊公之力,其奚能為此也?"繼自今,入廟而覿金碧之輝煌,觀瞻肅矣,敬畏起矣。宮分前後,體統昭焉,倫理正焉,尊尊親親之義明矣。楊公之功,亦偉矣哉。爰悉書之,俾鐫諸石。

里人陳其煊撰,里人李可端書。

嘉慶二年丁巳仲冬立。

【編者按】

碑文輯錄自清·吳榮光:道光《佛山忠義鄉志》卷一二〈金石志〉①。又見民國·汪宗準修,冼寶幹纂:民國《佛山忠義鄉志》卷八〈祠祀一·靈應祠〉②。

【校記】

〔一〕"付",民國《佛山忠義鄉志》作"附"。

【碑文考釋】

撰碑者陳其煊,字介炎,號琬同,本籍廣東新會,世居佛山。清乾隆二十八年(1763)進士,由翰林薦官給事中。以病歸,主粵秀講席十餘年。

這篇碑文記載了清嘉慶元年(1796)楊楷重修靈應祠並創建靈宮的事情,距上次乾隆二十四年(1759)已有三十餘年。這次重修不同於以往的一點是專門為真武神的父母修建了靈宮。據碑文云,修建靈宮一事,其實在甲寅歲(乾隆五十九年,1794)就曾提出,但是由

---

① 清·吳榮光:道光《佛山忠義鄉志》,《中國地方志集成·鄉鎮志專輯》第30卷,頁256下。
② 民·汪宗準修,冼寶幹纂:民國《佛山忠義鄉志》,《中國地方志集成·鄉鎮志專輯》第30卷,頁411下。

於擬建地有百年古樹，不敢砍伐，次年又發生了經濟危機（"米價日騰"），於是建靈宮的事情就擱置了下來。而這次楊楷下令重修靈應祠，並同時修建靈宮，終於使得此事得以完成。

碑文中對楊楷的政績頗有讚揚之意。楊楷，字士標，號桂林，雲南建水縣人。由監生歷任山東知縣同知，乾隆六十年署佛山同知。其人事蹟見吳榮光纂道光《佛山忠義鄉志·人物志·名宦》。

附　錄

1　清·宋瑋：修復旗帶水記

清雍正三年（1725）

【碑文】

考之傳曰：權以濟變，智在利人。是以鄧訓改石臼之渠，前史謂其有陰德；謝傅築新城之塊，後人食報於川原。則水之爲利大矣哉！距羊城之南四十里，爲佛山鎮，地爲五都之市，舟車繡錯，蓋東南一大咽喉也。在昔有明之盛，文章甲第，籠踔一時。士大夫之籍斯土者，列邸而居，甍連數里。昔人所謂南海盛衣冠之氣者，不信然歟？環鎮十里，有廟曰靈應祠，是前朝所封號也。有神曰元帝，司北方之水，於位爲坎，於五行居首，故其神最貴最靈。入國朝以來，春秋諭祭，登以封而酬以庸，甚盛典也。廟之左爲崇正社學，右爲流芳祠。前有渠爲水道，長四百六十餘丈，紆迴袤裊，九折而達於海，舊名旗帶水，形勢家以此爲地脈之筋絡也。地氣旺則筋絡流通，況粵四面濱海，田多沮洳，少墳埴，爲四瀆之尾閭，其以得水爲勝也宜矣。自明之季，厥道埋塞，人物財賄，視昔稍替焉。雖其鄉之士君子，數有志於修濬，而力未逮。壬寅歲，奉神降言，謂宜修舉者六事，而此旗帶水居其一。予前宰斯土時，鎮之紳士具呈於予，謂神道之有合於人事也。而吾即準人事以修復之，亦何不可。於是值事諸子，秉心勤瘁，協力贊勸，群策不謀而成，眾材不戒而備，揆日戒徒，畚捐既具。廟租之外，錙銖悉本於僉題，故蹟是因，秋毫無奪。夫穡地百堵興而工程庀,一時水之故道,遂復其舊云。渠廣內六尺而外一丈,深五尺,長與舊等。共用工銀二百四十餘兩,灰石木料銀三百三十餘兩。落成日,癸卯榜發,隸鎮之社學獲雋者四人,於堪輿家之說似不可云無驗。然此非予所知也。予所知者,以通溝洫,以資灌溉,大田多稼,如坻如京,於以荷神庥,介景福,粒蒸民,綏百祿,不誠一勞而永逸哉! 即以予之不敏,亦得竊附鄧訓、謝傅諸君子,以紓聖天子之南顧者,即此亦其一端矣。於是諸子皆曰善。遂書其始末,刻之於石,以垂無窮。俾後之列渠而居,時加修築,勿塞勿淤,慎毋狃一時之安,而惰窳以將事,是則予之志也夫? 是則予之志也! 夫值事諸子,爲梁國選、何鍾良、梁國輔、李炳球、陳元佐、區際時、潘瀧源、李源、霍方叔、陳捷揚、霍鋠、陳應奇、李潮、李連茹、霍旦存、霍其贊、梁儀舜、李紹鵬、黃萬珍、黃國絃,皆鎮中紳士也。是爲記。

　　欽授中憲大夫廣東廣州府知府前知南海縣事、庚子科廣東同考試官紀錄二次、己卯科舉人宋瑋拜撰。

　　雍正三年歲乙巳仲秋吉旦。

【編者按】

　　碑文輯錄自清·吳榮光:道光《佛山忠義鄉志》卷一二〈金石志〉[1]。

　　撰碑者宋瑋,康熙三十八年(1699)舉人,清雍正間爲廣州府知府。

2　清·蔣迪:忠義流芳碑記[2]

清雍正七年(1729)

【碑刻信息】

　　碑址:佛山祖廟碑廊內。

　　碑額:忠義流芳碑記。

---

[1]　清·吳榮光:道光《佛山忠義鄉志》,《中國地方志集成·鄉鎮志專輯》第30卷,頁237下。
[2]　佛山市博物館主編:《佛山市文物志》,頁58作"忠義流芳祠記"。

碑題：無。

【碑文】

南海粵東首邑；佛山，南海巨鎮。考之誌，佛山舊名桂華鄉，後敕賜忠義鄉。豈非鄉以人重哉？明景泰中，海寇黃蕭養作亂，假設名號，迫脅齊民。兇燄將及，桂華鄉之壯士梁南園等二十二人，誓不從賊，謀同捍禦。禱於北帝神祠，祈默爲相佑，神報以吉。於是二十二人各出其貲財，以供兵食，備器械，率鄉之子弟，合力巡守。環村樹柵，一夕而就。柵上時有群鳥飛翔，若旌旗隊伍之狀，賊望見驚怪。時值中秋，朗月皎潔，外嚴守備，內令兒童鼓樂游戲，以示暇豫。賊果駭愕，不敢犯而去。及寇平，藩司揭公上其事於朝，遂敕賜神祠爲靈應祠，春秋遣官致祭。復嘉予二十二人忠義，授以冠帶職銜，辭不受，賜其鄉爲忠義鄉，以旌表之。後二十二人歿，立祠於靈應祠側，名忠義祠，子孫世世奉祀無缺。然祠雖建，而素無祀田，每當祭日，其子孫歛財以供辦，此亦向來之缺典也。予攝篆茲土，思與邑中興舉廢墜。適祠之後人梁廣庵等，呈稱追念舊勳，乞酌有餘以補不足，請於其先人捐入靈應祠之田土，名排後竇，今成舖屋者，量撥一間以爲祭業。余即行屬官集鄉之紳衿里老詳議。具報詳稱，眾皆欣躍，遂允其請，撥排後竇東首舖屋一間與祠中，永遠辦祭。嗚呼！當海寇之猖狂也，攻城略地，鋒不可當，倉卒順從，以求延旦夕之命者，所在多有。而佛山一鄉，地平魚齒，非有城堡之固，甲兵之強，此二十二君一旦奮其忠義，遂能捍禦強寇，不污茲土，又功成謙退，辭還褒典。《易》曰："勞而不伐，有功而不德。"豈非古君子之高義哉？予舶舟河下，恭謁北帝神祠，因仰二十二君之風規，記其始末，勒石藏諸祠壁，俾後之覽者感發興起焉。

敕授文林郎署理南海縣事候補知縣蔣迪撰。

雍正七年歲次巳酉四月二十六日立。

南海縣五斗口司常詳爲有祠無祀，懇批著賜，以慰前功事，雍正陸年拾壹月奉署南海縣正堂加三級蔣批：

　　據里民梁廣庵、倫聖儀等稟前事,稱前朝正統年間,強賊黃蕭養圍掠佛山,通鄉無策。蟻祖梁南園等二十二人,赴北帝廟杯卜,神許拒盜。捐糧助餉,督率壯練,設法防守。復藉神威赫濯,披髮現身,星旗耀敵,賊畏潛退。咸沾神佑,通鄉安枕。祖等聯陳神功,特疏具奏。前帝敕賜靈應祠,春秋諭祭,祖等亦蒙旌獎,在廟右建立忠義祠,以垂不朽。蟻祖見廟無祭業,義將排後寶等處田宅,捐送入廟,以為祀典,廟志可稽。迄今茲積租利,每年約計三四百金,豐祀之外,仍有餘溢。而蟻祖有祠無祀,神人難忍。況莫為之前,雖美弗彰;莫為之後,雖盛弗傳①。現今廟有餘資,豈忍祠無祀典!勢著聯懇仁天金批,著令紳衿耆老,量給豬羊祭品,俾蟻等子孫,春秋祭奠先人,獲償前功,一筆陽春,公侯萬代等情奉批。

　　仰五斗口司傳集衿者,確查妥議詳奪,印發到職。奉此,卑職遵即傳集鄉衿者,在廟公議。去後,隨據紳士譚會海、梁叶千、黃國鈱、冼湛、梁緒祐、冼上蓮、阮元佐、梁國選、梁儀舜、龐上樞、梁應璘、梁瑾、梁貽、何士赳、梁應珠、梁調元、梁鰲、梁國輔、冼重、黃上科、譚簡上、梁之麟、梁麟禎、麥尚均、梁應瓏、梁應瓅、霍白,耆民梁元聲、梁子善、霍朗仁、梁宣仲、霍萬朝、倫恒茂、梁元長、冼殿禎、梁子忠、何作君、冼奕漢、梁南仲、梁貴雄、倫象廷、譚倫上、梁桂庭、梁可儀、梁智高、冼國相、何登朝、霍瓊遠、陳國煥等稟,為遵依回覆,籲天賜詳事,稱蒙臺奉縣臺批,據梁廣庵、倫聖儀等陳,為一件有祠無祀等事奉批,傳集衿者,確查妥議詳奪。海等遵傳,赴廟眾議。查得正統年間,逆賊黃蕭養圍掠佛山,伊祖聯同二十二人捐糧防守,藉神現身退賊,致蒙敕賜靈應祠,春秋諭祭,伊祖旌獎忠義,建祠廟右。但伊祠確無祭業,凡遇春秋,子孫科斂祭奠。而靈應祠每年租利,祭祀之外,實有餘溢。致庵等以有祠無祀具陳。況稽廟志,排後寶等處田宅,伊祖子孫俱有捐送入廟。現排後寶地一所,建得舖屋二十八間,菜塘二口,糞地二段,共租銀二百余金。今眾查議,就將排後寶舖第一間滿盈店,現租銀貳拾伍兩,令伊子孫收租,俾二十二公

---

　　① 參考清・佚名:〈重修三清古廟碑記〉[乾隆四十五年(1780)碑號7-2,總16]本句註釋。

永遠得藉供祀，庶見前功不忘，即捐送之義亦不忘矣。蒙傳查議，合遵回覆，伏乞賜詳覆奪，合眾歡忻等情前來。

據此，隨該卑職查看，得梁南園等，正統年間，逆賊黃蕭養圍掠佛山，是時園等二十二人，捐糧設法堵禦，後藉神恩赫濯，賊畏潛退，聯陳特疏具奏，前帝敕賜靈應祠，春秋諭祭，即園等亦蒙旌獎，在廟右建立忠義祠。今庵等追思念切，致以有祠無祀，具陳憲臺蒙批，仰職傳集衿耆，確查妥議詳奪。卑職隨即傳集衿耆人等，據稟，僉云□稱：正統年間，逆賊黃蕭養圍掠佛山，委得其人，況園等子孫各有田產捐送入廟，今竟有祠名而缺失祭，庵等亦依依念切，議將排後寶舖第一間滿盈店，租銀貳拾伍兩，俾春秋二祭，每公均沾裱帛，餘資聽令伊子孫收租供祀。籲懇前來，以屬妥協。但卑職微員，未敢擅便，今應否出自憲恩，統候批示遵行，非卑職所敢擅便也等由，到縣奉批。

查勝朝正統年間，逆賊黃蕭養圍掠佛山，居人梁南園等捐糧集眾，協力守禦，義氣所感，神顯威靈，俾一鄉安堵無事，至今民崇神功，愈不能諼公之忠義。但當年雖奉旌獎建祠，尚未議及祭典，宜庵等有給資設奠之請也。茲據該司詳，據紳士耆民議覆前來，應順輿情，合將排後寶舖第一間，店租銀貳拾銀伍兩，撥給公等子孫收租，永為忠義祠春秋供祀，以昭前功可也。此繳。

計丈排後寶海便第一間，地稅三分，載在佛山堡二十啚又一甲靈應祠戶內。流芳祠子孫收租，永遠辦納糧務。

雍正己酉年肆月二十六吉日勒石。

【編者按】

　　碑文輯錄自原碑。碑文又見佛山博物館編：《佛山市文物志》[1]、佛山市博物館編：《佛山祖廟》[2]、清·吳榮光：道光《佛山忠義鄉志》卷一二〈金石志〉[3]。

―――――――――――

　　[1]　佛山市博物館主編：《佛山市文物志》，頁58-59。
　　[2]　佛山市博物館編：《佛山祖廟》，頁103-106。
　　[3]　清·吳榮光：道光《佛山忠義鄉志》，《中國地方志集成·鄉鎮志專輯》第30卷，頁238下。

蔣迪，雍正七年（1729）撰碑時為南海候補知縣。

3 清・黃興禮：新建忠義鄉亭記

清乾隆九年（1744）

【碑文】

　　佛山，嶺南巨鎮也。珠江九曲，環抱如帶，仕宦之所往來，商賈之所出入，貨貝舟航之所叢聚，地靈人傑，煙火萬家，衣冠相繼。志載，晉世景純來止靈洲，登高望遠，謂南海盛衣冠之氣，蓋即此也。或曰，嶺以南皆海，故扶胥有南海神廟，景純所言，恐不盡此。其說未知孰是。鎮有尊神，號稱元帝，聲靈赫濯，保障一方，顯應驗著。正統間，流寇流劫鄉民，南海番禺諸處，多有從而爲逆者。舟至汾水，父老奉神出戰，馘首千計，賊猶未退。忽見神立雲端，披髮跣足，手執星旗，賊遂驚走殄絕。有司疏績以聞，敕封神祠爲靈應祠，鄉爲忠義鄉。歲令所屬州縣尊之俎之，以隆神祀；絲之竹之，以諧神聽。歌其功焉，頌其德焉，歷二百餘年勿替。余以乾隆戊午，分符茲土。涖事以來，賴神佑庇，風雨和會，市廛晏安，崔苻無警。念汾江爲一境靈勝，謀搆亭江干，以延眺覽，且備行旅息肩駐足所。因縮俸錢所入，選材廥工，行店居停，復捐助其襄，而俾巡檢黃君董厥役。兩閱月告竣，民以爲便。昔歐陽永叔治滁之明年，聽泉鑿石，闢地爲亭；蘇子瞻治扶風，爲亭堂北，鑿池其南。今余之建是亭也，不過因其址而廣大之，池不用鑿，地不用闢，非永叔、子瞻二公比。然落成之日，與客登臨，可以送往迎來，可以接宸書，可以揖上憲，可以肅一鎮之觀瞻。紅日一窗，清風滿座，堦前綠水，四時映帶。後之君子，登高作賦，覽勝懷人。知斯亭之建，非徒爲遊覽之地、休息之所，與二子後先輝映也，則幸甚。

　　時乾隆九年歲次甲子春正月穀旦也，黃興禮撰。

【編者按】

碑文輯錄自清·吳榮光:道光《佛山忠義鄉志》卷一二〈金石志〉[1]。

撰碑者黃興禮,生平見前〈海口文昌閣記〉[清乾隆十三年(1748),碑號 23-1,總 55]。

4 清·王棠:重修流芳祠記

清乾隆二十四年(1759)

【碑文】

聞之忠可鼓勇,義足動眾。余每讀古,見凡忠義之士,其捍災禦患,臨危制勝之烈績不盡,乘權挾勢而乃克樹立也。民不能忘馨香而祀,亦不必銘鐘鏞,題竹帛而斯爲旌揚也。丙子秋,余調司茲土。閱鄉志,有忠義二十二老傳。以明正統,流寇黃蕭養之亂於時。寇挾排山倒海之勢,憑臨我境,會城師旅,固封疆而莫爲捍援。乃二十二老,獨以全鎮安危爲己任,歃血訂盟,竭忠仗義,破家財以資軍食,出奇計以陷強敵。凡士農商賈有識力者,靡不聽其驅鋒,冒刃而罔後。我北帝亦顯靈而陰助之。寇之排山倒海而來者,竟兔脫雲奔而散,全鎮獲安。其忠義良足多,而智力尤特出矣。余臨文慨仰其爲人,不禁勃勃生奇氣。迄今鄉名忠義,志不忘也;關號勝門,紀其績也;祠稱流芳,揚其休也。鎮之食德報功,亦盛矣哉!茲己卯春季,制府大憲李重民生,實積貯。余建社倉於觀音堂後隙地。因過流芳祠,目及傾頹荒蕪,溯洄往烈,悵然久之。爰集保耆後嗣,考其故,知安於頹俗而莫爲之理。復稽其嘗業,幸猶有籍而易爲興。乃以理諭後嗣,提當年之租十五金,以法繩當嘗舖者,得十二兩;以情感獲利舖戶滿盈店義助二十八兩有奇,共五十餘金。爲之經畫,鳩工庀材。頹者易之,傾者植之,荒蕪者剔除而整齊之,塗以金碧,文以丹黃,不匝月而祠宇煥然。擬吉迎神,陳牲醴,集眾以祀。仰棟撫筵之下,二十二老之忠肝義膽,偉烈英風,

---

① 清·吳榮光:道光《佛山忠義鄉志》,《中國地方志集成·鄉鎮志專輯》第 30 卷,頁 242 上。

儼乎如見,不禁肅我敬慕。鎮之紳士商民,及二十二老之嗣裔,其觀感興起,又當何如也?因紀其事,勒石以垂後。董其事者,典史蕭超、長班李長龍。

乾隆二十四年歲次己卯夏仲穀旦,南川王棠撰。

【編者按】

碑文輯錄自清·吳榮光:道光《佛山忠義鄉志》卷一二〈金石志〉①。

撰碑者王棠,乾隆間人。

5 清·陳炎宗:撥祠租給會課碑記

清乾隆二十六年(1761)

【碑文】

夫事有創之於前,久而無容易者,必其勢之可長守也;亦有創之前,旋或變而通之者,則其時之合更張也。惟不失創之之意,而又有以永其傳,則雖起創者,於今日應且歎,爲寔獲我心焉爾。吾鄉之文章甚盛,而社學之會課尤昭。其始無恒式,或疏或數,間又隳弛。爰有李君公冕、梁君翰章等創,爲久遠計,於靈應祠外,築兩旁小肆二十餘間,收僦值以供課事,蓋糾眾貲而成者。時康熙癸未歲也。會課歲凡四舉,以春夏秋之偶月循之,至今垂六十歲矣。其擘畫措置,洵大有神於文事者。顧天下事,有其舉之,莫可廢也,而或格於勢之所難行,黜於義之所當革,則故轍難仍,而機在善轉。要使美舉長存,實有所藉以引於無盡,此非識因時之妙,操易簡之術者不能。《易》曰:"窮則變,變則通,通則久。"其謂是歟?夫前所築肆,靈應祠地也。借祠地而有助於鄉之人文,神之所不禁也。今以修祠之故,務極宏麗,不撤兩旁小肆,胡以壯觀瞻而稱鉅雄?則盡毀而以地還祠,蓋勢不容已而義不得緩也。然則會課將由是而廢乎?曰:何可廢也?前六十載之有會

① 清·吳榮光:道光《佛山忠義鄉志》,《中國地方志集成·鄉鎮志專輯》第30卷,頁245上。

課,固資神之地利矣。茲宜仍求神之終其惠,俾多士世世拜神之賜也,余知神必樂與而勿論也。於是社中諸同人,議歲割祠租銀三十六兩,以充課費,興情協,士心欣,殆善繼昔人之志也夫!夫神錫福於吾鄉,至渥也,錫福以教思之無窮,爲大神若將其所有,以仰贊聖天子文治,故創建義學,歲糜七八十金,皆於祠租取。給會課與義學,同條共貫耳。彼既承給,此亦宜然,況所給不及義學之半,若尤簡而易行哉。雖然,社中受神之惠固永賴矣,而所以爲報稱者安在?夫乘此撥給之初,毅然振起,謹飭其規款,豐備其功需,庶可宣神德而光文壘乎!若第循一歲四舉之故事,苟且塞責,是委神睨於草莽也。且前仗小肆之租,尚或有逋缺不及時之慮。今則叩祠箱而即應,視前更完便,又奚爲不公慎以勸雅典哉!吾知淬厲日勤,才華輩出,當必有負閎博之望,膺絲綸之任者,是神之大有造於吾鄉士也。而始事李、梁諸君,亦當默慶繼我者之善成其美矣。此千秋佳事,不可不記。諸同人因以見屬,於是乎書。

　　乾隆二十六年歲次辛巳冬十一月穀旦,里人陳炎宗撰。

【編者按】

　　碑文輯錄自清·吳榮光:道光《佛山忠義鄉志》卷一二〈金石志〉①。

　　撰碑者陳炎宗,生平見前〈重修南海佛山靈應祠碑記〉[清乾隆二十七年(1762),碑號38-11,總112]。

6　清·冼寶楨:重修聖樂宮記

清光緒三年(1877)

【碑文】

　　佛山,堡名爾,鄉則曰忠義鄉,地以人傳也。然則圖甲何重乎爾?雜記何紀乎爾?曰徹田爲糧,三壤成賦,出賦稅以給公,上下之所攸繫也。

----

① 　清·吳榮光:道光《佛山忠義鄉志》,《中國地方志集成·鄉鎮志專輯》第30卷,頁246上。

昔漢高至咸陽，酇侯收丞相府圖書，具知天下阨塞戶口多少，圖甲顧不重乎哉？我佛山圖甲，肇自有明洪武，其法實倣周，比閭族黨之相維，出入守望之共濟，昔人所以供上睦鄰之規法，良意美然。迄於今五百有餘歲矣。歷年久遠，遺澤浸微，文獻之存，闕有間矣。光緒丁丑，八圖同人以辦公無萃會處，議葺聖樂宮以為八圖公所。同人伙助，集腋成裘，施黝堊，繕廚竈，置窗檽，建柵欄。由是而妥神明，辦公事，允稱得所矣。事竣，僉曰：葺之誠是也，莫為於前，雖美弗彰，莫為之後，雖盛弗傳①。我圖甲群萃而州處，非其親戚，則其故舊，久推為是邦土著矣。盍述舊聞，臚其始末，筆於冊以備將來文獻，可乎？眾曰可。此公項雜記之所以錄也。噫嘻！數典不忘其祖，居斯土者，詎可忘忠義之名乎？為圖甲者，詎可緩供上之職乎？世篤忠貞，顧名思義，正供無誤，終事勿遺，願與諸君子共勉之而已。是為序。

　　光緒丁丑仲冬里人冼寶楨撰，佛山堡八圖里排同立。

【編者按】

　　碑文輯錄自民國·冼寶幹：民國《佛山忠義鄉志》卷八〈祠祀一·靈應祠〉②，文末按語云：“按：粵俗各廟無論天神地示，俱供有聖親牌位，謂之聖父聖母，殊不可解。靈應祠後樓亦奉聖親，習俗相沿久矣。然推萬物本乎天之義，星辰麗於天，是天亦星辰之父母也。樓上有聯云：‘太極本無極；玄天上有天。’立言頗為得體。聖樂宮八圖公建排甲辦公之所，以祠祀名，故附靈應祠後。”③

　　撰碑者冼寶楨，字香周，冼寶幹兄。

---

①　此句出處，參考清·佚名：〈重修三清古廟碑記〉［乾隆四十五年（1780），碑號 7-2，總 16］注。
②　民·冼寶幹：民國《佛山忠義鄉志》，《中國地方志集成·鄉鎮志專輯》第 30 卷，頁 412 下。
③　民·冼寶幹：民國《佛山忠義鄉志》，《中國地方志集成·鄉鎮志專輯》第 30 卷，頁 413 上。

39　呂帝廟(橫沙村)

【廟宇簡介】

呂帝廟,又名大仙廟、亦鶴樓,供奉呂純陽帝君(呂洞賓)。據 2010 年實地考察,廟仍存於今廣州市西白雲區金沙街橫沙南圍大道 27 號(石井鎮橫沙村),但已為空廟,且破損嚴重。廟內存有清光緒二十七年(1901)和光緒三十年(1904)的創建和重修碑刻。該廟建於清光緒二十七年(1901)[①],乃香港歷史最悠久的道壇之一抱道堂(創建於 1924 年)的祖庭。

39-1　清‧佚名:倡建橫沙呂帝廟碑記

清光緒二十七年(1901)

上碑

【碑刻信息】

存址:今廣州市白雲區石井鎮橫沙村呂帝廟內。

碑額:倡建橫沙呂帝廟碑記。楷書。

碑題:無。

碑文來源:原碑抄錄。

【碑文】

純陽子飛鸞渡世久矣,三子奉純陽子亦有年矣。辛丑暮春,疫初作,叩諸鸞以治疫。及夏而疫氣流行,三子寢食幾廢,懼不能應遠邇之求,問計於純陽子,純陽子復示以三子佐之,四易月而活人數百。三子商於鄉之紳老,

---

① 除了碑刻記載之外,清‧鄭榮等修,桂玷等纂:宣統《南海縣志》亦有記載,該書卷六〈建置略‧壇廟〉"呂純陽廟"條:"在草場堡橫沙鄉東,光緒二十七年建。"見《中國地方志集成‧廣東府縣志輯》第 30 卷,頁 187 上。

思擇地以祀純陽子，純陽子示以海之濱財神廟後吉處，并示圖式。諏九月啟工，迄冬節而工將竣，純陽子撰數言，不事雕琢，紀實而已，并命將倡議簽助姓名列於序後。

光緒二十七年辛丑冬月十六日。

純陽子乩序。

倡建信紳：

招彝明、招嘉哲、招慕康、陳作韶、招焯初、招光弼、招壁東、招哲初、招勵儒、招學培、招嘉愷、招應鎏。

倡建信耆：

招廣明、招應興、招堯年、黃蟠琛、招廣蔭、招光峴、黎世昭、陳作幹、招永韶、陳德孚、招端明、招壽南、招佐臣、招嘉秩、招蘭芳、黃慶南、何玉銘。

倡建緣首、值理：

招趙賓、招寶型、招保和、招嘉壽、招念丁、何達之、吳湘甫、招敬寅、招善初、招昊全、招達和、招蘭蓀、梁仁甫、梁滿建、佛山招福來號、香港宏豐號、粵漢永安和號、香港華□號、省城福生祥號、粵港招有興隆號。

長樂李河清敬□。

謹將樂助工金芳名列：

招裕德堂捐銀陸百大員。

陳德孚捐銀伍百大員。

招趙賓捐銀貳百大員。

梁仁甫捐銀伍百大員。

招錫榮捐銀壹百大員。

招慧安捐銀壹百大員。

招毓鉞捐銀壹百大員。

招登壆捐銀壹百大員。

黎少東捐銀壹百大員。

吳廣厚堂捐銀壹百大員。

招伯樑、劉崇禧、黃妹：已上每捐銀柒拾大員。

招耀垣捐銀六拾大員。

招東幹、招益三、招汝鋒、招汝鑑、招汝鏗、招保和、招蘭芳、招蘭蕙、招蘭閨、陳作幹、黃竹林、蔡寶田、張旭南：已上每捐銀伍拾大員。

招顯才、招堯年、招惠仁：已上每捐銀四拾大員。

招灼初、招嘉璩、招嘉猷、招嘉連、招嘉賓、招尚賓、黎世昭、梁香南、譚灼南、黃貢堂、周賢熙、黃錦威、香港永安和號：已上每捐銀叄拾大員。

招彝明、招光弼、招啟棠、招昊全、招嘉壽、招嘉秩、招之祥、招耀賓、招德富、招守永、招起枝、招榆溪、招瑞炘、招其恂、黎世華、黃輝垣、阮禮鄉、黎奮烇、張耀鄉、布信和、劉品榮、黎奮煊、魏華亭、卓賡廷、邵醴泉、何應熊、黃慶南、黃汝浩、福成號、福裕號、華成號：已上每捐錢貳拾大員。

招汝培、招壽南、招善初、招鐘慶：已上每捐銀拾伍大員。

朱德暖、黃張氏、梁陳氏：已上每捐銀拾四大員。

招光峴、招瑞聲、招志民、招嘉樂、招嘉哲、招孟先、招鐘生、招壽祺、招鎮梔、招敬榆、招汝良、招海耀、招會仁、招敬寅、招達祥、招華富、招錦富、招溉楨、招幹賓、招安甫、招榮華、招榮□、招梁氏、招詠仁、招光撰、招延嘉、招其佳、招與秋、招鑑勳、招尚誠、招永豪、黃蟠琛、招敬忠、何玉鳴、譚善涵、歐陽勉湛、霍緝之、梁傑臣、張秀岩、彭成祿、冼柳亭、黃容經、陳可良、盧耀庭、高肇昌、韓祥顯、宜隆號、隆記店、范合新、勉善壇、蕊氏、與人為善、黎焌垣、黎鉅垣、黎奮始、梁廣昇、梁潤成、黃炳松、招梁氏、何霍氏、周陳氏、譚氏、陳毓秀堂、謝得安堂、來安行、遠昌公司、大昌號、仁隆祥、鴻福昌、福生祥、漢口永安和□、晉源祥、穗源豐、天和祥：已上每捐銀拾大員。

招伯劻、鄭殿勳、蒙湛泉、何金淮、梁蔭佳：已上每捐銀捌大員。

招燧初、潘世鉞、凌饒義堂、凌裕和堂：已上每捐銀柒大員。

招仰安、阮福才、蘇炳燿、德源□、利生隆：已上每捐銀陸大員。

招明常捐銀伍員伍毫。

招應興、招廉升、招明英、招興槐、招文陞、招釣石、招遠丁、招進丁、招瑞全、招浩和、招文燦、招子聲、招興庠、招作陞、招景沅、招順滔、招福諒、招雨樵、招萬恒、招光泰、招威耀、招尚周、招楚南、招遜之、招紹勤、招旌義、招揚春、招守菩、招迷和、招光焯、招守祜、招守傑、招守泰、莫善積、鄒永嘉、梁禮垣、黎祖潤、邵蔭昭、黃灼臣、黃鳴皋、李多萬、趙仲佳、梁春帆、黃永賢、黃永椆、黃永儉、黃永高、黃永煥、唐劍籌、戚成財、陳海籌、潘仙鄰、劉沅亨、唐惠佐、李勉恩、馮善珍、雷善璇、馮善圓、黃康□、馮覲天、梁滿建、梁試謙、戚俊生、蔡侶陶、劉啟旺、黃金舫、阮雲初、郭潤朝、梁金鐏、鄧紀裳、黃鏡鑾、陳獻銓、李文山、謝維仲、許梓成、陳少雲、龐鑑洲、陳裔彬、黃、基、華國璇、楊奕全、李愷賢、孔慶慎、陳錫涛、鄒廣森、李侶祺、黃煥珍、黃耀顯、黎奮江、周蝦、馮大利、鄧光記、黃林記、招細妹、招關氏、招李氏、招梁氏、李招氏、陸畢氏、蘇梁氏、招永安堂、李樹德堂、巢厚德堂、梁耀南堂、鄧植庶堂、天寶店黃氏、興隆昌、大珍店、福昌店、穗生源、萬利昌、有興隆、鉅安號、源來號、連成押、熊漢記、祐隆號、順利店：已上每捐銀伍大員。

招健生祖、招桂生祖、招樹生祖、招嘉謨祖、招嘉愷、招嘉銘、招嘉勵、招序先、招儻先、招儷先、招櫻華、招暢登、招寶璋祖、招寶田、招紹連、招趙玉、招啟楷、蔡敏驤、黃桂榮、李鐸良、李炯良、李維楫、李維鴻、李鏡襄、李遠智、周奕鑑、布文英、梁以勝、梁乃鏗、劉榮森、何肇春、招霍氏、張吳氏、李瑞慶堂、楊厚光堂：已上每捐銀四大員。

招慕康、招壁柬、招光堨、招盈昌、招成秋、招記埔、招光裕、招起標、招英華、招暢林、招廷棟、招福熊、招洪植、招守壎、招鼎昌、招樹恩、招福初、招遠昭、招順通、招敬鑾、招遠桓、招善仁、招光鑾、招湘南、招登祿、招光坤、招瑞聲、招祥芝、招以和、招以順、招翰麟、招光鈺、招懷仁、招廣驥、招廣居、黃安華、鄒召棠、陳繼藻、陳三堂、林英瑞、陳東應、黎植槐、郭弁煇、黃萬能、謝伯昌、黃華軒、黃述灶、黃輔誠、陳祖烇、招廣鑑、何經亮、周恕鰲、黎炳垣、黎鑑垣、布文華、布文貴、黃萬就、陳次常、陳惠儂、胡勉浩、朱善珠、吳溢庭、賴菱舫、衛玉堂、陳雪幹、黎應寬、黎應星、蔡　勤、梁應熾、黃有文、馮錦德、陳益生、張垣光、周正本、李校良、李海良、李淡泉、張揚娣、謝輔良、黃孟記、黃梁氏、周馬氏、譚招氏、何蘇氏、日昌昇、兆豐號、洪昌店：已上每捐銀叁大員。

祈雨眾信捐錢貳員六毫。

招重初、招念丁、招柱江、招進康、招賜滿、招佑滿、招炳勳、招儉生、招景達、招遂英、招咸登、招政登、招柏松、招拨成、招岳南、招伯祥、招泮林、招巧禧、招悅楷、招禮韶、招登池、招允桐、招其琛、招其添、招世炘、招椿華、招相華、招聚棠、招材焜、招洪恩、招永崟、招東成、招葆康、招葆和、招継炳、招求裕、招途聖、招祥蕡、招祥荇、招禮容、招駿超、招日應、招翼賓、招寶書、招潛添、招尚仁、招勉仁、招宗義、招宣義、招振聲、招財生、招厚仁、招贊常、招贊垣、招秀滿、招光鑑、招其安、招聯新、招漢全、招勤瑛、招汝駒、招光照、招啟昌、招聯庚、招紹珍、招耀蘇、招錫祥、招瑞亨、招明典、招寶型、招榮樞、招延勵、李錫康、陳明秋、蔡德經、招揚泰、招揚顯、招揚佳、招揚景、陳廣平、陳廣枝、陳廣生、陳廣茂、劉品高、鍾其臻、潘芳泰、陳少坡、陳　蘇、李　琛、何維紀、唐紹邦、楊文標、鄧采滿、謝鴻德、黃啟華、謝琰森、鄒蔭常、黎松基、李貫怡、馮英偉、冼作鏞、陳玉環、關健珍、譚紹祥、鄧義邦、鄧再記、伍廣文、馮振光、杜朋芝、梁幹滔、黎耀發、陳駢修、江浩錫、黃寶常、王安邦、會惠僧、梁葆謨、梁灼廷、吳壽曾、金照存、戚炳塈、彭本堯、林垣泰、梁立忠、布廷祥、杜世蘇、廖和合、梁繼桓、黃安福、梁汝輝、朱植南、朱澤泙、張本潿、蘇福光、潘俊臣、陳惠□、梁惠仍、白惠仗、簡勉鑫、蔡善坡、何勉湘、盧善譜、蕭善培、黃善焯、黃宜隆、吳廣觀、呂渭村、胡堯階、吳夕鄉、陳輔庭、陳汝儀、劉銳泉、沈兆鴻、馬國清、陳福靈、陳福昭、陳官一、姚敬堂、李叢修、戚建樞、蒙銘溪、梁竹坡、鄒紀南、李玉書、梁暢孫、陳泰習、張嘉穀、陳　楷、陳會池、李見良、李本良、李維森、李維綱、李國祥、黃兆鰲、鄒定良、戚本恂、梁錫廷、鄒錫棠、楊澤勝、黄大坑、戚國碩、戚乃多、周正昌、周正榘、葉顯忠、蔡慎彰、劉載英、李偵譧、黄汝廉、陳耀垣、葉昌茂、胡樂軒、梁慶慈、曹維心、黄治平、陳靄人、黄萬灶、歲誠悌、葉永生、鄧啟楨、黎奮棣、凌順權、梁曉初、蘇浩賢、梁瑞垣、梁瑞榮、徐祖福、馮瑞華、廖潤賡、彭溁光、黄維泰、葉綱常、戚誠校、戚惠□、梁直邦、鄧積宏、陳茂才、陳朝儀、梁永和、陳鵬昌、駱乃統、顏光儀、黎耀基、鄧端藩、周家耀、蘇　標、陳擎國、區一涵、李日秋、劉志祥、黄浩明、李慎軒、鍾佑機、杜日齡、黄榕台、蔡伯球、高啟知、謝福昌、黄啟輝、潘慎景、黄述年、何秉霖、李傑賢、梁乃鏗、周業占、湯樹楨、李焯之、□臻利、袁雲臺、蔡高明、蘇慶駿、蘇慶駿、崔應鍠、崔應根、李翕貞、郭弁京、招李氏、招彭氏、招鄒氏、招梁氏、招朱氏、周麥氏、周董氏、黄周氏、何陳氏、彭黄氏、楊　氏、唐吳氏、黎李氏、陳鄧氏、李招氏、周　氏、原陳氏、崔招氏、蘇梁氏、郭李氏、梁曾氏、潘黎氏、黄梁氏、袁永福堂、孔瑞和堂、何永裕堂、鄧世元堂、鍾厚□、楊復元、符普濟堂、歐基玄堂、何富德堂、陳敦厚堂、何蔭善堂、黄孔昌堂、戚怡和堂、何厚遠堂、陳綽善堂、黄守德堂、李善慶堂、英昌店、公信號、黄鶴樓、太昌號、祐昌隆、祥泰店、和安店、和隆店、□茂隆店、魏福利店、元盛號、與蘭居、保和店、福興店、永綸號、生利號、啟源號、蘇記：已上每捐銀貳大員。

袁孔氏捐銀六毫。

招志南、招驥恩、招□恩、招賀□、招廷□、林獻□、蘇致□、蘇容□、吳昭亮、高乾嘉、高耀桂、李蘊善堂：已上每捐銀壹員五毫。

招揚慶、招廷厚、招□丁、招積仁、招銳全、招光載、招昌國、招榆□、招焯□、招□□、招□榮、招潤根、招習□、招科降、招汝標、招永添、招亮□、招亮□、招□□、招瑞□、招瑞□、招□□、招□□、招□□、招□□、招□□、招□□、招□□、招□□、招宗□、招永林、招柱堅、招漢森、招□□、招□宗、招進堯、招錫堯、招世□、招樹□、招樹□、招□□、招□□、招□□、招廣□、招□初、招□光、招□煥、招□□、招□□、招□□、招□□、□□□、□□□、□□□（下泐）。

中碑

【碑刻信息】

　　存址：今廣州市白雲區石井鎮横沙村呂帝廟内。

　　碑額：倡建横沙呂帝廟碑記。楷書。

　　碑題：無。

　　碑文來源：原碑抄錄。

【碑文】

　　彭伯堯、戚俊扳、陳炳權、陳炳勳、黎揚秀、黎奮堯、黄樹初、黄連佳、曹東發、張祥玉、杜九堯、李松厚、陳蘇娣、黎宜立、李增葵、李英葵、黎熾甜、黎啟和、陳鈞安、陳泰安、陳啟安、陳祐安、陳勝安、黄日倫、凌焕笋、黎廣安、梁繼珍、鄒鑑君、鄒澤涵、黄萬甜、黄燕芳、黄錫芳、黄就愛、黄永松、黄永玲、陳英儒、陳英暢、鄒燿輝、杜富英、布六娣、沈竹君、梁鎔初。

　　余紫雲、李惠伺、李儀燊、朱兆庭、麥惠佽、吳惠傳、李惠佻、劉述唐、劉杰鄉、李子振、李朝彩、梁繼增、歐陽炳雲、鄺秩養、周正舉、周立權、陳配華、彭啟材、黄宏鐸、陳燦章、陳汝江、關安福、黄遠懷、簡後毓、劉秋林、戚東潔、關活賢、陳嘉望、李活籌、周世添、陳壽彭、李開枝、蘇福豪、陳子漁、陳道新、李兆根、李兆安、陳國奀、梁俸田、梁桂貞、李達亨、盧材藻。

　　李存威、劉子經、陳慶孫、陳慶綿、李志光、謝燦元、楊國騰、李　新、梁瞳光、戚培書、戚達書、戚秩書、戚謀讓、戚寶書、李、煌、何活猷、陳宏鑑、李品圖、黄述炳、黄述恕、周　文、吳　亨、周逮榮、馬蔭行、何滕□、李鉅垣、譚煒勳、陳滿巨、譚華開、冼善慶、黄煬光、胡旺之、褟鐸倫、黄桂芳、黄炳芳、韋花仔、有名氏、彭啟升、彭啟照、陳文錫、陳文梯、陳文傑。

　　彭澤宏、周威安、黃樹燎、鄒貴深、梁二妹、歐陽章、歐陽齊、歐陽才、陳新、趙鏡泉、黃惠恩、陳翹相、黃述題、黃述煦、鄭學照、劉河興、陳巨彰、梁肇崧、黃志培、蕭清華、周鈞佐、葉兆榮、葉兆基、葉兆林、彭大業、陳觀球、沈逢貴、何杰經、陳榮□、錢振威、黃瑞甜、蕭晉生、周潤金、何潮江、何壯添、何勝輔、黃容桂、車九、蘇榮記、鍾福臨、鍾固堅、戚敬修。

　　梁成貫、梁世昌、張蔚琮、張蔚瑠、歐陽黃翰、彭可升、戚誠敦、陳朝義、陳朝鳳、陳文官、陳朝佳、陳朝濟、梁品崧、唐樹材、賴銀英、賴耀基、黃潤松、歐陽蕙蘭、歐陽汝智、區為佳、蔡伯棠、歐陽江、李同順、歐陽鉅冠、梁榮滙、蕭惠棠、劉松建、劉錫南、鄧桂進、黎裕春、鄧初發、蔡炳基、葉兆垣、周可登、李盈增、陳潤能、曾義成、陳朝安、陳文煥、周浩明、李獻勤、黃永鏗。

　　李伯熙、蕭燦邦、周述賢、周樹棠、周毓佐、何自年、何永年、陳仲基、陳讓培、李信輝、唐仕材、梁繼鵬、鄭　滿、藍明念、梁美圖、李揚朗、陳觀俊、黃朝滔、馮榮宗、馮直中、劉鶴洲、劉思賢、朱　三、黃閏拙、江才興、莫錦豪、蒲直揚、周家驥、梁有昆、梁秋雲、周式章、周定章、周廣才、李挺方、孔橋元、孔漢玉、孔吐玉、孔滿珠、劉敬賀、劉敬台、劉開記、麥焰華。

　　陸紹登、黃貴譃、何壽培、陳啟豪、杜業興、江興邦、孔萬光、歐陽趙焯、江紹球、孔煥芳、梁執酤、沈皆元、沈應亨、沈成江、姜連真、李可信、譚昆堯、鄭庚、廖奕高、廖永治、謝怡芳、葉廣林、歐陽汝莊、歐陽怡英、歐陽相蘭、葉耀恩、葉忠理、葉挺藩、葉潤安、朱餘、盧德、陳麗常、鄺詠揚、李裔祥、蔡十根、杜美運、陳顯庭、戚廷煥、陳林、張言鎮、周東後、何嘉珍。

　　鄭偉賓、戚贊存、曾兆行、葉英繼、何耀豪、何耀光、何耀恂、何耀來、戚進邑、林日新、蔡維門、黃　才、彭秀芬、黃炳猷、陳裕霖、李伯全、梁沛鏗、周懷佐、黃秀山、李　仰、戚家聲、戚有怡、戚就享、劉乃高、陸勝恒、廖逮恒、李煥堯、梁啟輝、何培恂、彭閔參、黃金華、黃斯富、黃斯榮、黃時高、周惠苓、杜昭、周建邦、鄧顯才、鄧國輔、謝士康、蕭廣成、鄧進才。

潘賓材、黃紹棠、張英結、鄧紹篋、胡松康、胡煜康、劉利升、梁俸廉、蕭兆松、蕭兆臻、張宗遠、張作遠、潘興材、劉耀、戚榮鏗、黃永清、戚桂森、陳以昌、藍應新、馮德化、孔球、張津偉、黃述倫、黃廣標、馮炳高、馮宜心、何進生、何漸培、何妹、黃發初、譚約吾、馬超權、鄧儀讌、鄧發讌、戚福添、王文傑、杜樹林、何錦豪、戚保文、梁成、陳爵垣、李自年。

葉晚福、李潤廣、鄭順隆、陳啟培、何燕鄉、陳伯符、梁　穡、曾振華、冼桐珍、何乃堯、張玉葵、秦清如、李宏泰、陳藻興、潘達輝、周永安、劉鎮浩、蘇暨鳳、梁後德、梁後發、梁後科、梁頤昭、梁　顧、陸祥滔、陳　鑒、陳仕巽、陳慶亨、譚朝安、張忠誠、陳贊輝、陳澄光、孔廣僚、黃汝炳、黃本鐙、何轉帶、孔繼嚴、孔昭敏、孔繼回、孔昭煒、張文炳、蘇七牛、李□榮。

張維昉、方德標、蕭振東、楊樹培、鄧名順、馮遠瞻、劉思舉、鄧文槐、潘慎珠、潘慎堯、馮杏林、孔昭任、張祥永、鄧錦儀、陳　繼、馮肇芬、馮耀宗、周敦效、康維鯤、譚天劍、譚彰善、吳紹經、古貫揚、湯啟生、湯求知、李　朗、周啟元、湯約佑、蕭兆楨、蕭樹芬、蕭容煥、蕭宏燿、蕭惠庸、林善規、江千勛、陳昆、李顯仁、陳四根、歐陽克錦、黃橋勳、黃掞修、梁宗榮。

楊滔大、楊其景、羅連祥、吳杏林、楊應剛、湯諒生、湯儉生、湯薛生、彭志、彭九、孔廣名、孔春圃、孔履端、孔錫端、孔傳榜、孔傳鑑、孔昭芳、孔廣松、孔傳就、孔繼臺、周細妹、江許常、葉卓繁、周炳倉、周柱朋、譚龍演、譚龍泮、鄧靄章、廖子銓、謝世賢、張巨芬、湯中彥、梁揚芬、梁廣照、湯趙、李樹猷、李啟芳、杜自興、葉洪彥、郭炳燦、林著瑞、林永晃。

劉亦佳、張瑨球、駱樹棠、陸瑞祥、范福昭、戚卓玲、陳偉祺、吳建祺、何榮、葉浩成、蔡端樹、唐序光、謝閏禮、麥端良、湯志生、陳南、唐照龍、盧定文、戚健才、周琛名、周廣名、周美名、黃利英、陳良輝、陳乾輝、呂啟熊、陳福恩、何展、陳濟安、陳霖安、陳豐年、張燕亨、陳文俊、黎奮昌、鄧太邦、黃普恩、丁秉、陳嘉養、陳嘉忍、朱德朝、許燕江、劉玉田。

利永文、利昆文、凌秀乾、彭應時、陸壽春、易廷章、吳桂占、李子貞、鄭煒光、鄭守仁、鄭潤芳、吳顯基、何寬、劉濟恒、歐陽汝遲、李柏滔、黃太昌、譚連娣、黃應鋬、李可亨、李會程、蕭蝦、梁紹集、梁紹鏵、李家詠、吳三九、張汝南、林炯銓、梁俸珍、李德仁、李德義、李德禮、李金枝、梁啟銓、梁啟棠、李焯南、唐為宣、顏英揚、楊齡光、陸永梅、盧厚銘、陳相安。

孔廣樞、范永全、許恒輝、陳浩堯、李光平、李淇瑩、陳春安、黃啟元、黃啟詠、張啟錫、馬瑞中、李業全、黃鎮榮、周錦源、黃永容、謝炳新、黃桐、盧錦贊、譚樹滿、何鴻娣、朱日初、何盤章、謝熙禮、游富禮、霍勝義、陳宗有、李星鱗、李爵高、謝顯修、李炳、唐九、馬和、連瓊好、蘇璧玲、何師暢、謝熾禮、黃允顯、謝日潛、謝日海、吳仕洪、黃興富、謝英仁。

謝廷均、鄒殷棠、鄒兆南、盧顯榮、黃火連、鄒權勳、蘇廷炬、蘇壽彭、戚炳森、戚炳新、麥錄全、郭　榮、龍鐸新、丁五女、無名氏、龍應松、梁任先、謝鑑明、周可才、周汝才、黃述樞、張保泰、韋元勳、蘇　桐、蘇秀林、彭端明、彭懷道、謝滔理、鄧順勝、戚玉成、馮兆明、李士熠、何麟書、黃其袞、陳敬善、譚富庭、陳應祥、陳其開、蘇廷威、李碩垣、陳仁初、盧成柏。

鄧耀材、蘇泉、胡進祿、鄧蘭芳、鄒德輝、江宜保、周俊榮、陳權燦、陳牛蘇、陳炳南、李寵輝、李務亨、李務挺、譚水河、沈耀霖、顏冬宣、簡孔珠、陳治升、陳治灼、黃華成、陳潤隆、何永寶、張錦元、謝荷珠、鄧炳敦、鄧榮光、蔡炳牲、廖月容、李旺、馮維鑣、伍銓學、鄭榮居、李方、梁華慶、陳源亮、陳嘉惠、唐北養、湯連□、關汝坤、關汝芬、梁貞、陳添貴。

梁癸、簡妙汪、楊成記、黃永宣、黃永定、崔兆桃、李鎮垣、陳權燦、陳覲輝、陳廉輝、陳尚暖、陳尚涵、陳尚接、黃友生、黃友寬、黃殿潘、張家翕、王福訓、嚴心田、陳寶箴、陳寶珪、張紹材、沈容勳、盧瑞南、林福潮、周家甫、鄧萼良、符玉華、彭熾宏、彭晏宏、彭曉宏、彭裕碧、黎松海、黎松恂、鄒宜敏、鄒宜鐸、許佩綸、周潤祥、黃永壯、葉開、招接馨、招悅愛。

招賽金、招秀環、招順環、招玉葵、招鳳駕、招鳳婢、招招鳳美、陳楓輝、招月愛、招蘇氏、招錢氏、招羅氏、招鄭氏、招張氏、招陳氏、招杜氏、招黎氏、招葉氏、招黃氏、招彭氏、招李氏、招關氏、招李氏、招盧氏、招董氏、招蔡氏、李招氏、陳招氏、戚何氏、陳龔氏、李陳氏、廖姚氏、鄭李氏、黃羅氏、李林氏、盧潘氏、梁陳氏、馬黃氏、譚馬氏、何關氏、杜蘇氏、歐招氏。

黎梁氏、李黃氏、陳蔡氏、凌何氏、鄺關氏、蔡李氏、何江氏、招鳳蘇、黃李氏、韋彭氏、畢彭氏、陳黃氏、彭鄒氏、彭林氏、彭鄒氏、戚李氏、歐戴氏、周蘇氏、周陳氏、葉劉氏、張郭氏、鄭氏、李鄭氏、歐李氏、馬播氏、陳許氏、歐劉氏、侯彭氏、杜陳氏、謝氏、梁氏、蔡許氏、陳□女、張□氏、馮□氏、馮林氏、孔李氏、何馮氏、孔麥氏、葉招氏、馬李氏、鄒李氏。

陳招氏、何陳氏、何吳氏、鄭麥氏、張黎氏、李陳氏、鄧梁氏、韋花女、鄧梁氏、馮徐氏、唐陳氏、陳李氏、李陳氏、李鄺氏、譚孔氏、譚李氏、蕭梁氏、盧黃氏、梁盧氏、梁鍾氏、黃張氏、楊梁氏、陳楊氏、周黃氏、周張氏、何□氏、駱鍾氏、周沈氏、周楊氏、謝梁氏、謝麥氏、黃湯氏、湯陳氏、謝黃氏、蔡唐氏、唐張氏、李張氏、劉樊氏、余周氏、何羅氏、鄭孔氏、李梁氏。

李楊氏、利鄧氏、黎陳氏、□□□、□□□、戚□氏、黃梁氏、呂馮氏、蘇麥□、梁高氏、林曾氏、陳□女、黎花女、梁孔氏、黃張氏、陳□女、張陳氏、鄭胡氏、郭王氏、郭氏五女、陳何氏、李氏、譚周氏、李江氏、天寶店鄧氏、劉靜女、林女、林蘇氏、陳□氏、李陳氏、馮梁氏、黃盧氏、黃葉氏、謝唐氏、謝朱氏、李葉氏、陳李氏、陳黃氏、江張氏、梁黎氏、鄭李氏、葉黃氏。

謝□□、□□□、□□□、□□□、□□□、□□□、□□□、黃楊氏、□□□、□□□、□□□、□□□、□□□、□□□、□□□、□□□、□□□、□□□、□□□、□□□、□□□、□□□、□□□、□□□、招□□、□□□、□□□、招□源、□□□、□□□、□□□、□□□、□□□、□□□、□□□、□□□、□□□、□□□、□□□、□□□。

茲將喜認敬送各物芳名列：

呂帝殿銅香爐、銅燭臺全副，招廣名男德培、學培，孫蘭樸、蘭莊、蘭本、蘭坡敬送。

呂帝殿前柱長聯一對，招澤培、招宗耀、招達和、招學培、招寶田、招寶型、招德培、招譽麒全敬送。

呂帝行宮龍椅一張，招蘭莊敬送。

孚佑帝君、財帛星君神龕貳座，招保和、招毓式、招耀垣、招致和、招達泉、招惠安、招惠仁、招達和、陳德孚、招宗耀、招伯樑、招譽麒全敬送。

呂帝殿長枱貳張，招廣蔭男禮和、玉和、達和，孫蘭芳、蘭生、蘭藻、蘭暢、蘭珍、蘭滔、蘭暉敬送。

財神殿銅香爐、燭臺全副，招廣蔭男禮和、玉和、達和、孫蘭芳、蘭生、蘭藻、蘭暢、蘭珍、蘭滔、蘭暉敬送。

呂帝殿、財神殿錫香案貳副，寓上海漢口同人敬送。

呂帝殿前聚寶龍亭壹座，招勉琛敬送。

呂帝殿前放爆竹鐵線塔一座，招達和敬送。

呂帝殿正脊長聯一對，省城惠行善院同人敬送。

呂帝正殿龍椅一張，招蘭蓀敬送。

財神殿長枱二張，招世昭、招壽南、招德孚、招顯□、招嘉寶、招燿賓、招詔初、招哲初、招灼初、招達和、招學培、招守□、招玉和、招寶田、招禮和、招蘭莊、招蘭生、招蘭芳、招蘭春、招蘭蕙、招蘭閏、招起枝、招蘭瑞、陳作幹、招樹恩、招心磐、招嘉樂、招守祜、招嘉壽、招嘉秩、陳肇春、陳肇鏗、陳肇堅、招燕廷、陳肇祥、陳肇根、陳嘉猷、招東幹、招榮裔仝敬送。

光緒三十年歲次甲辰仲冬吉旦泐石。

下碑

【碑刻信息】

存址：今廣州市白雲區石井鎮橫沙村呂帝廟內。

碑額：倡建橫沙呂帝廟碑記。楷書。

碑題：無。

碑文來源：原碑抄錄。

【碑文】

光緒辛丑歲倡建呂純陽仙師祠，重建財帛星君廟，置材料支數臚列於左：

支連記石店：□□口凭甲字扁方線軒級舖地白石，共長叁百九拾丈，揀角大字枕柱墊井欄金錢白石，共貳拾四件，來新地牛石，□□五拾件，安地牛石，共壹仟八百六拾六件。共神福工價銀壹仟壹佰貳拾四兩九□□五分正。

　　支隆記石店：……銀壹仟七佰九拾七兩六錢九分正。

　　支香港來：大座行宮香身叁百貳拾貳斤，銀貳拾兩零九錢正。

　　支源盛祥：雕塑呂純陽祖師真像，工銀五拾兩零壹錢七分八厘。

　　支宏記：辛丑駐蹕，壬寅奠土搭棚，共銀六拾六兩八錢七分貳厘。

　　支萬合：搭建造棚，神福工銀叁百五拾兩零四錢正。

　　支南雅印：喜助收條八百石紙，工銀六兩零八分正。

　　支尚合泥水：神福工價銀四百壹拾七兩貳錢三分三厘。

　　支黃槐記：造木神福工價銀壹百五拾九兩叁錢五分六厘。

　　支合和堂：舊双古地牛石，七千壹百八拾七件，共銀捌百六拾八兩貳錢六分正。

　　支順隆昌：一丈二椿杉九百貳拾条，又門枋杉料，共銀叁百九拾四兩九錢四分正。

　　支廣昌：四尺椿杉叁百条又木料，共銀壹拾六兩六錢正。

　　支有合：一丈一椿杉四百七拾貳条，共銀壹百叁拾壹兩七錢七分正。

　　支誠昌：一丈二椿杉四百条，共銀壹百壹拾九兩四錢正。

　　支德源：一丈三椿杉叁百条，又客堂杉料共銀叁百貳拾兩正。

　　支福來：代買二丈板桷八尺枋，共銀四拾六正零七分叁厘八。

　　支大利：杉料，共銀四拾七兩五錢九分正。

　　支宏昌：坤甸桁桷大字柱柚木花板，共工料銀六百七拾叁兩貳錢七分正。

　　支怡盛福：坤甸桁桷柚枋樟板，共銀壹百五拾五兩正。

　　支正和：大小窗門八拾四只，橫眉壹条，共銀壹百壹拾五兩正。

　　支恒吉利：扁聯十五付，共油工銀四拾九兩八錢四分正。

　　支瑞英造：木工料，銀貳拾兩零八錢六分六厘。

支翼化堂：刊呂純陽祖師靈簽，男婦幻□外科財神靈簽，共板銀壹拾八兩七錢一分正。

支同順：□腳紅磚六萬貳千九百个，共銀叁百八拾兩零五錢四分五厘。

支悅來：大青磚六萬個，共銀叁百零壹兩四錢四分正。

支巨源隆：大青磚八萬零七百個，共銀叁百五拾貳兩六錢八分正。

支生利：大青磚七千八百個，又花頭垌瓦方磚，共銀四拾叁兩四錢四分正。

支洪永玉：汞花瓦垌窓欄干，共銀叁拾壹兩貳錢五分七厘。

支人和：白坭□瓦□堦磚，共銀壹百七拾四兩四錢正。

支同和：白坭二尺堦磚叁百個，共銀貳拾九兩四錢正。

支陶豐：堦磚共銀貳拾叁兩貳錢正。

支陶豐：□階磚柴銀貳□叁分正。

支大昌：蠔灰九萬二千五百斤、蜆灰九百五十斤，灰頭共銀貳百六拾壹兩叁錢四分正。

支生益：桐油椿灰，用銀貳拾五兩貳錢正。

支同德：紅毛坭矾石烏煙，共銀貳拾五兩六錢六分叁厘。

支源和：鐵釘鐵枝銀線，共銀叁拾叁兩五錢五分五厘。

支有興隆交宏利：銅鉄器，共銀壹百貳拾貳兩貳錢六分正。

支呂帝印：錫盒香爐燭柸，共銀叁兩九錢壹分八厘。

支南昌隆：坤甸柸椅，共四拾九兩六錢零八分正。

支招興槐：代買連州碑石五塊工價船艇腳共銀壹拾六兩八錢八分。

支洪昌油：呂帝正殿工料共銀叁拾兩零六錢正。

支榮吉油：財廟客堂金漆，共銀六拾八兩零四分。

支鄧滿來□□石壹拾五□□共價銀六拾□兩正。

支壽記：砌勘共銀貳拾五兩□□□分正。

支周合：打椿一千四百一十三條，共工銀五□□□貳錢叁分正。

支合記：打椿一千一百三十條，共工銀四拾五兩七錢壹分□□。

支合利：打椿一千三百九十三條，共工銀六拾兩零七錢八分□□。

支合利：來沙一百八十七井，共工銀壹百九拾兩零四錢六分七厘。

支合利：挑泥三百零二井，共工銀叁百四拾兩零叁分叁厘。

支散工：□地挑泥，共工銀叁百貳拾八兩五錢五分壹厘。

支仁隆祥：代自卒年十二月，揭□銀叁□□□兩，由癸□年四月起陸續交還，至甲辰十月清還。共納息銀六百八拾六□□□。

支連記：碑甲石連刻字，共五□□五拾兩零五錢九分五厘。

以上支數撮總臚列碑記。

所有各號續日來貸價項，依次第列明部內，存仙祠。

光緒三十年歲次甲辰仲冬吉旦。

謹將修仙殿月臺捐助工金芳名列左：

朱式如：三十元。

梁瀛如：十五元。

馮雨南、林雲波、陳愛亭、招少眉、招敬仁、招尊一、招愛珊、梁初黎、永祥号：以上十元。

韋譜□：八元。

黃進泉、黃佑□、馮嶺梅、梁瑞光、黃渭泉、怡泰号、廖濟川、胡□乾、南□号、招廣蔭、招佐臣、黎吉堂、黎□文、黎伯堂、黎頌賢、黎艾民、陳敬堂、陳濟□、朱卓騫、郭大川、招安甫、招心熙：以上五元。

梁仲廉：四元。

梁戚氏：四元。

羅宝朝、李弼廷、張煥堂、招蘭蓀、招蘭莊、簡菊朋、朱錦裳、華安店、何浩潮、馮嗣伯、永安號、陸礼垣、招學培、招達和、招宗耀、招保和：以上三元。

李秀初、周植卿、□華生、□□□、劉澤鴻、招冕峯、茹陽生、麥澤坡、鄭芷堂、招嘉哲、招鍾生、招□年、招繼源、吳玉衡、李煥堂、馮序南、仁和号、時和嘉、關澄雲、黎鏡波、湯瑞洲、湖南李良臣、湖南彭少華、歐陽伯濤、蔡寿朋、湖南羅友貴、招嘉寿、招光撰、招槐軒、招蘭瑞、招蘭春、簡鎔金、謝瑞鴻、湖南郭家棟、招光弼、何義芳、梁慶章、梁慶琛、梁笑紅：以上貳元。

廣西黃玉華、謝章甫、黎汝賢、黎象賢、黃坤賢、黃業生、馮康煦、馮康琪、吳廣揚、蕭石泉、黃熾南、梁濟舟、周梓泉、馮顯臣、葉卓英、黃瑞臣、伍叔冕、朱植南、梁滿建、招濟川、招燿材、黎清堯、招賛樞、招彝明、招嘉愷、招廷棟、朱曉初、茹樂平、馮英健、馮英剛、招會仁、唐鏡朝、沈宗楷、李輝庭、陸國華、招礼和、招蘭光、招子聲、招宝璋祖、招宝田、招宝型、伍賷予、葉礼堂、招巧華：以上壹元。

陸樂誠、李卓生、李作功、招樂民、招顯時、招壁東、蕭德同、劉浩文、黃□志、梁貴昌。

招蘭瑞春送呂帝殿銅沙斗一對。
茹大川、梁瀛□、韋譜□同送呂帝殿雲石沙斗一對連架。
簡怡和堂送戈澤片三十二斤。
光緒三十二年歲次丙午季冬吉旦初。

【碑文考釋】
　　這篇碑文比較特別，實際上是橫沙鄉呂帝廟的落成記，但是以"純陽子乩序"的面目出現的。此碑語言文字比較簡樸，記述了呂帝廟之修建的前因後果。此碑記載了光緒二十七年（1901）初廣州鄉落爆發一場鼠疫，蔓延廣速。宣統《番禺縣續志‧餘事志》："光緒甲午春,余重至廣州,適時疫盛行,數月不已,亡者約以萬計。疫作之前,各戶見鼠多死。人每觸氣而病,土人謂'鼠疫'。蓋鼠穴土中,得地氣獨早,今疫由地氣而發,故鼠先受之。"①

　　碑文提及信奉呂純陽祖師的招氏三子,得到純陽子一張乩方,而能救活患者數百人。根據何啟忠撰《寶松抱鶴記》(1962),招氏三子之一是招尊四先生(1866—1930)。招先生諱嘉哲(見碑文倡建信紳名字),為清光緒甲午科八十九名舉人,道號沛甘,信奉呂祖師尤篤,於廣州城設惠行善院,濟世利物,慕道者眾。由於光緒二十七年純陽子的乩方應驗,患者藥三服而核消,於是敬信呂純陽祖師者,與日俱增。招尊四於是偕橫沙鄉信眾,集資興建呂帝廟於橫沙鄉,供奉呂純陽祖師於此。光緒二十九年,招尊四先生復建與善堂於亦鶴樓之北,供奉漢鍾離祖師,施藥濟貧,種豆保赤。後繼於南海、番禺、清遠、花縣、鶴山、新會六邑,設分局二十四所,孩童之得免天花逾萬人,貧病之受惠者無數。至1921年,招尊四弟子招奮良和陳精述兩位道長,創壇於香港上環大馬路四樓,壇曰"抱道堂",為香港最早創立的呂祖道壇②。

附　錄

清·招光弼:廣州城西橫沙鄉與善堂碑記

清光緒三十三年(1907)

【碑文】

　　夫詩歌宵雅,已流惸獨之哀;職奉鄉師,亦有囏阨之賑。先王存不忍人之心,吾黨推汎愛眾之道,是以慈善之域,堂院如林。然而增廣廈於通都,託庇者儘多餘地;立孤亭於僻壤,休息者即號仙鄉。鮒遭涸困,難待西江;鴻久

---

　　① 清·梁鼎芬修,丁仁長、吳道鎔等纂:宣統《番禺縣續志》卷四四,《中國地方志集成·廣東府縣志輯》第30卷,頁609上。

　　② 何啟忠:《寶松抱鶴記》,香港:雲鶴山房,1962,頁385-386。另參 Batholomew Tsui, *Taoist Tradition and Change: The Story of the Complete Perfection Sect in Hong Kong* (Hong Kong: Christian Study Center on Chinese Religion and Culture, 1991), 80-81。

哀嗷，遂流中澤。月無私照，而近水之得為先；律可回陽，惟寒谷之區斯奏。橫沙據城西之上流，承陬口之孔道，清花所由出入，省佛尚隔迢遙。有時疲癃之逢，返魂丹缺；凡民死喪之戚，掩骼棺虛。呼吸片時，顛連萬狀，望仙城其未到，託仁宇以何從。好善君子，惻然憫之。遂乃登高大呼，四壁皆應；彈指而現，須彌立成。甲辰歲，倡建與善堂於是鄉，此物此志也。獨是七層之塔，非一日能合其尖也；眾飲之泉，非一勺能裕其源也。當其椽桷鳩材，役徒麕集，以行築者，經始營之。載罹寒暑，盡家食以從公；約按星期，半城居而赴值。而且首為倡發，濡大椽毫；舌運廣長，說諸檀越。集月會以蟠根柢，効果容俟徐收；開年捐以接源流，發棠不嫌復請。諸君子之願宏矣，諸君子之心苦矣。尤可敬者，復有航洋涉險，乘宗愨之長風；輸埠化緣，周柔佛之舊島。為眾生而請命，儼同菩薩捨身；浮一葦以渡江，誰與達摩攜手。迴翔旅邸，培鞏堂基，力任其艱，功真不朽。今者熙熙而上春臺，渠渠而遊夏屋。置范文正之義田，單寒待燠；贈費長房之壺藥，羸瘠生春。視孺子以同胞，為溺人而援手，腸九回於勞晝，心一點其務償。所冀草創一日，緜歷千秋。已作其始成終，佩景略之箴；最樂於為好善，盡東平之侶。年教遞轉，物換星移；日益擴充，火然泉達。載賡棠舍，猶見愛於風人；留得樾林，永分陰於暍者。此肇基也，有厚望焉。既述所由，因歌其事，以為頌禱曰：

而鬱流兮背潯陽，上傑閣兮下華堂，功德之林兮，布施之場。惠困窮兮恤痍瘡，仁為粟兮義為漿，願老與幼兮，俾壽而康。和氣流兮祥風翔，人心厚兮世道昌，祝斯堂有基勿壞兮，與山高而水長。

光緒三十三年歲次丙午季冬穀旦南海招光弼謹記。

【編者按】

此碑錄自何啟忠：《寶松抱鶴記》①。

---

① 何啟忠：《寶松抱鶴記》，頁408–409。

40　武帝古廟（沙灣）

【廟宇簡介】

　　據 2011 年實地考察，廟位於今廣州市番禺區沙灣鎮安寧東街。番禺沙灣鎮，是珠江三角洲區一個著名的鄉鎮。沙灣鎮的鄉民，主要分屬何、王、李、黎、趙五大姓，這五大姓組成五支宗族。據說，這五大姓的祖先是在南宋末年至元明之際來到沙灣定居①。

　　現存的武帝古廟分為三進，保存狀況良好。廟門上有清光緒年間鄉進士何文涵所題"武帝古廟"四字。廟內主殿祀主神武帝，後殿配祀魁星和文昌帝君②。

　　該廟始建於明末，於清乾隆四十七年（1782）、清光緒五年（1879）經歷重修。2001 年復重修。廟內存有十一通碑刻，記錄了古廟和沙灣鄉的有關歷史。

40-1　清・何遠：武帝金像碑記

清雍正十二年（1734）

【碑刻信息】

　　存址：今廣州市番禺區沙灣武帝古廟內。

　　碑額：武帝金像碑記。楷書。

　　碑題：無。

　　尺寸：碑高 143 厘米，寬 75.5 厘米。

　　碑文來源：原碑抄錄。

【碑文】

　　嘗考宗廟祀典，祭必有尸，尸所以象神也。若帝王將相其有功德於民者，

---

　　①　見劉志偉：〈大族陰影下的民間神祭祀：沙灣的北帝崇拜〉，收入漢學研究中心編：《寺廟與民間文化研討會論文集》，臺南：行政院文化建設委員會，1995，頁 707–721。

　　②　有關廟宇的資料，可參考陳建華主編：《廣州市文物普查彙編・番禺區卷》，頁 394。

無可舉似則當鑄金象之。吾鄉青蘿市肆之中，有關聖帝君廟焉，其寶相莊嚴，宛若荊州風度。父老傳聞，咸謂帝君曾以綠袍金甲顯聖於斯，在昔除逆蕩寇，青蘿五姓實荷帡幪云。至今都人士女往往能道其赫濯者。是宜鑄金昭事者也。特以工力浩繁，向者有志未逮，故以名香代。洎乎甲寅之歲，首事愷等鼎力行之，而一時之縉紳士庶莫不捐金樂助，則以帝君後文宣而聖，先武穆而王，其精忠正氣，自有浹人癏寐者，況我青蘿食德謌功，匪伊朝夕哉。未幾，告厥成功。鳳目美髯，忽現金身丈六；遠鐸廉州，未獲贊襄鉅典。聞知勒石紀績，吾亦郵寄數言，并書樂助芳名，以與聖像共垂不朽，而福澤之壽世亦且與天地同貞矣。

何氏留耕堂助金伍兩。

李氏久遠堂助金壹兩。

黎氏永錫堂助金壹兩。

趙氏垂裕堂助金壹兩。

何衡石助金拾兩。

何邦甫助金叄兩。

何闔□助金叄兩。

何宏參助金叄兩。

何景儻助金貳兩伍錢。

李喬長助金貳兩。

李喬芳助金貳兩。

李惠長助金貳兩。

黎遠和助金貳兩。

李際隆助金貳兩。

何叔瓚助金壹兩。

黎敷卿助金壹兩。

何宏武助金壹兩。

黎遠聰助金壹兩。

李允中助金壹兩。

何□技助金壹兩。

何公王助金壹兩。

王廣傳助金壹兩。

何真聰助金捌錢。

何宏澤助金柒錢。

何公堂助金柒錢。

黎遠文助金伍錢。

何宏造助金伍錢。

何宏挺助金伍錢。

何宏獻助金伍錢。

何宏慰助金伍錢。

何公理助金伍錢。

何宏愷助金伍錢。

何道彰助金伍錢。

何文潛助金伍錢。

黎槐卿助金肆錢。

何宏喜助金肆錢。

何宏郡助金肆錢。

何公□、叟助金肆錢。

何公寬助金肆錢。

何公鼂助金肆錢。

何叔璵助金叁錢伍分。

何景經助金叁錢貳分。

李崇俊助金叁錢。

何叔重助金叁錢。

李崇奇助金叁錢。

何叔璪助金叁錢。

何宏修助金叁錢。

何公讓助金叁錢。

何公耀助金叁錢。

何宏衡助金叁錢。

何公載助金叁錢。

何公簡助金叁錢。

何公合助金叁錢。

黎衍溥助金叁錢。

何宏愰助金叁錢。

何公知助金叁錢。

王達伍助金叁錢。

何士乾助金叁錢。

何叔惠助金叁錢。

何令望助金叁錢。

黎遠成助金叁錢。

何廷瀋助金叁錢。

何宏曉助金叁錢。

何宏統助金叁錢。

李興高助金叁錢。

何宏在助金叁錢。

何叔縱助金□錢。

何宏鄭助金貳錢伍分。

何叔衢助□□錢伍分。

何公□助金貳錢伍分。

黎昭□助金貳錢壹分。

何景休助金貳錢。

黎遠昇助金貳錢。

黎遠峰助金貳錢。

何宏介助金□□。

黎上池助金□□。

何宏論□□□□。

何叔□□□貳□。

何宏瓛、何道光、何公達、黎威若、何公顯、何宏時、何宏喈、何宏□、何公恩、何觀敞、何宏顏、黎献千、何公介、何公暹、何公純、何公晨、何宏象、何叔敞、何宏瑊、何公結、何公修、何公綿、何宏願、何應蓮、何宏乾、何宏禹、何公士、何宏甲、□□□、何□□、李崇□、何公□、黎利□、黎鳳喈、黎原侯、黎登庸、王洪進、□宏□、何宏伏、何宏憫、何公雄、李祖澤、黎遠高、何公侃、黎遠期、何宏澁、何叔璧、何宏齊、何道芳、何公体、何道康、何公相、何公文、何公豐、何宏□、何公端、何公著、何公省、何文遜、何宏皜、王積餘、何宏□、何公涵、□□□、□□□、□□□、□□□、何宏湛、何宏□：俱□□□□。

王□□、李崇維、何叔參、□叔尊、□□舜、□□泮、黎廣殿、何公忠、李祖嵩、何公恬、何宏載、何宏參、何宏拱、何宏梧、何宏持、何叔恬、何公旺、王壯然、黎遠光、何公漢、何公聯、何公甲、何公洽、何士貴、何公淑、何公察、何文勝、何公偶、何宏夏、何公庭、何叔通、何宏邦、李荣錫□□□、□□□：□壹錢仟分。

□經士、□□□、□祖□：俱壹錢叁分。

□□□、□公□、□公香：俱壹錢貳分（下洳）。

何宏袍、何宏勘、王士灼、王士熾、何叔命、何叔強：俱壹錢一分。

何公貫、何公□、何宏□、何宏瞻、何宏蕪、何宏驥、何兆□、何公開、何宏翱、黎□華、黎林卿、□宏串、何宏笏、何辛金、何宏我、何宏以、何宏峩、□□

添、□□□、□□□、□□□、何公璨、□□□、□□□、□□□、李文先、何宏□、趙存卿、何叔□、何公□、何□□、□兆禎。

何公絢、何宏恭、何宏表、趙源聚、何叔嘏、何道業、何叔議、何宏喬、何宏簪、何士昌、何文高、何公力、何公琰、何叔灣、何叔疇、何公俸、何公愷、何公杭、何公□、何士□、何宏聰、何公允、何宏□、何宏初、何宏計、何公企、何叔□、何□□、何□□、何□□、何□□(下渤)、何公彙、何宏令、何阿俊、何宏及、何宏強、何叔徐、何宏賡、何宏虞、何宏關、何公翠、何宏暹、何宏悌、何公聚、何觀瑞、何叔無、何叔能、何宏極、何公浩、何宏耦、何宏環、何宏曠、何宏校、何叔泰、何宏傳、何道盛、何公武、□照宗、□□宏、□□安、□□□、□□□、□□□、黎祖法、何宏進、何宏旭、何宏洽、何公祥、何叔射、何叔悅、何宏豪、何宏樂、何叔述、何宏穀、何公養、何公將、何宏引、何公榮、何宏豐、何叔朝、何作海、李翹森、李崇遠、李崇聞、李作霖、李燦□、李崇任、李興士、李崇岡、李祖林、李懷君、李清長、李崇林、李河長、李□寧、李崇彩、李祖□、李之顯、李家璉、何宏□、何公旭、何公喜、何公大、何公琞、何公□、何公爰、何公寶、何公盛、何道峻、何宏鳥、何宏培、何宏□、何公貴、何公惠、黎□□、黎□嗣、黎□卿、黎□卿、黎潔卿、黎敬庸、黎度文、黎敬廣、若佳士、黎臣廣、黎廣生、黎聘三、黎和萬、黎昌廣、王熙孟、王士魁、王德鳳、王德容、王悅易、王介貽、王梅卜、王厥昌、王陽雲、王作周、王德賜、王世卓、王星漢、□粹可、黎作榮、何宏敞、何廷桂、何宏□、何道□、鄧恒貴、何公昇、謝建忠、何公鑽、黎遠御、黎遠爵、梁世貫、何文逢、何高連、吳富先、黎羗士、謝文信、何阿渾、衛阿卓、何宏珠、何宏恕、何公德、何道新、黎遠昌、黎文因、何道敬、何公維、□漸明、何宏孟、何宏蔭、何宏忠、何宏趲、何道倫、何公光、何公已、何道恒、何宏嘉、何宏□、何□見、何宏救、潘孫繼、梁宏泮、鄭維眷、李崇奏、梁紹楊、何宏牙、何宏巢、何觀齊、何張程、何接壽、何观國、何世平：已上俱一錢。

何叔娟：捌分。

何宏雍、何宏杯、何宏拯、何士松、何叔產、何公普、何祖德：已上俱六分。

何叔蠲、黎成萬、何宏賢、李崇燕、何叔邦、何宏存、何宏□、何公□、蘇□祖、何嘉祥、□遂歡、何□□、何宏會、趙聖攻：壹錢。

何宏臻、趙聖克、張凌漢、何宏恬、陳達芝、何宏□、何宏□、黎昆尚、何□誥、何公關、何公坤、何公□、何阿□、何□□、何□字、何叔水、何公嚴、何公法、何□綿、何公柳、何□□、羅□□、何公占、何□□、陳□□、羅□□、何□如、□阿忠、何□□、何□□、何□□、黎□□、□□□、黎□□、何□念：俱四分。

何公□、黎□壽、何觀橡、何阿應、何祖念、何三奴、何观□、趙阿□、何觀□、李□□：俱叁分。

何觀□、何觀□、黎觀□、方阿全、何□□、何□□（下泐）。

廉州府儒學□導□□□□堂教□□□沐恩（下泐）子何遠百拜敬撰。

雍正十二年季冬吉旦虔鑄□像。

首事：何□□、何宏□、□□□（下泐）、何□鑑、何叔能、李翹森、何宏樂、何宏邦、黎原□、王介貽、何宏初、何公□、璘、何公祥、何公□、何公簡。

【碑文考釋】

撰碑者何遠，邑人，生平不詳。

本碑爲紀念雍正十二年（1734）塑武帝像而作。碑文先敘塑像之緣由，"祭必有尸，尸所以象神"，繼敘武帝曾顯聖於此，除逆蕩寇，所以應當鑄金塑像。

而談到這次捐金塑像，作者針對"一時之縉紳士庶莫不捐金樂助"這一現象發表議論，他認爲武帝之"精忠正氣"影響深遠，所以大家才會踴躍捐金，又何況本鄉蒙受了關帝的恩德。

40-2 清·何學青：武帝廟重修碑記

清乾隆四十七年（1782）

【碑刻信息】

存址：今廣州市番禺區沙灣武帝古廟內。

碑額：武帝廟重修碑記。楷書。

碑題：武帝古廟重修碑記。楷書。

尺寸：上碑高 164.5 厘米，寬 77 厘米。

碑文來源：原碑抄錄。

【碑文】

　　伏魔武帝與梓潼文帝，固並重人間而廟食不朽者也。然文帝教人者也，教人者師言而道尊，故惟學宮黨塾厥祀弗衰。武帝安人者也，安人者威揚而恩普，自都會城市以及田夫村嫗皆繪像尸祝。大抵其忠足以感豪傑，其勇足以折悍夫，其仁足以撫士女，是以薄海內外莫不尊親，自漢以來千五百餘年於茲矣。

　　吾鄉武帝廟，舊碑所載甚詳，謂當逆奴反主，五族遭殃，鄉人扶乩得一"關"字，屢卜俱無異詞。有識者知帝默爲護助，爰羅拜禱求，夢帝諭以詣憲乞師。憲可其請。當官軍到日，五鼓之初，鄉人仰首空中，見帝所乘赤兔襄首嘶蕭，又聞金甲之聲。已而不旬日而？賊剿滅。鄉之人咸謂武帝實生我，因立廟以報德。越五十餘年，康熙己亥夏？，風雷夜作，迅烈非常。黎明，見村之南山有文武二帝金身自異地飛來者，眾咸喜，肅衣冠迎歸，即於後樓供奉。凡香煙祀事，內外兩宮，如同一體。嗣是民康物阜，戶誦家絃，富庶甲於他鄉，文武高魁不絕，其所以荷神庥者豈淺鮮矣。

　　自展界迄今，百有餘歲矣，牆基梁棟，將近傾頹。余於庚寅歲首與諸同志進香謁帝，議於前殿廓而大之，以肅正氣，更於後樓新而高之，以啓文明。已而是秋倖售公車北上，不果。自後春闈屢試，多在京都。辛丑榜發，後蒙聖恩，挑選分發各省試用知縣。余奉命直抵湖北。未及鄉旋，而鄉中人適有以重修廟事備書郵寄於余，且屬余爲記。始知家鄉古廟新見重光，其佈置規模，一一皆如我生平所願，今而後喜可知也。謹按舊碑所記，敍二帝之功德，詳創建之始終，以存古蹟。且據今日所成，錄值事之賢勞，列捐資之名姓，以誌新功。因思二帝文中有武，武中有文，一而二，二而一，以故教人者無不周,安人者無不遍,則今之帝居閎壯,謂之爲文武二帝廟可也,即獨謂之武帝廟亦無不可。凡我父老子弟受帝之恩,當遵帝之訓,興仁講讓,說禮教禮,庶不負昔年顯聖初心,飛來至意,自當膺受多福。不然強梁凶惡,貽害鄉鄰,定同？賊誅夷,可不懼哉,可不勉哉？是為記。

何氏留耕堂助金捌拾兩。

王氏繹思堂助金拾伍兩。

黎氏永錫堂助金壹拾兩。

李氏久遠堂助金伍兩正。

趙氏垂裕堂助金壹兩正。

王氏顯承堂助金叄兩正。

何氏肯構堂助金肆大員。

何氏孔安堂助金肆大員。

何氏衍慶堂助金肆大員。

何氏光裕堂助金叄大員。

何氏永思堂助金叄大員。

何氏流芳堂助金叄大員。

何氏存著堂助金叄大員。

何氏崇敬堂助金貳大員。

黎氏肯仁祖助金壹兩正。

黎氏印川祖助金壹兩正。

黎氏天海祖助金壹兩正。

王氏怡慶堂助金壹兩正。

王氏光裕堂助金壹兩正。

李氏詒穀堂助金壹大員。

何氏申錫堂助金壹大員。

何氏時思堂助金壹大員。

何氏孝思堂助金壹大員。

李氏紹遠堂助金壹中員。

何氏敦厚堂助金壹中員。

何緬公助金花錢拾貳員。

何繪公助金花錢拾貳員。

何海觀：拾大員。

何公幹：肆兩貳錢貳分。

德興當：伍員半。

義豐當：伍員半。

何愷道：伍大員。

何官祥：伍大員。

黎霖士：伍大員。

何煥公：肆大員。

黎彩士：肆大員。

黎舒士：肆大員。

何念公：叁大員。

何道壇：叁大員。

何宗道：叁大員。

何道食：叁大員。

何高上：叁大員。

何高業：叁大員。

何道隨：銀貳兩。

何道盎：銀貳兩。

何士胡：銀貳兩。

何尚桓：銀貳兩。

何道循：銀貳兩。

何公奏：銀貳兩。

何道沛：銀貳兩。

何占雄兄弟：貳員半。

五和押：貳員半。

何道納：貳員半。

王文章：壹兩伍錢四分。

何公訓、何公策、何道煌、何道諧、何曉道、何昇道、何兆芝、何博中、何公倚、李沛雲、王服采、王式華、王以觀、大生堂、何高義、何高吟、何恩會、何道縑、何官開、何高昌、何謀道兄弟：已上花錢貳員。

何道騰：已上壹兩壹錢。

何公垂、黎端士、黎錦存、黎輝存、黎遜康、王貞石、何二盛、何博寬、何高如、何道一、何道涎、何宏壓、何道依、何道祿：已上壹員半。

王叙庸：壹兩五分。

何道潭、何道綴、何道討、何道詣、何道愷、何道茅、何道企、何道宰、何士魁、黎帶士、黎挺賢、黎曾相、（黎曾）志、王世韶、王斗回、聚豐店：已上銀壹兩正。

王允芳：柒錢五分。

王世富：柒錢三分。

何道恕、何公帶、何道述、何斌公、何道曳、何公霞、何公律、何道續、何公雍、何公勸、何道琴、何公蛟、何上達、何道亨、何道篤、何道徃、黎鵬士、黎際瀚、黎際雲、黎際翔、黎際榮、黎廣潮、黎進之、黎千士、黎堅士、黎建士、黎奠昇、黎瓊士、黎清士、本善埠、石橋鄉謝捷桓、石橋鄉李瓊珮、永盛店、順邑黃昭侶、新邑吳信利、欖山衛喬芳、南邑盧昌進、石橋吳修爵、何道克、何高軒、何道異、何道湮、何道扳、何道結、何公幸、蘇元五、何公兌何道享、何善公、何道琇、何道瑛、何宏襯、何公引、何高唐、何道同、何公柬、何宏穰、何貫公、何宏耀、何公錫、李體純、李宇堂、李博書、李達蔭、李儀中、何璞堂、何公域、李祖耀、李崇堂、李祖錫、李崇桓、何端道：已上柒錢二分。

何道振：銀六錢正。

順邑區有倩、黎煜文、何茂隆：已上銀伍錢正。

何高深：四錢叁分。

王昌禮、何道悅、何宏隨：已上銀四錢正。

王和邦：叁錢七分。

何公岩、何公俗、何道元、何高翔、何竒姑、何殿邦、何如璋、何華道、何公柄、何公浮、何公推、何宮成、何高本、何道玉何道霄、何敏道、何高章、何道裳、何大公、何公夜、何公藍、何道翩、何從正、何宏亨、何公線、何道取、何道曹、何行素、何道騧、何道鰲、黎鰲士、黎振士、黎晏士、黎黃志明、黎官爌、黎蒼廣、黎勵行、黎謙泰、黎錦元、黎瓊瑞、黎翰之、黎衝賢、黎禄賢、黎丈禮、王喬昌、王昌宏、王錦章、王惠遠、王壽朋、王藹符、王傑豪、王郁華、順邑薛德和、大埔張潮信、順邑何良澤、何照公、何友昌、廣合店、順邑袁國全、順邑何安猷、龍津葉永斯、黃華士、何梁灝、何公縑、何試軒、何爵公、何道臻何道貞、何高甲、何公檫、何道湍、何朝棟、何高羣、何公晰、何高開、何閏吉、何道費、何公報、何道誕、何道珍、何道卜、何高楠、何博恒、何道珅、何道檢、何高柄、何公克、何高莊、區廣宗、何道湛、何道襯、何道將、何道維、何道柱、何公上、何道標、何高綸、何道西、何循道、何公檢、何公媯、何公鹿、何道□、何道壁、何道範、何月公、何道稱、何公賽、何公眼、何道易、何道威、何道彌、何宏朶、何道重、欖山衛舉允、何道擔、何公推、何賜安、義榮店、趙聖蕃、何道邁、何公詣、何道教、何公玼、何公當、何道棠、何宏輝、何宏婍、何賢公、何道鐸、何道葴、何公鋃、何道萌、何道岑、何道誼、何高察、何遂良、何道碩、何公構、何公瑳、何高內、何豐盛、何道艷、李振緒、李奮修、福星堂、李祖恩、何曇泉、何公涎、何道活、何公繹、趙聖光、何道緯、何宏吉、何高炯、何貴公、李家柑、李仁蔭、李祖雲、李其龍：已上叁錢六分。

　　黃舉士、王彩明、何公想、何公長、李祖生、何宏述：已上銀叄錢正。

　　王朝章、王敬遠、王應遠、王雲普、王躋乾、何道當、何道渣、何公服、何道淑、何道修、何公彥、何高桂：已上貳錢五分。

　　黎敬之、黎仁寬、王顯榮、何道飄：已上貳錢貳分。

　　何道振、何宏担、何意公、黎太生、黎善□、王廣結、王彩行、王美莊、王朝亮、王乾寶、何官有、何道識、何道烹、何宏極：已上貳錢壹分。

　　何高顯、何高恰、何怡公、何連公、何道獎、何道添、何公棟、何公業、何公峙、何公臧、何公恁、何道□、何道命、何公筆、何連公、何道莊、黎榮邦、黎昌圻、黎伯昭、黎際流、黎際泰、黎際暉、黎際端、黎秋桓、黎秀垣、黎成萬、黎永配、黎燦時、黎允時、黎高元、黎西元、黎文經、黎秀之、黎作之、黎高林、黎會凌、黎瑚元、黎敬廣、黎達廣、黎聖芳、黎富士、黎彩時、王興遠、王世貞、王扱瑞、王燦成、王偉積、王杜德、王世均、王掄才、王掄文、王協吉、王奠華、王昌仁、王彩達、何高占、何高文、何高華、何道籤、何公綏、何道文、何公獎、何道蛟、何道俗、何啟華、何道玼、何道帶、何道壓、曾健興、何官丙、何公諍、吳顯遠、何公盞、何道篩、何高賞、何道炒、何國都、何公滔、何信道、何道銘、何公雅、何道滾、李元蔭、何道踐、蘇海伍、朱秀昌、朱秀昇、何璋道、何高枝、何道□、何道奢、區興業、蘇廣伍、蘇捷聯、朱秀清、何高瑞、何道郡、何道樂、何公躋、何道臺、何公剩、何道始、何公威、何高鵬、何道武、何道趙、何道以、何道珸。

下碑

【碑刻信息】

　　存址：今廣州市番禺區沙灣武帝古廟內。

　　碑額：武帝廟重修碑記。楷書。

　　碑題：無。

　　尺寸：下碑高 182 厘米，寬 81 厘米。

碑文來源：原碑抄錄。

【碑文】

何叔琪、何宏琳、何宏團、何宏異、何珮宏、何公部、何公牙、何公溫、何道敷、何道彭、何道倚、何道傑、何道廣、何道奮、何高飛、何博也、何懷璧、李崇滿、李祖蕃、李祖逢、李祖能、李祖維、李昌蔭、李祖南、李祖聯、長盛店：已上銀貳錢正

何道者、何公治、何公濟、何公仗、何道追、王明雲、何道則、何高亮、何道蟬、王留富、何公涓、何高力、何曉公、何道把、何道兜、何道伍、何道團、何博華：已上壹錢八分。

何道爛、何公審、何道奕：已上壹錢六分。

何道飛、何公於、何公汕、何俸道、何公蒼、何道梢、何天福、何道蠟、何公面、何公梯、黎永祥、黎景南、黎仲昇、黎多彥、王啟坤、王熾雲、王芳馨、王昌順、王顯植、何博章、何高遼、何道治、蘇捷昌、何隱道、朱秀魁、何公覽、何高景、何道拋、蘇富伍、何高修、何宏"王展"、何公閏、何公飲、何宏璧、何道樣、趙聖高、趙聖德、何享道、何道寨、蘇賓臣、何高飄、何高維、何道圖、何道改、何道垂、何公握、何道侵、何公頗、何高英、何大昌、李輝祖、何雅道、何遜宏、何宏砂、何兆元、何蘇氏：已上壹錢五分。

杜富頃、何釗、何道孔、何公悅、何南道、何公聽、何貴道、何高爵、何高窪、何博興、何高初、何道潘、何珍道、傍江鄉王日有、傍江鄉羅時邦、傍江鄉古敬昭、石碁黃翰容、何高勤、何道釧：工金叁錢。

區明業、何公比、何宏隆、何公踏、何光道、何公炔、何公布、何公熙、何公抱、何高鳳：已上壹錢二分。

何道由、何道杯、王嶺秀、王汝成、王純坤、王世玩、王燦芳、王彩成、王阿燕、王伯偉、王阿貫、王卓民、何道璨、何道瑤、何亮宏、何道昰、李祖占、何道制：已上壹錢壹分。

潮州館、順邑羅韶宇、何一亭、何高異、何道謙、何道催、何道胆、何公鵲、

何道題、何高財、何宏頗、何灼公、何公尖、何公摩、何道悟、何道丹、何高增、何道認、何道賞、何高邦、何公萌、何道却、何澤公、何道舒、何道慶：已上錢壹百文。

何道降、何道戟、潮州陳占福、何執道、何阿海、何道牙、何阿松、何阿栢、何公亢、何公驪、何阿齊、何道據、何源壽、何道過、何高冠、何道吉、何公鐃、何阿琯、何官森、何相道、何道塩、何高意、黎贊邦、黎經邦、黎象明、黎寧光、黎際聯、黎文燦、黎成芳、黎戊蘭、黎文高、黎佳元、黎節廣、黎廣康、黎昇垣、黎殼詒、黎翰南、黎尚允、黎奠福、黎富元、黎顯士、黎振邦、王宗培、王永昌、何公隨、何道浮、何道齊、何道日、何博文、何博昌、何博龍、何博雲、何高楊、何道談、何道前、香邑許官王、何道跳、何宏珮、岐山曾朝芳、蘇進伍、李祖秀、李世華、何公妹、何宏塔、何道盞、何道厚、何高奇、蘇成伍、何會道、何官宦、何公貢、何道捷、何公翱、何公岱、何道溥、何道宙、何秉公、何龍道、何道歷、何道寸、何正柳、何科公、何公乜、趙昌賢、吳爵韜、趙昌豪、何道郁、何道燕、何道萬、何道巨、鄭永富、何高朝、趙昌隆、趙昌富、趙日暉、何曾達全、鄭何果善、蘇曾敬穗、何張氏、何公董、何宏塩、何道左、何道蔭、何道影、何公舜、何公雲、何道玥、何道愛、何宏高、何公謁、黎作天、何道謳、何道論、何公撑、何公阮、何道喚、何公修、何公裊、何霆公、何道豹、何公篤、何纘公、何宏珍、何高勝、何高中、何道衢、何道挺、何道垸、何道知、何道躋、何公點、何道實、何公話、何道介、何齊道、何孟公、何公我、李庇祖、李仕祖、李文聰、李羅金、李祖章、李播祖、何公嵩、何公狀、何文載、何道統、何道炯、何道暖、何道值、何公新、李祥蔭、李多蔭、李祖佳、李崇偶、李崇吉、李見章、李爽蔭、何恢宏、何宏簽、何元道、何玡道、何宏瑾、何公滄、何聯道、何道玷、直寬雄、何公艾、何高安、何應官、何道準、何馨宏、何新道、何道暎，已上銀壹錢正

何道諍、何佑公：已上銀六分正。

謝何淖、何公昂、何道龍、何宏儉、何道小、何道肖、何公追、何賀公、何道獲、何公闔：已上銀伍分正。

何天彩、何章道、何公鋤、何公澤：已上貳分壹厘。

吳騰盛、馬尚興、郭□□、郭漢明、郭漢文：已上肆錢七分。

馮允喜、蔡成金、陳積高、吳作蕃、何廣聚、何恭章、馬尚文、郭始德、梁祚榮、梁汝高、馮恒會、馬尚全：已上叁錢六分。

羅成新、馬后□、馬達開、梁禮智、梁朝富、梁朝貴、何明富、朱聚隆、已上銀叁錢正。

馮允滔、馮允昌、吳達聯、盧有良、劉貴高、馮清曉、梁世昌、梁世享、梁朝盛、何國勝、馬后財：已上銀貳錢正。

馮阿官、李祖茂：已上壹錢八分。

蔡賢廣：壹錢八分。

吳勝高、韓羌氏：已上壹錢貳分。

馬居有、郭德明、黎就均、黎贊均、黎奏均、鄭成長、陳志凌：已上銀壹錢正。

文武帝金身四尊，弟子何道循偕男士垣敬裝。

何道現：工金叁錢。

乾隆庚寅弟子後學何博也薰沐頓首百拜敬書。

恩科鄉進士現任湖北德安府安陸縣知縣何學青薰沐敬撰。

買舖廣建廟宇碑記。

竊念吾鄉賴武帝尊神庇護，得除貫害，是以建廟報功，千秋享祀。又得文武二帝眷顧，遙來駕至南牌，闔鄉眾信衣冠恭迎，延入後樓陞座，每歲通同薦俎升香。自立廟以來至今百有餘年矣。日久棟宇將頹，庚子歲首，鄉人會議重修，皆嫌舊地狹隘，欲廓而大之，以□駿奔行禮之便。適廟西有舖一間，變賣可連合以廣斯廟，父老於是欣欣相告曰：此莫非神靈使然，我等同志正當商酌買受，以成厥美。惟是五姓所捐銀兩，祇足為採買木石，延工建造之需，而買舖地以廣廟宇，則價銀有所不足。爰是闔鄉踴躍綢繆，另做□□事，款合一百九十五股，每股供銀壹兩貳錢伍分，即將所埋之銀，用價買舖。除交舖價銀玖拾兩，另充工資銀貳伍兩餘。其餘公舉賢能任理，或典業收租，或生揭取息，連年供足，本利俱增，分股投歸，先後隨執，滿期之後，所剩底銀仍交賢能任理，以圖滋大□。籍生財而廣廟，復因廣廟而生財。由是後座增高，共仰文星光徹，前堂加大，羣瞻武庫宏開。集冠裳而修祀事，舒展趨蹌；隨月旦而定公評，從容坐立。異日蓄積豐饒，或稱觴，或演戲，聽泛（從?）衆友酌議施行。所有福蔭，俱係題名之人同享。則康阜之休，綿於百□；和□之樂，衍於千秋矣。謹立弁言，以垂不朽。

何宏襯、黎文禮、何公霞、何道異、李祖耀、何公詣、何道湮、黎端士、黎錦存、黎輝存、黎遜康、何高上、何宗道、何宗道、何宗道、何宗道、何道述、何道述、何道述、何道述、何釗、何高顯、何占雄、何占雄、何道探、何道恕、何道壇、何道壇、何道儲、何公域、何公域、何高献、何公垂、何道萌、何公縑、黎永祥、何應倫、何公夜、何合祥、何龍祥、何上志、李喜蔭、何上達、何道依、何阿賜、何照公、何公念、何道改、何高業、何高綸、何高深、何高開、何道箋、何道納、何道納、何珮宏、何公靜、何道飄、何道沛、何宏穰、何宏穰、何道祿、何道悅、何公若、何昇道、何倚衡、何士瑚、何道盍、黎鵬士、黎敬之、黎肇基、黎守仁、黎振士、黎霖士、黎書士、黎瓊士、黎彩士、黎千士、黎建士、黎勵行、何曉道、何曉道、何曉道、何曉道、何道攀、何道涎、何道涎、李博書、蘇耀之、何道蕩、何兆信、李崇堂、何道亨、何道騰、何道騰、何公東、何道循、何道循、王服采、王世韶、王式華、王允芳、王以觀、何應壽、何道討、何海觀、何海山、何海敷、何應驥、何高楠、何遜宏、何啟華、何廣裕、何道檢、何閏成、何公貨、何公當、何公照祖、何道詣、何緬公、何道篤、黎進之、黎進之、黎奠升、黎小賢、黎際雲、黎怡先、黎深賢、黎榮昌、何曉公、何高昌、何高柄、何道鐸、何宏壓、何宏壓、何道直、何繪公、何繪公、何道縑、何榮開、何道卜、趙聖蕃、何道將、何道把、何道一、何道凔、何殿魁、何殿權、何公奏、何□□、何官琯、何道杯、何公甫、何怡公、何道克、何恩會、何道西、王彩貴、何煥公、何俸道、何高察、李官能、何道幸、何觀森、李祖維、何道愷、何公覽、何道典、李崇恆、何公勸、何公勸、李兼蔭、王黎楮、何高異、何道淑、何官桓、何高軒、何公綏、何宏異、何道侵、何公岩、何朝棟、何官峰、何公構、何道徃、何公倚、何公倚、何寄蘿、何寄蘿、鍾興友、朱袞隆、何□發、何□達、羅官□、陳志凌、羅成新。

何道壇敬送中座廟地東邊闊壹尺長壹丈。

乾隆四拾七年崴次壬寅仲秋穀旦。

募題首事：何宏襯、李祖耀、趙聖蕃、何公垂、黎錦存、王奮昌、何道異、何道一，督理首事：何道窪、黎振士、何高上、何道壇、黎遜康、李家相、何公慎、何公縑，暨仝衆信勒石。

【碑文考釋】

撰碑者何學青，邑人，生平不詳。

碑分上下，各包括一篇碑文，上一篇碑文，乃何學青爲乾隆三十五年（1770）武帝廟的重修而作；下一篇碑文，則撰於乾隆四十七年（1782），爲買廟旁舖以擴大廟宇之事而作。

何學青所撰碑文，將武帝與文帝相比較，認爲文帝是教人者，因此學宮私塾供奉之，而武帝則是安人者，所以信眾的範圍更廣。繼而碑文記敘了當年立廟的緣由。當年叛亂事起，鄉人根據扶乩的結果（"得一'關'字"）和夢中關帝的諭旨，請求官兵的幫助。結果官兵到日，關帝顯聖，於是立廟祭祀。接下來又記敘了康熙三十四年（1695）文武二帝像飛來的靈異，這也便是廟中供奉文武二帝的緣由。最後碑文講述了作記的緣由，並表達了自己對於廟名的意見，以及對父老子弟的希望，即"興仁講讓，說禮教禮"，以不辜負當年"顯聖初心，飛來至意"。

乾隆四十七年碑文，則主要記述了買舖擴大武帝廟規模一事。有意思的是，爲了解決五姓所捐銀兩不足的問題，大家採取了一種非常有經營理念的方法，就是分股集資，不僅解決了買舖修廟的燃眉之急，而且用這筆集資款帶來了一定收益。不僅如此，這筆款項還有人專門管理。最終的結果是，"藉生財而廣廟，復因廣廟而生財"。不能不說，這是很有現代經濟理念的一種做法。

40-3　清·佚名：砌市街石碑記

清乾隆五十六年（1791）

【碑刻信息】

存址：今廣州市番禺區沙灣武帝古廟内。

碑額：無。

碑題：砌市街石碑記。楷書。

尺寸：碑高 57 厘米，寬 39 厘米。

碑文來源：原碑抄錄。

【碑文】

安寧市迺商賈湊集之區，亦一鄉往來之中道也。歷百餘年，街石頹壞，眾議重修。所有石料、石匠銀兩，係各舖主計租科合，褵犒散工等費，係各舖客照產均派。至於高低闊窄，俱照舊式，毫無更改。爰將捐資芳名勒石，以垂不朽。

各舖主列：

黎日隆祖捐金柒兩柒錢伍分。

何留耕堂捐金伍兩伍錢貳分。

黎天海祖捐金伍兩零肆分。

黎懿良祖捐金肆兩陸錢伍分。

何衍慶堂捐金肆兩叁錢伍分。

何古灣祖捐金貳兩伍錢。

何善成祖捐金貳兩伍錢。

何三逸祖捐金貳兩貳錢伍分。

何俊庵祖捐金貳兩零柒分。

何緒堂祖捐金貳兩正。

何毅近堂捐金壹兩玖錢捌分。

黎肯仁祖捐金壹兩陸錢貳分。

何恩亭祖捐金壹兩陸錢貳分。

何祈山祖捐金壹兩肆錢肆分。

黎印川祖捐金壹兩壹錢柒分。

何光裕堂捐金柒錢貳分。

何道壇捐金伍兩叁錢捌分。

何公臧捐金叁兩陸錢。

何道於捐金貳兩陸錢壹分。

李兼蔭捐金貳兩壹錢陸分。

何道曹捐金貳兩壹錢陸分。

何道騰捐金貳兩壹錢陸分。

何高肯捐金貳兩壹錢陸分。

何登道捐金貳兩正。

何宏穰等捐金壹兩玖錢捌分。

忠心里何公瑳等捐金壹兩陸錢貳分。

何道循捐金壹兩壹錢柒分。

各舖客列：

何公蛟、李兼蔭、何高上、何高亮、信昌店、馮大成、何道纏、何公幹、李紹興、何道兌、何高合、何高居、何道俱、何高韶、何道簽、何道礑、何道戊、何道過、何結公、何霆公、黎阿壯、何公雅、何益店、何博興、三和店、酒房舖、李喜蔭、如蘭店、何公局、何道續、生芝堂、何顏道、何道喚：各均派捐金叁錢柒分。

乾隆歲次辛亥季秋穀旦，值事：何公幹、黎輝存、黎錫茂、何道俱、何高

一、何霆公、何道探、何道彌、何道宛：仝立石。

【碑文考釋】

此碑記述了乾隆五十六年捐資重修安寧市街街石之事。"'安寧市'即現在沙灣鎮注明的歷史文化保護街區安寧西街，當時是往來該鄉商賈雲集的中心街道。"[1]此碑碑文雖然簡短，但是條理非常清楚。安寧市街在位置上的重要性，爲什麼要修街石；哪些費用，是舖主按照房租多少科合的，哪些費用是租舖的租客按照產業大小均派的；以及街石的樣式，並無改動等情況，都明明白白。

40-4　清·佚名：禁鍬白坭告示碑

清乾隆五十八年（1793）

【碑刻信息】

存址：今廣州市番禺區沙灣武帝古廟內。

碑額：禁鍬白坭告示碑。楷書。

碑題：無。

尺寸：碑高 109 厘米，寬 56.5 厘米。

碑文來源：原碑抄錄。

【碑文】

署番禺縣正堂加五級紀錄十次彭，爲懇恩給示等事：

現據廣州府學增貢生何有祥，番禺縣學歲貢生王吉人、何信祥，附貢生何官聯、何逢恩，貢生李學偉，廩生李瑞、何應騏，生員何修成、黎廷揆、王灼人、何天揚、王嘉霖、何夢璋、何百川、何毓松、黎汝橋，職員黎揚、何源灝，監生何垂、何廷魁、黎松芳、何志祖、黎顯著、何文進、何安邦等稟，稱伊等世居本善莊，全賴左臂青龍氣脉收束下關，屢有射利土棍，串通外棍，將下關土名

---

① 陳建華主編：《廣州市文物普查彙編·番禺區卷》，頁394。

村前洲一帶,鍬挖白坭售賣,深至丈餘,大傷鄉族,懇給示嚴禁等情,到前縣當批,準給示嚴禁,抄粘附在詞合行出示曉諭,為此示諭諸色人等知悉。自示之後,爾等毋得仍前在此鍬挖白坭,致傷龍脉。倘有棍徒仍踵前轍,許爾等衿老人等指名稟赴本縣,以憑究辦,決不寬貸。各宜凜遵,毋違特示。

乾隆五十八年六月十八日示。

抄白刻石。

【碑文考釋】

本碑為知縣所下判詞,敘述了沙灣鄉鄉紳向官府請求嚴禁有人在下關挖白坭損傷龍脈,得到官府批准一事。

40-5　清·何敬中:武帝古廟無題碑[①]

清道光三年(1823)

【碑刻信息】

存址:今廣州市番禺區沙灣武帝古廟內。

碑額:無。

碑題:無。

尺寸:碑高200厘米,寬85.5厘米。

碑文來源:原碑抄錄。

【碑文】

我鄉武廟之設,碑詳言之矣。厥後一修於雍正戊申,再修乾隆壬寅,迄今四十餘年,梁桷腐撓,赤白漫漶不鮮,鄉之人以為非所以妥神靈也。於是復起而治之,並以示有舉莫廢焉。是舉也,計哀金若干,仍勒諸碑,以垂

---

① 此碑無碑題碑額,此為自擬題目。

不朽。

儲授文林郎揀選縣知縣己卯科貢士信紳何敬中薰沐敬撰。

通鄉公所:銀伍拾兩。

何氏留耕堂:貳拾兩。

本廟遼東會:壹拾大員。

王氏繹思堂:六大員。

何高倚:銀五大員。

何高首:銀肆大員。

何德興:當肆大員。

何義豐:當叁大員。

梁恒升:當叁大員。

何蟾公:銀叁大員。

何高拜:銀叁大員。

王沛霖:銀叁大員。

何高騁:銀叁大員。

李久遠堂:叁大員。

何高杏:銀貳大員。

何恩公:銀貳大員。

何博謨:銀貳大員。

李仕祖:銀貳大員。

李著本:銀貳大員。

李詒謨:銀貳大員。

王瑞堂:銀貳大員。

何高署:銀貳大員。

何博衆:銀貳大員。

何恒豐:當貳大員。

何道放:銀貳大員。

茂綸店:銀貳大員。

何高謨:銀壹員半。

何高垂:銀壹員半。

黎氏永錫堂:壹兩。

何道述:銀壹兩正。

何高表:銀五錢正。

黎應中:銀五錢正。

何高琅:銀四錢正。

亞中坊衆信女:銀叁兩八錢□分。

文溪里衆信女:銀叁錢□分。

黎政輝、黎作輝、黎韶輝、黎憲章、黎平章、黎尚賢、黎秀揚、何博通、何高肯、何高係、何道祿、何高軒、何高吟、何高殿、廣春堂、王振修、王守經、王嘉猷、王嘉□、王厥明、王克明、王貴積、王輝石、王賜霖、王珮賢、王傳華、王燦章、馮運松、陳荣一、梁成寬、何道内、何道岩、何道穎、何高棟、何高□、何高雪、何高戩、李楚蔭、李調蔭、李仁本、何高者、何堅公、何博拔、何高對、何高驥、何高奢、羅富德、何高逸、何道麗、何高贍、何道宛、何高懷、存生店、何博貫、何高詠、何高府、何趙氏、何高璟、何高霍、何道徃、何博聘、何□軒、何高貯、何高則、何紉蘭、何高田、何高謹、黎錫麓、何德仁、韓秀珍、何高談、何道壇、何高構、何高俸、何高徃、何良合、何高普、李汪蔭、黎适賢、黎祿賢、黎華輝、陳盛財、梁聯昇:已上銀壹大員。

邱成玉、何新昌、郭昌利、陳自添、王昌雄、何傅羣、馮成利、何泗奐、何義利、馮運泰、陳勝合、馮茂成、陳勝喜、陳明瓚、何高三、何厚英、何博億、何博未、宋□昌、何博任、何高羣、何黎氏、何厚談、曾德蒼、何講猷、何博就、劳建開、陳自原、梁澤盛、黃原明、袁富文、袁成文、陳勝開、霍世良、霍世來、何天沛、何博韶、何高羔、何高駼、何瑊道、何博義、何高慊、何高概、何博湜、何博強、梁源源、何厚淳、何高菡、何博霄、何漸達、何景道、何高踞、何光樞、何光熾、何厚德、何博瑞、何道社衵、何高儕、王裕霖、王禧霖、王瑞人、王昌蕃、王瑞華、王順輝、王麗光、王匯東、王賜朋、王眷霖、何道比、何高繹、何高耆、何高助、何高□、何高嚴、何高炔、何高眷、何準道、何博康、何頃道、何高旭、何韶道、李彤蔭、李心祖、李燕賡、李詒彩、李麗蔭、李詒拱、李信蔭、李蔭樑、李詒拜、李詒著、李交蔭、李意昭、王瓚培、王傳德、王光豪、王謝氏、王潤添、王嘉萌、王俊培、王錦華、王啟輝、王迪華、王健南、黃錫文、何高娉、何乙道、何省道、何博論、何高秤、何耀光、何高飽、何會公、羅官熾、何式古、何高祚、何高械、何高闊、何博賞、何道慰、何高片、何根可、何高□、何惺通、何高世、何前道、何羅道、何高箕、何高巷、何博讓、三和店、裕隆店、羅昌国、張錦致、何楊道、何箴道、何道潑、何博藜、何高蟄、何拜道、何博溢、黎松昌、何農道、黎昇鴛、何興富、何高涓、何高达、何博廷、黎瓚輝、趙垂裕堂、何道某、何高亭、朱賜翰、何高冬、何道锅、何利道、何高始、何高霞、何高律、何道妥、何道重、何高殊、何博滋、何博惠、何博洵、何博第、何高擢、何高騥、黎耀文、何春生、何高贛、何道□、何道頒、何高清、何公特、何高賧、何金科、何高綴、何高杯、何高㸔、何高恬、馮秀利、何道鈔、梁儒蒼、何炎舒、何博梛、黎昇發、何博迪、何闊道、何高牒、何高活、蘇達蘊、和鳴店、黎瑞彭、黎澄輝、黎昌炏、黎達賢、黎清揚、黎達三、黎継光、黎敬揚、黎拜揚、黎錦雲、黎俊揚、黎鳳三、黎基承、黎堅□、黎堅鏐、黎恩承、黎皐堂、黎照輝、黎容光、黎英荣、黎和中、黎玉輝、黎雍賢、黎達昌、黎煐揚、李喜蔭、黃德志、李蛋家、李蔭書、何高尊、何高蒲、何博衣、何博物、何高局、何高費、何高課、何博駒、何高扁、合盛店、何博燕、何厚長、何厚耕、何博仟、何博光、何博留、何博進、何公驕、何莊道、梁仕享：已上壹中員。

何朗道、何高鉉、黎堯光：已上銀三錢正。

何高許、何高敏、何高拓、何高翹、何高諷、何博雅、何高晃、何博杳、何高鼎、何高洽、何高慷、馬勝鰲、何道吞、馮成漢、何高驖、何士能：已上銀貳錢五分。

何高域、何高制、何博賅：已上銀貳錢四分。

何梗道：銀貳錢貳分。

何道厥、何高局、何高沁：已上銀貳錢壹分。

何高沼、何聖駒、韓業存、德勝店、何博□、何聖耀、何高向、何道趨、何高覽、李崇寬、李潤添、李詒坤、李詒則、李祖利、李祝蔭、李詒信、李祖偶、莫新興、李詒和、黎桂綿、黎廷秀、黎錫書、黎富昭、黎樂寬、黎宗堯、黎致堯、黎兆昌、黎明康、何松基、何高土、何道稍、何博樹、黎開明、何高平、何道闘、何高強、朱聖光、何公看、趙聖滔、趙昌皐、何高愻、何聘道、何道蚕、黎昇容、何博明、黎興開、何高諧、何高笠、何高□、何博見、薛新華、何高鄭、何高鮮、何高敠、何高驕、何高卧、何蘇氏、何博彌、黎佳綿、何博登、何博循、何高下、何公溶、何多公、黎奠昭、何博漸、何博滾、何厚臻、何高教、何博琨、何厚飽、何博崇、何高峭、何徃道、蘇廷魁、何高雍、何厚振、何博雍、何厚登、何高類、何高弟、何高鄺、趙昌言、何高片、何博扶、楊継苗、何恩成、何道□、何高□、何恩湛、李詒彰、李陞蔭、李秀金、李德蔭、李洋超、何景多、盧昇齊、馮運交、黃福旺、馮運田、馮成芝、馮世連、郭成金、黃有裕、李琼本、何博憲、何博伍、何博本、何博順、何厚富、何博鑄、何博胖、何博臻、何高摺、何高縱、何博助、黃何氏、何博滔、李湛聰、何高愿、何高錫、何高晶、何壯道、何道是、何高袥、何高意、何試道、何顯宏、何近公、何蕃道、何高却、何博昂、何賜道、張燦位、何厚林、廣源店、何有源、何厚文、保安堂、何厚調、何博業、何博経、何高纏、何博泰、何高擁、何博衍、何博添、何道峭、何道玭、何道儲、何高義、何常道、何博魁、何崇道、何謝氏、何高忠、何高愛、何挹道、何博玠、何陳氏、何謝氏、何高□、何高旺、何高衍、何聚道、何道璽、何高豹、何貴道、何博春、何高慣、何昭道、何博荣、何偕道、何博繡、何博引、何道撫、何顏道、何高鉅、関朝號、容漢號、黎韓氏、何高蘇、何高□、何道玻、區進能、何道涓、何翰道、何高答、何道微、何高庚、何道兩、何秤道、何謙公、何高撓、何聯道、何章道、何約道、何情道、何衿道、何高董、何聡道、何公召、何高集、何的道、何公阮、何高濬、何博表、何敏道、何高息、何息道、何甲道、何道倜、何高獲、何博暢、黎品謙、黎官矣、黎丕承、黎善禅、黎秀生、黎岳南、黎謙泰、黎鷹光：已上銀貳錢正。

黎盧氏、李詒寶、李官福、李宮鉮、李官桀、李官攀、李詒明、李衡佐、李德顯、李新彩、郭鳳德、郭啟高、黄有旺、梁馮氏、何開泰、何興賢、郭開胡、李熯蔭、何厚饒、何厚徵、王震爋、韓逢韶：已上壹錢八分。

何榮宗、樊全開、梁成懷、吳萬志：已上六分。

黄有全、馮達聯、何耀宗、黎達進、何高甚、何博衡、李堅蔭、李詒登、李碧蔭。

李詒召、李振裘、何龐道、何道認、何博領、何道村、何高珠、何博容、秀雲齊、何博廉：已上壹錢五分。

何砌道、何秋培、何高應、何高嘆、何博世、茂記號、梁才遠、張惠隆、張信忠、何高是、何公奪、何博如、何玠公、何博酧、何官友、何寶道、何博醮、何高百、何高歃、何高托、何公羸、何高糴、何博飛、何察公、何高挨、何高玷、何高篸、何道翻、你高蕸、何潤芳、何曾氏、何簡氏、何道旭、何高敇、何高地、何高姜、何鵬道、何高釖、何博瑯、黎鴻號、杜銓號、廷恒號、黎梁氏、黎斌記、黎黄氏、謝正仁、黎梁氏、黎譚氏、李灝泉、何博以、何博軒、何博遠、何博奮、何高契、何博鰲、黄錦新、何博□、張四號、何博嶹。

何博湖、何博培、何厚鳳、何博蕃、何召棠、何應蛟、何亞居、何厚達、何博楚、何博期、何博權、韓雍□、何高□、何文煜、何厚海、何道武、何高□、何博顯、馮享修、何高聡、何泗道、義昌店、同心店、何博邦、何馳道、黎錫凌、張德禅、正利店、李平蔭、李韓□。

（下泐）

道光三年歲次癸未仲秋吉旦。

簽題值事：何堅公、何蟾公、何道放、何高拜、黎雍然、王振修、李汪蔭，督理值事：何高杏、何道宛、何高徔、何高片、王沛霖、黎應中、李懿昭，仝重修立石碑記。

【碑文考釋】

撰碑者何敬中，里人，生平不詳。

本碑記述了廟自乾隆四十七年重修以來，已日漸"梁桷腐撓，赤白漫漶不鮮"，因此，鄉民為要"妥神靈"，因此於道光三年，又一次重修武帝廟。

40-6　清·何文涵：己卯重修武廟碑記

清光緒五年（1879）

上碑

【碑刻信息】

存址：今廣州市番禺區沙灣武帝古廟內。

碑額：己卯重修武廟碑記。

碑題：無。

尺寸：碑高 178 厘米，寬 80 厘米。

碑文來源：原碑抄錄。

【碑文】

吾鄉創建武廟暨兼祀文帝，其詳已備載前碑。厥後歷雍正戊申、乾隆壬寅、道光癸未，嘗三修之，閱今又五十餘年矣。風雨之漂搖，香烟之剝蝕，楹黝牆頹，堂坍階圮，甚非所以崇奉神靈也。爰集眾倡修，基址一仍其舊，而鳩工庀，具餘金，煥然改觀。本廟素無餘積，幸闔鄉士庶鼎力同心，共成此舉焉爾。茲當落成，因識數言，并捐助者勒名於左。

同治癸亥恩科進士欽點工部主事信官何文涵薰沐拜撰并書。

本廟捐銀貳伯玖拾兩。

仁讓公局助銀肆伯兩。

何留耕堂助銀壹伯兩。

王繹思堂：壹拾五兩。

黎永錫堂：壹拾大員。

李久遠堂、何肯構堂、何孔安堂、何符慶堂、何申錫堂、何種德堂：已上四大員。

何存著堂、何流芳堂：已上叁大員。

何永思堂、何崇敬堂、何馨宜堂、李詒穀堂、李紹遠堂、李報本堂、王燕宜堂、黎庸庄祖：已上貳大員。

黎□思堂、黎肇禋堂、王怡慶堂：已上壹兩。

何光裕堂、何時思堂、何孝思堂、何詒燕堂、何燕翼堂、何繼述堂、何熾昌堂、何詒遠堂、王光裕堂、王顯承堂、黎清白堂、黎孟季堂、黎肯仁祖、趙垂裕堂：已上壹大員。

王可貞祖、何敦厚堂、朱復賢堂：已上壹中員。

何南澤堂：叁拾大員。

亞中何梁氏：叁拾大員。

何與佳：貳拾兩。

本廟遼東會：貳拾大員。

義豐當、怡德當、福安當：已上拾肆大員。

何青桂：堂壹拾兩。

何世耕、善成堂：壹拾貳大員。

何博個、何均山堂、何沛源淮、何王龍張氏、黎佑東、何博體：已上壹拾大員。

何博乂:捌大員。

安□合隆店:柒大員。

米行同志社、何南昌、何明德堂、何伯奮、何忠信堂、宋崑玉、勝記、溫安昌、樂生押:已上五大員。

何博訂、黎安榮、何厚凱、何餘三堂、何善成堂博璋等、何源生、合盛店、正昌店、元馨店、餉埠何博泰手:已上肆大員。

蒨行斗會、何良堂、餉埠何博良等、何裕成堂、何義耕堂、何厚埠、何厚陝、何銘山、李裕謀、何厚義賜麒、何厚名達權達秋、何滿棧、何其昌店、義興店、何連昌店、福昌店、新天和店:已上叁大員。

星君何氏會、新行斗會、李紹遠遼東會、何福堂、何蔭耕堂、何孔桂堂、何永成堂、何祿蔭堂、何宦耕堂、何厚彭、何祖耕堂、何博名、何守信堂、何厚檢、福慶社何乾佳手、何博翼、何姓更舘、何博槎、何姓沙艇、福記□用、何植基堂、何博魯、何厚杭、何乾德、何乾享、何厚派、黎炳材、何與泉熾基、順昌店、信記店、何厚黍榮彬祿、關義隆恒記、億昌店、瑞昌店、康壽堂、五芝堂、寶華店、恒昌店、叢桂堂、培元堂、怡綸店、順隆船、義利舘、義源舘、泗合舘、廣安舘、萬利舘、進利舘、怡記舘、張大興、陳榮昌店:已上貳大員。

何與祥、廣茂店、慎誠昌、何梯雲□:已上壹兩四錢。

何乾明、茂利店:已上壹員半。

沙頭王即康堂、何均垣、何思培、何博祝:已上壹兩。

亭涌里:

何厚烈、何博勁、何厚馹、何厚讓、何與具、何博射、何厚最、何王氏、何士章、何達章、何厚的、何厚舜、何復興堂、何俊利、何又興店。

官巷里:

何高響、何厚據、趙德珍、趙炳泰、何博鮎、何博拾、何榮錫、何博叫、何滿樹。

市東坊：

何博九、何高才、何厚秋、何厚外、何博尋、何厚灌、何厚連、何厚幹、何與較、何博波、何黎氏、何德光黎氏、李遠桐、田心黃子彬、李馮氏、何德盛店、何合益店。

亞中坊：

何嘉紹堂、何式古堂、何保生堂、何厚準、何厚誌、何厚波、何厚諤、何厚詞、何博花、何厚繪、何維綱、何明德花女、黎國綿、何維洵綱、何厚併謝氏、何端睦和、何端友愷、何福俊謙、大洲區公濤、何信女黎配佳。

忠心里：

何博旺、何博解、何凌聚店、何義合。

蘿山里：

何厚璣、何厚附、何與諷、何與播、何厚翱、何厚左、何厚鄭、何厚勁、何應鐸、匯昌店、豪合店、福綸店、廣興隆、廣裕隆、經術里、黎敬善、黎懿東、黎德明、黎貞勤、黎為東、黎景東、黎璧光、黎阮明、黎炳光、黎滿昭□、黎餘蔭堂、黎尚德堂、黎藉蔭堂、泗盛、承芳里、何博諳、何厚悟、何博華、何博話、何博昶、何厚技。

翠竹居：

何博翥、何厚胆、何博椏、何建德堂、何郭氏、何閏儀自言。

第一里：

何厚祺、何博江、黎尊善、何榮標、何厚蔭、何華耀、玉利店、何厚鑛。

石獅里、何厚秩、何厚翊、何厚芽、何滿釗、何厚裕、何乾熙、何博徹、何與姪、何與珍、何與杰、何與建、何德耕堂、何茂林堂、祥興店、源聚店、榮昌店、調珍店、泰來店、生源店、保和堂、恒昌店、寬合店、潤昌店、何厚與繡菜炳輝。

三槐里：
王開詔、王湛顯、王端宜、王兆東、王聯東、王襄顯、王錫祥、王開泰、王燦滔、李詒経。

侍御芳：
何汝懷□、何道現、何朱氏、何乾琨、何蔡氏、何乾威、何謝氏、何與杭、天華店、遂昌店、何厚梗韓氏。
江陵里：何厚鰲、何厚羅、黎冠綿、黎載光、黎悅東、陳廣益店。

東安里：
何博諍、黎覲東、半山寺。

安寧市：
招財社、□坭張鳴玉、塘魚欄、新昌店、何宙合、何吾合、義利店、興隆店、仁昌店、何琪記、萬益店、同信店、彩興店、何厚臻、何與揚、何與恬、聯合店、利樟店、來安館、瑞合館、永泰館、陳紹昌堂：已上壹大員。

何厚鞏□、何博銑□、禪山李棣華堂□、何博以、廣泰店、王馬氏：已上五錢。

何博稔□、何宜慶堂、何博頗、何博桃、何博蒼、趙雲高、豐盛店：已上肆錢。

亞中坊：

何高片、何與卿、何與持、何厚翻、何博然、何博順、何厚鑄、何厚趙、何厚旗、何妙春、何厚富、何與滔、何博諟、何厚朗、何厚諏、何厚標、何與彩、何厚眾、何維森、何與裸、何永留、何博潮、何厚殊、何博感、何厚仁、何厚帖、何厚韶、何厚霞、何厚括、何厚說、何博覺、何博標、何博賢、何庚垣、何博俸、何博佐、何博歲、何厚椏、何厚平、何與光、何錦添、何應鑄、何厚恕、何厚鎰、何厚櫻、何與粹、何與濯、何寶饒、何博摑、何瑞麒、何佳南、何厚豐、何啟泰、何瓊瑤、何厚靈、何厚致、何博利、何瓊枝、何高渭、何高靠、何博銀、何博淼、何啟修、何啟懷、何換轉、何博磊、何李氏、何羅氏、何張氏、何嚴氏、何蘇氏、何陳氏、李何氏、韓傑仁、蔡名大、李應春、李啟成。

蘿山里：

何與琮、何與丕、何與該、何厚濟、何博糯、何高畝、何高教、何高興、何博轉、何與芯、何高淼、何與鈴、何張氏、何厚謀、何黃氏、何載潘、何戟泮、何博邐、何厚洵、何博煙、何與□、何謝氏、何蘇氏、何博京、何趙氏、何博駒、何伯柟、何仲垚、何叔源、何厚啟、何應謙、何厚新、何博稼、何厚柵、何應球、何廣義堂、梁陳氏、蔡樹鑑、梁開就、義昌店、怡來店、榮記店、正益店。

市東坊：

何博審、何博紹、何厚暄、何厚畦、何厚霖、何高氏、何謝氏、何厚嘉、何炳坊、何炳壇、何厚延、何厚旋、何厚條、何厚鳴、何彬、何醴、何博楷、何博鑑、何博杏、何博斌、何博慈、何博麟、何厚介、何韓氏、何葉氏、何與兼、何博布、何謝氏、何厚慶、何厚衍、何厚尊、何厚教、何厚汾、何與胖、何與春、何炳綱、何首教堂、何博永、何博磅、何梁氏、何厚炳、何信成、何玉成、黎何氏、何汝漢、何厚賓、何厚埔、何厚垂、何厚性、何博勒、何王氏、何與芬、何紹恩、何朝杰、何厚恬、何厚定、何博勝、何博滔、何博琢、何乾璋、何博宣、何厚惠、何厚登、何博茹、何廷琦、何博老、何厚捨、何厚鑣、何高庶、何厚彬、何星顯、何博寵、何與瑞、何黎氏、黎何氏、韓長顯古埧、韓何氏、韓國康、韓何氏、何壽祺、李祖燕、黎培英、鄒龍章、□坭張錫龍、義昌店、何駿記、阮均盛、德壽店、泰和堂、廣榮耀、勝合店、李萬隆、新義利、何利源、隆記店、何能記、錦興店、李玲記、合記店。

侍御坊：

何厚觀、何厚勤、何厚禮、何厚乾、何厚崇、何厚杯、何道瓊、何厚繞、何與芳、何高蔭、何厚里、何高檢、何博愷、何博鏈、何與位、何厚鑣、何與鏡、何厚漂、何博撮、何乾達、何與慶、何與榜、何厚耘、何兆生堂、李益章、何鶚成堂、方世英、何與羣潭、萬順店、福興店、利生店、以和店。

東安里：

何厚遭、何厚部、何鑾坡、□□默、何維洵、何厚餘、陳寶根、忠簡居、李遠平、李遠興、李祖嘗、李章謀、李潤灶、李詒邦、李廣蔭、李輪財、李詒錫、李遠焞、李詒珣、李程氏。

三槐堂：

王錫駒、王汝晏、王傳彰、王耀春、王恩顯、王雍華、王湛祥、王廣英、王華長、王華杰、王和顯、王英顯、王啟威、王傳登、王瑞東、王聯顯、王滿東、王富顯、王榮彰、王森顯、□□顯、王□顯、王肇□、王肇榮、王照顯、王龍顯、王宏顯、王作顯、□□□、□□□、王坪顯、王榮啟、王端顯、王仰住、王廷傑、宜和店、福利店、源德店、福生店、信益店、義來店、泗源店。

石獅里：

何厚翔、何博甫、何厚紺、何厚廠、何廷鐸、何博□、何厚穰、何其幹、何韓

氏、何乾□、何博淑、□□□、□□學、□博講、何淳賴、何□松、何□□、何厚
□、何厚邀：已上壹□。

下碑

【碑刻信息】

存址：今廣州市番禺區沙灣武帝古廟內。

碑額：己卯重修武廟碑記。

碑題：無。

尺寸：碑高178厘米，寬80厘米。

碑文來源：原碑抄錄。

【碑文】

何厚斐、何厚旨、何博閃、何厚鏷、何與禮、何與椿、何與煊、何厚禱、何振安、何張氏、何文標、何璇佳、何與國、何博讖、何與蕃、何高顯、何博按、何與羣、何乾健、何厚庫、何博賴、李嘉謀、久敬社與學手、何慎誠堂、何厚曹、何慎堂、何厚炳其樞、何謝氏、何國杰清、曾汝昌、合成店、生隆店、六合店、義順店、南益店、萬昌店、文記店、廣百福、同發店、怡安店、泗源店、永德店、生利店。

第一里：

何博左、何博右、何厚汛、何與枝、何博復、何與餘、何與生、何厚濚、何厚誇、何與梓、何博峕、何厚生、何高謙、何耕就堂、何連子、何王氏、王何氏、褚何氏、何博延、何厚評、何厚稠、何厚樑、何與禮、何厚器、何鳳蓮、何瑞洪、何美貴、何與聽、何耀根、何與隆、何博端、何厚□、何厚域、何厚承、何博詠、何錫昌、何厚潮、何祥澤、黎廸綿、蘇錫添、順成店、黃遂華舘、以義舘、承德店。

文溪里：

李詒扳、李詒鑑、李養謀、李炳堅、李澄謀、李炎謀、李壯謀、李煜謀、李燕謀、李佳謀、李經謀、李永謀、李耆謀、黎吳氏、合源店、永吉店。

翠竹居：何高物、何博楚、何厚勝、何博播、何厚晥、何博寬、何厚照、何博攸、何裔輝、何博譽、何博建、何厚朋、何博汛、何妙嫦、何冬桂、黎憲光、王何氏。

西安里：

何高勸、何博炎、何李氏、何坤好、何博□、何遂心、何博城、何博耕、何廷□、何博長、何純柏、何厚發、何高煊、何博鐘、何鐸全、何鐸均、何厚算、何厚懿、何博關、何博悎、謝何氏、何厚谷、趙德松、趙威裕、潮記店、承芳里、何道常、何博坎、何博權、何博諤、何厚齋、何厚特、何道顯、何博鐶、何高禾、何瓊傑、何博□、何博周、何李氏、何博塘、何博垌、何厚百、何博燦、何高慧、何博詡、何博刮、何韓氏、何博溪、何厚讜、何厚聘、何高軒、何博添。

忠心里：

何博烈、何厚斗、何與芙、何與扳、何博扶、何博湛、何博澳、何厚門、何厚蕊、何與樹、何與柄、何有堂、何與儀、何博必、何博耀、何厚瀚、何博曷、何厚滾、何與煒、何厚以、何博都、何厚呈、何博獵、何厚陔、何博綵、何厚賞、何耀奎、何博藻、何厚瑢、何博美、何厚捧、何博□、何應添。

經術里：

黎致東、黎善光、黎泰顏、黎瑞明、黎朝玲、黎衡東、黎文善、黎湛東、黎協東、黎沃善、黎瑞東、黎怡東、黎燕章、黎配昌、黎寅東、黎瀛光、黎泰東、黎正鏞、黎建綿、黎慶勤、黎益勤、黎熙勤、黎炳森、黎惠綿、黎喬東、黎灼升、黎敬東、黎信綿、黎耀昇。

連盛店、黎錦華、黎錦祥、黎璧光韓氏、黎何氏、鄔黎氏、朱榜新、祥記店、陳羅氏、黃恒章、滙源店、彭泗源、根記店。

官巷里：

何厚董、何存誠、何厚僉、何博謄、何厚滾、何厚梯、何厚備、何厚菡、何厚叙、何博濂、何博鐉、何高侯、何博望、何高誇、何陳氏、何錦泉、何保銓、何與煖、何懷久、何高豪、何博常、何與照、何博泰、何博良、何厚彤、何福焯、何務輝、何高驂、何與珠、何厚漩、何博現、何厚桃、何博相、何厚安、何厚令、何厚汲、何與桃、何與盤、何良杰、何乾進、何高綿、龍生店、合利店。

江陵里：

何厚芳、何與善、何博詵、何博珹、何垚階、何博噌、何厚卷、何博□、何癸生、何博雁、何博阡、何與材、何厚襟、何高憑、常承安、黎廣承、黎全東、梁國祥、黃炳垚、廣橋添、穗利店、亭涌里、何厚寵、何博旬、何厚楂、何厚式、何厚賜、何高棟、何厚煌、何與謙、何與享、何乾耕、何□新、何博丹、何厚忖、何博象、何兆根、何鑒古堂、何厚□、何厚講、何厚望、何厚慷、何厚杖、何厚學、何與淑、何炳垣、何炳鑾、何炳鍾、何李氏、何啟堅、何啟波、何賢霖、何賢煐、何厚曦、何厚秬、何高携、何與穩、何韓氏、何博邁、何博說、何厚察、何與滔、何厚舒、何與燎、何與煐、何達源、何博彥、何厚森、何與通、何與榕、何李氏、何與足、何黎氏、何羅氏、何燕寶、何仙耕、何厚勸、何德輝、何與修、何體和、褚燕榮、陳爵昭、陳俊顯、陳俊熙、陳何氏、陳龐氏、陳何氏、黎成章、簡成利、黎華海、昌利店、合益店、大成店、穗豐店、廣德安、廣德祿、成昌隆、利記店、德盛店、慎安店、李福源、以泰店、義德店、陳正興、何厚鏘鈺、法善奄。

安盞市：

何厚現、何厚郡、何與創、何厚饒、林欣泰市橋、李巽卿、歐國杰、莫簡源、王交修沙頭、高何氏禮村、梁平軒堂、陳葉華沙墟、靳禮聯三善、林能瑞田心、馮世章大良、孔廣暄□□、張永淳岐山、洪晃桃新安、黎福禮九津、陳懷杰、區志安鐘村、柏記渡禪山、何永益社、永泰店、茂松店、同泰店、同昌店、珍合店、順合店、何厚芬仁記、德隆店、廣昌店、仁和店、富合號、勝意號、何同福。

雲橋市：何德盛、何瑞記、何瑞益、何盛記、何德利、福昌店、榮利店、信記店、同源□、六生堂、陳浩川、招東記、連德店、泰利店、大涌口、兩和店、海利店、興和店、明記店、茂盛店、榮利店、德記店、何博敦、榮記店、黎華深、泗合店、合成店、潤記店、均利店、殿合店、泰全店、廣信欄：已上壹中員。

廣昌舘：壹元。

基圍聯耕、涌口聯耕：每叁大員。

基圍景字號、何貴記、吳邑貴、陳業新、吳行善堂、鄭吳氏、源益店、羅成源：每壹大員。

何信禧、李賤緣、梁廣義、姚榮順、梁寬位、袁厚祥、何瑤合、吳和記、梁添記、梁榮記、梁容記、梁來記、□義船、馮澤林、財記船、永源船、馮廣賢、馮和記、郭凌長、陳德禮、李彩行、麥進連、馮興潔、郭達能、盧敬龍、梁貫開、彭理祥、林騰貴、陳紹來、陳發開、陳發景、鄭永益、黃□□、梁□□、曾和□、曾日□、麥錫□、麥兆榮、鄭和謙、梁同□、吳慶澤、吳積□、吳積□、馮□□、陳弟□、梁窩□、□明□、□鴻□（下渖）。

神器開列：

銅刀六十觔、熟銅爐三十觔、錫令籤貳筒、神樓貳座，督修值事八位全敬送。

神帳五張、熟銅爐壹座連石墊，何克昌堂送。

神帳壹張,何孔桂堂送。

又壹張,無名氏送。

長旛貳對,何博相送。

木聯貳對,何乾明、何福□送。

銅印貳顆、錫文具壹套、七言木聯壹對,市東何博薌偕男伯棠、(伯)桐、(伯)杶、(伯)海、(伯)韶,同益店仝敬。

獅頭銅印壹顆,市東何厚俸送。

錫圓爐貳座,何博蕃、(何)博通送。

錫圓方爐共叁件,關義隆恒記送。

七星旂,安寧合隆店送。

勅令印架看燭,市東何晚成堂、何貴和堂送,何陳氏送。

宮燈四枝,何筠□、(何)乾享□何氏送。

錫燈樹捌枝,何紹昌等,復興堂,何與禆、(何與)靳、(何與)禮、(何與)聯),何乾享、(何)厚盤等,何陳氏、(何)蔡氏送。

清河甌五件,何與浩、(何)與苗,何王氏、無名氏送。

堂扁四座,何博璋、厚森,何善德堂、(何)永益社送。

本廟坐亥向巳兼乾巽,舊度坐璧宿三度,初向軫宿一度,初卦□萃五爻,畜二爻,中水口大過卦。廟宇基址高低丈尺,俱照舊式。惟星君殿新易石柱,以展神光;文武閣增廣前門,以啟文明;中座添建香亭,以肅正氣。

謹將工程開列:

一自拆卸并碎工:用約銀四五十八兩。

一更衣:約銀四十一兩。

一磚瓦□料:約銀貳百七十六兩,中座頭門,牆壁通堂,瓦面地画全新。

一力木杉料:約銀壹百六十五六十七兩,換四柱香亭,用中後大字。

一石料工：約銀壹百六十六七兩，連抬工。

一坭水木匠：工銀壹百壹貳拾二八兩。

一三行牙犒：約銀七十八兩。

一柵廠油漆：約銀壹百零二兩。

一新置錫木銕器：約銀八十六兩。

一開光并酹恩：約銀四十二兩，內除份金。

一演戲：用銀二百三十四兩，內除柵租。

一刊碑貳座：約銀□□□。

五月廿七日申拆卸，遠近平安；六月十八辰平基，不動舊石腳；廿二申行牆上樑，恰風雨驟作，洗樑；七月初四辰更衣；十月廿一辰陞座。

督修紳士何博燾、何厚獲、李智謀、王開詔、黎敬善。擇日：潘芸，閣榜名士，芬容岐鄉人。

光緒五年歲次己卯孟冬穀旦，督修值事何博薌、博蕃、何博通、李富謀、王錫祥、何厚黍、黎致東、何厚□，薰沐（下泐）。

【碑文考釋】

撰碑者何文涵，里人，同治二年（1863）恩科進士，欽點工部主事。

本碑記述了光緒五年（1879）重修武帝古廟一事。碑文記述了捐金香會個人名單以及捐神器名單。另外，還可以知道重修後的武帝古廟的建築情況，包括了星君殿、文武閣、香亭等。

41　東得勝廟(小北門外東)

【廟宇簡介】

　　廟祀關帝,在廣州小北門外白雲山麓。尚可喜、耿繼茂於清順治九年(1652)為紀念庚寅之役克定廣州而建①。

41-1　清·尚可喜:新建東西得勝廟碑②

清順治九年(1652)

【碑刻信息】

　　存址:舊在廟內③。

　　碑文來源:同治《南海縣志·金石略》。

【碑文】

　　今上七祀,庚寅暢月二日,始恢復粵省,武奮文揆,兆民懍化。暨三稔,乃建得勝廟於舊營白雲山之麓,以崇祀關帝〔一〕,志不忘宣佑也。緬予與靖藩越在遼海,己丑七月,荷朝廷特簡征粵。輒攜各營眷屬,萬里南行。既而予眷駐臨陽,靖藩眷駐吉州,下逮營屬,僉安貞,秋毫皆帝賚也。比臘月二十七日,師度庾嶺,先遣劉將栗養志覘探情實,而予統前隊匝圍南雄城。觀其兵

---

　　①　有關資料參清·鄭夢玉等修,梁紹獻等纂:同治《南海縣志》(《中國方志叢書》第50號)卷五〈建置略·祠廟〉,頁119上:"東西得勝廟在小北門外一里,雙峰雄峙,高瞰仙城,庚寅之役兩藩前鋒帑卡處也。奠定之後,各建得勝寺,以祀忠武焉。(據《恭巖剳記》修)"

　　②　清·梁鼎芬修,丁仁長纂:宣統《番禺縣續志》題作"東得勝廟碑"。見《中國地方志集成·廣東府縣志輯》第7卷,頁473上。

　　③　清·鄭夢玉等修,梁紹獻等纂:同治《南海縣志》原題下注曰:"楷書。"文末按語云:"右嵌廟東壁。"見《中國方志叢書》第50號,分別見頁199上、199下。清·梁鼎芬倡修,丁仁長等總纂:宣統《番禺縣續志》題下注曰:"正書,存。"文末按語云:"右碑在小北門外東得勝廟中。"見《中國地方志集成·廣東府縣志輯》第7卷,分別見頁473上、473下。

馬頻繁,戰械甚備,而發蹤區分,終鮮紀律,是可猝而取也。全師未至,而崇墉輒下,帝授予謀矣。時贊督羅成曜方踞韶州[二],有南雄逃兵幸脫者,先泄其耗,成曜即宵遁。韶之官民肉袒漿迎,不煩一鏃,詎非帝牖其衷耶?斯時而乘勝赴省,勢喻摧枯,乃以四營、八營、十三營、翻天營,諸寇猶披猖於樂昌、仁化間,分兵追剿,稍稽時日。杜李逆黨乘間飭備,擁兵負隅。議者謂非急攻不可,予省其城,東南濱海,繚以重垣,可圖者惟西北二向耳。彼有備,而我驟取之,未必可勝。先喪已成,良不忍以生命試也。彼之患我者弓矢;所自為恃者火炮。我無若掩其所患,而即用其所恃。會從化令季奕聲習火攻之具,因為鳩工,更徵辦火藥,凡既備矣。審勞久之必懈,窺守曠之必疏,密移炮具,併力西關。予同靖藩躬抵城下,不避矢石。我師登陴立幟,而逆眾不知,動天潛地,疑鬼疑神,則又帝之大有造於我師也。因惟予與靖藩,自北而南,常默有契於帝令者。眷屬無恙,猶云私德而幸。茲列郡畈誠,民物阜安,以叨承平。爵土之榮,其敢忘冥佑哉?爰新廟宇,祇薦春秋,於是文武群工額手而頌曰:"天寵榮哉! 國福基哉! 王公伊濯,士用命哉! 神庥薦至,爰勒貞珉,旌不朽哉!"

順治九年皋月,平南王尚可喜、靖南王耿繼茂拜颺。

【編者按】

碑文輯錄自清·鄭夢玉等修,梁紹獻等纂:同治《南海縣志》卷一二〈金石略〉①。又見清·梁鼎芬倡修,丁仁長等總纂:宣統《番禺縣續志》卷三六〈金石略〉②。

【校注】

〔一〕"以崇祀關帝",宣統《番禺縣續志》作"以崇關帝"。
〔二〕"方踞韶州"之"踞"字,宣統《番禺縣續志》作"據"字。

---

① 清·鄭夢玉等修、梁紹獻等纂:同治《南海縣志》,《中國方志叢書》第50號,頁199上至下。
② 清·梁鼎芬修、丁仁長纂:宣統《番禺縣續志》,《中國地方志集成·廣東府縣志輯》第7卷,頁473上至下。

【碑文考釋】

撰碑者尚可喜,生平見前〈重修玄妙觀記〉[清康熙五年(1666),碑號16-6,總33]。

撰碑者耿繼茂,生平見前〈重修五仙觀碑記〉[清順治十二年(1655),碑號17-6,總39]。

同治《南海縣志》文末按語云:"謹案碑陰:諸將自總兵許爾顯、班志富、徐成功、連得成以下,藩屬共二百有二人,不具錄。"①

宣統《番禺縣續志》文末按語云:"漢軍樊封《南海百詠續編》載此文云:'小北門外一里,雙峰雄峙,高瞰仙城,庚寅之役兩藩前鋒設卡處也。奠定之後,東西各建得勝寺,廟制樸古。殿內有豐碑,高可一丈,橫逾三尺,兩面皆正書。抵粵諸將皆列名。'按諸將名鐫碑陰,已多剝蝕,不可辨。碑文尚完好。《皇朝武功紀盛》:'順治六年己丑,進封尚可喜平南王,耿仲明靖南王,使定廣東,各率其部兵以行。仲明道卒,子繼茂襲,與可喜同下廣東。'《通鑒輯覽》:'順治七年十一月二日克廣州。'皆與碑合。"②根據此段敘述,廟有二,分東西,而碑置於東得勝廟中,撰者當爲平南王尚可喜。

東西得勝廟,順治九年(1652)清平定廣州後為紀功而建。尚可喜此碑記載了順治七年(1650)時他與靖南王耿繼茂共同攻下廣州城的整個經過,由於距離戰事未遠,感受深刻,記憶真實,而且碑文純用寫實,文字質樸,可謂是珍貴的清初史料。

得勝廟所崇為關帝,而且戰事的勝利也一托之關帝,然而對於當時戰術戰機的分析,卻又不無自誇之意。另外值得注意的是當時尚、耿的南下是攜同家眷的,所以等於截斷了他們的退路,只可勝利不可失敗。故而雖然尚可喜在回顧戰爭情況時,一則為自己當時的英明決策沾沾自喜,二則卻又不無慶倖之感。文中云:"今者眷屬無恙,猶云私德而幸。茲列郡皈誠,民物阜安,以叨承平。爵土之榮,其敢忘冥佑哉。"其中後怕之心理昭然。

另外一個值得提出的情況是,就是在修建此廟的同年,即順治九年,朝廷敕封關帝為"忠義神武大帝"③。可以想見,這次敕封,與廣州城的恢復不無關係。

---

① 清·鄭夢玉等修、梁紹獻等纂:同治《南海縣志》,《中國方志叢書》第50號,頁199下。
② 清·梁鼎芬修、丁仁長纂:宣統《番禺縣續志》,《中國地方志集成·廣東府縣志輯》第7卷,頁473下。
③ 見清乾隆十二年敕撰:《大清會典則例》卷八四〈禮部〉,《四庫全書》第622冊,上海:上海古籍出版社,1987,頁632上。另見前清黃大幹〈重建豪賢街二聖古廟碑〉[清道光十六年(1836),碑號1-1,總1]。

附　錄

1　東得勝廟鐘款

清順治九年（1652）

【款文】

　　今上龍飛之七年二月初六，師抵五羊城北白雲山，結營山阿。凡九閱月，將士奮騰，兵馬無恙。其間鑄礮製藥，隨手而應，陰有神助。是年十一月初二，恢省追溯不忘，乃捐貲建造得勝廟，內塑關帝神像。爰勒之鐘鼎，以志神麻於不朽。仍鑴以銘，銘曰："鳴錞肅旅，以事南征。緣巖列帳，依岫分營。百舉彙應，乃克堅城。爰溯神力，鑄鐘勒銘。用以永播其芳聲。"

　　順治壬辰歲三月吉旦，平南王建，廣州府督捕通判周憲章監造。

【編者按】

　　款文輯錄自清鄭夢玉等主修，梁紹獻等總纂：同治《南海縣志》卷一二〈金石略〉。原題下注曰："楷書。"①

2　西得勝廟鐘款

清順治十年（1653）

【款文】

　　今上龍飛七年二月六日，兩藩師次廣州府城北，邇山爲營。凡九閱月，城始克。中間曠日持久，克敵制勝，若有神助。祀典宜光，爰度營盤舊址，誅茅結宇，奉關帝神像而祀之，志不忘也。既勒碑以紀其盛，仍系銘於鐘。銘

---

① 　清・鄭夢玉等修，梁紹獻等纂：同治《南海縣志》，《中國方志叢書》第 50 號，頁 199 下。

曰："鐘以立號,古樂用彰。神之聽之,其音洋洋。月沉霜落,覺悟萬方。大成既集,媲美素王。惟帝之聲,山高水長。"

順治十年歲在昭陽季春月吉旦鑄,欽命靖南王捐造。

藩下牛錄、章京沙、祖泰督工。

【編者按】

款文輯錄自清鄭夢玉等主修,梁紹獻等總纂:同治《南海縣志》卷一二〈金石略〉。原題下注曰:"楷書。"①

又文末按語云:"案:兩鐘俱懸廟殿左。"②

---

① 清·鄭夢玉等修,梁紹獻等纂:同治《南海縣志》,《中國方志叢書》第50號,頁199下。
② 清·鄭夢玉等修,梁紹獻等纂:同治《南海縣志》,《中國方志叢書》第50號,頁200上。

42　金花古廟

【廟宇簡介】

　　廣州婦女求子者多往拜金花普主惠福夫人。廟始建年月不詳,在廣州珠江南岸石鰲村(地近今海珠橋西邊濱江西路一段),今已不存。清康熙二十二年(1683)、乾隆二十一年(1756)曾重修。

　　廣州金花廟本在内城仙湖街清源巷口,而珠江南岸石鰲村的金花廟則爲後來所建。清樊封《南海百詠續編》卷三〈神廟〉"惠福祠"條云:"在仙湖街仙童橋側。都人祭金花夫人廟也。橋因夫人名,婦女祈嗣咸來禱祀,明學道魏校嘗毀之。順治十三年,藩下佐領張國祿修復焉。廟有里人廖元素所撰碑。"①

　　仙湖街金花廟在乾隆間又燬於翁方綱之手。道光黃芝《粵小記》云:"神廟不知始自何時,成化五年(1469)巡撫陳濂重建,嘉靖間魏校毀之。粵人奉神像於南岸石鰲村,其後粵人復建廟於故處,即今仙湖街廟是也。國朝乾隆間翁學士(方綱)來視學,適至仙湖街,見男女謁拜,肩輿不過,怒命有司毀之。粵人於是多往南岸石鰲村禱祀。"②於是石鰲村的金花廟便成爲唯一的拜金花之所。

　　康熙三十年〈金花廟前新築地基碑記〉記載每夏四月金花夫人神誕時迎神賽會的盛況稱:"金花古廟,在河南滘口,北枕鵝潭,前臨珠寺,每首夏神誕報賽者,煙花火炮,百戲駢集,歌舞之聲旬月未已。"③《粵小記》亦稱:"四月十七日為神誕辰,畫舫笙歌,禱賽稱極盛云。"④據道光《佛山忠義鄉志》記載,金花廟内,除主神金花普主惠福夫人之外,"各列十二奶娘。婦人求子者,入廟禮拜,擇奶娘所拘子,以紅繩繫之,則托生為己子。求之多驗"⑤。

　　民國十七年9月12日,容肇祖和顧頡剛等曾遊訪此座河南金花廟,並記錄了當時廟

①　清·樊封:《南海百詠續編》卷三,《叢書集成續編》第236冊,頁247下。
②　見清·黃芝:《粵小記》卷一,吳綺等撰、林子雄點校:《清代廣東筆記五種》,頁393。
③　另參黃佛頤編纂,仇江、鄭力民、遲以武點註:《廣州城坊志》,頁706。
④　見清·黃芝:《粵小記》卷一,吳綺等撰、林子雄點校:《清代廣東筆記五種》,頁393。
⑤　清·吳榮光:《佛山忠義鄉志》卷一四〈雜錄〉,《中國地方志集成·鄉鎮志專輯》第30卷,頁285上。

裏奉祀的諸位神祇;除主神金花普主惠福夫人之外,還奉祀有斗姥元君、司馬元帥、華陀先師、月老星君、和合二仙、花粉夫人、桃花仙女、行痘娘娘、九天玄女體道元君、六十甲子當年太歲至德尊神,以及十二奶娘等神靈[①]。

42-1 清·龔章:金花古廟重修增建記

清康熙二十二年(1683)

【碑刻信息】

存址:舊在廟前偃波亭中。宣統年間尚存[②]。

碑文來源:宣統《番禺縣續志·金石略》。

【碑文】

珠海南岸,望之翁然,凌滄波而獨出者,金花古廟也。其地三面臨江,有支流自南來,匯於其下。廟前後舊多古樹,盤鬱森翠,水木之氣,相激而生風。有明之季,為遊人必至之地。春秋寒暑,佳晨令節,綺紈簫鼓,桂楫蘭橈,絡繹於波瀾之上,並望濃陰而憩息焉。今其樹與世運俱往矣。而金花古廟煥然一新,則神之為貺也。金花惠福夫人者,錫胤之神也。其靈異載粵志,班班可考。我惠郡祀之甚肅,而香火尤盛於廣州。以夫人發跡省會僊湖,固其宜耳。省會諸子以古廟規模狹隘,撤其故而更新之。增建前庭,翼以廊廡,其右另建一堂,為宴遊之所,齋廚牖戶,修飾完好。洵足以妥神明,而為禱祠者之所歸依矣。復於廟前長堤多植嘉樹,為遊覽之助。吾知不數年,再睹鬱蒽之概也。門外為亭,字偃波,則余所命。聞舟楫一瞻神宇,履險若夷。神之慈航普渡斯世,願力廣大,蓋不止胤嗣之司已。余嘗偕友人盤桓

---

① 見容肇祖:〈廣州河南的金花廟〉,《民俗周刊》41/42 期,收入周康燮主編:《廣東風俗綴錄》,香港:崇文書店,1972,頁 128–130。

② 清·梁鼎芬倡修,丁仁長等總纂:宣統《番禺縣續志》原題下注曰:"行書,存。"文末注曰:"右碑在河南金花廟前偃波亭中。"見《中國地方志集成·廣東府縣志輯》第30卷,分別見頁 483 上、483 下。然《番禺河南小志》編者所見則為拓本,其於題下注曰:"行書。"於文末注曰:"拓本。"見《中國地方志集成·鄉鎮志專輯》第32卷,分別見頁 686 上、687 上。

亭上，東望扶胥、虎門，風濤浩瀚，日月之出如車輪，霞光奇幻。東、西、北三江合流而入於海，洋洋乎大觀也。其北為會城，萬堞崔巍，與白雲諸山相映帶。珠寺浮於中流，都會殷繁，郊原繡錯。其西則石門、鵝潭，萬頃涵泓，千峰聳峙。倚闌〔一〕長眺，往往樂而忘返。山川靈秀所鍾，神爽式憑，不其然乎？是役也，鳩工壬戌之秋，落成於是冬。與事諸賢不可忘也，故為之記，而併列其姓氏焉。

時康熙癸亥孟春吉旦，賜進士第文林郎翰林院檢討加一級古循龔章撰。

【編者按】

碑文輯錄自清·梁鼎芬倡修、丁仁長等總纂：宣統《番禺縣續志》卷三六〈金石略〉①。又見黃仁恒編：《番禺河南小志》卷七〈金石〉②。

【校記】

〔一〕"闌"，《番禺河南小志》作"欄"。

【碑文考釋】

撰碑者龔章（1637—1695），字惕持，號含五，廣東歸善人。清康熙四年（1673）進士，官翰林院編修。尋告歸，杜門著述。有詩名，與屈大均，梁佩蘭等人唱和。著有《澹寧堂集》、《晦齋集》等。

宣統《番禺縣續志》文末注曰："謹按癸亥為康熙二十二年。龔章，歸善人，見《惠州府志·文苑傳》。"③

本文所涉及的金花古廟，位於廣州珠江南岸，即所謂的"河南"。在介紹此廟在康熙年間的增修之前，碑文先談了該廟昔日的勝觀和金花夫人的情況。據稱，金花廟在明代是遊客必至之地，因為當時廟前後有很多古樹，加上廟三面臨江，風景絕佳。

廟所祀的金花夫人，碑文稱是"賜胤之神"，即是送子女神，但是她又有別於傳統的

---

① 清·梁鼎芬修，丁仁長纂：宣統《番禺縣續志》，《中國地方志集成·廣東府縣志輯》第30卷，頁483上–483下。
② 黃仁恒編：《番禺河南小志》，《中國地方志集成·鄉鎮志專輯》第32卷，頁686上至687上。
③ 清·梁鼎芬修，丁仁長纂：宣統《番禺縣續志》，《中國地方志集成·廣東府縣志輯》第30卷，頁483下。

送子觀音,可以說是廣州以至廣東的一大地方女神崇拜特色。據同治《番禺縣志》,金花夫人是當地一金氏之女,姓金名花,少時為巫①。而她的成仙經過則始於溺水:"金花者,神之諱也。本巫女,五月觀競渡,溺於湖,屍旁有香木偶,宛肖神像,因祀之月泉側,名其地曰惠福,湖曰仙湖。……以其能佑人生子,不當在處女之列,故稱夫人云。廟碑載:神生於洪武七年四月十七日子時,其時太史奏昴星不見。至洪武二十二年三月初七日午時,夫人卒,始奏昴星復位。蓋感昴星而生云。"②

42-2 清·梁佩蘭:金花廟前新築地基碑記

清康熙三十年(1691)

【碑刻信息】

存址:舊在廟前偃波亭中。宣統年間尚存③。

碑文來源:宣統《番禺縣續志·金石略》。

【碑文】

五嶺以南,廣州為一都會。三江匯其前,巨海環其外,山川清淑,氣象開豁。天下省會語雄壯者,金陵而外,無所復讓。僕生長於斯,成童時猶及見吾郡聲名文物之盛。士紳大夫,尚風節而談道義;三公六卿、大儒名將,師師濟濟,出則楨幹王家,處則儀型鄉國。雖時際衰晚,而其人猶有先正遺風。至於郊原遠近,園林梵宇,綺繡相錯,時節嬉游,珠江桃塢、白雲越秀之間,笙歌珠翠,轂擊肩摩。

極盛而衰,固其理也。四十年來,尚可彷彿乘平之舊者,珠江南北,獨金花古廟存焉。爾廟居河南滘口,北枕鵝潭,前臨珠寺。昔多古木濃陰,不可復見矣。而廟宇以神之靈貺,日以益大。每首夏神誕報賽者,煙花火爆,百

---

① 清·李福泰主修,史澄等纂:同治《番禺縣志》卷一七〈建置略·壇廟〉"金花廟"條:"相傳廣州金氏女,少為巫,姿容極美,時稱為金花小娘。"見《中國地方志集成·廣東府縣志輯》第6卷,頁198上。

② 清·黃芝:《粵小記》卷一,吳綺等撰,林子雄點校:《清代廣東筆記五種》,頁392。

③ 清·梁鼎芬倡修、丁仁長等總纂:宣統《番禺縣續志》原題下注曰:"正書,存。"文末按語曰:"右碑在河南金花廟前偃波亭。"見《中國地方志集成·廣東府縣志輯》第30卷,分別見頁487下、488上-下。

戲騈集,歌舞之聲,旬月未已。往歲,郡耆老紳士增建前庭,右堂翼以廊廡、齋廚,門外為偃波亭,留其前為歌舞之場。猶恨地勢狹隘,不足以容觀者,僉議展而大之。顧其地三面皆水,右通小河,無容增拓;前左為大江,其流深急,不易基築。工匠徘徊,懼樹椿不克固,則土石無所堙積。去臘七、八二日,江水忽淺,所築基之地,皆可舍舟徒涉。乃併工樹椿。既畢,而潮長如故。白頭父老聚觀讚歎,謂百年間江潮之淺未有至於此者,神所助也。

按郡志,神為郡人金氏女,舊有靈應祠,在仙湖西,祈子往往有應。成化初,撫軍陳公濂為之重建,稱金花普主惠福夫人。張東所先生為之題詩。蓋其由來古矣。今吾粵無問城市、鄉落,在在有廟。祈禱者皆以嗣續為事,猶泰山之有碧霞元君;以粵女而為粵神,猶莆田之有英烈天妃。雖威靈所及有遠近大小之殊,其有功於人一也。予近卜居仙湖、惠福之間,乃神之故里。考湖水之跡,獨存六脈一渠。坊曲之傍,有古廟數椽,或曰神所居也。抑即靈應祠舊址耶?而規模迫促,不及珠江之南遠矣。

基築既成,與事諸子請予紀其事於石。吾有感乎廟宇之維新,而追思吾郡疇昔之盛,冀旦夕復見之也,故不辭而書之。偃波亭前新築之地,長五丈餘,橫三丈餘,自土面至水底,一丈六七尺,為泊船石步,寬廣平衍,可建輿蓋而登。廟左迤後,新修石磡凡十五丈。鳩工於去冬仲月之望,告成於今夏四月十七神誕之日。捐資董事之名,備列於左。

康熙三十年辛未仲夏至日,賜進士出身文林郎翰林院庶吉士戊辰會魁丁酉解元郡人梁佩蘭撰。

【編者按】

碑文輯錄自清·梁鼎芬倡修,丁仁長等總纂:宣統《番禺縣續志》卷三六〈金石略〉①。另見黃仁恒編:《番禺河南小志》卷七〈金石〉②。

---

① 清·梁鼎芬倡修,丁仁長等總纂:《中國地方志集成·廣東府縣志輯》第30卷,頁487下–488下。
② 黃仁恒編:《中國地方志集成·鄉鎮志專輯》第32卷,頁688上–689上。

【碑文考釋】

撰碑者梁佩蘭(1629－1705)，字芝五，號藥亭，鹽步海心沙(今屬廣州芳村區)人。童時通五經百家之學。清順治十四年(1657)參加鄉試，成解元，詩名已遠播海內。但此後曾六次赴京會試，均落第，直至康熙二十七年(1688)才成進士，時已近六十歲。選庶吉士不到一年，即告假南歸。康熙五十壽辰(康熙四十一年)詔敕庶吉士久在外者赴館供職。梁佩蘭復北上進京。不滿月，逢散館考試，因不習滿文而被革去庶吉士職，歸進士班。因不肯赴選知縣，翌年放歸。每次南歸，均途經齊、魯、吳、越，遊覽了祖國的名山大川和名勝古跡，寫下了大量詩文。回歸後，結社蘭湖，主持風雅，過著貧困的生活。康熙四十七年(1708)卒，年七十七。著有《六瑩堂前後集》十六卷。梁與番禺屈大均和順德陳恭尹並稱為"嶺南三大家"。又與程可則、陳恭尹、王邦畿、方殿元、方遠和方朝等並稱"嶺南七子"。

宣統《番禺縣續志》原文末按語云："梁佩蘭，《南海縣志》有傳。此碑文為陳恭尹撰，見《獨漉堂文集》卷五。其拳拳於盛衰今昔，隱寄故國之思，特托名於時賢耳。'父老聚觀贊嘆'，集本作'潔款'；'不及珠江之南遠矣'，集本'遠'作'游'，皆可據碑訂正之。"[①]按，宣統志認為碑乃陳恭尹撰，託名梁佩蘭，可備一說。呂永光則認為指爲陳恭尹撰，證據不足[②]。但原碑既題為梁佩蘭撰，故仍從舊。

本文的主體部分當爲金花廟築地基一事。但碑文開頭用了大量篇幅抒發興衰之感，追憶昔日廣州的承平景象，由一句"極盛而衰，固其理也。四十年來，尚可仿佛乘平之舊者，珠江南北，獨金花古廟存焉"，引出金花古廟，這才開始介紹金花古廟的今昔情況。

接下來第二部分則敘述了"往歲(康熙二十二年)"金花廟的重修，並點出由於廟前歌舞之場"地勢狹隘，不足以容觀"，這才有擴大之的想法，以及在動工後遇到了築地基難的問題。

最後碑文介紹了金花夫人的出身、靈異與受寵祀的情況，將受粵人奉祀的金花夫人比之於泰山的碧霞元君、福建莆田的天妃。篇末點出撰寫此記的緣由。

---

① 《中國地方志集成·廣東府縣志輯》第30卷，頁488上至下。
② 參呂永光:〈《金花廟前新築地基碑記》考〉，《嶺南文史》1988年第1期，頁99－101。

42-3　清·馮成修:重建金花古廟碑記

清乾隆二十一年(1756)

【碑刻信息】

存址:舊在廟前偃波亭中。宣統年間尚存①。

碑文來源:宣統《番禺縣續志·金石略》。

【碑文】

嶺南仙城,我粵一大都會也。去城里許,則曰珠海。遵海而南,則曰河南。河南故地,玉宇莊嚴,瑞烟飄渺,上蔭喬木,下矙洪濤。兀峙於珠海畔者,則惠福夫人古廟也。夫人生而靈異,談禍福,多奇中。常以育嬰保赤為念,都人德之,沒則祀焉。沒而英靈較著,粵之獲石麟、懷玉燕、沐神賜者,所在皆徧。即或夢冀熊羆,嗣遲蘭苗,一再禱之,無不有祈立應也。豈南為生育之鄉,造物特異之,以為天南大母歟?抑珠江之秀獨毓夫人,故明珠皆在其掌中歟?何昭報之不爽也!粵之人出入祝之,飲食祀之,扶老攜幼,虔俎豆,無虛日。而於麥秋夫人設帨佳辰,稱祝猶為極盛。其迎牲贊幣者,遠近艤舟,指莫勝屈云。蓋夫人以子子粵人,粵人以母母夫人者,數千百年於茲矣。其栖神之宇,興而廢,廢復興,前賢所誌可考而知也。夫何風雨漂搖,星霜屢易,向所謂貝闕珠甍者,又幾為斷瓦頹垣矣。都人曰:"此非所以致明禋也,盍新之?"乃沿舊基,增故址,闊則加廣四尺,深益三丈。前闢琳宮,後營桂殿,迴廊左右,上下循環。廟外建亭,亭□□波。自亭以迄海傍,咸築石砌。其餘地拓為介壽歌舞之所。廟之東,如鳥斯革者,前後碑記之亭也;廟之西,如翬斯飛者,尸祝樓□□宇也。金碧輝煌,上下與波光互映。蓋自首春鳩工,至重九而告竣。值事諸君告余曰:"斯廟之建,需金

---

① 清·梁鼎芬倡修,丁仁長等總纂:宣統《番禺縣續志》原題下注曰:"正書,存。"文末按語曰:"右碑在河南金花廟前偃波亭中梁碑之右。"見《中國地方志集成·廣東府縣志輯》第30卷,分別見頁493下、494上。

二千有奇。而踵厥成者,則溫子晉三寔樂助焉。今正落成,先生其誌之。"余曰:"夫人在粵,粵人皆母事之矣。夫子之於母,報故罔極。而人之子於夫人者,其報德亦應靡涯。今聖天子棫樸作人,菁莪布化,生成樂育,溢於嶺外。則我粵之篤生賢喆,紆青拖紫,建崇勳,奏偉績,上佐盛平之治,下而四民樂業。黃童白叟,熙皥蕃昌,不可謂非夫人冥漠中惠福之一徵也。"予因搦管而為之記。同寅溫奏堂逐薰沐而敬書之。勒石永垂,以為生長嶺南之地者慶。

賜二甲進士出身誥授奉政大夫禮部祠祭司郎中加一級,前庚午鄉科試福建副主考官、癸酉科鄉試四川副考主官、壬申科鄉試順天同考試官、吏部文選司員外郎驗封司主事翰林院庶吉士郡人馮成修拜撰。

誥授中憲大夫戶部浙江清吏司郎中兼戶部十四司催督所事前中書科中書加三級紀錄四次郡人溫瓚書丹。

乾隆二十一年歲在丙子孟冬上浣吉日立。

【編者按】

碑文輯錄自清・梁鼎芬倡修,丁仁長等總纂:宣統《番禺縣續志》卷三六〈金石略〉①。另見黃仁恒編:《番禺河南小志》卷七〈金石〉②。

【碑文考釋】

撰碑者馮成修(1702—1796),字達夫(一曰字遜求),號潛齋,廣東南海人。清乾隆四年(1739)進士,選庶吉士,改吏部主事。歷任禮部祠祭司郎中、貴州督學等職。年六十一告歸,掌教廣州粵秀、越華書院,受業者數百人,世稱"潛齋先生"。雍正元年(1796)卒,年九十五。著有《養正要規》、《學庸集要》等書。

宣統《番禺縣續志》原文末按語云:"馮成修,學者稱潛齋先生,見《寓賢傳》。'亭'字下缺,當是'曰偃'二字;'棲'字下缺,當是'宿之'二字。"③

---

① 清・梁鼎芬修,丁仁長纂:宣統《番禺縣續志》,《中國地方志集成・廣東府縣志輯》第30卷,頁493下–494上。
② 黃仁恒編:《番禺河南小志》,《中國地方志集成・鄉鎮志專輯》第32卷,頁693上–693下。
③ 清・梁鼎芬修,丁仁長纂:宣統《番禺縣續志》,《中國地方志集成・廣東府縣志輯》第30卷,頁494上。

　　這篇碑文記述了乾隆二十一年(1756)對金花廟的一次重修。距上次康熙二十二年(1683)的重修已有七十餘年。本文首先宣揚了金花夫人之神異與崇祀之盛,然後記敘了廟宇的重修經過與修成後的勝景,最後敘述了撰寫此碑記的緣由。

43 官涌古廟

【廟宇簡介】

根據2011年實地考察,官涌古廟位於今廣州市番禺區石碁鎮官涌村武陵街12號,保存狀況良好。該廟共包括三座廟宇:中間為華帝古廟,俗稱大廟,供奉華光大帝、梓潼文昌帝君和關聖帝君等神;東面為長生廟,俗稱醫靈廟;西面為金花廟。廟內保存有從明崇禎十三年(1640)到清光緒年間的石碑十一通。

廟始建年月不詳,有碑可考的最早一次重修是在明崇禎十三年。根據清康熙三十九年(1700)重修碑,廟的歷史或可追溯到元代1330年之前①。

43-1 明·佚名:官涌通鄉伍顯關帝禾華等神廟堂碑記

明崇禎十三年(1640)

【碑刻信息】

存址:今廣州市番禺區石碁鎮官涌村武陵街12號官涌古廟內。

碑額:官涌通鄉伍顯關帝禾華等神廟堂碑記。篆書。

碑題:無。

尺寸:碑高117厘米,高77厘米。

碑文來源:原碑抄錄。

【碑文】

神威遠鎮,萬古英靈,原建廟宇,奕世奉祀,咸賴神恩。迄今年久頹圮,眾議重建,卜筊神前,昭報任重者,姚紹堯、麥思燦、高嗣堯、郭仲昌四人。於是設簿編題,眾喜助金,欣然從事。爰擇崇禎己卯孟冬念四之吉,鳩工重建。

---

① 有關此廟的資料,可參考陳建華主編:《廣州市文物普查彙編·番禺區卷》,頁173-174。

廟宇聿新,兹厥功成,神人永慶,福有攸歸。董將本廟香燈田地、土名,及信士、信女助金姓名逐一臚列於後,以並垂不朽云爾。

計開諸位神宮原有坦田地稅畝,並段土名單列於後:

五顯、關帝、禾花,共計坦田貳拾伍畝,土名官涌邊,躅出租銀壹拾陸兩貳錢正;

馮公田地,共計肆畝,土名董萌坑、鍾後嶺;

沈英吳狗田,共計肆拾畝,土名官涌坑、董萌坑、稿樹下、南步前等處。

合鄉信士助金姓名班序:

鄧敬一:銀壹兩伍錢。

高上行:銀壹兩貳錢。

郭壯綸:銀壹兩壹錢。

高上積:銀壹兩零伍分正。

郭健初:銀壹兩零貳分正。

姚君寵:銀壹兩。

鄧應達:銀壹兩。

郭君浩:銀壹兩。

郭信奇:銀壹兩。

高進堯:銀壹兩。

郭信真:銀壹兩。

郭裔初:銀壹兩。

郭君祥:銀壹兩。

郭傑初:銀壹兩。

高敬桓:銀捌錢。

麥思恒:銀陸錢伍分。

姚惟寵：銀陸錢。

高漢堯：銀陸錢。

高上達：銀伍錢。

朱本禮：銀伍錢。

高茂聰：銀伍錢。

郭道顯：銀伍錢。

郭奇亮：銀伍錢。

高秀岐：銀伍錢。

麥思燦：銀肆錢。

郭榮禎：銀肆錢。

麥思德：銀叁錢陸分正。

郭業初：銀叁錢伍分正。

姚道能：銀叁錢伍分正。

傅應能：銀叁錢伍分正。

麥思教：塑金壹百箔零。

高秀宇：銀叁錢。

高志堯：銀叁錢。

高勝堯：銀叁錢。

郭孟昌：銀叁錢。

高恭堯：銀叁錢。

郭恒宇：銀叁錢。

郭良燦：銀叁錢。

郭君壯：銀叁錢。

郭君享：銀叁錢。

郭成亮：銀叁錢。

郭良炳：銀叁錢。

郭以賦：銀叁錢。

高上華：銀叁錢。

黃應龍：銀叁錢。

郭仰真：銀叁錢。

郭仲昌：銀貳錢伍分正。

姚于廣：銀貳錢伍分正。

姚茂傑：銀貳錢壹分正。

郭君漢：銀貳錢壹分正。

郭肖宇：銀貳錢。

郭世澤：銀貳錢。

郭世標：銀貳錢。

高秀衡：銀貳錢貳分。

姚茂英：銀貳錢。

郭于亮：銀貳錢。

郭弘裕：銀貳錢。

郭君勝：銀貳錢。

郭弘彰：銀貳錢。

劉成宇：銀貳錢。

郭道資：銀貳錢。

郭君餘：銀貳錢。

郭敬昌：銀貳錢。

朱兆麟：銀貳錢。

麥思聰：銀貳錢。

郭君習：銀貳錢。

郭胤昌：銀貳錢。

劉瑞宇：銀貳錢。

高惟英:銀貳錢。

姚瑞麟:銀貳錢。

姚業廣:銀貳錢。

高惟麟:銀貳錢。

郭信初:銀壹錢柒分。

郭日進:銀壹錢陸分。

高庸甫:銀壹錢伍分。

麥思進:銀壹錢伍分。

郭鳴初:銀壹錢伍分。

郭肖日:銀壹錢伍分。

蔣志雄:銀壹錢伍分。

蔣允修:銀壹錢伍分。

蔣起宗:銀壹錢伍分。

傅應豪:銀壹錢伍分。

蔣起初:銀壹錢肆分。

戴茂宇:銀壹錢肆分。

姚道俊:銀壹錢叁分。

麥思壯:銀壹錢壹分。

新橋湯茂宰:銀壹錢伍分。

高能興:銀壹錢。

麥昌琪:銀壹錢叁分。

郭君雄:銀壹錢貳分。

高嗣堯:銀壹錢貳分。

姚夢鰲:銀壹錢壹分。

鄧應恒:銀壹錢壹分。

梁瑞科:銀壹錢壹分。

張繼元：銀壹錢。

郭君志：銀壹錢。

姚茂志：銀壹錢。

蔣允能：銀壹錢。

姚茂初：銀壹錢。

姚伯昇：銀壹錢伍分。

高紹科：銀壹錢。

郭朝瑞：銀壹錢。

郭貴詵：銀壹錢。

高茂奇：銀壹錢。

姚茂廣：銀壹錢。

姚茂明：銀壹錢。

黃裔能：銀壹錢。

姚茂昇：銀壹錢。

姚貴明：銀壹錢。

郭禮詵：銀壹錢。

姚茂能：銀壹錢。

袁彥存：銀壹錢。

麥思龍：銀壹錢貳分。

周文英：銀伍分。

周夢祥：銀伍分。

麥思元：銀貳錢。

麥文高：銀壹錢陸分伍厘。

麥資可：銀壹錢。

高仰勝：銀壹錢。

麥永清：銀壹錢壹分。

梁敬科：銀壹錢。

麥瑞清：銀壹錢。

麥思明：銀壹錢。

高希俊：銀壹錢。

麥應初：銀壹錢。

麥思成：銀壹錢。

高達明：銀壹錢。

麥永能：銀壹錢。

高達垣：銀壹錢。

麥遂一：銀壹錢。

麥思耀：銀壹錢。

麥思迁：銀壹錢。

蔣仲魁：銀壹錢。

麥志聰：銀壹錢。

麥貴華：銀壹錢。

麥有初：銀壹錢。

高惟章：銀壹錢。

麥瑟敬：銀壹錢。

黃應希：銀壹錢。

麥思能：銀叁分肆厘。

麥思廣：銀叁分貳厘。

郭漢昌：銀壹錢壹分正。

麥思存：銀壹錢。

黃志能：銀壹錢。

麥郭禮：銀壹錢。

朱兆雄：銀壹錢。

梁遂林：銀壹錢。

郭仰日：銀壹錢。

麥遂登：銀捌分伍厘。

黃業能：銀壹錢。

麥際常：銀捌分。

麥思業：銀壹錢。

麥遂于：銀陸分。

麥于耀：銀壹錢。

麥遂達：銀五分五厘。

麥茂祥：銀壹錢貳分。

張夢書：銀伍分。

高祥宇：銀捌分。

麥瑞初：銀伍分。

郭君宇：銀伍分。

郭有科：銀伍分。

蔣亞長：銀肆分。

魯奇枝：銀壹錢。

周炳田：銀肆分。

侍奉信士姓名單列于次：

郭茂雄：銀叄錢伍分正。

郭瑞可：銀叄錢。

曾秉廉：銀貳錢。

郭茂信：銀貳錢貳分正。

張秉心：銀壹錢。

高世昌：銀壹錢五分。

高志德：銀貳錢。

郭德興：銀壹錢五分。

郭來興：銀壹錢五分。

郭英：銀壹錢。

郭業興：銀壹錢。

郭子能：銀壹錢伍分。

高志英：銀壹錢壹分。

梁應存：銀壹錢五分。

梁成德：銀壹錢伍分。

姚益勤：銀壹錢。

諸門信女題金姓名單列于后。

郭門張氏：銀壹錢伍分。

麥門羅氏：銀壹錢。

郭門姚氏：銀伍分。

郭門陳氏：銀伍分。

郭氏：銀伍分。

麥門郭氏：銀叄分。

麥門黃氏：銀叄分。

麥氏：銀叄分。

麥氏：銀叄分。

侍奉信女岑氏：銀壹錢。

戴氏：銀叄分。

麥門黃氏：銀伍分七厘。

先年奉酧銅鼓壹副，重貳拾餘斤，合將酧恩集福信士姓名逐一臚列于后：

姚茂傑、高上葉、高宇衡、朱兆麟、麥思燦、姚茂英、郭君志、蔣念修、高漢堯、姚紹堯、郭遜初、高貴堯、姚瑞赤、高上積、蔣允修、高惟麟、姚茂廣、高秀岐、高英璋、姚茂初、傅應能、郭惟勝、劉成宇、黃裔能、郭恒宇、姚茂能、袁彥存、姚茂昇、姚復進、郭應明、麥貴一、梁應存。

弟子鍾奇禮、師喬芳薰沐書刻。

龍飛崇禎拾叁年歲次庚辰新正朔越甲寅之吉重建廟宇，首事姚紹堯等薰沐稽首百拜銘誌立石。

【碑文考釋】

碑文記敘了明崇禎十三年（1640）對官涌古廟的一次重修。

碑文不僅記述了重修的緣首（姚紹堯、麥思燦、高嗣堯、郭仲昌四人）、時間，而且記錄了廟產的數目、土名，以及捐資信士的名單。因此，此碑清楚地向我們表明了明末該廟的經濟狀況。由碑文可知，廟的主要經濟來源乃歸廟所有的香燈田地。另外，奉祀該廟的為不同的姓氏宗族。

除此以外，還可以知道，當時官涌古廟已祀有五顯、華光、關帝、禾華夫人等神。

43-2　清·佚名：官涌通鄉伍顯關帝禾華等神廟堂碑記

清康熙三十九年（1700）

【碑刻信息】

存址：今廣州市番禺區石碁鎮官涌村武陵街 12 號官涌古廟內。

碑額：官涌通鄉伍顯關帝禾華等神廟堂碑記。篆書。

碑題：重建本廟序。楷書。

尺寸：碑高 151 厘米，高 82 厘米。

碑文來源：原碑抄錄。

【碑文】

竊惟革故鼎新，迺古今之恒事；紀名勒石，俾勳業之難忘。自昔祖宗來居斯土，爰事華光、關帝、勸善香火，於今三百柒十餘年矣。其赫聲濯靈，於昭感應，凡鄉士女，莫不福之、祿之、壽之，戴德非一日矣。而重鼎建亦不知其幾更矣。康熙己卯，廟貌頹圮，鳩工庀材，重建廟宇，廣其舊制，不日落成。神光絢彩，共樂美輪美奐；咸歌鳥革翬飛，從此而萬載明煙，從此而千家頂祝。厥工既竣，用紀神庥，並壽鴻名，以彰功力云爾。

計開：福首朱恒昇，首事郭禮昌、姚宗堯、麥志傑、朱良士、高兆昌、麥志恒、郭文典。

助金信士：

郭興進：銀貳兩正。

鄧雲端：銀壹兩柒錢五分。

姚介藩：銀壹兩貳錢。

郭興裕：銀壹兩壹錢。

姚錫政：銀壹兩貳錢。

郭文遠：銀壹兩壹錢。

麥國臣：銀壹兩陸分。

郭興裔：銀壹兩五分。

郭鳴玉：銀壹兩伍分。

郭鳴漸：銀壹兩貳分。

麥文興：銀壹兩貳分。

郭元章：銀壹兩貳分。

姚富萬：銀壹兩正。

姚錫侯：銀壹兩正。

朱楚政:銀壹兩正。
麥宗亮:銀壹兩正。
麥宗垣:銀壹兩正。
郭聯章:銀壹兩正。
麥國鉉:銀壹兩正。
郭楚新:銀壹兩正。
姚星藩:銀壹兩正。
郭□章:銀壹兩正。
鄧卓宸:銀玖錢正。
麥捷如:銀捌錢貳分。
麥國卿:銀捌錢正。
姚萬經:銀捌錢正。
姚東藩:銀捌錢正。
郭廣支:銀捌錢正。
郭文典:銀捌錢正。
姚錫典:銀柒錢正。
郭廣帶:銀柒錢正。
姚錫倫:銀柒錢正。
姚光國:銀柒錢正。
梁翰熙:銀陸錢七分。
高建國:銀陸錢五分。
郭鋧章:銀陸錢五分。
彭郁凡:銀陸錢三分。
麥恒寵:銀陸錢二分。
朱良士:銀陸錢貳分。
麥宗彝:銀陸錢貳分。

麥舜玉：銀陸錢壹分。

朱惟安：銀陸錢正。

高裕伯：銀陸錢正。

姚興藩：銀陸錢正。

郭文悅：銀陸錢正。

姚宗啟：銀陸錢正。

郭文會：銀陸錢正。

姚光成：銀陸錢正。

高子龍：銀陸錢正。

鄧朝潤：銀伍錢六分。

朱良柱：銀伍錢五分。

郭勝文：銀伍錢五分。

麥志恒：銀伍錢三分。

鄧雲作：銀伍錢貳分。

麥華孫：銀伍錢正。

麥恒宗：銀伍錢正。

麥恒敘：銀伍錢正。

馮光垣：銀伍錢正。

姚錫玟：銀伍錢正。

高裕國：銀伍錢正。

姚光煥：銀伍錢正。

麥士雄：銀伍錢正。

麥士寬：銀伍錢正。

郭弘初：銀伍錢正。

郭偉若：銀伍錢正。

郭翰章：銀伍錢正。

郭興遠：銀伍錢正。

郭文則：銀伍錢正。

麥壯旋：銀肆錢二分。

郭偉燦：銀肆錢正。

郭乾新：銀肆錢正。

高建客：銀肆錢正。

蔣登貴：銀肆錢正。

馮維勸：銀肆錢正。

郭文進：銀肆錢正。

郭廣屏：銀肆錢正。

郭光廷：銀肆錢正。

張泰岐：銀肆錢四分。

朱楚日：銀叁錢七分。

郭興鐸：銀叁錢五分。

麥士高：銀叁錢五分。

高建賓：銀叁錢伍分。

麥志兆：銀叁錢五分。

高建雄：銀叁錢五分。

高子瓊：銀叁錢五分。

麥啟進：銀叁錢三分。

麥士德：銀叁錢三分。

麥宗明：銀叁錢二分。

郭文簡：銀叁錢二分。

郭興著：銀叁錢二分。

郭興擢：銀叁錢一分。

郭興倫：銀叁錢一分。

麥恂良：銀叁錢一分。

麥朝輔：銀叁錢一分。

郭瑞齡：銀叁錢一分。

郭億芬：銀叁錢六分。

姚夢熊：銀叁錢正。

曾象芝：銀叁錢正。

梁文啟：銀叁錢正。

郭文禮：銀叁錢正。

郭瑞昭：銀叁錢正。

姚光帝：銀叁錢正。

姚光富：銀叁錢正。

郭豪新：銀叁錢正。

高兆昌：銀叁錢正。

郭壯新：銀叁錢正。

蔣登連：銀叁錢正。

姚光進：銀叁錢正。

姚宗顯：銀叁錢正。

蔣登榮：銀叁錢正。

姚宗傑：銀叁錢正。

高裕日：銀叁錢正。

高裕禎：銀叁錢正。

蔣登有：銀叁錢正。

李士進：銀叁錢正。

高兆子：銀叁錢正。

鄧朝黨：銀貳錢七分。

麥朝佐：銀貳錢六分。

鄧朝進：銀貳錢六分。

麥恂瑤：銀貳錢六分。

郭瑞明：銀貳錢六分。

高裕成：銀貳錢五分。

高子瑜：銀貳錢五分。

郭裕新：銀貳錢五分。

麥志儒：銀貳錢五分。

麥恂泰：銀貳錢五分。

郭位昌：銀貳錢五分。

郭廣集：銀貳錢五分。

麥士能：銀貳錢五分。

鄔子豪：銀貳錢五分。

朱良翰：銀貳錢五分。

梁章屏：銀貳錢五分。

高子良：銀貳錢五分。

郭敘新：銀貳錢五分。

麥恒君：銀貳錢四分。

高裕侯：銀貳錢四分。

麥志國：銀貳錢三分。

麥達富：銀貳分三分六厘。

麥士有：銀貳錢三分。

朱良佐：銀貳錢二分。

郭文昭：銀貳錢二分。

麥志隆：銀貳錢二分。

高裕星：銀貳錢二分。

麥士倫：銀貳錢二分。

郭隆真：銀貳錢二分。

郭傑新：銀貳錢一分。

麥士祿：銀貳錢一分。

麥達貴：銀貳錢一分。

鄧朝泰：銀貳錢一分。

梁文祖：銀貳錢一分。

劉兆奇：錢貳錢一分。

梁文客：銀貳錢一分。

高裕興：銀貳錢一分。

麥士真：銀貳錢正。

麥士安：銀貳錢正。

高建興：銀壹錢九分五厘。

郭興作：銀貳錢正。

麥士與：銀貳錢正。

郭存初：銀貳錢正。

郭銘新：銀貳錢正。

郭鳴興：銀貳錢正。

郭隆升：銀貳錢正。

姚君象：銀貳錢正。

郭潁章：銀貳錢正。

姚宗有：銀貳錢正。

郭文達：銀貳錢正。

郭鳴章：銀貳錢正。

郭貴道：銀貳錢正。

姚國豪：銀貳錢正。

郭文郁：銀貳錢正。

郭瑞登：銀貳錢正。

高裕公：銀貳錢正。

郭會章：銀貳錢正。

劉兆有：銀貳錢正。

高卓生：銀貳錢正。

高勤魁：銀貳錢正。

朱良賓：銀貳錢正。

朱良兆：銀貳錢正。

朱良敬：銀貳錢正。

高子珍：銀貳錢正。

姚萬偉：銀貳錢正。

梁文宗：銀貳錢。

高觀勝：銀貳錢正。

高裕祿：銀壹錢八分。

麥鳴金：銀壹錢七分。

麥士庚：銀壹錢七分。

鄧朝通：銀壹錢七分。

郭廣仁：銀壹銀七分。

高憲生：銀壹錢六分。

麥伯興：銀壹錢六分。

郭尚能：銀壹錢六分。

朱良俊：銀壹錢五分。

朱恒泰：銀壹錢五分。

姚振藩：銀壹錢五分。

姚光接：銀壹錢五分。

朱楚空：銀壹錢二分。

姚君聚：銀壹錢五分。

高勤有：銀貳錢五分。

麥志麟：銀壹錢五分。

麥士啟：銀壹錢五分。

麥士明：銀壹錢五分。

高齊生：銀壹錢五分。

郭瑞德：銀壹錢五分。

郭禮昌：銀壹錢五分。

郭華昌：銀壹錢五分。

郭志有：銀壹錢五分。

郭迪章：銀壹錢五分。

高乾生：銀壹錢五分。

梁國屏：銀壹錢五分。

梁翠屏：銀壹錢五分。

郭文錦：銀壹錢五分。

姚景凡：銀壹錢五分。

郭尚賢：銀壹錢五分。

郭文參：銀壹錢五分。

郭佩道：銀壹錢五分。

高勤輝：銀壹錢五分。

郭文翰：銀壹錢五分。

朱良迪：銀壹錢五分。

高勤國：銀壹錢五分。

高子倩：銀壹錢五分。

高文士：銀壹錢五分。

高勤政：銀壹錢五分。

高子相：銀壹錢五分。

高田慶：銀壹錢五分。

張繼賢：銀壹錢五分。

高裕參：銀壹錢四分。

麥進球：銀壹錢三分。

麥存厚：銀壹錢三分。

麥子寧：銀壹錢三分。

鄧繼禹：銀壹錢三分。

郭大禎：銀壹錢三分。

郭大祥：銀壹錢三分。

郭登道：銀壹錢二分。

郭覺新：銀壹錢二分。

麥燦五：銀壹錢二分。

麥志倩：銀壹錢二分。

朱良際：銀壹錢一分。

麥士容：銀壹錢二分。

麥志瑜：銀壹錢二分。

朱良吉：銀壹錢二分。

麥祿興：銀壹錢二分。

朱恒楚：銀壹錢二分。

郭永新：銀壹錢二分。

郭文鳳：銀壹錢二分。

郭文振：銀壹錢二分。

朱孟文：銀壹錢二分。

郭尚義：銀壹錢二分。

黃尚輝：銀壹錢二分。

梁憲屏：銀壹錢二分。

麥士鵬：銀壹錢二分。

麥士斌：銀壹錢二分。

梁文相：銀壹錢二分。

高勤斐：銀壹錢二分。

郭應道：銀壹錢二分。

梁國權：銀壹錢二分。

張逢敬：銀壹錢二分。

郭正道：銀壹錢二分。

郭光侯：銀壹錢二分。

郭光遂：銀壹錢二分。

郭天兆：銀壹錢二分。

郭貴仲：銀壹銀二分。

郭貴龍：銀壹錢二分。

高國位：銀壹錢二分。

劉兆貴：銀壹錢二分。

高子興：銀壹錢二分。

高田尚：銀壹錢二分。

朱孟貴：銀壹錢二分。

郭尚平：銀壹錢二分。

麥進彥：銀壹錢一分。

麥恒富：銀壹錢一分。

麥子興：銀壹錢一分。

郭尚泰：銀壹錢一分。

朱良傑：銀壹錢一分。

郭大秀：銀壹錢一分。

郭觀真：銀壹錢一分。

郭尚禮：銀壹錢一分。

高節士：銀壹錢正。

郭乃基：銀壹銀一分。

梁文聚：銀壹錢一分。

王耀興：銀壹錢一分。

王輔行：銀壹錢一分。

王輔捷：銀壹錢一分。

王輔有：銀壹錢一分。

郭社有：銀壹錢一分。

張兆球：銀壹錢一分。

張相國：銀壹錢一分。

張瑞傑：銀壹錢一分。

朱良錫：銀壹錢一分。

郭大用：銀壹錢一分。

郭大恒：銀壹錢一分。

麥志賢：銀壹錢一分。

高子挺：銀壹錢五厘。

麥亞孫：銀壹錢正。

姚國殷：銀壹錢正。

麥士福：銀壹錢正。

張鳳球：銀壹錢正。

周世傑：銀壹錢正。

曹子昌：銀壹錢正。

楊爾良：銀壹錢正。

姚夢業：銀壹錢正。

麥士韜：銀壹錢正。

麥士驥：銀壹錢正。

高能廣：銀壹錢正。

麥朝璧：銀壹錢正。

郭昊錫：銀壹錢正。

蔣帝滿：銀壹錢正。

姚君聚：銀壹錢正。

姚光平：銀壹錢正。

姚光賢：銀壹錢正。

姚拄邦：銀壹錢正。

郭觀綻：銀壹錢正。

郭瑞碧：銀壹錢正。

郭喬福：銀壹錢正。

高裕文：銀壹錢正。

高勤興：銀壹錢正。

高田真：銀壹錢正。

麥振南：銀壹錢正。

麥恒仲：銀壹錢正。

郭瑞韜：銀壹錢正。

郭廣裘：銀壹錢正。

朱良□：銀壹錢正。

姚國平：銀壹錢正。

姚國潤：銀壹錢正。

姚國賓：銀壹錢正。

劉兆富：銀壹錢正。

梁瑞屏：銀壹錢正。

郭觀佐：銀壹錢正。

郭觀□：銀壹錢正。

郭觀婧：銀壹錢正。

郭貴昭：銀壹錢正。

郭宗汝：銀壹錢正。

姚帝榮：銀壹錢正。

姚帝金：銀壹錢正。

姚國運：銀壹錢正。

李士豪：銀壹錢正。

麥朝友：銀壹錢正。

姚光雄：銀壹錢正。

姚國朝：銀壹錢正。

劉兆國：銀壹錢正。

黎國□：銀壹錢正。

姚宗亮：銀壹錢正。

姚宗祺：銀壹錢正。

姚帝乾：銀壹錢正。

信女：

李門郭氏：叁錢正。

郭門李氏：貳錢正。

郭門謝氏：貳錢正。

姚門周氏：壹錢二分。

姚門江氏：壹錢一分。

朱門曾氏：壹錢一分。

麥門郭氏：壹錢正。

郭門高氏：壹錢正。

麥門容氏：壹錢正。

高門劉氏：壹錢正。

蔣門姚氏：壹錢正。

姚門黃氏：壹錢正。

姚門蕭氏：壹錢正。

姚門黃氏：壹錢正。

姚門戴氏：壹錢。

姚門□□：□錢正。

信民：

□□□□□。

□□□□□。

□□□□□。

□□□□□。

□□□□□。

郭瑞□□□。

郭□□□□。

郭紹□□□。

郭紹□□一分。

郭亞興：壹錢一分。

郭帝真：壹錢五厘。

鄧慶奉銀壹錢正。

官橋鄉盧眾聖爺：銀捌錢正。

石碁鄉洪聖王爺：銀叁錢正。

原禾花坦田貳拾五畝,土名官涌邊,馮公田地共稅肆畝,土名董蔭坑、鍾後嶺,康熙十二年分承墾下,則稅拾畝零貳分,納米捌斗九升七合六勺。

龍飛康熙三十九年庚辰太歲季春朔越初三丙申吉旦工竣,酧恩開光首事郭禮昌等重建立石。

【碑文考釋】

碑文記敘了清康熙三十九年(1700)對官涌古廟的一次重修。由碑文所述("自昔祖宗來居斯土,爰事華光、關帝、勸善香火,於今三百柒十餘年矣")可知,廟的歷史可以追溯到元代元文宗時代,大約 1330 年之前;另外,立廟之始已祀有華光、關帝和勸善禪師。

另外值得注意的是,原來的禾花坦田二十五畝,以及馮公田地四畝(與明崇禎十三年碑的記載是相同的),到康熙十二年(1673)時已經只剩了十畝零二分。

43-3　清·麥士□:重修鄉約亭題名碑記

清乾隆十七年(1752)

【碑刻信息】

存址:今廣州市番禺區石碁鎮官涌村武陵街 12 號官涌古廟內。

碑額:重修鄉約亭題名碑記。楷書。

碑題:無。

尺寸:碑高 192 厘米,高 98 厘米。

碑文來源:原碑抄錄。

【碑文】

余鄉之中有亭翼然,先人辟土來斯環居,於亭畔高奉華光大帝,配以漢壽亭侯、勸善禪師,傍列禾花、福神,為靈昭昭,由來已久。鄉中父老每月旦咸集斯亭,品評其事之是非,人之臧否焉。惟神顯赫,能使任事者戰戰栗栗,豎論無私,故名其亭曰"鄉約",蓋取神之靈而通鄉公論所在之意也。第修造已久,不無頹圮之憂,於是少長咸議修葺,以增神明之赫濯。眾皆努力,樂志捐金,爰擇孟冬乙未上樑行牆,興土木,踴鳩工,即告竣於是年之臘月癸卯吉旦。詎非神靈默相鄉黨修造之力,而能落成若是之速歟？茲者工事既畢,所有題助芳名臚列於後,以垂不朽。

沐恩弟子麥士[一]薰沐拜書。

關壽真會工資:柒兩貳錢正。

陳復明:叁拾貳兩正。

重修福主:姚國平。

總理首事:郭端石。

辦理首事:郭貴豪、麥士傑、麥朝岳、張雨澤、高富敏、鄧士英、郭斐石、姚啟集、麥憲廷、張穆遠。

督理首事:高勤修、張蟾韜、郭尚禮、麥士建、姚宗迪、張超上、麥朝禮、朱良拔、郭旦就。

今將本鄉各姓助金開列于後:

郭壽安祖:壹兩零八分。

郭汝鳴祖:柒錢貳分正。

郭竹賓祖:柒錢貳分正。

郭迥章:伍兩正。

郭端石:貳兩正。

郭憲章:壹兩伍錢五分。

郭伯石:壹兩伍錢正。

郭作斌:壹兩貳錢二分。

郭珮石:壹兩壹錢五分。

郭乾石：壹兩壹錢一分。

郭衡石：壹兩壹錢正。

郭千石：壹兩壹錢正。

郭緯石：壹兩壹錢正。

郭浩千：壹兩壹錢正。

郭學斐：壹兩壹錢正。

郭廣楚：壹兩零二分。

郭躍道：柒錢五分正。

郭學仲：柒錢五分正。

郭學泗：柒錢五分正。

郭始道：柒錢二分正。

郭餘就：陸錢八分正。

郭鎮高：陸錢二分正。

郭學章：陸錢正。

郭鎮□：伍錢七分正。

郭裴石：伍錢一分正。

郭旦就：伍錢一分正。

郭作最：伍錢一分正。

郭見道：肆錢五分正。

郭大進：肆錢二分正。

郭覬石：肆錢二分正。

郭煥章：肆錢二分正。

郭尚禮：肆錢一分正。

郭弘道：肆錢一分正。

郭學聰：肆錢一分正。

郭學聖：肆錢一分正。

郭作照：肆錢一分正。

郭大文：肆錢一分正。

郭貴明：肆錢一分正。

郭學連：肆錢正。

郭光道：肆錢正。

郭作槐：肆錢正。

郭觀貢：叁錢八分正。

郭冠石：叁錢七分。

郭鎮京：叁錢六分正。

郭學源：叁錢六分正。

郭學接：叁錢六分正。

郭傑元：叁錢六分正。

郭作柱：叁錢五分正。

郭大鵬：叁錢五分正。

郭貴豪：叁錢五分正。

郭學宗：叁錢五分正。

郭周宜：叁錢五分正。

郭學任：叁錢五分正。

郭學高：叁錢五分正。

郭大佐：叁錢五分正。

郭廣公：叁錢五分正。

郭瑞賓：叁錢五分正。

郭學禮：叁錢五分正。

郭呂就：叁錢五分正。

郭瑞高：叁錢五分正。

郭光就：叁錢五分正。

郭作錦：叁錢五分正。

郭大禮：叁錢五分正。

郭貴華：叁錢五分正。

郭學千：叁錢五分正。

郭學鰲：叁錢五分正。

郭鎮明：叁錢四分正。

郭文彥：叁錢三分正。

郭浩輝：叁錢三分正。

郭文璉：叁錢三分。

郭作韶：叁錢三分。

郭華公：叁錢三分。

郭華昇：叁錢三分。

郭貴達：叁錢三分。

郭作周：叁錢三分。

郭閏凌：叁錢三分。

郭學友：叁錢三分。

郭作禮：叁錢二分。

郭裔道：叁錢二分。

郭浩天：叁錢二分。

郭富道：叁錢二分。

郭作寬：叁錢二分。

郭文蒼：叁錢二分。

郭明道：叁錢二分。

郭萬石：叁錢二分。

郭浩貴：叁錢二分。

郭華周：叁錢二分。

郭大秀：叁錢二分。

郭學鵬：叁錢二分。

郭學賢：叁錢二分。

郭學攀：叁錢二分。

郭學贄：叁錢二分。

郭大韶：叁錢二分。

郭學進：叁錢二分。

郭敬就：叁錢二分。

郭貴章：叁錢二分。

郭貴奇：叁錢二分。

郭德就：叁錢二分。

郭學輝：叁錢二分。

郭廣則：叁錢二分。

郭學省：叁錢二分。

郭大禹：叁錢二分。

郭坤就：叁錢二分。

郭華筆：叁錢二分。

郭貴士：叁錢二分。

郭學書：叁錢二分。

郭瑞友：叁錢二分。

郭大畧：叁錢二分。

郭大經：叁錢二分。

郭華岸：叁錢二分。

郭華傑：叁錢二分。

郭貴興：叁錢二分。

郭華燦：叁錢二分。

郭學昭：叁錢二分。

郭貴珩：叁錢二分。

郭慶道：叁錢二分。

郭浩成：叁錢二分。

郭浩奇：叁錢二分。

郭輝道：叁錢二分。

郭振道：叁錢一分。

郭作惠：叁錢一分。

郭迪章：叁錢一分。

郭觀交：叁錢一分。

郭藝道：叁錢一分。

郭作樑：叁錢一分。

郭作棟：叁錢一分。

郭作材：叁錢一分。

郭達明：叁錢一分。

郭達全：叁錢一分。

郭達斐：叁錢一分。

郭華先：叁錢一分。

郭華嵩：叁錢一分。

郭學珍：叁錢一分。

郭文回：叁錢一分。

郭作珠：叁錢一分。

郭作碧：叁錢一分。

郭浩叁：叁錢一分。

郭作梅：叁錢一分。

郭作昌：叁錢一分。

郭愷石：叁錢一分。

郭華汾：叁錢一分。

郭學尚：叁錢一分。

郭鎮唐：叁錢一分。

郭挺士：叁錢一分。

郭大漢：叁錢一分。

郭學秋：叁錢一分。

郭廣信：叁錢一分。

郭學漢：叁錢一分。

郭廣修：叁錢一分。

郭文好：叁錢正。

郭平參：柒錢五分。

郭昇犖：柒錢二分。

郭依山：肆錢二分。

郭平再：叁錢八分。

郭顯福：叁錢二分。

郭用巧：叁錢二分。

郭茂犖：叁錢一分。

郭起勤：叁錢一分。

姚景富祖：柒錢肆錢四分。

姚國閨：壹兩捌錢正。

姚宗遠：壹兩柒錢四分。

姚國任：壹兩肆錢五分。

姚國垣：壹兩肆錢五分。

姚宗永：壹兩叁錢二分。

姚啟集：壹兩壹錢二分。

姚國尚：壹兩壹錢正。

姚國寶：壹兩零五分。

姚宗迪：柒錢二分正。

姚宗健：柒錢二分正。

姚國猷：陸錢五分正。

姚啟憲：陸錢一分正。

姚國運：伍錢三分正。

姚啟德：伍錢二分正。

姚宗廣：伍錢二分正。

姚啟有：伍錢一分正。

姚宗會：肆錢六分正。

姚國平：肆錢五分正。

姚國參：肆錢三分正。

姚國大：肆錢二分正。

姚國奇：肆錢二分正。

姚啟裕：肆錢二分正。

姚啟存：肆錢一分正。

姚啟達：肆錢一分正。

姚國照：肆錢一分正。

姚宗應：肆錢正。

姚國魁：叁錢六分正。

姚啟松：叁錢六分正。

姚啟賢：叁錢六分正。

姚光燦：叁錢六分正。

姚國用：叁錢五分。

姚啟明：叁錢五分。

姚啟富：叁錢五分。

姚國璧：叁錢五分。

姚國祿：叁錢五分。

姚啟元：叁錢五分。

姚啟星：叁錢五分。

姚啟霜：叁錢五分。

姚觀廣：叁錢五分。

姚光順：叁錢五分。

姚國禧：叁錢三分。

姚啟輝：叁錢三分。

姚國翰：叁錢二分。

姚宗就：叁錢二分。

姚夢乾：叁錢二分。

姚啟候：叁錢二分。

姚國福：叁錢二分。

姚啟柱：叁錢二分。

姚啟文：叁錢二分。

姚觀閏：叁錢二分。

姚光瑞：叁錢一分。

姚啟燕：叁錢一分。

姚啟融：叁錢一分。

姚宗拔：叁錢一分。

姚文舉：叁錢一分。

姚啟英：叁錢一分。

姚啟雄：叁錢一分。

姚宗朗：叁錢一分。

姚光興：叁錢一分。

姚國材：叁錢一分。

姚啟千：叁錢一分。

姚啟茂：叁錢一分。

姚光豪：叁錢一分。

姚啟瓊：叁錢一分。

姚啟敬：叁錢一分。

姚啟昌：叁錢一分。

姚宗能：叁錢一分。

姚光達：叁錢一分。

姚宗茂：叁錢一分。

姚宗傑：叁錢一分。

姚啟倫：叁錢一分。

姚宗成：叁錢一分。

姚啟周：叁錢一分。

姚夢祥：叁錢正。

姚國觀：叁錢正。

麥南溪祖：柒錢一分五厘。

麥西庵祖：柒錢二分正。

麥雪松祖：柒錢二分正。

麥士傑：壹兩陸錢四分。

麥士榮：壹兩肆錢五分。

麥朝禮：壹兩肆錢五分。

麥士越：壹兩肆錢五分。

麥士禮：壹兩肆錢四分。

麥朝漢：壹兩肆錢正。

麥士建：壹兩貳錢正。

麥憲倩：壹兩貳錢正。

麥士足：壹兩壹錢五分。

麥憲明：壹兩零五分正。

麥朝俸：壹兩零五分正。

麥朝孟：柒錢四分正。

麥朝顯：柒錢二分正。

麥朝覿：柒錢二分正。

麥朝用：柒錢二分正。

麥朝光：柒錢二分正。

陳自昌：柒錢二分正。

麥憲上：柒錢二分正。

麥憲集：柒錢二分正。

麥朝庶：柒錢一分正。

麥朝舜：柒錢一分正。

麥朝昌：陸錢一分正。

麥朝紀：伍錢五分正。

麥朝載：伍錢五分正。

麥朝勝：伍錢三分正。

麥志齊：伍錢二分正。

麥士躍：伍錢二分正。

麥朝盛：伍錢二分正。

麥士強：伍錢二分正。

麥朝謙：伍錢二分正。

麥士彥：伍錢一分正。

麥朝孔：伍錢一分正。

麥士敏：伍錢一分正。

麥士壽：伍錢一分正。

麥朝琰：伍錢一分正。

麥士珺：伍錢正。

麥朝科：肆錢五分正。

麥朝賢：肆錢五分正。

麥憲緝：肆錢五分正。

麥士達：肆錢五分正。

麥朝忠：肆錢三分正。

麥朝信：肆錢三分正。

麥士炳：肆錢二分正。

麥朝高：肆錢二分正。

麥朝悅：肆錢二分正。

麥朝柱：肆錢二分正。

郭朝聘：肆錢二分正。

麥榮光：肆錢二分正。

麥憲萬：肆錢二分正。

麥憲龍：肆錢二分正。

麥憲鳳：肆錢二分正。

麥朝應：肆錢一分正。

麥士端：肆錢一分正。

麥朝官：肆錢一分正。

麥憲廷：肆錢一分正。

麥朝玉：肆錢一分正。

麥朝任：肆錢一分正。

麥朝躍：肆錢一分正。

麥朝岳：肆錢一分正。

麥朝博：肆錢一分正。

麥朝敬：肆錢一分正。

麥朝儀：肆錢一分正。

麥憲韜：肆錢一分正。

麥志國：肆錢一分正。

麥朝金：肆錢一分正。

麥朝作：肆錢一分正。

麥士品：肆錢一分正。

麥憲成：肆錢一分正。

麥朝行：肆錢一分正。

麥憲德：叁錢七分正。

曾帝舍：叁錢七分正。

麥朝聰：叁錢七分正。

麥士拔：叁錢六分正。

麥憲奇：叁錢六分正。

麥士猷：叁錢六分正。

麥憲如：叁錢六分正。

麥朝貫：叁錢六分正。

麥士驥：叁錢六分正。

麥朝安：叁錢六分正。

麥朝重：叁錢六分正。

麥朝福：叁錢六分正。

麥憲福：叁錢六分正。

麥憲輝：叁錢六分正。

麥朝迪：叁錢六分正。

麥士斗：叁錢六分。

麥憲鵬：叁錢六分。

麥朝喜：叁錢六分。

麥憲球：叁錢六分。

麥憲運：叁錢六分。

麥憲光：叁錢六分。

麥朝述：叁錢五分。

麥朝開：叁錢五分。

麥朝三：叁錢五分。

麥士集：叁錢五分。

麥憲三：叁錢五分。

麥憲琚：叁錢五分。

麥朝祿：叁錢五分。

麥士顯：叁錢五分。

麥□亭：叁錢五分。

麥士光：叁錢五分。

麥朝滿：叁錢五分。

麥士元：叁錢五分。

麥朝山：叁錢五分。

麥朝賓：叁錢五分。

麥憲貴：叁錢五分。

麥憲勳：叁錢五分。

麥士佐：叁錢五分。

麥憲豪：叁錢五分。

麥朝國:叁錢五分。

麥憲勤:叁錢五分。

麥朝大:叁錢五分。

麥士容:叁錢五分。

麥士標:叁錢四分。

麥朝拱:叁錢四分。

麥朝秉:叁錢四分。

麥朝鑑:叁錢三分。

麥朝立:叁錢三分。

麥朝斯:叁錢四分。

麥憲亮:叁錢三分。

麥朝明:叁錢三分。

麥憲松:叁錢三分。

麥朝朝:叁錢三分。

麥士豹:叁錢三分。

麥憲岳:叁錢三分。

麥士明:叁錢三分。

麥榮章:叁錢三分。

麥憲鉅:叁錢三分。

麥憲鑻:叁錢三分。

麥憲鑑:叁錢三分。

麥憲祿:叁錢三分。

麥憲象:叁錢三分。

麥憲林:叁錢三分。

麥朝秀:叁錢三分。

麥憲祥:叁錢三分。

麥士驕：叁錢三分。

麥朝章：叁錢三分。

麥朝宰：叁錢三分。

麥士積：叁錢三分。

麥憲任：叁錢二分。

麥朝建：叁錢二分。

麥士俸：叁錢二分。

麥朝昊：叁錢二分。

麥憲超：叁錢二分。

麥朝理：叁錢二分。

麥朝敏：叁錢二分。

麥榮漢：叁錢二分。

麥朝伍：叁錢二分。

麥朝相：叁錢二分。

麥憲千：叁錢二分。

麥榮遠：叁錢二分。

麥榮耀：叁錢二分。

麥憲茂：叁錢二分。

麥榮集：叁錢二分。

麥憲庸：叁錢二分。

麥朝鐸：叁錢二分。

麥憲瑞：叁錢二分。

麥士昂：叁錢二分。

麥朝親：叁錢二分。

麥朝澤：叁錢一分。

麥朝江：叁錢一分。

麥憲秋：叁錢一分。

麥憲達：叁錢一分。

麥朝賀：叁錢一分。

麥憲彬：叁錢一分。

麥士錦：叁錢一分。

麥朝芝：叁錢一分。

麥憲富：叁錢一分。

麥憲足：叁錢一分。

麥士秀：叁錢一分。

麥士祥：叁錢一分。

麥朝當：叁錢一分。

麥榮超：叁錢一分。

麥憲漸：叁錢一分。

麥憲榮：叁錢一分。

麥朝富：叁錢一分。

麥朝祐：叁錢一分。

麥朝貞：叁錢一分。

麥朝寶：叁錢一分。

麥憲耀：叁錢一分。

麥士勤：叁錢一分。

麥士琬：叁錢一分。

麥憲學：叁錢一分。

麥朝尚：叁錢一分。

麥朝叁：叁錢一分。

麥朝貴：叁錢一分。

麥榮亮：叁錢一分。

麥朝拾：叁錢一分。

麥朝裕：叁錢一分。

麥朝嵩：叁錢三分。

麥憲秀：叁錢一分。

麥榮爵：叁錢一分。

麥士三：叁錢一分。

麥觀覲：叁錢一分。

麥朝驅：叁錢一分。

麥朝真：叁錢一分。

麥朝彥：叁錢一分。

麥福斌：叁錢一分。

麥朝唐：叁錢一分。

麥朝宴：叁錢一分。

麥國惠：叁錢一分。

麥憲唐：叁錢一分。

麥朝恭：叁錢一分。

麥士斌：叁錢一分。

張貴興祖：叁兩柒錢正。

張泰岐祖：柒錢二分正。

張逢敬祖：柒錢二分。

張德兼兩：肆錢四分。

張庭印：壹兩壹錢一分。

張懷登：伍錢五分正。

張曆行：伍錢二分正。

張輝上：伍錢一分正。

張畝東：伍錢一分正。

張懷珍：伍錢一分正。

張昭行：伍錢一分正。

張蟾韜：肆錢五分正。

張義兼：肆錢五分正。

張超上：肆錢三分正。

張文鳳：肆錢三分正。

張孟芳：肆錢二分正。

張陶芳：肆錢二分正。

張述芝：肆錢一分正。

張挺兼：肆錢一分正。

張燦上：叁錢八分正。

張世伍：叁錢八分正。

張琬兼：叁錢八分正。

張美衍：叁錢六分正。

張南重：叁錢六分正。

張象中：叁錢六分正。

張容伍：叁錢六分正。

張季重：叁錢六分正。

張羨遠：叁錢六分正。

張穆遠：叁錢六分正。

張豹偉：叁錢六分正。

張琚病：叁錢六分正。

張典時：叁錢六分正。

張齊思：叁錢五分正。

張中伍：叁錢五分正。

張朋遠：叁錢五分正。

張展德：叁錢五分正。

張玉倫：叁錢五分正。

張有漸：叁錢四分正。

張麗兼：叁錢四分正。

張顯宗：叁錢四分正。

張拔宗：叁錢四分正。

張恒佐：叁錢四分正。

張享千：叁錢三分正。

張綽宜：叁錢三分正。

張服宜：叁錢三分正。

張汝漸：叁錢三分正。

張高漢：叁錢三分正。

張隆伍：叁錢三分正。

張茂伍：叁錢三分正。

張陛伍：叁錢三分正。

張麗遠：叁錢三分正。

張信行：叁錢三分。

張彩兼：叁錢三分。

張禮兼：叁錢三分。

張擴功：叁錢三分。

張懿兼：叁錢三分。

張琚行：叁錢三分。

張佩倫：叁錢三分。

張翠芳：叁錢三分。

張翠芳：叁錢三分。

張賢登：叁錢三分。

張義登：叁錢三分。

張庭光：叁錢三分。

張紹芳：叁錢三分。

張榮漸：叁錢二分。

張位存：叁錢二分。

張永存：叁錢二分。

張傑君：叁錢二分。

張定行：叁錢二分。

張展猷：叁錢二分。

張達兼：叁錢二分。

張參偉：叁錢二分。

張輝時：叁錢二分。

張傑作：叁錢一分。

張配宜：叁錢一分。

張炳章：叁錢一分。

張雨澤：叁錢一分。

張端宗：叁錢一分。

張毅遠：叁錢一分。

張騁東：叁錢一分。

張驛行：叁錢一分。

張鴻偉：叁錢一分。

張斐恭：叁錢一分。

張高明：叁錢一分。

張健時：叁錢一分。

張梅村：叁錢一分。

張享時：叁錢一分。

張濟時：叁錢一分。

張德千：叁錢正。

張英玉：叁錢正。

張卷章：叁錢正。

張善作：叁錢正。

張興宜：叁錢正。

張景章：叁錢正。

張泰漸：叁錢正。

張成會：叁錢正。

張尚存：叁錢正。

張位遠：叁錢正。

張懷遠：叁錢正。

張灼偉：叁錢正。

張聚遠：叁錢正。

張秋宗：叁錢正。

張鉅猷：叁錢正。

張震猷：叁錢正。

張瓊美：叁錢正。

張信恭：叁錢正。

張安漸：叁錢正。

張士偉：叁錢正。

張昭偉：叁錢正。

張富泰：叁錢正。

張得時：叁錢正。

張貯時：叁錢正。

張汝時：叁錢正。

張群芳：叁錢正。

張江時：叁錢正。

張科泰：叁錢正。

高眾成祖：壹兩零八分。

高還江祖：叁錢一分正。

高清士：壹兩壹錢正。

高勤修：捌錢一分正。

高田慶：柒錢四分正。

高勤富：伍錢三分正。

高斐著：伍錢一分正。

高勤進：肆錢五分正。

高燦京：肆錢五分正。

高敬士：肆錢一分正。

高帝士：肆錢一分正。

高旦士：肆錢一分正。

高朝大：肆錢一分正。

高燦錦：肆錢一分正。

高勤輔：叁錢六分正。

高勤尚：叁錢六分正。

高楚萬：叁錢六分正。

高燦琚：叁錢五分正。

高富敏：叁錢五分正。

高富千：叁錢五分正。

高富明：叁錢五分正。

高興士：叁錢四分正。

高禮尚：叁錢四分正。

高燦元：叁錢四分正。

高子賓：叁錢三分正。

高燦斯：叁錢三分正。

高燦瑚：叁錢三分。

高燦亮：叁錢三分。

高燦萬：叁錢二分。

高燦乾：叁錢二分。

高燦坤：叁錢二分。

高翅楚：叁錢二分。

高富周：叁錢二分。

高楚士：叁錢二分。

高携士：叁錢二分。

高富正：叁錢二分。

高富新：叁錢二分。

高子琚：叁錢二分。

高富達：叁錢二分。

高明士：叁錢二分。

高禮斯：叁錢二分。

高富眾：叁錢一分。

高斐章：叁錢一分。

高勤士：叁錢一分。

高燦雲：叁錢一分。

高燦鉅：叁錢一分。

高宜士：叁錢一分。

高禮明：叁錢一分。

高富再：叁錢一分。

高賓士：叁錢一分。

高燦來：叁錢一分。

高超士：叁錢一分。

高燦文：叁錢一分。

高燦任：叁錢一分。

高禮士：叁錢一分。

高勤接：叁錢一分。

高燦禮：叁錢一分。

高兆恒：叁錢一分。

高勤斐：叁錢一分。

朱慶昌祖：壹兩壹錢正。

朱孟豪：柒錢二分正。

朱秀章：柒錢二分正。

朱孟成：伍錢二分正。

幸捷榮：伍錢一分正。

朱孟捷：肆錢五分正。

劉興富：肆錢五分正。

梁士近：肆錢五分正。

周帝瑞：肆錢五分正。

朱秀文：肆錢二分正。

朱良佶：肆錢一分正。

朱良慶：肆錢一分正。

朱秀函：肆錢一分正。

鄧士顯：肆錢一分正。

朱秀真：肆錢正。

李魁士：叁錢八分正。

曾夢安：叁錢六分正。

曾天祥：叁錢六分正。

劉興亮：叁錢五分正。

朱喬長：叁錢五分正。

梁果秀：叁錢五分正。

梁果斌：叁錢五分正。

梁果耀：叁錢五分正。

鄧士英：叁錢五分正。

朱文始：叁錢五分正。

梁元善：叁錢五分正。

梁果興：叁錢五分正。

馮士佳：叁錢五分正。

朱良作：叁錢四分正。

朱秀始：叁錢四分正。

朱禮長：叁錢四分正。

朱會始：叁錢四分正。

曾天貴：叁錢四分正。

朱漢瑤：叁錢三分正。

鄧曰儒：叁錢三分正。

朱秩長：叁錢三分正。

梁貴善：叁錢三分正。

梁如善：叁錢三分。

劉興君：叁錢三分。

鄧曰榮：叁錢三分。

曾天成：叁錢三分。

曾天富：叁錢三分。

朱巨始：叁錢二分。

梁果泰：叁錢二分。

蔣巨良：叁錢二分。

蔣巨英：叁錢二分。

朱觀穩：叁錢二分。

劉景聰：叁錢二分。

朱敬瑤：叁錢二分。

梁敬善：叁錢二分。

朱孟賢：叁錢二分。

馮毓秀：叁錢二分。

朱良敬：叁錢二分。

黃廷爵：叁錢二分。

陳大茂：叁錢二分。

朱良拔：叁錢二分。

朱秀隆：叁錢一分。

朱秀行：叁錢一分。

朱秀明：叁錢一分。

劉慶聰：叁錢一分。

劉顯聰：叁錢一分。

朱接瑤：叁錢一分。

朱禮瑤：叁錢一分。

朱帝同：叁錢一分。

黃輔及：叁錢一分。

黃燦星：叁錢一分。

黃輔能：叁錢一分。

黃燦北：叁錢一分。

劉亞勝：叁錢一分。

梁果傑：叁錢一分。

劉興敏：叁錢一分。

梁果萬：叁錢一分。

曾賢爵：叁錢一分。

劉敏先：叁錢一分。

蔣巨佐：叁錢一分。

朱忠始：叁錢一分。

朱良英：叁錢一分。

劉貴聰：叁錢一分。

朱喬萬：叁錢一分。

朱聚長：叁錢一分。

朱贊瑤：叁錢一分。

朱華茂：叁錢一分。

梁元善：叁錢一分。

劉興勤：叁錢一分。

梁富善：叁錢一分。

朱迪享：柒錢二分。

朱迪雄：叁錢二分。

梁果發：叁錢一分。

朱孟富：叁錢一分。

梁果禹：叁錢一分。

梁果福：叁錢一分。

朱鳳始：叁錢一分。

梁達光：叁錢一分。

新橋鄉：

天后宮：叁兩陸錢正。

石碁鄉：

洪聖宮：壹兩捌錢正。

孔慕陽祖：叁錢一分。

沙涌鄉：

天后宮：柒錢二分正。

周昌最：壹錢二分五厘。

黃旋佳：壹錢三分正。

黃元意：壹錢零六厘。

幸眉白：叁錢一分正。

江世貞：壹錢二分五厘。

周奕最：壹錢正。

黃奇珍：壹錢正。

黃顯再：壹錢正。

隔山鄉：

周南元祖：叁錢一分三厘。

赤山鄉：

戴郁章：捌錢二分。

孔興學：六分三厘。

孔桓尚：五分。

草塘鄉龍士韜：貳錢正。

黃國棟：壹錢正。

朗邊鄉：

梁上文：柒錢二分。

梁奉天：叄錢八分。

南步鄉：

楊北山祖：貳錢。

楊仁斯：壹錢正。

梁子登：六分四厘。

梁俊傑：五分四厘。

梁秉堂：七分。

梁作士：七分。

梁自天、梁昇堂：俱五分。

楊達廷：壹錢。

楊熙遇：壹錢。

梁巨元、梁倫士：俱五分三厘。

梁子雲：六分四厘。

梁宗客：五分三厘。

礪山八友塘：

林雄千、鄭廣兼、陳志廣、梁順來、麥憲鵬、麥朝拾、姚宗廣、幸捷榮：銀柒錢二分、太眉扁石。

小龍鄉：

魯德元：壹錢零二厘。

魯楚憲：壹錢正。

魯志山：壹錢正。

本鄉香資：

招村鄉：

蔡志中：壹錢。

郭旦道：壹錢。

姚光璉：五分三厘。

郭文教：五分。

艾萬三：九分。

今將各門信女金資開列：

緣首彭法善、孔心護、陳心廣。

姚門陳心廣：柒錢二分正。

郭振高母陳心活：五錢正。

郭門孔心護：叁錢二分正。

麥士傑母彭法善：壹錢二分五厘。

龐門潘氏：壹錢二分五厘。

郭千石內魯奇仙：壹錢二分。

姚啟達母黃氏：壹錢錢一分。

江超霞母郭鳳仙：壹錢錢一分。

郭珮石母凌法松：壹錢錢一分。

郭學斐內高氏：壹錢錢一分。

郭平再母楊氏：壹錢錢一分。

郭學連母孔氏：壹錢錢零五厘。

郭觀貢母張月嬌：壹錢錢正。

郭觀舉母譚容仙：壹錢錢正。

郭振高妹鳳嬌：壹錢錢正。

姚門梁善友：八分八厘。

姚啟集內孔氏：八分八厘。

姚門陳氏：八分八厘正。

郭鎮京母江佛心：八分五厘。

郭斐石母魯法堅：八分五厘。

郭學斐妾曾氏：八分五厘。

郭佩石內梁奇仙：八分五厘。

郭傑元母陳善興：八分二厘。

郭平糸內陳月蓮：八分二厘。

姚門陳心海：八分一厘正。

梁門邱氏：八分一厘。

姚門陳法惠：八分一厘。

郭門吳氏：八分正。

朱門勞氏：八分正。

郭門鄧氏：八分正。

高門梁氏：八分一厘。

姚門鄭氏：五分九厘。

郭冠石母何氏：五分。

郭躍道母戴氏：五分。

高燦京母孔氏：五分。

乾隆拾柒年歲次壬申季冬吉旦重修福主姚國平等立石。

【校記】

〔一〕"麥士",原碑如此。疑漏刻姓名的第三字。

【碑文考釋】

碑文記敘了清乾隆年間對廟旁鄉約亭的一次重修。從碑文看,亭與廟是同時興建的,有村即有廟,有廟即有亭。此亭的主要作用是議事之所,故名"鄉約"。而且此鄉約亭一直發揮了非常重要的作用,"鄉中父老每月旦咸集斯亭,品評其事之是非、人之臧否焉"。而亭之所以建在廟邊,為的是"取神之靈",在神靈面前議事者要秉持公論。由此而知,亭乃廟的延伸,可以視作廟的一個附屬機構。

44 南田神廟

【廟宇簡介】

廟舊在珠江南岸之南田,祀北帝、東嶽大帝、觀音。

44-1 清·釋成鷟:南田神廟記

清康熙六十一年(1722)之前

【碑刻信息】

存址:此碑清宣統間已佚。《番禺河南小志·金石志》中所收碑文乃據清僧成鷟撰《咸陟堂文集》輯出①。

碑文來源:釋成鷟《咸陟堂文集》。

【碑文】

暇嘗覽勝,舟渡珠江。遵海而南,遊覽花田之上,遙見桑麻聚落,煙火相望,鷄犬之聲相聞。界乎海幢、是岸兩刹之間者,南田也。南田之西,古廟在焉,榱題[一]輪奂,香燈熒煌。為一鄉四社之主者,觀音、北帝、東嶽之神也,同堂分座,各居其位。中間左右,以應化為方隅:廟北,其牖也,玄帝位焉;觀音,西方之聖人也;泰山,東封之祀也。隨其方位,設像事之。予入廟肅神,出而四顧:雲山列屏,鳳岡據几,鵝潭環帶,雲桂飲虹,四面八方之勝,攝於心目,稱大觀焉。

南田之人,春秋禋祀,歲一主之,以其神降生證道之日為期會。是日也,農輟其耕,士釋其業,兒郎炫服,遊女靚妝,相與集於廟下。象笏星衣,巫陽

---

① 《番禺河南小志》之錄文,題下注曰"已佚",文末注明出處為"咸陟堂文集"。見《中國地方志集成·鄉鎮志專輯》第32卷,頁690上、690下。

宛其歌舞;玉簫檀板,優孟幻其衣冠。群然樂之,三神在天之靈,亦以眾生之樂為樂,錫福其人。人樂其樂,老安少懷;家樂其樂,令妻壽母,孝子慈孫,靡弗各得其所樂者樂之。富日以盈,名日以成,壽以康寧,多男子而繩繩,其不樂者亦樂之。憂者以喜,疾者以愈,離者以合,散者以聚,神之降福於人也如此。予至其鄉,鄉之父老請為文以紀功德。夫聖人之功德大矣,齊之以禮樂,一之以政刑,可得而見也。神明之為功德也,禍福之數有倚與伏,盈謙之勢有變有流,不可見也。可見者治其明,不可見者治其幽。大《易》所謂"聖人以神道設教"①,其此之謂乎?咨爾父老,敬而聽之,因其可見者,求其不可見者,可以事君,可以事神矣。《詩》不云乎:"神之弔矣,貽爾多福;民之質矣,日用飲食。群黎百姓,徧為爾德。"②予於父老亦云,遂序。

【編者按】

碑文輯錄自清·釋成鷲:《咸陟堂文集》卷五③。又見黃仁恒編:《番禺河南小志》卷七〈金石〉④。

【校記】

〔一〕"榿題",《番禺河南小志》作"榿桷"。

【碑文考釋】

撰碑者釋成鷲(1637—1722),俗姓方,名顒愷,字麟趾,明番禺舉人方國騨之次子,方殿元之從弟,畫家梁啟運之婿,番禺人。明亡,平靖二藩於順治八年(1651)督學,成鷲誓死不赴試,只閉門讀書,貫通群籍。後削髮為僧,從石洞離幻和尚,受法名曰光鷲,字跡刪,號東樵,後再從平陽祖派,易名成鷲,住羅浮。遍歷諸方禪林,曾往澳門主普濟禪院,

---

① 《周易》卷三:"聖人以神道設教而天下服矣。"參清·佚名:〈重修龍溪天后古廟碑記〉[清乾隆五十一年(1786),碑號9-1,總19]注。
② 出《詩經·小雅·天保》,見漢·毛亨傳,鄭玄箋,唐·孔穎達疏:《毛詩注疏》卷九之三,頁331上。
③ 清·釋成鷲:《咸陟堂文集》,《四庫禁燬書叢刊》集部第149冊,北京:北京出版社,2000,據清康熙刻本影印,頁541下-542上。
④ 黃仁恒編:《番禺河南小志》,《中國地方志集成·鄉鎮志專輯》第32卷,頁690上-下。

又嘗渡海至瓊州。後為鼎湖慶雲寺第七代住持，晚歸廣州，棲大通寺，號東樵山人，一時名卿鉅公，多與往還。為清初嶺南詩僧，又兼善詩文書畫，著作等身，有《咸陟堂文集》二十五卷、《鼎湖山志》八卷、《鹿湖草》四卷。沈德潛對他極為推崇，謂"本朝僧人，鮮出其右者"。年八十餘卒。[①]

這篇〈南田神廟記〉，與其他廟碑有所不同，並非因為廟宇重修而撰，而是因為作者抵至南田，鄉里父老請他寫一篇文章記述廟宇與神明的功德。而碑文所記即為遊覽南田神廟時的所見所感。

南田神廟，所祀神靈有三位，觀音、北帝（玄武）和東嶽泰山。他們在廟中的位次，也依據他們各自所來或所處的位置而設。觀音是佛教神，而佛教來自西方的印度，所以置於廟宇西面；北帝是北斗七星之精，位處北方，所以置於北面；而泰山處於東方，所以在廟中也置於東面。

這篇碑文不僅記述了神廟的位置、景觀、所祀神靈，而且還描述了南田之人春秋禋祀的盛況。原來南田人以南田神廟神靈降生證道的日期為期會，到了這一天，幾乎所有人都到神廟來，不僅供奉神靈，而且舉行各種娛樂活動，歌舞唱戲，非常歡樂。這樣，實現了去除憂傷、疾病，聚合團圓的目的，就是神所降之福。由此作者想到，本來聖人之功德可見，而神明之功德不可見，但是聖人以神道設教，藉助神靈，就能實現他教育百姓和使百姓享有福德的目的。

---

① 關於釋成鷲的生平和書畫成就，參朱萬章：《嶺南金礦書法論叢》，北京：文化藝術出版社，2001，頁156–163。

45 南安古廟（南安村）

【廟宇簡介】

　　根據2011年實地考察，廟在今廣州市荔灣區東漖鎮西朗南安村，祀康公主帥。廟內保存有兩通碑刻。根據碑刻記載，此廟曾於清嘉慶十七年（1812）和咸豐十一年（1861）進行了重修。

45-1 清·佚名：重修南安古廟碑記

清嘉慶十七年（1812）

【碑刻信息】

　　存址：今廣州市荔灣區東漖鎮西朗南安村南安古廟內。

　　碑額：重修南安古廟碑記。楷書。

　　碑題：無。

　　尺寸：碑高101厘米，高60厘米。

　　碑文來源：原碑抄錄。

【碑文】

　　神也者，妙萬物而為言者也[①]，故神為陰陽不測。而立廟以祀，神者亦變動不居。我南安里之有廟也，舊與社鄰。自時厥後，改建於里前之右，原為收納左來之水，虔祀康公、趙帥、馬顧。形家謂此廟原向乙卯，坤犯卯兔，不如坐酉向卯，兼辛乙，廼可化移為旺，並增祀侯王、金華諸神，庶閭坊永蔭云。於是鳩工庀材，不日而新廟告成，峨峨如也。此雖神靈之陰為鼓舞，抑亦里中人士之樂為賛勸也。夫爰鐫於石，用垂不朽。

---

①　出自《周易》，參前清·佚名：〈重修三元古廟碑記〉［清道光二年（1822），碑號3-2，總5］注。

簽助芳名開列：

信紳關奕燦：十四大員。

關俊傑：五大員。

關意達：三大員。

關奕榮：三大員。

關意昭：壹錢大員半。

關錦秀：壹錢大員。

關意裔、關世茂、關成傑：已上各一大員。

關有朝：五錢。

關有昌、關昇傑、關有鳳、黃文志、關有方、關同秀、關華高、關炳秀、關廣惠、黃維金、關明惠、杜聚財、葉榮傑：以上各三錢六。

關有榮、關連炳、關賢秀、關寵秀、關興太、關閏開、梁閏餘、梁閏賢、關茂開、黃文意、關廣禮、關祥士、關華秀、關炳有、關奕茂、關文秀、黃瑞榮、關廣士、關秀廷、關明廣、關明顯、關明輝、關明太、關秀聯、關振昇、關見興、杜聚成：已上各貳錢。

關興貴、關允開、關恆貴、關恆高、關百祥、關炳燦、關進昇：已上各一錢八分。

關興士、關景秀、關亞娣、關富昇、關日昇：已上各一錢五分。

關連傑、關進高、關奇鳳、關智昌、關會昌、關世運、關勝開、關冠士、關炳光、關就開、關維士、關炳惠、關社榕、關閏雄、關年高、關閏章、關炳昌、關閏森、關蘇俤、關全士、關登士、關閏秀、關炳一、關明漢、關亞亮、關運高、關倫士、關顯志、黃瑞洪、關閏輝、關盛開、關廣昭、關福士：已上壹錢。

嘉慶十七年仲冬吉旦，重建首事關智昌、關昇傑、黃維金、關奕榮、關連炳、關明惠，闔鄉立石。

【碑文考釋】

由此碑我們可以得知,南安村的古廟,本來所祀神明有康公主帥、趙元帥、馬顧,而經過嘉慶十七年(1812)的重修,不僅方位改變,而且增祀了侯王和金華娘娘等神。而由碑文所列捐助名單可知,南安村在嘉慶年間以關姓為主。

45-2 清·佚名:重建南安古廟碑記

清咸豐十一年(1861)

【碑刻信息】

存址:今廣州市荔灣區東漖鎮西朗南安村南安古廟內。

碑額:重建南安古廟碑記。楷書。

碑題:無。

尺寸:碑高96厘米,高58厘米。

碑文來源:原碑抄錄。

【碑文】

我里奉事康公主帥,由來久矣。但廟貌傾頹,歷風霜而忽改;而神靈赫奕,宜棟宇之重新。況直干戈以後,安堵如初;則當瓦礫之餘,安居何托?爰鳩工而築,燕賀其成。將見廟號主帥,濤主無非善主;里名南安,神安印慶人安矣。坐壬向丙兼亥巳。

孫門關氏、顏門潘氏、伍門李氏:已上貳大員。

關敦海:壹員半。

黃瑞清、黃瑞朝、黃秀林、李如洋:已上壹大員。

關炳常、關燕成、黃榮章、謝亞連、關□片、陳勤璉、劉維牲、黃亞登、黃榮陞、葉榮進、黃亞元、葉廣文、葉亞要:已上壹中員。

關存輝:貳錢四。

關存志、關廷立、關廷昭、關萬能、關繼昆、黃廣昭、關科祉、梁濟高、謝亞登、關德智、關志桃、關亞實、關亞郁、關燕友：已上貳錢。

關恩改、杜金娣、關錦松、關純禧、李明輝、關評謙、葉兆林、關敦華、關亞亮、關純本、關亞龍、伍社由、關廷深、關亞養、關燕翼、謝亞科、關炳通、顏恆康、關文照、葉運林、關亞寧、關亞榮、關亞權、關亞蘇、關純良、關昆土、陳門劉氏、關百祥、梁亞德、葉門李氏、關德昭、葉秋華、葉秩華、葉禮華、關順高、關閏基、關燕馨、盧亞華、葉亞光、李亞本、關朝儉、關浩昭、關其芬、關其菘、關純智、關亮海、關亮水、關紹球、關純清、郭亞根、葉槐芳、關國謙、關亞國、關亞球、關遇泰、梁振高、馮門劉氏：已上壹錢八分。

關亞撰、關燕章、關亞光、關炳鱗、關國材、關亞彪、關亞耀、關亞權、關藹桃、關汝和、關萬隱、關萬藏、關燕彪、關燕基、關廷興、關亞安、關敦廷、關燕詔、關錦有、關朝寶、關燕華、梁道成、關亞強、關成祿、關亞科、何門韋氏、吳門梁氏、潘兆耀、關亞寬、何門關氏、潘門衛氏、麥門關氏：已上壹錢五分。

關燕群、關寶瑞。

值事關文敬、關德昌、關可滿、關純清、關德智、關燕□、黃瑞□、關明聚、關存□、關國□、關廷立，咸豐十一年歲次辛酉四月吉日立石。

【碑文考釋】

南安古廟，廟名來自於村名"南安"，所奉爲康元帥。此篇碑文記載了咸豐十一年（1861）對南安古廟的一次重修。碑文云"況直干戈以後"，暗示廟宇在重修前夕經歷了兵燹。很顯然所指是第二次鴉片戰爭中1857年12月英法聯軍攻入廣州之事。

前面有兩篇碑文［清汪琼〈重修廣州三元宮碑銘〉（碑號4-6，總12）、李福成〈復建三元廟碑志〉〔碑號3-3，總6〕］告訴我們，粵秀山麓的三元宮和三元里的三元廟在這次戰爭中亦遭到了破壞，三元宮於咸豐十一年（1861）至同治九年（1870）進行了重修，三元廟則於爲咸豐十年（1860）重建。而南安古廟則亦在咸豐十一年重修。由此可以判定，這三座廟宇都是在第二次鴉片戰爭中遭到了毀壞，重修的時間也大致相同。

46　城隍廟

【廟宇簡介】

2010 年 10 月 31 日,荒廢了近百年的廣州城隍廟重修後開光,並正式開放予善信參拜。宋王象之《輿地紀勝》云城隍廟在"州西城內百步"①,但與今城隍廟址有異。據清·張嗣衍主修,沈廷芳總纂:乾隆《廣州府志》,城隍廟在城東②。現存的城隍廟位於中山四路忠佑大街 48 號,即舊之布政司大街。

城隍廟始建於明洪武初年。清莊有恭〈重修城隍廟記〉云:"建廟之始,宋元以前無考,大約在前明之初。"乾隆《廣州府志》載:"明洪武三年(1370),詔封天下省府州縣城隍之神,前奉木主,後塑神像。守令新任齋宿於此,祭禮同風雲雷雨山川壇。其制北為神宇,南為拜堂,亭左右為齋宿所,儀門西南為省犧所。"③廣州城隍廟大約創建於此時。其後幾經重修。有記載的重修,明代凡有兩次,分別在萬曆十三年(1585)和萬曆十六年(1588);清代凡有四次,分別在順治十八年(1661)④、康熙年間⑤、乾隆十八年(1753)和同治十三年(1874)。清代最後一次重修是於光緒三十四年(1908)興工,至宣統三年(1911)竣工。美國普林斯頓大學東亞圖書館現藏有宣統三年由兩廣仁善堂刊刻的《重修廣東都城隍徵信錄》。

民國十二年十月廣州市市政廳財政局將城隍廟及其廟產收歸市有⑥。民國十九年四月廣州市市政府批准廢除城隍廟,改建為國貨市場⑦。民國三十五年廣東省社會處社會

---

① 宋·王象之:《輿地紀勝》卷八九〈廣南東路·廣州·古跡〉"城隍廟"條,臺北:文海出版社,1962,下冊,頁 519 下。

② 乾隆《廣州府志》卷一七〈祠壇〉"城隍廟"條,乾隆二十四年(1759)刻本顯微資料本,頁 5 下。

③ 乾隆《廣州府志》卷一七〈祠壇〉"城隍廟"條,乾隆二十四年(1759)刻本顯微資料本,頁 5 下。另參黃佛頤編纂,仇江、鄭力民、遲以武點註:《廣州城坊志》,頁 179–180。

④ 清·李光表撰清同治十三年〈重修都城隍廟記〉(碑號 46-4,總 134):"至國朝順治十八年增其舊制,新之。"

⑤ 清·莊有恭乾隆十八年〈重修城隍廟記〉(碑號 46-3,總 133):"自國朝康熙間重修,迄今數十餘年。"清·李光表同治十三年〈重修都城隍廟記〉:"康熙、乾隆間又新之。"

⑥ 民國十二年 10 月 4 日〈廣州市市政廳財政局布告收管城隍廟及廟嘗由〉,廣州市檔案館全宗號"市政 98 號",頁 33–34。

⑦ 民國十九年 4 月 1 日〈廣州市市政府廢除都城隍廟改建國貨市場辦法案〉,廣州市檔案館全宗號第 4-01,目錄號第 1,案卷號第 173,頁 6–11。

服務總站將城隍廟設為民眾聯誼廳①。1949 年後,城隍廟被用作被服廠;1956 年又成為廣州市材料試驗儀器廠車間。"文化大革命"期間,廟被關閉。1993 年被列入市政府保護單位。2009 年廣州市道教協會將城隍廟從文物局手中接管過來,並重新在舊址修復遺留下來的大殿和拜亭,並增修了牌坊和儀門②。

廣州城隍廟神向稱府城隍,雍正年間,觀風整俗使焦祈年奏請將府城隍升格為廣東都城隍,自後巡撫司等大吏都要詣謁③。城隍神為古代百姓祭祀八蠟之一的水庸(溝),以"水則隍也,庸則城也"之故,為古代城市的守護神④。唐宋以後,城隍神與死去當地名人相結合,主宰城邑居民冥司之事,後來更兼管陽間賞善罰惡、伸張正義之事⑤。歷史上廣州的城隍神先後有過劉龑、楊椒山、海瑞、倪文毅、李恭毅等人⑥。2010 年重光開放的廣州城隍廟殿中供奉著的三位城隍神是:南漢國主劉龑、明代清官海瑞和楊椒山⑦。

46-1 明·蔡汝賢:重修廣州城隍廟記〔一〕

明萬曆十三年(1585)

【碑刻信息】

存址:舊在城隍廟內。清同治間碑刻已佚⑧。

---

① 民國三十五年〈飭本處社會服務處總站舉辦民眾聯誼廳一所設於廣州市惠愛東路城隍廟舊址〉,廣州市檔案館全宗號第 14,目錄號第 1,卷號第 9。

② 芥舟:〈廣州城隍廟考略〉,《恆道》2011 年第 1 期,頁 30-33;另參黃佩賢:〈城隍廟〉,收入麥英豪主編:《廣州市文物志》,廣州:嶺南美術出版社,1990,頁 199-200。

③ 清·黃芝:《粵小記》卷三,吳綺等撰,林子雄點校:《清代廣東筆記五種》,頁 429-430。另參黃佛頤編纂仇江、鄭力民、遲以武點註:《廣州城坊志》,頁 180。

④ 《禮記·郊特牲》,《禮記譯解》上,北京:中華書局,2001,頁 347。

⑤ 參《太平廣記》卷三〇三"宣州司戶"條引《紀聞》:"吳俗畏鬼,每州縣必有城隍神。開元末,宣州司戶卒,引見城隍神……司戶既入,府君問其生平行事,司戶自陳無罪,枉見錄。府君曰:'然,當令君去。君頗相識否?'司戶曰:'鄙人賤陋,實未識。'府君曰:'吾即晉宣城內史桓彝也。爲是神管郡耳。'司戶既蘇,言之。"(北京:中華書局,1961,第七冊,頁 2399-2400)有關道教與城隍神信仰的關係,參《太上老君說城隍感應消災集福妙經》,《道藏》,第 34 冊,頁 747 下-749 上。

⑥ 清·黃芝:《粵小記》卷三,吳綺等撰,林子雄點校:《清代廣東筆記五種》,頁 429-430。另參黃佛頤編纂,仇江、鄭力民、遲以武點註:《廣州城坊志》,頁 181。

⑦ 芥舟;〈廣州城隍廟考略〉,《恆道》2011 年第 1 期,頁 31。

⑧ 清·李澄泰主修,史澄等纂:同治《番禺縣志》文末按語云:"右刻在城隍廟,碑石已佚,今從任志(編者按:指清·任果、常德主修:乾隆《番禺縣志》)錄之。文云'萬曆十三年乙酉春,興役鳩工。'則立石當在是年。'華亭進士布政蔡汝賢撰'見任志藝文。"見《中國方志叢書》第 48 號,頁 425 下-426 上。

碑文来源:乾隆《番禺縣志・藝文志》

【碑文】

夫世之譚城隍者,蓋本《易》"城復於隍"①之義。若稱"城隍、城隍"者,僅見於李陽冰所為記②。自吳越有祀,北齊有祀③,則唐宋以來可知。我高皇帝神聖開基,獨崇是典,敕天下府州縣治,必立城隍,以鎮一方,而申之制詞,隆以徽號。凡以神道設教,護國庇民也。載考洪武三年特詔各處廟宇如守令公廨,若有司蒞政然。又俾諸司初任,必齋廟盟神,然後得治事。蓋置司牧以保釐,立城隍以糾察,陰陽表裏,使人戒懼,而不敢易紀律,且以塞其違,其重也如此。

廣州之有城隍舊矣,彼其廟貌森嚴,規模宏敞,獨與外都異。蓋省會之民物也繁,香火之奉崇也至,固宜其神尊且顯也。粤之稱英靈者,必曰"城隍城隍"云。

歷歲來屢有圮壞,賴先後諸君子葺而新之。於今則又敝矣。廣州太守如皋郭君師吉,因祈雨神應白余,謂:"明有(刺史,幽有)〔二〕城隍,幽冥竝治,國之紀也。今廟宇傾圮,責在刺史,刺史其敢惰慢,以辱下吏?"余曰:"嗟乎!誠在太守。然余忝茲土,其亦何責之辭。"乃捐俸,筮以萬曆十三年乙酉春,祈告興役,鳩工聚厥材。舊者更之,蠱者剔之,剝落者塗之,湫隘者廓之。自中殿一座六楹,以及拜亭六楹,罔不美而煥矣;又自左右兩廡,各十二楹,中外二門,共八楹,罔不翼而嚴矣;又自齋宿廳房,左右各六楹,西為省牲所,東

---

① 魏・王弼、晉・韓康伯注,唐・孔穎達疏:《周易注疏》卷二,頁43上:"上六:城復於隍,勿用師。自邑告命,貞吝。"

② 〈縉雲縣城隍神記〉碑(一作"縉雲縣城隍廟記"),唐・李陽冰撰並書,宋・歐陽修《集古錄》卷七有著錄。見《石刻史料叢書》乙編之一,臺北:藝文印書館1967,頁二下。而據清・王昶:《金石萃編》,此碑在宋宣和五年已遭損壞,當年據紙本重刻立石。見該書卷九一,新文豐出版公司編輯部編:《石刻史料新編》第1輯,第2冊,頁1534上~下。文見宋・姚鉉《唐文粹》卷七一(《四部叢刊初編》縮本,臺北:臺灣商務印書館1967據上海商務印書館1936縮印校宋明嘉靖刊本影印,頁482上),清・王昶:《金石萃編》卷九一(新文豐出版公司編輯部編:《石刻史料新編》第1輯,第2冊,頁1534上)。《集古錄》題作"城隍神記",《唐文粹》題作"縉雲縣城隍神記",《金石萃編》題作"縉雲縣城隍廟記"。

③ 唐・李陽冰:《縉雲縣城隍神記》:"城隍神,祀典無之,吳越有之,風俗水旱疾疫必禱焉。"文見宋・姚鉉《唐文粹》卷七一,《四部叢刊初編》縮本,頁482上。又《北齊書》卷二〇〈慕容儼傳〉(北京:中華書局,1972),頁281:"城中先有神祠一所,俗號城隍神。公私每有所祈禱。"

為羽士房,罔不飾而新矣。財不糜官,役不擾民,踰兩閱月而竣。

太守請記,以詔後人。余聞［李］(季)梁〔三〕曰:"民,(神)〔四〕之主也,聖王先成民後致力於神,故民和而神降之福。"①今太守政蒞矣,訟理矣,用以贊余旬宣,以廣聖天子柔遠之化,民和而成矣。由是致力於神,以修其廟宇,神有不歆而福之者乎? 不然,是欺〔五〕其民以黷於神,神將吐之,其又何福之有? 余是以樂為之記。將竢觀風者採焉。(太守名師吉,維陽如皋人。)〔六〕乃系以詞曰:

於皇我明,德覆群生。軫念海邦,廣州是城。倬彼城隍,淵淵仡仡。保此東方,以為民極。有侐閟宮,神具是依。歲久傾圮,神具是違。太守興嗟,乃告藩伯。藩伯相之,新廟翼翼。群黎懽呼,曰父母且。為民造福,尊以〔七〕神居。神居既安,聿修常祀。進爾清酌,介爾繁祉。其祉維何,豐年屢登。夭厲不作,海波不騰。勒此貞珉,永觀厥成。

【編者按】

碑文輯錄自清・任果等修,檀萃等纂:乾隆《番禺縣志》卷一九〈藝文志〉②。又見清・王永瑞修,楊錫震等纂:康熙《新修廣州府志》卷四九〈藝文志〉③、清・李福泰主修,史澄等纂:同治《番禺縣志》卷三一〈金石略〉④。同治《番禺縣志》乃據乾隆《番禺縣志》收錄。

【校記】

〔一〕康熙《新修廣州府志》題作"重修城隍廟記"。

〔二〕"刺史,城隍",底本無此四字,據康熙《新修廣州府志》校補。

〔三〕"李梁",康熙《新修廣州府志》作"季梁"。當以"季梁"為是。《左傳・桓公六

---

① 有關此句出處,詳參清・周日新:〈重修三清堂碑記〉［清道光十四年(1834),碑號7-3,總17］注釋。

② 清・任果等修,檀萃等纂:乾隆《番禺縣志》,《故宮珍本叢刊》第168冊,海口:海南出版社2001,據清乾隆三十九年刻本影印,頁434下-435上。

③ 清・王永瑞修,楊錫震等纂:康熙《新修廣州府志》,《北京圖書館古籍珍本叢刊》第40冊,北京:北京書目文獻出版社1988,據清康熙十二年抄本影印,頁1191上-1192上。

④ 清・李福泰主修,史澄等纂:同治《番禺縣志》,《中國方志叢書》第48號,頁425上-426上。

年》："（季梁）對曰：'夫民，神之主也。是以聖王先成民而後致力於神。'"

〔四〕"神"字，據文義校補。參上注。

〔五〕"欺"，康熙《新修廣州府志》作"愚"。

〔六〕"太守名師吉，維陽如皋人"一句，底本無，據康熙《新修廣州府志》校補。

〔七〕"尊以"，康熙《新修廣州府志》作"以尊"。

【碑文考釋】

蔡汝賢，字用鄉，號龍陽，直隸華亭人。明隆慶二年（1568）進士，撰碑時為廣東布政使。萬曆十七年（1589）由廣東左布政陞右副都，後又陞南京兵部侍郎。

同治《番禺縣志》文末按語云："文云'萬曆十三年乙酉春，興役鳩工'，則立石當在是年。'華亭進士布政蔡汝賢撰'見任志藝文。"①

這篇碑文主要可以分為三個部分。第一部分，談了城隍由來與祭祀的歷史。第二部份，談廣州城隍廟的規模與本次重修經過。最後一部分則是本記撰寫的緣由。

首先，碑文開頭追溯了"城隍"二字的由來。碑文提到"世之譚城隍者，蓋本《易》'城復於隍'之義"，說的是"城"和"隍"的字眼最早出現在《周易》裏，原文是"城復於隍，勿用師"。而"隍"的本義是護城的溝渠。《說文解字》："隍，城池也。有水曰池，無水曰隍。"②但是把"城隍"二字連用，碑文稱"僅見於李陽冰所為記"，則是不准確的。李陽冰為唐代人，於唐肅宗乾元二年（759）撰寫過〈縉雲縣城隍廟記〉，雖然這是迄今發現的最早城隍廟碑，但卻不是最早提到"城隍"者。漢班固〈兩都賦·序〉即已有"京師修宮室，浚城隍"之句。

接下來碑文回顧了城隍祭祀的歷史。由於作者本意是要稱揚明代對城隍的崇祀，故對明前的歷史一筆帶過："自吳越有祀，北齊有祀，則唐宋以來可知。"吳越對城隍的祭祀，見於李陽冰〈縉雲縣城隍廟記〉中的記載，北齊之祀則見於《北齊書·慕容儼傳》："城中先有神祠一所，俗號城隍神。公私每有所祈禱。"唐宋時城隍的信仰已經非常普遍。明代更將城隍信仰與祭祀推向了一個高潮。碑文提到了三個事件來說明當時尊崇的情況：一是明太祖登基時敕天下府州縣治都必須建立城隍廟；二是明太祖洪武三年詔令各地的

① 同治《番禺縣志》，《中國方志叢書》第 48 號，頁 425 下–426 上。
② 漢·許慎：《說文解字》，北京：中華書局，1963，頁 306 下。

城隍廟的規制都要像現實中的公府;三是各地方官員到任必須先謁城隍,齋廟盟神。

後面的內容主要涉及的是本次重修的前後經過以及重修竣工太守請作者撰寫碑記的情況。在談自己為記之由時,引季梁之語強調了"先民後神"的民本思想,褒揚太守就是已經實現了"民和"進而致力於"神(祠)",來修這個廟,神必將欣悅而降福。

46-2 明·陳大猷:助修城隍廟記

明萬曆十六年(1588)

【碑刻信息】

存址:舊在城隍廟內。清同治間尚存①。
碑文來源:同治《番禺縣志·金石略》。

【碑文】

賜進士第中憲大夫四川按察司副使南海陳大猷撰文。

賜進士第朝議大夫四川布政使司左參議前南京湖廣道監察御史南海陳堂篆額。

承德郎禮部祠祭清吏司主事掌中書科事順德梁欽書丹。

歲戊子,善士樊君助修城隍廟。工竣,嘉平之吉,謁神建醮,凡三晝夜,用妥神靈,禮也。余舅氏儒可徐公暨君肅鄧君持道士盧復紀所出〈重修城隍廟碑記〉,造家大人,命余言記之。

余惟南威等容,淑媛可議;龍泉並利,斷割可期。猷不文,何能為役。則以樊君於予有一日之雅,誼不得辭。夫天下之事,有舉之數年而未成,有成之一年而神速者,今日是也。吾郡城隍,崇奉舊矣。先後吏茲土者,時加修葺,而廟貌棟宇,歲久漸湮。郡侯中宇郭公□之左轄,龍陽蔡公力為修飭,塑神像於拜亭,兩廡儀門,亦既煥然一新矣。樊君每朔望必詣廟拜謁,有感□

---

① 清·李福泰主修,史澄等總纂:同治《番禺縣志》錄文後按語云:"右刻在惠愛街城隍廟。"見《中國地方志集成·廣東府縣志輯》第6卷,頁418下。

廟石之多圮也，密禱於神，可之，乃聚工商謀，易以大石。未幾，西樵山巔忽自墮石，廣者逾丈，長亦如之，與□□購索者相符。覓匠如式琢削，舟載以歸。眾駭愕，懼重不能勝，增人數十，稍稍動，將抵廟，樊君再禱，囑販子□□，併力徙之，若馳矣。人謂至誠所感云。

君本閩福清人，占籍南海，已三十餘禩。雖習計然之策，而孝友著聞，□□仗義，若以古人意氣自期待者。茲舉不事緣歛，捐金數百，顧工斧削既成，而砌植之。督工必親，時嘗勞慰。自萬曆丁亥年二月起工，至戊子年十月而告成。自廟堂拜亭，兩廡甬道，一望不下數百丈。堦城截然，昔之殘缺卑漥者、坎坷不平者，皆周道如砥。歲時伏臘，趨謁祈禱，以安神靈，以壯觀望，終將賴之。余觀世人，其力有可為者不少矣，而卒未之修；脫有修者，亦惑於築室道旁之議。若出不貲之財，興舉廢墜，能人之所不能，如樊君者幾何哉！幾何哉！

語云："至誠可以動金石，感（鬼）〔一〕神。"以彼之誠，不惟克相司郡二公之美，而精誠所至，天必佑之。所以昌大其家聲，長發其胤嗣者，駸駸乎未有艾也。稽往牒，布施獲報者有四：一曰財施，二曰法施，三曰無畏施，四曰心施。如樊君者，所謂心施、財施非耶！其厚報當有在也。遂不揣記之。

樊君名昇，字繼平，別號次軒云。乃系以詞曰：

猗歟城隍，主宰一方。正直秉德，福庇無量。惟彼高人，至誠孚格。堂構載新，四方之極。載新自今，□□□功。藩堂肇始，郡守攸同。助厥有成，今績可紀。香火萬年，永綏純祉。

萬曆十六年歲次戊子十二月吉旦，道士盧復紀、陸用明、邵明修、蘇敬清、吳道通立石。

【編者按】
碑文輯錄自清·李福泰主修，史澄等總纂：同治《番禺縣志》卷三一〈金石略〉①。

---

① 清·李福泰主修，史澄等總纂：同治《番禺縣志》，《中國地方志集成·廣東府縣志輯》第6卷，頁417下–418下。

【校記】

〔一〕"鬼"字原文無,此據文意補。

【碑文考釋】

陳大猷,又名見愚,字鳴翊,廣東南海人。明嘉靖三十七年(1558)鄉舉,隆慶二年(1568)進士。歷廣西副使。

同治《番禺縣志》本碑按語云:"梁敘,順德人,見《順德志》。碑作梁鈙者,誤也。"①

這篇碑文記載了明萬曆十五年(1587)至十六年(1588)廣州城隍廟的一次重修。這次重修頗不同於前次萬曆十三年(1585)的重修,前次重修乃官方組織,而本次重修為個人行為,所以這篇碑文指向的主角是重修者樊昇(字繼平)。碑文一方面談了重修的前後經過,另一方面也介紹了樊昇的個人情況及其德行,稱讚他是"興舉廢墜,能人之所不能",并預言他將以"佈施獲報"。

46-3　清·莊有恭:重修城隍廟記

清乾隆十八年(1753)

【碑文】

城隍之祀,前古無之。見於吳赤烏二年,歷高齊燕梁間,書於史。唐始著為祀典,詔州郡守令咸祀,李商隱文稱"受命上元,職守斯土,主張威重,彈壓氛祲"②者是也。由唐至今,廟祀之建,始於郡城,徧於天下,幾與勾龍〔一〕棄稷等。

廣州城隍廟在省會之中,凡督撫大吏以及監司守令,歲時月吉,展謁維虔。下逮編氓市販,奔走祈禳如鶩。蓋神赫厥靈,人展厥誠,有自來矣。建廟之始,宋元以前無考,大約在前明之初。自國朝康熙間重修,迄今數十餘

---

①　清·李福泰主修,史澄等總纂:同治《番禺縣志》,《中國地方志集成·廣東府縣志輯》第6卷,頁418下。

②　見唐·李商隱:〈爲安平公兗州祭城隍神文〉,唐·李商隱撰,清·馮浩注:《樊南文集詳注》卷五,《續修四庫全書》第1312冊,上海:上海古籍出版社,1995,據清乾隆四十五年德聚堂刻本影印,頁531下。

年,風摧雨剝,宮瓦飄零。歲辛未,紳士凌魚等願肩厥任,呈請捐修,内自神殿前堂,外而儀門大門,次第修理,丹堊有光,壯麗踰舊,爰併神像而新之,喬喬皇皇,有嚴有翼。乃郵書江南,乞余言以紀其事。余自奉命巡撫吳中,間覽舊志,城隍之神,皆有廟號賜爵,指一人以實其神,如鎮江、寧國、太平、華亭等,郡邑皆以為漢紀信,事屬附會。惟吾粵無之,於義猶古。顧凡祀典所載,若天地山川,尊而不親,非民所得,祀惟城隍社稷,於民為近,民實親之。故凡有修建,皆聽其為之而不禁。高壘深池,神鞏護之;愆陽伏陰,神節宣之;弗若弗順,神遣除之;為忠為孝,神翼相之。是其為功於民甚鉅,固宜其繼。自今神揚其休〔二〕,人食其福,而與國同其悠久乎!

【編者按】

碑文輯錄自清·阮元等修,陳昌齊等纂:道光《廣東通志》卷一四五〈建置略·祠廟〉①。又見清·李福泰主修,史澄等纂:同治《番禺縣志》卷一七〈建置略·壇廟〉②。

【校記】

〔一〕"勾龍",同治《番禺縣志》作"勾農"。

〔二〕"休",同治《番禺縣志》作"庥"。

【碑文考釋】

撰碑者莊有恭,字容可,號滋甫,先世為晉江望族,父資政公始徙居粵,為番禺人。清乾隆四年(1739)以廷試第一人賜進士第。授修撰,累官至戶部侍郎,出撫江蘇,擢河督。其間累躓累起,官至福建巡撫,卒官。平居好吟詠,經進詩文,其家輯為若干卷,鈔本存。乾隆四十一年(1776)錢大昕撰〈莊有恭墓志銘〉③。

這篇碑文記載了乾隆年間凌魚發起的一次對城隍廟的重修的經過。這次重修,碑文

---

① 清·阮元等修,陳昌齊等纂:道光《廣東通志》,《中國省志彙編》之十,頁2489上-下。
② 清·李福泰主修,史澄等纂:同治《番禺縣志》,《中國地方志集成·廣東府縣志輯》第6卷,頁187下-188上。
③ 見清·梁鼎芬修,丁仁長纂:宣統《番禺縣續志》卷四一,《中國地方志集成·廣東府縣志輯》第7卷,頁578下-579上。

云"歲辛未,紳士凌魚等願肩厥任"。另乾隆《番禺縣志》云:"乾隆三十四年進士凌魚因集眾紳,呈請捐建,與眾人馮公侯王士毅竭力題助……經營六載乃底落成。"①道光《廣東通志》云:"乾隆三十四年進士凌魚因集眾紳,呈請捐修(番禺縣志)經始於辛未之冬,落成於癸酉之秋。"②按,乾隆間辛未年只有一個即乾隆十六年(1751),癸酉年則爲十八年(1753)。與番禺志所云乾隆三十四年凌魚集眾紳呈請捐修不符。然碑文既然云辛未凌魚開始發起,故當以碑文爲準,應為乾隆十六年開始,竣工於乾隆十八年。這是入清以來對城隍廟的第二次重修。

最後作者指出,城隍、社稷這樣的神靈,與民的關係最為密切,所以理所應當傳承下去,"與國同其悠久"。碑文還透露了鎮江、寧國、太平、華亭等地以漢紀信爲城隍神的信息。

46-4　清·李光表:重修都城隍廟記略

清同治十三年(1874)

【碑文】

敕封忠祐王廣東都城隍廟,考《通志》,廟建自前明。舊碑謂自漢光武、宋元祐以迄今者,無據也。至國朝順治十八年增其舊制,新之;康熙、乾隆間,又新之。經道光辛丑、咸豐丁巳兵燹,廟貌如故。神靈赫濯,代有褒封,前人備載,無庸贅述。同治紀元壬戌七月,颶風驟作;六年丁卯二月,風雲交至,榱題瓴甋,迭被損壞,業繕葺之。迨十二年癸酉夏,颶風復摧儀門正脊,而殿宇亦□□。於是薦紳士庶,踴躍攄誠,集議重修,共襄美舉。庀材鳩工,經始於癸酉,告成於甲戌。從此廟堂巨麗,將與城堭並峙,奕禩常新矣! 是為記。

同治甲戌春月吉日樹。

---

① 見清·任果等主修,檀萃、凌魚纂修:乾隆《番禺縣志》卷八〈典禮·宮廟〉"都城隍廟"條,《故宮珍本叢刊》第168冊,海口:海南出版社,2001,頁111下。

② 見清·阮元主修、陳昌齊纂:道光《廣東通志》卷一四五〈建置略·壇廟〉"城隍廟"條,《中國省志彙編》之十,第四冊,頁2489上。

【編者按】

　　碑文輯錄自清‧梁鼎芬倡修，丁仁長等總纂：宣統《番禺縣續志》卷五〈建置略‧壇廟〉①。

【碑文考釋】

　　撰碑者李光表，生平不詳。

　　本篇碑文主要追溯了廣州城隍廟的歷史。

　　首先，關於廟的始建年月，碑文認為舊碑云廟史自漢光武、宋元以迄清代的說法沒有憑據，而根據《通志》考證廟建於明代。

　　其次，關於廟的重修，碑文提到清代四次重修，第一次在順治十八年，第二和第三次在康熙、乾隆間。最後則是最近的一次，即同治十二年（1873）的這一次了。重修的原因是廟遭遇同治元年、六年和十二年的風災，因而被損壞。

　　除此以外，碑文還提到道光二十一年（1841）和咸豐七年（1857）的兵燹，指的分別是第一次和第二次鴉片戰爭對廣州的毀壞。

---

① 　清‧梁鼎芬修，丁仁長纂：宣統《番禺縣續志》，《中國地方志集成‧廣東府縣志輯》第 7 卷，頁 89 下。

47　帥府廟（鍾村）

【廟宇簡介】

今仍存,位於廣州市番禺區鍾村鎮謝村橋頭大街 32 號。祀方真元帥,又稱方帥廟、哪吒廟。始建年代不詳,清康熙三十一年(1767)、咸豐三年(1853)分別重修。2005 年廣州市公佈為登記保護單位。

清·李福泰修,史澄等纂:同治《番禺縣志》卷一七〈建置略·壇廟〉有"帥府廟"條:"在謝村謝恩橋側,祀玉蟾紫府方真元帥。鄉內遇有疾病瘟疫、水旱,禱求其應如響。"①

47-1　清·馬鳳儀:重修帥府廟碑記

清咸豐三年(1853)

【碑刻信息】

存址:今廣州市番禺區鍾村鎮謝村橋頭大街 32 號帥府廟內②。

碑文來源:冼劍民、陳鴻鈞編:《廣州碑刻集》。

【碑文】

昔先王以神道設教,非徒使人入廟思敬之謂,其謂迎祥集福,禦災捍患,將於是賴焉。我鄉建廟奉祀玉蟾紫府方真元帥暨列位神聖,以為一鄉之香火者,歷數百年矣。鄉內偶有疫癘,神即理形驅逐,紅衣揚威耀武,境內旋即肅清。若歲大旱,迎駕禱雨,不逾時而雨澤滂沱。以及祈年集福,無不如響斯應。鄉人祀之,愈加敬焉。咸豐二年,歲在壬子八月,恭祝帥府千秋,戲場突遭回祿之災,片竹寸草無存,而男女無一人被害。非神之靈能禦災捍患,

---

① 清·李福泰修,史澄等纂:同治《番禺縣志》,《中國地方志集成·廣東府縣志輯》第 6 卷,頁 198 上。

② 冼劍民、陳鴻鈞編:《廣州碑刻集》,頁 492:"碑在番禺區鍾村鎮帥府廟內。"

何以若是歟？眾因廟內頭門略被焚毀，集議重修。不用勸捐，而願助工金者以千數計。爰鳩工庀材，卜日修建，越六月而工告竣。棟宇倍覺輝煌，聲靈益加赫濯，則其迎祥集福，禦災捍患，以佑啟我鄉人者，不愈見其有加無已也哉！

乙卯歲進士奉咨部在籍序選儒學訓導補授修職郎里人馬鳳儀撰。

捐助紳者：李蔭福、馬公貴、李治容、李耀邦、馬道濟、李業文、張憲昌、李湛廷、李坦顯、陳錦芳、李蔭浣、李德千、李德元、張滿元、陳滿廷、李志千。

大總理：馬道韶、馬道祥、李治言、張秀堅、馬奕璠、李啟韶、李巷謀、李秉衡、李遠新、陳耀廷、張振巷。

值事：李詒勤、李詒韶、李富謀、李錦匯、李秀斌、馮友祥、李朗千、張華峰、李定謀、李輝謀、李珍千。①

咸豐三年歲次癸丑吉日立。

【編者按】

碑文輯錄自冼劍民、陳鴻鈞編：《廣州碑刻集》②。

【碑文考釋】

撰碑者馬鳳儀，邑人，生平不詳。

這篇碑文首先評價了該廟對於鄉民的重要意義，那就是"迎祥集福，禦災捍患"。具體說來，就是廟神可以逐疫、降雨、降福，等等。接下來便進入主題，那就是咸豐年間的重修。重修緣起是咸豐二年（1852）八月的一場大火，將戲場燒成灰燼，波及廟內頭門，於是有了這次重修。

---

① 此處原書有"捐款人姓名款目略"字樣，為編者所刪。
② 冼劍民、陳鴻鈞編：《廣州碑刻集》，頁491–492。